Timm B. Schützhofer

Progressive Fiskal- und Steuerpolitik als Instrument für nachhaltige Entwicklung?

Ecuadors *Revolución Ciudadana* als Beispiel für Möglichkeiten und Grenzen reformorientierter Politik in rohstoffabhängigen Staaten Lateinamerikas

kassel university press

Die vorliegende Arbeit wurde vom Fachbereich Gesellschaftswissenschaften der Universität Kassel als Dissertation zur Erlangung des akademischen Grades ein es Doktors der Wirtschafts- und Sozialwissenschaften (Dr. rer. pol.) angenommen.

Gutachter: Prof. Dr. Hans-Jürgen Burchardt, Universität Kassel
PD Dr. Stefan Schmalz, Universität Kassel

Tag der mündlichen Prüfung: 7. Februar 2019

Bibliografische Information der Deutschen Nationalbibliothek
Die Deutsche Nationalbibliothek verzeichnet diese Publikation in der Deutschen Nationalbibliografie; detaillierte bibliografische Daten sind im Internet über http://dnb.dnb.de abrufbar.

ISBN 978-3-7376-0698-1 (print)
ISBN 978-3-7376-0699-8 (e-book)
DOI: http://dx.medra.org/10.19211/KUP9783737606998
URN: https://nbn-resolving.org/urn:nbn:de:0002-406998

https://kup.uni-kassel.de | kup@uni-kassel.de

Druck: : CPI Druckdienstleistungen GmbH, Ferdinand-Jühlke-Straße 7, 99095 Erfurt
Printed in Germany

Inhalt

1. Einleitung

Die Frage der Staatsfinanzierung ist ein ebenso kontroverses wie (entwicklungs-)politisch höchst relevantes Thema. Rohstoffabhängige Staaten stehen hierbei vor besonderen Herausforderungen. In diesem Kontext wird aus rentenstaatstheoretischer Perspektive ein negativer Zusammenhang zwischen Rohstoffabhängigkeiten und dem Aufbau eines effektiven Steuersystems ausgemacht (Moore 2004, Fairfield 2015). Ein effektives Steuersystem wird jedoch als Schlüssel zu einer soliden Staatsfinanzierung betrachtet und gilt daher als wichtige Grundlage für nachhaltige Entwicklung (Karl 2007, Moore 2011, Boeckh 2011, Schmalz 2013). Diese Problematik wird sowohl auf wissenschaftlicher als auch auf politischer Ebene intensiv diskutiert – nicht zuletzt mit Bezug auf die Länder Lateinamerikas, da deren Ökonomie stark durch Primärgüterexporte und Rohstoffrenten geprägt ist.

An ältere rentenstaatstheoretische Positionen anknüpfend, wird in der neueren Debatte um den so genannten Neo-Extraktivismus darauf verwiesen, dass hohe Renteneinnahmen den jeweiligen Regierungen die Möglichkeit bieten, Auseinandersetzungen mit den Wirtschaftseliten in ihren Ländern zu vermeiden, was – unter anderem – zu einer Vernachlässigung der Entwicklung des Steuersystems führe (Peters 2014). Demgegenüber besteht unter Kritiker*innen lateinamerikanischer Linksregierungen jedoch kein Konsens in Bezug auf die These von einer, auf Rohstoffrenten zurückzuführenden, Vermeidung von Konflikten mit wirtschaftlichen Eliten. So sieht beispielsweise Weyland (2009) im Kontext steigender staatlicher Rohstoffeinnahmen gerade die dadurch bedingte Konfliktbereitschaft von Linksregierungen mit der Privatwirtschaft als nicht zu unterschätzendes Hindernis für eine solide Entwicklungsweise, vor allem dann, wenn sie mit mangelnder fiskalpolitischer Disziplin einhergeht (siehe auch McGuirk 2013).

Staatlicherseits getroffene steuerpolitische Entscheidungen können logischerweise nicht ohne Berücksichtigung auf deren Folgen für wirtschaftliche Prosperität getroffen werden, da zukünftige Einnahmen von eben dieser Prosperität abhängen. Steuern müssen zudem gegenüber den gesellschaftlich relevanten Gruppen durchgesetzt werden, da die definitive Steuerquote eines Staates letztlich stets auch von der Zahlungsbereitschaft und Zahlungsfähigkeit der (Steuer-)Bürger abhängig ist. Für einen effektiven Steuereinzug ist deshalb eine hohe Legitimität des Staates als Entwicklungsakteur und als Verteilungsinstanz grundlegend (Di John 2006; Casteletti 2008; Soifer 2012), was wie Gómez Sabaini und Morán (2014) für Lateinamerika aufzeigen eine schwierige Herausforderung für eine nachhaltig erfolgreiche Steuerpolitik darstellt.

Die Untersuchung der Steuer- und Fiskalpolitik eines Staates eignet sich daher besonders für die Analyse gesellschaftlicher Kräfteverhältnisse, beziehungsweise des ihr zu Grunde liegenden Gesellschaftsvertrags und seiner Veränderungen, wie Boeckh (2011: 71) treffend formuliert:

> „Dieses Politikfeld ist die Scharnierstelle zwischen Staat und Gesellschaft. Hier entscheidet es sich, welche Art von Staat möglich ist, beziehungsweise von den politisch relevanten Kräften gewollt wird, und wie die Kosten dieses Staates auf die Gesellschaft umgelegt werden.“ (ebd.)

Es besteht eine enge Verbindung zwischen Steuermonopol und der Herausbildung moderner Staatlichkeit, darüber hinaus auch zur gesellschaftlichen Akzeptanz staatlicher Autorität: Die effektiven Steuereinnahmen eines Staates sind demnach ein Produkt politischer Entscheidungen, staatlicher Kontrolle über ökonomische Aktivitäten, der Steuerzahlungsbereitschaft von Steuerbürger*innen und schließlich der gesetzlich- rechtlichen Durchsetzung steuerlicher Pflichten (Lieberman 2002: 92). Bezogen auf rohstoffbasierte Rentenstaaten besteht hingegen in der sozialwissenschaftlichen Diskussion weitreichende Einigkeit darüber, dass staatliches Handeln hier tendenziell gesellschaftlichen Kontrollen enthoben sei, da der Staat seine Finanzierung hier nicht mit der Gesellschaft aushandeln müsse (Herb 2005: 298; Moore 2004, 2011). Wie ich demgegenüber in meiner Analyse aufzeigen werde, machen die diesbezüglichen rentenstaatstheoretischen Theorieansätze zwar auf einen erkennbaren Zusammenhang aufmerksam, eine dort als zwangsläufig dargestellte Monokausalität greift aber zu kurz.

Um die in diesem Kontext bestehenden komplexen Wirkungszusammenhänge zu verstehen, ist es unerlässlich, den Begriff des Extraktivismus exakt zu definieren und ihn nicht so weit auf unterschiedliche Wirtschaftsbereiche zu beziehen, dass er an analytischer Schärfe verliert. Mit Extraktivismus wird gemeinhin eine Wirtschaftsweise bezeichnet, die ausgerichtet ist auf die Ausbeutung von Natur und Primärgüterexport, und zwar von nicht oder kaum weiterverarbeiteten Gütern. Der Begriff bezieht sich auf *non-renewable point source resources* wie beispielsweise Erdöl und Erdgas, die an geografisch wenig ausgedehnten Stellen eines Landes konzentriert sind, weshalb deren Charakteristika ein hohes Maß an staatlichen Rentengewinnen ermöglichen. Diese Rentengewinne können sich die Erzeugerländer – je nach Abhängigkeit von politischen Kräfteverhältnissen und eigenen Fähigkeiten bei der Extraktion – in unterschiedlich hohem Maße aneignen (Von Haldenwang 2012). Die dargestellten Bedingungen treffen zum Teil auch auf den Bergbausektor zu. Unter dem Stichwort Extraktivismus werden aber, über die genannten Sektoren hinaus, mitunter auch die Auswirkungen einer Landwirtschaft diskutiert, die auf den Export nicht weiterverarbeiteter Primärgüter ausgerichtet ist und zudem als ökologisch nicht nachhaltig gelten muss.

Die rentenstaatstheoretisch inspirierte Debatte um die Auswirkungen von verfügbaren Rohstoffen auf die Steuerpolitik einer Regierung ist auf den erstgenannten Typus von Extraktivismus konzentriert, da es Staaten hier möglich ist, sich einen beachtlichen Teil der Rohstoffrente direkt anzueignen. Aber auch aus dem privatwirtschaftlichen Akkumulationsmodus, der auf dem Export landwirtschaftlicher Primärgüter beruht, ergeben sich nicht unerhebliche Konsequenzen für die Interaktion zwischen Staat und Privatsektor. Dies äußert sich zum einen in einer starken Außenorientierung dieses Sektors und zum anderen in seiner oft besonders vehementen Abwehr jedweden Besteuerungsversuchs (vgl. Burchardt 2012; North 2013).

Die folgenden Abschnitte informieren einführend über die Schwerpunktsetzungen der vorliegenden Arbeit. Zuerst erfolgt die Einordnung der Thematik in den lateinamerikanischen Kontext. Im darauffolgenden Abschnitt stelle ich die thematische Fokussierung der Arbeit dar, begründe die Auswahl des Fallbeispiels Ecuador und formuliere meine leitende Forschungsfrage. Im letzten Teil der Einleitung erläutere ich die Struktur und den Aufbau der vorliegenden Arbeit.

1.1 Der lateinamerikanische Kontext

Lateinamerika ist im internationalen Vergleich einerseits besonders stark von sozialen Ungleichheiten geprägt, andererseits wird diese Region nach dem Übergang zu demokratischen Wahlen in den 1980er Jahren (in Ecuador bereits Ende der 1970er Jahre), mitunter als demokratischste Entwicklungsregion der Welt bezeichnet – eine Charakterisierung, die allerdings lediglich auf dem Papier zutrifft. Ein Ausgangspunkt der vorliegenden Untersuchung ist daher das lateinamerikanische Paradox von repräsentativer Demokratie auf politischer Ebene und persistenter Ungleichheit auf sozialer und ökonomischer Ebene (Wehr 2011).

In diesem Kontext bietet besonders die Analyse von Steuerpolitik einen wissenschaftlich interessanten Blickwinkel, da sie eng mit Fragen der Staatlichkeit, so genannten *Collective Action* Problemen und nicht zuletzt mit Fragen der Verteilungsgerechtigkeit verknüpft ist (Liebermann 2002: 89). Trotz einer Steigerung der durchschnittlichen Steuerquote seit Beginn der 1990er Jahre ist dieser Wert in Lateinamerika weiterhin etwa um die Hälfte niedriger als im Durchschnitt der OECD-Länder (Castelletti 2008; Hoffmann 2010). Er liegt auch erkennbar unter dem von Entwicklungsländern außerhalb der Region, deren Pro-Kopf-Einkommen vergleichbar ist. Die aus diesen Daten folgende Notwendigkeit für lateinamerikanische Staaten, zum einen höhere Steuereinnahmen zu generieren, um ihren originär staatlichen Aufgaben gerecht zu werden, zum anderen auch die Verteilungswirkung von Steuern zu verbessern, wird im internationalen Diskurs über die fiskalpolitischen Herausforderungen Lateinamerikas zunehmend anerkannt (Frigenti 2012; Fairfield 2013, Von Schiller 2015). Andreas Boeckh (2011: 81f) sieht eine Ursache der ebenfalls zu beobachtenden fiskalpolitischen Instabilität Lateinamerikas darin, dass es einerseits sozialen Bewegungen und Gewerkschaften zwar zunehmend gelingt, bessere soziale Leistungen durchzusetzen, andererseits aber die Einkommens- und Vermögenseliten ebenso erfolgreich darin sind, eine effektiv höhere Steuerquote zu blockieren (siehe auch Gómez Sabaini 2012).

In Lateinamerika haben seit der Jahrtausendwende vermehrt linksorientierte Parteien, Bewegungen und Wahlbündnisse mit dezidiert anti-neoliberalen Forderungen die Regierungsverantwortung übernommen. In Bolivien, Venezuela und Ecuador formulierten diese Regierungen den

„Sozialismus des 21. Jahrhunderts“ als Ziel ihrer Entwicklungsanstrengungen. In diesen Öl- und Gasexportländern waren – in der Phase hoher Rohstoffpreise und einer stärkeren staatlichen Aneignung der Rohstofferlöse – neue Verteilungsspielräume entstanden. Die damit verbundene politisch-ökonomische Strategie wird heute aus kritischer Perspektive als Neo-Extraktivismus bezeichnet (Gudynas 2009; Burchardt 2014). In Phasen fallender Rohstoffpreise kamen nämlich die Schwächen des rohstoffbasierten Wachstumsmodells zum Vorschein. Der so genannte *Commodity Consensus* (Svampa 2013), in dessen Rahmen es lateinamerikanischen Linksregierungen gelungen war, Rohstoffeinnahmen für den Ausbau sozialpolitischer Maßnahmen zu nutzen, ohne aber die Interessen der einheimischen Wirtschaftseliten grundsätzlich in Frage zu stellen, verlor seine wirtschaftliche Basis (vgl. Svampa 2013; Brand 2015).

Peters (2014) argumentiert in diesem Zusammenhang, dass genau die beschriebene entwicklungspolitische Weichenstellung in diesen Staaten eine nachhaltige Finanzierung des sozialen Wandels verhindert habe. Permanente Staatsausgaben seien an höchst volatile Einnahmen geknüpft gewesen. In Phasen hoher Rohstoffeinnahmen würden dann ineffiziente, meist assistenzialistische Ausgabenprogramme aufgelegt, deren Leistungen keine sozialen Rechte darstellen, sondern nach klientelistischer Manier auf Basis politischer Loyalitäten vergeben würden, statt nach Kriterien tatsächlichen Bedarfs und sozialer Effizienz. In Phasen fallender Rohstoffeinnahmen könnten die essentiellen Staatsaufgaben nicht weiter finanziert werden, Haushaltskrisen seien dementsprechend vorprogrammiert. Der in diesem Zusammenhang geäußerten Annahme eines monokausalen Zusammenhangs zwischen Extraktivismus und den beschriebenen steuerpolitischen Strategien der Regierungen muss jedoch aus noch genauer darzulegenden Gründen mit Skepsis begegnet werden, wobei schon hier anzumerken ist, dass beispielsweise das Steueraufkommen auch in weniger extraktivistisch geprägten Ländern dieser Region oft eklatant niedrig ist.

1.2 Fallauswahl Ecuador, thematische Fokussierung, leitende Forschungsfrage

In der vorliegenden Arbeit setze ich mich mit den fiskalpolitischen Herausforderungen des rohstoffabhängigen Staates Ecuador auseinander. Dabei fokussiere ich insbesondere auf den von der Regierung Correa im Kontext der *Revolución Ciudadana* ab 2007 angestoßenen Reformprozess.

Das Fallbeispiel Ecuador ist zur Betrachtung der bereits erwähnten fiskalpolitischen Herausforderungen rohstoffabhängiger Staaten besonders geeignet: Die Wirtschaftsstruktur Ecuadors ist stark extraktivistisch geprägt, das Land ist seit Beginn der 1970er Jahre stark von Erdölexporten anhängig. Im Hinblick auf die Staatsfinanzierung entsprach Ecuador lange den in rentenstaatstheoretischen Ansätzen konstatierten Mustern: Das Steuersystem wurde vernachlässigt, bei der Staatsfinanzierung wurde auf volatile Erdöleinnahmen zurückgegriffen. Brachen die volatilen Rohstoffpreise ein, fehlte es auch an Mitteln zur Staatsfinanzierung.

Von Beginn an war es daher ein wichtiges Ziel der Regierung Correa, die Rohstoffeinnahmen bei der Finanzierung der Kernaufgaben des Staates – also vor allem bei der Finanzierung laufender Aufgaben – zu vermindern und die Staatsfinanzierung auf eine solidere Basis zu stellen, um Fehler aus früheren Phasen hoher Rohstoffeinnahmen zu vermeiden. Im Kontext der *Revolución Ciudadana* wurden daher erhebliche Anstrengungen unternommen, um das Steuersystem des Landes zu stärken und die Lasten der Staatsfinanzierung gerechter zu verteilen. Seit 2008 besteht sogar ein expliziter Verfassungsauftrag zum Aufbau eines progressiven Steuersystems (vgl. Asamblea Constituyente 2008a: Art. 300).

Vor diesem Hintergrund sollen hier Ecuadors steuerpolitische Anstrengungen seit 2007 einer wissenschaftlichen Analyse unterzogen werden. Wenngleich sich eine simple Übertragung der ermittelten Analyseergebnisse auf andere Länder verbietet, sind dennoch wichtige Ansatzpunkte zur Überwindung zentraler Hemmnisse für eine sozial ausgewogene und finanziell nachhaltige Entwicklung in Lateinamerika aufzeigbar, insbesondere bezogen auf ressourcenabhängige Länder.

Im Kern meiner Untersuchung geht es darum, die ab 2007 im Kontext hoher Rohstoffeinnahmen erfolgten Schritte zur Stärkung des ecuadorianischen Steuersystems und zur gerechteren Verteilung der Steuerlast nachzuvollziehen, aber auch die Grenzen und Widersprüche dieses Reformprozesses aufzuzeigen: Ich arbeite heraus, inwieweit es der Regierung Correa gelungen ist, den Dynamiken der fiskalpolitischen Dimension des Ressourcenfluchs zu entgehen und stattdessen zwischen 2007 und 2014 eine positive Dynamik – einen von mir so definierten *Circulo Virtuoso* aus hohen Rohstoffeinnahmen und einer Stärkung des Steuersystems – in Gang zu setzen (Siehe Kapitel2, Abbildung 1). In diesem Kontext werde ich auch auf die Debatte um die Nachhaltigkeit dieses Reformprozesses eingehen und aufzeigen, wie der politische Wille der Regierung Correa und die Schwächung der etablierten Eliten ein so genanntes *Window of Opportunity* (Möglichkeitsfenster) für steuerpolitische Veränderungen öffneten. Staatliche Strategien zum Umbau der vorfindlichen, entwicklungshemmenden Produktionsstruktur Ecuadors werden ebenfalls darzustellen sein.

Darüber hinaus arbeite ich die Schwierigkeiten der ecuadorianischen Regierung heraus, auf fallende Rohstoffpreise, wirtschaftliche Krisentendenzen und das Wiedererstarken traditioneller Wirtschaftseliten zu reagieren. In den Blick zu nehmen sind auch strukturelle Hindernisse für den anvisierten Reformprozess wie die Mechanismen der Holländischen Krankheit und die subalterne Weltmarkteinbindung Ecuadors als Rohstofflieferant. Zudem gilt es, mögliche Versäumnisse beim angestrebten sozioökonomischen Strukturwandel zu analysieren. Schließlich sind im Fazit der vorgelegten Arbeit diejenigen Schlussfolgerungen zu präsentieren, die auf Basis der Forschungsergebnisse gezogen werden können.

Bevor ich mich im Folgenden meiner analytischen Forschungsfrage zuwenden kann, ist zunächst herauszuarbeiten, inwiefern zwei zentrale Grundprämissen für Ecuador zutreffend sind: Erstens muss die Bedeutung des Extraktivismus für Ecuadors Wirtschaftsstruktur und auch für die Staatsfinanzierung des Landes betrachtet werden, wobei hier insbesondere der Erdölsektor im Zentrum der Analyse steht. Zweitens muss herausgearbeitet werden, ob und inwieweit es im Kontext der *Revolución Ciudadana* gelungen ist, die Steuerquote signifikant zu erhöhen und zudem ein weniger regressives Steuersystem durchzusetzen.

Eine differenzierte Betrachtung des in meiner Arbeit analysierten Reformprozesses verlangt zudem die gründliche Auseinandersetzung mit drei weiteren Bereichen, denen zentrale Bedeutung zukommt:

- Erstens befasse ich mich mit der Frage, in welchem Ausmaß staatliche Aktivitäten auf Basis von Steuereinnahmen nachhaltig finanziert werden können. Die Fähigkeit des Staates, gesellschaftliche Gruppen zur Staatsfinanzierung heranzuziehen, steht hier im Mittelpunkt. Außerdem soll die Bereitschaft der Staatsbürger*innen und des Unternehmenssektors ermittelt werden, zur Finanzierung öffentlicher Aufgaben beizutragen.
- Zweitens wird es um Auseinandersetzungen über das Maß vertikaler Gleichheit, also um die Frage gehen, ob und inwieweit durch Schritte zum Aufbau eines progressiven Steuersystems zur Senkung sozialer Ungleichheit beigetragen werden konnte. Zur Beantwortung dieser Frage wird der Schwerpunkt der Betrachtung auf das Machtverhältnis zwischen unterschiedlichen gesellschaftlichen Gruppen gelegt.
- Drittens nehme ich das Spannungsfeld zwischen steuerlichen Anreizen im Sinne wirtschafts- und industriepolitischer Zielsetzungen und dem Ziel horizontaler Gleichbehandlung von Steuerpflichtigen in den Blick. In diesem Kontext wird diejenige Politikebene untersucht, auf welcher durch Ausnahmeregelungen und durch Steuerschlupflöcher eine gerechte Steuergesetzgebung zu Gunsten von Bezieher*innen höherer Einkommen und Unternehmen tendenziell ausgehöhlt werden kann.

Ich bestätige in meiner Arbeit die Prämisse, dass es sich bei dem hier untersuchten Fallbeispiel Ecuador um eine stark extraktivistisch geprägte Volkswirtschaft handelt. Außerdem zeige ich, dass Erdöl seit den 1970er Jahren eine bedeutsame Rolle in der Staatsfinanzierung des Landes spielt. Allerdings wird auch nachgewiesen, dass Erdöl zwar ein sehr wichtiger, nicht aber der alleinige, alle anderen Sektoren dominierende Faktor in Ecuadors Ökonomie ist. Hinsichtlich der steuerpolitischen Veränderungen bestätigt meine Analyse – wenngleich mit nicht unbedeutenden Abstrichen – ebenfalls die These, dass es im Kontext der *Revolución Ciudadana* gelungen ist, die Steuerquote erkennbar zu erhöhen und das Steuersystem des Landes weniger regressiv zu gestalten (Schützhofer 2016).

Die sich aus den vorangegangen Ausführungen ergebende Forschungsfrage lautet:

> Weshalb und durch welche Strategien ist es in dem Erdölexportland Ecuador in Zeiten steigender Rohstoffeinnahmen gelungen, die rentenstaatliche Dynamik politisch aufzubrechen, Eliteblockaden zu überwinden und – entgegen den Erwartungen aus Rentenstaatstheorie und Neo-Extraktivismusdebatte – eine signifikante Erhöhung der nicht auf Erdöl beruhenden Steuereinnahmen durchzusetzen und darüber hinaus eine gerechtere Verteilung der Steuerlast zu erreichen?

Vor diesem Hintergrund gilt es herauszuarbeiten, von welchen politischen Akteuren das Thema Steuerreformen auf die politische Agenda gesetzt wurde, welche Stakeholder die Steuerpolitik der Regierung nennenswert beeinflussten und welche strukturellen Bedingungen die Veränderungen ermöglicht haben (vgl. Boeckh 2011, Gómez Sabaini 2006: 101, Hoffmann 2010: 2). Dabei gehe ich der Frage nach, warum es in Ecuador während der *Revolución Ciudadana* zunächst möglich war, signifikante Einnahmeerhöhungen durchzuführen, ohne dass es zu destabilisierenden Protesten oder Blockaden der Eliten gekommen wäre. Den steuerpolitischen Reformprozess in der Phase zumeist relativ hoher Erdöleinnahmen zwischen 2007 und Mitte 2014 bezeichne ich als *Circulo Virtuoso,* da hier, parallel zu höheren Erdöleinnahmen des Staates, signifikante Maßnahmen zur Stärkung des Steuersystems erfolgten.

Meine Analyse wird allerdings auch die bleibenden Unzulänglichkeiten der durch die Regierung Correa durchgeführten fiskalpolitischen Veränderungen aufzeigen und auf deren politökonomischen Hintergründe eingehen. Ebenso gilt es, angesichts des Einbruchs der Erdöleinnahmen seit Mitte 2014, die Fähigkeit der Regierung zu notwendigen fiskalpolitischen Anpassungen zu untersuchen und ebenso die Nachhaltigkeit der in Zeiten hoher Einnahmen getroffenen fiskalpolitischen Entscheidungen zu analysieren. Die aktuellen Entwicklungen seit dem Einbruch der Erdöleinnahmen 2014 sollen dabei als Lackmustest für die Nachhaltigkeit des Wandels betrachtet werden. Darüber hinaus ist herauszuarbeiten, warum der außerparlamentarische Widerstand in der Lage war, direkt nach Wiederwahl Correas und dem Gewinn einer deutlichen Parlamentsmehrheit durch *Alianza PAIS* bei den Wahlen 2013, den steuerpolitischen Veränderungsprozess weitgehend zu stoppen .[1]

1.3 Zum Aufbau der Arbeit

Im hier dargestellten Kapitel 1 meiner Arbeit wird ein erster Überblick über die vorliegende Analyse gegeben. Hier stelle ich die thematische Fokussierung, den kontextualen Hintergrund sowie die Fallauswahl Ecuador dar – und, nun folgend, auch den Aufbau der Arbeit.

[1] Der von Teilen der Polizei durchgeführte und von Teilen der Opposition und von Medien unterstützte Putschversuch des 30. September 2010 führte nicht zu einer anhaltenden Destabilisierung der Regierung.

In Kapitel 2 werden die theoretischen Ansätze und Perspektiven aufgezeigt, welche die für die Phase des *Circulo Virtuoso* kennzeichnende Gleichzeitigkeit hoher Rohstoffeinnahmen und verstärkter steuerpolitischer Anstrengungen nachvollziehbar machen. Dabei setze ich mich zunächst mit zwei gängigen Ansätzen zur Analyse steuerpolitischer Entscheidungen auseinander: zum einen mit der an rentenstaatstheoretische Debatten besonders anschlussfähige Fiskalvertragsthese, zum anderen mit dem Medianwähler-Theorem. Beide Ansätze können jedoch letztlich keine ausreichende Grundlage zur Formulierung meiner Forschungshypothesen bieten. Daher formuliere ich geeignetere politökonomische Forschungshypothesen, die Verschiebungen gesellschaftlicher Kräfteverhältnisse hinsichtlich der Verteilung struktureller und instrumenteller Macht als Ausgangspunkte steuerpolitischer Veränderungen kenntlich machen können. Sie sind als adäquate Ausgangspunkte für steuerpolitischen Veränderungen auszumachen und geeignet, die Reichweite des steuerpolitischen Veränderungsprozesses daran festmachen, inwieweit es gelungen ist, die Legitimität des Staates als Entwicklungsakteur und Verteilungsinstanz zu steigern (Scharpf 2004; Fairfield 2013, 2015).

Im daran anschließenden Kapitel 3 gehe ich auf ergänzende staats- und gesellschaftstheoretische Perspektiven ein. Die Kontextualisierung greift Debatten zu Staatlichkeit, Ungleichheit und Herrschaft in Lateinamerika auf und diskutiert Entwicklungswege und Strategien in der rohstoffabhängigen Peripherie. Damit sollen politische und sozioökonomische Kontextfaktoren für Auseinandersetzungen auf dem Feld der Fiskalpolitik aufgezeigt werden. Diesen Betrachtungen schicke ich eine Auseinandersetzung mit fiskalpolitischen Stabilitätsindikatoren voraus, in der ich die besonderen Bedingungen von Rohstoffabhängigkeit aufzeige – und auch die in Ecuador vollzogene Dollarisierung, also die Übernahme des US-Dollars als offizielles Zahlungsmittel, thematisiere.

Bevor ich den empirischen Teil meiner Analyse beginne, lege ich in Kapitel 4 meine methodische Herangehensweise dar. In einem ersten Schritt gehe ich auf signifikante Indikatoren für eine extraktivistische Entwicklungsweise und fiskalpolitischen Wandel ein. Danach erläutere ich die Methode zur Erhebung und Auswertung qualitativer Daten, die aus den Interviews von Expert*innen und Stakeholder*innen ermittelt wurden und durch Medienberichterstattungen und akademische Analysen ergänzt werden. Abschließend stelle ich die angewendete komparative Methodik vor, die es mir ermöglicht, Anhaltspunkte zur Prüfung der unterschiedlichen Hypothesen im zeitlichen Ablauf herauszuarbeiten.

In Kapitel 5 beginnt der empirische Teil der Analyse mit einem – auf steuer- und fiskalpolitische Zusammenhänge fokussierten – historischen Rückblick. Dabei betrachte ich die Auseinandersetzungen um die Steuer- und Fiskalpolitik in Ecuador seit der Unabhängigkeit des Landes im Kontext unterschiedlicher Entwicklungsweisen. Die Analyse der Fiskalpolitik der Militärdiktaturen im Kontext des *Boom Petrolero* in den 1970er Jahren und der steuerpolitischen Veränderungen in Folge des Aufbaus der semi-autonomen Steuerbehörde SRI ab Ende der 1990er Jahre dienen mir kontextbezogen als Referenzperioden für steuerpolitische Veränderungen während der *Revolución Ciudadana.*

Der historische Rückblick geht meiner Darstellung der sozio-ökonomische Entwicklung Ecuadors im Kontext der *Revolución Ciudadana* voraus, auf die ich in Kapitel 6 explizit eingehe. In spezifischen Abschnitten betrachte ich zunächst die in dieser Phase vorfindlichen sozialen und ökonomischen Indikatoren. Dann setzte ich mich mit den politischen Maßnahmen der Regierung Correa auseinander. Dies geschieht vor dem Hintergrund von deren Zielsetzung, eine diversifizierte Wirtschaftsstruktur aufzubauen, und mit Bezug auf unterschiedliche makroökonomische Kontexte.

Daran anschließend befasse ich mich in Kapitel 7 detailliert mit der Fiskalpolitik während der *Revolución Ciudadana.* Ich beginne dabei mit der Darstellung grundlegender Charakteristika des ecuadorianischen Fiskalsystems, um in einem zweiten Schritt einen quantitativen Überblick über Ecuadors Staatsfinanzen seit 2007 zu präsentieren. Darüber hinaus benenne ich die in der Verfassung von 2008 enthaltenen fiskal- und steuerpolitischen Leitlinien und stelle sie den konkreten Veränderungen seit 2007 gegenüber.

In Kapitel 8 stelle ich die – auf Grundlage meiner Feldforschungen ermittelten – unterschiedlichen Positionen von Stakeholder*innen und Expert*innen dar. Ich gehe hierbei auf wichtige Argumente zu den für die vorliegende Arbeit zentralen fiskalpolitischen und entwicklungsstrategischen Fragestellungen ein und arbeite unter diesem Aspekt die Positionen wichtiger Stakeholder heraus. Darüber hinaus berücksichtige ich deren politischen Strategien und Handlungsmuster.

Auf diesen Ergebnissen aufbauend, werde ich in Kapitel 9 jene Faktoren im zeitlichen Ablauf herausarbeiten, die den analysierten Veränderungsprozess Ecuadors ermöglicht oder begrenzt haben. Hier betrachte ich schließlich – vom im folgenden 2. Kapitel vorgestellten Modell des *Circulo Virtuoso* ausgehend – den fiskalpolitischen Entwicklungsprozess seit 2007 und stelle diesem die fiskalpolitischen Auseinandersetzungen ab 2014 gegenüber.

In Kapitel 10 fasse ich meine Erkenntnisse zu Reichweite und Grenzen des bisherigen Veränderungsprozesses in Ecuador während der *Revolución Ciudadana* fokussiert zusammen und diskutiere eingehend die theoretischen und praktischen Schlussfolgerungen, die aus meine Analyseergebnissen abzuleiten sind. Abschließend thematisiere ich die anstehenden Herausforderungen für Ecuadors zukünftige Steuer- und Fiskalpolitik.

2. Ansätze und Hypothesen zur Überwindung des fiskalpolitischen Ressourcenfluchs

In dieser Arbeit wird die Steuer- und Fiskalpolitik als zentrale Arena verteilungspolitischer Auseinandersetzungen analysiert, bildet sie doch eine elementare Grundlage moderner Staatlichkeit und ist zugleich wesentliches Feld politischer Auseinandersetzungen um Entwicklungsstrategien. Das Steuermonopol des Staates kann dabei als die andere Seite der Medaille des staatlichen Gewaltmonopols verstanden werden (Burchardt 2012). Zudem wird der Fiskalpolitik – die neben der Einnahmeseite inklusive der Kreditaufnahme des Staates auch die Ausgabenpolitik umfasst – eine Scharnierfunktion zwischen Staat und Gesellschaft sowie eine zentrale Relevanz für die Analyse der verteilungspolitischen Wirkung des Staates zugeschrieben (Boeckh 2011). Das staatliche Budget, so betonte bereits der Begründer der kritischen Finanzsoziologie Rudolf Goldscheid (1976 [1917]: 188), stelle das „aller Ideologie entkleidete Gerippe des Staates" dar und sei durch die Art der Einnahmen prädeterminiert. Für die Region Lateinamerika diagnostiziert Boeckh (2011: 81), dass sich hier häufig ein armer Staat einer Gesellschaft gegenübersieht, in der sich ein enormer Reichtum in den Händen weniger konzentriert und dass dieser dazu neigt, seine chronische Unterfinanzierung durch riskante und höchst kostspielige Formen der Kreditfinanzierung zu überbrücken.

Wie ich in den folgenden Abschnitten darlegen werde, ist die Fiskalpolitik einer jener Politikbereiche, die für wirtschaftliche Eliten eines Landes von allergrößtem Interesse sind. Dies ist besonders schon deshalb der Fall, weil Steuererhöhungen für gewöhnlich

> „klare, vorhersehbare und direkte Verluste bedeuten, die ökonomische Eliten leicht erkennen können. Obgleich es etwas Abweichungen in ihren Einstellungen geben kann, mögen Wirtschaftseliten im Allgemeinen keine Steuererhöhungen, die sich auf ihre Einkommen, Profite oder Vermögenswerte auswirken." (Fairfield 2015: 27)

Vor diesem Hintergrund eignet sich die Analyse der Steuerpolitik besonders dazu, Verteilungskämpfe zwischen Staat, Wirtschaftseliten und Nicht-Elitesektoren zu analysieren und das Maß an staatlicher Macht und Legitimität gegenüber Ober- und Mittelklassen in Betracht zu nehmen (Di John 2006; Di John und Putzel 2009).

Die Finanzierung bürgerlich-kapitalistischer Staaten speist sich aus unterschiedlichen Quellen, die hier benannt werden sollen: Steuern und – besonders im Falle von rohstoffabhängigen Staaten – auch Renteneinnahmen, stellen hierbei die größten Bereiche dar. Auch Überschüsse staatlicher bzw. öffentlicher Unternehmen können zur Staatsfinanzierung herangezogen werden, spielen aber in kapitalistischen Marktwirtschaften meist eine untergeordnete Rolle.[2] Aus neoliberal anti-etatistischer Perspektive wird dahingehend argumentiert, dass es infolge von Rohstoffeinnahmen zur Ausdehnung von Verteilungsfunktionen und zu einem großen staatlichen Unternehmenssektor komme, was hier implizit als negativer Faktor gesehen wird (vgl. Rosser 2006: 15-16). Demgegenüber sind die von Steuerbürger*innen erhobenen Steuereinnahmen der Staates – anders als Renteneinnahmen oder auch Gewinne aus staatseigenen Betrieben – erstens von der Existenz eines prosperierenden Privatsektors abhängig und zweitens von der Fähigkeit des Staates, das Steuermonopol gegenüber privaten Akteuren durchzusetzen und staatliche Legitimität zu gewinnen (Green 2012: 70).

In diesem Kontext ist die Betrachtung der fiskalpolitischen Performance des rohstoffabhängigen Staates Ecuador in den Jahren 2007 bis 2014 interessant. Sie weicht deutlich von den negativen Erwartungen ab, die grundsätzlich von einer fiskalpolitischen Dimension des Ressourcenfluchs ausgehen. Entgegen rentenstaatstheoretischer Erwartungen gelang es – parallel zu relativ hohen Rohstoffeinnahmen – eine erkennbare Steigerung der Fiskal- und Steuerquote und, damit verbunden, eine solide Finanzierung öffentlicher Investitionen und Leistungen zu erreichen. Ab der zweiten Jahreshälfte 2014 und in den von wirtschaftlichen Krisentendenzen geprägten Jahren 2015 und 2016, stand die Steuer- und Fiskalpolitik der Regierung Correa in dieser Phase angesichts fallender Einnahmen vor neuen Herausforderungen.

In meiner Arbeit stelle ich die steuer- und fiskalpolitischen Veränderungen in Ecuador im Zeitraum von 2007 bis 2014 dar, ausgehend vom Modell eines *Circulo Virtuoso* (siehe Abbildung 1). Die Grundidee dieses Modells ist es, dass erhöhte staatlichen Erdöleinnahmen (0) Veränderungen der Steuer- und Ressourcenpolitik in der ersten Phase der Positivspirale ermöglichten. Da gleichzeitig auf populistische Steuersenkungen verzichtet wurde, standen nun Mittel für höhere öffentliche Ausgaben und Investitionen zur Verfügung (1). Das erhöhte die Zufriedenheit mit der Regierung und den öffentlichen Leistungen (2). Dies wiederum erlaubte nachhaltige Verbesserungen der staatlichen Fähigkeit beim Steuereinzug und erhöhte die Akzeptanz von Steuern bei Bürger*innen und Unternehmen (3). Das Modell des *Circulo Virtuoso* dient mir dazu, den steu-

[2] Ihre Bedeutung hat sich mit den Privatisierungstendenzen seit den 1980er Jahre weiter verkleinert. Historische Beispiele für Staaten, die sich stärker aus eigenen Einnahmen finanzierten, sind Preußen und Österreich – die staatliche Eisenbahnen, Post und Bergbau entwickelten – und denen zugleich eine stärkere Tendenz zum Autoritarismus nachgesagt wird (Moore 2008: 59). Die Staaten des „real existierenden Sozialismus" finanzierten sich ebenfalls weitgehend durch Staatsunternehmen. Außerdem können Staatsfirmen auch zur Bereitstellung öffentlicher Güter dienen und nicht gewinnorientiert arbeiten, oder eine wichtige Rolle in Strategien zur Diversifizierung der Produktionsmatrix wahrnehmen und daher zunächst keine Gewinne abwerfen (Chang 2007a). Die zur Finanzierung von Staatsaufgaben herangezogenen Einnahmen aus staatlichen Unternehmen können auf effizientes Wirtschaften, aber auch auf Monopole, beziehungsweise Einschränkungen des Wettbewerbs zurückgehen.[2] In Analysen zu heutigen Entwicklungsländern werden Staatsunternehmen jedoch häufig als Belastung öffentlicher Haushalte wahrgenommen (Moore 2008: 60). Der Nutzen öffentlicher Unternehmen ist allerdings nicht auf Transferzahlungen an den Staatshaushalt beschränkt, sondern kann ebenfalls in nicht-monetären positiven Externalitäten liegen, beispielsweise durch die Bereitstellung kostengünstiger öffentlicher Transportmittel. Ohne eigene Einnahmen sind Staaten auf Steuern und Abgaben angewiesen.

erpolitischen Reformprozess in Ecuador im Zeitverlauf nachvollziehbar zu machen und zu Aneignung und Nutzung von Rohstoffeinnahmen und staatlichen Leistungen in Beziehung zu setzen. Ausgehend von der Strukturierung des analysierten Veränderungsprozesses mit Hilfe des soeben skizzierten Modells, komme ich in Kapitel 9 auf Basis meiner empirischen Forschungsergebnisse auf den Verlauf steuer- und fiskalpolitischer Auseinandersetzungen im Kontext der *Revolución Ciudadana* zurück.

Abbildung 1: Das Modell des *Circulo Virtuoso*

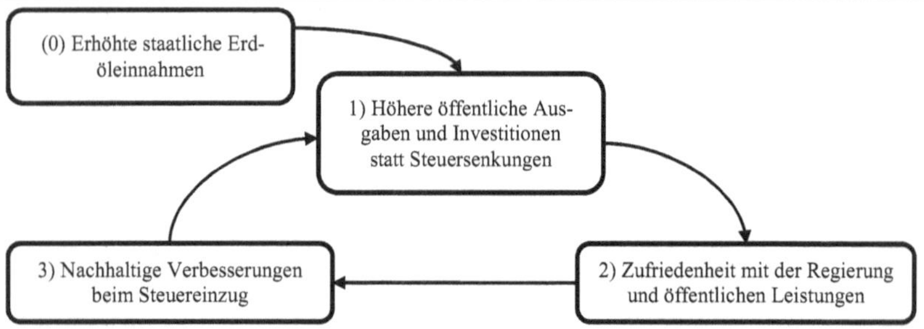

Quelle: Schützhofer 2016

Das folgende Unterkapitel 2.1 beginne ich mit einer Spezifizierung hinsichtlich der fiskalpolitischen Dimension des Ressourcenfluchs (Karl 2004; Acosta 2012; Burchardt 2014). In den Abschnitten 2.1.1 und 2.1.2 gehe ich dann auf zwei ebenso verbreitete wie gegensätzliche Ansätze zur Bestimmung der ausschlaggebenden Faktoren fiskalpolitischer Entscheidungen ein: auf die – an rentenstaatstheoretische Analysen zu den fiskalpolitischen Herausforderungen rohstoffabhängiger Staaten besonders anschlussfähige – Fiskalvertragsthese und auf das demokratietheoretisch inspirierte Medianwähler-Theorem (Mahon Jr. und Bergman 2015: 12). Die Diskussion dieser Perspektiven dient dazu, wichtige Aspekte dieser theoretischen Perspektiven aufzugreifen, aber auch jene Faktoren aufzuzeigen, die gegen ihre Eignung als Basis für Erklärungsansätze des hier analysierten ecuadorianischen Beispiels sprechen.

Um den zu analysierenden Problemstellungen adäquat gerecht zu werden, formuliere ich im Unterkapitel 2.2 Hypothesen bezüglich instrumenteller und struktureller Macht insbesondere wirtschaftlicher Eliten, die ich für die Analyse des vorliegenden Fallbeispiels als besonders geeignet erachte (vgl. Fairfield: 2013, 2015). Des Weiteren ist erstens zu untersuchen, wie – ausgehend von Verschiebungen im Bereich der instrumentellen Macht beziehungsweise größerer politischer Autonomie von Staat und Regierung – auch Institutionen und Mechanismen geschaffen wurden, die insgesamt zu einer höheren *Input*-Legitimität geführt haben. Zweitens gilt es zu analysieren, ob es gelungen ist, ausgehend von einem durch Rohstoffeinnahmen bedingt zeitweise größeren staatlichen Handlungsspielraum, auch die für steuerpolitische Entscheidungen zentrale *Output*-Legitimität staatlichen Handelns zu steigern.

Im letzten Unterkapitel (2.3) konzentriere mich auf die für den hier diskutierten Fall Ecuador relevanten Mechanismen des Zusammenwirkens der genannten Faktoren in steuerpolitischen Reformprozessen.

2.1 Renten, Staaten, Wähler – Perspektiven auf fiskalpolitische Entscheidungsdeterminanten bei Rohstoffabhängigkeit

In den nachfolgenden Abschnitten sollen zwei unterschiedliche Perspektiven auf Bestimmungsfaktoren der Fiskal- und Steuerpolitik diskutiert werden. Davor sind allerdings einige zentrale rentenstaatstheoretische Thesen zu den besonderen fiskalpolitischen Herausforderungen, denen sich Staaten in rohstoffabhängigen Ländern gegenübersehen, zu rekapitulieren.

Von der Notwendigkeit befreit zu sein, Geld für die Staatsausgaben mittels mehr oder weniger hoher Zinsen im Ausland zu requirieren oder die eigene Bevölkerung zu besteuern, kann als Hauptunterscheidungsmerkmal von Rentenstaaten zu anderen Staaten bezeichnet werden (Peters 2014). Damit scheint sich für Rentenstaaten die Möglichkeit zu ergeben, die Abhängigkeit von ausländischen Gläubigern ebenso zu vermeiden wie Konflikte mit von Besteuerung betroffenen inländischen gesellschaftlichen Gruppen, offenbar eine recht privilegierte Ausgangslage, um problemlos Entwicklungsprozesse in Gang setzen zu können. Eine wesentliche Einschränkung ergibt sich diesbezüglich jedoch durch die Volatilität der Rohstoffpreise auf dem Weltmarkt, die langfristige Entwicklungsplanung staatlicherseits erschwert und zudem rohstoffabhängige Staaten zu einer prozyklischen Ausgabenpolitik verleitet (Burchardt und Peters 2015: 24–25). Hinzu kommt, dass die Annahme einer per se positiven Wirkung staatlicher Investitionen als direkte Folge von Rohstoffeinnahmen auf der Annahme basiert, dass die politischen Entscheidungsträger über vollständige Informationen und umfassendes Wissen darüber verfügen, wie Entwicklung gefördert werden kann. Dieses Argument geht demnach davon aus, dass die Entscheidungen für bestimmte Investitionen auf der Hand liegen, dass die entsprechenden Entscheidungen nach rein sachorientierten, zielspezifischen Kriterien getroffen werden und dass auch die staatlichen Kapazitäten für die Umsetzung der Entscheidungen vorhanden sind (Stevens und Dietsch 2008: 56–57).

Genau hieran sind aber in der politischen Realität und Praxis Zweifel angebracht, da Rohstoffeinnahmen eines Staates dessen Regierung von Kontroll- und Regulierungsinstanzen unabhängiger machen. So wird gerade in der beschriebenen Unabhängigkeit von Rentenstaaten eine wichtige Ursache für fehlende ökonomische Effizienz gesehen und auch für die mangelnde Verankerung liberaler Kontrollrechte[3] bei der Ressourcenallokation (Herb 2005, Moore 2011; Ross 2014).

> „Die zentrale Idee ist dabei, dass ein autoritärer Staat aufgrund der Einnahmen aus dem Rohstoffexport, die als externe Renten verstanden werden, erstens auf eine Besteuerung der eigenen Bevölkerung weitgehend verzichten kann und zweitens die finanziellen Mittel besitzt, um die Unterstützung wichtiger Bevölkerungsgruppen zu „kaufen“ oder um einen repressiven Staatsapparat zu errichten. Damit fehlen in Rentierstaaten Anreize, eine effiziente Staatsverwaltung aufzubauen, um das Funktionieren des Gemeinwesens sicherzustellen; sozioökonomische Probleme aller Art werden durch die Verteilung von Petrodollars zu lösen versucht. Im Ergebnis hat der Rentierstaat nur begrenzte Steuerungskapazitäten und wird durch Schwankungen der Weltmarktpreise für Rohstoffe in seiner Stabilität gefährdet.“ (Heinrich und Pleines 2014: 29–30)

Andererseits hat sich in der Debatte um die Auswirkungen von Rohstoffeinnahmen auf die fiskalpolitische Performance herausgestellt, dass die Auswirkungen nicht deterministisch sind und vor einem Anstieg der Rohstoffeinnahmen bestehende Institutionen und Governance-Systeme hierfür eine wichtige Bedeutung haben (Bebbington 2013: 5). Rentenstaatstheoretische Beiträge begründen Annahmen über mögliche negative Auswirkungen von Rohstoffeinnahmen meist mit fiskalvertragstheoretischen Argumenten, die sich daher als vielversprechender Ausgangspunkt für die Analyse steuerpolitischer Veränderungen im rohstoffabhängigen Ecuador anbieten.

2.1.1 Zur Fiskalvertragsthese

Die Finanzsoziologie beschäftigt sich mit der Interdependenz zwischen öffentlichen Finanzen – das heißt, den Institutionen und Maßnahmen, die Ausgaben und Einnahmen regeln (Finanzvariable) – und den mit diesen korrespondierenden gesellschaftlichen Prozessen und Strukturen (Burghardt 1979: 45). Zu letzteren gehören die Wirtschaftsstruktur, das Institutionensystem, die Zusammensetzung der Regierungskoalition und das Ausmaß interner und externer Konflikte (ebd.; Timmons 2005: 532). Ohne Einnahmen aus dem Rohstoffsektor ist der Staat in kapitalistischen Marktwirtschaften für seine Finanzierung weitgehend auf Steuern angewiesen. In dieser Erkenntnis stimmen Vertreter der bürgerlichen Finanzsoziologie im Anschluss an Schumpeter (Moore 2004, 2008, 2011; Schlichte 2005) mit kritischen, an Goldscheid anknüpfenden Arbeiten überein (Hickel 1976; Krätke 1986; Stützle 2008). Die in einer Gesellschaft vorherrschenden Positionen und Handlungsmuster zu Steuerfragen sind aber nicht einfach das Spiegelbild ökonomischer Strukturen oder die direkte Folge verfügbarer Renteneinnahmen, sondern auch die Folge

[3] Es ist eher ein Bezug von Steuerstaatlichkeit zu liberalen Kontrollrechten empirisch nachzuweisen als zu Demokratie im Allgemeinen (Moore 2008: 48; vgl. Garcia und Von Haldenwang: 2015). Es geht zunächst um Mitsprache- und Kontrollrechte einiger wohlhabender Bürger (Moore 2008: 48). Die Beziehung von Markt und Demokratie kann eher als eine schwierige und stürmische Ehe denn als eine glückselige Partnerschaft dargestellt werden (Green 2012: 66).

komplexerer Sozialisierungsprozesse und kann sich zudem zwischen unterschiedlichen gesellschaftlichen Gruppen (Lohnabhängige, Selbstständige, etc.) unterscheiden (Burghardt 1979: 57). Die Knappheit der verfügbaren Ressourcen als Ausgangspunkt für fiskalpolitische Entscheidungen ist eine prägende Charakteristik, die das Finanzgebaren des modernen Steuerstaats von früheren Formen der Haushaltsführung in feudalen und absolutistischen Systemen unterscheidet.[4] Das finanzsoziologische Paradigma eines impliziten Fiskalvertrags geht von positiven Effekten einer verbesserten Beziehung zwischen Staat und Steuerzahler*innen aus (Timmons 2005; Moore 2008). Der enge Bezug von fiskalvertrags- und rentenstaatstheoretischen Arbeiten wird in Karls Analyse (2007: 256) deutlich, der einen weitreichenden Fiskal- und Sozialpakt als notwendig sieht, um das Rentseeking rund um die Erdölausbeutung zu überwinden.

> „Steuerpolitik wird eine Quelle gesunder Auseinandersetzungen zwischen ihnen [den Steuerzahler*innen] und dem Staat. Letztlich fördert die Abhängigkeit des Staates von Steuereinnahmen Verhandlungen mit den Steuerzahlern und es kommt zum Tausch einer (quasi-) freiwilligen Erfüllung der Steuerpflicht gegen eine institutionalisierte Kontrolle über die öffentliche Ordnung." (Moore 2008: 35)

Aus dieser Perspektive betrachtet, führt die Finanznot des Staates zu Zugeständnissen an die Steuerzahler*innen in Form von Partizipationsmöglichkeiten und Kontrollrechten.

Besley und Persson (2014: 116) weisen in diesem Zusammenhang auf das Fehlen eines starken *Compliance-Systems* in den meisten Ländern niedrigen Einkommens hin, was wiederum zu niedrigeren tatsächlichen Einnahmen führt als dies die Steuersätze erwarten lassen. Für die Erhöhung von Steuereinnahmen ist aber eine effiziente Steuerverwaltung von zentraler Bedeutung (Moore 2008). Die Fähigkeit eines Staates, Steuern zu erheben, basiert fiskaltheoretischen Ansätzen zufolge nicht nur auf dem Aufbau von staatlicher Zwangsgewalt, sondern bedeutet auch eine Veränderung der Art und Weise, wie diese Zwangsgewalt ausgeübt wird. Sie kann demzufolge nicht nur durch Enteignungen und andere radikale Formen erfolgen, sondern auch durch ein regelbasiertes System (Besley und Persson 2014: 118). Diesbezüglich ergeben sich für Steuerstaaten starke Anreize zum Aufbau jener Institutionen, die den Rahmen marktwirtschaftlicher Entwicklung bilden und die Formalisierung wirtschaftlicher Aktivitäten attraktiv machen (ebd.).

In der Fiskalvertragstradition ist die Nicht-Erfüllung von Steuerpflichten mitunter nicht in erster Linie ein strafrechtlich relevantes Vergehen, sondern die Verweigerung der Steuerzahlung wird als Möglichkeit der Bürger*innen gesehen, um staatliche Autoritäten in die Reichweite des Staates zu begrenzen (Timmons 2005: 534). Steuerzahler*innen werden hier durch ihre ökonomische Opposition zu steuerpolitischen Akteuren. Ein weiterer zentraler Akteur in Auseinandersetzungen zu Steuerfragen ist zweifellos die Regierung, deren oberstes Interesse es ist, die Staatsfinanzierung zu sichern und deshalb in besonderer Weise an jene Gesellschaftssektoren gebunden ist,

---

[4] Besteuerung diente in diesen Fällen dazu, die fürstliche Kammer zu füllen und wurde nicht mit einer Ausgabenpraxis verbunden, die am Wohlergehen des Volkes und wirtschaftlicher Dynamik gemessen wurde. Nicht Knappheit, sondern Verschwendung durch den Fürsten auf Basis von Zwangssteuern ohne politische Repräsentation (Goldscheid 1976 [1926]: 263).

die mit einen Großteil der Steuerzahlungen tätigen. Die Regierung wird hier implizit als von den wirtschaftlichen Eliten getrennter Akteur konzipiert. Dabei scheint die vor allem für Europa und Nordamerika herausgearbeitete Entstehungsgeschichte moderner Steuer- und Fiskalstaaten als Aushandlungsprozess zwischen Monarchie und aufstrebendem Bürgertum durch. Dieses idealisierte Modell kann kaum auf den Entstehungskontext postkolonialer lateinamerikanischer Staaten übertragen werden (Centeno 1997), wie ich im nachfolgenden Kapitel noch genauer ausführen werde

Die Möglichkeiten staatlicher Umverteilung müssen vor dem gedanklichen Hintergrund der Fiskalvertragstheorie jedoch als beschränkt gelten. Das gilt allein schon deshalb, weil es starke Anreize für den Staat gibt, vor allem jenen Gruppen staatliche Leistungen zukommen zu lassen, die ihm durch ihre Steuerzahlungen staatliche Ausgaben möglich machen. Umgekehrt gilt, dass diejenigen gesellschaftlichen Gruppen, die keine oder nur wenig Steuern zahlen (können), durch den Steuerstaat auch weitgehend vernachlässigt werden (Timmons 2005: 532). Ausgabenerhöhungen für Bildung und Soziales müssten demnach durch höhere Verbrauchssteuern finanziert werden, da diese in erster Linie von Mittelschichten und *Sectores Populares* getragen werden. Höhere direkte Steuern müssten hingegen mit verbesserten Eigentumsrechten und Verbesserungen öffentlicher Infrastruktur zusammenfallen, die von Eliten genutzt wird, beziehungsweise für diese besonders wichtig ist (vgl. Timmons 2005). Von Schiller (2015: 3) resümiert, dass die Suche nach einem Abkommen zwischen Regierung und Wohlhabenden im Rahmen eines Tauschs von Steuerzahlungen gegen staatliche Leistungen eine Möglichkeit wäre, die Bereitschaft der Wohlhabenden Steuern zu zahlen zu erhöhen. Damit dies gelingt, so die Fiskalvertragsthese, muss die Regierung glaubwürdig eine Nutzung der Einnahmen im Sinne der Wirtschaftseliten in Aussicht stellen.

Die beschriebene quasi 'symbiotische' Beziehung entsteht demzufolge dann aber nicht, wenn Staaten auf Rohstoffrenten zurückgreifen können und daher nicht dazu gezwungen sind, in einen Aushandlungsprozess mit den Bürger*innen einzutreten, der letztlich – idealtypisch – zu einem Tausch von Steuerzahlungen und Kreditgewährung gegen Kontroll- und Partizipationsrechte führt (Brautigam et al. 2008). Bei Rentenstaaten existiert die ökonomische Abhängigkeit von der privatwirtschaftlichen Dynamik nur eingeschränkt. Der daraus folgende ‚Fluch des Überflusses' wird daher als Kernproblem so genannter Rentenstaaten ausgemacht (Karl 2007; Moore 2008: 34; Acosta 2012; Burchardt und Peters 2015). In der Folge dieses Überflusses ergebe sich für die Ressourcenverwendung der Effekt, dass politische Loyalitäten, verstärkt durch Klientelnetzwerke gefestigt werden. Darüber hinaus bestehe eine höhere Bereitschaft, zu Mitteln der Repression zu greifen und oppositionelle Bestrebungen zu unterdrücken.

Daraus folgt im Rahmen des vorgestellten Theorieansatzes die Forderung nach institutionellen Arrangements, die vor einer politisch motivierten Zuteilung der Rohstoffrente schützen und dabei helfen, eine effiziente und transparente Ressourcenverwendung sicherzustellen, die das Vertrauen der Steuerzahler*innen – steuerpflichtige Bürger und Unternehmen – in den Staat erhöhen. Ein häufig diskutiertes Werkzeug in diesem Kontext ist die Einrichtung eines Rohstofffonds, in den ein Teil der Renteneinnahmen angelegt und somit dem Zugriff der jeweiligen Regierung entzogen wird (vgl. Rosser 2006, Clemens und Fuhrman 2008, Bleischwitz und Bringezu 2009).

> „Die Theorie legt nahe, dass eine Verbindung besteht von (a) der Abhängigkeit von *Renten* an Stelle von Steuern, zu (b) der Tatsache, dass die öffentliche Autorität in weiten Teilen des Südens oft relativ illegitim, ineffektiv und nicht rechenschaftspflichtig ist ('schlechte Regierungsführung'). Einfacher ausgedrückt, die Annahme lautet, dass die Abhängigkeit von Regierungen von einer breiten Steuerbasis zur Qualität der Regierungsführung beiträgt." (Moore 2008: 34)

Neben einem vertrauenswürdigen Steuervollzug hängt die Akzeptanz von Steuern auch von den Erwartungen ab, die mit der Verwendung von Steuergeldern verbunden sind. Die Idee, den soeben beschriebenen Aushandlungsprozess auch bei Rentenstaaten durch strenge Fiskalregeln und institutionelle Arrangements wie Ressourcenfonds künstlich herzustellen, birgt das Problem, dass es sich lediglich um eine konstruierte Finanzknappheit des Staates handelt. Das Interesse dieser Staaten, auf Rohstoffeinnahmen zurückzugreifen und störende institutionelle Hürden einzureißen, ist daher stets vorhanden.[5]

Auch widerspricht die Idee, dass die Beschränkung des Zugangs der Regierung zu Renteneinnahmen durch den Zwang zur Einführung von Partizipations- und Kontrollrechten zu mehr Vertrauen in den Staat führe – und damit letztlich zu mehr Steuereinnahmen – der Vorstellung des Steuerbürgers als 'Konsument' staatlicher Leistungen. Dessen konsumentenentsprechende Zahlungsbereitschaft sinkt logischerweise, wenn staatliche Leistungen, zum Beispiel in den Bereichen Bildung und Gesundheit, als schlecht wahrgenommenen werden. (vgl. Daude et al. 2012). Die durch strenge Fiskalregeln erst geschaffene Finanznot des Staates führt dementsprechend nicht zu einem fiskalvertraglichen Aushandlungsprozess, sondern viel eher zu einem weiteren Niedergang des Vertrauens in die staatliche Handlungsfähigkeit.

Die Fiskalvertragsthese weist auf wichtige Zusammenhänge zwischen Kontrollinstanzen, Transparenz, Partizipationsmechanismen und der Bereitschaft Steuern zu zahlen hin.

In meiner Analyse nutze ich die hier vorgestellten fiskalvertragstheoretischen Perspektiven, um die Untersuchung steuer- und fiskalpolitischer Veränderungen in Ecuadors Geschichte und insbesondere während der *Revolución Ciudadana* anzuleiten. Als zentrales Problem der Steuererhebung erscheint aus dieser Perspektive ein intransparenter und der gesellschaftlichen Kontrolle

---

[5] Ein Beispiel für fehlende Fiskaldisziplin sieht Weyland (2009) bei aus einer Sicht radikalen Linksregierungen Lateinamerikas, von denen durch den plötzlichen Anstieg der Rohstoffeinnahmen die neoliberale Betonung der Fiskaldisziplin diskreditiert worden sei. Diese Tendenz sieht er am stärksten in Venezuela, während er in Chile eine graduelle und nüchterne Reformpolitik ausmacht. Bolivien und Ecuador sieht er als zur populistischen Linken Hugo Chávez tendieren (Weyland 2009: 145). Als ausschlaggebenden Faktor für radikalere Veränderungen sieht er eine plötzliche Erhöhung der Einnahmen durch steigende Rohstoffeinnahmen, so dass von einer ‚Ressourcenbonanza‘ in Rentenstaaten wie Venezuela, Ecuador und Bolivien gesprochen werden könne.

enthobener Regierungs- und Staatssektor, der keine Partizipation zulässt. Die in Kapitel 6 herausgearbeiteten Schritte zur sozioökonomischen Entwicklung Ecuadors und die in Kapitel 7 zusammengefassten steuer- und fiskalpolitischen Veränderungen, aber auch die Erkenntnisse, die aus dem in Kapitel 5 erfolgten historischen Rückblick gewonnen wurden, stehen den Erwartungen des soeben vorgestellten theoretischen Ansatzes in wesentlichen Punkten entgegen. Zur Beantwortung der Frage, welche Faktoren den steuerpolitischen Reformprozess in Ecuador ab 2007 ermöglicht haben, konnte dieser Ansatz daher nicht als Ausgangsbasis dienen.

2.1.2 Fiskalpolitik aus Sicht des Medianwähleransatzes

Ein anderer theoretischer Ansatz führt fiskal- und steuerpolitische Entscheidungen auf Wahlentscheidungen und das Interesse der Wählermehrheit an Umverteilung zurück. Ein auf diesem Aspekt basierendes Modell, mit dem sich Steuerhöhe und Verteilung der Steuerlast aus den ökonomischen Interessen von Wählern ableiten lassen, ist das bereits in der Einleitung angesprochene Medianwähler-Modell (Acemoglu und Robinson 2006; Boix 2008). Dieses Modell geht davon aus, dass demokratische politische Systeme besonders dann zu einem auf Umverteilung ausgerichteten Steuersystem führen, wenn zunächst ein hohes Maß an Ungleichheit existiert, da sich die politischen Entscheidungen am Medianwählerinteresse orientieren und das Einkommen der Person mit Medianeinkommen folglich deutlich unterhalb des Durchschnittseinkommens liegt (Acemoglu 2007; Besley und Persson 2014). Das Pendant zu den Wählerinteressen sind politische Parteien, die ihrerseits ihre Programmatik an den Interessen des Medienwählers ausrichten (Acemoglu und Robinson2006: 98, 99; Dehling und Schubert 2011: 58ff). Dabei wird angenommen, dass in Demokratien in gewisser Weise ein Automatismus hin zur Ausrichtung auf die Interessen der Medianwähler*innen besteht, ohne dass hierbei Collective Action-Probleme im Weg stünden (vgl. Acemoglu und Robinson 2006: 105).[6]

Der Medianwähler-Ansatz setzt jedoch im Grundsatz voraus, dass eine tatsächliche Wahlentscheidung mit nachvollziehbaren verteilungspolitischen Optionen besteht und Parteiensysteme

[6] Sofern auch das Wahlrecht von der Fähigkeit abhängt, durch Steuern zur Staatsfinanzierung beizutragen, können die durch das Medianwähler-Modell zu erwartenden steuerpolitischen Ergebnisse weitgehend mit der im vorangegangen Abschnitt diskutierten Fiskalvertragsperspektive in Übereinstimmung gebracht werden. In Umkehrung der Grundidee des Fiskalvertrags ‚Keine Besteuerung ohne Partizipation' galt in vielen, heute repräsentativen Demokratien, dagegen lange das Prinzip ‚Keine Partizipation ohne Kontribution'. Das Wahlrecht war dementsprechend zunächst an das Einkommen beziehungsweise an das Eigentum des Wählers gebunden, also an seine Fähigkeit, eine bestimmte Höhe Steuern zahlen zu können (Chang 2007; Sokoloff und Zolt 2007). Die Legislative wurde vor allem mit dem ständischen Recht der Steuerkontrolle verbunden und nach Stand und Beitrag zur Staatsfinanzierung abgestuft (Goldscheid 1976 [1926]: 264–265). In Lateinamerika war die extreme soziale Ungleichheit bis weit in das 20. Jahrhundert hinein mit einem sehr exklusiven Wahlrecht verbunden (Sokolof und Zolt 2007), wobei das Prinzip 'Keine Steuern ohne Beteiligung' im Andenraum freilich durch den Indigenentribut, einer Form der Zwangsbesteuerung gebrochen wurde. Die besonders ausgeprägte soziale Ungleichheit und Machtkonzentration in den postkolonialen Staaten Lateinamerikas hat demnach zu besonders exklusiven politischen Systemen geführt (Mahon Jr. und Bergman 2015).

ein ausreichendes Maß an Stabilität aufweisen, so dass ein Annäherungsprozess an die Medianwählerpräferenzen stattfinden kann und diesem zuwiderlaufende Entscheidungen ‚bestraft' werden können. Bezogen auf Lateinamerika lässt sich in diesem Zusammenhang allerdings Folgendes feststellen: Das hohe Maß an sozialer Ungleichheit konnte hier trotz der Regierungsübernahme von Mitte-Linksregierungen seit der Jahrtausendwende nicht entscheidend überwunden werden. Zwar kam es nach der Jahrtausendwende vor allem in den mitte-links-regierten Ländern der Region zu einem Rückgang der sozialen Ungleichheit, im internationalen Vergleich blieb sie jedoch weiterhin unübersehbar hoch (vgl. Mahon Jr. und Bergman 2015: 14).

Zu beachten ist auch, dass neoliberale Regierungen in den 1980er und 1990er Jahren ebenfalls durch demokratische Wahlen legitimiert waren. Demokratische Wahlen führten in dieser Phase nicht zu den in Medianwähler-Modellen zu erwartenden Maßnahmen zur Senkung der Ungleichheit. Auch in politischen Systemen mit repräsentativer Demokratie stellt sich der in Medianwähleransätzen dargestellte Prozess der Umverteilung im Sinne des Medianwählers nicht automatisch ein. Und auch die verteilungspolitischen Erfolge seit der Jahrtausendwende werden heute durch ein erneutes Erstarken neoliberal orientierter Akteure wieder in Frage gestellt. Einschränkend ist in Bezug auf die Legitimation neoliberal orientierter Regierungen zu erwähnen, dass neoliberale Politikansätze nicht allein innerhalb der demokratischen Spielregeln durchgesetzt wurden und werden (vgl. Schmalz 2008: 338). Auch können verteilungspolitische Konflikte auf Interessengegensätze zwischen unterschiedlichen Landesteilen konzentriert sein oder zwischen binnen- und weltmarktorientierten Sektoren verlaufen (siehe Boris 2013). Durch klientelistische Netzwerke und Abhängigkeitsverhältnisse zwischen Eliten und Teilen der *Sectores Populares* bestehen, die zu Mustern politischer Partizipation und verteilungspolitischen Allianzen führen, die den Prämissen des Medianwähleransatzes entgegenstehen (Schmalz 2008: 338), wie ich in Kapitel 3 noch näher herausarbeiten werde.

Im Rahmen des Median-Wähler Modells besteht darüber Konsens, dass verteilungspolitische Entscheidungen letztlich durch Wahlen und hier durch den Median in der Wohlstandsverteilung getroffen werden. Wie diese Entscheidung getroffen wird, welche Annahmen und Entscheidungslogik dahinter steht, ist hingegen weniger eindeutig. Eine besondere Herausforderung für das Modell stellt der Fortbestand ausgeprägter sozialer Ungleichheiten auch nach dem Übergang zu demokratischen Wahlen dar. Von Vertretern dieses Modells werden als eine Ursache für die beschriebene Problematik – auf Basis schlichter neoklassischer Annahmen – Kosten der Umverteilung geltend gemacht. Nach dieser Annahme können auch ärmere Gesellschaftssektoren auf Umverteilung durch Steuern verzichten, wenn es ihnen ohne Umverteilung absolut besser gehe. Acemoglu und Robinson (2006: 100) weisen auf die mit der Steuerhöhe steigenden Kosten bei der Erhebung von Steuern und Verlusten hin, die auf Korruption und Inkompetenz in der Verwaltung zurückzuführen seien.

Meltzer und Richard (1981: 924) Equilibrium Modell über die Größe des durch Steuern finanzierten Staatssektors bezieht sich hingegen stärker auf die Auswirkungen von Besteuerung auf die Arbeitsbereitschaft und ist somit stärker auf durch Lohnarbeit geprägte Gesellschaften und Einkommen aus Arbeit zugeschnitten. Das Modell ist daher nur bedingt auf ein stark von Extraktionsrenten geprägtes Land wie Ecuador übertragbar[7], schließlich spielt der Faktor Arbeit hier gegenüber Renten eine geringere Rolle. Generell kann die Diskrepanz zwischen der in Lateinamerika tatsächlich vorhanden sozialen Ungleichheiten und der sichtlich geringen Umverteilungswirkung der gemeinhin vorfindlichen Steuersysteme – bzw. deren oft regressive Wirkung – durch das Medianwähler-Modell nur schwerlich erklärt werden.

Vertreter*innen des Medianwähler-Modells setzen sich mit einem weiteren Aspekt auseinander, der fiskalpolitische Implikationen hat. Sie konstatieren, dass in den lateinamerikanischen Ländern das Risiko für den Fortbestand der Demokratie aus der Unzufriedenheit der Wirtschaftseliten mit der Umverteilung, genauer gesagt, durch die Erhebung direkter Steuern, entsteht. In *Good Governance* Debatten wird argumentiert, dass die Einführung der Demokratie prekär sei, wenn nicht Rechtsstaatlichkeit und Eigentumsrechte bereits vorher gewährleistet seien – was allerdings die Umverteilungswirkung demokratischer Entscheidungen einschränken würde (Scharpf 2004: 14). Dem Modell nach führen Maßnahmen zu Gunsten der *Sectores Populares* auf der Ausgabenseite weit weniger zum Widerstand der Wirtschaftseliten als die eigene Besteuerung, für die, wie bei anderen ‚Nullsummenkonflikten', ein besonders hoher Legitimationsbedarf des Staates besteht (Scharpf 2004: 5; Mahon Jr. und Bergman 2015: 14).[8]

In wenig konsolidierten Demokratien können Wirtschaftseliten erfolgreich mit dem Sturz demokratischer Regierungen drohen, um deren Umverteilungsbestrebungen von vornherein einzuschränken. Sie sind dazu bereit und sie besitzen die Fähigkeit, diese Drohung auch in die Tat umzusetzen (Slater et al. 2014: 355). Nichtkonsolidierte Demokratien leben daher unter dem Schatten möglicher *Coups*, was für Parteien und Wähler*innen zu Handlungsbedingungen führt, die sich klar von den Bedingungen in stabilen Demokratien unterscheiden, in denen die Gefahr eines Militärputsches ignoriert werden kann (Acemoglu und Robinson 2006: 222).[9] Der Medi-

---

[7] Auch in durch Lohnarbeit geprägten Ökonomien erscheint bereits die in dem Modell enthaltene Annahme einer maßgeblich durch die Steuerlast bestimmten Entscheidung zwischen Freizeit und Erwerbsarbeit als weitreichende Annahme und ihre Berücksichtigung in Wahlentscheidungen empirisch kaum belegbar. Aus der für meine Arbeit grundlegenden makroökonomischen Perspektive (siehe Kapitel 3), erscheint das Modell sinkender Produktivität durch eine höhere Steuerquote in der wirtschaftspolitischen Praxis als wenig zielführend.

[8] Renteneinnahmen senken also den Legitimationsbedarf des Staates, da sie verteilt werden können, ohne dass dazu die Besteuerung der Wohlhabenden notwendig wäre, und senken daher das Risiko eines Umsturzes durch das Militär, das im Medianwähler-Modell als Agent der Wirtschaftseliten betrachtet wird.[8] Renteneinnahmen erleichtern demzufolge unter Umständen den Übergang zur "Demokratie ohne Verlierer" und senken die Legitimitätsanforderungen, da es möglich wird, neues Einkommen zu verteilen, ohne die Umverteilung bestehenden Einkommens durchsetzen zu müssen (vgl. Scharpf 2004; Acemoglu und Robinson 2006; Dunning 2008; Slater et al. 2014).

[9] In stark ungleichen Gesellschaften haben Eliten und Bevölkerung durch Regimewechsel potentiell besonders viel zu gewinnen beziehungsweise zu verlieren, was zu Instabilität durch Revolutionen einerseits und Militärcoups andererseits führt und letztlich zu weniger Umverteilung als in Gesellschaften mit geringerer sozialer Ungleichheit als Ausgangspunkt (Acemoglu und Robinson 2006: 222). Während die mangelnde Umverteilungsbereitschaft von Diktaturen schließlich zur Mobilisierung der Bevölkerungsmehrheit und ihrem Sturz führen kann, steigert die Umverteilung durch demokratische Regierungen die Unzufriedenheit der wohlhabenden Eliten.

anwähler-Ansatz betont die Bedeutung demokratischer Wahlen in verteilungspolitischen Auseinandersetzungen. Eine Gesellschaft aber, in der fiskalpolitische Entscheidungen nach dem Willen des Medianwählers getroffen werden, kann – wie die vorangegangenen Ausführungen zeigen – nicht als Grundlage für die Beschreibung der Verhältnisse in existierenden demokratisch-kapitalistischen Gesellschaften dienen, sondern allenfalls für einen eher idealtypisch gedachten Staat Aufschluss bieten.

2.1.3 Übereinstimmung, Widersprüche und blinde Flecken der besprochenen theoretischen Ansätze

Die Betrachtung der soeben besprochenen Erklärungsansätze für steuerpolitische Veränderungen geht von einer grundsätzlich anderen Sichtweise auf verteilungspolitische Mechanismen für verteilungspolitische Entscheidungsfindung aus.

Während Institutionensystem und Staatsausgaben, der Fiskalvertragsthese folgend, von den Interessen jener sozialer Gruppen abhängen, auf die sich auch die Finanzierung des Staates stützt, orientiert sich die Fiskalpolitik im Medianwählermodell am Mehrheitswillen bzw. an den Interessen der bei Einkommen und Vermögen jeweils genau in der Mitte positionierten gesellschaftlichen Gruppe. Anders formuliert: Dem Median-Wähler Modell nach wird A besteuert um B zu begünstigen, während der Staat dem Fiskalvertragsmodell folgend Leistungen für A erbringen muss, um Steuern von A zu erhalten. Sind keine Rohstoffeinnahmen oder andere eigene Einnahmequellen des Staates vorhanden, müssen demnach regressive Steuern erhoben werden, um soziale Ausgaben tätigen zu können (Mahon Jr. und Bergman 2015: 12.).

An beide Perspektiven lassen sich Überlegungen zu Demokratie und Kontrolle staatlichen Handelns anknüpfen. Sofern Staaten aber einen großen Teil ihrer Einnahmen durch Rohstoffe finanzieren können, sind sie weniger auf die Finanzierung durch Steuern angewiesen. Dies birgt aus fiskalvertragstheoretischer Perspektive das Risiko fehlender gesellschaftlicher Kontrolle staatlichen Handelns, kann aber aus Sicht der demokratietheoretischer Debatten im Anschluss an den Medianwähler-Ansatz mitunter Verteilungskonflikte abmildern und somit die Installierung demokratischer Wahlen erleichtern.

Zwar bieten beide Perspektiven wichtige Anknüpfungspunkte zur Analyse fiskalpolitischer Tendenzen, auf die ich auch in meiner Analyse zurückgreifen werde. Allerdings stehen sie in zentralen Punkten den steuerpolitischen Ausgangsbedingungen und den ersten empirischen Beobachtungen des steuerpolitischen Reformprozesses während der *Revolución Ciudadana* entgegen. Die Knappheit an Staatseinnahmen ist aus fiskalvertragstheoretischer Sicht Ausgangspunkt für Verhandlungen mit den Steuerzahler*innen und die Herausbildung eines impliziten Fiskalvertrags. Diese Logik widerspricht der Dynamik des von mir als Ausgangsprämisse meiner Analyse formulierten *Circulo Virtuoso*, dessen empirische Basis ich in der Zusammenfassung von Veränderungen der Staatseinnahmen und der steuer- und fiskalpolitischen Veränderungen ich in Kapitel

7 weitestgehend bestätige. Außerdem zeigt die in Kapitel 5 folgende historische Betrachtung enge Verknüpfungen des Staates mit ihrerseits fragmentierten Wirtschaftseliten, also nicht einen von gesellschaftlichen Akteuren losgelösten Rentenstaat als ein zentrales und im Kontext der Verteilung von Rohstoffeinnahmen seit den 1970er Jahren verschärftes Problem. Im Sinne des Medianwählermodells kann zwar die in Kapitel 6 dargestellte sozioökonomische Entwicklung Ecuadors für die Regierungszeit Correas ein Rückgang sozialer Ungleichheit konstatiert werden, daraus ist aber angesichts ihres weiterhin im internationalen Vergleich hohen Ungleichheitsniveaus und vor dem Hintergrund der bereits in noch keine Bestätigung des Modells abzuleiten.

So bieten sie keinen plausiblen Ansatz, um den mit höherem Konfliktpotenzial und Legitimationsbedarf verbundenen Anspruch der Regierung Correa nachzuvollziehen, eine höhere Steuerquote gegenüber den Wirtschaftseliten des Landes durchzusetzen. Sie können daher nicht als theoretische Grundlage für Hypothesen dienen, die in dieser Arbeit als Ausgangspunkt zur Beantwortung der einleitend formulierten analytischen Fragestellung dienen.

2.2 Vom besetzten Staat zu neuer staatlicher Handlungsfähigkeit – Perspektiven struktureller und instrumenteller Macht

Im vorangegangenen Unterkapitel habe ich, mit der auf finanzsoziologischen Annahmen beruhenden Fiskalvertragsperspektive und dem demokratietheoretisch inspirierten Medianwähler-Modell, zwei theoretische Ansätze zur Erklärung steuerpolitischer Entscheidungen diskutiert, bzw. die Ausprägung von Steuersystemen im Hinblick auf die Höhe und Verteilungswirkung von Steuern. Allerdings habe ich dabei herausgearbeitet, dass diese Ansätze keine angemessenen Ausgangspunkte zur Erklärung der steuer- und fiskalpolitischen Veränderungen in Ecuador im Kontext der *Revolución Ciudadana* bieten. Grundlage hierfür ist die fundamentale Abweichung der auf Basis dieser Perspektiven zu erwartenden fiskal- und steuerpolitischen Dynamiken und den tatsächlich empirisch nachvollzogenen Veränderungsdynamiken in Ecuadors Fiskal- und Steuerpolitik in der Geschichte des Landes und insbesondere während der *Revolución Ciudadana*. Die insbesondere in den Kapiteln 5 bis 7 durch eine genauere empirische Betrachtung herausgearbeiteten Veränderungen bestätigen dabei in wichtigen Teilen die von mir eingangs formulierten Ausgangsprämissen und rechtfertigen daher den Verzicht auf analytische Hypothesen auf Basis der genannten Theorieansätze.

Als geeignetere Grundlage, um die in den soeben genannten Kapiteln herausgearbeiteten Veränderungen nachvollziehen zu können, haben sich politökonomische Perspektiven instrumenteller und struktureller Macht herausgestellt, die ich daher als Basis für die Formulierung von Forschungshypothesen nutze (Fairfield 2013, 2015; Mahon Jr. und Bergman 2015: 13). Dabei betrachte ich die Reichweite der Veränderungen anhand der Fähigkeit der politischen Entscheidungsträger*innen, die zu Beginn der *Revolución Ciudadana* entstandene Machtverschiebungen zu Gunsten der nationalen Regierung in eine nachhaltig höhere Handlungsfähigkeit und Legitimität von Staat und Regierung zu überführen. Ich unterscheide in diesem Zusammenhang zwischen der auf die politische Repräsentation und Partizipation beruhenden *Input*-Legitimität und der auf den Leistungen des Staates beruhenden *Output*-Legitimität (Scharpf 2004; Slater et al. 2014: 356). Mein Blick richtet sich folglich auf die Machtbeziehungen zwischen Staat und Gesellschaft, ohne diese beiden Systeme jeweils als monolithische Einheiten zu begreifen. Aus dieser Perspektive sind die steuerpolitischen Veränderungen im Kontext des *Circulo Virtuoso* (2007 bis 2014) die Folge einer größeren Autonomie der Regierung von den Wirtschaftseliten (Acemoglu und Robinson 2006; Fairfield 2013, 2015). In dieser Konstellation gelingt es der Regierung aufgrund des instrumentellen (politischen) und/oder strukturellen (wirtschaftlichen) Machtverlusts der Wirtschaftseliten, eine höhere Steuerquote durchzusetzen.

Die Perspektiven struktureller und instrumenteller Macht lassen sich auf steuerpolitische Richtungsentscheidungen beziehen, können aber für sich alleine nicht den *Circulo Virtuoso* und den in ökonomisch schwierigen Zeiten ab Mitte 2014 stärker werdenden Widerstand gegen die Fiskal- und Steuerpolitik der Regierung Correa erklären. Daher gilt es zum einen herauszuarbeiten, inwiefern die Verfügbarkeit von Rohstoffeinnahmen nicht nur konjunkturbedingt in einer Phase hoher Erdöleinnahmen zu einer stärkeren Durchsetzungsfähigkeit der Regierung gegenüber den Wirtschaftseliten geführt hat, sondern auch als Grundlage für den Ausbau staatlicher Fähigkeiten und daraus resultierende *Output*-Legitimität genutzt wurde. Zum anderen ist zu erörtern, inwiefern die Steuerpolitik der *Revolución Ciudadana* nicht lediglich durch die Krise der instrumentellen Macht ökonomischer Eliten möglich wurde, sondern ob auch neue Partizipationsmechanismen und Rechenschaftsmechanismen eingeführt wurden, durch die neue *Input*-Legitimität des Staates generiert werden konnte.

2.2.1 Von struktureller Macht zu *Output*-Legitimität des Staates – Formulierung einer Hypothese

Das Konzept struktureller Macht wurde zuerst von Block (1977) und Lindblom (1977) entwickelt. Strukturelle Macht stützt sich zum Teil auf automatische Mechanismen, für die keine Aktivierung und Koordination nötig sind. Aus dieser Perspektive betrachtet, kann die Durchsetzung höherer Steuern auf eine stärkere Durchsetzungsfähigkeit des Staates aufgrund der vorhandenen Rohstoffeinnahmen zurückgeführt werden, beziehungsweise auf die Fähigkeit der politischen Entscheidungsträger*innen, sich gegenüber den Wirtschaftseliten durchzusetzen, denen ein Interesse an einer möglichst niedrigen Steuerlast attestiert werden kann (Quinn und Shapiro 1991: 851–852; vgl. Fauvelle-Aymar 1999; Fairfield 2013, 2015).

Die in dieser Analyse diskutierte Form von Macht basiert auf der strukturellen Abhängigkeit des Staates von der Kapitalseite und zeigt sich insbesondere im Bereich der Fiskal- und Verteilungspolitik (Quinn und Shapiro 1991). Strukturelle Macht bedarf keiner expliziten Koordination oder

Fähigkeit der ökonomischen Eliten zu politischen Aktionen. Sie ergibt sich vielmehr schon aus Marktsignalen, also aus Investitionsentscheidungen, die aus einzelwirtschaftlicher Rationalität heraus getroffen werden. Besonders das Konzept der ‚ökonomischen Opposition' weist auf Mechanismen hin, die auch in fiskalvertragstheoretischen Ansätzen benannt werden (vgl. Fauvelle-Aymar 1999: 397). Das Konzept struktureller Macht geht aber über das Problem der Umgehung oder Hinterziehung der Steuerzahlung hinaus. Aus dieser Perspektive wird betont, dass Regierungen in Marktgesellschaften von privatwirtschaftlicher Produktion und Investitionen abhängig sind, und dass sie, um wirtschaftliche Prosperität zu generieren, deshalb oft vorauseilend im Interesse der Wirtschaftseliten handeln (Offe 1974: 32; Fairfield 2015).

Die Möglichkeit zur Investitionszurückhaltung und die Exit-Optionen des Kapitals, wie auch die Bedeutung des jeweiligen Sektors für das außenwirtschaftliche Gleichgewicht, haben hier eine große Bedeutung. Ebenso spielen antizipative Maßnahmen politischer Entscheidungsträger, die dazu dienen, negative Reaktionen der Wirtschaftseliten auf politische Entscheidungen zu verhindern, eine wichtige Rolle (Culpepper und Reinke 2014: 4). Die Exit-Optionen des Kapitals werden durch die politisch gewollte und durchgesetzte Liberalisierung der Weltmärkte vergrößert, wodurch die Kapitalseite von daher eine größere Drohkulisse aufbauen kann (Fisahn 2008: 310–311; Boeckh 2011). Die Reaktionen der Kapitalseite auf unliebsame Regierungsmaßnahmen wie die Erhöhungen von Steuern können in Form von Kapitalverlagerung ins Ausland und/oder Investitionszurückhaltung erfolgen, was durch die sinkende ökonomische Dynamik in der Folge zu sinkenden Steuereinnahmen und letztlich zu politischen Kosten für die Regierung führt (Moore 2008: 58), sowie deren Möglichkeiten, ihre Legitimität durch positives *Output* zu festigen, unterminiert. Mahon Jr. und Bergman (2015) weisen in diesem Zusammenhang auch auf die strukturelle Macht der Kapitalseite zur Begrenzung der Tragweite demokratischer Wahlen in kapitalistischen Gesellschaften hin. Strukturelle Macht ist dabei nicht eins zu eins aus der ökonomischen Bedeutung eines Wirtschaftssektors abzuleiten: Ebenso wichtig können Faktoren wie die Zahl der Arbeitsplätze, die Verbindung zu anderen ökonomischen Sektoren, die Flexibilität zur Produktionsverlagerung, besonderes Know-how und verfügbares Kapital sein, wobei besonders die beiden letztgenannten Aspekte im Rohstoffsektor mitunter den Faktor fehlender Flexibilität bei der Produktionsverlagerung aufwiegen können.

Über die erwähnten Automatismen hinaus besteht für die Wirtschaftseliten auch die Möglichkeit zur strategischen Nutzung ihrer strukturellen Machtposition. Dies ist besonders dann möglich, wenn die Trennung zwischen Politik und Wirtschaft, wie häufig in Staaten der Peripherie, nicht klar definiert ist und wirtschaftlicher Erfolg in weiten Teilen von politischem Einfluss und Renten abhängt (Becker 2008: 21-22). In eine andere Richtung wirken sich wirtschaftliche Prosperität und – damit verbunden – staatliche Aufträge auch auf das strukturelle Machtgefüge aus. Da die Investitionszurückhaltung einzelner privater Wirtschaftsakteure für diese mit hohen Opportunitätskosten verbunden sein kann, werden sie dieses Mittel der Einflussnahme auf wirtschaftspolitische Entscheidungen eher vermeiden. In Phasen wirtschaftlicher Prosperität sind Regierungen stärker dazu geneigt und auch besser dazu in der Lage, derartige Aktionen auszusitzen und abzuwarten, bis die politischen Ambitionen wirtschaftlicher Eliten wieder von den ökonomischen Anreizen verdrängt werden (Fairfield 2015). In diesem Zusammenhang muss auch auf die Risiken aufgrund des *Rentseeking* bei der Übernahme von Staatsaufträgen hingewiesen werden. In Krisenzeiten warnen die gleichen Wirtschaftseliten, deren Unternehmen vorher stark von der Wachstumsphase profitiert hatten, mitunter reflexhaft vor möglichen Unternehmenspleiten und fordern weitere Vergünstigungen. Auch hier nutzen sie ihre Stellung im Produktionsprozess und die Angst vor den sozialen und politischen Auswirkungen durch ökonomische Verwerfungen. Diese strukturelle Macht bleibt ihnen offenbar trotz Rentenorientierung und Abhängigkeit von direkten und indirekten Subventionen erhalten und kann lediglich zurückgedrängt, aber nicht überwunden werden. Ausgangspunkt meiner Analyse ist daher Ecuadors von Renten geprägte politische Ökonomie. Wie sich das Verhältnis von Staat und Kapital in Ecuador von einem stärker dem Idealtypus kapitalistischer, von Innovation und Akkumulationszwang bestimmten Entwicklungsweise unterscheidet, werde ich in Kapitel 3 noch genauer herausarbeiten.

All die dargestellten strukturellen Machtressourcen hängen von den auf nationaler und internationaler Ebene politisch gesetzten Rahmenbedingungen ab, die beispielsweise die Freiheit des Kapitalverkehrs bestimmen. Bezogen auf Ecuador hat die schwache (Binnen-) Integration und Differenzierung der Ökonomie beispielweises zur Folge, dass sich die Ressourcengenerierung primär auf Exporte statt auf binnenwirtschaftliche Dynamiken von Investitionen und Nachfrage stützt (Burchardt 2012: 85; zu Ecuador siehe Oliva Pérez 2016: 11). Wenn aber das wirtschaftliche Gravitationszentrum für die Eliten jenseits der Landesgrenzen liegt, wirkt sich dies negativ auf die Fähigkeit zur Durchsetzung des Steuermonopols aus (ebd.).

> Aus der hier dargelegten Perspektive struktureller Macht lässt sich folgende Hypothese formulieren:
>
> Steigende Rohstoffeinnahmen haben in Ecuador zu höheren öffentlichen Einnahmen und damit zu einer Stärkung des Staates gegenüber ökonomischen Eliten geführt, da diese Rohstoffeinnahmen des Staates die strukturelle Investitionsmacht des Privatsektors schwächen konnten. Die Nutzung der Rohstoffeinnahmen erhöhte die Investitionstätigkeit des Staates, führte zu einer positiveren Wahrnehmung des Staates in der Gesellschaft und zu mehr Unterstützung für die Regierung durch ihre vergrößerte *Output*-Legitimation. Diese wiederum ermöglichte es der ecuadorianischen Regierung, im Rahmen des *Circulo Virtuoso* eine höhere Steuerquote auch gegen die Einkommens- und Vermögenseliten durchzusetzen.

Aus dieser Perspektive können höhere Erdöleinnahmen als zentraler Faktor für einen Zuwachs an Durchsetzungsfähigkeit des Staates gegenüber dem Privatsektor gesehen werden. Die Investitionen aus Erdöleinnahmen in entwicklungsfördernde Projekte können demnach die Wahrnehmung der Problemlösungskompetenz des Staates stärken. Inwieweit politische Entscheidungsträger auf Basis von gestiegenen Rohstoffeinnahmen jedoch eine aktivere wirtschaftspolitische Rolle des Staates anstreben, hängt nicht zuletzt auch von verschiedenen institutionellen und auch ideologischen Voraussetzungen ab.

Ein wichtiger Faktor dabei ist der Aufbau staatlicher Fähigkeiten durch die Überwindung von Finanzierungshemmnissen und von administrativer Inkompetenz (Slater et al. 2014: 354). Die Grenzen der staatlichen Fähigkeit zur sozioökonomischen Transformation sind durch den Kooperationsbedarf mit Wirtschaftseliten bestimmt, die auch in einem Land mit signifikanten Renteneinnahmen wie Ecuador bestehen. Die Sicherung der politischen Legitimität des kapitalistischen Staates basiert auch auf seiner Fähigkeit, die Bedingungen für die Kapitalakkumulation abzusichern. Dafür ist aber ein gewisses Maß an staatlicher Autonomie nötig, da nur durch sie das Zurückdrängen partikularer Kapitalinteressen ermöglicht wird (Jessop 2009: 80-81). In einem idealtypischen Rentenstaat kann die politische Führung ihre Legitimität hingegen durch die Verteilung der Renteneinnahmen stützen, die nach politischen Kriterien verteilt werden können. Die Anforderungen an die ökonomische Effizienz und die demokratische Qualität der Entscheidungsprozesse sind hier geringer, da stärker auf Besteuerung verzichtet werden kann. Dies ist allerdings nicht der Fall, wenn Renteneinnahmen zwar eine wichtige Rolle spielen, ebenso aber Steuern, und auch dann nicht, wenn Defizite bei der Verwendung von Staatseinnahmen und bei der Regulierung privatwirtschaftlicher Aktivitäten im Sinne nachhaltiger ökonomischer Entwicklung negative Konsequenzen für Stabilität und Legitimität politischer Entscheidungen haben. Dauerhafte Legitimität staatlicher Entscheidungen kann hier nur geschaffen werden, wenn diese Entscheidungen wirtschaftliche Effizienzkriterien beachten.

Die empirisch dokumentierten Fälle, in denen höhere Rohstoffeinnahmen – ganz den rentenstaatstheoretischen Erwartungen entsprechend – zu einer Schwächung der Steuerverwaltung und zur Senkung der Steuern auch von Wirtschaftseliten geführt haben, zeigen allerdings auch, dass es sich bei der Verfügung über Rohstoffeinnahmen zunächst nur um eine potentielle Stärkung des öffentlichen Sektors gegenüber den privaten Wirtschaftseliten handelt. Diese potentielle Stärke wird aber nur dann wirksam, wenn – wie in Ecuador während der *Revolución Ciudadana* – die zentralen staatlichen Entscheidungszentren die hierfür notwendige Autonomie von den Wirtschaftseliten besitzen.

2.2.2 Von instrumenteller Macht und *Input*-Legitimität – Formulierung einer Hypothese

Im Folgenden untersuche ich zunächst die Grundlagen der instrumentellen Macht von Wirtschaftseliten sowie die Mittel und Methoden, mit denen sie diese Macht ausüben. Im Anschluss daran befasse ich mich mit der Frage, wie eine Regierung, die mit dem Ziel einer progressiven gesellschaftlichen Veränderung angetreten ist, dieser vorfindlichen instrumentellen Macht der

Eliten entgegentreten kann und welche Rolle Nicht-Elitesektoren in diesem Zusammenhang einnehmen können. Daran schließt sich die Überlegung an, wie es überhaupt dazu kommen konnte, dass 2006 in Ecuador – der bestehenden Machtressourcen der Wirtschaftseliten zum Trotz – eine Regierung gewählt wurde, die in ihrem Wahlkampf eine tiefgreifende Umgestaltung von Wirtschaft und Gesellschaft sowie eine gerechtere Steuerpolitik angekündigt hatte und die nach der Regierungsübernahme 2007 auch dazu in der Lage war, konkrete Schritte zur Umsetzung dieser Ziele einzuleiten.

Auf dieser Basis formuliere ich im vorliegenden Abschnitt eine weitere Hypothese, die dazu dienen soll – ausgehend von der Krise des etablierten politischen Systems, über die Zurückdrängung der instrumentellen Macht von ökonomischen Eliten, bis hin zur Schaffung einer positiven *Input*-Legitimation mit dem Entwicklungsmodell der *Revolución Ciudadana* – den bedeutsamen Reformprozess bezüglich der ecuadorianischen Steuerpolitik nachzuvollziehen.

Hierbei werden auch Grenzen und Widersprüchlichkeiten dieses Veränderungsprozesses aufzuzeigen sein.

Das Konzept instrumenteller Macht geht auf Autoren wie Mills (2006 [1956]) und Miliband (1972) zurück, die bei wirtschaftlichen Eliten besonders ausgeprägte Fähigkeiten ausmachen, verteilungspolitische Entscheidungen zu beeinflussen. Wie Cannon (2016) argumentiert gehen Macht und Einfluss von Eliten weit über ihre parteipolitische Artikulation hinaus. Sobald die politische Macht aber aktiv genutzt wird, um die herausragende gesellschaftliche Stellung der traditionellen Eliten in Frage zu stellen, gilt es für sie auch ihre politischen Machtressourcen zu mobilisieren. Um erfolgreich zu sein müssen konservative Parteien über die zahlenmäßig kleinen Eliten hinausgehende Allianzen bilden. Ihre Klassenposition im Sinne der Eliten wird dabei nicht aufgelöst, da diese weiterhin die *Core Constituency* darstellen, während andere Sektoren lediglich als potentiell mehrheitsbeschaffende Bündnispartner fungieren.

Politische Entscheidungen und Kompromisse einer Regierung nicht allein auf mehrheitsfähige Wahlentscheidungen von Wählern zurückzuführen. Die Befähigung von wirtschaftlichen Eliten zur Ausübung instrumenteller Macht mit dem Ziel der Durchsetzung der eigenen Partikularinteressen basiert vor allem auf den großen finanziellen, materiellen und personalen Ressourcen, über welche – in dieser Vielfalt und Bedeutung dank der ihren eigenen Ausstattung und persönlicher Beziehungsnetzwerke – speziell nur die ökonomischen Eliten einer Gesellschaft verfügen.

Ein weiterer wesentlicher Aspekt instrumenteller Macht ist auch die Elitenkohäsion, die sich aus gleichgerichteten Interessen, einer ähnlichen sozialen Herkunft wie auch ähnlicher Denkmuster und Wertvorstellungen ergibt. Das Phänomen der Elitenkohäsion kann als Voraussetzung für den Aufbau jener Spitzenverbände gelten, die über institutionalisierte Konsultationsmechanismen verfügen und damit – von tagespolitischen Ereignissen unabhängige – Einflusskanäle nutzen können.

Die Auswirkungen der Elitenkohäsion auf die Steuerpolitik einer Regierung sind aber durchaus ambivalent, zumal die diesbezügliche Interessenlage der Eliten in sich widersprüchlich ist. Zwar stellen sich Wirtschaftseliten meist Steuererhöhungen entgegen, bei allem Widerstand haben sie aber auch ein Interesse an der Bereitstellung der Produktionsvoraussetzungen durch den Staat (Lieberman 2001; Fairfield 2013). Auch können die von den Eliten benutzten Konsultationsmechanismen zum Teil auch anderen, bereits im politischen System etablierten sozialen Organisationen und Gewerkschaften offen stehen und damit als Foren der Kompromissfindung dienen. Dabei bedeutet die Einbindung der *Sectores Populares* aber nicht zwangsläufig ein Zurückdrängen von Eliteinteressen, sie kann mitunter dazu dienen, deren soziale Forderungen im Rahmen von konstruierten klassenübergreifenden Allianzen einzuhegen.

Langfristig wirksam und weniger durchschaubar ist dagegen die kontinuierliche Lobbyarbeit durch organisierte Vertreter der Wirtschaftseliten mit dem Ziel der Beeinflussung von Regierungsentscheidungen. Hierzu dienen auch Verbindungen zu Parteien, institutionalisierte Konsultationen, die Rekrutierung eigener Vertreter in Regierungsstellen, deren Wahl in öffentliche Ämter und informelle Beziehungen zu den politischen Entscheidungsträgern (vgl. dazu Fairfield 2015, Offe 1974. Acemoglu 2006: 114 u. a.). Die vorhandenen Machtressourcen ermöglichen den wirtschaftlichen Eliten zudem z.B. die Finanzierung von Wahlkampagnen, die direkte Beteiligung am Wahlprozess sowie die Durchführung von gezielten politischen Aktionen. Hinzu kommt der bekannte Drehtüreffekt zwischen Positionen im Staats- und Privatsektor, der zusätzlich zu instrumenteller Macht beiträgt (Culpepper und Reinke 2014: 4). Bogliaccini und Luna (2016: 1) betonen diesbezüglich, dass nicht nur elitefreundliche Regierungen, sondern sogar die – mit auf Umverteilung abzielenden Programmen angetretenen – Mitte-Linksregierungen dazu neigen, den Interessen wohlhabender Eliten nachzugeben, sofern ein langfristig angelegter und kontinuierlicher Austausch zwischen ihnen und politischen Entscheidungsträgern etabliert ist.

Besonders tauglich für die Durchsetzung von Interessen der ökonomischen Eliten ist dabei die Nutzung von vermeintlichem Expertenwissen und auch von scheinbar neutralen *Thinktanks*. Dabei ermöglicht die Präsenz der Elitenlobby in Regierungskommissionen und in der Ministerialbürokratie, die beide mit den für die Unternehmen relevanten Entscheidungen befasst sind, deren Versorgung mit all jenen Informationen und Evidenzen, die Entscheidungen zu Gunsten des Unternehmenssektors nahelegen. Häufig ist es so, dass sich die Regierungsstellen auf die Informationen aus dem Unternehmenssektor verlassen (vgl. Miliband 1972: 218). Werden in der Folge die Prämissen der ökonomischen Orthodoxie, die jede Belastung der Reichen als schädlich für das Marktvertrauen und die individuelle Initiative ablehnt, als Entscheidungsgrundlage gebilligt, bleibt linken Parteien – auch wenn sie in Regierungsverantwortung stehen – letztlich (nur) noch die moralische Argumentation gegen Ungleichheiten und Exzesse des Marktes, ohne aber dazu in der Lage zu sein, den Kern der ökonomischen Argumentation der Wirtschaftseliten anzugreifen (Miliband 1972: 109). Fischer und Plehwe (2017) arbeiten die transnationalen Vernetzungen von neoliberalen *Think Tanks* und damit eine wichtige Quelle für neoliberal geprägte Expertise und die Entwicklung diskursiver Strategien heraus.

Die oft anzutreffende Affinität von wirtschaftlichen und politischen Eliten bezüglich ihrer sozialen Herkunft, ihrer Bildungserfahrungen und ihrer wirtschaftspolitischen Grundeinstellung zeigt Wirkung und führt im Effekt dazu, dass politische Maßnahmen, die von den Eliten abgelehnt werden, erst gar nicht auf die politische Agenda gelangen (Fairfield 2015: 32). Auch können die dargestellten grundlegenden Übereinstimmungen die direkte Präsenz wirtschaftlicher Eliten im politischen System unter Umständen unnötig machen (vgl. Mills 2006 [1956], Fairfield 2015: 36), da schon die indirekte Präsenz ihren Einfluss sichert.

Dennoch erfolgt häufig auch die Rekrutierung von ökonomischen Eliten in wichtige politische Ämter. Sie betrifft nicht nur konservative Parteien, sondern auch populistische und zum Teil progressive Parteien, deren Vertreter sich dann oft als Teil klassenübergreifender Allianzen verstehen (vgl. Dix 1989). Diese Rekrutierung ist ein häufig praktiziertes Mittel zur Sicherung von Einfluss, wobei Ministerien für Finanz- und Wirtschaftspolitik von besonderer Bedeutung sind. Die Einflussnahme geht mitunter so weit, dass staatliche Aufsichtsbehörden stark von genau den Wirtschaftssektoren bestimmt werden, die eigentlich von ihnen kontrolliert werden sollen (Offe 1974: 32).

Eine weitere zentrale Ressource der Interessenvertretung ökonomischer Eliten in der Gesellschaft ist ihre kulturell-ideologische Hegemonie, die ihre materielle Basis zwar auch im Zugang zu Finanzmitteln hat, aber weit über diese Basis hinausgeht und im Alltagsbewusstsein großer Teile der Bevölkerung verankert ist. In diesem Zusammenhang ist die mediale Einflussnahme der Eliten zu verorten. Die große Wirksamkeit medialer Beeinflussung ist ohne die kulturell-ideologische Hegemonie der Eliten nicht denkbar, ist sie doch zu einem großen Anteil auf diese zurückzuführen. In diesem Zusammenhang eröffnen sich diskurs- und hegemonietheoretische Perspektiven auf Macht, die über ein Webersches Machtverständnis hinausweisen, demzufolge Macht als Chance definiert wird, „innerhalb einer sozialen Beziehung den eigenen Willen auch gegen Widerstreben durchzusetzen, gleichviel worauf diese Chance beruht (Weber 1972: 28).“ Der über diese Definition hinausgehende Gedanke ist folgender: A kann ebenfalls Macht ausüben, indem A die Wünsche und Ziele von B beeinflusst (Lukes 2005). Ebendiese Dimension instrumenteller Macht ist erheblich – und die Eliten lassen sie nicht ungenutzt. Es gilt daher, auch jene Mechanismen in Betracht zu nehmen, die es wirtschaftlichen Eliten ermöglichen, ihre eigenen Forderungen als Interessen der Allgemeinheit darzustellen. Die von Fairfield (2015) angesprochenen Medien haben dabei eine wesentliche Funktion. Berechtigterweise hatte Gramsci dabei aber auch die Kirche und das Bildungssystem im Blick (vgl. Cox 1983).

Meinungshegemonie der Wirtschaftseliten entsteht nicht nur dadurch, dass sie ihre Ansichten zu den relevanten wirtschafts- und gesellschaftspolitischen Zusammenhängen so erfolgreich verbreiten, dass sie sie quasi zur Mehrheitsmeinung machen, sondern auch dann, wenn linke Parteien und Gewerkschaften nicht dazu in der Lage oder willens sind, theoretisch fundiert und alternativ zu argumentieren. Wenn sie also kein eigenes ökonomisches Konzept haben und sich somit diesbezüglich dem hegemonialen (neoliberalen) Mainstream unterwerfen: Als wichtiges Instrument können im beschriebenen Kontext seit geraumer Zeit die dem Mainstream verpflichteten Kommunikationsmedien gelten, die nicht als Vermittler von „neutralen" Nachrichten fungieren, sondern als Meinungsproduzenten im Interesse der ökonomischen Eliten (Miliband 1972).

Diesbezüglich bietet Ecuador ein passendes Beispiel: In Ecuador ist die Konzentration der privaten Leitmedien und ihre Verknüpfung mit den Wirtschaftseliten ebenso offensichtlich wie ihre Konfrontation mit der Regierung Correa (Correa 2012; Checa-Godoy 2012). Der Medienbesitz von Wirtschaftseliten ermöglicht hier gezielte Propaganda im Dienste konservativer und neoliberaler Vorstellungen und die Verbreitung von Vorurteilen. Dies geschieht sowohl durch verdeckt tendenziöse Aussagen als auch durch Verschweigen des nicht Erwünschten (Miliband 1972: 303). Eine Artikulation von antikapitalistischen Strategien kann demzufolge – vor beschriebenem Hintergrund – somit weitgehend unterdrückt werden (Offe 1974). Die Medienpolitik war und ist auch in Ecuador ein zentrales Konfliktfeld, wobei die Eigentumsstruktur selbst eine wichtige aber nicht die einzig bedeutsame Analyseebene ist (Boris 2018: 349). Ebenso von Bedeutung ist ihre Finanzierung durch Werbung und die daraus folgende Ausrichtung der Programmgestaltung auf ein kaufkräftiges Publikum (ebd.) und schließlich die Frage, ob glaubwürdige Alternativen in öffentlichen und kommunitären Basismedien existieren (ebd. 354).

Adressat für die mediale Meinungsbildung im Sinne der Eliten ist weniger die Regierung selbst als eine breitere Öffentlichkeit. Dabei kommt Vertreter*innen mittlerer und oberer Klassen durch ihre Funktion als Multiplikatoren eine besondere Bedeutung zu. Die enge Verflechtung mit den privaten Kommunikationsmedien – und ihr weitreichender Einfluss darauf – hilft den Wirtschaftseliten dabei, ihre eigenen Forderungen als Interessen der Allgemeinheit darzustellen. Dadurch sind sie in der Lage, Protest gegen die ihnen nicht genehmen Maßnahmen und Vorhaben einer Regierung zu mobilisieren, und zwar auch bei solchen gesellschaftlichen Gruppen, die davon nicht direkt betroffen sind, oder sogar positiv davon betroffen wären. Hierauf werde ich bei der Analyse der Auseinandersetzungen um den zunächst gescheiterten Versuch einer Erbschaftssteuerreform der Regierung Correa zurückkommen. Das Scheitern dieses umverteilungsorientierten Reformvorhabens (siehe Kapitel 9.4) werte ich zudem als wichtigen Wendepunkt in den steuerpolitischen Auseinandersetzungen und sehe es als Zeichen für die Rückgewinnung instrumenteller Macht durch die Wirtschaftseliten. Eine Regierung, die mit dem Anspruch angetreten ist, tiefgreifende Veränderungen durch Reformen durchzusetzen, muss sich also mit den Mitteln der instrumentellen Macht von Eliten offensiv auseinandersetzen und diesen entsprechende eigene Mittel entgegensetzen.

Im hier analysierten Fallbeispiel Ecuador stellte die Konfrontation mit – und die Suche nach Präsenz in – den privaten Kommunikationsmedien ein ebenso wichtiges wie riskantes Mittel der Regierung Correa dar, sich in Abgrenzung zu den etablierten Eliten zu positionieren und die Glaubwürdigkeit der eng mit diesen Eliten verknüpften privaten Leitmedien offensiv in Frage zu stellen. Ein öffentlicher Fernsehsender oder sonstige öffentliche Medien von nennenswerter Reichweite konnten erst ab 2008 aufgebaut werden (Checa-Godoy 2012).

Eine linke Regierung, deren Transformationsziele den partikularen Interessen wichtiger Wirtschaftssektoren zuwiderlaufen, verfügt nicht schon zu Beginn ihrer Regierungszeit über so viel instrumentelle Macht, dass sie in der Lage wäre, grundlegende gesellschaftliche Veränderungen gegen die Interessen der ökonomischen Eliten durchzusetzen. Die oben genannten finanziellen, materiellen und personellen Ressourcen der Eliten übersteigen die Ressourcen einer solchen neu installierten Regierung bei weitem. Hinzu kommen Blockademöglichkeiten der bestehenden Verwaltung und ihr Vertrauen auf die technische Expertise der Eliten. Ein Faktor, der bei der Frage eine wichtige Rolle spielt, inwieweit politische Entscheidungsträger auf Informationen aus dem Unternehmenssektor angewiesen sind, ist ohne Zweifel auch die Fähigkeit der öffentlichen Verwaltung, selbst Informationen einzuholen. Der Aufbau eigener staatlicher und im Sinne der Regierungsstrategie nutzbarer Kapazitäten ist – im Umkehrschluss – stets auch eine Gefahr für die Wirksamkeit der Machtressourcen von Wirtschaftseliten. Eine Herausforderung für linke Regierungen ist daher der Umgang mit den Verbindungen zwischen Wirtschaftseliten und Staat. Einerseits müssen jene Verbindungen der Wirtschaftseliten zu den staatlichen Institutionen so unterbrochen werden, dass eine von diesen partikularen Interessen unabhängige Handlungsfähigkeit der Regierung aufgebaut werden kann. Auf der anderen Seite müssen Kanäle des Informationsaustauschs offen gehalten werden, da sie gerade bei komplexen staatlichen Interventionen in die Industriepolitik oder beispielsweise für die genaue Abstimmung zollpolitischer Maßnahmen notwendig sind.

Für die konkrete Aufgabe steuerpolitischer Reformen und deren Umsetzung ist hier die Entwicklung eigener ökonomischer und insbesondere steuerpolitischer Expertise ebenso wichtig wie die Fähigkeit, die angestrebten Reformen nicht nur defensiv gegen den neoliberalen Diskurs der Wirtschaftseliten zu verteidigen, sondern diesem auch einen eigenen, in sich konsistenten, Diskurs entgegensetzen zu können, der offensiv für höhere Steuereinnahmen und ein sozial gerechteres Steuersystem eintritt. Eine besondere Herausforderung ist es dabei, neoliberal geprägte Prämissen in der Bewertung der Steuer- und Fiskalpolitik zu überwinden, also die eigene Politik nicht den von Wirtschaftseliten und ihren Interessenorganisationen geprägten Bewertungsrastern zu unterwerfen.

Auf der Grundlage der vorangegangenen Ausführungen geht es nun darum zu untersuchen, ob es in Ecuador während der Regierungszeit Correas lediglich zu einem zeitweiligen Verlust instrumenteller Machtressourcen der Eliten kam, oder ob es zu essentiellen, nachhaltigen Verschiebungen im Machtgefüge zwischen Regierung und Staat, Wirtschaftseliten und anderen gesellschaftlichen Akteuren gekommen ist. Diesbezüglich werde ich auf Basis des in Kapitel 4 noch näher zu erläuternden methodischen Vorgehens herausarbeiten inwiefern die zu beobachtenden Machtverschiebungen während der *Revolución Ciudadana* Bestand hatten – und dies auch in Zeiten fallender Staatseinnahmen und wirtschaftlicher Krisentendenzen. Eine weitere Analyseebene ist die Entwicklung politisch-gesellschaftlicher Kräfteverhältnisse nach Ende der Regierungszeit Rafael Correas, auf die ich allerdings nur im Rahmen abschließender Bemerkungen eingehe.

Zunächst sollen daher die Ursachen der Krise der etablierten Eliten Ecuadors ermittelt werden – und es muss auch nachvollzogen werden, inwieweit diese Gründe die Regierungsübernahme des politischen Außenseiters Rafael Correa ermöglicht haben. Es ist daher darüber hinaus zu untersuchen, welche Interessengegensätze innerhalb der Eliten zur andauernden Instabilität des politischen Systems Ecuadors beigetragen haben, wodurch schließlich nicht nur einzelne Politiker und Parteien, sondern das gesamte etablierte Parteiensystem – und damit ein wichtiger Stützpfeiler des der *Revolución Ciudadana* vorhergegangenen neoliberal-unternehmerischen Entwicklungsmodells – diskreditiert wurde (siehe Kapitel 5.5). Zu analysieren ist ebenfalls , welche Bedeutung soziale Bewegungen, alternative Medien und der Diskurs des Kandidaten Correa dabei gespielt haben, die Unzufriedenheit mit dem bestehenden politischen System für die Forderung nach radikaler Transformation zu nutzen und auf dem Feld der Steuerpolitik den *Circulo Virtuoso* als Teil einer über das Politikfeld der Steuerpolitik hinausgehenden Strategie zur Stärkung der Durchsetzungsfähigkeit von Regierung und Staat, insbesondere gegenüber den partikularen Interessen von Eliteakteuren, zu implementieren.

Die hier angesprochene *Input*-Legitimität beruht auf politischen Partizipationsmechanismen und Rechenschaftspflichten der Regierung Correa, die darauf abzielen, dass sich durchzuführende und durchgeführte Reformprozesse auf eine stabile gesellschaftliche Basis stützen können. Grundsätzlich als positiv können in diesem Kontext all jene neu geschaffenen Mechanismen gelten, die mehr Transparenz ermöglichen und die dazu führen, dass die politischen Entscheidungen stärker den in Wahlen ausgedrückten Willen der Bevölkerung widerspiegeln.

Input in den politischen Prozess erfolgt einerseits über den ‚unitarischen' Weg, der durch Parteienkonkurrenz und Wahlen zur Regierungsbildung führt, andererseits aber auch über ‚partikulare' Wege der Interessenvermittlung durch Interessenorganisationen, „die unmittelbar von den organisierten Gruppen zur Politikformulierung in Ministerien und Parlamentsausschüssen führen." (Scharpf 2004: 11) Im ersten Fall ist die instrumentelle Macht von Wirtschaftseliten auf den ersten Blick eingeschränkt, sie müssen Mitglieder anderer gesellschaftlicher Gruppen von ihren Forderungen oder zumindest von der Wahl ihnen nahestehender Kandidaten überzeugen. Der partikulare Weg der Interessenvertretung in Ministerien und Parlamentsausschüssen bietet hingegen stärkere Einflussmöglichkeiten für spezifische Interessen, was jedoch wiederum die Legitimität des politischen Systems als Ganzes untergraben kann. Die negativen Folgen eben dieser

Mechanismen partikularer Einflussnahme auf bestimmte Regierungsteile oder auf die Handlungsfähigkeit von Staat und Regierung insgesamt können als eine Ursache der Krise des ecuadorianischen politischen Systems vor Beginn der *Revolución Ciudadana* gelten.

An dieser Stelle ist darzulegen, dass die genannten Mechanismen nicht allein durch das Agieren von Staat und Regierung greifen, sondern sich in einem wechselseitigen Prozess mit den weiteren Interessenvertretungen unterschiedlicher gesellschaftlicher Sektoren herausbilden. Die zivilgesellschaftlichen Strukturen, die für eine breite, sozial benachteiligte Sektoren einbeziehende, gesellschaftliche Partizipation an Entscheidungsprozessen notwendig sind, können nicht einfach vonseiten der Regierung aufgebaut werden. Für einen gelungenen Prozess des progressiven gesellschaftlichen Wandels sind diese Strukturen aber unabdingbar, für ihre Entstehung sind günstige Voraussetzungen zu schaffen. Dies gilt, obwohl mit der positiven Wirkung von Mobilisierung und Partizipation die Tendenz verbunden sein kann, dass die Beteiligten durchaus auch höhere Ansprüche an das politische System stellen, wenn es um die Berücksichtigung ihrer eigenen, mitunter durchaus partikularen Forderungen geht.

Dabei bestehen durchaus Zielkonflikte zwischen dem Majoritätsprinzip und der Einbindung unterschiedlicher gesellschaftlicher Gruppen durch Partizipationsmechanismen und Verhandlungssysteme (Scharpf 2004: 10). Der Gefahr einer absoluten Macht der Mehrheit steht die Gefahr der Handlungsblockade durch die am Status Quo orientierten Minderheiten entgegen (ebd. 6). Bei der Implementierung von gesellschaftlichen Partizipationsmechanismen sind im erörterten Kontext wichtige Herausforderungen zu bewältigen: Ein neues Gleichgewicht zwischen Mehrheitsentscheidung einerseits und der Berücksichtigung von Minderheiteninteressen andererseits muss geschaffen werden, der Beteiligung von Stakeholder-Organisationen an der Entscheidungsfindung, aber auch der notwendigen Verteidigung schwacher Interessen muss Rechnung getragen werden. Und auch die Fähigkeit einer Regierung zur öffentlichen Darstellung progressiver Politikansätze ist in ihrer Bedeutung nicht zu unterschätzen. Für den Erfolg progressiver Reformpolitik ist daher der Aufbau einer Gegenöffentlichkeit mittels öffentlicher, aber auch alternativer, nicht-kommerzieller Medien von Bedeutung.

Um eine progressive Steuer- und Fiskalpolitik durchzusetzen und damit ein höheres Maß an sozialer Gerechtigkeit, an sozialen Leistungen und an staatlicher Handlungsfähigkeit – auch im Sinne einer langfristigen Entwicklungsstrategie und der Transformation produktiver Strukturen – zu ermöglichen, bedarf es grundlegender Veränderungen in den politischen Kräfteverhältnissen. Das soeben Dargestellte zeigt aber, dass die Eliten über ein reichhaltiges und wirkungsvolles Arsenal instrumenteller Macht verfügen, durch welches sie ebendiese notwendigen Veränderungsprozesse massiv zu behindern vermögen.

Von daher stellt sich die Frage, warum die Wirkung dieser Machtmittel in der Zeit der *Revolución Ciudadana* vorübergehend gemindert werden konnte und welche Faktoren zur Restauration der instrumentellen Macht der Wirtschaftseliten beigetragen haben, wie sie spätestens in den Auseinandersetzungen um die gescheiterte Erbschaftssteuerreform 2015 deutlich wurde.

Um die konkreten Mittel und Mechanismen instrumenteller Macht der wirtschaftlichen Eliten in Ecuador herauszuarbeiten, ist in den nachfolgenden Kapiteln ein genauer Blick auf soziale Strukturen, politische Handlungsmuster, Herrschaftsmechanismen und Legitimationsanforderungen nötig, mit denen sich der Staat und die Regierung Correa konfrontiert sahen.

> Auf Grundlage der soeben dargelegten Perspektive auf instrumentelle Macht lässt sich folgende Hypothese formulieren:
>
> Nach Jahren der Krise des etablierten politischen Systems kam es in Ecuador durch die *Revolución Ciudadana*, zu einem politisch-institutionellen Veränderungsprozess, der die etablierten Beziehungen ökonomischer Eliten zum politischen System unterminierte und in der Folge zu einer Schwächung ihrer instrumentellen Macht führte. Damit entstanden neue Räume für autonomes staatliches Handeln, für den Aufbau eines gegenüber den Wirtschaftseliten autonomeren Institutionensystems und für die Fähigkeit, den angestrebten Reformprozess und die stärkere Rolle des Staates im Entwicklungsprozess auch in der öffentlichen politischen Auseinandersetzung zu verteidigen. Dies erlaubte es der Regierung Correa in einem ersten Schritt, Erdölrenten stärker durch den Staat abzuschöpfen, sowie parallel hierzu Schritte zur Erhöhung der Steuer- und Fiskalquote einzuleiten, um in einem zweiten Schritt den Prozess des fiskalpolitischen Wandels, aufbauend auf einer erhöhten *Input*-Legitimität, weiterzuführen.

2.2.3 Wechselwirkungen struktureller und instrumenteller Macht und Bedingungen legitimen Staatshandelns

Die soeben vorgestellten Hypothesen führen machttheoretische Perspektiven mit Überlegungen zur Legitimität staatlichen Handelns zusammen. Während mir die machttheoretischen Perspektiven instrumenteller und struktureller Macht dabei helfen, die Umbrüche und Machtverschiebungen zwischen Wirtschaftseliten und politischen Entscheidungsträger*innen aufzuzeigen, arbeite ich durch die Betrachtung der von Partizipationsmechanismen und Politikergebnissen die Faktoren für *Input*- und *Output*-Legitimität – heraus, die wichtige Grundlagen für die Akzeptanz des Staates als Entwicklungsakteur bilden. In demokratischen politischen Systemen kann staatliches Handeln entweder *input*-orientiert durch Bezug auf die kollektiven Präferenzen oder *output*-orientiert durch Bezug auf die gemeinsamen Interessen der Regierten legitimiert werden (Scharpf 2004: 2). Eine wichtige Frage, für die ich im Rahmen meiner Forschung allerdings lediglich erste Hinweise herausarbeiten konnte, ist die, ob die *Revolución Ciudadana* einen grundsätzlichen Wandel in Ecuadors Fiskal- und Steuerpolitik bewirkt hat oder als lediglich temporär wirksamer Reformprozess zu betrachten ist. Eine mit diesem Fokus auf die Nachhaltigkeit der

Revolución Ciudadana konzipierte Untersuchung der Persistenz fiskal- und steuerpolitischer Veränderungen wird im Rahmen weiterer Forschungen zu erörtern sein.

Anders formuliert – und auf den hier untersuchten Fall der ecuadorianischen *Revolución Ciudadana* bezogen – bedeutetet dies: Es muss erstens untersucht werden, inwiefern es gelungen ist, die infolge höherer Erdöleinnahmen gewachsene finanzielle Potenz des Staates auch in eine erhöhte Problemlösungsfähigkeit im Sinne einer größeren *Output*-Legitimität zu überführen, die nachhaltig ist und über konjunkturelle Schwankungen hinausreicht. Zweitens ist herauszuarbeiten, inwiefern der Verlust instrumenteller Macht der Wirtschaftseliten und die damit verbundene größere politische Autonomie staatlichen Handels zur Etablierung neuer Mechanismen zur Schaffung demokratischer *Input*-Legitimität genutzt wurden. Ergänzend ist in Bezug auf die Legitimitätsgrundlage staatlichen Handelns zu ergänzen, dass dies nicht allein die Folge institutioneller Mechanismen der Entscheidungsfindung und staatlicher Leistungen ist, sondern auch eine Voraussetzung effektiven Staatshandelns. Auf tieferliegende und nur schwer veränderliche Faktoren, die den Aufbau eines starken Steuerstaats verhindern, werde ich in Kapitel 3 gezielt eingehen. Zu nennen sind hier vor allem eine nur schwach ausgeprägte kollektive Identität der Staatsbürger*innen und Steuerzahler*innen im Verhältnis zu tiefen innergesellschaftlichen Spaltungslinien und Segmentierungen sowie das historisch gewachsene Verhältnis unterschiedlicher Gesellschaftssektoren zum Staat (Lieberman 2001; Centeno 2015).

Die Ebenen instrumenteller und struktureller Macht wirken teils komplementär zueinander; auch können die Kräfteverhältnisse auf der politischen und ökonomischen Ebene – abhängig von der jeweiligen Konjunktur – zeitweilig sehr unterschiedlich sein. Beide Ebenen gehören zu den Kontextbedingungen steuerpolitischer Reformstrategien von Regierungen (vgl. Fairfield 2015: 28). Das Zusammenspiel struktureller und instrumenteller Macht der Wirtschaftseliten ergibt sich zum einen daraus, dass sich der Diskurs dieser Eliten in der Regel aus ihrer Verfügungsgewalt über die Produktionsmittel ableitet, oder zum anderen diese Verfügungsgewalt als unerlässlich für die positive wirtschaftliche Entwicklung der gesamten Gesellschaft postuliert wird. Als ein besonders direkter Rückgriff auf die strukturelle Macht sind so genannte Kapital- bzw. Investorenstreiks zu nennen, die zwar in der Literatur oft der instrumentellen Macht zugerechnet werden, da hierbei die Koordination innerhalb des Unternehmenssektors notwendig ist, die andererseits aber nur durch die Kontrolle über die Produktionsmittel funktionieren können (Culpepper und Reinke 2014: 4). Es handelt hier sich um einen Machtfaktor, der Regierungen nicht nur dazu bewegt, vor Konfrontation mit den Wirtschaftseliten zurückschrecken, sondern ihren Repräsentant*innen meist auch einen privilegierten Zugang zu den wirtschaftspolitischen Entscheidungszentren ermöglicht (Offe 1974: 32; Fairfield 2015: 34).

Die Möglichkeiten zur Nutzung instrumenteller Machtressourcen hängen nicht zuletzt von den institutionellen Rahmenbedingungen ab, die ich bereits im Abschnitt 2.2.1 angesprochen habe. Ebenso wird aus struktureller Perspektive auf einen Zusammenhang zwischen konjunktureller Lage und der Bereitschaft hingewiesen, Unternehmen zu besteuern. Quinn und Shapiro (1991) formulieren die These, dass Regierungen dazu neigen, Unternehmen in wirtschaftlichen Wachstumsphasen stärker zu besteuern, in Zeiten schwachen Wachstums aber Unternehmenssteuern senken, um die Firmen zu Investitionen zu motivieren. Diese den Kapitalinteressen näherstehende Positionierung kann auch eine Aufweichung von progressiven Regularien sowie von Arbeiter*innen- und Gewerkschaftsrechten nach sich ziehen, die dem gleichen, kapitalfreundlichen Ziel geschuldet sind. Es gibt jedoch auch spezifische historische Beispiele, in denen Regierungen eine dieser These widersprechende Politik betrieben. Zu nennen ist hier Roosevelts *New Deal* als Reaktion auf die große Depression in den 1930er Jahren. Auch in Ecuador begann die *Revolución Juliana* Mitte der 1920er Jahre mit der Implementierung direkter Steuern, und zwar als Reaktion auf fehlende Ressourcen während der Krise der Kakaoexportwirtschaft (vgl. Vogel 1987; Paz y Miño Cepeda 2015). Wie sich eine wirtschaftliche Krisenphase auf die Macht der Wirtschaftseliten auswirkt, hängt nicht zuletzt davon ab, worin die Ursachen für wirtschaftliche Probleme ausgemacht werden. In dieser Auseinandersetzung spielen wiederum unterschiedliche Dimensionen instrumenteller Macht, die wirtschaftspolitische Grundorientierung der Regierung und die gesellschaftliche Akzeptanz staatlicher Eingriffe in den privaten Akkumulationsprozess eine wichtige Rolle – ebenso wie die strukturellen Grenzen für Handlungsoptionen vonseiten der Regierung.

Die vorliegende Analyse kann nicht auf die Rolle von Wirtschaftseliten im gesellschaftlichen Kontext beschränkt bleiben. Die Rolle von nicht Elite-Sektoren und ihr Verhältnis zu Staat und Regierung muss ebenfalls berücksichtigt werden. Für das Kräftegleichgewicht von Bedeutung ist nicht zuletzt auch die Fähigkeit von Organisationen der *Sectores Populares*, in steuer- und fiskalpolitische Debatten einzugreifen. Voraussetzung dafür ist die Fähigkeit, über die Interessen einzelner Gruppen hinausgehende Positionen zu formulieren und die Interessen auch in komplexen politischen Prozessen verteidigen zu können. Dass es Gewerkschaften und sozialen Bewegungen oft kaum gelingt, Bedeutung in der direkten steuerpolitischen Auseinandersetzung zu gewinnen, hat nicht zuletzt damit zu tun, dass der Arbeiterschaft die Basis ökonomischer Macht fehlt. Damit fehlt ihr nämlich die Möglichkeit, politisch- gesellschaftlichen Druck auszuüben, so dass „Regierungen sich so viel weniger um das ›Vertrauen‹ der Arbeiterschaft bemühen als um das der Unternehmer." (Miliband 1972: 208)

Die steuerpolitischen Positionen von Gewerkschaften sind jedoch nicht immer auf die Forderung nach höheren Steuern festgelegt, zum Teil engagieren sich Gewerkschaften auch gegen Steuern, von denen sie negative Wirkungen auf ihre Mitgliedschaft befürchten. Wichtiger als die direkte Bedeutung von Organisationen populärer Sektoren in der steuerpolitischen Auseinandersetzung ist mitunter aber der Druck, den deren sozialpolitischen Forderungen auf den Staatshaushalt ausüben. Steuern einzuziehen wird in diesem Zusammenhang zur Notwendigkeit, um die gestellten Forderungen zu finanzieren und so die politische Stabilität erhalten zu können. Um die Möglichkeiten für unterschiedliche verteilungspolitische Allianzen auf dem Feld der Fiskalpolitik herauszuarbeiten, sollen in dieser Arbeit diejenigen Faktoren aufgezeigt werden, die dazu führen, dass Organisationen der *Sectores Populares* mitunter niedrigere Steuern gegenüber höheren Sozialausgaben und den damit verbundenen, besseren öffentlichen Leistungen priorisieren. Ein auf diesen Überlegungen aufbauendes Gleichgewichtsmodell der Staatsfinanzierung habe ich zum Abschluss des vorliegenden Kapitels in nachfolgender Tabelle zusammengefasst.

Tabelle 1: Politisches Gleichgewichtsmodell der Staatsfinanzierung

	Rechtsrahmen und Ausgabenverhalten des Staates	
Wirtschaftseliten	Hohe Zahlungsbereitschaft durch Rechtsrahmen und Ausgabenverhalten im Sinne der Wirtschaftseliten.	Niedrige Zahlungsbereitschaft, da der Rechtsrahmen und die Staatsausgeben nicht ihren Interessen entsprechen.
Sectores Populares	Niedrige Zahlungsbereitschaft, wenn Staatsausgaben und Rechtsrahmen nicht den Interessen der *Sectores Populares* entsprechen.	Hohe Zahlungsbereitschaft, wenn Staatsausgaben den *Sectores Populares* zugutekommen und sie durch den Rechtsrahmen geschützt sind.

3. Theoretische Bezüge und Kontextualisierung

Im vorhergehenden Kapitel habe ich zunächst Perspektiven der finanzsoziologischen Fiskalvertragsthese und des Medianwähler-Theorems auf Steuer- und Fiskalpolitik diskutiert und auf den Kontext von Rohstoffabhängigkeit bezogen, diese Ansätze aber letztlich als Basis für die Erklärung des steuer- und fiskalpolitischen Wandels im Kontext der *Revolución Ciudadana* verworfen. Der Startpunkt des von mir konstatierten *Circulo Virtuoso* lässt sich meines Erachtens am überzeugendsten nachvollziehen, wenn ich dabei von der Analyse struktureller und instrumenteller Macht ausgehe: Die Reichweite der Veränderungen hängt allerdings davon ab, inwieweit – beginnend von dem zeitlich begrenzten *Window of Opportunity* zu Beginn der *Revolución Ciudadana* – auch die Kapazitäten und die Legitimität des Staates gestärkt werden konnten. Hier folgen nun weitere theoretische Bezüge und die für den hier diskutierten Fall Ecuador relevante Einordnung in den Kontext von Rohstoffabhängigkeit und peripherer Staatlichkeit in Lateinamerika.

Ich beginne in Kapitel 3.1 zunächst mit der Erläuterung fiskalpolitischer Stabilitäts- und Nachhaltigkeitsindikatoren im Kontext von Rohstoffabhängigkeit und Dollarisierung. Dieses auf ökonomische Zusammenhänge konzentrierte Unterkapitel bietet einen Orientierungsrahmen für das Verständnis fiskalpolitischer Handlungsoptionen und struktureller Zwänge.

Dann fokussiere ich in Kapitel 3.2 auf staatstheoretische Perspektiven, wobei ich zunächst auf die Diskussion um Staatsaufgaben und die Definition von *State Capacity* eingehe. Die effektive und effiziente Erfüllung staatlicher Aufgaben und die Durchsetzung des staatlichen Steuermonopols bedingen einander. Dabei blicke ich auf das Spannungsverhältnis zwischen Handlungsfähigkeit der Regierung und der adäquaten Kontrolle der Exekutive durch Gewaltenteilung. Außerdem gehe ich auf die Bedeutung der Verwaltungsebene ein: Hierbei geht es sowohl um die technischen Fähigkeiten der Verwaltung zur Umsetzung politischer Entscheidungen, als auch um eigene Interessen und durch diese bedingte Konflikte und Blockaden der Regierung.

In Unterkapitel 3.3 beziehe ich die vorhergehende Diskussion auf Perspektiven zu Ungleichheit, ihre gesellschaftliche Akzeptanz und Staatlichkeit sowie Legitimationsquellen politischer Herrschaft in Lateinamerika. Zunächst gehe ich auf Sozialstrukturen, Ungleichheitsdimensionen und ihre Interaktion im postkolonialen Kontext Ecuadors ein, betrachte zentrale Spaltungslinien in Ecuadors politischem System, um daran anschließend die Interaktion von Klientelismus und Korporatismus als Formen politischer Herrschaft zu behandeln.

In Unterkapitel 3.4 befasse ich mich mit Entwicklungsperspektiven in der rohstoffabhängigen Peripherie. Dabei berücksichtige ich ihre Wechselwirkung mit den vorher herausgearbeiteten Dimensionen von Ungleichheit, der Sozialstruktur und staatlichen Fähigkeiten. Unter Berücksichtigung regulationstheoretischer Ansätze gehe ich in diesem Zusammenhang auf die Debatte ein, inwiefern Ecuadors Entwicklungsweg während der *Revolución Ciudadana* als Extraktivismus oder Rückkehr zu entwicklungsstaatlichen Ansätzen bezeichnet werden kann. Hierbei setze ich mich mit den Grenzen der Steuerpolitik als Garant fiskalpolitischer Stabilität auseinander und weise auf Herausforderungen bei der Überwindung rentenorientierter Wirtschaftsstrukturen hin.

Abschließend blicke ich in Unterkapitel 3.5 auf die Ebene tagespolitischer Auseinandersetzungen und arbeite unterschiedliche Reformstrategien und Kontextvariablen für ihre Erfolgsaussichten heraus.

3.1 Perspektiven auf fiskalpolitische Stabilität und Nachhaltigkeit

> Die Dollarisierung sei wie ein Gips, zitiert der ecuadorianische Abgeordnete Virgilio Hernández (2016) den renommierten Wirtschaftswissenschaftler Ha-Joon Chang. Nach einem Armbruch bringe er Stabilität, auf lange Sicht schwäche er aber die Muskeln, schränke die Bewegungsfreiheit ein und erlaube keine adäquate Erholung.

In der öffentlichen Diskussion um den Begriff der fiskalpolitischen Stabilität und Nachhaltigkeit sind Analogien zum Verhalten privater Haushalte üblich. Die Fiskalpolitik sei dann nachhaltig, wenn nicht mehr ausgegeben als eingenommen werde, also keine Kredite aufgenommen werden müssten. Demnach müssten die Staatsausgaben an den Staatseinnahmen aus Steuern und Abgaben – auf die Sondersituation bei Rohstoffeinnahmen werde ich noch zurückkommen – orientiert werden und umgekehrt. Kommt es zu Budgetdefiziten, werden diese entweder als Zeichen für mangelnde Fiskaldisziplin oder als fehlende Durchsetzungskraft des Staates gegenüber den Wirtschaftseliten diskutiert (Boeckh 2011).

In der vorliegenden Arbeit betrachte ich in erster Linie steuerpolitische Auseinandersetzungen in Ecuador während der *Revolución Ciudadana* und messe die Ergebnisse der in diesem Zeitraum praktizierten Steuerpolitik an den fraglos anzustrebenden Zielen eines Steuersystems, das als Grundlage für Staatsausgaben solide und in seiner Verteilungswirkung progressiv ist. Der Zusammenhang zwischen Staatsschulden und Steuereinnahmen ist aber wesentlich komplexer als die oben skizzierte Analogie suggeriert, da Staaten eben weder private Haushalte noch Unternehmen sind. Monetär souveräne Staaten sind selbst Emittenten ihrer Währung, auch wenn dies über eine formal-rechtlich unabhängige Zentralbank geschieht. Die Situation ist grundsätzlich anders, wenn es sich um Schulden in ausländischer Währung handelt oder das Land – wie im Falle Ecuadors – nicht über eine eigene Währung verfügt.

Der Fokus der vorliegenden Arbeit liegt auf steuerpolitischen Auseinandersetzungen und diskutiert die Frage fiskalpolitischer Nachhaltigkeit. Diese sind allerdings als Komponenten eines weiter gefassten Begriffs wirtschaftlicher Stabilität zu betrachten, weil diesbezüglich immer auch mögliche Wechselwirkungen zur Geld- und Wechselkurspolitik und zur Lohn- bzw. Einkommenspolitik berücksichtigt werden müssen (vgl. Fernando de Paula et al. 2017: 186). Die Offenlegung der hier genutzten Prämissen über ökonomische Zusammenhänge soll meine Interpretation von fiskalpolitischen Entscheidungen während der *Revolución Ciudadana* und der Bedeutung unterschiedlicher Institutionen nachvollziehbar machen. In meiner Arbeit betrachte ich die Fiskalpolitik nicht als Selbstzweck sondern berücksichtige ich das von Abba P. Lerner entwickelten Konzept der *Functional Finance*, das sich bei der Bewertung der Fiskalpolitik an ihrer gesamtwirtschaftlichen Wirkung orientiert und dabei insbesondere die Wirkung auf die gesamtwirtschaftliche Nachfrage und die Beschäftigung in den Mittelpunkt stellt (Keil 2018). Durch diese Perspektive ist auch die Auswahl der im Methodenkapitel vorgestellten Indikatoren für fiskalpolitische Veränderungen zu verstehen (siehe Kapitel 4).

Die schlichte Übernahme von Prämissen der ökonomischen Orthodoxie in die sozialwissenschaftliche Arbeit, ohne kritische Auseinandersetzung mit den diesbezüglich existierenden unterschiedlichen Perspektiven, kann nicht befriedigen. Demgegenüber bildet in der hier vorgelegten Text die Verknüpfung post-keynesianischer Theoriebausteine mit Perspektiven der Regulationstheorie (Boyer 2012; Springler 2016) eine zentrale, aber nicht ausschließliche Grundlage der vorgenommenen Analyse des ökonomisch vorgegebenen Handlungs- und Wirkungsrahmens für die Steuer- und Fiskalpolitik der Regierung Correa.

Bevor auf unterschiedliche Modelle für fiskalpolitische Stabilitätskriterien eingegangen werden kann, muss der Unterschied zwischen Solvenz und finanzieller Nachhaltigkeit geklärt werden, wobei die erstgenannte Kategorie lediglich die Zahlungsfähigkeit betrifft und die zweite diese ermöglichen soll, ohne dass einschneidende Veränderungen in der Einnahme- und Ausgabepolitik nötig werden (Alvarado et al. 2004: 6).

Die Modelle der ökonomischen Orthodoxie lassen sich auf Basis der eingangs zu diesem Unterkapitel skizzierten Analogien zu privaten Haushalten gut nachvollziehen.

Eine einfache Gleichung zur Bestimmung der Schuldentragfähigkeit lautet wie folgt:

$$\Delta d = (r - g)d - ps$$

In der Gleichung ist d die Neuverschuldungsquote gemessen am Bruttoinlandsprodukt, r ist die stetige reale Zinsrate und g das reale Wachstum; ps steht für den Primärüberschuss. Ein positiver Wert bedeutet hier ein Ansteigen der Schulden im Verhältnis zum Bruttoinlandsprodukt und kann als nicht nachhaltige Politik interpretiert wird. Aufgrund ihrer Einfachheit ist diese Gleichung der am meisten genutzte Indikator für fiskalpolitische Nachhaltigkeit. Dieser Indikator hat allerdings leicht sichtbar zu machende Schwächen (Flassbeck und Panizza 2008). Zu diesen Schwächen gehört, dass die unterschiedlichen Variablen als exogen zueinander betrachtet werden, obwohl eine nicht zu übersehende Wechselwirkung zwischen ihnen besteht: Es ist einfach nicht realistisch, anzunehmen, dass eine Senkung des Primärdefizits keine (indirekten) Auswirkungen auf Zinsraten und Wachstum hat und dass sich wirtschaftliches Wachstum nicht auf die Höhe des primären Überschusses auswirkt.

Die Fokussierung auf die Senkung von Primärdefiziten und Schuldenquoten vernachlässigt zudem zwei Faktoren: Risiko und Zinsbelastung sind nicht bei allen Schuldtiteln gleich, und es muss zwischen Kreditaufnahmen zur Finanzierung der laufenden Ausgaben und solchen, die der Finanzierung von Investitionen dienen, unterschieden werden (Alvarado et al. 2004: 17). Es wird zudem bei diesen Modellen weder berücksichtigt, dass laufende Ausgaben bei Bedarf meist schwieriger anzupassen beziehungsweise zu senken sind, noch dass bei Investitionen – anders als bei laufenden Ausgaben – den Schulden ein Gegenwert in Form von öffentlichem Vermögen gegenübersteht.

Dem trägt Willem Buiters (1985, zitiert nach Flassbeck und Panizza 2008) alternative Formel Rechnung:

$$SUS = ps - (g - r)\frac{W}{GDP}$$

Dabei werden die Kürzel aus der obigen Formel übernommen. Hinzu kommen SUS für *sustainability* bzw. Nachhaltigkeit und W für den Nettowert des öffentlichen Sektors.[10, 11]

Dieser Formel folgend kann also konstatiert werden, dass es dann, wenn lukrative – oder die zukünftigen Ausgaben stark senkende – Projekte realisiert werden können, durchaus Sinn macht, diese Projekte durch Rohstoffeinnahmen oder über Kredite zu finanzieren. Es bleibt aber die Herausforderung geringerer Liquidität bei der Finanzierung von Sachinvestitionen. Darüber hinaus ist es haushaltspolitisch tatsächlich problematisch, und wurde beispielweise in der ecuadorianischen Geschichte immer wieder praktiziert, laufende Ausgaben – wie die Zahlung von Löhnen und Gehältern – mittels Rohstoffrenten und Krediten zu finanzieren, da dies im Falle von sinkende Rohstoffpreisen oder verschlechtertem Zugang zu Krediten direkt in tiefe Krisenprozesse führen kann.

Wie kann aber der Schuldenstand eines Staates adäquat bemessen werden? Besser als in absoluten Zahlen ist die Höhe des Schuldenstands eines Staates im Verhältnis zu dessen Wirtschaftsleistung darzustellen. Ein weiterer hilfreicher Indikator ist das Verhältnis zu den vorfindlichen Steuereinnahmen (Stützle 2014). Eine zusätzliche Möglichkeit ist die Orientierung an der Zinsausgabenquote gemessen am BIP oder die an der Höhe der Steuereinnahmen gemessenen Zinssteuerquote (ebd.). Eine kontextuale Frage ist hier, ob staatliche Anpassungsmaßnahmen zur Verhinderung der Zahlungsunfähigkeit jeweils ökonomisch umsetzbar und politisch durchsetzbar sind (ebd.). Blanchard (1990) sieht diesbezüglich in einer niedrigeren Steuerquote den Vorteil eines vermeintlich größeren Anpassungsspielraums für staatliches Handeln. Andererseits besteht dieser Spielraum nicht, wenn die niedrige Steuerquote, wie das in Entwicklungsländern oft der Fall ist, durch einen großen informellen und daher schwer zu besteuernden Sektor bedingt ist (Alvarado 2004: 11).

In den genannten Fällen handelt es sich nicht im engeren Sinne um Grenzen der Staatsverschuldung, denn ein Staat kann, sofern die Kredite in der eigenen Währung aufgenommen sind, seine Fähigkeit zur Bedienung der Schulden stets gewährleisten. Der Staat ist durch seine Zentralbank Schöpfer der Währung und kann als solcher nicht zahlungsunfähig werden. Die Zentralbank kann in eigener Währung daher unbegrenzt Gelder zur Verfügung stellen, die Regierung praktisch unbegrenzt Staatsanleihen ausgeben. Defizitgrenzen sind dabei keine technischen, sondern politisch-juristische Hindernisse (Ehnts 2015). Finanzielle Risiken bestehen hingegen für Anleihe-Eigner, wenn durch Inflation der reale Zinssatz und der reale Anleihewert sinken (vgl. Carvajal 2015).

[10] Die Unterscheidung zwischen Investitionen und laufenden Ausgaben ist als Orientierung zur Beurteilung von Nachhaltigkeitsaspekten nicht immer ideal. Zum Beispiel fallen Ausgaben für die Gehälter von Lehrer*Innen in die Kategorie der laufenden Ausgaben. Tatsächlich handelt es sich dabei aber durchaus auch um eine Investition in die Zukunft.

[11] Die in Ecuadors Verfassung festgelegten Nachhaltigkeitsregeln basieren im Grunde auf diesem Modell und bewerten Investitionen anders als laufende Ausgaben.

Die beschriebenen finanzpolitischen Möglichkeiten des Staates bergen jedoch ebenfalls Risiken. Er ist kein Schlaraffenland für real umsetzbare, bzw. bereitstellbare staatliche Leistungen, denn hierfür bedarf es der realen staatlichen Kapazitäten, also z. B. ausgebildetes Personal, Gebäude, Infrastruktur. Sofern aber Knappheit an Arbeitskräften oder anderen Produktionsfaktoren beststeht, droht er in Konkurrenz zu Privatfirmen zu geraten (vgl. Krämer 2018: 2). Zu Problemen der Inflation kann es bei voll ausgelasteten Kapazitäten ebenfalls kommen, nämlich dann, wenn die zusätzliche induzierte Nachfrage ohne entsprechende Kapazitäten in den produktiven Sektoren eine Lohn-Preis-Spirale und damit Inflation in Gang setzen kann (Ehnts 2016: 136). Hinzu kommt, dass die durch Rechtsakte festgelegten Bedingungen der Staatsfinanzierung, eine umfangreiche monetäre Staatsfinanzierung in der Praxis als nicht realistisch erscheinen lassen (Krämer 2018).

Die soeben dargestellten Indikatoren unterscheiden nicht zwischen internen und externen bzw. den in einer Fremdwährung aufgenommenen Staatsschulden. Bei Schulden in eigener Währung kann die Zahlungsfähigkeit im Prinzip immer durch die Zentralbank sichergestellt werden. (Ehnts 2015). Grenzen der Staatsverschuldung durch einen angenommenen Zusammenhang zwischen der Höhe der Staatsschulden und der Kosten für Staatsanleihen lassen sich durch empirische Beispiele großer Volkswirtschaften wie der USA und Japan, aber auch für Eurozonenländer widerlegen.[12]

Die Fähigkeit des Staates, seine Rechnungen zu begleichen, hängt nicht zuletzt auch von den externen Wirtschaftsbeziehungen einer Volkswirtschaft ab. Es ist umstritten, ob Leistungsbilanz-Ungleichgewichte aus der Perspektive der Kapitalflüsse oder der Handelsbilanz betrachtet werden sollten: Erstere Perspektive sieht die Leistungsbilanzdefizite schlicht als die Differenz zwischen der einheimischen Spar- und Investitionsquote. In diesem Fall geht das Investitionsniveau über die Sparquote hinaus und Anlagekapital fließt aus dem Ausland ins Land, da es hier profitable Anlagemöglichkeiten gibt.[13] Dabei darf aber nicht unberücksichtigt bleiben, dass die meist mit positiver Konnotation diskutierten ausländischen Direktinvestitionen und die meist skeptisch betrachteten Auslandsschulden im Prinzip die gleiche Wirkung auf die externe Nachhaltigkeit haben (vgl. Flassbeck und Panizza 2008: 4). Entscheidend ist in diesem Zusammenhang jedoch – ähnlich wie bereits im Hinblick auf die fiskalpolitische Nachhaltigkeit ausgeführt – letztendlich die Verwendung der Gelder, wie ich noch verdeutlichen werde.

---

[12] Staaten in den kapitalistischen Zentren können bei deutlich höheren Gesamtschulden weiterhin Staatsanleihen zu niedrigen Zinsen und in eigener Währung platzieren. Beispiele dafür sind die USA und besonders Japan, aber auch die Länder der Eurozone nach der Erklärung von EZB-Präsident Mario Draghi, man werde alles tun, um Staatspleiten zu verhindern.

[13] In Ecuador wurden während der *Revolución Ciudadana* eine Reihe von Maßnahmen ergriffen, um Ersparnisse aus dem Ausland abzuziehen und Sachinvestitionen im Inland zu priorisieren: Zu nennen sind hier die Auflösung von Erdölfonds und der Erwerb von Staatsanleihen und Investitionen der Sozialversicherung in Staatsfirmen. Damit sollte der Bedarf von vergleichsweise teurer Kreditaufnahme für ecuadorianische Investitionsprojekte auf den internationalen Kapitalmärkten gesenkt werden, auf denen ecuadorianische Institutionen gleichzeitig Ersparnisse zu extrem niedrigen Renditen anlegten.

Folgt man der auf die Kapitalflüsse fokussierten Sichtweise, entsteht dann ein Leistungsbi-lanzüberschuss, wenn sich die ökonomischen Akteure in einem Land dafür entscheiden, einen höheren Teil des verfügbaren Einkommens zu sparen als in der einheimischen Ökonomie produktiv investiert werden kann. Diese Perspektive auf die Kapitalflüsse bietet einen interessanten Ansatz zur Betrachtung der Sinnhaftigkeit von Rohstofffonds, beziehungsweise der externen Geldanlage in Finanztitel, auf die im Weiteren noch einzugehen sein wird. Der Kapitalexport ist dieser Logik folgend eine natürliche Konsequenz des Phänomens, dass Ersparnisse innerhalb der eigenen Volkswirtschaft keine Anlagemöglichkeiten finden.

Der Fokus auf die Leistungsbilanz eines Landes hat allerdings eine stärkere Aussagekraft als der Blick auf die Kapitalflüsse, da Veränderungen bei Importen und Exporten nicht einfach auf freiwillige Entscheidungen der Marktakteure zurückgeführt werden, sondern auf Schocks durch signifikante und nicht vorausgesehene Veränderungen relativer Preise, die sich auf die Wettbewerbsfähigkeit von Ländern auswirken. Demnach können beispielsweise Veränderungen in den Rohstoffpreisen plötzliche Veränderungen in den Leistungsbilanzen von Erdöl exportierenden Ländern bewirken und erklären. Auch erklärt diese Sichtweise die Bedeutung von – über die Fundamentaldaten hinausgehenden – Wechselkursschwankungen als Ursache für Leistungsbilanzungleichgewichte hin (Flassbeck und Panizza 2008: 5). Aus dieser Perspektive ist der Bedarf von Entwicklungsländern nicht auf mangelnde Sparanstrengungen zurückzuführen, die von ausländischen Sparern ergänzt werden müssen. Die Kausalität führt hier über Veränderungen in der Leistungsbilanz, beispielsweise durch zurückgehende Exporteinnahmen, die dann auf der Ebene der Kapitalbilanz ausgeglichen werden müssen (UNCTAD 2012: 10).

Entwicklungsländer sind in besonderer Weise von externen realwirtschaftlichen Schocks, wie zum Beispiel Einbrüchen bei den Exporteinnahmen, und von finanziellen Schocks, wie dem plötzlichen Abzug mobilen Kapitals, betroffen; zudem sind viele ihrer Schulden in Dollar dotiert (Alvarado 2004: 18; Flassbeck und Panizza 2008: 9). Die Abwertung der eigenen Währung, eine finanzpolitische Reaktionsmöglichkeit auf externe Schocks, steigert zwar in der Folge die Wettbewerbsfähigkeit, erhöht die Exporte und senkt die Importe. Sie kann aber auch Firmen, die sich in einer ausländischen Währung verschuldet haben, deren Absatzmarkt sich aber im eigenen Land befindet, in die Zahlungsunfähigkeit führen, da ihre Einnahmen in Dollar berechnet sind und in Folge der Währungsabwertung zurückgehen. Ein erhöhtes Risiko besteht auch für Firmen, die auf Dollardevisen zur Finanzierung von Importen angewiesen sind. Auch private Schulden im Ausland können Krisenprozesse einleiten und sich auf den öffentlichen Sektor übertragen.

Die Wechselwirkung zwischen internen und externen Schulden führt zu einem bedeutenden Zielkonflikt eines Staates. Einerseits kann die reale Abwertung der Währung als Grund-voraussetzung für die Rückkehr zu externer Schuldentragfähigkeit gesehen werden, andererseits nehmen Entwicklungsländer meist einen großen Teil ihrer Schulden (Kredite, Staatsanleihen) in Fremdwährung auf: Eine starke Währungsabwertung führt deshalb zu einer plötzlichen Erhöhung der

Staatsschuldenquote, macht aber auch die Rückzahlung möglich, da sich aufgrund des niedrigeren Wechselkurses auch die Leistungsbilanz und damit der Devisenzugang verbessert (für weitere Belege siehe auch Campos, Jaimovich und Panizza, 2006). Dabei kommt die Verbesserung der staatlichen Leistungsbilanz dadurch zustande, dass sich der einheimische Konsum vermindert und mehr aus der inländischen Produktion exportiert wird. Dies führt ziemlich sicher zu gesamtwirtschaftlichen Wohlfahrtsverlusten, die für die jeweilige Regierung (vgl. Venezuela in den letzten Jahren) politisch kostspielig sind. Verheerend können die Konsequenzen einer Währungsabwertung auch für jene privaten Akteure sein, die sich im Ausland verschuldet haben, ihre Einnahmen aber in der nun abgewerteten eigenen Währung beziehen. Becker (2008: 26) beschreibt Devisenmangel eines Staates als wiederkehrenden Engpass für die ökonomische Akkumulation, wodurch diese stark extern konditioniert sei.

Länder der Peripherie sind in ihren produktiven Strukturen weniger entwickelt und diversifiziert, ihre Regierungen sind auch weniger dazu in der Lage, eine autonome Wirtschaftspolitik zu verfolgen, was mit ihrer Stellung im internationalen Geld- und Finanzsystem zu tun hat (Paula et al. 2017: 184). Für sie ist es daher keine freie Entscheidung, ob externe oder interne Schulden aufgenommen werden und ob diese Schulden in eigener Währung oder in Fremdwährung dotiert sind. Die Auslandschulden resultieren aus dem chronischen Devisenmangel dieser Länder. Bestimmte Produkte, wie zum Beispiel die für den Entwicklungsprozess essentiellen Produktionsgüter, müssen importiert werden. Bei Schulden in ausländischer Währung bleibt ihnen lediglich die Möglichkeit eines Zahlungsstopps. Dies kann aber wiederum die Risikobewertung durch zukünftige Kreditgeber negativ beeinflussen und dazu führen, dass diese Kredite zukünftig nur zu höheren Zinsen oder gar nicht aufgenommen werden können.

In der Analyse fiskalpolitischer Nachhaltigkeit wird allerdings meist vorausgesetzt, dass die Bedienung der Schulden durch die dafür notwendige höhere Besteuerung stets anderen Möglichkeiten zum Umgang mit Staatsschulden vorzuziehen ist. Zu nennen sind hier finanzpolitische Maßnahmen wie die Entwertung von Schulden durch Inflation oder Zahlungsverweigerung. Letztlich geht es in diesem Zusammenhang aber immer um eine Kosten-Nutzenanalyse (Flassbeck und Panizza 2008). Hierbei gilt, dass die Tragfähigkeit von externen Schulden in einer Volkswirtschaft dann gegeben ist, wenn ausreichend Devisen generiert werden, um den Schuldendienst für private und öffentliche Schulden in ausländischer Währung leisten zu können.

Währungen spielen in den internationalen Wirtschafts- und Finanzbeziehungen eine zentrale entscheidende Rolle. Sie stehen in einer Hierarchie zueinander, die durch ihre internationale Liquidität beziehungsweise ihre internationale Akzeptanz als Zahlungsmittel bestimmt wird. An der Spitze dieser Hierarchie steht der USD, während Währungen von Ländern in der Peripherie am unteren Ende stehen (Fernando de Paula et al. 2017: 189). Aus der Perspektive dieser Länder ergibt sich von daher eine nachvollziehbare Tendenz, diese Bedingungen zu verändern. Was Ecuador betrifft, lässt sich aus dem beschriebenen Sachverhalt heraus bereits ein erster Hinweis auf mögliche Ursachen für die in den ecuadorianischen Wirtschaftseliten weit verbreitete Befürwortung der Dollarisierung ableiten, nämlich der Wunsch nach Verfügbarkeit über eine international nutzbare und relativ stabile Währung. Es ist allerdings wichtig, hier anzumerken, dass die im Jahr 2000 erfolgte Übernahme des US-Dollars diesen nicht zur heimischen Währung Ecuadors machte. Es handelt sich bei den in US-Dollar aufgenommenen Krediten also weiterhin um Schulden in einer Fremdwährung und das Wechselkurs-Risiko kann nur so lange als gebannt gelten, wie die zur Beibehaltung der Dollarisierung notwendige Liquidität gewährleistet ist.

In Ecuador existiert also seit 2000 keine eigene Währung, durch deren nominelle Abwertung die Wettbewerbsfähigkeit der Volkswirtschaft wiederhergestellt werden könnte. Sachs und Larrain (1999: 81) warnten bereits, dass eine Bindung an den US-Dollar nur Sinn mache, wenn die US-Geldpolitik zur eigenen Wirtschaft passe, was selten der Fall sei. Die Anpassung des Preisniveaus könne im Rahmen der Dollarisierung nur durch den schmerzhaften Weg der internen Abwertung erreicht werden (ebd.). Damit verbunden sei eine niedrige Preissteigerung oder Deflation, die gemeinhin durch niedrige Nachfrage erreicht werde, die wiederum durch die Senkung der Reallöhne möglich sei. Es zeigt sich, dass die Warnungen von Sachs und Larrain begründet waren. So ist Argentinien ein lateinamerikanisches Beispiel für das Scheitern einer festen Dollarbindung.[14] Ecuador stand in den Jahren 2015 und 2016 vor einem ähnlichen Problem, war davor aber weniger von dem Zufluss flexiblen Kapitals betroffen gewesen als Argentinien. Der Schock verlief in Ecuador stärker durch Mechanismen der so genannten Realwirtschaft. Die Erdölexporte verloren deutlich an Wert, während die relative Aufwertung des US-Dollars auch die Wettbewerbsfähigkeit anderer Produkte schmälerte.

In Ecuador wirkte die Dollarisierung auf den Außenhandel wie die extreme Form eines festen Wechselkurses, wodurch externe Formen der außenwirtschaftlichen Anpassung durch Abwertung der eigenen Währung nur bei einer hochrisikobehafteten Aufgabe der Dollarisierung möglich ist (Correa 2014: 89). Problematisch wird ein solches System überdies, wenn die Preissteigerung die der Handelspartner übertrifft und es zu einer realen Währungsaufwertung kommt, also die relativen Preise steigen und die Nettoexporte sinken, weil eine durch Währungsabwertung bedingte Trendwende nicht herbeigeführt werden kann (Correa 2014: 90–91). Die Zentralbank eines Staates kann zwar stets Reserven zur Zahlung aller Verbindlichkeiten in eigener Währung bereitstellen, nicht aber in einer Fremdwährung, wie dies beim US-Dollar der Fall ist (Carvajal 2015). Unter diesen Voraussetzungen bietet das Verhältnis von Staatsschulden und Wirtschaftsleistung daher keinen adäquaten Indikator für die Fähigkeit eines Staates, die externen Kredite zu bedienen.

[14] Nach der Asienkrise und insbesondere der Krise seines Nachbarlandes Brasilien hätte das Land bei Beibehaltung der Dollarisierung seine Wettbewerbsfähigkeit nur durch eine massive Deflation wieder herstellen können. Deflation aber geht nur über Depression. Die Depression, die schließlich eintrat, verprellte jedoch die Kapitalgeber weltweit, so dass Argentinien Liquidität nur noch zu extrem hohen Zinsen bekam, obwohl es angesichts der tiefen Wirtschaftskrise extrem niedrige Zinsen gebraucht hätte (Flassbeck 2002).

Neben den Exporten sind im diskutierten Kontext auch die Importe eines Landes zu berücksichtigen. Es kommt diesbezüglich darauf an, eine positive Leistungsbilanz zu erzielen, um als Volkswirtschaft Auslandsschulden netto zurückzuzahlen und nicht lediglich bestehende Kredite durch neue Kredite abzulösen. „Dies bedeutet, dass Nettoauslandschulden immer Schulden sind, die durch international handelbare Güter und Dienstleistungen zurückgezahlt werden müssen." (Flassbeck und Panizza 2008: 4)

Ecuador – das von mir hier analysierte Fallbeispiel – ist ein Erdölexportland, für das Erdölexporte sowohl mit Blick auf die Staatsfinanzen als auch hinsichtlich der Leistungsbilanz eine zentrale Rolle spielen. Daher werde ich nun auf die Frage eingehen, wie die verfügbaren Rohstoffeinnahmen dieses Landes im Sinne entwicklungsfördernder und nachhaltiger Politik nutzbar gemacht werden können. Schon aufgrund ihrer Endlichkeit und Volatilität ist festzustellen, dass sie nicht als Ersatz für Steuereinnahmen gesehen werden können. Umgekehrt aber sind Steuereinnahmen auch kein Ersatz für Rohstoffeinnahmen, da durch Besteuerung keine zusätzlichen Deviseneinnahmen entstehen. Diese werden aber zur Begleichung von Verbindlichkeiten gegenüber dem Ausland gebraucht. Unbenommen bleibt, dass Steuern auf Devisenausfuhren eine Möglichkeit bieten, die Verschiebung von Devisen und Kapital ins Ausland zu verhindern. Jedoch können sich diese Steuern auch negativ auf den Zustrom von Kapital auswirken, da sie der Präferenz für eine möglichst hohe und auch über Landesgrenzen hinausgehende Liquidität widersprechen. Ein Trugschluss wäre es aber nun, im Umkehrschluss die Bedeutung von Steuereinnahmen für die Stabilität der Staatsfinanzen zu negieren. Denn die Fähigkeit einer Volkswirtschaft, als Gesamtheit genügend Devisen zu erwirtschaften, bedeutet noch nicht, dass eine adäquate Allokation zwischen den einzelnen Sektoren dieser Volkswirtschaft gegeben ist, es dem Staat also quasi automatisch gelingt, genügend Einnahmen zu generieren, um seine Verbindlichkeiten bedienen zu können. Daraus erklärt sich die Bedeutung eines soliden Steuersystems für die Glaubwürdigkeit des Staates als Kreditnehmer.

In entwicklungspolitischen Debatten besteht ein breiter Konsens darüber, dass Rohstoffeinnahmen von Staaten anders als andere Einnahmen behandelt werden sollten. Die Tatsache, dass diese Einnahmen nicht auf die Anstrengungen derjenigen zurückzuführen sind, unter deren Grund und Boden sich die Rohstoffe befinden, rechtfertigt ihre Aneignung durch den Staat. Darüber hinaus bedeutet diese Ausbeutung heute aber gleichzeitig, dass sie morgen nicht länger zur Verfügung stehen (Chang 2007a: 27). Der Einfachheit halber können die in Zukunft zu erwartenden Erdöleinnahmen ähnlich betrachtet werden wie Nettovermögen eines Staates.[15] Von dieser Grundannahme her erklärt sich auch die Festlegung in Ecuadors Fiskalregel, dass laufende Ausgaben wie

[15] Das Prinzip, aus Erdöleinnahmen lediglich Investitionen zu finanzieren, geht von dem Grundsatz aus, dass das Nettovermögen nicht gesenkt, sondern dass das Erdöl in neue Vermögenswerte des Staates verwandelt werden soll. Dabei muss aber berücksichtigt werden, dass der Wert von Rohstoffen schwankend ist und ihre Existenz nicht gleichzusetzen ist mit ihrer sofortigen Nutzbarkeit und umgekehrt auch Investitionen nicht automatisch liquide gemacht werden können, wenn es ich beispielsweise um öffentliche Güter handelt oder wenn sie ihren Wert durch unerwartete Entwicklungen verlieren können (vgl. Alvarado 2004: 16).

Löhne und Transferleistungen aus laufenden Einnahmen, also nicht aus Veräußerungsgewinnen oder Erdöleinnahmen finanziert werden dürfen (Asamblea Constituyente 2008a). Ein heute exportiertes Fass Erdöl kann morgen nicht mehr verkauft werden (vgl. Chang 2007a). Auch Staatseigentum kann nicht ohne weiteres verkauft und Erdöl kann nicht in unbegrenzter Menge gefördert werden. Denn in beiden Fällen kommt das Fehlen (von Möglichkeiten zur Veräußerung von Staatseigentum und von Erdöleinnahmen in erwarteter Höhe) einem Liquiditätsausfall gleich und ist damit als Risiko zu betrachten ist (vgl. Alvarado 2004). In Analogie zum bereits diskutierten Umgang mit Krediten ist für die fiskalpolitische Nachhaltigkeit im Umgang mit Rohstoffeinnahmen daher die zentrale Frage, ob durch sie Investitionen oder laufende Ausgaben finanziert werden.

Komplexer ist für ein Land mit progressiven und nachhaltigen Entwicklungszielen die Frage, welche Art von Investitionen mit Hilfe der Rohstoffeinnahmen finanziert werden sollten und welche Faktoren bei der Entscheidung darüber ausschlaggebend sein sollten. Die einfachste Möglichkeit bieten für einen Staat Investitionen in Finanztitel durch speziell zu diesem Zweck eingerichtete Fonds, die es ermöglichen, von den durch diese erzielten Renditen zu profitieren (Chang 2007a: 31). Diese von Almeida et al. (2006) und Cueva (2008) als möglicher Teil einer vernünftigen Haushaltspolitik diskutierten Rohstofffonds stellen eine auf die Finanzmärkte der entwickelten Zentren gerichtete Form der Investition von Rohstoffeinnahmen dar. Auf ökonomischer Ebene wird bezüglich dieser Fonds mit der Möglichkeit anti-zyklischer Politik und einer stärkeren Fiskaldisziplin argumentiert (Karl 2007: 270; Bebbington 2013: 28). Ein Vorteil ist ihre relativ hohe Liquidität, die bei Sachinvestitionen in dieser Form nicht vorhanden ist. Auch diese kann allerdings durch institutionelle beziehungsweise rechtliche Schranken für die Nutzung der Fondsgelder beschränkt sein. Die politische Argumentationslinie für die Einführung von Rohstofffonds wird oft mit der Idee verknüpft, dass die Finanznot des Staates durch das Abschirmen der Rohstoffeinnahmen von den Begierden der Turnusregierung einen Fiskalvertrag – und langfristig höhere Bereitschaft Steuern zu zahlen – ermögliche (Humphreys und Sandbu 2007: 194) Diese Position blendet allerdings die negativen Effekte der mit der austeritätsorientierten Politik verbundenen Leistungskürzungen auf die Steuermoral aus (siehe auch Kapitel 2). Die Nutzung von Rohstofffonds bietet sich aber besonders dann an, wenn es zu einem plötzlichen Anstieg der Rohstoffeinnahmen kommt und nicht genug erfolgsversprechende Investitionsprojekte vorhanden sind oder die Kapazitäten für ihre Umsetzung fehlen. Außerdem kann der Druck zur Aufwertung der eigenen Währung gemindert und so das Phänomen der ‚Holländischen Krankheit‘ abgewendet werden. Mit sicheren Finanzanlagen sind allerdings meist nur geringe Renditen zu erzielen (Chang 2007a 32).

> "Wichtiger noch, es ist unwahrscheinlich, dass Finanzinvestitionen die produktiven Fähigkeiten der nationalen Ökonomie stärken. Dies mag für eine fortgeschrittene Ökonomie wie Norwegen kein großes Problem sein, es ist aber ein ernstzunehmendes Problem für Entwicklungsländer, wo Investitionen in den Aufbau von Fähigkeiten immer noch notwendig sind. Zusammenfassend ist zu sagen, dass Investitionen in Finanzwerte oft die "sicherste" Option

> hinsichtlich des Managements von Rohstoffrenten sind. Langfristig müssen Entwicklungsländer aber in den Aufbau ihrer produktiven Fähigkeiten investieren." (ebd.)

Auf das Für und Wider ecuadorianischer Rohstofffonds in ihrer konkreten Ausgestaltung werde ich noch in der empirischen Untersuchung eingehen. Es sollte aber deutlich geworden sein, dass über eine Liquiditätsreserve hinausgehende Fonds nicht sinnvoll sind, wenn gleichzeitig Investitionsprojekte mit Hilfe von teuren Krediten finanziert werden müssen: In diesem Fall verleiht das Land faktisch zu niedrigen Renditen Geld, um sich gleichzeitig zu deutlich höheren Zinssätzen Geld zu leihen. Die vorbehaltlosen Befürworter*innen von Erdölfonds argumentieren vordergründig technokratisch: Rohstoffeinnahmen sollten dem Zugriff durch politisch motivierte, klientelistische Verteilungslogiken entzogen werden. Im Kern handelt es sich hier jedoch um neoliberal geprägte, anti-etatistische Positionen, die dazu tendieren, über die Grenzen des Nachtwächterstaats hinausgehende Aktivitäten der öffentlichen Hand *a priori* als Verschwendung zu kritisieren und bei Staaten mit signifikanten Rohstoffeinnahmen von vornherein eine starke Tendenz zur Vernachlässigung von Effizienzkriterien sehen. Statt in die Differenzierung der Ökonomie flössen die Rohstoffgelder oft in wenig transparente Megaprojekte, durch die Korruption verdeckt werden könne, da keine entsprechenden Benchmarks existierten (Karl 2004: 667). Inwiefern Investitionsprojekte vielversprechend sind und den Aufbau neuer Produktionsnetzwerke ermöglichen oder zukünftige Wachstumspotentiale erhöhen, kann allerdings eben nicht verallgemeinernd abstrakt-theoretisch geklärt werden. Von daher ist die Debatte um Rohstofffonds differenziert zu betrachten und an den realen politischen Schwerpunktsetzungen zu messen.

Die Nutzung von Rohstoffeinnahmen zur Förderung eines nachhaltigen Entwicklungsprozesses stellt sich weit anspruchsvoller dar als die soeben dargestellten Möglichkeiten von Finanzinvestitionen. Sie bietet nämlich die Chance auf eine Weiterentwicklung produktiver Strukturen und damit die Chance zur Überwindung der einseitigen Rohstoffabhängigkeit eines Landes. Bezüglich der entwicklungspolitisch progressiven Nutzung von Rohstoffeinnahmen für Investitionen nennt Chang (2007a) neben den bereits besprochenen Finanzinvestitionen drei weitere Möglichkeiten: Zunächst sei es möglich, in die allgemeinen Fähigkeiten der Ökonomie zu investieren, also die Produktionsvoraussetzungen durch die Verbesserung von Infrastruktur und Energieversorgung zu verbessern. Weitere Möglichkeiten seien die Diversifizierung innerhalb der mit dem Rohstoff verbundenen Wertschöpfungskette, also im Falle von Erdöl Investitionen in Raffinationskapazitäten und der Aufbau einer petrochemischen Industrie und der Transfer von im Rohstoffsektor generierten Ressourcen in andere Produktionsbereiche, die ansonsten nicht mit dem Rohstoffabbau in Verbindung stehen (Chang 2007a). Alle drei angesprochenen Möglichkeiten scheinen geeignet, adäquate Wege aus einseitiger Rohstoffabhängigkeit zu gehen.

Außer auf den Zusammenhang zwischen Staatsschulden und Leistungsbilanz ist im diskutierten Zusammenhang auch auf die Verbindung von Fiskalpolitik und Geldschöpfung einzugehen (vgl. Ehnts 26.08.2016). In Ecuador stellt sich diesbezüglich besonders die Frage, welche Rolle die ecuadorianische Zentralbank im Kontext der Dollarisierung spielen kann. Eine wichtige, die

Geldpolitik betreffende, Neuerung der Regierung Correa war die Einführung eines einheitlichen Kontos für den öffentlichen Sektor, der *Cuenta Corriente Única*. Es wurde für die Einlagen aller öffentlichen Institutionen bei der Zentralbank mit dem Ziel geschaffen, das Liquiditätsmanagement zu verbessern (Carrasco Vintimilla 2013). Außerdem wurden die Auflagen für den – durch Mindestreserven zu leistenden – Beitrag der Privatbanken zur Liquidität des Finanzsystems verschärft, ebenso wie ihre Informationspflichten gegenüber der Zentralbank (ebd.).

Eine hier ebenfalls zu diskutierende Frage ist, inwiefern im Rahmen der Dollarisierung dennoch anti-zyklische Maßnahmen möglich sind. Mark Weisbrot et al. (2017) nennen zwei unterschiedliche – als *Quantitative Easing* (QE) bezeichnete – Mechanismen, die in Ecuador zum Einsatz gekommen sind und zwischen 2011 und 2016 faktisch zu einer Geldschöpfung und zur Abwehr tieferer Krisentendenzen geführt haben. Die Inflationsgefahr, ein im hier diskutierten Kontext nicht zu vernachlässigender Faktor, ist in Bezug auf ecuadorianische Krisentendenzen allerdings zu vernachlässigen, denn es handelt sich bei den ergriffenen Maßnahmen – in einem rezessiven Szenario fehlender Auslastung ökonomischer Kapazitäten – neben der Akquirierung externer Kredite um ein weiteres Instrument, um die gesamtwirtschaftliche Nachfrage zu stabilisieren und damit eine deflationäre Tendenz zu stoppen. Sofern Produktionsfaktoren brachliegen führen die kreditfinanzierten staatlichen Ausgaben auch nicht zur Verdrängung bzw. zum so genannten *Crowding Out* privater Investitionen, sondern zu erhöhtem verfügbarem Einkommen, größerer Nachfrage und damit zu mehr privaten Investitionen (Vickrey 1996). Eine wichtige Frage ist schließlich, wie die Kredite genutzt werden, wobei im Fall einer Krise der Außenhandelsbilanz zu verhindern ist, dass vor allem neue Importe erzeugt werden.

Mit Blick auf die Außenhandelsbilanz lassen sich im Falle Ecuador wichtige, teils nicht durch die nationale Politik kontrollierte, Faktoren aufzeigen, die eine Trendumkehr möglich machen. Während des *Circulo Virtuoso* lassen sich hohe Investitionen sowie zu erwartende zukünftige Einnahmen und Kostensenkungen den Defiziten gegenüberstellen. Die Situation verschärfte sich aber durch den Einbruch der Exporte ab Mitte 2014.

In einer offenen Ökonomie lässt sich folgende Nachfragegleichung aufstellen: Die Produktion entspricht der Summe des Konsums, der Investitionen und der Exporte, abzüglich der Importe (Ehnts 2015: 136). Wenn die Exporte als Nachfragekomponente wegbrechen und die Importe konstant bleiben, steigen also die Verbindlichkeiten und Forderungen des Auslands an die inländische Volkswirtschaft. Angesichts der fehlenden eigenen Währung dienten in Ecuador auch Importbeschränkung wie Zölle und nicht-tarifäre Handelshemmnisse als Ersatzmechanismen zur Währungsabwertung und Senkung von Importen. Nehmen wir nun an, der Staat würde parallel dazu versuchen, seinen Haushalt zu konsolidieren, dann käme dies dem Versuch gleich , die privaten Haushalte und Unternehmen zur Kreditaufnahme im Ausland zu zwingen, was gerade in einer Krisensituation kaum eine mögliche Perspektive ist. Die Senkung der Staatsverschuldung ist daher nicht unabhängig von den Effekten auf die Wirtschaftsentwicklung zu betrachten, die als oberstes zu verfolgendes Ziel zu sehen ist.

Eine überzeugende, dabei einfache saldenmechanische Gleichung ergibt folgendes Bild (vgl. Spieker und Flassbeck 2011; vgl. Waldner 16.12.2013):

Staatsdefizit = Private Ersparnis - Nettoinvestition - Exporte + Importe

Diese Gleichung verdeutlicht, dass das staatliche Defizit nicht isoliert von den Finanzierungssalden der anderen volkswirtschaftlichen Sektoren zu betrachten ist. In einer Krisensituation mit fallenden Exporten entsteht der Gleichung zufolge automatisch Druck in Richtung Erhöhung des staatlichen Defizits. Arbeitslosigkeit und weniger Umsatz reißen ein Loch in die Steuereinnahmen, dazu springt das Sozialsystem – in einem peripheren Land wie Ecuador in geringerem Ausmaß als in den kapitalistischen Zentren – an und führt zu höheren Staatsausgaben. Die Regierung hat dabei aber keine direkte Kontrolle über das staatliche Defizit. Eine lediglich auf den Ausgleich des Staatshaushalts fixierte Politik führt also – durch die Absenkung der Staatsausgaben bzw. die Erhöhung der Steuern – zu einer Nachfragelücke und vertieft die Rezession. Jedoch müssen die Möglichkeiten des Gegensteuerns gerade in Ländern der Peripherie als eingeschränkt gelten. Das ist insbesondere dann der Fall, wenn die erhöhten Staatsschulden der Finanzierung konsumtiver Ausgaben dienen. Dann nämlich ergibt sich eine nicht auf Dauer tragbare Defizitposition.

3.2 Staatstheoretische Perspektiven

Staaten werden als gesellschaftliche Akteure, mitunter als Synonym zu Regierungen, als Institution oder als Konfliktterrain betrachtet, eine allgemein anerkannte und eindeutige Definition des Begriffes ‚Staat' zu finden, bleibt daher schwierig (Mann 1984). Zweifelsfrei besteht ein Staat jedoch aus einem differenzierten Institutionengefüge und seinem Personal, bezieht seinen Herrschaftsanspruch – ausgehend von einem politisch-administrativen Zentrum – auf ein begrenztes Territorium und beansprucht das Monopol, verbindliche Regeln festlegen zu können, was letztlich auf seinem Gewaltmonopol fußt (Mann 1984: 187-188).

Die im nun folgenden Unterkapitel dargelegten staatstheoretischen Perspektiven eröffnen eine Sichtweise, die hilft, Bedeutung und Grenzen der Staatsfinanzierung durch Steuern zu analysieren und Faktoren herauszuarbeiten, die sich auf die Steuer- und Fiskalquote und die Verteilung der Steuerlast beziehen. Wenn von staatlichem Handeln die Rede ist, muss also zunächst definiert werden, was damit gemeint ist, denn die oben skizzierte Idee staatlichen Handelns kollidiert mit Vorstellungen vom Staat und seinen Teilinstitutionen als Spiegelung von gesellschaftlichen Kräfteverhältnissen, als Konfliktterrain oder als Gesamtheit gesetzlicher Regelungen. Ich gehe allerdings nicht davon aus, dass Staaten jeweils lediglich die gegebenen gesellschaftlichen Kräfteverhältnisse widerspiegeln. In den höheren Hierarchieebenen der als Staat bezeichneten zentralisierten Institutionen kann sich eine Staatselite herausbilden, die sich von den Machtgruppen unterscheidet, deren Machtbasis außerhalb des Staates liegt (Mann 1984: 188). Der Grad der

Unabhängigkeit des politische-administrativen Entscheidungszentrums Staates von verschiedenen Machtgruppen einerseits und gegebenen Überschneidungen mit der Wirtschaftselite andererseits ist jedoch als eine Frage politischer Kräfteverhältnisse wie auch ökonomischer Abhängigkeiten zu sehen.

In meiner Analyse betrachte ich die Autonomie der ecuadorianischen Staatsführung ausgehend von der Frage, inwieweit die Umsetzung eines demokratisch legitimierten Programms möglich ist und welche effektiven Schranken dem entgegenstehen. Wie bereits dargelegt, gehe ich für die erste Phase der Regierung Correa (2006–2014) von einem *Circulo Virtuoso* aus, währenddessen – bedingt durch hohe Rohstoffeinnahmen – eine Stärkung des Steuerstaates gelang.

Durch ein Regierungshandeln, das dem Prinzip eines *Circulo Virtuoso* folgte, konnte die Regierung Correa in dieser Phase das politische Kräftegleichgewicht zu Gunsten des öffentlichen Sektors verschieben, diesem einen größeren Teil der Rohstoffrente sichern und zudem eine höhere Steuerquote bei gleichzeitiger schrittweiser Erhöhung des Anteils direkter Steuern durchsetzen. Im Folgenden wird es darum gehen, die in Kapitel 2 formulierten Hypothesen aus staatstheoretischer Perspektive einzuordnen.

In Abschnitt 3.2.1 richte ich mein Augenmerk zunächst auf Staatsaufgaben, *State Capacity* und die Reichweite des Staates (Soifer und Vom Hau 2008: 220). Hier gilt es, die Wechselbeziehung zwischen staatlichen Fähigkeiten und der Art der Besteuerung herauszuarbeiten und insbesondere die Ursachen für den aus rentenstaatstheoretischer Perspektive formulierten Unterschied zwischen der Verfügbarkeit von Finanzmitteln und entwicklungsstrategischer Handlungsfähigkeit eines Staates aufzuzeigen. Zur Analyse der Möglichkeiten und Grenzen bezüglich der Umsetzung von Reformstrategien ist ein Blick auf die Fähigkeiten des Staates und die Kräfteverhältnisse innerhalb des Staatssektors unerlässlich. Daher gehe ich in Abschnitt 3.2.2 auf den Staat als Feld sozialer Kämpfe ein, was sich an der personellen Besetzung der Verwaltung, der Hierarchie zwischen unterschiedlichen Behörden sowie in Gesetzen und ihrer Umsetzung aufzeigen lässt (Fisahn 2008: 212). In Abschnitt 3.2.3 liegt der Fokus auf den Einflussmöglichkeiten von Interessengruppen außerhalb des Staates, wobei ich neben der Analyse von Faktoren instrumenteller Einflussnahme insbesondere auf die Bedeutung struktureller Macht von Wirtschaftseliten eingehe. Deren besondere Position bei Auseinandersetzungen im Spannungsfeld zwischen *State Capture*, staatlicher Autonomie und Zwang zur Kooperation und ebenso zwischen Staat, Wirtschaft und Zivilgesellschaft bedarf genauerer Betrachtung.

3.2.1 Zu Staatsaufgaben, State Capacity und Reichweite des Steuerstaates

Im Allgemeinen kann State Capacity als Funktion bürokratischer Fähigkeiten, der Beziehungen des Staates zu sozialen Akteuren und der räumlichen Reichweite des Staates verstanden werden (Soifer 2008: 220). Effektives staatliches Handeln basiert auf Voraussetzungen, zu denen bereits

Max Weber die Kontrolle über das Gewaltmonopol, die Akzeptanz der Regeln politischer Auseinandersetzungen und eine Infrastruktur zur Durchsetzung von Anweisungen auf dem gesamten Staatsgebiet zählt. Im Fokus der hier erstellten Analyse soll der Aspekt der Durchsetzungsfähigkeit eines Staates auch gegen innergesellschaftliche Widerstände stehen (Soifer und Vom Hau 2008; Leftwich 2009; Weller und Ziegler Rogers 2014: 185). Insbesondere eine signifikante Besteuerung von wohlhabenden Bürger*innen und Wirtschaftseliten kann dabei als Zeichen für einen starken, durchsetzungsfähigen Staat gedeutet werden, einen Staat also, dessen demokratische Institutionen auch gegen Umsturzversuche der Sicherheitsorgane gewappnet sind, die als eigenständige Akteure und nicht als Werkzeug der Wirtschaftseliten verstanden werden (Slater et al. 2014: 358–359). Im vorliegenden Abschnitt stehen die staatlichen Kapazitäten bezüglich der territorialen Reichweite des Staates im Mittelpunkt.

Die Fähigkeit eines Staates zum Steuereinzug ist dann am größten, wenn er die höchste mögliche Steuerquote einziehen kann. Die tatsächliche Durchsetzung einer Steuerquote hängt aber nicht zuletzt von den politischen Präferenzen der Staatsführung ab. Es muss also zwischen technischen Fähigkeiten, ökonomischen Überschüssen, die besteuert werden können, und politischen Präferenzen unterschieden werden. Die Steuerquote ist in wirtschaftlich weniger entwickelten Staaten niedriger als in entwickelten. Besonders in Entwicklungsländern, in denen Landwirtschaft größtenteils für die eigene Subsistenz betrieben wird, ist die Steuerquote niedriger als in Ländern mit einem großen, formalen Industriesektor (Morrissey et al. 2016: 1690–1691). Das ist auch deshalb so, weil die Steuerbasis für die Erhebung der Einkommenssteuer hier schmaler ist (Besley und Persson 2014: 109). Inwiefern sich die reale der möglichen Steuerquote annähert, hängt von den Präferenzen der politischen Entscheidungsträger und ihrer Fähigkeit ab, die Praxis der Steuervermeidung und Steuerhinterziehung zu unterbinden, die gerade in Entwicklungsländern oft weit verbreitet ist (Soifer 2012: 595; Besley und Persson 2014: 109).

Beim ecuadorianischen Fallbeispiel können die Ergebnisse der Steuerpolitik an den steuer- und fiskalpolitischen Leitlinien der Verfassung von 2008 und an den in detaillierten Entwicklungsplänen formulierten Entwicklungszielen gemessen werden. Es wird darum also nicht zuletzt das Verhältnis zwischen diesen Zielsetzungen und der Fähigkeit des Staates zu ihrer Umsetzung zu untersuchen sein (vgl. Vom Hau 2012: 4). Im hier diskutierten Zusammenhang stellt sich auch die relevante Frage, welche Faktoren dazu führen, dass in sogenannten Entwicklungsländern die Steuerhöhe gemessen am BIP oft niedrig ist. Wenn die Motivation zur Besteuerung staatlicher Mittelknappheit entspringt, dann müsste diese folglich in Entwicklungsländern besonders hoch sein, schließlich fehlt es hier besonders an Infrastruktur, öffentlichen Gütern und Leistungen (Besley und Persson 2014: 113). Für die dennoch existierende niedrige Steuerquote bedarf es daher weiterer Erklärungen, die in der Verfasstheit dieser Staaten und ihren realwirtschaftlichen Grundlagen liegen.

Vorfindliche Fiskal- oder Steuereinnahmen eines Staates können aber nur als grober Orientierungspunkt für seine Fähigkeiten zur Durchsetzung seiner Regeln gelten. Hier sind weitere Aspekte zu berücksichtigen. So bestehen für die verschiedenen Steuerarten hinsichtlich der für ihre Erhebung notwendigen Infrastruktur und Präsenz des Staates im Territorium wichtige Unterschiede (Weller und Ziegler Rogers 2014: 188). Für die Erhebung von Zöllen bedarf es beispielsweise wenig administrativer Kapazitäten. Ähnliches gilt für die Erhebung von Lizenzgebühren und Steuern auf Rohstoffausbeutung. Für die Besteuerung von inländischen Handelsumsätzen und insbesondere von Vermögen und Einkommen dagegen bedarf es einer deutlich größeren Präsenz und administrativer Kapazitäten des Staates (Soifer 2012: 594; Slater et al. 2014: 360; Weller und Ziegler Rogers 2014: 183). Die mit der Steuerverwaltung eines Staates verbundenen administrativen Kapazitäten lassen sich daher nicht allein an der Steuerquote ablesen, denn Steuern unterscheiden sich auch hinsichtlich des für ihre effektive Erhebung nötigen administrativen Apparats.

Ein weiterer wichtiger Faktor für die Reichweite des Staates und seiner Handlungsmöglichkeiten bildet die Einbindung in das internationale Wirtschaftssystem. Daher ist sowohl die oft geringe interne Reichweite des Staates als auch die zu starke wirtschaftlichen Außenorientierung beziehungsweise Außenabhängigkeit der Wirtschaftseliten ein Grund für die eingeschränkte Fähigkeit zur Steuererhebung (Burchardt 2012: 85). Für die Staaten der Peripherie bestehen – teils aus historischen Pfadabhängigkeiten herrührend – demzufolge besondere Herausforderungen. Wie Dieter Boris (2007: 244-245) deutlich macht, entwickelte sich die lateinamerikanische Staatlichkeit nicht, indem sich Staat und Gesellschaft wechselseitig determinieren. Vielmehr übernimmt der Staat hier die Aufgabe, die jeweilige Gesellschaft an äußere Standards und Zwänge anzupassen.

In lateinamerikanischen Ländern bestehen Regionen effektiver Staatlichkeit und andere, die von der staatlichen Autorität nicht erreicht werden (Soifer 2012: 587). Die Abwesenheit des Staates bedeutet allerdings nicht die Existenz herrschafts- oder hierarchiefreier Räume – wohl aber, dass das Vertrauen in staatsbasierte Lösungen sozialer Probleme niedrig ist und traditionelle klientelistische Herrschaftsformen weiter existieren oder neu entstehen (siehe auch Kapitel 3.3.3). Das hier diskutierte Phänomen mangelnder territorialer Präsenz und Durchsetzungsfähigkeit des Staates ist daher auch mit seiner mangelnden gesellschaftlich-sozialen Regulierungsfähigkeit und seiner fehlenden internen Reichweite verknüpft.

So sieht sich der Nationalstaat Ecuador – auch bezogen auf die subnationale Ebene – heute wie in der postkolonialen Geschichte immer wieder mit oben spezifizierten Herausforderungen konfrontiert, durch die seine Handlungsfähigkeit eingeschränkt wird. Diesbezüglich sind Autonomieforderungen indigener Gemeinden zu nennen, ebenso wie die von wirtschaftlich starken Regionen unter konservativer Führung (Faust et al. 2008; Eaton 2011, 2012). Die State Capacity hängt nicht zuletzt von den Mechanismen der Interaktion zwischen Zentralstaat und subnationalen Verwaltungsebenen ab. Im offiziellen Diskurs von internationalen Entwicklungsorganisationen wurde mit der Dezentralisierung das Ziel verbunden, die Qualität der Regierungsführung zu verbessern. Allerdings erweist sich die praktische Umsetzung in Staaten der Peripherie oft als widersprüchlicher Prozess, da es zu einer Stärkung lokaler Kaziken kommen kann (Faust et al. 2008: 23, zur Wortbedeutung siehe auch Schmalz 2008a: 449-453). In Ecuadors neuerer Geschichte vor Beginn der Revolución Ciudadana zeigen sich die Probleme der Dysfunktionalität des politischen Systems immer wieder am Verhältnis von nationaler und subnationaler Ebene. Kent Eaton (2012: 645) weist darauf hin, dass Amtsinhaber auf der nationalen Ebene oft auf die Unterstützung von autoritären Lokalpolitikern angewiesen sind. In Ecuador waren es vor allem die christsozialen Stadtregierungen Guayaquils unter Führung des ehemaligen Präsidenten León Febres Cordero und später Jaime Nebots, die durch ihre starke parteipolitische Präsenz auf nationaler Ebene eine Rolle als de facto Vetospieler einnehmen konnten. Während der Revolución Ciudadana wurde diese Einflussnahme durch neue legislative Mehrheitsverhältnisse zwar zurückgedrängt, gleichzeitig wurden, ausgehend von den lokalen Eliten der Hafenstadt, aber Autonomiebestrebungen, insbesondere mit fiskalpolitischer Zielsetzung, wieder lauter (Eaton 2011, 2014).

Bezogen auf Ecuador unterscheiden sich die Forderungen nach Autonomie von der Zentralregierung im Hochland und in der Küstenregion in ihrer Ausrichtung. Im Hochland fordern indigene Gemeinden vor allem Selbstverwaltungsrechte, während sich die Autonomieforderungen der Küstenregionen auf fiskalpolitische Autonomierechte beziehen (ebd.: 123). Eine geringe Fiskalautonomie der subnationalen Ebene mit niedrigen Steuereinnahmen auf lokaler Ebene (Faust et al. 2008: 109) geht hier einher mit einem starken politischen Einfluss lokaler Politiker*innen – insbesondere aus Guayaquil – auf der nationalen Ebene (siehe Eaton 2012). Die Erdöleinnahmen des ecuadorianischen Staates veränderten allerdings die Kräfteverhältnisse zwischen nationaler und subnationaler Ebene sowie Autonomiebestrebungen zugunsten des Zentralstaats. Diese Veränderung wurde zusätzlich dadurch begünstigt, dass sich die Erdölvorkommen nicht in den exportstarken Küstenregionen, sondern im bevölkerungsschwachen und wirtschaftlich marginalisierten Amazonasgebiet befinden.

Anders als bewaffnete Aufstandsbewegungen oder kriminelle Banden und Kartelle dürfen diese Bestrebungen jedoch nicht einseitig als negative bzw. störende Faktoren betrachtet werden. Indigene Autonomien können beispielswiese auch eine Antwort auf kulturelle Diversität sein, das Vertrauen der Bürger in die öffentliche Verwaltung stärken und Bürger*innen und Staat näher zusammenbringen, wobei Letzteres auch als ein wichtiges Argument für Dezentralisierungsprozesse genannt wird (Faust et al. 2008). Allerdings darf nicht unerwähnt bleiben, dass Dezentralisierungsprozesse in ihrer konkreten Dynamik verschiedenen Ländern Lateinamerikas zu neuen Problemen für die Fähigkeit kohärenten staatlichen Handelns geführt haben und den Staat – einigen Erfolgsbeispielen zum Trotz – insgesamt fragmentierter und die Zuständigkeiten der verschiedenen Verwaltungsebenen unklarer gemacht haben (vgl. Eaton 2012: 646). Ein weiteres Problem entsteht dann, wenn trotz allgemeiner Demokratisierung innerhalb eines Staates auf der lokalen Ebene autoritäre Machtstrukturen fortbestehen. Sie sind geeignet, den Einfluss des Staates zu minimieren und erhöhen die Akzeptanz dezentraler Machtzentren (ebd. 644–645).

3.2.2 Gewaltenteilung, Rechenschaftspflichten und Handlungsfähigkeit – zu politischem System und Staatsapparaten

Im vorliegenden Abschnitt werde ich auf die Frage der Kräfteverhältnisse innerhalb des Staatssektors eingehen und mich mit den sich daraus ergebenden Bedingungen für staatliche Handlungsfähigkeit befassen. Dabei gehe ich auf die Bedeutung der Gewaltenteilung und sowie auf die Bedeutung administrativer Fähigkeiten des Staatsapparats ein. Auch arbeite ich heraus, welche Wechselwirkungen sich in diesem Zusammenhang mit der Steuerpolitik eines Staates ergeben.

Die Analyse all dieser Faktoren ist unerlässlich, da sie Aufschluss gibt über die – im Kontext der vorliegenden Arbeit bedeutsame – Funktion der Rohstoffeinnahmen für den ecuadorianischen Staat. Hierbei werden die Unterschiede zwischen der Verfügung über finanzielle Ressourcen und staatlichen Fähigkeiten deutlich, beziehungsweise die widersprüchliche Wirkung von Rohstoffeinnahmen auf die Fähigkeiten des Staates als Entwicklungsakteur. So kann zwar durch die Verfügbarkeit von Rohstoffeinnahmen zunächst folgerichtig von einer Erweiterung staatlicher Fähigkeiten ausgegangen werden, denn durch die zusätzlichen Einnahmen ergeben sich zusätzliche Spielräume für den Staat (Stevens und Dietsche 2008) und er kann potentiell als Entwicklungsakteur in Erscheinung treten. In rentenstaatstheoretischen Ansätzen wird allerdings darauf hingewiesen, dass Regierungen dazu neigen, sich bei rentenbasierten Einnahmen der gesellschaftlichen Kontrolle zu entziehen, wodurch die Qualität öffentlicher Ausgaben sinke. Der Staatsbildungsprozess in Rentenstaaten werde demnach verzerrt und verzögert (Karl 2007: 259). Demzufolge kann von einem Automatismus – Erdöleinnahmen gleich Entwicklungsfortschritt – keine Rede sein.

Hinzu kommt, dass die Kräfteverhältnisse innerhalb des öffentlichen Sektors komplex sind. Die Regierungsmacht innezuhaben bedeutet noch lange nicht, über die Staatsmacht und schon gar nicht über umfassende gesellschaftliche Macht zu verfügen (Miliband 1972; Brand 2015). Im Fall einer Regierungsübernahme stehen Regierungen mit grundlegendem Reformwillen vor der Aufgabe, die staatlichen Institutionen in ihrer strategischen Selektivität zu verändern (vgl. Becker 2008; Jessop 2009). Dies ist eine oft unterschätzte Aufgabe, da der Staat vielfach – in technokratischer Sicht verkürzt – lediglich als politisches Instrument der Regierung (und eben nicht ausreichend als Konfliktterrain) gesehen wurde und wird. Dazu kommt, dass es schon deshalb, weil sich der Staat aus einer Reihe von Ministerien, Behörden und Institutionen zusammensetzt, die zusammen das Staatssystem bilden, ein Irrglaube ist anzunehmen, dass mit der Regierungsübernahme bereits die Kontrolle über die Staatsmacht verbunden ist (Miliband 1972: 71).[16] Auch die Tatsache, dass eine Regierung im Namen des Staates spricht, bedeutet nicht zwangsläufig, dass sie diese Macht wirkungsvoll kontrolliert (Miliband 1972: 72). Für die im Kontext dieser Arbeit diskutierte Problematik ergibt sich daraus die wichtige Frage, ob es reformorientierten Kräften in Ecuador nach der Regierungsübernahme gelungen ist, ein kohärentes Handeln des Staates durchzusetzen.

In repräsentativen Demokratien sind die Handlungsmöglichkeiten der Regierung auch durch Gewaltenteilung und die Möglichkeiten der Legislative beschränkt, Regierungsinitiativen zu blockieren oder die Exekutive ihrerseits mit neuen Aufgaben zu beauftragen (ebd.: 77). In sogenannten Konkordanz-Demokratien spielt das Konsensstreben oft eine wichtigere Rolle als das Majoritätsprinzip, was zu mehr *Input*-Legitimität durch eine breite Unterstützungsbasis politischer Entscheidungen, aber auch – wie in Ecuadors Geschichte immer wieder und in den Jahren vor Beginn der *Revolución Ciudadana* besonders stark – zu Handlungsblockaden und wenig kohärenter Politik führen kann (vgl. Scharpf 2004; Mejía Acosta et al. 2008). Scharpf (2006: 318) fasst die Problematik für die dargestellte Herausforderung für *Accountability* und Handlungsfähigkeit unter der Überschrift „*devided government*" zusammen.

> „Mit anderen Worten: Unter den Bedingungen des ‚*devided government*' beeinträchtigt der politische Wettbewerb die Fähigkeit der Regierungen, gesellschaftliche Probleme effektiv zu lösen. Umgekehrt schwächt die Notwendigkeit der Kooperation zwischen Regierung und Opposition im Interesse effektiver Problemlösungen den wichtigsten Mechanismus zur Kontrolle der Regierung durch demokratische Verantwortlichkeit. Letztlich kann es dazu kommen, dass Einigungschancen durch den Konkurrenzdruck vereitelt werden, während der Parteienwettbewerb durch heimliche Koalition beeinträchtigt wird. Kurzum, Verhandlungen unter den Bedingungen des ‚*devided government*' sind aus wohlfahrtstheoretischer wie aus demokratietheoretischer Perspektive normativ unattraktiv." (Scharpf 2006: 318)

Die Verteilung von Macht in einer Gesellschaft beugt zwar der Konzentration von Macht in der Hand einer Führungsperson oder einer kleinen Gruppe vor, verdeckt aber auch Zuständigkeiten und erschwert es, die den Bürger*innen verantwortlichen Entscheidungsträger*innen zu benennen, da die Verantwortung für Politikergebnisse diffus bleibt und die politische Debatte tendenziell stärker von der Kompromissfindung als von der Darlegung inhaltlicher Unterschiede geprägt ist. Die Legitimierung von Politik über die Zustimmung zu einem politischen Programm bei Wahlen spielt diesbezüglich eine untergeordnete Rolle (Scharpf 2004: 11). Ein Problem für die *Input*-Legitimation von Politik ergibt sich, wenn es, wie nicht nur in Lateinamerika für die neoliberal geprägte Entwicklungsphase charakteristisch, zur überraschenden Durchsetzung von den eigenen Wahlversprechen diametral entgegengesetzten wirtschaftspolitischen Maßnahmen kommt (Hart 2009: 305). Für diese Extremfälle der Entkopplung zwischen Wahlverhalten und

[16] Die Beziehungen zu gesellschaftlichen Interessengruppen und die außerhalb des Staatssektors liegenden Machtressourcen der Wirtschaftseliten rücke ich in Abschnitt 3.2.3 in den Fokus.

Politikergebnissen lassen sich in Ecuador zwischen 1979 und 2006 verschiedene Beispiele nennen.[17] Das Problem geht in Ecuador über den von Scharpf dargestellten Zielkonflikt zwischen Machtkontrolle in Verhandlungsdemokratien und der potentiell höheren Problemlösungsfähigkeit in machtkonzentrierenden Systemen hinaus. Die Entkoppelung von Wählerverhalten und Politikergebnissen führt vielmehr dazu, dass die Parteien stark zu Oligarchisierung und Kooptation durch etablierte Eliten tendieren.

Auch die bereits im vorangegangenen Abschnitt diskutierten und von der subnationalen Ebene ausgehenden Herausforderungen für eine Regierung können als Teil von Verhandlungssystemen gelten, in denen mit wichtigen gesellschaftlichen Akteuren ein Konsens angestrebt werden muss, da diese gegenüber der Zentralregierung nicht automatisch weisungsgebunden sind (Scharpf 2004).

Innerhalb demokratisch verfasster Staatswesen existieren vom Votum der Regierten abhängige politische Institutionen wie Parlamente, Regierungen und in weiterem Sinne auch politische Parteien und Interessenverbände, deren Einflussmöglichkeiten durch den jeweiligen Wahlausgang mitbestimmt werden (Scharpf 2004: 9). Die Bedeutung dieser auf demokratische Legitimation basierenden Institutionen wird in Phasen neoliberal geprägter Entwicklung zurückgedrängt. Dieser Theorie entspricht es, dass sich post-neoliberale Mitte-Linksregierungen in Lateinamerika mit der Herausforderung der ‚Entsubstanzialisierung demokratischer Prinzipien‘ seit den 1980er Jahren konfrontiert sahen (Ernst 2011: 57). Ein dazu geeigneter Wirkmechanismus ist hierbei die Besetzung zentraler Entscheidungszentren mit technokratischen Expert*innen und elitären Führungszirkeln, wodurch wichtige Richtungsentscheidungen von der demokratischen Willensbildung abgekoppelt werden (ebd.). Eine zentrale Auseinandersetzung um demokratische Einflussnahme findet darüber statt, welche Handlungs- und Entscheidungskompetenzen die gewählten Vertreter*innen in den vorfindlichen Institutionen haben, wo sie direkt bestimmen können und welche Bereiche von Wahlentscheidungen abgeschirmt werden. Dieses Phänomen ist allerdings keineswegs neu. So bemerkt bereits Miliband (1972: 206), dass beispielsweise die Zentralbanken – für die Wirtschaftspolitik und gesunde Staatsfinanzen besonders wichtig – oft mit weitreichender Autonomie ausgestattet werden und so unabhängig von den gewählten Regierungen handeln können. Besonders in einem durch Finanzinteressen dominierten Kapitalismus hat folglich das Kräfteverhältnis zwischen Zentralbanken und Finanzministerien für die jeweiligen Regierungen besonderes Gewicht.

Im Kontext der ideologischen Dominanz des Neoliberalismus wurde die Unabhängigkeit der Zentralbank in verschiedenen Ländern und Währungsräumen im globalen Norden und Süden

[17] Besonders deutlich war der Wortbruch des mit Unterstützung der stark freihandelskritischen Indigenenbewegung CONAIE ins Amt gekommenen Lucio Gutierrez, der – kaum dass er im Amt war – die Freundschaft zu den USA betonte und einen Freihandelsvertrag zum Hauptziel seiner Regierung erklärte.

institutionell verankert, so auch durch die ecuadorianische Verfassung von 1998 (Asamblea Nacional Constituyente 1998)[18]. Die dadurch bedingte Entsubstanzialisierung der Demokratie geht in Entwicklungsländern besonders weit, da hier auch die Diskreditierung des Politischen besonders ausgeprägt ist. Auch die Tendenz zu autonomen Steuerbehörden kann als Teil dieser Tendenz zur Entsubstanzialisierung – und damit als Maßnahme zu Installierung neoliberaler Reformstrategien verstanden werden (Chang 2007: 162). Allerdings kann eine autonome Steuerbehörde mitunter auch – wie mit der Gründung des SRI in Ecuador, bleibender Defizite zum Trotz, geschehen – zu einer stärkeren Abschirmung gegenüber Sonder-interessen führen und die politischen Kosten eines konsequenten Steuervollzugs senken.

Gesellschaftliche Machtverhältnisse und hegemoniale Orientierungen spiegeln sich in den unterschiedlich verfassten Staatsapparaten und in institutionellen Regelsystemen und verdichten sich infolgedessen. Dementsprechend kann der Staatssektor nicht per se als Katalysator von Prozessen (nachholender) ökonomischer und sozialer Entwicklung gelten, sondern ist mitunter – je nach real existierender Gestalt – auch als Hindernis für Entwicklung zu benennen (Boris 2007: 243). Aber er hat auch das Potential, Entwicklungsmotor zu sein. Grugel und Rigirozzi (2012: 15) argumentieren vor diesem Hintergrund, dass der Staat in post-neoliberal regierten Ländern wie Ecuador durch proaktive Politik an Sichtbarkeit gewonnen habe. Feststellbar sei eine stärkere Rolle des Staates in der Wachstumsstrategie, aber auch eine Neudefinition kollektiver Verantwortlichkeiten unter dem Slogan *‚make the state public'*. Es gehe dabei um eine veränderte Identität des Staates, der in die Lage versetzt werden soll, das öffentliche Interesse zu verteidigen (Grugel und Rigirrozzi 2012: 15).[19] Den Staat in diesem Sinne ‚öffentlich zu machen' bedeutet, erstens Rechenschaftspflichten der staatlichen Stellen gegenüber den Bürgern zu etablieren und zweitens die Möglichkeiten von einzelnen Unternehmen und Wirtschaftszweigen, Kontrollen und Regeln zu umgehen, zu mindern und durch ihre instrumentelle Macht dafür Sorge zu tragen, dass es nicht zu einer faktischen Privatisierung von Kontrollbehörden durch jene Sektoren kommt, die eigentlich kontrolliert werden sollen (Offe 1974: 32).

Auch kann die Kontrolle der Regierung über die ihr direkt ‚nachgeordneten Bereiche'(Scharpf 2004) – wie staatstheoretische Ausführungen verdeutlichen – nicht einfach vorausgesetzt werden. Daraus ergibt sich eine weitere wichtige Ebene der Analyse, die sich auf das Verhältnis zwischen der Regierung und dem Verwaltungsapparat bezieht. Dieser steht zwar offiziell im Dienst der Exekutive und ist verpflichtet, Weisungen der Regierung zu folgen. Tatsächlich existiert hier jedoch ein wichtiges Feld in der politischen Auseinandersetzung (Miliband 1972: 73).

[18] Diese Unabhängigkeit sollte allerdings erst nach einer Übergangsphase in Kraft treten, war während der tiefen Finanz- und Wirtschaftskrise um die Jahrtausendwende also noch nicht gültig.

[19] Angesicht der ab 2014 deutlich wahrnehmbaren konservativen Restauration und des wieder vehementer geäußertem Anti-Etatismus aus den Reihen der Wirtschaftseliten rückten die in der Phase wirtschaftlichen Wachstums verdeckten, aber nicht überwundenen Legitimationsdefizite des ecuadorianischen Staates wieder stärker in den Mittelpunkt der Auseinandersetzung.

Dies betrifft die zivile Verwaltung, aber auch die Sicherheitsorgane, deren zivile Kontrolle für die Kräfteverhältnisse im Staat von besonderer Relevanz ist.

Dementsprechend wurde in der von mir vorgenommenen empirischen Untersuchung zu Ecuador deutlich , dass die Militärs bei ihren unterschiedlichen Interventionen in die Politik und auch bei ihren direkten Machtübernahmen nicht als einfaches Werkzeug der Wirtschaftseliten handelten, sondern Modernisierungsbemühungen zur Stabilisierung und Durchsetzung des kapitalistischen Systems unternahmen, die in der zivilen Politik teilweise durch Veto-Spieler blockiert wurden. Handlungsblockaden, die Instabilität des zivilen politischen Systems und die geringen positiven Effekte auf die Lebenslage breiter Bevölkerungsschichten waren folglich in Ecuadors Geschichte wichtige Faktoren für die Selbstermächtigung des Militärs und Militärputsche (Conaghan 1988a: 78-79; Faust et al. 2005; Slater et al. 2014: 358–359).

Für postkolonialen Staaten gilt es im Zusammenhang mit staatlichen Kontrollmöglichkeiten festzustellen, dass es typischerweise oft an administrativen Kapazitäten fehlt, Regierungskrisen auch von daher häufig vorkommen. So können die einzelnen Ministerien und Behörden – gerade in einem nicht-hegemonialen Kontext wie in Ländern der Peripherie – innerhalb der staatlichen Hierarchie an Bedeutung gewinnen oder verlieren und in der Folge von jeweils anderen gesellschaftlichen Interessengruppen für ihre partikularen politischen Projekte genutzt werden (Brand 2007: 217; Becker 2008: 24). Damit wird eine uneinheitliche oder gar widersprüchliche Politik verschiedener Staatsapparate wahrscheinlicher (Becker 2008: 24):

> „Die Staatsapparate bilden eine interne Hierarchie, um deren Ordnung gerungen wird. Im Rahmen eines durch Finanzinteressen geprägten Kapitalismus haben beispielsweise Zentralbanken und Finanzministerien besonderes Gewicht. Das Industrie- oder Landwirtschaftsministerium ist dem eher untergeordnet. Eine solche Konstellation erschwert in ihrer spezifischen strategischen Selektivität beispielsweise die Durchsetzung einer aktiven Industriepolitik, wie Oliver Schwank (in diesem Band) am Beispiel Südafrikas herausarbeitet. Damit wird uneinheitliche oder gar widersprüchliche Politik verschiedener Staatsapparate wahrscheinlicher, die Tendenzen ökonomischer Instabilität noch verstärkt." (Becker 2008: 24)

Genau diesen Gefahren wurde in Ecuador von der Regierung Correa entgegengewirkt. Um eine kohärente Handlungsfähigkeit der Staatsapparate zu erreichen und der Problematik staatlicher Instabilität zu entgehen, nahm diese eine Neuordnung der Hierarchie der Staatsapparate vor. Sie stärkte demnach die Bedeutung der staatlichen Planungsbehörde SENPLADES, besetzte die zentralen Stellen wie Zentralbank und Finanzministerium durch heterodoxe Ökonomen und hob die Zentralbank-Autonomie auf (vgl. Schmalz 2008: 341; Viteri 2012). Auf die austeritätsorientierte Schwerpunktsetzung der Vorgängerregierungen in der Phase des Neoliberalismus folgte nun eine Neuorientierung nach entwicklungspolitischen Kriterien. Staatlicherseits wurden Maßnahmen gegen soziale Ungleichheit getroffen. Die Steuerbehörde SRI wurde weiter gestärkt, aber auch stärker in die Regierungspolitik eingebunden.

3.2.3 Zwischen *State Capture*, staatlicher Autonomie und Zwang zur Kooperation

Nachdem ich im vorangegangenen Unterkapitel zunächst auf die Bedeutung der Reichweite des Staates eingegangen bin, habe ich mich in den letzten Abschnitten mit institutionellen Zuständigkeiten und politischen Kräfteverhältnissen innerhalb des Staatssektors befasst, die beachtet werden müssen, um die realen Möglichkeiten einer Regierung zur Umsetzung politischer Entscheidungen erfassen zu können. In den nun folgenden Ausführungen liegt der analytische Schwerpunkt auf dem Verhältnis zwischen öffentlichen und privaten Akteuren.[20]

Dabei geht es um das Verhältnis des Staates zu unterschiedlichen sozialen Sektoren beziehungsweise Klassen und ihren Interessenorganisationen. So repräsentieren beispielsweise die Organisationen der Wirtschaftseliten und mitunter auch einzelne Unternehmenskonglomerate die stärksten Interessen in steuer- und fiskalpolitischen Auseinandersetzungen gegenüber dem Staat. Auch eröffnet die formale Trennung[21] zwischen öffentlicher und privatwirtschaftlicher Sphäre die Debatte über die Interdependenzen zwischen beiden Bereichen – über Mechanismen gegenseitiger Kontrolle und über die Frage, ob von einer Hierarchie zwischen beiden Sphären ausgegangen werden kann.

Ein grundsätzlicher politischer und ideologischer Konflikt entzündet sich an der Grenzlinie zwischen staatlichem und privatem Sektor – und auch an den diesbezüglichen Mechanismen der Interaktion. Dabei kann die Auseinandersetzung zwischen Privat- und Staatssektor als Kampf um die Kontrolle und Begrenzung des jeweils anderen Sektors interpretiert werden. Hierdurch wird jedoch verdeckt, dass beide Sektoren in kapitalistischen Ländern durchaus nicht grundsätzlich in einer antagonistischen Beziehung zueinander stehen, sondern im Gegenteil aufeinander angewiesen sind: Der Staatssektor ist auf einen prosperierenden Privatsektor angewiesen, da nur dieser es ermöglicht, die zur Finanzierung des Staates notwendigen realen Überschüsse zu erwirtschaften. Umgekehrt sind auch die Wirtschaftseliten –sowohl auf ökonomischer, als auch auf politischer Ebene – auf staatliche Institutionen angewiesen (Kaczmarzcyk 2017). Die adäquate *Governance* der Märkte ist letztlich eine Aufgabe, die dem Staat zufällt, der die Rahmenbedingungen für das effiziente Agieren von privaten Marktakteuren setzt.

Ich werde nun zunächst auf die originäre Rolle des Staates bei der Regulierung des Privatsektors und auf seine Funktion als ökonomischer Akteur eingehen. In diesem Kontext feststellbar ist, dass sogar gesellschafts- und wirtschaftspolitisch konservative Akteure die von staatlicher Seite

[20] Die Trennung vom vorigen Abschnitt bedeutet indes nicht, dass es sich um zwei völlig voneinander getrennte Ebenen handelt, denn der Einfluss gesellschaftlicher Interessengruppen – beispielsweise durch die Wahl oder Rekrutierung in Ämter – wirkt auch innerhalb des öffentlichen Sektors. Umgekehrt ist das staatliche Institutionengefüge strukturbildend für zivilgesellschaftliche Organisationen und Interessenverbände.

[21] „Im historischen Kapitalismus sind die wirtschaftlichen Aktivitäten nicht von der politischen Macht getrennt gewesen, nicht einmal in den liberalsten Regimen; im Gegenteil, die politische Macht und die Kontrolle des Staatsapparats sind als Stütze und Garantie bei den Prozessen der erweiterten Kapitalakkumulation genutzt worden, dies ist seiner Fähigkeit geschuldet, die Befolgung und Akzeptanz der Entscheidungen seiner Organe durchzusetzen. Auch bei der Regulierung ökonomischer Aktivitäten werden bestimmte Interessen bevorzugt." (Endara Osejo 2011: 154)

bereitgestellten Güter und Leistungen nicht grundsätzlich ablehnen, sondern einfordern, z. B. die adäquate Regulierung des Wertpapierhandels, den Schutz innerer und äußerer Sicherheit und öffentliche Investitionen in Infrastruktur (Birkland 2007: 71) –wenngleich von dieser Seite her immer auch private Finanzierungsoptionen in Betracht gezogen werden.

Der Staat als zentraler Akteur senkt die Transaktionskosten für die Privatwirtschaft, indem er die sozialen Spielregeln bereitstellt (North 1988; Exenberger 2009: 13). Dabei ist die Ausdehnung der Reichweite der durch den Staat gesetzten allgemeinverbindlichen Regeln nicht zwangsläufig mit einer Einschränkung des kapitalistischen Privatsektors verbunden, da seine Bemühungen um Formalisierung wirtschaftlicher Beziehungen, um den Ausbau von Infrastruktur und Zugang zum Justizwesen sogar als Vorbedingungen für die Ausdehnung kapitalistischer Produktionsverhältnisse zu sehen sind. Auf der anderen Seite sind funktionierende Marktbeziehungen eine gewichtige Basis für moderne Steuersysteme, wodurch sich für Regierungen starke Anreize ergeben, formale Märkte sowie die zur Marktaufsicht und Förderung notwendigen effizienten Institutionen und insbesondere ein funktionierendes Rechtssystem aufzubauen.[22]

Auf der politischen Ebene profitieren die Wirtschaftseliten davon, dass der Staat als Puffer zwischen den verschiedenen gesellschaftlichen Interessengruppen, insbesondere zwischen Kapital und Arbeit fungiert. Sofern sich Unzufriedenheit mit der wirtschaftlichen und sozialen Situation artikuliert, kann diese auf den Staat oder speziell auf die amtierende Regierung gerichtet werden (Fisahn 2008: 302–303). Die formale Trennung von politischer und wirtschaftlicher Macht ermöglicht es ebenfalls, grundlegende Antagonismen prozessierbar zu machen, „da es diese Transformation der Widersprüche im Staat ermöglicht, ein (imaginäres) gesellschaftliches Allgemeininteresse zu konstruieren“ (Wissel 2007: 51). Der Erfolg einer Regierungskoalition wird nicht am Zustand des Staatssektors allein gemessen, die Abhängigkeit der Regierung von einem prosperierenden Privatsektor ist daher nicht auf dessen Bedeutung für den Staatssektor zu reduzieren. Vielmehr bleiben Staat und Regierung auf der politischen Ebene stets für die volkswirtschaftliche Gesamtentwicklung verantwortlich. Die Eigentümer der Produktionsmittel stehen sich im Rahmen der kapitalistischen Marktbeziehungen als Konkurrenten gegenüber und das Kapital ist sich nicht in allen Fragen einig, da die einzelnen Kapitalfraktionen teilweise unterschiedliche Interessen haben (Becker 2008: 10). Auch von daher wird Gewährleistung der Marktbeziehungen zwischen privaten Akteuren der politischen Funktion des Staates zugeordnet (Fisahn 2008: 214). Der Staat aber bleibt – aus den genannten Perspektiven – auch dann Adressat politischer Forderungen, wenn die sozialen Beziehungen maßgeblich von privaten ökonomisch mächtigen Akteuren bestimmt werden.[23]

[22] Wie ich im historischen Rückblick in Kapitel 5 noch näher herausarbeiten werde, wurden die mit dem Aufbau des modernen Verfassungsstaates verbundenen liberalen Institutionen in Lateinamerika oft im Territorium kaum wirksam.

[23] Dies können beispielsweise ökologische Forderungen nach einer Reinhaltung der Gewässer von Verschmutzung aus Industrie- und Landwirtschaft sein (vgl. Fisahn 2008: 302) oder auch die Forderungen, Arbeitsplätze zu erhalten oder zu schaffen, beziehungsweise für geeignete Rahmenbedingungen hierfür zu sorgen.

Die vielfältigen Konflikte, die zwischen privaten und öffentlichen Interessen bestehen, sind nicht zu leugnen. Dennoch ist offensichtlich, dass unternehmerische Aktivitäten stets von staatlichen Rahmenbedingungen in Form von Gesetzen und ihrer effektiven Durchsetzung, aber auch von der öffentlichen Infrastruktur abhängen.

> „Die Konkurrenzökonomie war von Anfang an (und sie ist es wegen der sich im Akkumulationsprozess zwangsläufig durchsetzenden, wachsenden Vergesellschaftung immer intensiver) auf die außerhalb ihrer liegende Bereitstellung »allgemeiner Produktionsvoraussetzungen« angewiesen, die durch das Raster einzelkapitalistischer Rentabilität zwar durchfallen, aber deren zentrale Bedingung darstellen." (Hickel 1976: 9)

Steuern ermöglichen Staatsausgaben ohne Inflationsgefahr, da sie eine Möglichkeit darstellen die staatliche Nachfrage auf vorhandene Ressourcen und Güter in dem Maße zu erhöhen, wie dem Privatsektor die dazu nötigen Geldmittel entzogen werden. Öffentliche Infrastruktur, aber auch öffentliche Investitionen in Bildung und Forschung schaffen Bedingungen für die produktive Verwertung von privatem Kapital. Die staatliche Nachfrage selbst ist darüber hinaus ein wichtiger Faktor für die privatwirtschaftliche Entwicklung, wobei heute auch staatliche Investitionsprojekte meist in Zusammenarbeit mit dem Privatsektor realisiert werden. Für die effektive Umsetzung kommt es also nicht zuletzt auf die Fähigkeiten und die Kooperationsbereitschaft des Privatsektors an, während die staatliche Bürokratie oft kaum zu einer effektiven Kontrolle in der Lage ist (Hauck 2007 247). Dies zeigt sich nicht zuletzt in Mängeln bei der Besteuerungsfähigkeit.

In den genannten Fällen ist der Legitimationsbedarf des Staates gering, weil hier ein beiderseitiges Interesse besteht: einerseits an Staatlichkeit als Rahmen für das erfolgreiche Agieren privater Akteure auf dem Markt und andererseits an wirtschaftlicher Prosperität privater Akteure als Basis staatlicher Ausgaben. Ein erfolgreicher Steuerstaat ist nicht ein Staat, der im Weberschen Sinne besonders viel ‚Macht über' seine Bürger*innen ausübt, also dazu in der Lage ist, diese durch repressive Maßnahmen zum Zahlen von Steuern zu zwingen, sondern ein Staat, der den Informationsfluss zwischen Regierung, Zivilgesellschaft und Privatsektor ermöglicht, aber dennoch autonom von diesen handlungsfähig bleibt. Demgegenüber soll aber die Bedeutung negativer Folgen bei Nichterfüllung von Steuerpflichten in Form von gesellschaftlicher Ächtung oder Strafe nicht verneint werden. Gleichwohl stehen Komplementarität und Kooperationsbereitschaft der Akteure im Vordergrund, damit die Aushandlungsprozesse zwischen Staat und unterschiedlichen gesellschaftlichen Gruppen nicht zu einem macht- und verteilungspolitischen Nullsummenspiel werden.

Der Legitimationsbedarf steigt auch dann signifikant, wenn kein allseitiges Interesse an einer Regelung besteht und sich das Verhältnis von Vor- und Nachteilen für die Betroffenen je nach Regelung erheblich voneinander unterscheidet. Besonders anspruchsvoll und politisch brisant ist jedoch die Legitimierung von staatlichen Eingriffen dann, wenn diese mit dem Ziel von Umverteilung und einer gerechteren Verteilung im Kontext einer stagnierenden Wirtschaft erreicht werden sollen (Scharpf 2004: 5). Konflikte ergeben sich aber da, wo die Präsenz des Staates privatwirtschaftlichem Gewinnstreben entgegensteht oder bei der Frage, inwieweit der Staat selbst unternehmerisch tätig wird. Der Versuch von Wirtschaftseliten und der ihnen nahestehenden Verbände und Parteien, den Staatssektor zu begrenzen, ist demnach auf tatsächliche und vermeintliche Interessen zurückzuführen.

Sie stellt sich in besonderer Weise für Rohstoffstaaten, die angesichts einer höheren Verfügbarkeit von Staatseinnahmen durch den Export von Rohstoffen über größere potenzielle Finanzmittel für den Aufbau von Staatsfirmen auch außerhalb des Rohstoffsektors verfügen. Genau in diesem Konfliktfeld führen die häufig existierenden mangelnden Kapazitäten des Staates und das oft geringe Ansehen der Staatsdiener sowie ihre mangelnde technische Qualifikation zu einer oft schwach ausgeprägten Legitimität des Staates (Centeno 2015: 47), was wiederum neoliberalen anti-etatistischen Positionen in die Hände spielt. Privatisierungen öffentlicher Güter aber auch Konzessionen für ihren Betrieb durch Privatfirmen können auf dieser ideologischen Basis immer wieder durchgesetzt werden, obwohl es sich oft um natürliche Monopole handelt, bei denen positive Effekte durch Marktkonkurrenz kaum zu erwarten sind.

Umgekehrt ist auch der Einfluss von gesellschaftlichen Akteuren auf den Staat zu betrachten. In meiner hier vorliegenden Analyse gehe ich von einem Spannungsverhältnis zwischen der Notwendigkeit zur Zusammenarbeit zwischen Staats- und Privatsektor einerseits und dem Bedarf an staatlicher Autonomie andererseits aus. Zentrale Fragen betreffen in diesem Zusammenhang die Steuerungsfähigkeit von Staaten, ihre Fähigkeit, Entwicklungsprozesse voranzutreiben und ihr Verhältnis zu privaten Akteuren (Boris 2014: 140). Diesbezüglich geht es darum *State Capture*, das heißt die Kontrolle über den Staat oder über Teile der staatlichen Verwaltung durch partikulare Interessengruppen zu verhindern und ein möglichst hohes Maß an Kohärenz staatlicher Politik aufrechtzuerhalten. An wirkträchtigen Interventionen im Sinne des *State Capture* durch partikulare Interessengruppen können in begrenzter Form auch Nicht-Elitesektoren teilhaben, das Hauptgewicht und die verteilungs- und wirtschaftspolitisch relevanten Institutionen werden aber tendenziell von Vertreter*innen der Wirtschaftseliten besetzt. Diese verfügen allerdings über herausragende Möglichkeiten der Mobilisierung instrumenteller Machtressourcen und aufgrund ihrer Position im Produktionsprozess auch über strukturelle Macht.

> „Für die dominanten Kräfte in der Peripherie ist der Zugriff auf den Staatsapparat im engeren Sinne oft von großer Bedeutung. Einerseits sind enge Verbindungen zum Staatsapparat für international weniger konkurrenzfähige Kapitalgruppen für die Förderung ihrer Kapitalakkumulation besonders wichtig, andererseits wird Akzeptanz für bestimmte Politikmuster oft auf Basis selektiver Klientelbeziehungen, bei denen politische Loyalität gegen materielle Leistungen unter anderem in Form der Einräumung sozialer Rechte für bestimmte Klassen oder Klassenfraktionen getauscht wird, hergestellt. Einer hegemonialen Politik der dominanten Klasse(n), die sich auf starke zivilgesellschaftliche Organisationen, eine solide ökonomische Grundlage und – implementiert über den Staat – eine relativ breit basierte gesellschaft-

> liche Kompromisse stützen würde, stehen begrenzte materielle Spielräume für soziale Kompromisse sowie größere gesellschaftliche Heterogenität und damit verbundene Normen entgegen." (Becker 2011: 163)

Die instrumentelle Macht der Wirtschaftseliten kann darüber hinaus große Wirkung durch die starke Präsenz von Vertretern des Privatsektors zeigen, und dies gerade in den Bereichen, in denen auch der Staat unternehmerisch tätig wird, wie dies zum Beispiel im öffentlichen Kreditwesen der Fall ist (Miliband 1972: 82).

Es gilt daher, nicht nur zu untersuchen, in welche Bereiche der Wirtschaft der Staat regulatorisch eingreift oder selbst unternehmerisch tätig wird, sondern auch herauszuarbeiten, inwiefern diese staatliche Intervention von den direkt betroffenen Wirtschaftssektoren beeinflusst wird (Miliband 1972: 83). Dies kann durch formalisierte und informelle Konsultationen mit Verbänden – und ihre Möglichkeiten, eigene Vertreter*innen in Kontrollgremien zu entsenden – geschehen, aber auch durch die verbreitete Praxis, dem Privatsektor nahestehende Personen für die entsprechenden staatlichen Bereiche zu rekrutieren (Fairfield 2015; grundlegend zur Debatte zu Ecuador Conaghan 1988, 1988a).

Die Wirtschaftseliten besitzen ihre starke strategische Position durch ihre Kontrolle über die ökonomischen Ressourcen und damit eine besonders mächtige Verhandlungsposition gegenüber politischen Entscheidungsträgern. Sie sind daher mehr als nur ein Vetospieler unter vielen (Miliband 1972: 208; Centeno 2015: 41). Die Inhaber politischer Macht betrachten sich aber in der Regel nicht als voreingenommen bezüglich der Interessen der Wirtschaftseliten, sondern positionieren sich als Vertreter der ganzen Nation und des Gemeinwohls, das es gegen die speziellen Klasseninteressen zu verteidigen gelte. Doch dieses Gemeinwohl sei aufs engste mit den Geschicken der kapitalistischen Unternehmen verbunden und ihre Förderung und die Dienlichkeit von Politikern gegenüber der Geschäftswelt fallen dadurch nicht als Einsatz für eine bestimmte Klasse ins Auge (Miliband 1972: 100, 103).

In diesem Kontext ist auch die Vetomacht der Wirtschaftseliten zu thematisieren. Sie ist in den kapitalistisch geprägten Gesellschaften zwar nicht absolut, wohl aber größer als die jeder anderen Interessengruppe. Dies trifft auch auf das stark von privater und staatlicher Rentenaneignung geprägte Ecuador zu. In ihrem Beitrag zur Diskussion um strukturelle Macht unterscheiden Culpepper und Reinke (2014) zwischen deren automatischer Wirkung und ihrer strategischen Nutzung durch Wirtschaftseliten, sei es durch einzelne Großkonzerne oder in koordinierter Form durch Wirtschafts- und Arbeitgeberverbände. Aber auch die automatische Wirkung struktureller Macht ist keineswegs apolitisch oder ideologiefrei, hängt sie doch davon ab, wie Entscheidungen des Privatsektors über Investitionen durch politische Entscheidungsträger antizipiert und interpretiert werden. Dabei stellt sich die Frage, inwiefern die politischen Entscheidungsträger auf die Expertise staatlicher Behörden und Expert*innen bei wirtschaftspolitischen Entscheidungen vertrauen können. Hier kommt es zum einen auf die technischen Kapazitäten an, die notwendigen

Analysen durchführen zu können, zum anderen aber auch darauf, dass die entsprechenden Institutionen weder in den Prämissen des Neoliberalismus gefangen sind, noch durch die Wirtschaftseliten kooptiert. Eine Regierung mit weitreichenden Transformationszielen steht daher vor der schwierigen Aufgabe, Maßnahmen zu ergreifen, die eine stärkere Unabhängigkeit der öffentlichen Institutionen vom Einfluss starker Interessengruppen, insbesondere wirtschaftlicher Eliten ermöglichen, gleichzeitig aber in den bestehenden Staatsapparaten vorhandene Kapazitäten und Wissen nicht zu verlieren.

Das Handeln staatlicher Institutionen kommt häufig einem Balanceakt gleich. Einerseits greifen staatliche Handlungen ohne über den Staat hinausreichende Beziehungsnetzwerke ins Leere, andererseits können enge Verbindungen zu Kapitalisten und zivilgesellschaftlichen Akteuren die Fähigkeit zu kohärentem staatlichem Handeln unterminieren, wenn es zur Kooptierung öffentlicher Angestellter oder politisch motivierten Vorzugsbehandlungen bestimmter Sektoren oder gar spezifischer Kapitalinteressen kommt (vgl. Soifer und Vom Hau 2008: 224).

> „In dieser Argumentationslinie ermöglichen Verbindungen zu Kapitalisten und zivilgesellschaftlichen Akteuren den Fluss von Wissen und Ressourcen. Jedoch dürfen diese Verbindungen nicht die Kooptierung von Staatsangestellten durch mächtige wirtschaftliche Akteure und die Verwischung der Grenzen zwischen Staat und Zivilgesellschaft zur Folge haben. Um in der Lage zu sein, kohärent zu handeln und ihre Anstrengungen zwischen den verschiedenen staatlichen Stellen zu koordinieren, benötigen staatliche Behörden die Möglichkeit, unabhängig von dominanten wirtschaftlichen Interessen zu handeln." (Vom Hau 2012: 6)

In diesem Kontext ergibt sich auch das Hauptproblem für den erfolgreichen Aufbau eines effektiven Steuersystems. Es geht diesbezüglich nicht in erster Linie um das Problem eines vermeintlich starken und der gesellschaftlichen Kontrolle enthobenen Staates, sondern viel mehr um die Frage, wie seine Schwäche gegenüber Wirtschaftseliten überwunden (Di John 2006; Cannon 2016) und deren Kontrolle über politische Prozesse auf dem Feld der Fiskalpolitik gebrochen werden kann. Offe merkt an, dass die von den Interessengruppen unterschiedlicher Wirtschaftszweige formulierten Positionen gegenüber einem effektiven Steuersystem durchaus auch einem falschen Bewusstsein entspringen können, ja dies aufgrund ihrer Fokussierung auf den kurzfristigen Erfolg und die einzelwirtschaftliche Sichtweise sogar wahrscheinlich ist (Offe 1974: 34). Deren formuliertes Ziel, möglichst niedrige Löhne lediglich auf Existenzniveau zu zahlen und möglichst niedrige Steuern und Abgaben zu entrichten, macht die Forderungen der Kapitalisten zu einem Risiko für den Kapitalismus selbst, da dadurch die Schaffung der Produktionsvoraussetzungen vernachlässigt wird und der Nachfrageanreiz für die Finanzierung von Investitionen fehlt (vgl. Elsenhans 2017: 4). Hohe Einkünfte des Privatsektors sind demzufolge keine Garantie für höhere private Investitionen in die so genannte Realwirtschaft.

Wie aber sind in diesem Kontext die Prozesse in Ecuador während der *Revolución Ciudadana* zu beschreiben? Aus der Perspektive struktureller Macht erhöhten Rohstoffeinnahmen des Staates während des *Circulo Virtuoso* die Verhandlungsmacht der politischen Machtelite, so dass weniger Rücksicht auf die Interessen der Wirtschaftseliten genommen werden musste. Gleichzeitig gewann der Staat an Bedeutung als Investor und an Legitimität als Entwicklungsakteur. Die Verfügbarkeit von Erdöleinnahmen stärkte die autonome Handlungsfähigkeit des Staates. Die Herausforderung für die Regierung Correa bestand nun darin, wie im vorangegangenen Abschnitt herausgearbeitet, die Fähigkeit zu zielgerichtetem Handeln zu stärken, die Kapazitäten des öffentlichen Sektors zu erhöhen und die Voraussetzungen erfolgreicher Steuererhebung durch erhöhte *Output*-Legitimität und Problemlösungskompetenz zu schaffen. Dabei kann die Höhe direkter Steuern mehr noch als die Steuer- und Fiskalquote insgesamt als Zeichen für die Durchsetzungsstärke des Staates gegenüber wohlhabenden Bürger*innen und Wirtschaftseliten interpretiert werden. Diese gesellschaftlichen Gruppen sind in ärmeren Ländern meist die einzigen, die nennenswert über Unternehmensanteile verfügen und bei denen sich eine Besteuerung des Einkommens lohnt (Slater et al. 2014: 360). Sie besitzen in vieler Hinsicht aber auch strukturelle Macht, deren Einsatz die Regierung empfindlich schwächen könnte. Larrea und Greene (2018) weisen auf die während der *Revolución Ciudadana* nicht überwundene, hohe Konzentration von Kapital und Produktionsmitteln hin. Ein Problem, das Oliva (2016) als wichtige Ursache für eine mangelnde kapitalistische Dynamik benennt.

Die *Output*-Legitimität ist von zentraler Bedeutung für die Steuerpolitik, da die Möglichkeiten zur Erhöhung der Steuerquote in der langen Frist von der Fähigkeit des Staates abhängig sind, durch öffentliche Ausgaben eine höhere Effizienz zu erreichen (Gómez Sabaini und Morán 2014: 14). Der Staat muss in der Folge seine Fähigkeiten unter Beweis stellen, Dienstleistungen und öffentliche Güter zu erbringen und gesellschaftliche Probleme zu lösen. Die Frage nach der Funktionalität des Staates kann dabei von unterschiedlichen sozialen Gruppen durchaus unterschiedlich beantwortet werden (Mann 1984: 196). In Ecuador, wie auch sonst in Lateinamerika, hatte die neoliberale Ära die Rolle des Staates bei der Bereitstellung öffentlicher Dienstleistungen reduziert.

Ein weiterer Faktor für relativ niedrige Steuereinnahmen sind Anti-Steuerallianzen, welche auch mittlere Sektoren umfassen, die hohe Steuerfreibetragsgrenzen und weitreichende Absetzbarkeitsregelungen einfordern, weswegen in Lateinamerika teils bis zu 90 Prozent der arbeitenden Bevölkerung keine Einkommenssteuern entrichten, was auch auf Ecuador zutrifft (Castelletti 2008; Jiménez 2015; Carrasco Vicuña 2015). Hintergrund ist, dass die schlechtere Qualität öffentlicher Leistungen wie Gómez Sabaini und Morán (2014: 14) erläutern, nicht automatisch zu Forderungen nach einer besseren Ausstattung des Staates führt. Gehobene und mittlere Sektoren suchten stattdessen verstärkt nach privaten Alternativen. Dazu gehört auch der Versuch, sich durch *Gated-Communities* auch räumlich abzugrenzen und auch die physische und materielle Sicherheit durch Privatfirmen sicherstellen zu lassen. Dies alles führt dazu, dass die Mitglieder höherer Einkommensgruppen meist ein geringes Interesse an öffentlichen Gütern haben. Ungesagt darf in diesem Zusammenhang nicht bleiben, dass auch die wichtigsten politischen Amtsträger zur Gruppe derjenigen gehören, die auf private Alternativen zu öffentlichen Leistungen zurückgreifen. Bei den größer werdenden marginalisierten Schichten nahm zur gleichen Zeit das Vertrauen in die staatliche Problemlösungskompetenz ab. Hierauf werde ich bei der Darstellung von Sozialstrukturen und Mustern der Interessenartikulation zurückkommen.

3.3 Sozialstrukturen, Ungleichheit und Herrschaftsmechanismen

Wie im vorausgegangenen Unterkapitel unter anderem aufgezeigt, besteht ein enger Bezug der Fiskal- und Steuerpolitik zur Genese moderner Staatlichkeit. Im nun folgenden Unterkapitel konzentriere ich mich auf die verteilungspolitischen Implikationen dieses Politikfelds und auf die Wechselwirkungen zwischen Steuerpolitik und Sozialstukturen[24]. Die Sozialstrukturanalyse bietet zum einen eine Alternative zu ökonomischen Analysen, die ausschließlich ökonomische Kernziffern wie Außenabhängigkeit, Finanzströme, Direktinvestitionen und Haushaltsdefizite zur Erklärung politischer Maßnahmen heranziehen, zum anderen auch zu politischen Analysen, die sich eher auf populistische Politikstile, die Korruption bestimmter Regierungen oder auf klientelistische Mobilisierungsstrategien von Parteien konzentrieren, oft ohne nach den tieferliegenden Ursachen dieser Phänomene zu fragen. Im Unterschied dazu wird es bei der Sozialstrukturanalyse darum gehen, sich der ökonomisch bestimmten Spannungs- und Spaltungslinien der Gesellschaft zu versichern, die in kapitalistisch geprägten Systemen durch den Typus von Akkumulation und durch die Formen ihrer institutionell-politischen Regulierung vorgezeichnet seien (vgl. Boris 2008, 2012).

Im ersten Abschnitt (3.3.1) gehe ich auf sozioökonomische Verteilungskonflikte im postkolonialen Kontext ein, wobei mir Ecuador als exemplarisches Beispiel dient. Dabei arbeite ich eine – auf periphere Gesellschaften wie die Ecuadors bezogene – nicht-reduktionistische Klassenperspektive heraus und betone die Bedeutung struktureller Abhängigkeitsbeziehungen und Konfliktlinien zwischen unterschiedlichen sozialen Klassen. Ebenso analysiere ich die Segmentierung der Gesellschaft und die bestehende Marginalisierung.[25] Im darauf folgenden Abschnitt (3.3.2) gehe ich – ausgehend von *Cleavage*-Ansätzen (Lipsets und Rokkans 1967; Dix 1989) – darauf ein, wie sich soziostrukturelle Spaltungslinien im politischen System widerspiegeln. Dabei beziehe mich auch hier – durch Darstellung konkreter Beispiele – auf Ecuador. Diese Analyse ist

---

[24] Der Bezug auf die bereits herausgearbeiteten Zusammenhänge mit den Fähigkeiten und Grenzen des Staates ist dabei unvermeidlich, denn Entscheidungen in der staatlichen Arena werden durch staatliche Entscheidungsorgane getroffen. Das geschieht deutlich direkter als beispielsweise bei Auseinandersetzungen um Löhne und Gehälter, auf die der Staat zwar mehr oder weniger starken Einfluss ausüben kann, die aber auch weitgehend den Marktkräften oder Tarifparteien überlassen werden können.

[25] Hierzu gehört das Verhältnis zwischen Kapital und Arbeit, landwirtschaftlichen Produzent*innen und Handelssektor sowie zwischen Mittelklassen und Menschen, die beispielsweise haushaltsnahe Dienstleistungen erbringen.

die Basis für die in Abschnitt 3.3.3 folgende Betrachtung klientelistischer und korporatistischer Herrschaftsmuster.[26]

3.3.1 Ungleichheitsdimensionen und verteilungspolitischer Auseinandersetzungen im postkolonialen Lateinamerika

Im vorliegenden Abschnitt stehen Klassenverhältnisse und Ungleichheitsdimensionen im postkolonialen Lateinamerika und die Frage, inwiefern sich diese auf die verteilungspolitischen Handlungsmöglichkeiten des Staates und insbesondere seine Fähigkeit, Steuern zu erheben, auswirken, im Mittelpunkt der Analyse. Eine diesbezügliche Herausforderung, auf die einzugehen sein wird, besteht für den Staat durch das hohe Maß an sozialer Ungleichheit und die Segmentierung der Gesellschaft: Diese Faktoren führen nämlich dazu, dass sich die Fähigkeit des politischen Systems zur Interessenaggregation und auch die staatliche Leistungsfähigkeit für unterschiedliche Gesellschaftssektoren höchst unterschiedlich darstellen.

Ein wichtiger Analyse-Aspekt bezieht sich hier auf die Vermittlungsmechanismen zwischen objektiver Position im ökonomischen System, den vertretenen Werten und der Wahrnehmung eigener Interessen. In diesem Zusammenhang ist zwischen (ökonomischer) Klassenstruktur und der Gestalt von Klassen, bzw. ihrer Formierung zu unterscheiden. Anders als beim Marxschen Begriff der ‚Klasse für sich' ist die Klassenformierung kein zwangsläufig intentionaler und bewusster Prozess, sondern bezieht sich auch auf die reale Erscheinungsform sozialer Klassen in Milieus, Lebensstilen, politischer Organisation und Einstellungen (Kohlmorgen 2007: 166). Darüber hinaus bildet sie sich durch ihre Herkunft aus früheren Klassen, wie Gramsci (2012 [1930]) in Bezug auf subalterne Klassen formuliert. So gesehen ist auch die Klassenherkunft der Wirtschaftseliten Ecuadors – die entweder aus der *Hacienda*-Wirtschaft des Hochlands oder der Plantagenwirtschaft der Küstenregion herrührt – von Bedeutung für ihre politischen Beziehungen und Forderungen an die Politik und ebenso für ihren Umgang mit den *Sectores Populares* (North 2013). Neben diesen – auf die bereits diskutierten Dimensionen von *Input*- und *Output*-Legitimität zurückzuführenden – Faktoren, ist auch die so genannte *Identity*-Legitimität wichtig. Diese Ebene ist deshalb bedeutend, weil die Existenz einer kollektiven Identität als gesellschaftliche Realität eine entscheidende Rolle bei der Definition von Grenzen und Ansprüchen bezüglich sozialer Rechte und gesellschaftlicher Teilhabe spielt und sich somit auf die Legitimität verteilungspolitischer Maßnahmen auswirkt (Scharpf 2006: 270f). Eine ähnlich gelagerte Quelle der

[26] Es geht hier darum, Formen politischer Herrschaft in Lateinamerika darzustellen, die im offiziellen Institutionengefüge nicht vorgesehen, aber gleichwohl wirkmächtig sind, ohne dabei auf der Ebene folkloristischer oder kulturessenzialistischer Darstellungen zu verbleiben, sondern Klassenbeziehungen und Exklusion als Grundlage dieser Praktiken herauszuarbeiten. Dabei komme ich auch auf die Bedeutung der eingeschränkten Reichweite des Staates in territorialer und sozialer Hinsicht zurück.

Legitimität staatlichen Handelns sieht Centeno (2015: 55) im in Lateinamerika nur schwach ausgeprägten Patriotismus, definiert als ‚gemeinsames Engagement' und Verpflichtung der Bürger*innen gegenüber dem Staat.

Staatliche Interventionen mit dem Ziel, die universelle Norm der Fairness durchzusetzen, müssen sich demgegenüber aber an einem Äquivalenzverhältnis zwischen Leistung und Gegenleitung ausrichten. Eben diese Fairness wird von Scharpf (2006: 270) als universelle Norm diskutiert, die für Mitglieder wie auch für Nicht-Mitglieder einer Gruppe gelte, die also keine Diskriminierung erlaube. Dieses Prinzip kann auch auf die staatliche Fiskalpolitik – die bekanntlich nur für ein bestimmtes Territorium Gültigkeit beansprucht – übertragen werden. Maßnahmen gegen Steuerhinterziehung und zur Begrenzung von Steuerschlupflöchern können mit dem Hinweis auf die Norm der Fairness ebenso gerechtfertigt werden wie die Ablehnung von Steuern, die lediglich spezifische gesellschaftliche Sektoren treffen, wie dies in Ecuadors Geschichte beim Indigenen-Tribut der Fall war.

> „Dagegen ist die formale *Gleichheit* eindeutig an den Status der Mitgliedschaft gebunden. *Bedürftigkeit* schließlich scheint zwei Aspekte zu haben: Auf der einen Seite appellieren Tod, Hunger oder Naturkatastrophen an eine universelle menschliche Solidarität, die ihren Ausdruck in der Arbeit karitativer Organisationen, in Spenden für Katastrophenopfer und in Entwicklungshilfeprogrammen findet. Auf der anderen Seite stehen die Anforderungen einer redistributiven Solidarität zur Verminderung natürlicher oder ökonomischer Ungleichheiten, die ihren modernen Ausdruck in der Herausbildung des Wohlfahrtsstaates haben. Der Appell an die redistributive Gerechtigkeit scheint jedoch nicht durch universelle Normen begründet zu sein; gefordert wird die Solidarität unter den Mitgliedern einer bestimmten Gemeinschaft." (Scharpf 2006: 270–271)

Der gegebene nationalstaatliche Bezugsrahmen wirkt daher als Gemeinschaftsillusion im Kontext stark stratifizierter Gesellschaften (Keil 2008: 75). Die Idee eines allgemeinen ‚nationalen' Interesses steht somit in einem Spannungsverhältnis zu den innergesellschaftlichen Spaltungslinien. Der Bezug zur Nation, beziehungsweise zur Schaffung einer kollektiven staatsbezogenen Identität, ist nicht einfach gegeben, sondern muss aktiv durch ideologische Arbeit erzeugt werden: „Individuen müssen zustimmen, dass sie sich um das Wohlbefinden ihrer Mitglieder sorgen, selbst dann, wenn sie diese nie getroffen haben." (Vom Hau 2012: 15). Die gemeinsame Identität beruht aber oft auf der (negativen) Abgrenzung von anderen, die – im Anschluss an Weber – als eine Art psychologisches Band verstanden werden kann (Keil 2008: 71; Centeno 2015: 54–55). Sie kann aber auch als Grundlage für universalistische soziale Forderungen dienen (vgl. Leubolt 2015: 66). Leubolt (2015) sieht in diesen zwischenstaatlichen Ungleichheiten auch die Grundlage des Nationalismus, der oft Verbindungen mit dem Rassismus aufweise (Leubolt 2015: 61).

Die Staatsgründungen in Lateinamerika und auch in Ecuador waren Elitenprojekte und die Nation war zunächst die Nation der jeweiligen kreolischen Eliten, die ihre Unabhängigkeit von der Spanischen Krone durchsetzten, ohne dafür auf die Mobilisierung der *Sectores Populares* oder der Indigenen und afrikanischstämmigen Sklaven angewiesen zu sein (Goldberg 2015). Diese ‚Staatsgründungen von oben' waren mit der Durchsetzung von Institutionen zur Stabilisierung von Exklusionsmechanismen verbunden. Somit blieb ein Großteil der Bevölkerung von der mit der Nationenbildung verbundenen Festschreibung von Rechten und Pflichten aller Staatsbürger*innen ausgeschlossen. Zunächst offiziell und später, trotz gesetzlicher Schritte zur Gleichstellung, in der Praxis auch weiterhin (vgl. Liebermann 2001: 526).

Das ambivalente Verhältnis indigen und afro-ecuadorianisch geprägter *Sectores Populares* zu staatlichen Institutionen kann nicht zuletzt dadurch erklärt werden. In den postkolonialen, stark segmentierten Gesellschaften Lateinamerikas sind – anstelle der rassistisch konnotierten Abgrenzung nach außen – erhebliche, oft ebenfalls rassistisch geprägte, Abgrenzungsmechanismen nach innen festzustellen. Gerade bei der Betrachtung von Unterschieden zwischen europäischen und postkolonialen lateinamerikanischen Staatsbildungsprozessen, ist zu beachten, dass es sich bei der Herausbildung europäischer Nationalstaaten ebenfalls um komplexe Prozesse handelte. Gabbert (2007: 127) argumentiert, dass die moderne Vorstellung von Rasse historisch zunächst als Reaktion auf die gravierenden sozialen Unterschiede in Europa zu verstehen sei und die Begriffe Rasse und Klasse nicht klar voneinander abgegrenzt genutzt wurden. Erst später wurde demnach der Rassebegriff

> „auf die Beziehungen zwischen Europäern und außereuropäischen Bevölkerungen angewandt. Damit konnten die sozialen Unterschiede, die bis zur Aufklärung weitgehend als gottgegeben erschienen, erneut naturalisiert und legitimiert werde." (ebd.)

Die koloniale Konstruktion der Differenz ist nicht nur kulturell, sondern markiert den hierarchischen Stellenwert und die Macht einer Person (Aguerre 2011: 5). Die von Quijano (2000) beschriebene Kolonialität der Macht, manifestiert sich nicht allein durch Rassismus in den Alltagsbeziehungen, wird hier aber besonders deutlich. Weiterhin spielen die Dimensionen Gender und ethnische Zugehörigkeit auf globaler Ebene aber auch innerhalb lateinamerikanischer Gesellschaften eine wichtige Rolle in der Hierarchie der Arbeitsteilung (ebd.). Formen von auf präkapitalistischer Ausbeutung beruhenden landwirtschaftlichen Produktionssystemen sind tief verankert Dieser Umstand hat zur Bezeichnung dieser Gesellschaften als ‚Kulturen der Ungleichheit' beigetragen (vgl. Ernst 2011: 51). In Lateinamerika existiert für weite Teile der Bevölkerung lediglich eine Form „subalterner Staatsbürgerschaft", die mit der über Jahrhunderte fortgeschriebenen Exklusion großer Bevölkerungsgruppen und einer als „Naturalisierung der Ungleichheit" bezeichneten Situation einhergeht (vgl. Souza 2008). Souza beschreibt diese Deklassierung als einen nicht intentionalen und unbewussten Vorgang, da kein Mittelklassenangehöriger bekennen würde, dass er seinen Mitbürger weniger wertschätzt. Die als Normalität sichtbare Ungleichbehandlung ist in der gesellschaftlichen Praxis aber alltäglich.[27]

[27] Eine genauere Vergleichsanalyse würde es sicherlich ermöglichen, eine Reihe von Unterschieden hinsichtlich der spezifischen Geschichte Ecuadors und seiner historisch prägenden Institutionen gegenüber dem brasilianischen Erfahrungshintergrund Souzas herauszuarbeiten. Zweifellos spielte die Sklaverei in Ecuadors Geschichte eine weniger dominante Rolle als in Brasilien, während Schuldknechtschaftssysteme in Ecuador noch bis in die 1960er Jahre fortbestanden. Auch ist hier die Komponente eines Nebeneinanders unterschiedlicher gesellschaftlicher Anerkennungssysteme durch den Fortbestand vor allem indigener Kultur, Völker, Sprachen und Produktionssysteme von größerer Bedeutung.

Ungleich verteilte politische Macht hat sich in der Geschichte Lateinamerikas offensichtlich auf den Zugang zu ökonomischen Möglichkeiten und auch auf die Investitionen in öffentliche Güter ausgewirkt. Das zeigt sich zum Beispiel an den lange Zeit lediglich mangelhaften Investitionen in das Bildungssystem in den postkolonialen Staaten Lateinamerikas (Sokoloff und Zolt 2007: 93).

Nicht unbedeutend für meine Analyse sind die spezifischen, historisch begründeten Beziehungen der *Sectores Populares* zum Staat für die Aushandlung steuerpolitischer Kompromisse. So ist beispielsweise in Ecuador erkennbar, dass die Angehörigen der *Sectores Populares* auf einen von oben gegründeten postkolonialen Staat blicken, durch den sie häufig wegen ihrer ethnisch-kulturellen Zugehörigkeit benachteiligt wurden, durch den sie sich kaum repräsentiert fühlen und dem gegenüber sie wenig Vertrauen in eine Verbesserung der eigenen Lebensbedingungen haben.[28] Eben diese Faktoren führen in der Konsequenz zu Anti-Steuerpositionen dieser Gruppierung und zu einer Fokussierung auf niedrige Verbrauchssteuern, statt interessenbezogen auf den Ausbau sozialstaatlicher Leistungen zu setzen (Paz y Miño Cepeda 2015). Im Kontext von Rohstoffeinnahmen kann die niedrige Besteuerung des Konsums auch als Grundvoraussetzungen für den impliziten ‚Pakt' zwischen der Rentiersklasse, die den Staat weitgehend kontrolliert und sich den Großteil der Renten aneignet und den unteren Klassen, auf deren Besteuerung weitgehend verzichtet wird, interpretiert werden, was aber auch dazu dient, die Legitimitätsanforderungen des Staates ihnen gegenüber zu senken (vgl. Becker 2008: 15).

Im Demokratisierungsprozess der Region erlangte auch der Begriff der *Ciudadanía* eine wichtige Bedeutung. Mit ihm verbunden ist die Forderung nach einer Universalisierung sozialer Rechte sowie nach politischer Repräsentation. Damit sind nationalstaatliche Politiken beschrieben, die einen Gegenentwurf zu Exklusion einerseits und Privilegierung andererseits darstellen. In Ecuador wurde mit dem Ausrufen einer *Revolución Ciudadana* an diese Forderungen angeknüpft.

In den Ländern Lateinamerikas existieren breite Sektoren, die sich nicht nur mit Kleinsthandel und mit Reparaturen durchbringen und damit für die kapitalistische Akkumulation im Prinzip überflüssig sind. Bei diesen Sektoren verschwimmt häufig die Grenze zum Kleinstbetrieb, wodurch sie staatliche Regulierungsversuche und Gebühren tendenziell eher als lästig empfinden. Schmalz (2008) weist darauf hin, dass informell Tätige oft neoliberale Parteien unterstützten, die sich in ihrem Diskurs gegen die staatliche Bürokratie und Steuern wandten. Diese Sektoren empfinden staatliche Regulierungen oftmals als hinderlich und streben nach Anerkennung im Privatsektor. Ihre den großen Oligopolen und Rentiers entgegengesetzte Interessenlage erkennen sie meist nicht oder die Möglichkeit wirksam in ihrem Sinne handelnder Behörden wird implizit als unrealistisch eingeschätzt. Die Forderung nach höheren Steuern, auch wenn davon

[28] Vor diesem Hintergrund sind die in Bolivien und Ecuador erhobenen Forderungen nach einer Dekolonisierung von Staat und Gesellschaft und einer schrittweisen Umsetzung plurikultureller Institutionen zu verstehen (Ernst 2011: 63).

nur Unternehmen und Wohlhabende betroffen sein würden, steht darum nicht zwangsläufig im Zentrum der Forderungen der *Sectores Populares*.

Zu berücksichtigen sind auch jene Kräfte, die den Fortbestand ihrer Privilegien in Gefahr sehen und daher für die Rückkehr zu einer neoliberal geprägten Politik eintreten (Cannon 2016: 4). Der Ausbau und die Verbesserung staatlicher Leistungen, insbesondere des Zugangs zu Bildung, sowie der Durchsetzung und Universalisierung von Arbeitsrechten und der Sozialversicherung sind ja nicht nur mit der Erweiterung sozialer Rechte und Lebenschancen bisher Benachteiligter und Marginalisierter verbunden. Sie können auch Gegenreaktionen jener hervorrufen, die wegen dieser Maßnahmen eine Abflachung sozialer Hierarchien und dadurch eigenen Statusverlust befürchten, denn einerseits entsteht dadurch mehr Konkurrenz um gute Arbeitsplätze, andererseits sind niedrig bezahlte Arbeitskräfte weniger verfügbar.

Die dargestellte Perspektive auf die großen sozialen Distanzen, die räumliche Segmentierung und die damit verbundene fehlende Empathie gegenüber den *Sectores Populares* hilft dabei, die individuellen Präferenzen der Eliten und Mittelklassen und letztlich auch ihren massiven Widerstand gegen persönliche Einkommenssteuern nachzuvollziehen (vgl. Bogliaccini und Luna 2016: 3). Daraus nicht direkt abzuleiten, aber dennoch dadurch beeinflusst, ist die ablehnende Einstellungen von Eliten gegenüber eigenen Steuerpflichten und der Notwendigkeit, Armut und Ungleichheit zu bekämpfen.[29] Dadurch fehlt aber eine wichtige Voraussetzung für effektive und starke Staaten, für die aktive, mit dem Gemeinwohl identifizierte Bürger*innen von entscheidender Bedeutung sind (Green 2012: 30).

Die Beziehungen zwischen unterschiedlichen sozialen Klassen haben auch eine wichtige Genderdimension. Die zumeist von Frauen ausgeübten reproduktiven Tätigkeiten werden oft als Nicht-Erwerbsarbeit unsichtbar gemacht. Sie werden auch – zum Beispiel im Bereich haushaltsnaher Dienstleistungen – oft nicht als anderen Tätigkeiten gleichwertig anerkannt.[30] Auch hier entzünden sich Konflikte an der Forderung nach gleichen Arbeitsrechten und einer entsprechenden staatlichen Intervention zur Verhinderung von Ausbeutung der damit verbundenen Ermög-

[29] Klar zu unterscheiden ist hier zwischen sozialen Rechten und der Akzeptanz der staatsbürgerlichen Pflicht Steuern zu zahlen, um ihre Durchsetzung zu erlangen und der Bereitschaft zur Mildtätigkeit, die aber weder auf Pflichten noch auf sozialen Rechen fußt und von einem Fortbestand der sozialen Hierarchien und Privilegien und eben nicht von gleichen Rechten ausgeht.

[30] Es handelt sich dabei um ein Festhalten an in der öffentlichen Auseinandersetzung kaum propagierte Privilegien. Eher anekdotisch, aber gleichwohl illustrativ, sind die Äußerungen eines ecuadorianischen Schauspielers 2016, der verkündete, wenn er Präsident wäre, würde er die sofortige Entlassung von Hausangestellten ohne Abfindung erlauben (Redacción Quito 16.12.2016). In Ecuador lag der Mindestlohn für Hausangestellte im Jahr 2006 bei 80 USD und damit bei der Hälfte des allgemeinen Mindestlohns, eine institutionalisierte Ungleichheit, die neben der Genderdimension von Ungleichheit auch Ausdruck der ethnisch-rassistischen Ungleichheitsdimension ist. Oft waren und sind es Frauen aus benachteiligten ethnischen Gruppen, die Arbeiten im Bereich von Pflege, Betreuung und haushaltsnahen Dienstleistungen für wohlhabendere und mächtigere soziale Gruppen übernehmen, während ihre eigenen Bedürfnisse in diesem Bereich heruntergespielt und ignoriert werden (Razavi 2007). Auf rechtlicher und wirtschaftlicher Ebene stehen die Interessen der Hausangestellten jenen ihrer Arbeitgeber aus den mittleren und oberen Klassen entgegen (Blofield 2009: 160).

lichung von Freiheit einerseits und den Interessen von Mittel- und Oberklassen. Gerade an diesem Punkt wird deutlich, dass es hier nicht einfach um nebeneinander verortete Milieus oder übereinander liegende Schichten geht, sondern um zueinander in vielfältigsten Beziehungen stehende soziale Klassen.[31] Der Blick auf die Ebene der Haushaltsarbeit zeigt zudem, wie solche reproduktiven Aufgaben – je nach sozialer Klasse – unterschiedlich zwischen Männern und Frauen und auch zwischen Staat, Familie und Markt aufgeteilt sind (Gough 2013; Kohlmorgen 2007). In Ecuador entstand durch die Durchsetzung von Arbeitsgesetzen und die Angleichung des Mindestlohns für die Erbringer*innen haushaltsnaher Dienstleistungen eine neue gesellschaftliche Konfliktlinie, da letztlich auch die materiellen Reproduktionsbedingungen der Mittelklassen durch diese universalistischen Politiken in Frage gestellt werden. Der Ausbau von sozialen Rechten für die Unterklassen wirkt hier als Verlust an Privilegien für die Mittelklassen. Ihre Ablehnung artikuliert sich in alltäglichen vorpolitischen Äußerungen, hält aber in verschleierter Form auch Einzug in die parteipolitische Auseinandersetzung.[32]

3.3.2 Gesellschaftliche Spaltungslinien und ihre Erscheinungsformen in Ecuadors politischer (Un)ordnung

Auf Basis der soeben vorskizzierten Betrachtung sozialer Strukturen – vorrangig dargestellt im postkolonialen Kontext Ecuadors – soll nun eine Analyse ihrer politischen Artikulation entlang unterschiedlicher Spaltungs- und Spannungslinien erfolgen. Die Übertragung von gesellschaftlichen Konfliktlinien, Interessengegensätzen und unterschiedlichen Einstellungen in der Wahlbevölkerung durch Prozesse der Interessenaggregation sind ein wichtiger Indikator für die Qualität der Demokratie. Statt nun, in Folge des Übergangs zum allgemeinen Wahlrecht, einen automatischen Zusammenhang zwischen Ungleichheit und umverteilungsorientierter Besteuerung im Sinne des Medianwählermodells zum Ausgangspunkt zu nehmen, rücke ich hier die Frage in den

---

[31] Hinsichtlich der bereits im vorangegangenen Unterkapitel erwähnten Reichweite staatlicher Regulierung in die Sozial- und Arbeitsbeziehungen ist der Bereich haushaltsnaher Dienstleistungen und Kinderbetreuung von großer Bedeutung. Diese Aufgaben werden von der Mittel- und Oberklasse in Lateinamerika meist privat organisiert und nicht durch steuerfinanzierte öffentliche Einrichtungen erbracht. Die Erbringer*Innen dieser Dienste erhalten nur sehr niedrige Löhne, was lediglich im Kontext hoher sozialer Ungleichheit möglich ist. Hinzu kommt, dass in diesen Dienstverhältnissen die Charakteristika fehlender Anerkennung besonders deutlich werden und die Schlechterstellung gegenüber anderen Arbeitnehmer*Innen in den meisten Ländern Lateinamerikas auch durch eine rechtliche Schlechterstellung oder kaum vorhandenen Willen der Behörden, die vorhandene Gesetze auch durchzusetzen, gekennzeichnet war (vgl. Blofield 2009: 162)

[32] Ulrike Stieler, die in Ecuador eine Art Kastengesellschaft sieht, karikiert während eines Interviews im Oktober 2014 in Mittel- und Oberklassen Ecuadors verbreitete Haltungen: Es gehe der Regierung Correa „darum diese Kontraste abzubauen und bei dem Kontrastabbau hat man natürlich nachher eine Kompaktierung von einer Art Mittelschicht. Es steigen Leute in die Mittelschicht auf, die es (nach Meinung vieler) überhaupt nicht verdienen selbstverständlich' ja: *'Was macht denn dieser Longo[32] in 'nem Auto?', 'Hast du schon den Braunen gesehen, der hat sich ein Motorrad gekauft, hast du das gesehen?' 'Ja, furchtbar und was, eine Hausangestellte sozialversichern, was jetzt? Will die auch noch ein Wochenende frei, was macht die denn am Wochenende? Die kommt doch bloß auf dumme Gedanken! Ja einmal im Monat ein Tag ist doch vollkommen ausreichend, die machen doch nur Blödsinn, nicht!"* Also diese Meinung, das ist halt das, was unwahrscheinlich verankert ist. Ecuador ist wie eine Art Kastengesellschaft."

Mittelpunkt, wie sich die *Sectores Populares* artikulieren und Druck auf politisch und ökonomisch mächtige Akteure ausüben (vgl. Von Schiller 2012: 8). Dabei diskutiere ich, welche Bündnisoptionen für eine gleichheitsorientierte Regierungspolitik bestehen: Der Schwerpunkt meiner Analyse liegt hier auf der Einnahmeseite des Staates und insbesondere auf seinen Strategien bezüglich der Steuerpolitik.

Ich wähle dazu einen multidimensionalen Zugang zu Sozialstrukturen und zur Artikulation unterschiedlicher gesellschaftlicher Gruppen in Verteilungskonflikten. Ausgangspunkt der Analyse ist dabei der von Lipset und Rokkan (1967) begründete Ansatz politischer *Cleavages*, um die Herausbildung von Parteiensystemen nachzuvollziehen. Für die Autoren treffen in diesem Prozess Gegensätze wie Kapital und Arbeit, Zentrum und Peripherie, Stadt und Land, Laizität und (Einfluss) der Kirche(n) (bzw. Religionen) aufeinander (Lipset und Rokkan 1967). Hinzu kommen ethnisch-kulturelle Differenzen (vgl. Lieberman 2001; Eaton 2011). Die vor diesem komplexen Hintergrund entstehenden Parteien und politischen Allianzen bilden sich demnach nicht zwangsläufig entlang der auf Einkommens- und Vermögensungleichheit beruhenden Interessengegensätze.

Im Unterschied zum *Cleavages*-Ansatz berücksichtige ich jedoch auch die Gleichzeitigkeit unterschiedlicher, latent bestehender Identifikationsmuster und Perzeptionen von Interessen, denn diese führen tendenziell zu fluktuierenden wahl- und parteipolitischen Bündnissen. Es bestehen demzufolge wenig langfristige Parteibindungen, sondern vom jeweiligen Wahlprozess abhängige ad hoc Mobilisierungen durch das Hervorheben bestimmter Interessenkonflikte und Identitätsbezüge – wie z.B. Region, Ethnie, Religion, Klasse, Gender etc. –, wobei es in der Regel nicht gelingt, über diese Zugänge feste Parteibindungen herzustellen. Die hier beschriebenen Charakteristika erschweren die Versuche einer Regierung, z. B. die Ergebnisse von steuerpolitischen Maßnahmen in einer Region auf die ideologische Orientierung der jeweiligen Regierungsparteien zurückzuführen, denn ideologische Orientierung und die Repräsentation von Parteien oder sozialer Klassen bleiben – wie oben beschrieben – oft vage. Besonders in der Phase neoliberal dominierter Politik wurde zunehmend die Frage aufgeworfen, warum die soziale Ungleichheit nicht in der Herausbildung entsprechender politischer *Cleavages* zum Ausdruck komme (Roberts 2002).[33]

[33] Die 1980er und 1990er Jahre waren von der so genannten ‚doppelten Transformation' geprägt (Wolff 2008): Während sich einerseits der Übergang von Militärdiktaturen zur repräsentativen Demokratien vollzieht, werden gleichzeitig neoliberale Politiken durchgesetzt und die soziale Ungleichheit nimmt zu. Ein Phänomen, das der Annahme widerspricht, dass ein Zusammenhang zwischen Demokratie und Umverteilung besteht (Acemoglu 2007, Wehr 2011; Ernst 2011). Die Persistenz der Ungleichheit trotz Demokratisierung wird in der neo-institutionalistischen Transitionsforschung mit institutionellen Defiziten der demokratischen Systeme begründet. Wehr (2011: 16f) hält demgegenüber die Arbeiten des historischen Institutionalismus für zielführender, die im Wesentlichen davon ausgehen, dass „das koloniale oligarchische Kräftegleichgewicht, das via begrenzter Elitenkoordination den Ausschluss großer Teile der Bevölkerungsmehrheit ermöglichte, trotz aller institutioneller Veränderungen und trotz des wachsenden Demokratisierungsdrucks im 20. Jahrhundert eine erstaunliche Reproduktionsfähigkeit bewies:" (Wehr 2011: 18)

Dass sich Parteiensysteme im lateinamerikanischen Kontext oft nicht entlang vertikaler sozioökonomischer Interessenkonflikte strukturieren, kann schwerlich – wie das zeitweise für europäische Länder konstatiert wurde – auf den Abbau von Klassengegensätzen in einer Mittelstandsgesellschaft zurückgeführt werden. Naheliegender ist es, dass die Spaltung und Marginalisierung so tief ist, dass große Teile der subalternen Klassen nicht zur Artikulation ihrer Interessen in der Lage sind (Kenneth 2002; Becker 2008). In Ländern mit schwächeren Arbeiterbewegungen wurden diese mitunter als progressive Teile oligarchischer Parteien integriert, so dass die politische Orientierung der Arbeiterbewegung moderater und die Wählerbasis der traditionellen Parteien breiter wurde. In einer Reihe lateinamerikanischer Länder, zu denen auch Ecuador zählt, sahen sich Arbeiterbewegungen einer Mischung aus Repression und Kooptationsversuchen ausgesetzt und konnten daher keine starken Organisationen mit Massenbasis aufbauen (Roberts 2002: 13–14). Wolff (2007, 2008) weist auf die strukturelle Schwäche der so genannten *Sectores Populares* und das damit zusammenhängende geringe Risiko von Umverteilung und von Bedrohung der Eigentumsrechte wirtschaftlicher Eliten nach dem Übergang zur Demokratie in den 1980er und 1990er hin. Die Charakterisierung südamerikanischer Parteiensysteme, oft wenig repräsentativ und schwach in der Bevölkerung verankert, traf in der Phase des neoliberal-unternehmerischen Entwicklungsmodells zwischen den frühen 1980er Jahren und 2006 zweifellos auch auf Ecuador zu. Nach innen folgten sie häufig klientelistisch-korruptiven Funktionslogiken, die auf einzelne (*caudillistische*) Führungspersonen ausgerichtet sind (Wolff 2008: 86).

In diesem Zusammenhang spielt auch die bereits im vorangegangenen Unterkapitel bemerkte Abhängigkeit lateinamerikanischer Staaten von neoliberal orientierten internationalen Finanzinstitutionen, allen voran vom IWF, eine wichtige Rolle, da sie die neoliberale Politik als alternativlos erscheinen lassen. Die strukturelle Schwäche der *Sectores Populares* ist – neben traditionellen Ursachen – auch direkt mit der neoliberalen Antwort auf die Schuldenkrise der 1980er Jahre verbunden: Durch Strukturanpassungsprogramme entstand neue Armut, der öffentliche Sektor wurde verkleinert, das Arbeitssystem flexibilisiert und somit die Grundlagen für Klassenbewusstsein in der Arbeiterklasse geschwächt (Kaltmeier 2013: 10, 11).

Wie schon im vorigen Unterkapitel gezeigt, bestand in Ecuador oft ein nur schwacher Zusammenhang zwischen Wahlkampfaussagen und -programmen und der dann umgesetzten Politik. Luna und Zechmeister (2016: 413) kategorisieren deshalb Ecuador als ein Land mit besonders schwacher Repräsentation, was sich auch in der entsprechenden Bewertung des politischen Systems durch Bürgerinnen und Bürger widerspiegele (ebd. 414). Auf der Ebene der parteipolitischen Auseinandersetzungen spielten, wie es die These eines für lateinamerikanische Gesellschaftsformationen typischen Personalismus nahelegt, auch in Ecuador einzelne Persönlichkeiten, wie z.B. die neoliberal-populistischen Kandidaten Abdallah Bucaram oder Alvaro Noboa wiederholt eine herausragende Rolle (vgl. Minkner-Bünjer 1999; Roberts 2002; Faust 2005). Es sind die genannten, bei diesem Politikertypus besonders deutlich werdenden Oberflächenphänomene, die auch für die vorliegende Analyse durchaus nicht irrelevant sind. Dies trug gleichfalls zur Instabilität und Diskreditierung des politischen Systems bei – auch und gerade in weiten Teilen der Mittelschicht. Die Bedeutung dieser Einzelfiguren – ebenso wie die nicht nur in der turbulenten Dekade zwischen 1996 und 2006 häufig stattfindenden Regierungswechsel – sollten allerdings angesichts der Kontinuität von Herrschaftsmustern und der Persistenz von Ungleichheit nicht überbewertet werden.

Die Linkstendenzen ab der Jahrtausendwende haben in Lateinamerika zu einer stärkeren Wahrnehmung sozialer Ungleichheit als Faktor politischer Auseinandersetzungen und Mobilisierung sowie zu Unterscheidungen zwischen tendenziell rechten und linken Parteien geführt.[34] Dabei rückte auch die Diskussion fiskalpolitischer Entscheidungen in den Fokus, die besonders gut in ein Rechts-Links-Schema passen (Caro und Stein 2013: 3). Stärkere staatliche Interventionen in die Wirtschaft durch höhere Besteuerung und Staatsausgaben werden gemeinhin mit linker Ideologie verbunden, wohingegen die politische Rechte – hier im Sinne von liberal-konservativ – für niedrigere Steuern und die Beschränkung von Staatsausgaben steht (ebd.). Für linke Regierungen besteht allerdings – sofern sie die Prämisse eines für die wirtschaftliche Entwicklung essentiellen internationalen Steuerwettbewerbs anerkennen – im Kontext neoliberaler Globalisierung wenig steuerpolitischer Spielraum, da Erhöhungen der Unternehmens- und Einkommenssteuern durch die Standortkonkurrenz und Erhöhungen der Verbrauchssteuern durch die eigene politische Basis versperrt werden (Hart 2009). Caro und Stein (2013) weisen jedoch nach, dass es den Mitte-Links-Regierungen Lateinamerikas mitunter durchaus mehr als rechten Regierungen gelungen ist, direkte Steuern einzuziehen. Demgegenüber liegen diese Regierungen – gleich welcher politischen Couleur – bei den Einnahmen aus den meist regressiven Verbrauchssteuern gleichauf.

Ergänzend zum Blick auf die Wählerschaft ist es für die Betrachtung der instrumentellen Machtressourcen unterschiedlicher sozialer Gruppen auch von Bedeutung, aus welchen Sektoren sich Parteifunktionäre und Parteiführung jeweils rekrutieren. In den allermeisten Fällen lateinamerikanischer Länder lässt sich diesbezüglich zeigen, dass sich die Parteienkonkurrenz bis ins späte 20. Jahrhundert – und zum Teil darüber hinaus – auf Konflikte zwischen unterschiedlichen Elitefraktionen beschränkt, die sich vor allem nach Wirtschaftssektor oder regionaler Verankerung voneinander unterscheiden, die Laizität des Staates betonen oder den kirchlichen Einfluss für sich zu nutzen versuchen. Dies kann als Indiz dafür gelten, dass sich große Teile der jeweiligen Wählerschaft ihrer originären Interessenlage nicht oder nicht ausreichend bewusst sind.

Wie eingangs zum vorliegenden Abschnitt angekündigt, werde ich nun auf der im vorherigen Abschnitt erfolgten Sozialstrukturanalyse der ecuadorianischen Gesellschaft basierende gesellschaftliche Gegensatzpaare und politische Bündnisoptionen herausarbeiten. Hieran ist zu zeigen,

[34] Die Wahl von Hugo Chávez in Venezuela 1998 kann als Beginn der Linkstendenzen bezeichnet werden, kurz darauf folgte die Wahl des allerdings lediglich nominell Linken Ricardo Lagos in Chile, Anfang der 2000er Jahre kamen dann Lula in Brasilien, Néstor Kirchner in Argentinien und etwas später dann Tabaré Vázquez in Uruguay und Evo Morales in Bolivien in das Präsidentenamt (Caro und Stein 2013: 2)

wie sich diese Gegensätze im politischen System nach 1978 spiegeln, und auch ihr Bezug zu Verteilungskonflikten und der Fähigkeit, Steuern zu erheben, ist festmachbar. Darüber hinaus verdeutliche ich Konfliktlinien, die den Ausgangspunkt für politische ad hoc Allianzen in einer stark fragmentierten Zivilgesellschaft, wie auch für ein hohes Maß politischer Instabilität bei gleichzeitigem Fortbestehen sozialer Ungleichheiten bilden (vgl. Wolff 2008). Die Auseinandersetzung mit der in Ecuadors Geschichte wichtigen Konfliktlinie zwischen zivilen Eliten und Militär entfällt in dieser Phase weitgehend, da sich die Rolle des Militärs nach 1978 auf eine – angesichts der politischen Instabilität des Landes – allerdings wichtige ‚Schiedsrichterfunktion' zwischen verschiedenen zivilen politischen Formationen beschränkt hat, ohne dass damit eine klare Positionierung der Streitkräfte in entwicklungs- und steuerpolitischen Fragen verbunden gewesen wäre .[35]

Der Bezug *ethnisch-kultureller Cleavages* zur Fiskalpolitik findet sich vor allem in der Literatur zur so genannten *National Political Community* (Lieberman 2001), aber auch in verschiedenen, nicht auf Steuerpolitik konzentrierten Analysen von Prozessen des *Nation Building*. Morales argumentiert in diesem Kontext folgendermaßen: Sind die inneren Spaltungslinien tief und trennen sie die Gesellschaft in jeweils exklusive Gruppen, beispielsweise aufgrund ethnischer Differenzen oder aufgrund von Klassenunterschieden, werde die Konstruktion einer starken *Political Community* erschwert (Moreno Morales 2008: 55). Demgegenüber gründen sich, wie schon ausgeführt, Nationen im Allgemeinen auf einem definierten Territorium und stützen ihre Legitimität auf Mythen und Erinnerungen, eine gemeinsame Identität und Kultur, sowie gemeinsame ökonomische Interessen und nicht zuletzt auf Rechte und Pflichten für alle Mitglieder (vgl. Keil 2008: 71). Nimmt man Liebermans (2001) Konzept der *National Political Community* als Ausgangspunkt, können daher auch die im Kontext und in Folge der Kolonialisierung konstruierten ethnischen Spaltungslinien eines Landes Grundlage einer verstärkten Verweigerungshaltung gegenüber dem Nationalstaat sein, was bezüglich der wirtschaftlichen Eliten auch ihre Vorbehalte bezogen auf das Zahlen von Steuern erklären kann.

Zu unterscheiden ist hierbei zwischen solchen Forderungen, die gegen Diskriminierung gerichtet sind (wobei von Seiten der Indigenen und zum Teil auch von Afro-Ecuadorianern die Anerkennung kultureller Differenzen gefordert wird), und solchen, die die ethnisch-kulturellen Differenzen zum *Othering* benutzen – beziehungsweise zur Rechtfertigung von Marginalisierung und Benachteiligung großer Teile der *Sectores Populares*. Erst Anfang der 1990er Jahre erstarkten ethnisch-kulturell geprägte indigene Bewegungen und konstituierten ein eigenes *Cleavage*, da gerade aufgrund der großen Überschneidung von ethnischer Zugehörigkeit und sozialer Benachteiligung die Klassenperspektive dominierte (vgl. Dix 1989; Goldberg 2015) Das Erstarken ethnisch-kulturell gefärbter Indigenenbewegungen in Lateinamerika kann zudem auch als Reaktion

[35] *Konflikte zwischen Militär und zivilen Eliten:* Militärregierungen haben in Ecuador das zwanzigste Jahrhundert hindurch mehrfach die politische Macht übernommen. Dabei wird ihnen eine in verschiedenen historischen Phasen ausschlaggebende und zugleich ambivalente Rolle im Staatsbildungsprozess attestiert. Hiermit werde ich mich im historischen Rückblick in Kapitel 5 noch näher befassen.

auf die Folgen der Strukturanpassung und des Neoliberalismus verstanden werden. Die ‚doppelte Transformation' in jener Phase (Wolff 2008) bedeutete, dass zwar die Macht organisierter Arbeitnehmer strukturell abnahm, die indigene Bewegung aber das Recht auf Minderheitenschutz und kulturelle Differenz vermehrt auf die politische Agenda setzen konnte. Meist war dies zwar gleichbedeutend mit einer Anerkennung der Ethnie, was aber ohne Umverteilungswirkung blieb (Ernst 2011: 53).

Bedeutsame gesellschaftliche Spannungs- und Spaltungslinien existieren jedoch auch innerhalb der Wirtschaftseliten. So besteht hier die Konfliktlinie zwischen *Außenhandels- und Binnenorientierung, Importeuren und Exporteuren:* Interessengegensätze bestehen zwischen binnenorientierten und stärker auf Außenhandel ausgerichteten Sektoren, was sich z.B. in einer unterschiedlichen Haltung zum Freihandel ausdrückt. Dieter Boris (2013) weist diesbezüglich auf die Bedeutung der asymmetrischen Weltmarktintegration in Folge des Kolonialismus sowie auf die andauernde übergeordnete Relevanz des Außenwirtschaftssektors im Prozess der Staatsbildung in Lateinamerika hin. Córdova (1973) diagnostizierte demgemäß strukturelle Heterogenität als typisches Merkmal lateinamerikanischer Länder.

In Ecuador entwickelte sich Weltmarkteinbindung regional unterschiedlich, dementsprechend auch die Produktionsweisen und die Klassenbeziehungen (vgl. Acosta 2012; Paz y Miño Cepeda 2015). Diese wirtschaftliche Heterogenität spielte eine wichtige Rolle für räumliche *Cleavages* und den Bizentralismus zwischen der Hauptstadt Quito und dem Wirtschaftszen-trum Guayaquil. Ecuador kann damit als beispielhaft für das Nebeneinander unterschiedlicher Produktionsweisen und technologischer Niveaus in peripheren Gesellschaften gelten. Demzufolge werden die Spannungen zwischen Binnen- und Außenorientierung oft auch mit Konflikten zwischen Küste und Hochland verbunden. Jedoch ist heute der freihandelsorientierte Diskurs im Arbeitgeberlager – über regionale Grenzen hinweg – ebenso konsensfähig wie die Zustimmung zur Dollarisierung und die Ablehnung von staatlichen Eingriffen in die Wirtschaft, insbesondere in Bezug auf die Erhebung von direkten Steuern und Zöllen.

In ecuadorianischen Debatten über den so genannten Extraktivismus wird die Opposition der exportorientierten Sektoren gegenüber Steuern plausibel damit erklärt, dass sie kaum Interesse an binnenwirtschaftlicher Entwicklung haben. Höhere Löhne und Steuern werden daher als einseitige Kosten wahrgenommen, für die keine Gegenleistung erbracht wird. Einiges spricht dafür, dass diejenigen Sektoren hingegen, die für den Binnenmarkt produzieren oder für diesen Waren importieren, an einer gerechteren Verteilung interessiert sein müssten, denn der Anteil des Konsums nimmt mit höherem Einkommen ab. Demgegenüber zeigte eine Umfrage bei ecuadorianischen Importeuren Ende der 1980er Jahre, dass diese nur die urbanen Eliten und Mittelschichten als ihren Markt sahen und daher Umverteilungsmaßnahmen für die unteren sozialen Klassen ablehnten (Conaghan 1988, zitiert nach North 2006). Dass eine gerechtere Verteilung nicht auch als Chance für die Ausweitung des Binnenmarkts gesehen wird, unterstreicht die starke gesellschaftliche Segmentierung.

Insgesamt wird an den vorausgegangenen Ausführungen deutlich, dass die wachsende soziale Ungleichheit und die Reduzierung öffentlicher Leistungen für die *Sectores Populares,* die besonders während der Phase neoliberal-unternehmerischer Entwicklung erkennbar war, zunächst nicht zu Forderungen nach einem handlungsfähigen und umverteilungsorientierten Staat führte, die damit ins Zentrum der politischen Debatte gerückt wären. Auch richteten in diesem Zeitraum weder die fragmentierten Gewerkschaften noch soziale Bewegungen ihre Forderungen an universellen Umverteilungszielen aus.

Wie ich in dieser Arbeit noch differenziert ausführen werde, wurde in Ecuador erst mit dem Beginn der *Revolución Ciudadana* die von Cannon (2016) als zentrale Trennlinie zwischen links und rechts bezeichnete vertikale, verteilungspolitische Auseinandersetzung ins Zentrum der politischen Debatte gerückt. Eben diese Debatte war aber notwendigerweise verbunden mit dem Aufbau eines handlungsfähigen Staates als zentrale Instanz verteilungspolitischer Entscheidungen. Wie ich in meiner Arbeit aufzeigen werde, waren die Möglichkeiten der politischen Mobilisierung entlang vertikaler Ungleichheiten auch im Kontext der *Revolución Ciudadana* beschränkt. Die Kooperation mit dem Privatsektor wurde auch innerhalb der Regierung als Notwendigkeit gesehen, um den angestrebten Wandel der Produktionsstrukturen zu erreichen. Wie ich herausarbeiten werde, wirkte in wirtschaftlich schwierigen Zeiten ab 2014 dann auch verstärkt die Warnung der Wirtschaftseliten vor vermeintlichen negativen Folgen umverteilungsorientierter Maßnahmen.

3.3.3 Klientelismus und Korporatismus – Formen politischer Herrschaft und ihre Basis in der Akzeptanz struktureller Ungleichheiten

Im vorliegenden Abschnitt – in dem auch naheliegende, auf Ecuador bezogene Beispiele dargestellt sind – geht es um das Zusammenspiel unterschiedlicher Herrschaftsmechanismen wie Klientelismus und Korporatismus und um deren Verbindungen zum offiziellen Institutionensystem. Ich tue dies vor dem Hintergrund der vorab erfolgten Betrachtungen zu Sozialstrukturen, *Cleavages* und zu den bereits erfolgten staatstheoretischen Überlegungen. Die genannten Herrschaftsformen verhalten sich teilweise komplementär zu den offiziellen Formen staatlicher Herrschaft. Darüber hinaus vermögen sie es, die von lokalen Eliten unabhängige Reichweite und Fähigkeit des Staates einzuschränken und mitunter die Implementierung politisch gefasster Beschlüsse zu unterlaufen.

In *Good Governance* Perspektiven in Weberscher Tradition wird demgegenüber darauf verwiesen, dass die vermeintliche Willkür von politischen Entscheidungen mit dem Stabilitätsinteresse kapitalistischer Unternehmer unvereinbar sei und sich deshalb unter den beschriebenen Bedingungen keine kapitalistische Dynamik entwickeln könne (Hauck 2013: 308). Dem liegt meines Erachtens eine einschränkende Betrachtung zu Grunde, welche die genannten Herrschaftsmechanismen auf Phänomene politischer Kultur reduziert, ohne ihre materielle Basis in den Blick zu nehmen (vgl. Hellinger 2011: 48). Nun aber umgekehrt von einem Primat der Wirtschaft auszugehen, wonach wirtschaftliches Wachstum allein die Probleme von Exklusion, Ungleichheit und Marginalisierung lösen könnte, unterschätzt die soziale Verankerung und Naturalisierung der Ungleichheit, die auch im Kontext durchaus bemerkenswerter Wachstumsphasen nicht überwunden werden konnte (vgl. Souza 2006: 21; vgl. Wehr 2011).

Wie und warum aber kann der Klientelismus solch eine große Rolle spielen – mit unübersehbaren Auswirkungen auf das politische System eines Staates? Die Beziehung zwischen Patron und Klient ist prinzipiell asymmetrisch, wenngleich es sich bei den heute diskutierten Formen des Klientelismus in erster Linie nicht um rechtliche, sondern um informelle und ökonomische Ungleichheiten handelt (vgl. Randall und Theobald. 1998). Die Asymmetrie der Beziehung drückt sich darin aus, dass die Bedürfnisse der Klienten für diese meist essenziell sind, die erbrachten Leistungen des einzelnen Klienten für den jeweiligen Patron dagegen von nur marginaler Bedeutung (ebd.: 73). Die beschriebene asymmetrische Beziehung zwischen Patron und Klient ist dabei nicht an spezifische Personen gebunden, sondern ergibt sich aus den Beziehungen zwischen oberen und unteren sozialen Klassen – und aus den begrenzten Möglichkeiten subalterner Klassen, ihre verbrieften staatsbürgerlichen Rechte in ihrer realen Lebenssituation zu verwirklichen. Dies ist eine wichtige Grundlage für Klientelismus.

Das Verhältnis zwischen Patron und Klienten ist eine weit verbreitete Form des begrenzten Zugangs subalterner Klassen zu (sozialen) Leistungen und zum politischen System. Dabei besteht keine scharfe Trennung zwischen politischer und wirtschaftlicher Macht. Die Rolle des Patron kann also auch von denjenigen Akteuren eingenommen werden, die vornehmlich als Teil des Privatsektors in Erscheinung treten – ökonomische, instrumentelle und politische Formen des Austauschs sind hierbei kaum voneinander zu trennen (Gough 2013: 211). Die Durchsetzung des allgemeinen Wahlrechts allein führte demzufolge nicht unmittelbar zu einer Überwindung von Ungleichheiten und Abhängigkeitsverhältnissen, die die Grundlage des Klientelismus bilden. Diese weiter bestehenden Abhängigkeiten ermöglichen es konservativen Eliten, die von ihnen abhängigen Sektoren zu mobilisieren und – der Einführung des allgemeinen Wahlrechts zum Trotz – die Kontrolle über den politischen Prozess zu behalten (Miliband 1972). Nicht zuletzt die neoliberale Strukturanpassung und ebenso die daraus folgende Informalisierung verstärkten in den marginalisierten Sektoren die Suche nach klientelistischen Problemlösungen (Wolff 2008: 87).

"In Bereichen, in denen große Sektoren der Bevölkerung in marginalisierten Konditionen leben, in denen der Staat fast abwesend ist und er viele Schwierigkeiten bei der Lösung der Alltagsprobleme gezeigt hat, wo die Kosten zur Teilnahme am formellen politischen Prozess weit höher sind als die informeller Alternativen, nehmen viele Wähler lokale Anführer, die Netzwerke, die sie kontrollieren und ihren Zugang zu Ressourcen, die den [klientelistischen] Austausch ermöglichen, als Rettung wahr. In diesen Kontexten ist es weitaus wahrscheinlicher, dass die Parteien auf Zugang zu staatlichen Mitteln bauen können, wie zum Beispiel die Verteilung von Regierungsposten oder staatlicher Ressourcen, die den Kauf von Essen, Baumaterial oder Medikamenten und ihre Verteilung mit klientelistischen Zielen ermöglichen." (Freidenberg 2010: 133)

Eine wichtige Grundlage für das Fortbestehen klientelistischer Herrschaftsmechanismen ist die praktische Nicht-Verwirklichung eines auf staatsbürgerlichen Rechten und rationaler Verwaltung aufbauenden sozialen Rechtsstaats. Es besteht eine eklatante Diskrepanz zwischen der formalen, rechtlich genormten Staatlichkeit und den durch die ‚subalternen Staatsbürger' praktisch erlebten und für die Betroffenen oft nicht nachvollziehbaren Zugangswegen zu gesellschaftlicher Teilhabe und staatlichen Leistungen. Dies kann als eine plausible Erklärung dafür gelten, dass unterprivilegierte Bevölkerungsschichten auch über das kleinbäuerliche Milieu hinaus, klientelistisch geprägte Beziehungen aufrechterhalten. Genau wie im Fall des traditionalen Klientelismus in agrarisch geprägten Gesellschaften, spielen wirtschaftlich Vermögende vor dem beschriebenen Hintergrund auch in urban geprägten Klientelnetzwerken eine wichtige Rolle.[36]

Klientelismus kann demzufolge als Mechanismus beschrieben werden, durch den die Bedeutung von inhaltlichen Positionen und Parteiprogrammen unterminiert wird. Die negative Korrelation zwischen Klientelismus und der Nutzbarkeit des Links-Rechts-Gegensatzes bestätigt seine negative Wirkung auf die Mobilisierung entlang inhaltlich-programmatischer Positionen (Ruth 2016: 92). Stattdessen rückt für potentielle Wähler*innen die eigene Nähe zu den jeweiligen politischen Netzwerken in den Fokus. Demzufolge verlieren Wahlen allerdings ihre Bedeutung als Signal für politische Richtungsentscheidungen (ebd.: 77). In Ecuador etablierte sich seit den 1920er Jahren der Klientelismus als bevorzugte Methode der Wirtschaftseliten mit der Zielsetzung, ihre politische Dominanz auch im Übergang zum modernen Staat des 20. Jahrhunderts zu sichern (Ospina Peralta 2006: 59).

Der Klientelismus ist also nicht lediglich als ein Symptom lateinamerikanischer politischer Kultur zu sehen, sondern eine auf Ungleichheit und Marginalisierung beruhende Herrschaftsform. Klientelismus bedeutet den Tausch politischer Loyalität gegen materielle Begünstigungen und beinhaltet in seiner negativen Form Korruption, macht aber auch eine gewisse Berücksichtigung

[36] Die Beeinflussung kann direkt und relativ leicht nachvollziehbar sein, zum Beispiel wenn Guayaquils Bürgermeister Jaime Nebot eine Großdemonstration gegen die Regierung Correa auf Dienstag 15 Uhr nachmittags ansetzt, also gerade zu einem Zeitpunkt, an dem besonders viele Menschen ihrer Arbeit nachgehen, eigentlich also nicht zu einer Demonstration können, hierzu aber andererseits besonders wirksam von ihren Arbeitgeber*innen gedrängt werden können. Die Parteipräferenz des Unternehmers muss für seine Mitarbeiter sichtbar sein - diese wirkt dann auch ohne direkte Beeinflussungsversuche: die Mitarbeiter*innen sehen ihre eigenen Perspektiven optimistischer, wenn jene politischen Kräfte an Einfluss gewinnen, zu denen ‚ihr' Unternehmer bzw. ‚ihre' Unternehmerin besonders enge Beziehungen unterhält.

der Interessen unterer sozialer Schichten notwendig (Hellinger 2011: 51). Jedoch trägt das System des Klientelismus wesentlich dazu bei, dass sich Forderungen nach allgemeinen sozialen Rechten und staatlichen Leistungen kaum artikulieren können (vgl. Gough 2013: 11). Das hat gravierende negative Folgen für den Aufbau eines modernen Staates, dessen Grundlage allgemein gültige Regeln und Rechtsansprüche für alle Staatsbürger*innen ist.

> „Qualitativ unterscheiden sich klientelistische Praktiken von hegemonialen unter anderem dadurch, dass materielle Besserstellungen (Zuweisung einer Arbeitsstelle, einer Wohnung etc.) eine im Abtausch für Loyalität gewährte individuelle Gunst, aber kein verbrieftes Recht und keine systematische Konzessionen gegenüber bestimmten gesellschaftlichen Kräften darstellen.“ (Becker 2008: 20).

Becker (2011: 165) nennt am Beispiel Brasilien den Wunsch von Wähler*innen in Lateinamerika nach Stabilität und Befürchtungen, ‚es könnte noch schlimmer kommen‘, als Ursachen für den immer wieder hohen Stimmenanteil konservativer Parteien. Andererseits besteht in den ärmeren Teilen der Bevölkerung aber auch das ausgeprägte Bedürfnis nach staatlichen Interventionen und einer Sozialpolitik, die über klientelistische Mechanismen hinausgeht. Auf der letztgenannten Grundlage können daher durch entsprechende Politik Wahlen auch von linken Parteien für sich gewonnen werden (ebd.). Die Stärkung staatlicher Institutionen und der Problemlösungskompetenz des Staates ist daher eine entscheidende Grundlage für *Output*-Legitimität gegenüber den *Sectores Populares* und scheint folglich Voraussetzung für die Fähigkeit zu ihrer Mobilisierung entlang vertikaler verteilungspolitischer *Cleavages* zu sein.

Um Klientelismus im politischen Raum in all seinen Facetten erkennen zu können, muss von einer weitgefassten Definition dieses Begriffs ausgegangen werden, die sich nicht auf die parteienspezifische Netzwerke beschränkt. Interessenorganisationen und lokale Kaziken sind ebenfalls als Knotenpunkte in Klientelnetzwerken betrachten (zu Interessenorganisationen siehe Holland 2015). Auch Führungspersonen von Interessenorganisationen sind attraktive Bündnispartner von Parteien, sofern sie Wählerstimmen organisieren können. Dies gibt ihnen die Möglichkeit, partikulare, aber auch kollektive Güter für die Mitglieder ihrer Organisation, aber auch persönliche Renten für sich selbst einzufordern (ebd. 1212). Letzteres bietet ein Einfallstor für Mechanismen der Kooptation und begünstigt das Abweichen von den ursprünglichen und den Mitgliederinteressen geschuldeten Zielen der Organisation (ebd.). Die hier thematisierten Loyalitäten können hybrid zwischen Interessenorganisationen und einer bestimmten politischen Partei geteilt sein. Demzufolge können auch die von Parteien unabhängigen Führungspersonen aus lokalen Eliten eine wichtige Rolle im Prozess von Wahlentscheidungen einnehmen. Der Blick allein auf Parteien fängt also die Varianz klientelistischer Muster nicht adäquat ein (ebd. 1187).

Worin unterscheiden sich nun korporatistische von den soeben dargestellten klientelistischen Herrschaftsmechanismen, wenn auch Interessenorganisationen ein Teil klientelistischer Netzwerke seien können, die Bindung an politische Parteien – zumindest bezüglich des Wählervotums für eine Partei – also in der Regel persönlich und direkt erfolgt? In diesem Zusammenhang scheint es mir eine plausible Argumentation zu sein , dass die direkt durch korporatistische Arrangements eingebundenen Sektoren – anders als lediglich mit Klientelnetzwerken verbundene marginalisierte Sektoren – über die Fähigkeit zur autonomen Vertretung von Gruppeninteressen gegenüber den politischen Entscheidungsträgern verfügen.

Die spezifische ecuadorianische Ausgestaltung des Korporatismus nach der Rückkehr zur Demokratie 1979 – den im Übrigen sowohl Theoretiker als auch Praktiker der *Revolución Ciudadana* vehement ablehnen (Bustamante 2006; Charvet und Quintero 2010; Correa 2012) – lässt sich von den in Europa in der Nachkriegszeit entstandenen Formen des liberalen Neokorporatismus unterscheiden: In Ecuador dominiert ein fragmentierter Stände-Korporatismus, der von partikularistischen Lösungen für spezifische Gruppen geprägt ist, welche allen Vorstellungen von allgemeinverbindlichen Regelungen widersprechen. Dies hat nicht zuletzt zu einer Fragmentierung, auch des öffentlichen Dienstes, geführt.

Grundsätzlich widerspricht der Korporatismus zwar neoliberalen Vorstellungen von effizientem Regieren und wird oft mit dem klassischen lateinamerikanischen Entwicklungsstaat assoziiert. Dennoch haben sich gerade korporatistische Arrangements im Kontext neoliberaler Strukturanpassung als erstaunlich anpassungsfähig und beständig erwiesen (Boris et al. 2008: 328). „Mehr noch: Er erwies sich als Schlüsselelement für die Implementierung neoliberaler Reformen." (ebd., siehe zu Ecuador auch Paz y Miño Cepeda 2009). Statt einer generellen Abkehr vom Korporatismus im Kontext des Neoliberalismus verstärkte sich in Ecuador eine ‚Rette sich, wer kann'- Mentalität, die sich in der Suche nach partikularistischen Regelungen manifestierte.[37] Den korporatistisch organisierten sozialen Gruppen gelang es in dieser Phase, anders als dies in rein klientelistischen Kontexten der Fall ist, systematische Zugeständnisse gegenüber politischen Entscheidungsträgern durchzusetzen und zu verfestigen, das heißt, sie gesetzlich – und damit über kurzfristige politische Konjunkturen hinaus – zu verankern.

So sind auch die politischen Strategien sozialer Organisationen von dem Streben bestimmt, die Position der eigenen sozialen Gruppe im Rahmen des fragmentiert-korporatistischen Systems zu verbessern und gruppenspezifische Anliegen durchzusetzen. Die Fähigkeit bestimmter, vormals marginalisierter Sektoren, eine autonome Stimme zu entwickeln, ihre wirtschaftliche Situation zu verbessern, ihre Integration in die formelle Ökonomie zu erreichen und somit ihre soziale Inklusion als Subjekte sozialer Rechte zu erreichen, macht sie schließlich zu Integrierten mit Privilegien (Souza 2008: 171).

Die beschriebenen Sozialstrukturen, gesellschaftlichen Spaltungslinien und Herrschaftsmechanismen können durch ihre Interaktion, schwindende Integrationskraft und oft quer zu offiziell

[37] Beispiele sind die Gründung von Sozialversicherungsinstituten für Militär (1992) und die Polizei (1995), sowie die berufsständischen Abfindungs- und Rentenfonds für eine Reihe bestimmter Berufsgruppen und Funktionäre bestimmter staatlicher Institutionen. Das Fiskalsystem war geprägt von kaum nachvollziehbaren Verknüpfungen bestimmter Steuern mit bestimmten staatlichen Institutionen, aber auch mit Stiftungen, die eine private Organisationsform annahmen, aber teils massiv mit öffentlichen Geldern subventioniert wurden.

proklamierten Werten der Effizienz, Gerechtigkeit und Transparenz stehenden klientelistischen und korporatistischen Mechanismen als Faktoren gelten, die wesentlich zur Krise des ab Ende der 1970er Jahre etablierten politischen System geführt haben. Dadurch konnten eine konfrontativ gegen die etablierten Parteien und Eliten gerichtete Wahlkampagne und die an diese anknüpfende Regierungspolitik Correas erfolgreich sein. Die latent vorhandenen Konfliktlinien zwischen Arm und Reich, zwischen unternehmerisch-neoliberaler Politik und einem neuen, sozialen *Desarrollismo*, wurden durch die Revolución Ciudadana in den Mittelpunkt der politischen Auseinandersetzungen gerückt. Andererseits stand die Regierung Correa einer stark fragmentierten Zivilgesellschaft, starker gesellschaftlicher Segmentierung gegenüber und übernahm einen Staatssektor mit wenig Legitimität in Bevölkerung.

3.4 Strukturprobleme, Transformationsziele und steuerpolitische Implikationen

Im vorliegenden Kapitel kontextualisiere ich Faktoren struktureller und instrumenteller Macht und benenne die darauf bezogenen Herausforderungen für legitimes Staatshandeln, das auf einen Wandel produktiver Strukturen sowie auf ein höheres Maß an sozialer Gerechtigkeit ausgerichtet ist. Hierbei greife ich auf regulationstheoretische Ansätze zurück und setze mich damit auseinander, inwiefern staatliche Eingriffe zur Förderung und Veränderung des Akkumulationsprozesses[38] dazu geeignet sind, zum Wandel der Produktionsmatrix beizutragen, Renten zurückzudrängen und einen sozial gerechteren und ökologisch nachhaltigen Entwicklungsprozess zu ermöglichen.

Dem Erdölsektor kommt in Ecuador seit dem Beginn der Erdölförderung im Amazonasgebiet 1972 eine herausragende Bedeutung zu. Mittels einer historischen Analyse wird im Folgenden der Beginn der Rohstoffausbeutung in Ecuador unter Berücksichtigung der damals gegebenen gesellschaftlichen Kräfteverhältnisse betrachtet, da hierdurch Hinweise auf die Fähigkeit von Elitesektoren ermittelbar sind, ihren politischen Einfluss für einen privilegierten Zugriff auf die Rohstoffrenten zu nutzen. Die in Kapitel 5 folgende historische Analyse zeigt die Dominanz antietatistischer Haltungen in Ecuadors Wirtschaftseliten bereits seit dem mit der *Revolución Juliana* (1925–1931) eingeleiteten 20. Jahrhundert, durch die erstmals von Regierungsseite her versucht wurde, dem Staat eine maßgebliche Rolle in der Regulierung der Wirtschaft zu geben. Daraufhin richteten sich die Wirtschaftseliten in den nachfolgenden Jahrzehnten notgedrungen auf die un-

[38] Das Konzept der Regulation ist dabei sehr umfassend angelegt. Es bezieht sich vor allem auf das Lohnverhältnis (Reproduktion der Arbeitskraft, soziale Sicherung, Familienbeziehungen, Schule, Lebensstile, Konsumformen und -normen), auf die Unternehmensform (Reallokation des Kapitals, die Formen der Konkurrenz und Kooperation, Formen der internen Organisation), auf die Geld- und Kreditbeziehungen (Bedeutung und Operationsweise der Wertpapier-, Kredit- und Versicherungsmärkte) und umschließt dabei auch die rechtlichen, ideologischen und ökonomischen Dimensionen der Staatsintervention wie auch internationale Regime. Große Krisen der Regulation umfassen daher meist eine Desartikulation zwischen dem Akkumulationsregime und der Regulationsweise (Schmalz 2004: 16).

terschiedlichen entwicklungspolitischen Ansätze der jeweiligen Regierungen ein – und profitierten zum Teil von dem damit verbundenen Protektionismus und von Subventionen – führten aber gleichzeitig stets einen Diskurs gegen staatliche Wirtschaftsaktivitäten, Steuern und Regulierung (Paz y Miño Cepeda 2010: 76).

Die Analyse der Kohärenz staatlichen Handelns im vorliegenden Unterkapitel bezieht sich auf das Zusammenspiel von Akkumulationsregime einerseits und Regulationsweise andrerseits. Dieses Zusammenspiel wird in der Regulationstheorie als Entwicklungsweise bezeichnet, wenn es über einen längeren Zeitraum andauert, während Inkohärenz als Krisenmerkmal benannt wird (Kohlmorgen 2007: 170).

Dabei setze ich voraus, dass es nicht das Ziel der Regierung Correa war, den Fortbestand der unternehmerisch-neoliberalen Entwicklungsweise abzusichern, sondern aus sozialen, ökologischen und langfristigen ökonomischen Gründen einen grundlegenden Wandel der bestehenden Entwicklungsweise Ecuadors zu bewirken. Das vorliegende Unterkapitel soll dabei helfen, die Möglichkeiten, Grenzen und Folgen staatlicher Wirtschaftsaktivitäten und Maßnahmen zur Regulierung der Privatwirtschaft nachzuvollziehen, wobei – meiner Themenstellung entsprechend – steuer- und fiskalpolitische Maßnahmen im Mittelpunkt der Betrachtung stehen. Für die Analyse ist es essentiell, die Dynamiken privatwirtschaftlicher Akkumulation zu erkennen, die sich im Kontext der herausragenden Bedeutung von Rohstoffrenten und anderen außerhalb der Marktkonkurrenz angeeigneten Einkünften für dominante Wirtschaftseliten ergeben.

Die hier diskutierten Faktoren haben in zweierlei Hinsicht mit der in dieser Arbeit gewählten Schwerpunktsetzung auf die Entwicklung des ecuadorianischen Steuer- und Fiskalsystems während der *Revolución Ciudadana* zu tun. Zum einen ist die Fähigkeit zur Besteuerung und zur Erweiterung der fiskalpolitischen Spielräume nicht zuletzt davon abhängig, ob der Übergang zu einem auf Produktivitätssteigerung, Wissen und Innovation beruhendem Akkumulationsregime erreicht wird. Zum anderen ist die Steuerpolitik einer Regierung grundsätzlich ein Mittel der Regulation wirtschaftlicher Entwicklung. Im Kern wird aufzuzeigen sein, dass vor allem der übermäßige Einfluss von Wirtschaftseliten auf den Staat und die Präsens ihrer Vertreter*innen an den wirtschaftspolitischen Schaltstellen zurückgedrängt werden muss, um – ausgehend von einer gestärkten Autonomie politischer Entscheidungsfindung – das *Rentseeking* des Privatsektors zu unterbinden. Ich werde in diesem Zusammenhang verdeutlichen, dass gerade im Rentenkontext steuerpolitische Eingriffe notwendig sind, um die durch Ungleichheit und gesellschaftliche Segmentierung entstandenen Entwicklungshemmnisse zu überwinden.

In Abschnitt 3.4.1 gehe ich zunächst auf das ambivalente Verhältnis zwischen Neo-Extraktivismus und der Verfolgung entwicklungsstaatlicher Ziele ein. Im darauffolgenden Abschnitt 3.4.2 konzentriere ich mich einerseits auf die staatlichen Herausforderungen durch rohstoffbasierte Renteneinkünfte, weite damit aber andererseits auch den Blick für die Herausforderungen, die durch außerhalb der Rohstoffsektoren entstehende Renten, durch soziale Ungleichheit und durch gesellschaftliche Segmentierung entstehen. Im letzten Abschnitt 3.4.3 beschließe ich das Unterkapitel mit Ausführungen zur Bedeutung der Weltmarkteinbindung und der entsprechend vorfindlichen externen Rahmenbedingungen.

3.4.1 Zur Ambivalenz von Neo-Extraktivismus und entwicklungsstaatlichen Zielen

Im nun folgenden Abschnitt stelle ich das ambivalente Verhältnis von Rohstoffeinnahmen, Primärgüterexporten und entwicklungsstaatlichen Zielen dar. Die Bezeichnung Neo-Extraktivismus (Gudynas 2009) beschreibt die Ambivalenz zwischen sozialen Fortschritten, die – anders als beim klassischen Extraktivismus – einerseits durchaus vorhanden sind und einem Wirtschaftsmodell, das andererseits weiterhin auf Extraktion und den Export von Primärgütern ausgerichtet ist. (Gudynas 2013: 36). Bemerkenswerte Veränderungen seien bei den sogenannten 'Nationalisierungen' der Rohstoffe zu verzeichnen (mit den bekanntesten Beispielen im Ölsektor in Bolivien, Ecuador, Venezuela und zuletzt Argentinien) (ebd. 35), was in der Folge erkennbare Auswirkungen auf die gesellschaftliche Struktur dieser Länder gehabt habe. Im Zentrum der Kritik am extraktivistischen Entwicklungsmodell stehen allerdings vor allem die ökologischen Folgen der Rohstoffausbeutung (Jäger und Leubolt 2011: 60; Matthes 2012: 5; Bebbington 2013: 17).

Im Fokus meiner Arbeit zu den fiskalpolitischen Auswirkungen des so genannten Extraktivismus stehen die *non-renewable point source resources*, deren Verfügbarkeit es Staaten erlaubt, sich einen bedeutenden Teil der Rohstoffrente anzueignen und somit eine alternative (leistungslose) Einnahmequelle zu erlangen, die nicht auf steuerlichen Einnahmen basiert. Dieser Effekt bezieht sich allerdings in erster Linie auf den Ölsektor. Aufgrund der benannten unterschiedlichen Folgen für soziale und wirtschaftliche Strukturen können rentenstaatstheoretische Überlegungen in der fiskalpolitischen Analyse nicht ohne weiteres auf das Verhältnis von Agrarexportsektor und Steuerpolitik übertragen werden, denn der Nexus zwischen auf den Export ausgerichteten landwirtschaftlichen Monokulturen und Fiskalpolitik ist weniger eng als im Erdölsektor, liegt doch der Prozess von Produktion und Export hier meist weitgehend in privater Hand. Die Privatheit der Einkünfte im Agrarsektor beeinflusst aber die steuer- und fiskalpolitischen Präferenzen dieser gesellschaftlichen Sektoren wiederum erheblich. Die in diesen Bereichen bestehenden Gegebenheiten schränken somit den staatlichen Handlungsspielraum zur Steuererhebung deutlich ein.

Aus der Perspektive ökonomischer Standardmodelle betrachtet, ergibt sich durch die Option auf Rohstoffeinnahmen eine quasi automatische positive Wirkung auf die wirtschaftlichen Entwicklungsmöglichkeiten eines jeden Landes, wobei insbesondere Entwicklungsländer diesbezüglich im Fokus stehen. Gerade diesen mangelt es an Kapital, so dass der staatliche Rückgriff auf Rohstoffeinnahmen entwicklungsfördernde Investitionen und Programme zu ermöglichen scheint, ohne dafür auf externe Kredite angewiesen zu sein (Stevens und Dietsch 2008: 56-57). In der

Debatte um den Neo-Extraktivismus wird allerdings demgegenüber auf mangelhafte Entwicklungsergebnisse rohstoffabhängiger Länder verwiesen. Dies geschieht nicht zuletzt ausgehend von rentenstaatstheoretischen Annahmen, wonach die Nutzung von Rohstoffeinnahmen dort häufig nach politischen, statt nach ökonomischen Effizienzkriterien erfolgt.

Als ein Beispiel für staatliches Eingreifen in den Wirtschaftsprozess, das dem proklamierten Ziel eines Wandels produktiver Strukturen zu einer sozial gerechten und umweltschonenden Wissensökonomie widerspricht, wird in diesem Kontext das seit den 1970er Jahren etablierte und für Rohstoffexportländer typische System von Energie- und Treibstoffsubventionen genannt. Dieses führt aus ökologischer und verteilungspolitischer Perspektive unbestreitbar zu besonders problematischen Fehlallokationen, da wohlhabende Haushalte und Angehörige der Mittelklasse davon am stärksten profitieren. Zudem fehlen durch dieses Subventionssystem die Anreize für Effizienzsteigerungen und Modernisierungsinvestitionen (Hoffmann 2010: 1, 6; Di Bella et al. 2015: 5). Gerade in Phasen hoher Ölpreise steigen die Opportunitätskosten angesichts hoher Preisdifferenzen zwischen dem heimischen und dem Weltmarktpreis (ebd. 13). Zusätzlich verschärft sich das Problem der Subventionen für jene Erdölexportländer, die, wie Mexiko und Ecuador, nicht über ausreichend eigene Raffineriekapazitäten verfügen und einen Großteil der Treibstoffe importieren müssen (Hoffmann 2010: 6). In der kritischen Debatte zu extraktivistischen Staaten stehen aber nicht in erster Linie die Auswirkungen staatlicher Politik auf den Ressourcenverbrauch im Inland im Mittelpunkt, sondern die Förderung der Ressourcenextraktion, die für den Export bestimmt ist. Diesbezüglich wird von Staaten als aktiven Akteuren ausgegangen, welche die Hinwendung zu einem rohstoffbasierten Entwicklungsmodell aktiv vorantreiben (Burchardt und Peters 2015: 23). Subventionen sollen hier nicht grundsätzliche abgelehnt werden, sie sollten aber zielorientiert sein und das Erreichen einer dynamischen Entwicklung des produktiven Sektors ermöglichen.

Mit den Erdöleinnahmen ist die Verfügbarkeit von Devisen gestiegen und damit die Bedeutung des importorientierten Handelssektors gewachsen, gleichzeitig sind nicht oder wenig weiterverarbeitete Agrarprodukte für die Nicht-Erdölexporte weiterhin von zentraler Bedeutung. Mit den Erdöleinnahmen scheint zwar das Problem des Devisenmangels als wiederkehrendem Engpass für Akkumulationsprozesse gelindert, die Strukturprobleme bleiben aber und können sich sogar vertiefen. Dies betrifft die strukturelle Abhängigkeit von Waren- und Kapitalimporten, die durch den Effekt der ‚Holländischen Krankheit' (siehe Karl 2004; Correa 2014) verstärkt werden kann. Außerdem besteht das Risiko, dass die Erdöleinnahmen nicht für Investitionen genutzt werden und lediglich ein höheres Konsumniveau, zumindest eines Teils der Bevölkerung, auf der Basis von Importprodukten zur Folge haben. Sobald die hierfür notwendigen Erdöleinnahmen wegbrechen, kommt es zu entsprechenden politischen Krisendynamiken. Wenn aus extraktivismuskritischer Perspektive eine Überwindung der Rohstoffabhängigkeit gefordert wird, muss sich die Frage anschließen, welche Produktionsstrukturen an die Stelle der Erdölförderung treten sollen.

In der Debatte um das von lateinamerikanischen Mitte-Linksregierungen umgesetzte Entwicklungsmodell werden die betroffenen Staaten mitunter als neo-extraktivistisch aber auch als neodesarrollistisch bezeichnet. Bei Svampa (2013) verschmelzen die Gegensätze zwischen klassischem *Desarrollismo* und *Extraktivismo* zur Politik des neo-extraktivistischen *Neo-Desarrollismo*, der zwar die Modernisierungs- und Fortschrittsrhetorik beibehalte, dessen wirtschaftliche Grundlage allerdings weiterhin unverändert im Primärgüterexport liege. Während der Begriff des Neo-Extraktivismus die Fortführung eines ressourcenbasierten Entwicklungswegs betont, aber gleichzeitig Fortschritte bei sozialpolitischen Maßnahmen infolge der stärkeren Aneignung der Rohstoffrenten erkennt, betont der Begriff des *Neo-Desarrollismo* hingegen die Rolle des Staates im Entwicklungsprozess.

Die Aneignung und Nutzung von Rohstoffrenten für Investitionen in die Sozialsysteme – wie in Bolivien, Ecuador und Venezuela geschehen – wird mitunter als Charakteristikum neo-desarrollistischer Entwicklungsmodelle in Lateinamerika herangezogen (Schmalz 2013). Obwohl die Vulnerabilität und die Instabilität des rohstoffbasierten Entwicklungsweges praktisch auf der Hand liegen, fehle es dem *Neo-Desarrollismo* im Unterschied zum (klassischen) *Desarrollismo* an einer integralen Industriepolitik (Boris 2014: 153). Hier scheint ein Widerspruch zum Anspruch des klassischen, durch strukturalistisches Denken geprägten lateinamerikanischen Entwicklungsstaat zu bestehen, dessen Ziel es war, die Industrialisierung zu fördern und rückständige Wirtschafts- und Sozialstrukturen zu überwinden (ebd. 150). Die theoretischen Argumente für eine forcierte Industrialisierung erschienen angesichts steigender Rohstoffpreise im neuen Jahrtausend weniger treffend, hatten doch die Vertreter der ISI-Strategie (Import substituierende Industrialisierung) mit einer tendenziellen Verschlechterung der Austauschbeziehungen (*terms of trade*) für Primärgüterexporteure argumentiert (Prebisch 1950). Für das entwicklungsstaatliche Ziel, die Abhängigkeit von Rohstoffexporten zu überwinden, können weitere wichtige Argumente angeführt werden. Zu nennen sind die Volatilität der Rohstoffeinnahmen, die oft geringe direkte Wirkung der extraktiven Sektoren bei der Schaffung von hochwertigen Arbeitsplätzen und die fehlende Verknüpfung mit der Entwicklung neuer Technologien. Die Steigerung des Anteils von Industrieproduktion oder von Industrieexporten allein ist diesbezüglich allerdings nicht als ausreichender Indikator für Entwicklung zu interpretieren. Theoretisch wurde der Versuch einer Abkehr von der Rohstofforientierung in diesen Ländern durch die nach dem 2. Weltkrieg entstandene Schule des lateinamerikanischen Strukturalismus damit begründet, dass vor allem negative Auswirkungen der Rohstofffixierung auf die Entwicklung zu verzeichnen waren. Genannt wurden in diesem Zusammenhang erstens die Tendenz sich verschlechternder *Terms of Trade* und zweitens die sich in der Landwirtschaft zeigenden geringen Produktivitätssteigerungen (Jäger und Leubolt 2011: 59).

Heute ist die für die ISI-Phase typische Gleichsetzung von Industriegüterproduktion mit Entwicklung und Wohlstand differenzierter zu betrachten (Arrighi et al. 2003: 3), denn Arbeit in Form industrieller Fertigung kann von geistiger Arbeit mit hoher Wertschöpfung so entkoppelt sein, dass z.B. die Ansiedlung von Montage-Industrie lediglich eng begrenzte Möglichkeiten für Weiterentwicklung bietet (Flassbeck 2006: 59). Dafür gibt es nicht zuletzt in Zentralamerika und Mexiko zahlreiche Beispiele. Das Problem sich verschlechternder *Terms of Trade* kann für Entwicklungsländer auch weiter bestehen, wenn sie mit der Produktion von Industriegütern begonnen haben, denn die Preise der von ihnen gefertigten Industriegüter sind oft instabil und von plötzlichen Preisstürzen betroffen, während die Preise der eigenen Importe deutlich stabiler sind (ebd.). Es bedarf daher der Entwicklung einer differenzierten Wirtschaftsstruktur und tiefer Wertschöpfungsketten.

Die Kritik am so genannten Neo-Extraktivismus betont, dass die Basis des Modells nicht in der Steigerung von Produktivität und Förderung von Industrialisierung, sondern im Export von Natur liege (Burchardt 2015: 24). Die Kehrseite dieser Entwicklung sei, dass die Fortsetzung des wirtschaftlichen Wachstums – und nicht zuletzt die für den Machterhalt notwendige Ausweitung von Sozialprogrammen – von der Ausweitung des Extraktionsmodells abhänge. Die Regierungen seien damit in der extraktiven Entwicklungslogik gefangen (Burchardt und Peters 2015: 25). Kritiker*innen beklagen daher eine Tendenz zur Reprimarisierung, die zu einer Re-Etablierung kolonialer Handelsstrukturen führe, welche schon Strukturalisten und Dependenztheoretiker*innen als Sackgasse eingeschätzt hatten (Becker und Schwank 2009: 121-122; Schmalz 2013: 48; Leubolt 2015: 62). Es ist aber durchaus umstritten, inwiefern den progressiven Regierungen tatsächlich eine Rohstofffixierung (Svampa 2013) vorgeworfen werden kann, denn bei steigenden Rohstoffpreisen ist nach einfacher Marktlogik dort, wo dies möglich ist, auch eine Ausweitung des Angebots zu erwarten.

Eine grundlegende Frage scheint mir aber im diskutierten Kontext zu sein, wie, beziehungsweise wofür ein Staat die Rohstoffeinnahmen nutzt und ob diese Nutzung geeignet ist, die Basis für den Aufbau weniger von Extraktion abhängiger Wirtschaftsstrukturen zu bilden, wie dies in Ecuador während der Präsidentschaft Rafael Correas angestrebt wurde. Jäger und Leubolt (2011) konstatieren zwar auf Basis von Daten der CEPAL zwischen 2001/2002 und 2008/2009 eine Erhöhung des Primärgüteranteils an den lateinamerikanischen Exporten, zugleich aber weisen sie darauf hin, dass diese Erhöhung nur unwesentlich auf Mengeneffekte zurückzuführen sei, sondern in erster Linie auf stark gestiegene Rohstoffpreise. Diese differenzierte Betrachtung entkräftet die Einschätzung, dass es eine Tendenz zur Reprimarisierung in den lateinamerikanischen Staaten gebe. Darüber hinaus warnt Schmalz (2013) vor vorschnellen Schlussfolgerungen in der komplexen Problematik, vor allem, wenn sie sich lediglich auf die Exportstruktur eines Landes fokussieren.

Die Notwendigkeit, Schritte zur Überwindung der Rohstoffabhängigkeit zu gehen, wurde stets von den progressiven Regierungen Boliviens und Ecuadors unterstrichen, da dies für den gesellschaftlichen Wandel – oder, wie es Garcia Linera (2013) formuliert, den ‚revolutionären Prozess' – unerlässlich sei. Lineras Blick auf die Ausgangsbedingungen für die hier diskutierten Länder unterscheidet sich dabei grundlegend von der Perspektive Alberto Acostas und anderer Kritiker des Neo-Extraktivismus, die als Entwicklungshemmnis in rohstoffabhängiger Staaten vor allem ein Paradox oder einen Fluch des Überflusses sehen. Diesen Autor*innen zufolge können – über das ökonomische Phänomen der holländischen Krankheit hinaus – eine Reihe weiterer negativer politischer und sozialer Phänomene auf die Rohstoffförderung zurückgeführt werden. Für García Linera, dessen Äußerung sich diesbezüglich mit der von der Regierung Correa vertretenen Position deckt, steht hingegen die Problematik einer noch nicht erfüllten Befriedigung von sozialen (Grund)Bedürfnissen, wie auch ökonomische Entwicklungszwänge im Vordergrund, deren Bewältigung durch staatliche Rohstoffeinnahmen in einem überschaubaren Zeitraum möglich erscheint. Um zur Überwindung des Extraktivismus zu kommen, geht es dieser Position zufolge in der Anfangsphase nicht um den Stopp der Extraktion, sondern um den Aufbau neuer wirtschaftlicher Strukturen, die zur Erwirtschaftung höherer Überschüsse geeignet sind, was wiederum die Begrenzung negativer Umweltfolgen durch extraktive Aktivitäten möglich mache. Darüber hinaus gewinne die Gesellschaft durch diesen Ansatz größere technisch-produktive Fähigkeiten, um den Produktionsprozess insgesamt zu kontrollieren (Garcia Linera 2013). Erreichbar erscheint dies über eine massive öffentliche Investitionstätigkeit, durch welche die Bedingungen für privatwirtschaftliche Investitionen und eine wissensbasierte Wirtschaft geschaffen werden sollen (vgl. Sousa Santos 2014). Unter der Voraussetzung, dass es – dem hier referierten Ansatz zufolge – gelingt, die staatlichen Einnahmen im Sinne einer nachhaltigen Transformation der Produktionsstrukturen zu investieren, können Rohstoffeinnahmen eine wichtige Rolle in entwicklungsstaatlichen Strategien spielen. Sie bieten die Möglichkeit, eine gute Infrastruktur und Energie zu niedrigen Preisenbereitzustellen und bilden somit die Voraussetzung dafür, der den asiatischen Aufholprozess prägenden Ausbeutung der Arbeiterschaft zu entgehen und gleichzeitig in Bildung- und Ausbildung sowie Infrastruktur und Forschung zu investieren (so auch Carrasco Vicuña 2014). Mit Hilfe dieser staatlichen Investitionen kann demzufolge auch die Produktivität in Landwirtschaft und Industrie erhöht werden. Die Herausforderung liegt darin, die rohstoffbasierten staatlichen Einnahmen mit geeigneten Maßnahmen zur mittel- und langfristigen sozialen Inklusion zu verbinden und für strategische Investitionen in Infrastruktur und Humankapital zu nutzen, um diesem für andere Wirtschaftssektoren schädlichen Effekt von Rohstoffeinnahmen zu entgehen und die Diversifizierung der Ökonomie über Naturressourcen hinaus zu erreichen. Es gilt also, durch diese Maßnahmen den durch reale Währungsaufwertung erzeugten Verlust an Wettbewerbsfähigkeit zu überwinden (Karl 2004: 663, Dunning 2009: 27, Von Haldenwang 2012: 2, Bebbington 2013: 27). Wie ich in Kapitel 6 herausarbeite wurden Rentengewinne in Importsektoren und im Bereich nicht-handelbarer Güter nicht in ausreichendem Maß als Hindernis für die Transformation der Produktionsmatrix in Kooperation mit dem Privatsektor identifiziert.

Von zentraler Bedeutung für die vorliegende Analyse erscheint mir die Achse der dominanten Verwendung der Rohstoffrente zu sein (Jäger und Leubolt 2011). Entscheidend ist demnach zu fragen, ob die Rohstoffrente ins Ausland fließt, ob sie von Rentiers im Inland angeeignet wird, ob sie in produktive Unternehmen investiert wird oder ob sie vom Staat abgeschöpft wird. Erst wenn gewährleistet ist, dass mit Hilfe dieser Einnahmen neue Produktionsstrukturen mit Potenzial für Innovation und Produktivitätssteigerungen geschaffen werden, handelt es sich um einen rohstoffbasierten Entwicklungsprozess, in dessen Folge schließlich die Überwindung der Rohstoffabhängigkeit erreicht werden kann. Hierfür ist also eine gezielte Verwendung der durch Extraktion erworbenen Ressourcen notwendig, die dazu führt, dass die materiellen, technischen und geistigen Voraussetzungen für eine neue produktive Basis geschaffen werden (García Linera 2013). Zu untersuchen ist daher, inwieweit in es dem Erdölland Ecuador während der *Revolución Ciudadana* gelungen ist, der in lateinamerikanischen Erdölstaaten immer wieder formulierten, aber kaum umgesetzten Maxime zu folgen, wonach man das ‚Erdöl aussäen' müsse (*sembrar el petroleo*) (Werz 2008: 246). Zur Erreichung dieses Ziels ist nicht nur der Abbau der staatlichen Verwundbarkeit angesichts schwankender Einnahmen vonnöten. Hier steht die weitergehende Frage im Fokus, inwiefern es gelungen ist, die Erdöleinnahmen in Investitionen zu verwandeln, die die Grundlage für ein Modell post-extraktiver Entwicklung bilden können.

Es bestehen durchaus unterschiedliche Optionen für eine sinnvolle Nutzung der Rohstoffrenten, wenn mit ihrer Hilfe progressive Entwicklungsziele erreicht werden sollen. So können Rohstoffrenten zur Verbesserung der allgemeinen Produktionsvoraussetzungen und zugleich zur Besserung der Lebensbedingungen breiter Bevölkerungssektoren genutzt werden. Zu letzterem gehören Investitionen in Bereiche wie Gesundheitsversorgung, Grundbildung oder Infrastruktur, die nicht unmittelbar einem spezifischen Wirtschaftssektor zugutekommen (Chang 2007a: 32). Diversifizierung kann verschiedenste wirtschaftliche Sektoren betreffen, aber auch auf Basis der vorhandenen Rohstoffe erfolgen, also auf die Weiterverarbeitung und den Aufbau einer Zuliefererindustrie orientiert sein. Innovative weiterverarbeitende Industrien können oft auch dann weiter existieren, wenn der zu verarbeitende Rohstoff nicht mehr im eigenen Land vorhanden ist und importiert werden muss. Die aus Rohstoffexporten generierten Deviseneinnahmen können aber darüber hinaus auch für eine nicht mit dem jeweiligen Rohstoff selbst verbundenen Diversifizierung genutzt werden (Chang 2007a: 34). Es gibt demzufolge eine große Spannbreite für den staatlichen Einsatz von Rohstoffrenten, der auf das Ziel hin ausgerichtet ist, eben diese Rohstoffabhängigkeit eines Landes zu überwinden.

Demgegenüber erscheint die extraktivismuskritische Position, man könne den Extraktivismus durch Verzicht auf Rohstoffausbeutung überwinden und – ausgehend von diesem Verzicht – eine sozial gerechte und nachhaltige Wirtschaftsweise aufbauen nicht zielführend. Zudem unterschätzt sie das durch meine Untersuchung bestätigte große Gewicht gewachsener ökonomischer und sozialer Strukturen. So kam es zum Beispiel in Ecuador durch die extern bedingten Rückgänge bei den staatlich angeeigneten Rohstoffeinnahmen kaum zeitversetzt wieder zu Verschiebungen der gesellschaftlichen Kräfteverhältnisse zugunsten traditioneller Wirtschaftseliten. Dieses Beispiel mag die Schwierigkeiten verdeutlichen, die für einen Staat durch die Einschränkung extraktivistischer Wirtschaftssektoren mit hohem Einnahmepotenzial entstehen können Wie ich noch ausführen werde, weisen die Entwicklungen seit dem Einbruch der ecuadorianischen Erdöleinnahmen ab Mitte 2014, ebenso wie die Reaktionen auf die Lateinamerikakrise, auf diese Problematik hin.

Die als Reaktion auf die Lateinamerikakrise maßgeblich vom IWF vorangetriebene Strukturanpassungspolitik der 1980er Jahre setzte auf Fiskaldisziplin und Subventionsabbau (Boris 2007: 254; Werz 2008: 247-248) und damit auch auf eine Abkehr von entwicklungsstaatlicher Strukturpolitik. Es kam zu einer Hinwendung zu devisenbringenden, aber wenig weiterverarbeiteten Agrarexportprodukten. Dies stärkte traditionelle Wirtschaftssektoren, die angesichts mangelnder Deviseneinnahmen auch strukturell an Bedeutung gewonnen hatten. Die beschriebenen Wirkungen, die der Verzicht auf Deviseneinnahmen aus Erdölexporten auf die politökonomischen Kräfteverhältnisse eines Landes hat, sind im hier diskutierten Kontext nicht zu vernachlässigen. Dennoch kann die Einschränkung von Erdölförderung und Bergbau unter bestimmten Umständen aus ökologischen Gründen und in Anbetracht der Folgen für die direkt Betroffenen in bestimmten Fördergebieten geboten sein. Dies muss aufgrund differenzierter Untersuchungen und in Abwägung unterschiedlicher Interessen geschehen.

Ein wichtiger Kritikpunkt gegenüber Strategien, die eine Überwindung des Extraktivismus durch Verzicht auf Rohstoffextraktion anstreben, ist der, dass diese Strategien die angesichts der technologischen Abhängigkeit bestehende Notwendigkeit, Devisen zu erwirtschaften, nicht ausreichend berücksichtigen. Fehlt es aber an Deviseneinnahmen, um die Industrialisierung und den Ausbau der Infrastruktur voranzutreiben, wird die strukturelle Macht des für die Einnahme von Devisen wichtigen, aber wenig innovativen Agrarexportsektors gestärkt. Aus einer Position der Schwäche heraus getroffene zollpolitische Maßnahmen aber würden wiederum zu Konflikten mit Importsektoren führen. Eine solche Strategie ist folglich nicht erfolgversprechend. Dies würde zu einer Schwerpunktverlagerung auf den privatwirtschaftlich organisierten Agrarexportsektor führen und die Weltmarkteinbindung des – im Rahmen des für lateinamerikanische Länder typischen und bereits in Ende des 19. Jahrhunderts etablierten – Export-Import-Modells vertiefen. Einer derartigen Perspektive ist aber, sowohl in Bezug auf die mittel- und langfristigen Wachstumsaussichten eines Staates als auch im Hinblick auf die Folgen einer gesellschaftlichen Fortschreibung sozialer Ungleichheit, mit großer Skepsis zu begegnen.

3.4.2 Private Rentenaneignung als Hindernis für entwicklungsstaatliches Handeln

Die Herausforderung für rohstoffabhängige Länder, die staatlich angeeigneten Renteneinnahmen im Sinne mittel- und langfristiger Entwicklungsziele zu investieren, habe ich in dieser Arbeit bereits hinreichend diskutiert. Im Folgenden werde ich auf die Entstehung unterschiedlicher Renten im Privatsektor eingehen und dabei Ursachen und Folgen für die Handlungsorientierung von

Wirtschaftseliten benennen. Thematisiert werden auch die daraus erfolgenden Herausforderungen für eine Regierung, die mit dem Ziel angetreten ist, eine Diversifizierung der Wirtschaft, die Überwindung der Rohstoffabhängigkeit und eine sozial gerechtere Gesellschaft zu erreichen.

Hinzuweisen ist zunächst auf die Tatsache, dass ein großer Teil der staatlichen Renteneinnahmen aus Rohstoffexporten nicht im Staatssektor verbleibt, sondern durch Subventionen und Steuererleichterungen, aber auch durch Staatsaufträge an Privatunternehmen weitergeleitet wird. In einer ersten Annäherung an das entwicklungspolitisch relevante Forschungsfeld der Rentengesellschaft kritisiert Peters (2014: 69) die einseitige Fixierung von Arbeiten auf den Staat. Anders als in der Debatte um den Rentenstaat häufig zu beobachten, zielt diese wichtige Fokuserweiterung darauf ab, die Rolle der politischen Kultur, ökonomischer Akteure und der internationalen Ebene in der Analyse zu berücksichtigen. Die oben genannten Entwicklungsziele zu erreichen ist in diesem Kontext eine besondere Herausforderung, da kurzfristig orientiertes Handeln und die Orientierung an Partikularinteressen hier nicht nur auf persönlicher Ebene, sondern auch bei sozialen Gruppen und innerhalb der staatlichen Institutionen häufige Muster sind (Burchardt 2014: 12).

In meiner Arbeit beschreibe ich allerdings keine idealtypische Rentengesellschaft, sondern einen von Rententendenzen durchzogenen Kapitalismus ähnlich dem von Oliva Pérez (2016: 2-3) beschriebenen Rentenkapitalismus. Hier sind die wirtschaftlichen Eliten nur in eingeschränkter Weise dem kapitalistischen Akkumulationszwang unterworfen (ebd.). Ihre Gewinne können in Dividenden ausgeschüttet werden und führen gerade nicht zu höheren Investitionen in produktive Bereiche, da sie zur Verteidigung des eigenen Marktanteils nicht nötig sind. Diese Bezeichnung bezieht sich nicht auf strukturelle Bedingungen allein, sondern auch auf die Art und Weise der Aneignung von Einkommen: nicht basierend auf Talent oder Anstrengung, sondern durch Beziehungen, Lobbyaktivitäten, Ausnutzung von Marktmacht, Nutzung privilegierter Informationen oder Finanzspekulation. Das Phänomen des Rentseekings bezieht sich nicht allein auf rohstoffabhängige Länder allein, wenngleich die Aneignung der Rohstoffrente für Rentseeking-Aktivitäten prädestiniert ist. Die Eigentümer von Kapital sind hier nicht als Garanten des Kapitalismus zu verstehen, sondern jeder von ihnen versucht sich dem Akkumulationszwang, soweit dies möglich ist, zu entziehen (Krell 2009: 274). Außerdem findet hier ein auf Rohstoffrenten gestützter privater Akkumulationsprozess in den Importsektoren und im Bereich nicht-handelbarer Güter statt:

> „[So b]leibt der kapitalistisch nur begrenzt kontrollierte Reichtum in Anlagen, die ihren Wert auch ohne permanente Innovation behalten, wie Land, Gebäude oder Kunstwerke. Weil es sich überwiegend um nicht oder schwer reproduzierbare Güter handelt, werden hier Renten erzielt, also Einkommen, die von Marktunvollkommenheiten bestimmt sind. In diesem Bereich spielen Gerechtigkeitserwägungen eine große Rolle, insbesondere weil der Einfluss solcher Einkommen auf die Funktionsfähigkeit von Kapitalismus sehr viel geringer ist als im Fall der beiden anderen Vermögensarten." (Elsenhans 2016: 4)

Nicolás Oliva Pérez (2016: 15) sieht in den fehlenden Investitionsmöglichkeiten für kleine und mittlere Betriebe durch die Marktmacht der größerer Firmen auf der einen Seite und die hohen

Renditeerwartungen von Großunternehmen außerhalb des Industriesektors andrerseits wichtige Hindernisse für die Industrieentwicklung und für den Aufbau von entwicklungsfördernden Produktionsnetzwerken. Die Ursache hierfür sieht er in der Vermachtung von Märkten, also in der Existenz von marktdominierenden Akteuren, die beispielweise Preise für sich oder in Absprachen mit anderen setzen können. Während in der zuvor skizzierten Definition der Rentengesellschaft die kategorische Unterscheidung von typischen kapitalistischen Gesellschaften implizit vorhanden bleibt, geht es in meiner Analyse, wie dargelegt, um einen von Rententendenzen durchzogenen Kapitalismus. Ergänzt werden muss allerdings, dass es sich nicht um ein wirtschaftliche Eliten allein betreffendes Phänomen handelt, sondern – wie Burchardt (2014) und Peters 2014) darlegen – auch die Handlungsorientierung weiterer gesellschaftlicher Stakeholder durch das Ziel der Rentenaneignung geprägt ist.

Bedenken bezüglich der Möglichkeiten zur Rückkehr zu einer *desarrollistischen* Logik sind also nicht nur in Bezug auf den Staat, sondern auch im Hinblick auf die Fähigkeiten und Handlungsmuster des Privatsektors gegeben. Dieter Boris (2014: 157) stellt denjenigen Positionen, wonach den neo-desarrollistischen Entwicklungsstrategien in der Peripherie ohne starke Industriebourgeoisie die Basis fehlt, staatszentrierte Positionen gegenüber. Skeptiker*innen erscheint die Vorstellung von einer nationalen Bourgeoisie im Sinne einer sozialen Klasse, die der heimischen industriellen Produktion verpflichtet sei und die wirtschaftliche Modernisierung durch Investitionen und Innovationen vorantreibe, demnach eher als Mythos. Diese Klasse sei in peripheren Gesellschaften praktisch inexistent. Aus staatszentrierter Perspektive werde dahingehend argumentiert, dass gerade die relative Abwesenheit einer lokalen Bourgeoisie dem Staat eine größere Autonomie bei der Umsetzung einer desarrollistischen Politik ermögliche, und somit „deren Absenz kein Argument gegen die Wahrscheinlichkeit einer erfolgreichen staatlichen Entwicklungspolitik darstellt." (Boris 2014: 157).

Hieraus lassen sich drei unterschiedliche, situationsabhängige Reaktionsmuster für staatliches Handeln ableiten: Besteht die nationale Industriebourgeoisie nicht nur als Phantom, bietet es sich für Entwicklungsstaaten an, mit dieser bei der Umsetzung von Entwicklungszielen zu kooperieren. Ist sie hingegen kaum vorhanden, ergibt sich für Entwicklungsstaaten die Notwendigkeit, selbst als ‚Unternehmer' aktiv zu werden oder die Allianz mit dem transnationalem Kapital zu suchen. In ersterem Fall können tatsächlich eingeschränkte Fähigkeiten des Staatssektors im produktiven Bereich als Hindernis für diese Option gesehen werden, ebenso wie die oft in weiten Teilen auch des öffentlichen Sektors unterstützte Position, der Staat solle sich möglichst aus der Wirtschaft heraushalten, die auch in Ecuador fest verankert ist. Das Hoffen auf ausländische Direktinvestitionen ist derweil aufgrund der zu erwartenden Repatriierung von Gewinnen, dem oft eingeschränkten Technologietransfer und den Erfahrungen mit nicht auf innovative Produktionssektoren fokussierten Investitionen ebenfalls mit Skepsis zu betrachten, da sie mittel- und langfristig die außenwirtschaftliche Situation verschlechtern.

Für den hier diskutierten Fall Ecuadors während der *Revolución Ciudadana* sind allerdings Ausgangsbedingungen zu berücksichtigen, die quer zu den beiden soeben dargestellten Ausgangsbedingungen liegen. Hier bestanden zwar – meist noch in der Zeit des *Boom Petrolero* der 1970er Jahre entstandene – Ansätze industrieller Entwicklung, aber es gab keine von traditionellen Eliten losgelöste Industriebourgeoisie. Auch waren innerhalb der Staatsapparate keine Fähigkeiten für eine staatlich dominierte Industrieentwicklung entwickelt worden. Wie ich im historischen Rückblick in Kapitel 5 genauer herausarbeiten werde, muss vielmehr davon ausgegangen werden, dass es den traditionellen Handels- und Agrareliten in Ecuador gelungen war, ihr *Rentseeking* insbesondere im Kontext des erdölfinanzierten *Desarrollismo* der 1970er Jahre auf industrielle Sektoren auszudehnen. Auch Defizite in der staatlichen Handlungsfähigkeit dürfen hier nicht ungenannt bleiben, da sie sowohl in Bezug auf die Regulierung privater Unternehmen als auch bezüglich der eigenen Fähigkeiten zum Aufbau eines modernen staatlichen Unternehmenssektors gravierend waren.[39] Im empirischen Teil meiner Arbeit sollen die gerade aufgezeigten Hindernisse und Herausforderungen für entwicklungsstaatliches Handeln zunächst im historischen Teil näher bestimmt werden. Darauf aufbauend soll herausgearbeitet werden, inwiefern die Regierung Correa diese speziellen, landestypischen Voraussetzungen in ihre verteilungs- und entwicklungspolitischen Entscheidungen einbezogen hat und ob sie sie, insbesondere in ihrer Steuerpolitik, berücksichtigt hat.

Eine zentrale Aufgabe für entwicklungsstaatlich orientierte Regierungen besteht zum einen darin, die Notwendigkeit zur Zusammenarbeit mit führenden Wirtschaftseliten nicht zu negieren. Gleichzeitig geht es aber darum, als Regierung Autonomie in der Entscheidungsfindung zu erlangen und funktionierende Institutionen aufzubauen, die es ermöglichen, privat angeeignete Renten zurückzudrängen und kapitalistische Konkurrenzbedingungen durchzusetzen. Noch vor der Umsetzung von weitergehenden erstrebenswerten Zielen einer gerechteren und nachhaltigeren Entwicklungsweise geht es also zunächst darum, die kapitalistische Konkurrenzwirtschaft gegenüber den rentenorientierten Wirtschaftseliten durchzusetzen. Die Position des Staates bleibt in diesem Kontext gegenüber der Kapitalseite prekär, wenn der Staat neben den Wirtschaftseliten der einzige relevante Akteur bleibt und nicht die Fähigkeit zu verteilungspolitischen Bündnissen mit den *Sectores Populares* besteht – oft einflussreichen, gut organisierten und konfliktfähigen gesellschaftliche Gruppen, die in diesem Zusammenhang ebenso einen wichtigen positiven Beitrag leisten können.

---

[39] In den 1960er und 1970er Jahren hatten staatliche Unternehmen außerhalb des Rohstoffsektors in den meisten Wirtschaftssektoren nur eine untergeordnete Rolle gespielt. Zwar wurde, wie ich im historischen Rückblick genauer herausarbeiten werde, auch die Privatisierung ab den frühen 1980er Jahren weniger konsequent durchgesetzt als in anderen Ländern der Region. Statt einer Privatisierung bestehender Staatsunternehmen überließen diese privaten Anbietern in Wirtschaftsbereichen wie der Energieversorgung und Telekommunikation durch fehlende Investitionen zunehmend das Feld, so dass es zu einer de-facto Privatisierung dieser Wirtschaftssektoren kam. Hinzu kommt die Kontrolle des Militärs über staatliche Firmen im Industriesektor, so dass keineswegs eine reibungslose Eingliederung im staatlichen Besitz befindlicher Unternehmen in die entwicklungsstaatliche Strategie der Zentralregierung zu erwarten war.

Hier ermöglicht es die Perspektive keynesianisch geprägter Ansätze, die Bedeutung aufzuzeigen, die steigendes Masseneinkommen für die kapitalistische Entwicklung dann hat, wenn marktbasierte Profite in Folge von getätigten Investitionen gemacht werden und wenn Profite nicht auf Rentiers-Ökonomien beruhen (Elsenhans 2012: 13-24). Dies bedeutet allerdings nicht, dass diejenigen Herausforderungen vernachlässigt werden dürfen, die aufgrund der historisch gewachsenen, endogenen ökonomischen Strukturen eines Landes durch die vorfindliche Art der Einbindung in den Weltmarkt bestehen.

Außerdem ist neben der marktbezogenen Konsumnachfrage auch eine gezielt einsetzbare staatliche Nachfrage zu berücksichtigen, ebenso wie die Nachfrage von nicht direkt in kapitalistischen Unternehmen beschäftigten Angestellten in öffentlichen Institutionen. Darüber hinaus müssen – hier bezogen auf Ecuador – die speziellen Bedingungen einer Wirtschaftsstruktur Beachtung finden, die – um Rohstoffrenten erweitert – stark auf ein Import-Export-Modell ausgerichtet ist und sich auf die Nutzung eines überbewerteten US-Dollars beziehen kann. Durch die diesen Faktoren zugrunde liegende Ausdehnung des Marktes ist ohne gezielte staatliche Eingriffe und Investitionen in die Produktionsvoraussetzungen und ohne die Innovationskraft heimischer Unternehmen die Gefahr gegeben, dass – eine offene Volkswirtschaft vorausgesetzt – mit der steigenden Nachfrage in erster Linie ein Importwachstum einsetzt, welches genau nicht im Sinne von entwicklungspolitisch orientierten Regierungen sein kann. Elsenhans konstatiert, dass weder eine ungleiche Einkommensverteilung noch hohe Vermögen für ausreichenden Profit und damit für die Funktionsfähigkeit von Kapitalismus notwendig sind, dass diese beiden Faktoren jedoch den Kapitalismus gefährden können (Elsenhans 2016: 2). Als zentrale Aufgabe für eine progressive Entwicklungsstrategie ergibt sich hieraus, die subjektiven Interessen der Wirtschaftseliten nicht (nicht nur) aus außerökonomischen sozialen, sondern auch aus eminent ökonomischen Interessen zurückzudrängen (ebd. 1-2). Für die Analyse der ideologischen Auseinandersetzung um eine diesbezüglich adäquate Entwicklungsstrategie bietet Elsenhans‘ folgende These (2016: 26) einen wichtigen Ausgangspunkt: Das Lager der Arbeit sei in der ideologischen Auseinandersetzung mit der Kapitalseite deshalb unterlegen, weil die Erfüllung seiner Forderungen nicht als entscheidender Motor des Systems wahrgenommen wird. Der angebotsorientierten Logik folgend, sind bessere soziale Leistungen und höhere Löhne lediglich Annehmlichkeiten, die vom System bzw. von der Kapitalseite im Rahmen der vorhandenen Möglichkeiten gewährt werden. Die nachfrageorientierte Perspektive macht allerdings deutlich, dass Investitionen in den produktiven Sektor immer dann erfolgen, wenn sich Nachfrage manifestiert bzw. als wahrscheinlich wahrgenommen wird (Elsenhans 2016: 26). Den Kapitalismus durchzusetzen bedeutet in diesem Kontext, einerseits die für die kapitalistische Dynamik nicht notwendige Ungleichheit zu bekämpfen und andrerseits dafür zu sorgen, dass private Unternehmen ihre materielle Situation durch Profite in Folge von Investitionen generieren, nicht aber durch die Aneignung von Renten (Elsenhans 2016: 3, 5).

Die für die Nachfragedynamik negative Ungleichheit bezieht sich nicht nur auf die Konzentration von Einkommen und Vermögen bei den ecuadorianischen Wirtschaftseliten, sondern auch auf die beträchtlichen Lohn- und Einkommensunterschiede zwischen Lohnabhängigen. Die starke gesellschaftliche Segmentierung zeigt sich auch durch die starke Präsenz informell Beschäftigter und all jener, die gezwungen sind auf eigene Rechnung zu arbeiten. Die bestehenden großen Einkommens-, aber auch Statusunterschiede schwächen den Zusammenhalt der Lohnabhängigen und unterminieren die Verhandlungsmacht von Arbeit insgesamt (Elsenhans 2016). Gegenüber solidarischen klassenbasierten Strategien zur Verbesserung der Situation von Lohnabhängigen stehen folglich korporatistische Strategien konfliktfähiger Gruppen und individuelle Strategien zur Einkommenssteigerung im Vordergrund. Angehörige der Mittelklassen und der Funktionseliten können darüber hinaus Einkommensvorsprünge durch ihre formale Bildung und die fehlende Durchlässigkeit des Bildungssystems erzielen, also durch tatsächliche oder vermeintliche Angebotsknappheit auf ihrem Qualifikationsniveaus. Auch ihr kulturelles und soziales Kapital, das unter anderem durch die weit verbreitete Selbstexklusion in private Bildungseinrichtungen gepflegt wird, gereicht diesen sozialen Gruppen zum Vorteil.[40]

Im hier diskutierten Kontext darf nicht unerwähnt bleiben, dass die Rentenorientierung der ecuadorianischen Wirtschaftseliten kein erst mit der Erdölförderung entstandenes Phänomen ist. Die Balance zwischen einer entwicklungsorientierten Kooperation mit dem Privatsektor und der unerwünschten Förderung einer historisch gewachsenen Rentiersmentalität ist gerade in einem Land wie Ecuador schwierig: Einerseits verfügt das Land über signifikante Rohstoffrenten, andererseits ist aber auch die Fortentwicklung des ökonomischen Privatsektors für die Staatsfinanzierung essentiell, wodurch private Wirtschaftseliten ein hohes Maß an struktureller Macht behalten. Diese strukturelle Machtfülle basiert zudem darauf, dass bei den Wirtschaftseliten auch über die Rohstoffexporte hinaus Renten anfallen (vgl. Oliva Perez 2016; Calderón und Stumpo 2016), die durch Marktkonzentration und Kartelle gegeben sind. Bei letzteren bestehen allerdings diverse staatliche Möglichkeiten zur Machtbeschränkung: durch die Schaffung adäquater Institutionen, wie ein starkes Kartellamt und durch Maßnahmen, die den Marktzugang für neue, innovative Anbieter erlauben. (Elsenhans 2016: 6). Die bereits kritisch hervorgehobene Konzentration der Produktionsmittel führt letztlich zu einem hohen Maß an struktureller Macht in den Händen weniger.

Die historisch entstandene Wirtschaftsstruktur Lateinamerikas, basierend auf der Extraktion von Edelmetallen und landwirtschaftlichen Ressourcen in *Hacienda*- und Großgrundbesitz sowie ihre enge Verknüpfung mit den politischen Eliten, sind wichtige Faktoren für die Rentenorientierung

[40] Die massiven Einkommensunterschiede bilden die Grundlage für die in Abschnitt 3.3.1 dargestellte soziale Hierarchisierung und machen es auch für Mittelklassen möglich, Haus-, Pflege-, und Betreuungsarbeit auf Angehörige unterer Klassen – unter in der Regel prekären Arbeitsbedingungen – zu übertragen. Auf steuerfinanzierte staatliche Einrichtungen sind sie demzufolge nicht angewiesen, weswegen sie auch keinerlei Interesse an deren Aus- und Aufbau haben (Leubolt 2015: 65).

lateinamerikanischer Wirtschaftseliten (Cristóbal 2002). Die Bodenrenten der traditionell landwirtschaftlich geprägten Exportsektoren und die subalterne Einbindung in den Weltmarkt sind auch heute noch von großer ökonomischer Bedeutung und führen dazu, dass in diesen traditionellen Wirtschaftssektoren höhere Renditen als in technologieintensiveren und komplexeren Produktionsprozessen erzielt werden (vgl. Calderón und Stumpo 2016; Purcell et al. 2016). Dies bedingt wiederum, dass sie, ihren Interessen entsprechend, an der traditionellen Wirtschaftsweise festhalten.

Die nach Gewinn strebenden privaten Wirtschaftsakteure können demnach nicht als Hüter der kapitalistischen Wachstumsdynamik fungieren. Ihnen ist es grundsätzlich einerlei, in welcher Form sie sich Überschüsse aneignen (Elsenhans 2017: 1). Ihr interessegeleitetes Streben ist die private Gewinnmaximierung. Der Ruf nach staatlichen Maßnahmen zur Aufrechterhaltung von Konkurrenzmechanismen wird von Unternehmen somit meist nur dann laut, wenn die eigenen Möglichkeiten zur Akkumulation durch die von anderen Akteuren gebildeten Kartelle – oder deren Marktmacht – eingeschränkt werden (ebd.). Ein entscheidendes Problem ist, dass die dargestellte Rentenorientierung lateinamerikanischer Wirtschaftseliten weder durch Industrialisierungsbemühungen noch durch den Aufbau neuer Produktionssektoren überwunden werden konnte. Stattdessen folgen die auf den Staat gerichteten Forderungen nach Subventionen und Protektionismus für die Industrie weiterhin dem traditionell verankerten Muster des *Rentseekings*. Dies wirkt sich aber extrem negativ auf alle initiierten Industrialisierungsbemühungen aus, da Renten – anders als Profite – nicht für Investitionen in zusätzliche Produktionskapazitäten benötigt werden, also nicht dem idealtypisch-kapitalistischen Akkumulationszwang unterliegen (Elsenhans 2017: 1–2). In diesem Kontext besteht ein erhöhtes Risiko, dass die Instrumente des Protektionismus von diesen Wirtschaftssektoren nicht im Sinne der *Infant-Industry-Protection* genutzt werden, sondern dazu, sich entwickelnder Marktkonkurrenz auszuweichen und Gewinne zu erzielen, ohne die entsprechenden Investitionen in Innovation tätigen zu müssen und ohne ökonomische Risiken einzugehen. Für die Dynamik einer Volkswirtschaft hat dies aber weitreichende Konsequenzen:

> „Kapitalismus ist gesteuert durch materielle Belohnungen. Die Mitglieder der privilegierten Klasse machen Profite und verbessern damit ihre materielle Position. Profit ist eine besondere Art von Überschuss. Er wird durch Wettbewerb auf möglichst perfekten Märkten ohne politische Intervention zugunsten einzelner Wettbewerber „angeeignet", also verdient. Aber nicht jede Art von Überschuss ist Profit." (Elsenhans 2016: 5)

Für die Durchsetzung partikularer Interessen von Wohlhabenden und von rentenbasierter Einkommensungleichheit gibt es diverse Möglichkeiten. Ein Weg zur Sicherung von Vermögensbeständen besteht z. B. darin, nach gewinnträchtigen Anlagen außerhalb der Marktkonkurrenz zu suchen. Dadurch aber werden dem produktiven Sektor „finanzielle Ressourcen entzogen, um in sichere, Renten generierende Anlagen ‚investiert' zu werden." (Elsenhans 2016: 10).

In diesem Zusammenhang spielt die Dollarisierung Ecuadors eine wichtige Rolle. Die erhöhte Wertstabilität des eigenen Vermögens und die Liquidität der Währung sind wichtige Objektive für die Unterstützung der Dollarisierung durch die Wirtschaftseliten und ihre Forderung, Geld möglichst ohne Beschränkung ins Ausland – vor allem in Steueroasen – transferieren und dort ohne – durch möglichen Krisen in Ecuador bedingte – Risiken anlegen zu können. In Bezug auf Ecuador sieht Heiner Flassbeck (2014) die mangelnde Wettbewerbsfähigkeit der Wirtschaft nicht begründet im typischen Mechanismus der ‚Holländischen Krankheit', sondern interpretiert sie in erster Linie als eine Folge der Dollarisierung, die als drastische reale Aufwertung gewirkt habe und weiter wirke. Die Dollarisierung versperrt nun zudem den ansonsten gangbaren und weniger schmerzhaften Weg, durch gezielte Abwertungsschritte der eigenen Währung neue Wettbewerbsfähigkeit zu schaffen. Die Hochwährungspolitik ist also wie in Stein gemeißelt. Für Ecuador ist als Folge eine Pseudo-Stabilität der Währung zu konstatieren, die zudem stark von Devisen aus Erdölexporten abhängt und damit extrem volatil ist. Mit anderen Worten: Die Dollarisierung war, bezogen auf Ecuador, eine Maßnahme, durch die Einführung einer starken Währung eine wettbewerbsfähige und stabile Wirtschaft erzwingen zu wollen, statt die Stärke der Währung als Folge solider wirtschaftlicher Entwicklung zu verstehen (Correa 2014).

An diesem Punkt wird eine wichtige Herausforderung für eine – auf die Transformation wirtschaftlicher Strukturen ausgerichteten – Regulation deutlich, die allerdings qualitativ unterschiedliche gesellschaftliche Effekte haben kann. Im Diskurs der Regierung Correa, in dem Wettbewerbsfähigkeit als strategisches Ziel definiert wurde, grenzte man sich entschieden vom neoliberalen Weg ab, diese durch niedrige Löhne und Steuersenkungen zu erreichen, zumal diese Strategie im Lateinamerika der 1980er Jahre zu einem geringeren Pro-Kopf-Einkommen geführt hatte, zur Vergrößerung der Schere zwischen Arm und Reich und auch zu weniger Investitionen in Bildung- und Forschung (vgl. Fajnzylber 1987). Die Regierung Correa entwickelte dagegen eine Strategie, die an das – auch im Konzept der CEPAL diskutierte – Konzept der ‚authentischen', beziehungsweise systemischen Wettbewerbsfähigkeit anknüpfte, um qualitative sozioökonomische Entwicklungsprozesse zu initiieren. (siehe hierzu Eßer et al. 1995) Hier ergaben sich aber schnell machtpolitisch bedingte Konflikte mit den einzelwirtschaftlichen und kurzfristigen Gewinninteressen der bestehenden ecuadorianischen Wirtschaftseliten.

> „Wenn die Profitrate darauf basiert die Löhne zu beschränken, statt eine größere echte Effizienz anzustreben, werden wieder die Anreize zur Stärkung der rentenbasierter Strukturen geschaffen, durch die der Unternehmer den Ansporn verliert seine Produktion durch Innovation und Investition zu verbessern und im Gegenteil versucht seine Rentabilität durch Begrenzung der Löhne, Steueranreize des Staates und den Schutz ihrer oligopolistischen Marktpositionen durch einen falsch verstandenen Protektionismus." (Oliva Pérez 2016: 16)

Die privatwirtschaftliche Akkumulation stützt sich in Ecuador vornehmlich auf Rohstoffrenten, die es ermöglichen, die Dollarisierung und damit eine international kaufkräftige Währung zu erhalten und zugleich zielt sie im Bereich der (Export)Landwirtschaft auf die extensive Aneignung von Natur und Arbeitskräften. Entwicklungsfördernde (und sozial überfällige) Bestrebungen, Lohn- und Arbeitsrechte auch in der Landwirtschaft durchzusetzen, unterminieren aus Perspektive der privaten Großgrundbesitzer aber die Wettbewerbsfähigkeit ecuadorianischer Produzenten.

3.4.3 Weltmarkteinbindung und externe Rahmenbedingungen für die Wirtschaftsentwicklung

Wie ich bereits herausgearbeitet habe, ist die vorfindliche ökonomische Struktur eines Landes ein entscheidender Faktor, durch den der fiskalpolitische Handlungsspielraum einer Regierung mitbestimmt wird und hat großen Einfluss auf die politische Orientierungen und Präferenzen der jeweiligen Wirtschaftseliten.

Auf der einen Seite stehen die Exporteure von Primärgütern, die alle Maßnahmen zur Steigerung der Binnennachfrage als abträglich für ihre Gewinne wahrnehmen. Zu solchen Maßnahmen gehören zum Beispiel Lohnsteigerungen, die unter anderem zur Belebung der Massenkaufkraft dienen. Auch die Umverteilung durch steuerliche Maßnahmen kann im Prinzip dazu dienen, die staatliche Nachfrage nach Waren und Dienstleistungen zu erhöhen, aber auch durch die Zahlung von höheren Löhnen an Staatsangestellte, die Massennachfrage zu stärken. Die positiven Effekte solcher Maßnahmen sind vor allem in der Binnenwirtschaft zu verzeichnen. Die expansive Lohnpolitik während des *Circulo Virtuoso* durch deutliche reale Erhöhungen des Mindestlohns, die Einführung des am Grundwarenkorb einer Familie gemessenen ‚Lohns der Würde' und die Erhöhung der öffentlichen Gehälter waren demnach keine Zugeständnisse an die Wählerklientel der *Revolución Ciudadana*, sondern eine Voraussetzung für die dynamische Entwicklung des Binnenmarktes.

In Lateinamerika sind die Wirtschaftseliten aber oft kaum in die Binnenwirtschaft integriert, ihr wirtschaftliches Gravitationszentrum befindet sich jenseits der Landesgrenzen. Schon von daher werden Steuerdebatten in Lateinamerika oft von Kapitalflucht und Spekulationen über mögliche Umstürze begleitet (Boeckh 2011: 81), wobei Ecuador hier keine Ausnahme darstellt. Auch hier sind die externen Wirtschaftsbeziehungen besonders wichtig. Der Raum der Akkumulation und das politische Territorium sind nicht deckungsgleich, was Evers ausdrücklich für eine Abweichung von der Norm eines genuin bürgerlichen Staates hält (Evers 1977: 80, zitiert nach Becker 2008: 12). Einen auf die Bedienung der Binnennachfrage orientierten Akkumulationsprozess in Gang zu setzen, stellt unter den Bedingungen der Extraversion daher eine enorme Herausforderung dar. Hinzu kommt, dass die wirtschaftliche Entwicklung Lateinamerikas stark von der Entwicklung in den kapitalistischen Zentren abhängig ist, schließlich sei sie stärker mit den Exporten in die Länder des Zentrums und den daraus resultierenden Importkapazitäten verbunden als mit Investitionen in ihre Binnenökonomie (Prebisch 1998: 116ff zit. nach Becker und Schwank 2009: 123). Zudem ist die Außenorientierung von Eliten und Mittelklassen auch kulturell stark verankert (Burchardt 2012: 85), Konflikte zwischen außen- und binnenorientierten Sektoren haben in

Lateinamerika in der Vergangenheit immer wieder zu massiven Auseinandersetzungen bis hin zu Regierungsstürzen und Bürgerkriegen geführt (Boris 2013: 5). Auch in Ecuador können bedeutsame innergesellschaftliche Konflikte und Umbrüche auf die außenwirtschaftlichen Beziehungen zurückgeführt werden, wie ich in Bezug auf die Geschichte aber auch hinsichtlich der fiskalpolitischen Auseinandersetzungen im Kontext der *Revolución Ciudadana* aufzeigen werde.

Die in lateinamerikanischen Ländern wie Ecuador zu konstatierende Außenorientierung der Wirtschaft unterscheidet sich grundlegend von den ebenfalls stark auf den Außenhandel ausgerichteten Ökonomien von Staaten in den kapitalistischen Zentren. Der in den lateinamerikanischen Ländern existierende, fortwährende Devisenmangel blockiert den ökonomischen Akkumulationsprozess, von dem der Staat wiederum fiskalisch abhängt, da sich vom Devisenvolumen her das Besteuerungspotential bestimmt. Die fiskalische Basis eines Staates ist somit mittelbar mit der Verfügbarkeit von Devisen verknüpft (Becker 2008: 14–15; Becker 2011: 157).

In diesem Zusammenhang ist es relevant, die Wechselwirkung zwischen den auf nationaler Ebene wirksamen Kräfteverhältnissen und internationalen Strukturen als Rahmen für die Handlungsmöglichkeiten eines Nationalstaates zu analysieren. Dies ist unerlässlich, (Wissel 2007: 46) obwohl ich mich in der hier vorliegenden Arbeit auf staatlich initiierte Reformprozesse konzentriere, die die nationale Ebene betreffen und sich vor allem auf die staatliche Fiskalpolitik beziehen. Doch gerade auf die nationale Steuerpolitik wirken sich die genannten Faktoren erheblich aus, wie das Beispiel Ecuadors zeigt.

Ulrich Brand (2009: 71) weist auf den Zusammenhang zwischen der wirtschaftlichen Außenabhängigkeit von Devisen und einer subalternen Weltmarkteinbindung mit den Sozialstrukturen peripherer Länder hin, in denen sich vorkapitalistische und kapitalistische Elemente verbinden. Hintergrund ihrer Devisenabhängigkeit ist vor allem eine technologische Abhängigkeit, die zu Beginn eines Transformationsprozesses den Import von Investitionsgütern erfordert und damit die Devisenknappheit zur zentralen Restriktion im Akkumulationsprozess peripherer Staaten werden lässt (Flassbeck 2006; Becker 2008: 13). Vor allem Kapitalfraktionen an der Scharnierstelle zu internationalen Märkten haben daher in diesen Staaten eine ökonomisch wie politisch bedeutsame Position inne. Dies hat seine Ursachen auch in der Art der Staatsfinanzierung der jungen lateinamerikanischen Staaten:

> „Die ersten und [noch] lange Zeit [nach der Unabhängigkeit] wichtigsten Ressourcen dieser Staaten wurden durch Besteuerung von Exporten und Importen, durch Lizenzgebühren und *Royalty*-Abgaben etc. im Außenwirtschaftssektor generiert. Versuche der Veränderungen oder Verringerung dieser gegenüber dem Weltmarkt weit geöffneten Vermittlerrolle zugunsten einer stärker auto- und binnenzentrierten, geschützten Entwicklung haben regelmäßig zu Bürgerkriegen oder zwischenstaatlichen Auseinandersetzungen geführt (Chile, Paraguay, Nicaragua etc.). In der Regel endeten diese Kämpfe mit der Niederlage der Fraktion der herrschenden Klasse, die stärker um eine autonomere Eigenentwicklung (z.B. durch Initiierung einer Industrialisierung) bemüht war.“ (Boris 2013: 5)

Die im vorangegangenen Zitat beschriebenen Auseinandersetzungen werfen ein bezeichnendes Licht auf die hohen Barrieren, die es beim Versuch einer progressiven Veränderung gegebener Wirtschaftsstrukturen in Lateinamerika zu überwinden gilt.

Die Beziehung der Nationalstaaten zu extraktiven Wirtschaftssektoren gestaltet sich ambivalent. Im Entwicklungsstaatskontext steht die Abhängigkeit von den traditionellen Exportsektoren dem Versuch gegenüber, heimische Industrien aufzubauen. Die durch die Exporterfolge des primären Sektors generierten Devisen werden staatlicherseits benötigt, um Investitionen in Industriesektoren zu ermöglichen. Andererseits steht das Interesse der traditionellen Exportsektoren am Freihandel den tendenziell protektionistischen staatlichen Maßnahmen zum Aufbau eigener, nationaler Industrien entgegen. Die Beibehaltung des Agrarexportmodells ist aber mit hoher sozialer Ungleichheit auf dem Land und einem bleibenden, herausragendem politischen Einfluss des Agrarexportsektors verbunden, so dass es diesem in Lateinamerika gelang – über die erste Phase der Industrialisierung hinweg – Forderungen nach einer progressiven Landreform zu blockieren (Cristobál 2002: 1076).

Die Abhängigkeit peripherer Staaten von Devisen ist auch ein entscheidender Faktor für die oft große Offenheit gegenüber ausländischen Investitionen. Diese impliziert allerdings beachtliche Risiken für die nationale Ökonomie, da ungesteuerter Kapitalzufluss zum einen zur Bildung von Vermögens- bzw. Spekulationsblasen beitragen kann, zum anderen können sich durch plötzlichen Kapitalabzug und durch ‚Herdenverhalten' der Investoren nationale Krisenprozesse verschärfen. Allerdings kann Letzteres auch auf einheimische Investoren zutreffen, die mitunter durch ihr Insiderwissen die Ersten sind, die Teile ihres Kapitals ins Ausland verlagern (Chang 2007: 72).

Kapitalzufluss in Entwicklungsländer existiert hauptsächlich durch an Auflagen geknüpfte Entwicklungshilfe, durch Bankkredite an Regierungen und Unternehmen, durch die auf den internationalen Märkten platzierten Anleihen sowie durch private Investitionen. Ähnlich wie ausländische Kredite machen auch ausländische Direktinvestitionen die einheimischen Wirtschaftsakteure für sich genommen weder ärmer noch reicher, aber sie ändern die Struktur ihrer Aktiva zu Gunsten einer größeren Liquidität (Correa 2014: 91).[41] Hier besteht nun das Risiko, dass die Verkaufserlöse nicht in produktive Sektoren reinvestiert werden. Auf der anderen Seite stehen mögliche positive Auswirkungen von ausländischen Investitionen auf die vorfindlichen Produk-

---

[41] Dabei ist zu unterscheiden zwischen Investments, die allein auf den finanziellen Nutzen konzentriert sind, ohne direkten Einfluss auf das Management und ausländischen Direktinvestitionen, bei denen auch ein entscheidender Einfluss auf das Management genommen wird (Chang 2007: 71). Bei Direktinvestitionen wird zwischen *Greenfield*- und *Brownfield*-Investitionen unterschieden. Bei ersteren handelt es sich um neue Investitionen, während es sich bei letzteren um den Kauf von Anteilen an bestehenden einheimischen Firmen handelt, zum Beispiel auch durch die Privatisierung von Staatsfirmen durch die keine neuen Aktiva entstehen (Correa 2014: 91). Beides kann zu Produktivitätssteigerungen führen, eine Garantie besteht allerdings nicht (Chang 2007: 76). Ein zunehmendes Problem stellt die Repatriierung oder Verschiebung von Gewinnen transnationaler Konzerne dar, die in einigen Ländern Lateinamerikas die Höhe neuer Direktinvestitionen bereits überschreitet (CEPAL 2017).

tionsstrukturen ebenso wie positive Externalitäten im Hinblick auf die Nutzung neuer Technologien und die Einführung effizienterer Produktionsmethoden. Nicht die vollständige Liberalisierung, sondern eine adäquate Regulierung auf der Basis von genauem Abwägen der Vor- und Nachteile ist diesen Ausführungen zufolge also entscheidend für die Qualität ausländischer Investitionen. (Calderón und Stumpo 2016: 48).

Ein weiteres Problem für Staaten, welches sich bei Investitionen transnationaler Konzerne stellt, besteht in Bezug auf die Durchsetzbarkeit bezüglich ihrer Steuerpflichten. Diese Aussage bedeutet allerdings nicht, die Steuervermeidungs- und Hinterziehungspraktiken der einheimischen Wirtschaftseliten zu negieren, die durchaus auf Treuhandmodelle und Steueroasen zurückgreifen und unter Umständen auch Steuerzahlungen durch ihren besonderen politischen Einfluss vermeiden können. Für transnationale Firmen ist es aber besonders einfach, durch entsprechende Verrechnungspreise dafür zu sorgen, dass die Profite dort anfallen, wo die Unternehmenssteuern am niedrigsten sind (Chang 2007: 74–75). In Sonderwirtschaftszonen werden ausländischen Investoren zudem häufig besondere steuerliche Anreize und Zollbefreiungen gewährt. Als Argumente für derartige Erleichterungen werden die Schaffung von Arbeitsplätzen sowie der Transfer von neuen Technologien und Produktionsmethoden ins Feld geführt. Allerdings bleibt zu konstatieren, dass auch transnationale Konzerne von öffentlichen Leistungen und vorhandener Infrastruktur der Produktionsstandorte profitieren und durch Steuervermeidung zu Trittbrettfahrern werden (Chang 2007: 75)

Der Prozess der Einbindung eines Staates in den Weltmarkt gestaltet sich widersprüchlich und ist sehr komplex. Er ist – von weiteren, schon herausgearbeiteten Implikationen abgesehen – nicht allein durch den Außenhandel, sondern auch von unterschiedlichen Kapitalströmen bestimmt. In diesem Prozess kommt es zu interessengeleiteten Bündnissen, aber auch zu Konflikten zwischen lokalen Kapitalgruppen und Auslandskapital, wobei diesbezüglich die herausragende ökonomische und auch politische Bedeutung ausländischen Kapitals als typisches Merkmal peripherer und semi-peripherer Gesellschaften gelten kann (Becker 2008: 16).

Bei der Analyse möglicher Schritte, die zur Transformation in Richtung produktiver Strukturen geeignet sind, nehme ich Regulationsmechanismen und -möglichkeiten auf nationaler Ebene zum Ausgangspunkt, lasse aber auch die Begrenzung von staatlichen Handlungsmöglichkeiten durch internationale Rahmenbedingungen nicht unberücksichtigt. Der Fokus meiner Analyse ist demzufolge zwar – regulationstheoretischen Perspektiven entsprechend – schwerpunktmäßig auf die nationale Ebene ecuadorianischer Entwicklung gerichtet (Bieling 2011: 14), aber die Bedeutung der internationalen Kontextbedingungen darf – gerade bezogen auf Ecuador – keinesfalls negiert werden. Angesichts der peripheren Position Ecuadors in der Weltwirtschaft ist der Handlungsspielraum nationaler Politik hier besonders stark eingeengt.

Das Ende des Gold-Standards, die Strukturanpassungsprogramme des IWF und die "Dollarisierung" ganzer Volkswirtschaften (wie in Ecuador und El Salvador) entnationalisieren die Mechanismen nationalstaatlicher Geldpolitik, während das *Bretton-Woods-System*‘ eine weitgehende finanzpolitischen Autonomie ermöglicht hatte (Schmalz 2004: 17–1). Die internationalen Rahmenbedingungen bieten über die bisher diskutierten Aspekte hinaus auch einen wichtigen Ansatzpunkt für die Erklärung eines in sich widersprüchlichen Phänomens in lateinamerikanischen Staaten. Es geht um die Gleichzeitigkeit von Demokratisierungsprozessen einerseits und wachsender sozialer Ungleichheit aufgrund der neoliberalen Strukturanpassungspolitik andrerseits, welche im letzten Viertel des 20. Jahrhunderts erfolgte. Hier zeigt sich die Unfähigkeit lateinamerikanischer Länder, den im internationalen Rahmen notwendigen Schuldendienst zu leisten und genügend Devisen zu generieren. Dies „eröffnete Geberländern und internationalen Finanzinstitutionen erhebliche Möglichkeiten der ökonomischen und politischen Einflussnahme.“ (Ernst 2011: 52).

Aktuell sind lateinamerikanische Staaten deutlich stärker in den Weltmarkt integriert als in der Phase, in der sie noch als klassische Entwicklungsländer galten. Dies gilt es zu konstatieren, wenngleich sie in erster Linie als Rohstofflieferanten und Primärgüterexporteure fungieren. Auch institutionell sind Länder wie Ecuador, seit 1996 Mitglied der Welthandelsorganisation (WTO), heute stärker in Freihandelsabkommen eingebunden. Der Grad der außenwirtschaftlichen Öffnung Ecuadors hat seit dem Ende der so genannten ISI-Phase deutlich zugenommen. Deutlich eingeschränkt dagegen ist sein Handlungsspielraum s durch die 2000 in Kraft getretene Dollarisierung, denn dadurch wird der Wert von Ecuadors Zahlungsmittel von der US-Notenbank bestimmt. Ecuador kann folglich nicht mehr mit Hilfe nationaler geldpolitischer Maßnahmen auf externe Schocks reagieren.

Somit ist die Handlungsmacht Ecuadors auf nationaler Ebene durch die seit den 1970er Jahren neu entstandenen internationalen Rahmenbedingungen deutlich eingeschränkt, wodurch eine Rückkehr zum entwicklungsstaatlichen ‚peripheren Fordismus‘ und zur Importsubstitution im Kontext des post-fordistischen Akkumulationsregimes, das in den kapitalistischen Zentren vorherrscht, nicht ohne weiteres möglich ist. Im Post-Fordismus dominiert die Finanzialisierung und nicht mehr der klassische Freihandel und es existiert ein System des freien Kapitalverkehrs, der Kapitalmarktliberalisierung in Kombination mit Mechanismen zur Erhaltung der Wertstabilität der Währung (vgl. Becker 2009). Auch wurde der Schutz von Investoren und des (geistigen) Privateigentums auf internationaler Ebene – im Interesse der führenden kapitalistischen Staaten und Unternehmen – durch die Welthandelsorganisation, sowie durch regionale und bilaterale Freihandels- und Investitionsschutzabkommen, deutlich stärker durchgesetzt.

Die Fokussierung der vorliegenden Arbeit auf Problemstellungen, die die nationale Politikebene Ecuadors während der *Revolución Ciudadana* betreffen, bedeutet vor diesem Hintergrund, dass die internationalen Kontextbedingungen zwar als wichtige Variable für die Analyse von Entscheidungen und Prozessen auf nationaler Ebene einbezogen werden, dass die Betrachtung ihrer

Genese aber außerhalb des Analyse-Schwerpunkts liegt. Bezogen auf Ecuador besteht den Ausführungen zufolge die große politische Herausforderung darin, auf nationaler Ebene die Bedingungen für einen Akkumulationsprozess zu schaffen, der auf die Überwindung der peripheren Rolle Ecuadors in der Weltwirtschaft ausgerichtet ist, so dass ein Rückgang der Erdöleinnahmen und ihr im ecuadorianischen Fall bereits absehbares Ende nicht mit der Rückkehr zum traditionellen Export-Import-Modell verbunden ist.

Auch die Kontextdeterminanten für den steuerpolitischen Handlungsspielraum eines Staates sind in einer globalisierten Ökonomie nicht auf der nationalstaatlichen Ebene allein zu suchen, denn die Form der Einbindung in den Weltmarkt entscheidet darüber, ob (steuer)politische Handlungsoptionen dadurch eingeschränkt sind oder eröffnet werden. Dies hängt auch von den auf internationaler Ebene und durch bilaterale Verträge gesetzten Regeln ab, durch die jede Regierung mit einer ‚Verdichtung sozialer Kräfteverhältnisse zweiter Ordnung'[42] konfrontiert ist, welche wiederum die politischen Handlungsoptionen auf nationalstaatlicher Ebene einschränkt (Brand et al. 2007).

Im Bereich von Zöllen sind hier – bezogen auf Ecuador – das WTO-System, sowie bilaterale Abkommen über Handel und Investorenschutz zu nennen (siehe auch Wissel 2007).[43] Diese Abkommen sind für die Wirtschaftseliten peripherer Staaten, die sich ihrer innergesellschaftlichen Hegemonie nicht sicher sein können, nicht zuletzt deshalb von Interesse, weil sie die Eigentums- und Herrschaftsverhältnisse auf supranationaler Ebene absichern (Brand et al. 2007, ähnlich argumentiert auch Acosta im Interview 2014, mit Bezug auf das von Correa unterzeichnete Assoziierungsabkommen mit der EU).

3.5 Zur Tagespolitik – fiskalpolitische Reformstrategien im Kontext

Wie bereits in der Einleitung zur vorliegenden Arbeit betont, ist das Feld der Steuer- und Fiskalpolitik besonders gut dazu geeignet, gesellschaftliche Kräfteverhältnisse herauszuarbeiten und die Beziehungen zwischen Staat und Gesellschaft zu analysieren.

Zentrale Ausgangspunkte der Forschungshypothesen, die meiner Analyse zu Grunde liegen, sind die instrumentelle und strukturelle Macht der Wirtschaftseliten (vgl. Fairfield 2015: 28). Dabei ist Macht ein relatives Konzept. Die Macht der Wirtschaftseliten muss also relativ zum Einfluss anderer gesellschaftlicher Gruppen und den Fähigkeiten der Regierung betrachtet werden, eine

[42] Die Autoren knüpfen hier an das von Poulantzas geprägte Bild des Staates als Verdichtung gesellschaftlicher Kräfteverhältnisse an.

[43] Ecuador hat eine Reihe von internationalen Abkommen unterzeichnet, die Regeln in der Außenwirtschaftspolitik enthalten, an die jede neue Regierung zunächst gebunden ist. So ist das Land Gründungsmitglied der Andengemeinschaft CAN. Die als freihandelskritisch geltende Regierung Correa unterzeichnete zwei Jahre nach den Nachbarländern Kolumbien und Peru ein Assoziierungsabkommen mit der Europäischen Union, um Zölle für ecuadorianische Exportprodukte zu verhindern (NODAL 11.11.2016).

von Wirtschaftseliten autonome Politik zu formulieren und umzusetzen. Im Verhältnis der Wirtschaftseliten zu Staat und Regierung geht es gleichwohl nicht um ein macht- und verteilungspolitisches Nullsummenspiel, es geht also nicht nur um die Beeinflussung oder Kontrolle, sondern ebenso um die Fähigkeit zur Umsetzung politischer Entscheidungen und die Fähigkeit zur koordinierten Zusammenarbeit zwischen der Regierung und privaten Akteuren..

In Unterkapitel 3.1 habe ich zunächst fiskalpolitische Stabilitätskriterien dargestellt und auf Ecuadors besondere Situation von Rohstoffabhängigkeit und Dollarisierung bezogen. Danach habe ich aus staatstheoretischer Perspektive Herausforderungen transformativer politischer Projekte im Hinblick auf Fähigkeiten und Reichweite des Staates sowie staatsinterne Auseinandersetzungen um die Kontrolle und Ausrichtung der Staatsapparate aufgezeigt, aber auch Konflikte und Kooperationsbedarf zwischen Staats- und Privatsektor herausgearbeitet. Dann habe ich mich mit Sozialstrukturen, gesellschaftlichen Spaltungslinien und ihren politischen Ausdrucksformen befasst und bin schließlich auf die Zusammenhänge der Fiskal- und insbesondere der Steuerpolitik mit der wirtschaftlichen Entwicklungsweise eingegangen. Dies geschah jeweils unter Berücksichtigung der Konsequenzen für Präferenzen und Kräfteverhältnisse in der Steuerpolitik und fiskalpolitische Handlungsoptionen in Ecuador, das ich zwar als Land mit den typischen Institutionen demokratisch-kapitalistischer Staatlichkeit betrachte, das aber auch von Rententendenzen durchzogen ist, wie Burchardt (2015: 176) für Lateinamerika insgesamt konstatiert. Vor diesem Hintergrund benenne ich nun unterschiedliche steuerpolitische Reformstrategien, mögliche Widerstände und Erfolgsaussichten in unterschiedlichen ökonomischen und politischen Kontexten.

Agenda-Setting kann auf zwei verschiedene Ebenen ausgerichtet sein: Zum einen besteht eine konkrete Agenda der politischen Entscheidungsträger, also bezüglich der anstehenden Gesetzesvorhaben, Entscheidungen über Regierungsdekrete und Ausführungsbestimmungen, die zum Teil durch öffentliche Debatten aber auch durch Dynamiken innerhalb von Regierung und Verwaltung geprägt sind. Zum anderen besteht eine Agenda der breiteren Öffentlichkeit, also Vorstellungen über drängende Probleme, ihre Ursachen und Lösungsmöglichkeiten im Privatsektor, bei sozialen Bewegungen und anderen Stakeholdern (Birkland 2007: 63). Beide Ebenen sind nicht völlig voneinander gelöst. Wie ich in Fallbeispielen zu konkreten Reformvorhaben darlegen werde, kann das Auseinandertriften der Prioritäten auf beiden Ebenen bei Auseinandersetzungen um konkrete Reformvorhaben deutlich werden. Dies bedeutet nicht, dass die Forderungen der Interessengruppen zwangsläufig öffentlicher Wahrnehmung und Debatten bedürfen, um die Regierung auf ihre Probleme und Anliegen aufmerksam zu machen. Es ist vielmehr davon auszugehen, dass Wirtschaftseliten gerade dann, wenn sie eng mit den politischen Entscheidungsträger*innen vernetzt sind, über Möglichkeiten verfügen, die politische Regierungsagenda abseits der Öffentlichkeit zu beeinflussen (Werner und Wegrich 2007: 46).

Für eine Regierung, die progressive und einnahmesteigernde Steuerreformen durchsetzen will, ist ihr *Agenda-Setting* von zentraler Bedeutung; denn dieses Vorhaben kann die Mobilisierung von Unterstützung für entsprechende Reformen erforderlich machen, ohne dass diese durch nicht-staatliche Akteure auf die politische Agenda gesetzt worden wären (Werner und Wegrich 2007: 46). Für die Untersuchung der Optionen, die einer Regierung hierbei zur Verfügung stehen, bietet sich ein von Tasha Fairfield (2013) entwickeltes Modell an. Dabei kann zwischen Strategien, die sich auf die steuerpolitischen Maßnahmen selbst konzentrieren und solchen, die durch Hinweise auf die Nutzung der Steuergelder versuchen, Zustimmung zu generieren, unterschieden werden. Außerdem ist zwischen Strategien, die einen Konsens mit den Eliten suchen und konfrontativen Vorgehensweisen zu unterscheiden. Regierungen können versuchen, die Wirtschaftseliten durch das Versprechen einer 'wirtschaftsfreundlichen' Politik zu überzeugen. Dieses Versprechen kann sich auf entsprechende Staatsausgaben, aber auch auf einen entsprechenden Rechtsrahmen beziehen. Wenn es um das Schließen von Steuerschlupflöchern geht, können Teile der Wirtschaftseliten mitunter durch Appelle an die Norm horizontaler Gleichbehandlung überzeugt werden. Hier werden unterschiedliche Interessen innerhalb der Wirtschaftseliten genutzt, um Reformblockaden zu überwinden und ein Bündnis mit den ‚ehrlichen' Unternehmen einzugehen. Letztlich kann auch dieser Ansatz zu einem wachsenden Steueranteil wirtschaftlicher Eliten führen, die oft die einzigen Begünstigten von Ausnahmeregelungen sind. Alternativ hierzu können im Rahmen konfrontativer Strategien die *Sectores Populares* für Reformen mobilisiert werden, indem mit dem Ziel vertikaler Gleichheit geworben und progressive Steuerreformen mit der Finanzierung populärer sozialpolitischer Maßnahmen kombiniert werden (vgl. Fairfield 2013, 2015). Bereits Miliband (1972: 284) wies allerdings darauf hin, dass progressive Regierungen sich meist als pragmatisch, nicht-doktrinär und in keiner Weise gegen die Unternehmer gerichtet darstellen – Faktoren, die eine Konfrontation mit den Wirtschaftseliten ohne Frage erschweren.

Tabelle 2: Fiskalpolitische Reformstrategien

		Mechanismen	
		Abschwächung des Elitenantagonismus Umgehung des Elitenwiderstands	**Mobilisierung öffentlicher Unterstützung** Schaffung eines Gegengewichts zur Macht ökonomischer Eliten
Fiskal-politischer Bereich	Steuerseite/ Einnahmeseite	Wirkung abdämpfen, Wirkung Verschleiern, Legitimierungs-appelle (Horizontale Gleichheit)	Legitimierung durch Bezug zu vertikaler Gleichheit
	Ausgabenseite/ Nutzenseite	Hinweise auf Kompensations-mechanismen und Betonung von Stabilisierung	Verknüpfung mit populären sozialen Maßnahmen
			Quelle: Fairfield 2013

Die Faktoren, die zur strukturellen Macht bestimmter Wirtschaftssektoren beitragen, sind aber nicht auf die Zahlung von Steuern beschränkt. Die Verfügung über die Arbeitsplätze in einem Sektor, die Möglichkeiten zur Produktionsverlagerung oder der Beitrag zur Außenhandelsbilanz sind ebenfalls wichtige Faktoren. Die strukturelle Macht der Wirtschaftseliten bedeutet, dass eine gegen ihre Kerninteressen gerichtete Steuerpolitik aufgrund negativer Auswirkungen auf die wirtschaftliche Dynamik auch politisch nur sehr schwer durchsetzbar ist.

Eine weitere Komponente sind Kontextbedingungen und *Timing* von Reformprozessen. Auch auf der Ausgabenseite spielt die Darstellung der Reforminitiative eine ebenso wichtige Rolle. Die Literatur zu sozialen Bewegungen nennt *Political Opportunity Structures* (POS), also die Offenheit des politischen Systems gegenüber Veränderungen als zentralen Faktor für die Veränderung des Status Quo (Meyer 2004, vgl. McGuire 2013).

In konkreten Auseinandersetzungen um Steuerreformen kann auf bereits etablierte *Frames* und kollektive Identitäten zurückgegriffen werden. Diese können teilweise auf die bereits diskutierten *Cleavage*-Strukturen zurückgeführt werden. Besonders die in Guayaquil verankerten Teile der Opposition stellen Auseinandersetzungen – nicht zuletzt um Steuern – beispielsweise oft als klassenübergreifende Auseinandersetzung zwischen der ‚produktiven Küstenmetropole' und der ‚verschwenderischen Bürokratie in Quito' dar, während die Regierung Correa die Klassenwidersprüche betont (Eaton 2011: 293, 305). Welches *Framing* dominant wird, hängt nicht zuletzt davon ab, ob die notwendige Unterstützung für eine Reform generiert werden kann. Welche Reformstrategie erfolgreich ist, hängt durchaus vom Kontext ab und auch bei inhaltlich ähnlichen Reformen müssen die Kontextbedingungen auf ökonomischer und politischer Ebene beachtet werden. Es kommt also darauf an, durch welche Prozesse ein Möglichkeitsfenster (*Window of Opportunity*) für Steuerreformen entsteht, ob durch interne oder externe Gefahren für die nationale Sicherheit, eine fiskalische Krise, die verteilungspolitischen Forderungen sozialer Bewegungen oder zur Finanzierung einer von Seiten der Regierung angestrebten aktiveren Rolle des Staates im Entwicklungsprozess (Di John 2006: 7).

Die gesellschaftliche Fragmentierung, die auch die politischen und wirtschaftlichen Eliten umfasst und die von Weyland (2009) zitierte Diskreditierung des politischen Systems, sowie der darauf folgende Verfassungsprozess, weisen in Ecuador auf Chancen für politische Veränderung hin (vgl. Wolff 2010). Hier sind, zumindest seit Beginn der *Revolución Ciudadana,* Akteure innerhalb des formellen politischen Systems die zentralen Konstrukteure des Wandels. Der Beginn des von mit diagnostizierten *Circulo Virtuoso* ist auf ein Möglichkeitsfenster zurückzuführen (Jann und Wegrich 2007 21: 47), das von der Regierung Correa genutzt wurde, um Einnahmeverbesserungen durchzusetzen.

Die Regierung selbst setzte das Thema Steuern auf die politische Tagesordnung, um so – wie von dem der CEPAL angegliederten *Instituto Latinoamericano y del Caribe de Planificación Económica y Social* (ILPES) eingefordert – als strategischer und über die Bedienung aktueller

Bedürfnisse herausgehender Akteur in die Gestaltung des Entwicklungsprozesses einzugreifen und dafür um Unterstützung in der Öffentlichkeit zu werben (vgl. Scharpf 2004; Werner und Wegrich 2007: 46).

Ein erfolgreiches Design von Reformen erfordert politische und historische Kenntnisse über unterstützende und ablehnende Pro- und Contra-Koalitionen (Di John 2006: 11). Das *Policy Design* entsteht aus der Interaktion zwischen Ideen, Interessen und den institutionellen Rahmenbedingungen und wird dann selbst zu einer Institution, durch die zukünftige Interaktionen zwischen Ideen und Interessen strukturiert werden (Sidney 2007: 83). Zu benennen sind die Ziele, Zielgruppen und Betroffenen sowie Strukturen, die Instrumente der Implementation und die Annahmen und Denkmustern, auf denen ein Reformvorhaben aufbaut (ebd. 84). Handelt es sich um einnahmesteigernde steuerpolitische Maßnahmen, besteht meist deutlich größere Klarheit darüber, welche Sektoren negativ von höheren Belastungen betroffen sein werden, als darüber, welche Sektoren von zusätzlichen Staatsausgaben profitieren werden: Die davon profitierende Zielgruppe wird hier mitunter durch die Verkoppelung mit populären sozialpolitischen Maßnahmen konstruiert. In Folge der Implementierung staatlicher Leistungen konstituieren sich schließlich auch betroffene soziale Gruppen. Auch die Strukturen und Instrumente der Implementierung sind von besonderer Bedeutung, da gerade für die Steuerpolitik in Lateinamerika eine große Diskrepanz von gesetzlichen Normen zur tatsächlichen Durchsetzung von Steuerpflichten besteht. In der Geschichte der Region lassen sich zahlreiche Beispiele mangelhafter strafrechtlicher Verfolgung von Steuerhinterziehung und fehlende Investitionen in die Kapazitäten von Steuerbehörden, gepaart mit oft hochkomplexen Steuergesetzen, aufzeigen. Die Frage, ob Reformen eine innere Logik innewohnt, kann nicht a priori beantwortet werden. Entscheidend hierfür erscheint es mir den politischen Prozess von der ersten Vorlage eines Gesetzesvorhabens und der Interaktion zwischen unterschiedlichen Stakeholdern innerhalb und außerhalb der staatlichen Institutionen und unter Berücksichtigung ihrer formalen und tatsächlichen Möglichkeiten zur Einflussnahme und Blockade nachzuvollziehen (ebd. 82).

4. Zur methodischen Herangehensweise

Ein wichtiges Ziel der vorliegenden Promotion ist es, jene Faktoren herauszuarbeiten, die im Rahmen der *Revolución Ciudadana* seit 2007 signifikante steuerpolitische Veränderungen im Erdölexportland Ecuador ermöglicht haben. Das Hauptaugenmerk meiner Analyse richtet sich auf die Phase von 2007 bis 2014, in der relativ hohe staatliche Rohstoffeinnahmen mit signifikanten Schritten zur Stärkung des Steuersystems zusammenfallen. Ich betrachte diese Phase steuerpolitischer Veränderungen auf Basis des in Kapitel 2 skizzierten Modells eines *Circulo Virtu-*

oso, durch dessen Dynamik steigende Rohstoffeinnahmen zur qualitativen Stärkung des Steuerstaats genutzt werden konnten. Dabei untersuche ich den steuerpolitischen Wandel unter Berücksichtigung des weiter gefassten fiskalpolitischen Kontextes und des dominanten Entwicklungsmodus in Ecuador. Die sich anschließende Analyse von steuer- und fiskalpolitische Auseinandersetzungen nach dem Ende des *Circulo Virtuoso* – also ab der zweiten Jahreshälfte 2014 – ermöglicht es , die Tragfähigkeit der erreichten steuerpolitischen Fortschritte und mögliche Ursachen für Rückschläge herauszuarbeiten.

Hinsichtlich der Einnahmeseite betrachte ich neben den Veränderungen bezüglich der Höhe von Steuer- und Zolleinnahmen auch die Evolution anderer Einnahmequellen, darunter die Erdöleinnahmen, die Sozialversicherungsbeiträge, die Gewinne von Staatskonzernen und Sondereinnahmen[44]. Auch die Finanzierung von Staatsausgaben durch Kredite wird thematisiert, ohne jedoch den Hauptfokus auf die Steuerpolitik zu vernachlässigen. In diesem Zusammenhang ist aber zu berücksichtigen, dass es sich bei den Einnahmen lediglich um eine Seite jener Gleichung handelt, die Verteilungseffekte staatlichen Handelns zeigt. Eine ausschließliche Betrachtung der Steuerpolitik – auch kontextualisiert im Rahmen einer umfassenderen Untersuchung der Staatseinnahmen – würde somit folglich zu kurz greifen, um die Verteilungswirkung der Fiskalpolitik adäquat einschätzen zu können und die Ursachen für steuerpolitische Veränderungen herauszuarbeiten. In meiner Analyse berücksichtige ich daher über die Einnahmeseite der Staatsfinanzen hinaus auch die Ausgabenseite. Hier liegt der Schwerpunkt auf Fragen bezüglich der Planung, Qualität und Höhe der Staatsausgaben sowie Hinweisen auf ihre Verteilungswirkung.

In den nachfolgenden Unterkapiteln werde ich mein methodisches Vorgehen näher erläutern. Zunächst benenne ich diejenigen Indikatoren, die den Neo-Extraktivismus empirisch fassbar und die zweitens die Analyse verschiedener Komponenten des fiskalpolitischen Wandels in Ecuador möglich machen sollen (4.1). Damit werden Wirtschaftsstruktur und Entwicklungsmodell betreffende Rahmenbedingungen der Steuerpolitik während der *Revolución Ciudadana* empirisch herausgearbeitet.

Wie bereits einleitend dargestellt habe, wird unter Neo-Extraktivismus die Kombination eines schwerpunktmäßig auf dem Export von Primärgütern basierendes mit sozialpolitischen Fortschritten verbundenes Wachstumsmodell verstanden (Gudynas 2009; Burchardt 2014). Die Debatte um den Neo-Extraktivismus knüpft dabei an rentenstaatstheoretische Thesen über die Wirkung von so genannten *point-source non renewable resources* auf die politökonomische Entwicklung an, welche auch ein wichtiger Ausgangspunkt für die vorliegende – auf die ecuadorianische Fiskalpolitik fokussierte – Analyse sind (Karl 2004: 666, 667; Dunning 2008: 45; Peters 2014: 64).

Im Anschluss daran gehe ich auf die von mir gewählten Methoden zur Datenerhebung und - auswertung ein (4.2). Abschließend stelle ich die komparativen Elemente des Forschungsdesigns

[44] Beispielsweise aus dem Verkauf von Lizenzen für Mobilfunkbetreiber

vor, welches dieser Arbeit zugrunde liegt. Auch beschreibe ich hier die von mir genutzten methodischen Werkzeuge, die geeignet erscheinen, den dargestellten politischen Veränderungsprozess zu strukturieren und nachzuzeichnen (4.3).

4.1 Indikatoren für Neo-Extraktivismus und fiskalpolitischen Wandel

Die eingangs vorgestellte analytische Forschungsfrage beinhaltet verschiedene Prämissen, die durch den Blick auf spezifische Indikatoren überprüft werden können. Diese betreffen die Bedeutung des Neo-Extraktivismus in Ecuador und die Reichweite der fiskalpolitischen Veränderungen, insbesondere hinsichtlich des Steuersystems. Wie ich im Folgenden deutlich machen werde, besteht ein enger Zusammenhang zwischen beiden Themenkomplexen. Zu den diesbezüglich zentralen Indikatoren werde ich im Verlauf der vorliegenden Arbeit entsprechende statistische Daten präsentieren.

- In Abschnitt 4.1.1 diskutiere ich Indikatoren für die eingangs zu dieser Arbeit formulierte Prämisse, dass Ecuador während der Präsidentschaft Correas einen dezidiert neo-extraktivistischen Entwicklungspfad beschritten hat (vgl. Matthes 2012; Burchardt und Dietz 2014). Ich lege dar, dass diese Indikatoren in Ecuador in wichtigen Teilen durch die Effekte von Rohstoffeinnahmen, insbesondere von Erdöl, geprägt sind und nicht auf einer politisch angestrebten Fokussierung auf Rohstoffexporte beruht. Außerdem schenke ich auch Initiativen und konkreten Maßnahmen zur Überwindung der Rohstoffabhängigkeit Beachtung.
- Daran anschließend analysiere ich in Abschnitt 4.1.2 die wesentlichen quantitativen Daten zur Fiskalpolitik. Da mein analytischer Hauptfokus auf dem Steuersystem und seiner Verteilungswirkung liegt, gilt es – wie bereits in der deskriptiven Forschungsfrage formuliert – Indikatoren herauszuarbeiten, die Aussagen zu der Frage zulassen, inwieweit es im Kontext der *Revolución Ciudadana* gelungen ist, die Fiskal- und insbesondere die Steuerquote zu erhöhen und darüber hinaus ein progressiveres Steuersystem durchzusetzen.
- In Abschnitt 4.1.3 diskutiere ich schließlich Indikatoren für die Nachhaltigkeit der ecuadorianischen Fiskalpolitik während der *Revolución Ciudadana.*

Genutzte Datenquellen sind auf nationaler Ebene das nationale Statistikinstitut (*Instituto Nacional de Estádistica y Censos*, INEC), die Steuerbehörde SRI, das Ministerium für Wirtschaftskoordination, das Finanzministerium, das Sozialversicherungsinstitut und nicht zuletzt die ecuadorianische Zentralbank. Starke Verzerrungen der Daten, zum Beispiel durch falsche Angaben zur Inflation, sind zwar nicht zu erwarten, dennoch müssen Veränderungen berücksichtigt werden, die – in den offiziellen Statistiken vermerkt – etwa bei den Erhebungsmethoden oder Kategorisierungen vorgenommen wurden. Insgesamt können die offiziellen statistischen Daten in Ecuador als verlässliche Grundlage für die Analyse dienen. Darüber hinaus greife ich auf die von internationalen Organisationen – mit zum Teil unterschiedlicher ideologischer Ausrichtung – bereitgestellten Daten zurück: Hierzu gehören, unter anderem sowohl UNCTAD und CEPAL als auch IWF und Weltbank.

4.1.1 Indikatoren für Rentenstaatlichkeit und Neo-Extraktivismus

Nachdem ich die Relevanz von Neo-Extraktivismus und Rentenstaatlichkeit für Ecuador bereits in verschiedenen vorherigen Kapiteln verdeutlicht habe, geht es im Folgenden darum, Indikatoren für diese Phänomene herauszuarbeiten und ihre Relevanz für die Fiskal- und Steuerpolitik zu verdeutlichen. Ein häufig angeführter Indikator für Extraktivismus ist die Bedeutung der Primärgüterexporte an den Gesamtexporten (Matthes 2012; kritisch Schmalz 2013). Bezogen auf Ecuador handelt es sich hauptsächlich um Erdöl- aber auch um Agrarexporte. Allerdings ist die Bedeutung von Erdölförderung und primärem Sektor auch am Bruttoinlandsprodukt zu messen. Eine einseitige Fokussierung auf den Exportsektor erfasst nämlich logischerweise die gesamtwirtschaftliche Bedeutung dieses Wirtschaftssektors nicht adäquat. Der für die vorliegende Analyse zentrale Fokus der Rentenstaatsdebatte bezieht sich auf die Bedeutung der Rohstoffextraktion für die Staatsfinanzierung. Ein oft herangezogener Indikator ist hierbei der Anteil der Erdöleinnahmen an den Gesamteinnahmen des Staates.[45]

Als weiterer Indikator werden die Auswirkungen einer auf Primärgüterexporte ausgerichteten Wirtschaftsstruktur und die mangelnde Tiefe lokaler Wertschöpfungsketten mit einbezogen. Einnahmen aus Bergbau und Erdöl werden in Ecuador zum Teil im Rahmen von Förderverträgen von Privatfirmen abgeschöpft oder durch die staatlichen Firmen Petroamazonas (PAM-EP) und *Empresa Estatal Petroleos del Ecuador* (PETROECUADOR-EP) generiert. Diese staatlichen Einnahmen und auch weitere Rohstoffeinnahmen gelten in Ecuador als nicht-permanent, da die Erdölvorkommen begrenzt sind, sie werden folgerichtig nicht zu den Steuereinnahmen gerechnet.[46]

Als Indikator für die fiskalpolitische Bedeutung von Rohstoffeinnahmen bei der Staatsfinanzierung dient mir das Verhältnis zwischen Rohstoffeinnahmen des Staates und Bruttoinlandsprodukt einerseits und zu den Exporten andererseits. Der Anteil der Erdölexporte an den Gesamtexporten gibt daher Aufschluss über die Bedeutung des Erdöls für die Fähigkeit, externe Kredite zu bedienen.

---

[45] Gewiss können die Staatseinnahmen aus Erdöl unter Umständen durch die für den Staat günstigen Vertragsbedingungen erhöht werden: Ein daraus resultierender höherer Anteil an den Gesamteinnahmen des Staates soll daher hier nicht implizit als negative Entwicklung gewertet werden.
[46] Bis zur Neuverhandlung der Förderverträge bestand allerdings kurzzeitig eine Sondersteuer auf *Windfall Profits*.

Tabelle 1: Indikatoren für Neo-Extraktivismus

Wirtschaftsstruktur	Bedeutende Einnahmen durch nicht erneuerbarer Rohstoffe und nicht weiterverarbeitete Landwirtschaftsprodukte. Verarbeitender Sektor und wertschöpfungsstarke Teile des tertiären Sektors der Ökonomie wenig entwickelt.
Außenwirtschaftssektor	Hoher Anteil von Erdöl- und Agrarexporten an den Gesamtexporten. Ausländischen Direktinvestitionen konzentrieren sich auf den Rohstoffsektor.
Einnahmestruktur	Hoher Anteil der Erdöleinnahmen bei den Gesamteinnahmen des Staates
Rolle des Staates	Zentrale Rolle des Staatssektors bei Rohstoffausbeutung und Aneignung der Rohstoffrente
Nutzung der Einnahmen	Hohe Subventionierung fossiler Brennstoffe. Relativ hohe Sozialtransfers an ärmere Bevölkerungsgruppen werden geleistet.

Um eine adäquate Bewertung des fiskalpolitischen Umgangs mit Rohstoffeinnahmen und ihrer Bedeutung für die Stabilität der Staatsfinanzen vornehmen zu können, muss allerdings –bezogen auf die Ausgabenseite – unbedingt berücksichtigt werden, inwieweit die Einnahmen für laufende Ausgaben oder für Investitionen verwendet werden. Diesen entscheidenden Aspekt habe ich – ausgehend von einer post-keynesianisch geprägten Perspektive – bereits in Kapitel 3.1 herausgearbeitet. Im hier diskutierten Zusammenhang werde ich darauf noch zurückkommen.

4.1.2 Fiskalquote, Steuerquote und die Interpretation von Daten zur Steuerpolitik

Der Schwerpunkt meiner Analyse liegt auf der Fiskalquote, insbesondere aber auf der Steuerquote, wobei die Bedeutung anderer staatlicher Einnahmequellen nicht außer Acht gelassen wird. Die Steuerquote bezieht sich auf die Steuereinnahmen im Verhältnis zum Bruttoinlandsprodukt. Im hier diskutierten Kontext ist die Entwicklung binnenwirtschaftlicher Steuern, die durch die ecuadorianische Steuerverwaltung (SRI) auf nationaler Ebene eingezogen werden, von besonderem Interesse. Hinzu kommen Einnahmen aus lokalen Steuern. Für die fiskalpolitische Dynamik kann es auch von Interesse sein, wie sich diese Einnahmen inflationsbereinigt entwickeln. Denn gehen Einnahmen zum Beispiel aufgrund einer Wirtschaftskrise zurück, so kann dies auch dann zu einem Problem für den Fiskus werden, wenn beispielsweise die Steuerquote, gemessen am BIP, nicht gesunken ist.[47] Die Fiskalquote beinhaltet – über die Steuereinnahmen im engeren Sinne hinaus – auch die Zoll- und Sozialversicherungseinnahmen.[48] Ein wichtiger Unterschied

[47] Ende der 1990er Jahre konnte in Ecuador die Steuerquote – ausgehend von einem niedrigen Niveau – deutlich gesteigert werden, um die Zahlungsunfähigkeit des Landes zu verhindern, was letztlich jedoch nicht gelang. Angesichts des starken wirtschaftlichen Einbruchs bedeutete die Erhöhung der Steuerquote zunächst auch keine nominelle Einnahmeerhöhung (siehe Kapitel 5.5).

[48] Daneben können Staaten über eine Reihe weiterer Einnahmen verfügen, die keine Steuern sind: Als Beispiel sind Briefmarken, verschiedenste Gebühren, oder auch Einnahmen aus Staatsfirmen zu nennen (Lieberman 2002: 96).

ist hierbei, dass diese Zahlungen der Finanzierung bestimmter Ziele – Renten und Gesundheitsversorgung – dienen (Krätke 1986; Lieberman 2002: 102).

Die Betrachtung der Staatsquote lenkt den Blick darüber hinaus auf die Bedeutung von Rohstoffexporten, Staatsunternehmen und Konzessionen, für die es meist nur wenig administrativen Aufwands bedarf. Einnahmen aus Staatsfirmen, nicht aber Privatisierungsgewinne, können somit in vergleichenden Studien als Ersatz für Steuereinnahmen verstanden werden (Favelle-Aymar 1999: 402). Die Grundidee ist dabei, dass staatliche Einnahmen aus Privatisierungserlösen durch den Verkauf staatlicher *Assets* lediglich vorübergehend zu größerer staatlicher Liquidität führen, bei deren Nutzung für konsumtive Ausgaben aber letztlich sogar eine Verringerung des vorhandenen staatlichen Eigentums nach sich ziehen.[49] Diese genannten Indikatoren sollen im Folgenden durchaus Berücksichtigung finden, gleichwohl konzentriere ich mich bei der Analyse der politischen Auseinandersetzungen auf die ecuadorianische Steuerpolitik während der *Revolución Ciudadana.*

In meiner Analyse des Steuersystems unterscheide ich zwischen direkten und indirekten Steuern. Dabei folge ich der Einteilung der ecuadorianischen Steuerbehörde, die wegen ihrer positiven Verteilungswirkung auch die Devisenausfuhrsteuer *Impuesto a la Salida de Devisas* (ISD) zu den direkten Steuern zählt. Ansonsten gilt das Grundprinzip, dass die Unterscheidung zwischen den beiden Kategorien von Steuern darin liegt, dass erstere schwerpunktmäßig von jenen getragen werden, die sie an die Finanzbehörden entrichten, während die Kosten im zweiten Fall größtenteils von den Firmen auf die Verbraucher übertragen werden (Lieberman 2002: 105).

Ein Teil dieser Auseinandersetzungen bezieht sich auf den Grad der Steuerprogression, also auf die Frage, inwiefern mit dem Ansteigen der Höhe des Einkommens auch die prozentuale Belastung durch Besteuerung ansteigt. Dies bedeutet, dass mit der Höhe des Einkommens nicht nur die Gesamtsumme der zu zahlenden Steuern, sondern auch ihr Anteil an den Gesamteinnahmen steigt. Dieses Prinzip ist vor allem bei persönlichen Einkommens- sowie Vermögens- und Erbschaftssteuern wirksam. Bei Unternehmenssteuern besteht dieses Progressionsprinzip nicht. Das Eigentum an Unternehmen ist in Ecuador aber stark auf die Einkommens- und Vermögenseliten konzentriert, so dass Unternehmenssteuern ebenfalls eine positive Verteilungswirkung attestiert werden kann. Daher gehe ich hinsichtlich der Erhöhung von faktisch gezahlten Unternehmenssteuern ebenfalls von einem positiven Verteilungseffekt aus.

Der abnehmende Grenznutzen für die Einkommensbezieher*innen bietet ein Argument für ein progressives Steuersystem, in dem die besser Verdienenden auch mehr Steuern zahlen müssen – und so zu vertikaler Gleichheit beigetragen wird. Dagegen zielt horizontale Gleichbehandlung

[49] Einnahmen von Staatsfirmen können auf Erfolge am Markt, aber auch auf die Ausnutzung von Monopolpositionen zurückzuführen sein. In diesen Fällen handelt es sich um Quasi-Steuern. Staatsfirmen können aber auch umgekehrt dafür genutzt werden, monetär nicht rentable Leistungen zu erbringen, so dass es für ihre Finanzierung staatlicher Zuschüsse bedarf. Sofern Einnahmen generiert werden, folgt daraus zweifellos eine bedeutendere ökonomische Rolle des Staates, nicht aber automatisch *State Capacity* im Sinne jener Überzeugungs- und Durchsetzungsfähigkeit, die für das Erzielen von Steuereinnahmen nötig ist (Favelle-Aymar: 403; Lieberman 2002; 97).

darauf ab, dass derjenige, der über gleiche ökonomische Ressourcen verfügt, auch in gleicher Weise zur Steuerzahlung herangezogen werden soll. Dies aber kann durch gesetzliche Ausnahmeregelungen sowie Steuervermeidung- und Steuerhinterziehung leicht unterlaufen werden (ebd.). Dabei kann außerdem davon ausgegangen werden, dass Abschreibungsmöglichkeiten und Steuerschlupflöcher in erster Linie von Unternehmen und Beziehern hoher Einkommen genutzt werden, ihre Verunmöglichung bzw. Schließung sich daher auch positiv auf die vertikale Gleichheit auswirkt (Gómez Sabaini und Jiménez 2012: 32).

Importzölle haben ähnliche Charakteristika wie Verbrauchssteuern bzw. indirekte Steuern, da die Kosten letztlich von den Konsumenten getragen werden. Allerdings ist hier zu beachten, dass der Schutz und der Aufbau heimischer Industrien oftmals der Grund für Zölle ist. Das Problem der Regressivität kann unter Umständen durch die Fokussierung auf die Besteuerung von Luxusgütern ausgeglichen werden und wird hier im jeweiligen Kontext zu betrachten sein (Lieberman 2002: 99). Die negative Korrelation zwischen dem Anteil der Zolleinnahmen an den Staatseinnahmen und dessen Entwicklungsstand zeigt, dass die Höhe der Zolleinnahmen kein guter Indikator für staatliche Macht und staatliche Fähigkeiten ist (Lieberman 2002: 103; vgl. Chang 2014: 189-190). Chang und Grabel (2014: 198) argumentieren, dass Handels- und Finanzliberalisierungen nur dann durchgeführt werden sollten, wenn Einnahmeausfälle ersetzt werden können. Zölle sind jedoch meist leichter zu erheben, da hier die Kontrolle zentraler Häfen und Grenzübergänge ausreicht und diese nicht leicht umgangen werden kann.

Insbesondere in Bezug auf Unternehmenssteuern ist auch bei direkten Steuern zu beachten, wer diese letztlich zu tragen hat und inwieweit es Unternehmen gelingt, die Kosten höherer Unternehmenssteuern auf Arbeitnehmer und Verbraucher abzuwälzen (Bird und Zolt 2015). Es kann daher argumentiert werden, dass persönliche Einkommenssteuern in stärkerem Maße zu Verteilungsgerechtigkeit beitragen. Steuern auf Eigentum und Vermögen können darüber hinaus als Indiz für die Durchsetzungsfähigkeit einer Regierung gegenüber Wirtschaftseliten betrachtet werden. Letztere spielen aber in Ecuador eine untergeordnete Rolle für die Gesamtsteuereinnahmen und werden in erster Linie auf lokaler Ebene erhoben, während der Kampf für niedrige Unternehmenssteuern ein zentrales Anliegen von Wirtschaftsverbänden ist (vgl. Lieberman 2002: 100). Die Quote subnationaler Steuern und Abgaben beziehe ich in meine Untersuchung ebenfalls mit ein, wenngleich eine tiefe Analyse der lokal wirksamen Dynamiken und Auseinandersetzungen den Rahmen dieser Arbeit sprengen würde. Mich interessieren diese Einnahmen als Hinweise darauf, inwieweit die subnationale Ebene dazu in der Lage ist, Aufgaben unabhängig von Transfers durch den Zentralstaat zu finanzieren und welche Schlussfolgerungen hieraus in Bezug auf die innerstaatlichen und politischen Kräfteverhältnisse zwischen nationaler und subnationaler Ebene zu ziehen sind (Lieberman 2002: 108, 109).

Tabelle 3: Staatseinnahmen und steuerpolitische Indikatoren

Staatseinnahmen	Die Staatsquote umfasst die Gewinne staatlicher Firmen, Rohstoffeinnahmen und Steuereinnahmen.
Fiskalquote	Die Fiskalquote ergibt sich aus der Höhe der Steuereinnahmen auf nationaler und subnationaler Ebene, den Zolleinnahmen (bzw. Steuern auf Außenhandel) und den Einnahmen aus Sozialversicherungsbeträgen im Verhältnis zum Bruttoinlandsprodukt. Nicht enthalten sind hier beispielsweise Gewinne von Staatsunternehmen.
Steuerquote	Hierzu gehören die auf nationaler Ebene erhobenen Steuern und Zolleinnahmen und die subnational erhobenen Steuern.
Steuerarten	Zu unterscheiden ist zwischen direkten und indirekten Steuern. Erstere, zu denen Einkommens-, Vermögens- und Unternehmenssteuern zählen, tendieren zu einer positiven Verteilungswirkung. Zu dieser Kategorie wird entsprechend der ecuadorianischen Statistiken auch die Devisenausfuhrsteuer gerechnet. Indirekte Steuern sind hingegen meist regressiv und belasten überproportional die mittleren und unteren Schichten. Dies kann durch Ausnahmen für Güter des täglichen Bedarfs und durch eine höhere Besteuerung von Luxusgütern teilweise ausgeglichen werden.
Progression und Verteilungswirkung	Besonders die persönliche Einkommenssteuer sowie die Erbschafts- und Vermögenssteuern haben ein starkes Umverteilungspotenzial. Angesichts einer starken Konzentration des Betriebsvermögens und privater Renteneinnahmen, ist in Ecuador auch bei Unternehmenssteuern von einer positiven Verteilungswirkung auszugehen. Dies gilt insbesondere bei progressiven Tarifen.
	Quelle: Eigene Recherche und Darstellung

4.1.3 Fiskalpolitische Stabilitäts- und Nachhaltigkeitsindikatoren

An die bereits in Kapitel 3.1 geführte Diskussion um Kriterien für Stabilität und Nachhaltigkeit in der Fiskalpolitik – vor allem im Kontext von Dollarisierung und Rohstoffabhängigkeit – anknüpfend, werde ich hierfür im Folgenden messbare Indikatoren benennen.

Aus der neoliberalen Perspektive ist die Begrenzung von Staatsausgaben oberstes Gebot (ebd. 2014: 189), weswegen Haushaltsdefizite aus zwei Gründen stets zu vermeiden sind: Erstens wird Inflation befürchtet, zweitens wird in öffentlichen Investitionen durch den so genannten *Crowding-Out* Effekt ein Hemmnis für private Investitionen gesehen. In der hier vorgelegten, auf Ecuador bezogenen Analyse, ist allerdings von einer nicht vollständigen Auslastung der Produktionsfaktoren auszugehen, so dass staatliche Investitionen hier nicht als Gefahr für private Investitionen zu betrachten sind, sondern als potentielle Grundlage für private wirtschaftliche Aktivitäten. Es stellt sich darum hier die Frage, inwiefern staatliche Investitionen in bessere Produktionsvoraussetzungen und öffentliche Nachfrage nicht sogar einen *Crowding-In* Effekt zur Folge haben, also als Grundlage für private Folgeinvestitionen dienen können. Ein Ziel der Analyse ist es somit, der neoliberalen wie auch der rentenstaatstheoretischen Ausgangsprämisse argumentativ entgegenzutreten, die besagt, dass in rohstoffabhängigen Staaten eine hochpolitisierte Wirtschaftspolitik dazu führe, dass regierungsoffizielle, politische Unterstützung mit staatlichen Ausgabenprogrammen erkauft werde, die – ökonomische Aspekte letztlich außer Acht lassend – auf gesellschaftliche Schlüsselgruppen ausgerichtet sei (Chang und Grabel 2014: 188). Dem soll eine differenzierte und kontextsensible Betrachtung der ecuadorianischen Fiskalpolitik entgegengestellt werden.

In der nun folgenden Tabelle werde ich daher zentrale fiskalpolitische Indikatoren benennen. Im Anschluss folgt eine Orientierung bezüglich ihrer kontextsensiblen Interpretation.

Tabelle 4: Indikatoren für fiskalpolitische Nachhaltigkeit

Staatsverschuldung	Die Nettoverschuldung des öffentlichen Sektors birgt keine besonderen Risiken. Mit besonderen Risiken verbundene externe Schulden bleiben begrenzt.
Neuverschuldung	Die Höhe der Kreditaufnahme ist dem Finanzierungsbedarf angemessen und die Zinsrate auf einem möglichst niedrigen Niveau.
Öffentliche Investitionen	Diese Investitionen sind von anderen staatlichen Ausgaben zu unterscheiden, da hier neues öffentliches Eigentum entsteht.
Nutzung von Rohstoffeinnahmen, Krediten und Privatisierungserlösen	Einnahmen aus diesen Quellen werden zur Finanzierung von Investitionen genutzt. Laufende Ausgaben sind von volatilen und einmaligen, bzw. endlichen Einnahmen entkoppelt.
	Quelle: Eigene Recherche und Darstellung

Eine weitere Herausforderung, die eines differenzierten Umgangs bedarf, ist die staatliche Kreditaufnahme. Ohne das Problem einer chronischen Schuldenfinanzierung staatlicher Ausgaben negieren zu wollen (siehe hierzu Boeckh 2011), muss jedoch berücksichtigt werden, dass nicht anzunehmen ist, dass eine Senkung der Staatsausgaben in wirtschaftlichen Krisenzeiten – quasi selbstregulierend – durch höhere Ausgaben des Privatsektors aufgefangen würde. Eine erwartbare, gesamtwirtschaftliche Abwärtsspirale ist dagegen ein weit wahrscheinlicheres Szenario (vgl. Chang und Grabel (2014: 191). Angesichts des in Ecuador stark durch Erdöl- und andere Primärgüterexporte geprägten Außenhandels und der im Jahr 2000 erfolgten Dollarisierung, welche eine Stabilisierung der Außenhandelsbilanz durch Währungsabwertung[50] unmöglich macht, dienen somit externe Kredite und ausländische Direktinvestitionen kurzfristig einer Stabilisierung der Wirtschaft und stellen die nötige Liquidität bereit. Allerdings muss in Kauf genommen werden, dass sie mit zukünftigen Finanzabflüssen ins Ausland verbunden sind[51].

[50] Hierdurch besteht die Gefahr, dass bei stärkeren Preissteigerungen ecuadorianischer Produkte durch die – von Ecuador nicht zu beeinflussende – Dollaraufwertung bedingt, diese auf dem Weltmarkt weniger nachgefragt werden, während die Importe steigen. Sachs und Larrain (1999) konstatieren zudem, dass *Commodity*-Exporteure besonders scharfen Schocks in ihrem Außenhandel ausgesetzt sind und den Kriterien für eine sinnvolle Dollarisierung am wenigsten entsprechen.

[51] Ein im Falle Ecuador wichtiger, stabilisierender Faktor sind die Geldüberweisungen ecuadorianischer Migranten.

Wie in Kapitel 3.1 bereits aus theoretischer Perspektive dargelegt, ist die Verwendung von Krediten in der Analyse ihrer Nachhaltigkeit entscheidend. Aus der hier vertretenen Nachhaltigkeitsperspektive kommt es also darauf an, dass der Schuldenaufnahme oder der Veräußerung staatlichen Eigentums mindestens in gleicher Höhe öffentliche Investitionen gegenüberstehen (Eicker-Wolf und Himpele 2011: 198; Truger und Will 2012). Ein wichtiger Nachhaltigkeitsindikator ist dabei, dass laufende Ausgaben (möglichst) auch durch laufende, nicht-endliche Einnahmen finanziert werden, also weder durch Rohstoffeinnahmen und Privatisierungserlöse noch durch öffentliche Kreditaufnahme (vgl. Flassbeck und Panizza 2008; Dávalos G. 2012). Diese Regel soll hier nicht für alle Kontexte und Zeiten verabsolutiert werden, da dies einem rein finanzbuchhalterischen Kategorien folgenden Nachhaltigkeitsverständnis Vorschub leisten würde.[52]

4.2 Datenerhebung und Auswertung

Die im vorhergehenden Unterkapitel herausgearbeiteten sozioökonomischen und fiskalpolitischen Indikatoren lassen sich auf Basis quantitativer Daten bestimmen. Mit Bezug auf die analytische Forschungsfrage bedarf es aber einer Ergänzung durch weitere quantitative Umfragedaten. Auch sind Informationen aus den Kommunikationsmedien heranzuziehen, die dabei helfen, das Verhältnis von Staat und Bürger*innen besser nachzuvollziehen.

4.2.1 Zur Nutzung quantitativer Daten

Quantitative Daten zu den in Kapitel 4.1 genannten Indikatoren erhalte ich aus nationalen Statistiken der Zentralbank und der zuständigen Ministerien sowie von internationalen Organisationen.[53] Um Veränderungsprozesse nachvollziehen zu können, greife ich außerdem auf Daten des *Latinobarómetro* und anderer Umfrageinstitute zurück, wodurch ich Hinweise auf die Akzeptanz erhalte, die der Staat als zentraler Entwicklungsakteur in der ecuadorianischen Bevölkerung, bzw. bei verschiedenen Bevölkerungsgruppen genießt: Hierzu zählt u.a. die Zufriedenheit mit den öffentlichen Institutionen, der Grad des Vertrauens in die Regierung und die Einstellung zu Privatisierungen. Angesichts der besonderen Bedeutung des Unternehmenssektors für die Fähigkeit des Staates, Steuern zu erheben, greife ich außerdem auf Informationen des vom *World Economic Forum* herausgegebenen *World Competitiveness Report* zurück, der auf einigen harten Daten zur Wirtschaft und Infrastruktur der untersuchten Länder beruht und daneben weitgehend auf der im *Global Executive Survey* erhobenen Perzeption von Unternehmensmanagern (vgl.

[52] So verstanden, wären staatliche Investitionen grundsätzlich gut und zukunftsorientiert, laufende Ausgaben hingegen ein Zeichen für Verschwendung. Demzufolge wäre der Bau von Schulen zu begrüßen, die Finanzierung der Lehrkräfte aber problematisch. Gerade dieses Beispiel zeigt, dass auch nicht-investive Ausgaben durchaus nachhaltige und positiv gesamtgesellschaftliche Effekte haben können.

[53] Zu nennen sind hier die CEPAL, Weltbank und IWF, ebenso wie die OECD.

WEF 2006-2015). Das *Global Executive Survey* gibt wichtige Hinweise auf die – in den Wirtschaftseliten dominanten – Haltungen, kann aber nicht als repräsentative Umfrage gelten. Dieses *Survey* betrachtet allerdings nicht die Einstellungen der Wirtschaftseliten insgesamt, da es gezielt lediglich das Management von Unternehmen in Betracht nimmt und nicht andere Bezieher hoher Einkommen oder anderweitig Vermögende. Dennoch hilft es als wichtiger Indikator für die in dieser Analyse zu machenden Aussagen, da in Ecuador die Körperschaftssteuer die Bedeutung der persönlichen Einkommenssteuer bei Weitem übertrifft und starke Überschneidungen zwischen Management und Eigentum charakteristisch sind.[54]

Die Daten des *Latinobarometro* sind für die Gesamtbevölkerung repräsentativ. Es müssen bei deren Validität allerdings Abstriche gemacht werden: Beispielsweise bedürfen Fragen nach der Einstellung zur Höhe der steuerlichen Belastung oder der Zufriedenheit mit den Sozialausgaben einer Reihe konzeptioneller Befragungsvoraussetzungen, die nicht immer als grundsätzlich gegeben angenommen werden können. Dennoch sind die subjektiven Einschätzungen und Wahrnehmungen in der Bevölkerung für die steuerpolitischen Auseinandersetzungen durchaus von Bedeutung. Trotz der oben benannten einschränkenden Aspekte bietet somit die Kombination beider Datensätze, die zudem durch die Erhebung qualitativer Daten ergänzt wird, eine gute Grundlage für einen differenzierten Einblick in steuerpolitische Positionen und ermöglicht fundierte Aussagen über das Verhältnis von Staat und Gesellschaft.

4.2.2 Zur Erhebung qualitativer Daten

Neben den verfügbaren, oben benannten quantitativen Daten ist die Erhebung qualitativer Daten durch die Befragung von Expert*innen und Stakeholder*innen unerlässlich, um Informationen über die Akzeptanz für Reformstrategien der Regierung, über die Perspektiven und Handlungsoptionen politischer Akteure und über den Verlauf politischer Prozesse zu erhalten.

Die hier dargestellte qualitative Erhebung hat beim Herausarbeiten von Hintergrundinformationen, die die politische Positionierung sowie die strategische Ausrichtung und Handlungsorientierung von wichtigen soziopolitischen Akteuren betreffen, eine bedeutsame Rolle gespielt. Die gewonnenen Informationen waren überaus erkenntnisreich und schufen für die Beantwortung der analytischen Forschungsfrage dieser Arbeit eine gewichtige Grundlage.

Für die qualitative Erhebung habe ich während meiner Forschungsaufenthalte in Ecuador zwischen Oktober 2014 und März 2015 und nochmals im Juni 2016 ausführliche, leitfadengestützte Interviews mit insgesamt 43 Expert*Innen und Stakeholdern geführt. Einige für die Forschung

[54] Ältere Analysen zu ecuadorianischen Wirtschaftseliten stützen die These von der großen Kongruenz zwischen Eigentums- und Management-Ebene. Die Interviews mit Vertretern von Wirtschaftskammern zeigen eine fortwährende Tendenz, den eigenen Status, nicht nur als Verbandsvertreter, sondern auch als Unternehmenseigner zu betonen. Die spezifischen Indikatoren hierzu werde ich meiner Analyse des Veränderungsprozesses in Kapitel 8 voranstellen.

wichtige Personen interviewte ich in beiden Feldforschungsaufenthalten (vgl. Helfferich 2014: 560). Die Befragung mit Hilfe von Leitfäden hat es ermöglicht, die Subjektperspektive und «Sinndeutungen» der Befragten auf die im Rahmen der vorliegenden Analyse erörterten Politikfelder zu erschließen (vgl. Diekmann 2010: 531). Die jeweiligen Meinungs- und Handlungsbegründungen und auch die Situationsdeutungen der Stakeholder*innen-Gruppen wurden bei der Interview-Auswertung auf ihren ideologischen Gehalt und ihre Realitätsangemessenheit hin untersucht (Witzel 1985: 3). Diese – wissenschaftlichen Methoden verpflichtete – Vorgehensweise impliziert auch, dass die jeweiligen Äußerungen der Interviewpartner*innen nicht einfach vorbehaltlos angenommen werden: Sie sind der jeweils eigenen theoretischen Ausgangsbasis gegenüberzustellen und auch durch vorliegende statistische Daten zu verifizieren oder zu falsifizieren. (ebd. 6).

Die Möglichkeiten, mit Hilfe leitfadengestützter Interviews als Erhebungsinstrument harte Fakten zu gewinnen (vgl. Kaiser 2014: 35) sind differenziert zu betrachten. Einerseits ist auf der Ebene von Verfahrenswissen, zum Beispiel in Bezug auf die Vorbereitung von Reformen zwischen verschiedenen Institutionen, durchaus zu erwarten, dass Gespräche mit den entsprechenden Akteuren die unverfänglichen, routinemäßigen Abläufe möglichst unverfälscht wiedergeben und damit einen Zugang zu Informationen gewähren, die öffentlich kaum zugänglich sind. In anderen Fällen handelt es sich bei der Nennung von Daten aber um subjektive Einschätzungen und politische Positionierungen der jeweiligen Befragten, deren Relevanz sich aus der daraus deutlich werdenden Haltung zu Fragen wirtschaftlicher Entwicklung, der Steuerpolitik oder möglichen Bündnisoptionen mit anderen Akteuren ergibt. Durch die Interviews nutze ich – über dieses Betriebswissen hinaus – Kontext- und Deutungswissen der Befragten zu den Rahmenbedingungen, Zwängen und Interessenstrukturen bezüglich der von der Regierung Correa durchgeführten Fiskal- und Steuerpolitik. Durch die zwar subjektiven, aber aufschlussreichen und mitunter auch einflussreichen Sichtweisen und Interpretationen von wichtigen Interviewpartner*innen zu steuerpolitischen Themen, sind Erkenntnisse möglich, die für meine Analyse durchaus relevant sind (Kaiser 2014: 44).

Ich gehe nun zunächst auf die getroffene Auswahl der Interviewpartner*innen ein. Die Interviews wurden sowohl mit Akteuren in Exekutive und Legislative als auch mit Vertretern*innen gesellschaftlicher Interessengruppen wie Arbeitgeberverbänden, Gewerkschaften und sozialen Bewegungen geführt. Dieses *Sampling* zielte darauf ab, ein möglichst differenziertes Bild fiskal- und steuerpolitischer Perspektiven und diesbezüglicher politischer Handlungsstrategien zu gewinnen. Die ausgewählten, in verschiedenen gesellschaftlichen Sektoren verankerten Interviewpartner*innen konnten somit jeweils Unterschiedliches zu dem Gesamtpuzzle des Forschungsbereiches beitragen.[55] Die ergänzende Recherche in Kommunikationsmedien und wissenschaftlichen Analysen soll eine über die Interviewauswertung hinausgehende Annäherung an

[55] Mit Heiner Flassbeck wurden Plausibilisierungsgespräche für ökonomische Fragen geführt (Kaiser 2014: 35).

die soziale Verteilung von Sichtweisen auf die durchgeführte Fiskal- und Steuerpolitik ermöglichen. Bei der Betrachtung historischer Referenzperioden, auf die ich bei der Darstellung des fiskalpolitischen Wandels Ecuadors mit Hilfe komparativer Methodik eingehen werde, greife ich vorwiegend auf Sekundärquellen zurück. Die im Rahmen meiner Feldforschung ausgewählten Vertreter*innen von Stakeholder*innen-Gruppen entsprechen weitgehend der von Littig (2009: 107) vorgeschlagenen Definition. Er sieht sie als Experten, deren Besonderheit es sei, dass ihr Wissen einerseits zumindest prinzipiell einen praktischen gesellschaftspolitischen Effekt hat und es andrerseits die Handlungsfreiheit anderer gesellschaftlicher Gruppen signifikant einschränkt. Allerdings ziehe ich die Bezeichnung ‚Stakeholder*innen' bezogen auf die Interviews mit politischen Amtsträgern und Verbandsvertretern vor, da der Expertenbegriff ein besonderes Fachwissen über das spezifische Feld der Befragung, hier der Steuerpolitik, suggeriert, welches bei meiner Personenauswahl für die Interviews aber kein ausschlaggebendes Auswahlkriterium war.

Die Interviews beziehen sich auf inhaltliche Positionen zur Fiskal- und Steuerpolitik, ebenso wie auf politische Strategien und Handlungsoptionen der genannten Akteure. Ergänzend habe ich Sozial- und Wirtschaftswissenschaftler*innen mit für meine Analyse relevanten Kenntnissen befragt. Die Interviewpartner*innen wurden nicht allein wegen ihres steuer- und fiskalpolitischen Fachwissens ausgewählt, sondern auch wegen ihrer interpretativen Kenntnisse (wissen warum) und ihres Wissens über den politischen Prozess (wissen wie) (vgl. Littig 2009: 107). Während die befragten Stakeholder*innen – und insbesondere Repräsentanten aus Exekutive und Legislative – Träger von Gestaltungsmacht sind, also Probleme definieren und Lösungswege vorzeichnen können, steht bei den genannten Sozial- und Wirtschaftswissenschaftler*innen die Interpretationsmacht im Vordergrund. Dies betrifft ihre Fähigkeit, signifikante Begriffe und Konzepte für die Interpretation, Legitimation oder Konfrontation mit sozialen Phänomenen und spezifischen Entscheidungen in die politische Auseinandersetzung einzubringen (vgl. Littig 2009: 107).

Die von mir vorgenommene Vorstrukturierung der Fragen ist als geeignete Methode ausgewiesen, um die Gespräche auf das für die Analyse wichtige Expertenwissen fokussieren zu können (Wassermann 2015: 57). Die Vorbereitung der Interviews erfolgte durch die Sichtung theoretischer und landesspezifischer Publikationen aus Wissenschaft und Nachrichtenmedien, sowie durch Bezugnahme auf Äußerungen und Stellungnahmen der Interviewpartner oder der durch sie repräsentierten Organisationen (Wassermann 2015: 59). Um eine spätere Vergleichbarkeit der Stakeholder*inneninterviews gewährleisten zu können, habe ich Leitfäden ausgearbeitet, die von einem gleichen Grundmuster ausgehen. Darüber hinaus wurden diese Leitfäden auf Basis vorhergehender Literaturrecherchen derart gestaltet, dass auch sektorspezifische Fragestellungen aufgegriffen werden konnten und die Fragen möglichst an den jeweiligen Erfahrungshintergrund der Stakeholder*innen und Expert*innen anpassbar waren (Gläser und Laudel 2010: 116).

Durch dieses individualisierte Befragungskonzept wurde den Interviewpartnern – entsprechend der Empfehlungen von Littig (2009: 105) – ein starker Einfluss auf den Gesprächsverlauf und das Setzen eigener Schwerpunkte ermöglicht, ohne dass das Forschungsinteresse aus dem Blick geriet. Als Beispiel mag im diesem Zusammenhang dienen, dass eine Steuer auf ländlichen Grundbesitz bei Indigenen- und Bauernverbänden eine größere Rolle spielt als bei Gewerkschaften.

Um die nötige Offenheit für neue im Feld gewonnene Erkenntnisse zu gewährleisten, wurden die Fragen auf Grund der Aussagen von Befragten fortlaufend während der Feldforschung angepasst.[56] Dadurch konnte auf die Besonderheiten der Expert*innen und Stakeholder*innen eingegangen werden. Durch diese konzeptionelle Vorgehensweise können beispielweise einem Vertreter eines Branchenverbandes Fragen zu sektorspezifischen Forderungen gestellt werden, die auf Aussagen bereits geführter Interviews beruhte. In der Folge kann man sie von weiteren Expert*innen und Stakeholder*innen[57] diskutieren lassen (Wassermann 2014: 58).

Der erstellte Leitfragebogen umfasste daher die wichtigen, aus der Literatur und aus bereits durchgeführten Interviews bekannten Themenfelder, ermöglichte aber auch eigene Schwerpunktsetzungen der Interviewpartner und narrative Passagen (Wassermann 2015: 57-58). Das bereits umrissene *Sampling* zielt darauf ab, Perspektiven der Vertreter von Regierung und Opposition, Wirtschaftseliten und so genannten *Sectores Populares* in die Analyse einzubeziehen. Die Recherche in Kommunikationsmedien und wissenschaftlichen Analysen soll eine über die Interviewauswertung hinausgehende Annäherung an die soziale Verteilung von Sichtweisen auf die Fiskal- und Steuerpolitik ermöglichen. Bei der Betrachtung historischer Referenzperioden, auf die ich bei der Darstellung des fiskalpolitischen Wandels mit Hilfe komparativer Methodik eingehen werde, greife ich in erster Linie auf Sekundärquellen zurück.

4.2.3 Zur Datenauswertung

Ich gehe davon aus, dass mir erst das Zusammenspiel unterschiedlicher qualitativer und auch quantitativer Methoden eine angemessene Betrachtung des Forschungsthemas im Sinne einer *Triangulation* erlaubt (Diekmann 2010: 543). Die qualitative Forschung dient als Grundlage einer Analyse, die komplementär zu strukturellen Faktoren und quantitativen Daten auch die Perspektiven und Handlungsoptionen der gesellschaftlich-politischen Akteure einbezieht. Daher sind Datenerhebung und -auswertung auch nicht schematisch voneinander getrennt, sondern befruchten sich in einem zirkulären Prozess gegenseitig (vgl. Flick 1996).[58] Bei der Interviewauswertung der Experten*innen-Interviews orientiere ich mich an der in den Politikwissenschaften weit verbreiteten thematischen Inhaltsanalyse (vgl. Kaiser 2014: 89). Durch diese thematische

[56] Aufgegriffen habe ich dabei Aussagen zu Abstimmungsprozessen und Aufgabenteilung zwischen Ministerien und Behörden oder zur Kooperation zwischen Branchen- und Dachverbänden sowie lokalen Wirtschaftskammern oder Beziehungen zwischen unterschiedlichen Organisationen der *Sectores Populares*.

[57] So können Anhaltspunkte dafür herausgearbeitet werden, inwiefern die Einschätzung und Positionierung von anderen Akteuren geteilt wird.

[58] Hierzu dient das Nachhören der vorangegangen Interviews zur Vorbereitung weiterer Gespräche, sowie die Literatur- und Nachrichtenrecherche auf Basis des Interviewmaterials. Für Letzteres habe ich die Interviews in einem ersten Schritt zusammengefasst und zentrale Informationen als Ausgangsbasis für weitere Forschung herausgefiltert.

Analyse der Interview-Transkripte sollen wichtige Themen herausgearbeitet und auf die Fragestellung bezogen werden (Deutschmann 2014: 98). In Anlehnung an Flick (1996), Deutschmann (2014) und Kaiser (2014) gliedert sich der thematische Analyseprozess in folgende Phasen:

Zunächst werden Fallanalysen erstellt, entsprechend dem Prinzip des thematischen Kodierens von Interviewmaterial nach Flick (1996). Dazu werden die Aussagen der verschiedenen Interviewpartner*innen in Bezug auf zentrale Charakteristika zusammengefasst. Es geht dabei erstens um deren Sicht auf die Fiskal- und Steuerpolitik im weiteren Kontext der Entwicklung Ecuadors sowie zweitens um ihre Handlungsoptionen und Strategien zur Durchsetzung eigener Ziele. Die aus den Interviews generierten Informationen dienen einer Annäherung an die soziale Verteilung der Sichtweisen. Sofern dies möglich ist, ergänze ich die aus den Interviews generierten Daten mit Informationen aus Nachrichtenmedien und sozialwissenschaftlichen Analysen. Die Nutzung der genannten Quellen dient auch zur Durchführung einer weiten Kontextanalyse, in deren Rahmen ich zusätzliches Material über die jeweiligen Interviewpartner und die von ihnen repräsentierten Interessengruppe heranziehe (Diekmann 2008: 608f.). Darüber hinaus dient dieses methodenpluralistische Vorgehen dazu, die „grundlegende Beschränkung in der Datenerhebung, die darin besteht, dass solche Interviews zwar häufig relevante, aber nicht immer vollständigen Informationen bieten“ (Kaiser 2014: 111), durch die gezielte Hinzunahme weiterer Quellen auszugleichen.

Durch dieses Vorgehen sollen grundlegende Positionierungen und Mechanismen aufgezeigt werden, die dadurch von den im Kontext kurzfristiger politischer Konjunkturen gemachten Aussagen getrennt werden können.[59] Die hierbei vorgenommene Erweiterung der Datenbasis unterscheidet sich von der weiten gefassten Explikation in Anlehnung an Mayring (2007), da sich ihr Ziel nicht darauf beschränkt, ein besseres Verständnis des Interviewmaterials zu erhalten, sondern darauf abzielt, zu klären, „ob das dort angesprochene, aber nicht vollständig charakterisierte Phänomen für unsere Analyse von weiterer Bedeutung ist oder nicht.“ (Kaiser 2014: 111)

Im Anschluss an die Transkription streiche ich die nicht relevanten Passagen der Interviews. Danach paraphrasiere ich die relevanten Teile der Interviews und fasse sie sinngemäß zusammen. In diesem Arbeitsschritt werden die bis dahin spanischsprachigen relevanten Bestandteile der Interviews ins Deutsche übertragen. An die nun vorliegenden Texte, die jetzt ohne Redundanzen und Aussagen ohne fragespezifischen Informationsgehalt nutzbar sind, (vgl. Kaiser 2014: 107) werden zur Kodierung so genannte W-Fragen gestellt (Flick 1995). Diese Fragen sind allerdings, anders als beim offenen Kodieren, am bereits formulierten, theoriegeleiteten Erkenntnisinteresse

[59] Hintergrund ist, dass die Nutzung qualitativer Interviews zur Analyse politischer Prozesse zwar die Möglichkeit bietet, auch nicht-öffentlich kommunizierte Beweggründe und Positionierungen aufzuspüren, es sich aber andererseits um subjektive ex-post Rekonstruktionen von Ereignissen handelt. Die Einbeziehung ergänzender Quellen dient dazu, den Einfluss der spezifischen politischen Konjunktur zum Zeitpunkt des jeweiligen Interviews zu minimieren.

orientiert. Die in dieser Arbeit gestellten Fragen an das Interviewmaterial sind daher auf Hinweise zur Legitimität staatlichen Handelns ausgerichtet sowie auf die politökonomischen Kategorien struktureller und instrumenteller Macht.

Zunächst sind bei Auswertung der Interviews allgemeine Fragen zum jeweiligen Akteur und dessen Selbstsicht zu beantworten: Um wen handelt es sich, für welche Interessengruppe spricht sie oder er? Welche gesellschaftlichen Sektoren werden repräsentiert? Werden explizit Aussagen zur finanz- und wirtschaftspolitischen Grundorientierung gemacht? Die inhaltliche Frageauswertung richtet sich zunächst direkt auf das Themenfeld der Fiskal- und Steuerpolitik: Welche fiskal- und steuerpolitischen Ziele werden formuliert und welche Strategien bestehen zur Durchsetzung dieser Ziele? In einem zweiten Schritt betrachte ich allgemeinere Aussagen zum Entwicklungsprozess Ecuadors: Wo werden die wichtigsten wirtschaftlichen und sozialen Probleme des Landes gesehen und welche Lösungsvorschläge werden genannt? Wie wird der im Rahmen der *Revolución Ciudadana* eingeschlagene Entwicklungsweg hinsichtlich der Belastung durch Steuern und Abgaben und bezüglich der staatlichen Leistungen beurteilt? Des Weiteren gehe ich der Frage nach, inwiefern – und mit welcher Haltung – auf die inhaltliche Positionierung und die Bedeutung anderer Stakeholder in der steuerpolitischen Auseinandersetzung eingegangen wurde.

Die analytischen Hypothesen aus der Perspektive einer Verschiebung struktureller Macht , die zu mehr Handlungsautonomie führt und zu *Output*-Legitimität übergehen soll und aus der Perspektive instrumenteller Macht, die in ein höheres Maß an *Input*-Legitimität überführt werden muss. Dem Modell des *Circulo Virtuoso* folgend, stelle ich des Weiteren die Frage, inwieweit es – über das zeitweilige Zurückdrängen der Macht von Wirtschaftseliten hinaus – gelungen ist, die Legitimität staatlichen Handelns zu erhöhen. Bezüglich der erstgenannten Hypothese geht es darum, herauszuarbeiten, inwiefern die Möglichkeit zur Aneignung größerer Einnahmen durch den Staat dessen *Output*-Legitimation steigern konnte. In der zweiten Hypothese arbeite ich heraus, inwieweit – in Reaktion auf die Krise instrumenteller Macht traditioneller Wirtschaftseliten und der mit Ihnen verbundenen Parteien – ein neues System mit höherer *Accountability*, Partizipation und *Input-Legitimation* aufgebaut werden konnte. In Kapitel 3 zu theoretischen Bezügen und Kontextualisierung habe ich diese machttheoretischen Perspektiven mit Bezug zu effektiver Staatlichkeit und *State Capacity* bereits detaillierter ausgeführt, wobei es einerseits um die Fähigkeit des Staates geht, steuerpolitische Entscheidungen auch gegen den Willen wirtschaftlicher Eliten umzusetzen und andererseits um seine Fähigkeit, mit den – auch bei der Auswahl der Interviewpartner bedachten – relevanten gesellschaftlichen Gruppen zu kooperieren.

Wenngleich die Kategorie struktureller Macht oft als apolitisch bezeichnet wird, gehört die machtpolitische Drohung privater, einflussreicher Sektoren mit dem möglichen Verlust von Arbeitsplätzen, mit Kapitalflucht und Investitionsrückgang dennoch zur politischen Tagesordnung (vgl. Culpepper und Reinke 2014; Fairfield 2015). Vor diesem Hintergrund sind folgende Fragen relevant: Welche Aussagen werden zur Wirkung von erhobenen Steuern auf private Investitionen getroffen? Welche Aussagen werden zu staatlichen Maßnahmen und Strategien getroffen, die der Eindämmung von Steuervermeidung und -hinterziehung dienen sollen?

Um Aussagen zu Existenz und Bedeutung instrumenteller Macht treffen zu können, sind folgende Leitfragen relevant: Welche Einflussmöglichkeiten auf Regierung und Parlament werden im Rahmen der formellen politischen Prozesse gesehen? Welche Bedeutung wird öffentlichem Protest beigemessen? Welche Konsequenzen werden daraus für die eigene politische Strategie gezogen? Von Interesse sind zudem Aussagen, die Rückschlüsse auf die Beziehung zu anderen gesellschaftlichen Gruppen zulassen: Wer wird als wichtiger Akteur, potentieller Bündnispartner oder Gegenspieler innerhalb und außerhalb des politischen Systems und insbesondere in fiskal- und steuerpolitischen Auseinandersetzungen eingeschätzt?

Die mit Hilfe der W-Fragen erfolgende Neuordnung der entsprechenden Textstellen dient dazu, die wichtigsten Argumentationslinien in den einzelnen Interviews herauszuarbeiten (vgl. Deutschmann 2014: 97) und so, über die Einzelanalyse hinaus, den Vergleich zwischen den verschiedenen Interviews zu erleichtern (vgl. Kaiser 2014: 108). Dadurch können Übereinstimmungen und Widersprüche in den fiskalpolitischen Positionen innerhalb und auch zwischen den unterschiedlichen gesellschaftlichen Sektoren aufgezeigt werden.

4.3 Komparatives Forschungsdesign – Vergleiche im Rahmen der Länderfallstudie

Bei der vorliegenden Analyse handelt es sich um eine Studie fiskalpolitischer Wirkungszusammenhänge im Kontext von Rohstoffabhängigkeit am Beispiel Ecuadors. Ziel dabei ist es, die Erklärungsstärke theoretischer Annahmen mit Hilfe von Vergleichen verschiedener Entwicklungsphasen Ecuadors und steuerpolitischer Reforminitiativen herauszuarbeiten. Ausgangspunkte der Untersuchung sind die – bereits in Kapitel 2 dieser Arbeit formulierten – Hypothesen auf Basis der Konzepte struktureller und instrumenteller Macht sowie bezüglich der Herausbildung staatlicher Legitimität als Basis erfolgreicher Steuerreformen.

Die Darstellung des gewählten komparativen Forschungsdesigns beginne ich mit der Präsentation übergreifender Instrumente zur kategorialen Einordnung von Reformstrategien (Abschnitt 4.3.1). Darüber hinaus ist es mittels dieses Forschungsdesigns möglich, steuerpolitische Trends im politökonomischen Kontext ihrer Zeit zu begreifen. Dies geschieht durch den Vergleich der Steuerpolitik während der *Revolución Ciudadana* in Phasen hoher und niedriger Rohstoffeinnahmen sowie durch die Bezugnahme auf historische Referenzperioden (siehe Abschnitt 4.3.2). Es folgt eine detaillierte Analyse spezifischer Reformprozesse (siehe Abschnitt 4.3.2) während der *Revolución Ciudadana*, die jedoch in unterschiedlichen politisch-ökonomischen Kontexten erfolgten. Das heißt zum einen 2007 zu Beginn des *Circulo Virtuoso* (2007 bis 2014) und zum anderen 2015, als der Einbruch der Rohstoffeinnahmen und Probleme in der Außenhandelsbilanz bereits zu Anpassungsmaßnahmen auf verschiedenen Ebenen geführt hatten.

4.3.1 Übergreifende Kategorisierung von Reformstrategien

Für die Aussagekraft der hier angewandten Methode der vergleichenden Analyse ist es entscheidend, unterschiedliche Ansätze zur Durchsetzung fiskalpolitischer Reformen auseinanderzuhalten. Bereits in Kapitel 3.5 habe ich im Anschluss an Tasha Fairfield (2013, 2015) unterschiedliche Reformstrategien benannt: zum einen solche, die auf die Abschwächung des Elite-Antagonismus zielen und jene zur Mobilisierung öffentlicher Unterstützung – als Gegengewicht zur Macht ökonomischer Eliten. Beide Strategien können auf die Steuer- bzw. Einnahmeseite konzentriert sein, sie können aber auch die Ausgaben- bzw. Nutzenseite von Steuern in den Fokus rücken.

Als Instrument zur Analyse der politischen Veränderungsprozesse dient mir das Modell des *Policy-Cycle*. Die idealtypisch dargestellten Sequenzen dieses Modells beziehen sich auf *Agenda Setting*, Politik formulieren, Entscheidungen treffen, Politik implementieren und Politik evaluieren. Mein Ziel ist es in diesem Zusammenhang, nachzuvollziehen, wie und in welchen Phasen des *Policy-Cycles* Stakeholder*innen durch die Exekutive oder Legislative einbezogen werden und ob und wann es ihnen gelingt, Einfluss ausüben (vgl. Werner und Wegrich 2007: 43).[60]

Abbildung 2: Der *Policy Cycle*

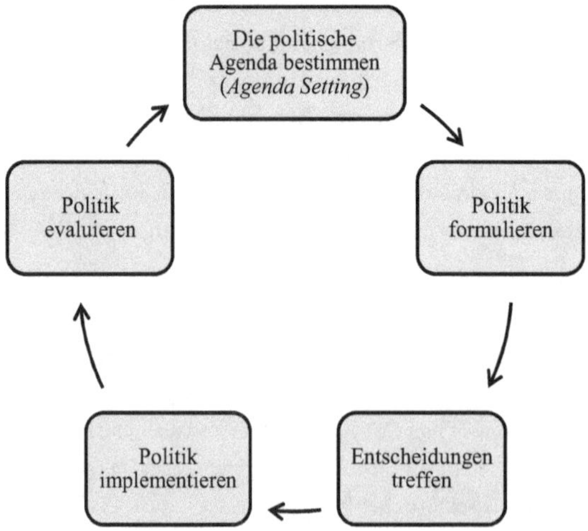

Quelle: Eigene Visualisierung auf Basis von Werner und Wegrich 2007

[60] In der Praxis verläuft der politische Prozess nicht in den Sequenzen des Modells, dennoch bleibt das Modell als Idealtyp für rationale Planungs- und Entscheidungsprozesse von Bedeutung (Werner und Wegrich 2007: 44).

Das Agenda Setting bezieht sich auf den Prozess, der sich von der Wahrnehmung politischer Probleme bis zur Auseinandersetzung mit ihnen durch das politische System vollzieht (Werner und Wegrich 2007: 46). Darauf folgt die *Formulierung politischer Maßnahmen,* wobei unterschiedliche Alternativen zur Reaktion auf das erkannte Problem ausgearbeitet und eine politische Entscheidung vorbereitet wird (Sidney 2007: 79). Nach der Entscheidung auf der zuständigen exekutiven oder legislativen Ebene folgt die *Implementierung*. Diese stellt, dem Leitsatz ‚Steuerverwaltung ist Steuerpolitik' (Casanegra de Jantscher 1990: 179, zitiert nach Bird 2013: 9) entsprechend, eine ebenfalls politisch wichtige und nicht rein technische Ebene dar, auf der sich die Beziehungen von Staat und Gesellschaft zeigen. Hier ist auf die signifikante Differenz zwischen Steuersätzen einzugehen sowie auf die Diskrepanz zwischen offiziell intendierter und realer Besteuerung. Die erfolgende *Evaluation* von Politik findet nicht nur innerhalb der staatlichen und politischen Institutionen oder im Rahmen wissenschaftlicher Studien statt, sondern darüber hinaus auch durch einen breiten öffentlichen Diskurs (Werner und Wegrich 2007: 54).

4.3.2 Unterschiedliche steuerpolitische Tendenzen im Rahmen der *Revolución Ciudadana* und in historischen Referenzperioden

Die Makro-Analyse der *Revolución Ciudadana* teilt sich in zwei Phasen: Erstens die Betrachtung des *Circulo Virtuoso* (Schützhofer 2016, siehe Abbildung in Kapitel 2) der von der Übernahme der Regierungsverantwortung 2007 bis zur klaren Wiederwahl Correas 2013 reicht. In dieser ersten Phase fällt die Durchsetzung höherer Steuereinnahmen mit durchschnittlich hohen staatlichen Erdöleinnahmen zusammen. Die ausschlaggebenden Faktoren für die in dieser Phase umgesetzten steuerpolitischen Veränderungen sind durch die spezielle, den zeitlichen Verlauf berücksichtigende, Betrachtung adäquat analysierbar.

Die zweite Phase bezieht sich auf die Fiskalpolitik im Kontext der strukturellen Anpassung an niedrigere Erdöleinnahmen nach dem starken Einbruch des Erdölpreises in der zweiten Jahreshälfte 2014. Wie ich im nachfolgenden Abschnitt (4.3.3) noch genauer erläutern werde, analysiere ich, stellvertretend für beide Phasen der *Revolución Ciudadana*, jeweils einen speziellen Reformprozess vertiefend.

Ergänzend zur Untersuchung der steuerpolitischen Auseinandersetzung in unterschiedlichen Phasen der *Revolución Ciudadana* analysiere ich steuerpolitische Auseinandersetzungen in ausgesuchten Entwicklungsperioden der neueren Geschichte Ecuadors. Diese Referenzperioden sind die Entwicklungsphase von 1972 bis 1979, in der *Boom-Petrolero* und Militärherrschaft zusammenfallen und ebenso die politisch und wirtschaftlich turbulente Dekade von 1996 bis 2006, in der es dennoch möglich war, steuerpolitische Fortschritte, wenngleich auch im engen

Rahmen des Neoliberalismus, zu erreichen und in der – nicht zuletzt – die semi-autonome Steuerbehörde SRI gegründet wurde. Diese Referenzperioden dienen als Vergleichsgrundlage für die Politik der *Revolución Ciudadana*. Sie ermöglichen es, Kontinuitäten und Wandel der fiskalpolitischen Auseinandersetzung in Ecuador aufzuzeigen. Im hier skizzierten Kontext gilt es, die Veränderungen institutioneller Rahmenbedingungen und deren Wirkungsweise zu charakterisieren, die Steuergesinnung und das Vertrauen in den Staat als Entwicklungsakteur zu beschreiben sowie Veränderungen hinsichtlich der Verteilung instrumenteller und struktureller Macht im Zeitverlauf nachzuzeichnen und all diese Faktoren auf steuerpolitische Auseinandersetzungen zu beziehen. Über die Aussagen zur Korrelation bestimmter Faktoren hinaus können dadurch auch Annahmen über deren Kausalität bestätigt oder widerlegt werden.

4.3.3 Tiefenanalyse und Vergleich bestimmter Reformprozesse

Zwei spezifische Gesetzgebungsverfahren im Kontext der *Revolución Ciudadana* werde ich in dieser Arbeit detailliert analysieren. Die Durchsetzung des *Ley para la Equidad Tributaria* (2007) markiert den sichtbaren Beginn des steuerpolitischen Veränderungsprozesses in Ecuador. Vergleichend hierzu werde ich die heftigen Auseinandersetzungen um das 2015 durch die Exekutive eingebrachte *Ley Orgánica para la Redistribución de la Riqueza* (Erbschaftssteuerreform) in Betracht nehmen.

Wie in der nachfolgenden Abbildung dargestellt, erfolgt die Tiefenanalyse der beiden speziellen Reformvorhaben unter Berücksichtigung des jeweiligen politisch-ökonomischen Gesamtkontextes, und zwar im Hinblick auf die Fiskal- und Steuerpolitik der Regierung Correa. Diese Herangehensweise erscheint geeignet, über das konkrete Reformvorhaben hinausreichende Rückschlüsse auf diesen Kontext zu ermöglichen. Zu diesem Gesamtkontext gehören die Verteilung instrumenteller und struktureller Macht ebenso wie die Stärke der Legitimitätsbasis staatlichen Handelns (Scharpf 2004; Di John 2006).

Genauso wie ich institutionelle Veränderungen im Sinne der Fiskalvertragsthese als Grundlage einer Hypothese über den Startpunkt des *Circulo Virtuoso* verworfen habe, ist zu erwähnen, dass die hier diskutierten Legitimitätsfaktoren auf der *Input*- und *Output*-Ebene staatlichen Handelns weitgehend mit den in fiskalvertragstheoretischen Arbeiten diskutierten Faktoren für erfolgreiche Steuererhebung übereinstimmen (siehe Bird und Zolt 2015; Melody García und Von Haldenwang 2015).

Das bereits vorgestellte Instrument des *Policy Cycle* hält dazu an, die unterschiedlichen Politikebenen in den Blick zu nehmen und die wissenschaftliche Analyse nicht auf eine spezifische Entscheidungsebene zu verengen (Werner und Wegrich 2007). Mit Hilfe dieses Instruments können unterschiedliche Reformstrategien, sowie instrumentelle und strukturelle Machtressourcen gesellschaftlicher Interessengruppen, insbesondere die der Wirtschafts- und Vermögenseliten, herausgearbeitet werden (vgl. Culpepper und Reinke 2014; Fairfield 2015).

Abbildung 3: Zur Tiefenanalyse spezifischer *Policy Cycle* im politisch-ökonomischen Kontext

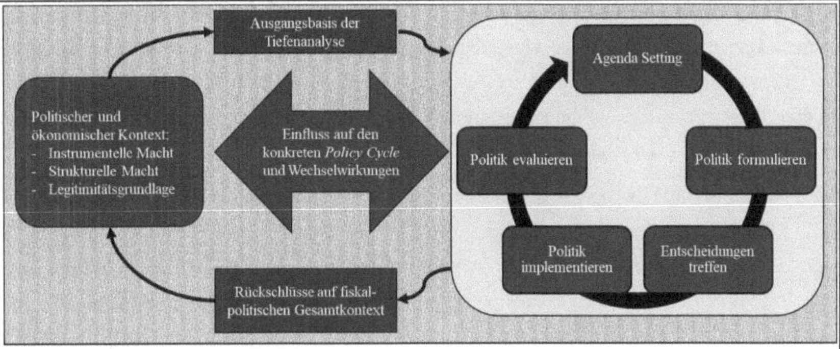

Quelle: Eigene Darstellung

Wie das obige Schaubild zeigt betrachte ich den konkreten *Policy Cycle* im jeweiligen politischen und ökonomischen Kontext, der die Ausgangsbasis für die Tiefenanalyse bildet, die wiederum Rückschlüsse auf den Gesamtkontext ermöglichen soll. Die konkreten Auseinandersetzungen in Reformprozessen machen also latente Einstellungen, Positionierungen und Handlungsstrategien sichtbar.

In der Auswertung der von mir durchgeführten Interviews und der damit verbundenen umfassenden Kontextanalyse werde ich zudem aufzeigen, welche Strategien des *Framing* steuerpolitischer Debatten von den Stakeholder*innen genutzt werden, das heißt, welche Bezüge sie zu Effizienz sowie zu Wachstums- und Gerechtigkeitsfragen herstellen (vgl. Eaton 2011; McGuire 2013). Weiterhin werde ich untersuchen, welche politischen Strategien im Kontinuum zwischen Konfrontation und Kooperation sie als erfolgversprechend bewerten.

Diese Herangehensweise soll die abschließende Bewertung der steuer- und fiskalpolitischen Veränderungsprozesse während der *Revolución Ciudadana* ermöglichen. Auch soll eine schlüssige Differenzierung zwischen strukturellen gesellschaftlichen und ökonomischen Hindernissen vorgenommen werden. Die Analyse politischer Handlungsmuster unterschiedlicher Stakeholder*innen erfolgt darüber hinaus ebenso wie die Bewertung konkreter Reformstrategien der Regierung Correa.

5. Ecuadors Fiskalpolitik im Spiegel der Geschichte

Im nun folgenden historischen Rückblick auf Ecuadors Geschichte arbeite ich die Auswirkungen von Rohstoffeinnahmen auf die ecuadorianische Fiskal- und Steuerpolitik angesichts rentenstaatstheoretischer Erwartungen heraus, wobei auch die Langzeitwirkung von fiskalpolitischen Entwicklungen nachgezeichnet wird, die schon vor Beginn der Erdölförderung ihren Anfang nahmen. Daher beginnt dieser Rückblick lange vor Beginn des *Boom Petrolero* der 1970er Jahre und ist entsprechend den zentralen Brüchen und Konflikten auf dem Feld der Fiskalpolitik gegliedert. Es geht hier also um die komplizierte Genese ecuadorianischer Staatlichkeit, fokussiert auf die Entwicklung der landesspezifischen Steuerpolitik.

Vor dem Hintergrund der bereits diskutierten – und auf die Faktoren instrumenteller und struktureller Macht konzentrierten – politökonomischen Ansätze und deren Bedeutung für die Legitimität staatlichen Handelns hinsichtlich Steuererhebungen dienen ausgesuchte historische Entwicklungsphasen als Referenzperioden zur vertiefenden Analyse. Zum einen geht es dabei um die Phase von 1972 bis 1979, in der die Herrschaft zunächst reformorientierter Militärs mit dem *Boom Petrolero* zusammenfiel, also mit in Ecuador bis dahin ungekannten Rohstoffeinnahmen , die aber keinerlei steuerpolitische Maßnahmen der Regierung zur Folge hatten. Zum anderen geht es um die turbulente Dekade von 1996 bis 2006, in der es im Kontext von Neoliberalismus und trotz politischer Instabilität dennoch gelang, die Steuerquote signifikant zu erhöhen. Durch die analytische Betrachtung dieser Referenzperioden können erkenntnisreiche Vergleiche zu fiskalpolitischen Tendenzen und Auseinandersetzungen im Kontext der *Revolución Ciudadana* (2007-2017) gezogen werden.

Die vergleichende Betrachtung von unterschiedlichen Phasen steigender (verfügbarer) Rohstoffeinnahmen mit unterschiedlichen Effekten auf die Steuerpolitik einerseits mit Phasen steuerpolitischer Fortschritte trotz geringer Rohstoffeinnahmen Ende der 1990er Jahre andererseits, lenkt den Blick auf die Bedeutung von Regierungsstrategien und vorfindlichen politökonomischen Kräfteverhältnissen. Dabei erfolgt die Betrachtung dieser Referenzperioden aus den theoretischen Perspektiven, die auch die Grundlage für die – mit Blick auf die Steuerpolitik der *Revolución Ciudadana* – formulierten Forschungshypothesen bilden. Im Mittelpunkt der Analyse steht daher das Zusammenspiel instrumenteller und struktureller Macht sowie die Frage nach der Entwicklung von staatlicher *Input*- und *Output*- Legitimität als Grundlage für die Fähigkeit des Staates, das Steuermonopol effektiv durchzusetzen. Als Legitimitätsgrundlage werden neben demokratischen Partizipations- und Kontrollmöglichkeiten auch die Zufriedenheit mit staatlichen Leistungen wie Infrastruktur, öffentlich finanzierte Bildung und Gesundheit benannt. Unzufriedenheit drückt sich hier nicht zwangsläufig in der politischen Auseinandersetzung aus, sondern zeigt sich auch in einer geringeren Steuermoral, die sich in einer weit verbreiteten Steuervermeidung und Steuerhinterziehung ausdrückt (Daude et al. 2012; Bird und Zolt 2013; Luttmer und

Singhal 2014). Die genannten Faktoren erschweren es einer Regierung auch politisch, eine höhere Steuerquote durchzusetzen. Einem als wenig effizient und transparent wahrgenommenen Staat, dem es nicht gelingt, die soeben genannten Leistungen effektiv bereitzustellen, fehlt für eine Erhöhung der Steuerquote die Legitimation. Es handelt sich hier um bedeutsame Kontextfaktoren, die bei der Analyse fiskalpolitischer Auseinandersetzungen aus der Perspektive instrumenteller Macht und probater Reformstrategien zweifelsohne berücksichtigt werden müssen.

Die hier eingenommene politökonomische Perspektive konzentriert sich auf die Analyse von Fiskal- und Steuerpolitik als Kristallisationspunkt gesellschaftlicher Kräfteverhältnisse. Für die Analyse verteilungspolitischer Auseinandersetzungen bildet dieser Bereich ein besonders geeignetes Politikfeld. Aus dieser Perspektive betrachtet, ergeben sich die Probleme des ecuadorianischen Steuerstaates ursächlich aus der fehlenden staatlichen Autonomie gegenüber diversen partikularen Interessengruppen, insbesondere aber gegenüber den Wirtschaftseliten.

Bei der Gliederung der nun folgenden Betrachtung der fiskalpolitischen Geschichte Ecuadors orientiere mich an der durch den ecuadorianischen Wirtschaftshistoriker Juan Paz y Miño Cepeda (2015) in seiner ‚Geschichte der Steuern in Ecuador' gewählten Einteilung. In Kapitel 5.1 beginne ich meine Betrachtungen mit einer kompakten Darstellung der wichtigsten fiskalpolitischen Tendenzen und ihrer politisch-ökonomischen Hintergründe in Ecuadors historischem 19. Jahrhundert[61] von ersten Unabhängigkeitsbestrebungen 1808 bis zum Beginn der *Revolución Juliana* 1925. Hierbei stehen die Nachwirkungen des Kolonialismus im Fokus, sowie die Auseinandersetzungen zwischen den im Hochland dominierenden, politisch konservativ geprägten *Hacendados* und der an der Küste entstehenden Agrarexportwirtschaft sowie dem dortigen Handelskapital, welche Sektoren bilden, die politisch stärker durch den Liberalismus geprägt sind. In weiteren Unterkapiteln erfolgt die Betrachtung des historischen 20. Jahrhunderts von 1925 bis 2006.

In Kapitel 5.2 diskutiere ich die Entwicklungstendenzen von den geld- und fiskalpolitischen Reformen der *Revolución Juliana* ab 1925 bis zum Beginn der Erdölförderung im Amazonasgebiet 1972, welche einen zentralen Wendepunkt nicht nur für die Fiskalpolitik Ecuadors darstellt. Auch Ecuador wurde die starke ökonomische Außenabhängigkeit spätestens mit der Weltwirtschaftskrise 1929 zum Verhängnis, wobei das auf Kakao konzentrierte Export-Import-Modell angesichts sich verschlechternder *Terms of Trades* bereits vor der *Revolución Juliana* in Schwierigkeiten geraten war (Drake 1989: 127; Werz 2008: 239). Während in Teilen der Region im Rahmen des lateinamerikanischen *Desarrollismo* der Staat schon ab den 1930er Jahren eine

[61] Der marxistisch orientierte britische Universalhistoriker Eric Hobsbawm prägte den Begriff des langen 19. Jahrhunderts' für die Epoche zwischen der Französischen Revolution 1789 und dem Beginn des Ersten Weltkriegs 1914. Die zentrale Idee ist eine an historisch-gesellschaftlichen Prozessen statt an festen Jahreszahlen orientierte Geschichtsschreibung. Diese Idee greift der ecuadorianische Wirtschaftshistoriker Juan Paz y Miño Cepeda (2015) in seiner Analyse der ‚Geschichte der Steuern in Ecuador' auf und bezeichnet den Zeitabschnitt zwischen dem Beginn erster Unabhängigkeitsbestrebungen (1808) und der *Revolución Juliana* (1925) als ‚historisches 19. Jahrhundert'.

wichtige Rolle im Entwicklungsprozess einnimmt und seine Fähigkeit proklamiert, als Katalysator für eine umfassende Modernisierung der Gesellschafts- und Produktionsstrukturen zu dienen (vgl. Boris 2013; Hernández 2015: 335), werden derartige Politiken in Ecuador erst ab 1948 – und dann nur in Ansätzen – umgesetzt (Paz y Miño Cepeda 2016: 8–9).

In Kapitel 5.3 setze ich mich schließlich mit der ersten ausgewählten Referenzperiode auseinander. Es erfolgt zunächst eine eingehende Analyse der Auswirkungen von Erdölboom und Militärdiktatur zwischen 1972 bis 1979, als der ecuadorianische Staat erstmals über unerwartet große Ressourcen verfügte, was ihm die Ausübung einer zentralen Rolle im Entwicklungsprozess erlaubte (Isaacs 1993: 42; Carvajal 2011: 97). Der damalige fiskalpolitische Umgang mit Einnahmen aus *Point-Source-Non-Renewable Resources* erscheint in besonderer Weise geeignet, den fiskalpolitischen Maßnahmen und Tendenzen im Kontext der *Revolución Ciudadana* gegenübergestellt zu werden.[62]

Danach gehe ich in Kapitel 5.4 auf die erste Phase der doppelten Transformation in Richtung Demokratie und neoliberalem Minimalstaat (ab 1979) ein, die mit der Präsidentschaft Sixto Durán Ballens (1992-1996) endet. Durán Ballen war vor Rafael Correa der letzte ecuadorianische Staatschef, der sein Mandat zu Ende führen konnte. Auf der politischen Ebene endete damit eine Periode, welche – wenn auch prekär – mit einer gewissen Stabilität im Rahmen der repräsentativen Demokratie verbunden war. Bezogen auf die wirtschaftspolitische Ebene kann – trotz aller Inkongruenzen und politischer Instabilität – zwischen 1979 und 2006 von einem unternehmerisch-neoliberalen Entwicklungsmodell gesprochen werden (Paz y Miño Cepeda 2012:-73).

Als weitere Referenzperiode betrachte ich in Kapitel 5.5 die Dekade von 1996 bis 2006, also die politökonomischen Entwicklungstendenzen Ecuadors unmittelbar vor Beginn der *Revolución Ciudadana.* Anstrengungen zur Stärkung des Steuersystems ab Ende der 1990er Jahre wurden insbesondere durch die Gründung des SRI unternommen. Sie fielen hier mit einer Phase starker politischer Instabilität und dem Sturz von allen drei gewählten Präsidenten und einer fortgesetzt neoliberalen Entwicklungsstrategie zusammen (Mejía Acosta et al. 2008). Die Auseinandersetzung mit dieser Entwicklungsphase ermöglicht es, die spezifisch ecuadorianischen Kontextbedingungen für steuerpolitische Reformstrategien aufzuzeigen und in Verbindung damit, die komplexen politischen Startbedingungen für die *Revolución Ciudadana* herauszuarbeiten.

Im Unterkapitel 5.6 schließe ich den nun folgenden historischen Rückblick mit einem Zwischenfazit zu Pfadabhängigkeiten, Kontinuitäten und Brüchen bezüglich Ecuadors Staatsfinanzierung.

[62] Auch wenn sich der Kontext politischer Auseinandersetzungen im Rahmen der Militärdiktatur grundlegend von den demokratischen Bedingungen während der *Revolución Ciudadana* unterscheidet, ist doch beiden Regierungen das Ziel grundlegender ökonomischer und sozialer Transformationen im Rahmen einer desarrollistischen Logik ebenso gemeinsam wie die, wenn auch im Falle der *Revolución Ciudadana* relativ deutlich geringere, Verfügbarkeit von Rohstoffeinnahmen.

5.1 Zur Fiskalpolitik in Ecuadors historischem 19. Jahrhundert (1808 - 1925)

Die hier als Ecuadors historisches 19. Jahrhundert diskutierte Entwicklungsphase lässt sich auf politischer Ebene in die folgenden Abschnitte unterteilen: Der Weg in die Unabhängigkeit von 1808-1830[63], die Phase konservativer Herrschaft von 1830 bis 1895 und schließlich die Entwicklung von der radikalliberalen Revolution zur liberal plutokratischen Herrschaft[64] (1895-1925).

Der Unabhängigkeitsprozess Lateinamerikas begann bereits im frühen 19. Jahrhundert, wobei dieser Prozess weniger auf Dynamiken in den Kolonien als auf die napoleonische Invasion Spaniens zurückzuführen ist (Werz 2008: 117). Die Wirren der Unabhängigkeitskriege brachten in Ecuador, wie auch in anderen Ländern Lateinamerikas, eine kreolische Landbesitzeroligarchie – in einer Allianz mit Resten des großkolumbianischen Militärs und Teilen des Klerus – an die Macht, während die Städte an Bedeutung verloren (Acosta 2012a: 32, 34).

Für diese, bereits länger zurückliegende, Entwicklungsphase Ecuadors sollen vor allem diejenigen Grundlinien der Auseinandersetzungen um die Staatsfinanzierung benannt werden, die noch heute als signifikante Konfliktlinien weiterwirken. Ich beziehe mich dabei auf die bereits in Kapitel 3 herausgearbeiteten Bereiche: auf Staatswesen und Reichweite des Staates, auf Sozialstrukturen und politische Artikulation sowie auf das dominante Modell wirtschaftlicher Entwicklung. Vor diesem Hintergrund gehe ich auf die instrumentelle und strukturelle Macht ökonomischer Eliten und ihre Legitimationsbasis für staatliches Handeln ein.

Bleibende und wiederkehrende Probleme der Staatsfinanzierung lassen sich in Ecuador, wie auch in anderen Teilen Lateinamerikas, bis zum Beginn des Unabhängigkeitsprozesses zurückverfolgen. Hierzu gehört das Problem der Staatsverschuldung, das mit der Finanzierung der Unabhängigkeitskriege begann, welche erst durch Kredite des englischen Handelskapitals ermöglicht wurden (Kalmovitz 2008: 223; Acosta 2012a: 33). Zudem existierte in Lateinamerika eine bereits auf die Kolonialzeit zurückgehende Abneigung der dominanten gesellschaftlichen Klassen gegenüber Steuern, die oft als „organisierte Plünderung" bezeichnet und mit dem Absolutismus assoziiert wurden (Centeno 1997: 1589; Boeckh 2011: 81). So hatten auch die Auseinandersetzungen um die Unabhängigkeit Großkolumbiens und später Ecuadors nicht zuletzt anti-fiskalische Motive im Sinne des Leitspruchs *‚no taxation without representation'*. Außerdem forderten die in Amerika geborenen weißen Nachfahren der Spanier (*Creoles*) eine stärkere Partizipation am von den Spaniern (*Peninsulares*) monopolisierten Handel (Centeno 1997; Werz 2008: 117; Paz y Miño Cepeda 2015: 61-62).

[63] Der Unabhängigkeitsprozess der königlichen Audienz von Quito vom spanischen Kolonialreich dauerte von 1808 bis 1822, 1830 trennte sich Ecuador schließlich von Groß-Kolumbien (Paz y Miño Cepeda 2015: 69).

[64] Nach der Ermordung Eloy Alfaros kam es zu einer Erstarkung der stärker mit der Küstenoligarchie verbundenen Fraktionen des Liberalismus. Auf den moderaten Liberalismus während der Präsidentschaft von Leonidas Plaza (1912-1916) folgte – unter den Präsidenten Alfredo Baquerizo Moreno (1916-1920), José Luis Tamayo (1920-1924) und Luis Corderos (1924-1925) – die Phase des plutokratischen Liberalismus (Paz y Miño Cepeda 2013: 21). Dieser war in enger Allianz mit dem Agrar- und Kakaoexportsektor und den Privatbanken verbunden (Paz y Miño Cepeda 2009: 25).

Sokoloff und Zolt (2007: 87, 98) stellen in diesem Zusammenhang heraus, dass die bereits durch die Kolonisierung entstandene extreme sozioökonomische Ungleichheit in der post-kolonialen Phase starke Auswirkungen auf die Entstehung und Entwicklung von Institutionen im Bereich von Steuern hatte. Ausgangspunkt ihrer Betrachtung ist dabei die in den post-kolonialen Gesellschaften Lateinamerikas besonders ungleiche Einkommens- und Vermögensverteilung in Verbindung mit einem stark exklusiven politischen System, das die ökonomischen Eliten bei der internen Machtverteilung begünstigte. Den auf theoretischer Ebene proklamierten republikanischen Idealen stand die faktische Dominanz der *Hacendados* entgegen (Paz y Miño Cepeda 2015: 74). Bereits in der Führungsgruppe der Unabhängigkeitsbewegungen hatten die konservativ orientierten grundbesitzenden Oberschichten dominiert, sodass die Übernahme der egalitären Gedanken der nordamerikanischen und französischen Revolution nur oberflächlich blieb (Werz 2008: 117).

Ecuador ist seit der Unabhängigkeit 1830 offiziell eine Präsidialrepublik mit dem in der Verfassung verankerten Prinzip der Gewaltenteilung (Paz y Miño Cepeda 2015: 72). Allerdings wirkte in der jungen Republik die koloniale Vergangenheit unübersehbar nach: Sie manifestierte sich in der Konzentration des Landbesitzes, des *Hacienda*-Systems, in der Ausbeutung der Indigenen, sowie in der Abhängigkeit vom entstehenden kapitalistischen System nach außen (Paz y Miño Cepeda 2015: 74). So ging auch Ecuadors Loslösung von Groß-Kolumbien auf die Interessen lokaler Wirtschaftseliten in Quito zurück.

Nach der politischen Unabhängigkeit Ecuadors blieb die große Mehrheit der Bevölkerung von der Wahrnehmung ihrer politischen Rechte ausgeschlossen. Sowohl Indigenen und Afroecuadorianern, wie auch einem Großteil der Mestizen wurde – aufgrund von Eigentums- und Alphabetisierungsvorbehalt – die Teilnahme an Wahlen verwehrt (Acosta 2012a: 36; vgl. Besley und Petterson 2014). Dies zeigt die nachfolgende Tabelle deutlich auf.

Tabelle 5: Wahlrecht und Wahlbeteiligung in ausgewählten Ländern[65]

Land	Jahr	Wahlgeheimnis	Vermögensbedingung	Alphabetisierungsbedingung	Wahlbeteiligung in Prozent der Gesamtbevölkerung
Chile	1869	Ja	Ja	Ja	1,6
Costa Rica	1890	Nein	Ja	Ja	
Ecuador	1856	Nein	Ja	Ja	0,1
Mexiko	1840	Nein	Ja	Ja	
Peru	1875	Nein	Ja	Ja	
Uruguay	1880	Nein	Ja	Ja	
Venezuela	1880	Nein	Ja	Ja	
USA	1878	Ja	Ja	Nein	12,9
Kanada	1850	Ja	Nein	Nein	12,9
					Quelle: Sokoloff und Zolt 2007: 91

Zu den Machteliten Ecuadors gehörten nach der politischen Unabhängigkeit neben der Agraroligarchie auch der Klerus und die aus den Unabhängigkeitskriegen Groß-Kolumbiens verbliebenen Militärs (Kaltmeier 2011: 35; Acosta 2012a: 34). [66] Die wirtschaftlich Mächtigen nutzten in der Folge ihre exklusiven politischen Rechte dazu, die Kosten der Staatsfinanzierung auf untere – und entrechtete – soziale Klassen abzuwälzen, wie sich am Beispiel des an die ethnisch-soziale Zugehörigkeit gebundenen Indigenentributs einerseits und der kaum vorhandenen Besteuerung von Vermögen andererseits verdeutlichen lässt. Diese direkte Steuer mussten Indigene im Alter zwischen 18 und 50 Jahren entrichten. Die wirtschaftliche und politische Macht waren im postkolonialen Ecuador eng miteinander verbunden (Espinosa 2009: 87, Acosta 2012a: 31-34, Paz y Miño Cepeda 2015: 74; Sokoloff und Zolt 2007: 91), was zu einer oft ungezügelten Machtausübung führte.

Tabelle 6: Anteil des Indigenentributs an den laufenden Einnahmen des Regierung Ecuadors

1830	1831	1832	1839	1847	1855	1856	1857
28,4	26,4	35,6	20,3	15,2	15,2	14,9	12,6
							Quelle: Chiliquinga Carvajal et al. 2012: 164

[65] Bis zum Ende des 19. Jahrhunderts gab es in Lateinamerika keine geheimen Wahlen und nur eine kleine Minderheit nahm an den Wahlen teil, wie in Ecuador für das Jahr 1856 dokumentiert ist (Sokoloff und Zolt 2007: 92).

[66] Während des historischen 19. Jahrhunderts waren die insgesamt 12 Verfassungen Ecuadors in ihren Aussagen zur Wirtschaftspolitik stets an den Interessen der Grundbesitzeroligarchie ausgerichtet. Die neun konservativ geprägten Verfassungen machten das Eigentum zur Basis politischer Macht. Ab 1830 waren ein bestimmtes Alter, lesen und schreiben zu können und über ein Vermögen von wenigstens 300 Pesos zu verfügen sowie alternativ hierzu die Ausübung einer nützlichen Berufs – weder als Bediensteter noch als Tagelöhner – Grundlage für die Staatsbürgerrechte. Erst die Verfassung von 1861 beschränkte den Eigentumsvorbehalt auf das passive Wahlrecht für Ämter in der Exekutive und Legislative (Sokoloff und Zolt 2007; Paz y Miño Cepeda 2015: 84).

So war nach der Unabhängigkeit der lediglich im Hochland eingezogene Indigenentribut die wichtigste direkte Steuer und repräsentierte zeitweise zwischen einem Fünftel und einem Drittel der laufenden Einnahmen der Regierung. Er verlor später allerdings an Bedeutung, da es den Indigenen zunehmend gelang, sich der Zahlung zu entziehen, bis dieser Tribut 1857 schließlich ganz abgeschafft wurde (Chiliquinga Carvajal et al. 2012: 164). Allerdings war der Abschaffung eine Verschärfung des Systems der Schuldknechtschaft *(Huasipungaje)* vorausgegangen, durch das die 'Schuld' über mehrere Generationen weitergegeben wurde und mit Arbeitszwang auf der *Hacienda* verbunden war. Dieses System der Schuldknechtschaft endete erst 1964 (Paz y Miño Cepeda 2015: 107–108).

Hinzu kam die – im Kontext von *Hacienda*-System und konservativer Herrschaft – außerordentlich geringe Reichweise staatlicher Institutionen. Vor dem Hintergrund des so genannten *Gamonalismo*[67] herrschten die *Hacenderos* in einer Art permanenten Ausnahmezustand ohne Gewaltenteilung (vgl. Kaltmeier 2011), während sie gleichzeitig die Politik auf nationaler Ebene wesentlich bestimmten und so die Logik der *Hacienda* auf die staatliche Ebene übertrugen.[68] Neben der zentralen Funktion der *Hacienda* und ihrer Besitzer stützte sich das System lokaler Macht außerdem auf den lokalen Priester und den *Teniente Político* als Repräsentant des Staates (Ibarra 2002: 143). Dabei schränkte dieses System lokaler Herrschaft die Reichweite des Zentralstaats einerseits ein, wirkte aber auch komplementär zum territorial kaum verankerten Staat (vgl. Ibarra 2002: 138-139; Paz y Miño Cepeda 2010: 74; Kaltmeier 2011: 3). Aus Sicht der Eliten konnte die Kontrolle der indigenen Bevölkerung nicht dem durchsetzungsschwachen Staat überlassen werden, wobei niedrige Steuereinnahmen zugleich Symptom und Ursache dieses Zustands sind. Diese Kontrolle blieb den lokalen *Haciendas* überlassen (Kaltmeier 2011: 32-33).

In auf Europa fixierten Arbeiten zur Herausbildung des Steuermonopols nicht nur mit der Durchsetzung des Gewaltmonopols nach innen, sondern auch mit der Schutzfunkton der Zentralmacht nach außen und der Finanzierung des Militärs verknüpft. Elias (1976: 289) stellt die historische Entwicklung zur Herausbildung des Steuermonopols in Europa als langwierigen und eng mit der Aufstellung eines stehenden Heeres verknüpften historischen Prozess dar. Trotz des Widerstands

[67] Rodrigo Borja bezeichnet den *Gamonalismo* als eine Form der Kazikismus, der auf Landeigentum beruht. Der *Gamonal* ist demnach der wohlhabende Haciendabesitzer, der Patron vieler abhängiger Bauern war und seine wirtschaftliche und politische Macht auf missbräuchliche Art und Weise auf lokaler Ebene nutzte. Der Gamonal schützt seine Gefolgsleute und vergibt Ämter an sie, handelt aber repressiv gegenüber allen, die seine Autorität in Frage stellen. Der Gamonal stellt sich in den Dienst der Regierenden und handelt im Gegenzug eine Quote lokaler Macht aus (Borja 2018). Der *Gamonalismo* beruht auf einer Stände- oder Kastenstruktur, in der die ethnische Dominanz ‚naturalisiert' ist. Er stützt sich auf rurale Gesellschaften, in denen die Bauern untergeordnet sind und der Großgrundbesitz dominiert (Ibarra 2002). In der Sierra war das System eng mit der *Hacienda*-Wirtschaft und der katholischen Kirche verbunden und finanzierte sich durch die Indigenentribute, *Alcabalas* und Zehnten (Espinosa 2009: 94) Allerdings werden auch stärker an der Küste präsente Formen ungleicher, despotischer und von Zwang geprägter Handelsbeziehungen als *Gamonalismo* bezeichnet. In diesem Fall ist das ungleiche System nicht unbedingt an die Konzentration des Landbesitzes, sondern an die Kontrolle des Handels gebunden (Ibarra 2002: 138).

[68] Politiker wie Ecuadors erster Präsident Juan José Flores – der die ersten Jahrzehnte nach der Unabhängigkeit prägte – setzte auf die Unterstützung nahestehender *Hacenderos*, deren Schutz und Interessen er förderte (Paz y Miño Cepeda 2010: 74).

der Stände und hier insbesondere des Adels, habe die Zentralfunktion immer weiter an Macht gewonnen. Die Durchsetzung des Steuermonopols wird in der Beschreibung dieser Entwicklungsphase nicht mit Partizipations- und Kontrollrechten verbunden. Es ist vielmehr die Schutzfunktion der Zentralmacht in Kriegszeiten oder aufgrund drohender Kriege, die seiner Forderung nach Steuerzahlung Legitimität verleihen. Dieser hier kurz skizzierte Prozess lässt sich kaum auf die Situation lateinamerikanischer Staaten nach ihrer Unabhängigkeit übertragen. Das Militär war nach der Unabhängigkeit meist verstreut und stand nicht unter zentraler Kontrolle. Hierdurch wurde die Rolle des Staates als Garant von Eigentumsrechten untergraben, die lokalen *Caudillos* tendierten dazu, ihre Besitztümer durch eigene Milizen zu schützen (Centeno 1997: 1591; Werz 2008: 117). Der schwache Zentralstaat wurde zumeist durch interne Konfliktlinien herausgefordert. Die kriegerischen Auseinandersetzungen führten jedoch nicht dazu, politisch schwieriger durchzusetzende, aber auch stabilere, staatliche Einnahmen sichernde, einheimische Steuern zu erheben (Centeno 1997: 1567).[69]

> "Schwache Regierungen, angegriffen von innen und außen, haben die interne Besteuerung aufgegeben, die eine extensive und loyale Bürokratie benötigten und ihre Anstrengungen zur Steuererhebung stattdessen auf einige Häfen und Bergwerke konzentriert." (Coatsworth und Williamson 2004: 217).

Chiliquinga Carvajal et al. (2012: 162) weisen außerdem auf die eingeschränkten bürokratischen Fähigkeiten des damaligen ecuadorianischen Staates hin. Die Steuereintreibung, so zum Beispiel die Erhebung und Verwaltung des Zehnten, wurde daher teilweise an private Akteure übergeben. Während der Staat letztlich nur geringe Einnahmen erzielte, bereicherten sich jedoch die privaten Steuereintreiber an Indigenen und Kleinbauern (ebd.). Das Steuersystem Ecuadors stützte sich bereits im historischen 19. Jahrhundert in erster Linie auf Einnahmen aus indirekten Steuern. Neben Steuern und Zöllen wurden staatliche Einnahmen auch durch Monopolrechte für bestimmte Produkte (Salz, Tabak, Brandwein, Schießpulver) erzielt (Chiliquinga Carvajal et al. 2012: 168). So wurde der erste ecuadorianische Staatshaushalt 1830 zu 49 Prozent aus Zöllen, zu 32 Prozent aus dem Indigenentribut, zu 11 Prozent aus Stempelsteuern, zu 7 Prozent aus Monopolerlösen und zu 1 Prozent aus weiteren Quellen finanziert (Paz y Miño Cepeda 2015: 95). Der bereits damals hohe Anteil der Zolleinnahmen ist besonders angesichts der zunächst schwachen Weltmarkteinbindung der ehemaligen spanischen Kolonien und auch Ecuadors bemerkenswert, dessen Bevölkerung sich auf das Hochland konzentrierte. Die Küstengebiete als zukünftige Zentren des Außenhandels waren noch wenig besiedelt.

Die Dominanz der Eliten zeigte sich im Ecuador des 19. Jahrhunderts auch deutlich an den geringen Aufwendungen für Bildung und sozialen Leistungen auf nationalstaatlicher Ebene – und ganz besonders auf der von Eliten dominierten subnationalen Ebene. Die Aufgaben des Staates waren stark eingeschränkt. Sowohl die in Ansätzen vorhandene soziale Fürsorge als auch die

[69] Krieg und bewaffnete Konflikte waren im Lateinamerika auch nach der Unabhängigkeit nicht abwesend, die Militärausgaben machten bald über 70, teils über 90 Prozent des nationalen Budgets aus (Coatsworth und Williamson 2004: 217).

wirtschaftliche Entwicklung hingen von privater Initiative und karitativem Handeln der Kirche ab.

Besonders gehemmt war die Entwicklung der Steuereinnahmen auf lokaler Ebene (Sokoloff und Zolt 114),[70] auch, weil die Kirche durch die Zehnten-Abgabe einen nennenswerten Anteil der Steuereinnahmen erhielt. Erst in den 1880er Jahren unterstützten schließlich die Grundbesitzer des Hochlands die Forderung der liberalen Kräfte der Küste nach Abschaffung des Zehnten. 1889 einigte man sich mit dem Vatikan auf die Abschaffung dieser zwischen Staat und Kirche aufgeteilten Steuer. Die Finanzierung der Kirche sollte nun durch eine 0,3 prozentige Steuer auf Landeigentum sichergestellt werden. Die Einnahmen aus dieser Steuer blieben allerdings gering, da die Grundbesitzer den Wert ihrer Besitztümer oft als geringfügig angaben oder auf anderen Wegen die Erhebung der Steuern verhinderten (Chiliquinga Carvajal et al. 2012: 167).

Die Steuerpolitik war in der beschriebenen historischen Phase eine der markantesten Trennlinien zwischen Regionalisten und Nationalisten. In der von konservativen *Hacenderos* dominierten Legislative bestanden genauso intransparente Aushandlungsmechanismen wie zwischen nationaler Exekutive und den verschiedenen Provinzen und Gemeinden des Landes: Ähnlich Provinz- und Lokalpolitikern stützten auch Kongressabgeordnete ihr politisches Ansehen und ihren Einfluss weitgehend auf die Fähigkeit, Investitionen und staatliche Leistungen für ihre Provinz zu gewinnen (Paz y Miño Cepeda 2015: 113). Neben der starken Orientierung der Parlamentarier an regionalen und sektoralen Interessen, war es vor allem ihre Herkunft aus den vermögenden Sektoren der ecuadorianischen Gesellschaft, die zu einer ablehnenden Haltung gegenüber Reformimpulsen führte, welche auf die Ausweitung politischer und ökonomischer Rechte und die Integration des Landes abzielten. Derartige Modernisierungs- und Reformimpulse gingen dagegen meist von Präsidenten aus, die aber von den Eliten des Landes als despotisch und autoritär bekämpft wurden (Paz y Miño Cepeda 2016: 5).[71]

Bereits im 19. Jahrhundert waren in Ecuador regional unterschiedliche Produktionsstrukturen eine wichtige Ursache politischer Spannungslinien. Die Ausrichtung des Hochlands auf den Binnenmarkt, die der Küstenregion dagegen auf den Weltmarkt, führte dauerhaft zu regionalen Differenzen. Daher bildete sich kein integrierter ecuadorianischer Binnenmarkt heraus, im Gegenteil: die verschiedenen Regionen Ecuadors hatten teilweise engere wirtschaftliche Beziehungen

---

[70] Sokoloff und Zolt führen dieses Phänomen auf die Weigerung der Eliten zurück, öffentliche Investitionen, wie beispielsweise Schulen, über direkte Steuern zu finanzieren. Dies hätte vor dem Hintergrund starker Ungleichheit eine deutliche Umverteilung zu Gunsten unterer sozialer Schichten bedeutet. Die wohlhabenden Eliten nutzten aber ihre politische Macht dazu, den Zugang zu Bildung auf ihre eigenen Kinder zu beschränken (Sokoloff und Zolt 2007: 95).

[71] Diese Versuche waren teils widersprüchlich. Vincente Rocafuerte (1835-1839) versuchte als erster Regeln für einen verantwortungsvollen Umgang mit den Staatsfinanzen zu etablieren und setzte Investitionen sowie die Förderung der öffentlichen Bildung durch. Gabriel García Moreno dagegen betrieb die Durchsetzung des Katholizismus als Staatsreligion und katholische Bildung als Basis der nationalen Identität. Der nach der liberalen Revolution an die Macht gekommene Eloy Alfaro setzte hingegen auf Laizismus, auf zivile Gesetzgebung und die Entwicklung neuer öffentlicher Investitionen und Dienstleistungen. Es waren somit Diktaturen, welche die Abschaffung der Sklaverei (1851) und des Indigenentributs (1857) durchsetzten." (Paz y Miño Cepeda 2015: 85)

zu Teilen Kolumbiens, beziehungsweise Perus, als zueinander (Acosta 2012a: 38–39). In der Zone um Quito dominierte das *Hacienda*-System während in der Küstenregion insbesondere im Umkreis Guayaquils die exportorientierten Latifundien an Bedeutung gewannen und das Gebiet um Cuenca durch bäuerliche Landwirtschaft und Handwerkskunst geprägt war (ebd. 38). Neben der unterschiedlichen Entwicklung auf wirtschaftlicher Ebene erschwerten auch kulturelle Differenzen und unterschiedliche Identitätsbezüge den Aufbau eines ecuadorianischen Nationalstaats (Paz y Miño Cepeda 2015: 77–78).

Neben den generellen Interessenkonflikten zwischen Zentralregierung und lokalen *Caudillos* entstanden daher schon damals gravierende Konflikte zwischen Hochland und Küste beziehungsweise zwischen Quito und Guayaquil. Damit waren die ökonomische Desintegration und die Zersplitterung der politischen Macht zwei der zentralen Charakteristika Ecuadors in den ersten Jahrzehnten nach der Unabhängigkeit (Chiliquinga Carvajal et al. 2012: 161; Paz y Miño Cepeda 2015:77-78). [72]

Die unterschiedlichen wirtschaftlichen Strukturen in Hochland und Tiefland zogen auch unterschiedliche Beiträge zur Staatsfinanzierung nach sich. Im Hochland spielte die Indigenenabgabe und die Alcabalas (Verkaufssteuern) als Vorläufer der Mehrwertsteuer und die Zehnten eine große Rolle. In der Küstenregion um Guayaquil bildete sich hingegen eine Agrarexportwirtschaft mit anderen Folgen für die Fiskaleinnahmen heraus. Hier entstanden eine originäre Kapitalakkumulation und eine außenhandelsorientierte Oligarchie. Durch die weltmarktorientierten Produktionssektoren und Küstenhäfen konnten Zolleinnahmen generiert werden, die für die Staatsfinanzierung große Bedeutung erlangten. Bereits ab 1830 waren sie die wichtigste Einnahmequelle des Staates (Espinosa 2009: 94; Chiliquinga Carvajal et al. 2012: 163). Mit den steigenden Einnahmen aus den Kakaoexporten Ende des 19. Jahrhunderts verschärften sich die Konflikte zwischen der Stadtverwaltung Guayaquils und der Zentralregierung in Quito bezüglich der Aneignung von Zolleinnahmen (Espinosa 2009: 87).

Diese permanente Rivalität zwischen Quito und Guayaquil behinderte in der Folge die – sich auch in anderen Ländern Lateinamerikas vollziehende – Staatswerdung und Stärkung der Zentralmacht durch Exporteinnahmen (vgl. Boris 2013). Mit der zunehmenden Einbindung in den Welthandel, vor allem durch den Kakaoexport, entstand eine exportorientierte Oligarchie in der Küstenregion, welcher es zunehmend gelang, den *Hacendados* des Hochlands die Kontrolle über den Staat streitig zu machen (Espinosa 2009: 87).

Auch in Ecuador kam es – wie in anderen Ländern Lateinamerikas – in den letzten Jahrzehnten des 19. Jahrhunderts zu einem Aufstieg des Liberalismus (Werz 2008; Paz y Miño Cepeda 2013:

---

[72] Ein Tiefpunkt im Staatsbildungsprozess war im Jahr 1859 erreicht, als Peru eine Seeblockade gegen Guayaquil ausrief. Die Macht der regionalen politisch-ökonomischen Eliten zeigte sich hier besonders deutlich, als sich parallel dazu autonome Regierungen in Guayaquil, Quito und Cuenca/Loja bildeten. Politiker der Nachbarländer Kolumbien und Peru begannen, die Aufteilung Ecuadors zu planen. Schließlich gelang es Gabriel García Moreno unter konservativer Führung und im Bündnis mit dem Klerus[72], die nationalstaatliche Ordnung wieder durchzusetzen (Paz y Miño Cepeda 2015: 89).

21–22). Dies führte 1895 zu einem zeitweiligen Triumph der liberalen Revolution unter Führung Eloy Alfaros. Der auf die Revolution folgende Entwicklungszyklus zwischen 1895 und 1925 kann in eine radikale Phase unter Führung des am 28. Januar 1912 ermordeten Alfaro und in eine moderate, beziehungsweise plutokratische Phase von 1912 bis 1925 unterteilt werden (Paz y Miño Cepeda 2013: 21). Alfaros Politik des radikalen Liberalismus hatte die kapitalistische Modernisierung des Landes zum Ziel. Öffentliche Leistungen wurden in den Bereichen Bildung[73], Gesundheit und öffentlicher Daseinsfürsorge ausgebaut und es wurde in Infrastruktur investiert.[74] Auch die – vor allem auf Kakao basierenden – Exporte des in Guayaquil konzentrieren Handelsbürgertums und der dort entstehende Finanzsektor wurden staatlich gefördert. Außerdem wurden, zum Teil mit Hilfe ausländischen Kapitals, erste Anstrengungen zur Industrialisierung unternommen. Zu Alfaros Modernisierungsprogramm gehörte auch die Förderung der Lohnarbeit sowie erster gewerkschaftlicher Organisationen, der Aufbau eines laizistischen Schulwesens und kostenloser Primarschulen (Paz y Miño Cepeda 2016: 6-7). Diese radikale Politik Alfaros führte schon bald dazu, dass sich zunehmend auch liberale Wirtschaftseliten der Opposition von Kirchenhierarchie, Konservativen und *Hacendados* gegen Alfaro anschlossen (Paz y Miño Cepeda 2016: 6–7). Nach Alfaros Tod wurden die progressiven Politikansätze der kurzen radikalliberalen Entwicklungsphase nicht weiter verfolgt, die staatliche Politik wurde wieder direkter den kurzfristigen Interessen wirtschaftlicher Eliten untergeordnet.

Mitte der 1920er Jahre war der Außenhandel Ecuadors von dem für die Region typischen Export-Import-Modell geprägt. 1926, einem typischen Jahr für diese Phase, waren 90 Prozent der Exporte Primärprodukte, allen voran Kakao, während über 80 Prozent der Importe verarbeitete Produkte waren (Drake 1995: 206–207).[75] Der weltmarktbedingte Rückgang der Kakaoexporte[76] stellte das ecuadorianische Entwicklungsmodell in der Folge zunehmend vor Probleme. Hauptziel der zu dieser Zeit amtierenden Regierungen war es nun, den Privatsektor vor den Folgen der Krise zu schützen, während sie sich gleichzeitig einer steigenden Inflation und zunehmenden sozialen Protesten gegenüber sahen. Steuerpolitische Fortschritte konnten in diesem Kontext nicht erzielt werden.

---

[73] Der Aufbau eines laizistischen Schulwesens mit kostenlosen Primarschulen wurde begonnen (Paz y Miño Cepeda 2016: 6-7).

[74] Als wichtigste Infrastrukturinvestition gilt der Bau einer Zugverbindung zwischen Guayaquil und Quito.

[75] Die offiziellen Statistiken zeigten zwar weiterhin Außenhandelsüberschüsse an , dies verdeckte aber Faktoren wie die Kapitalflucht, den Abfluss der Gewinne ausländischer Firmen, die Kosten für Transport und Versicherungen für Exportgüter und den weit verbreiteten Schmuggel, was zusammengenommen zu einer schwierigen wirtschaftspolitischen Situation Ecuadors führte (Drake 1995: 207).

[76] Bei den Kakaoexporten handelte es sich um einen typischen Exportboom. Diese machten 1910 60 Prozent der ecuadorianischen Gesamtexporte aus und 1920 bereits 71 Prozent. Bis 1926 sank der Anteil allerdings auf 42 Prozent und 1929 hatten die Kakaoexporte lediglich einen Drittel des Wertes von 1914 (Drake 1995: 208).

Das historische 19. Jahrhundert endete mit der so genannten *Revolución Juliana*, dem damit einhergehenden Aufbau moderner Institutionen von Rechnungshof bis Zentralbank und mit umfassenden Fiskalreformen. Auf diese grundlegenden Veränderungen werde ich im nächsten Unterkapitel eingehen.

5.2 Ecuadors Weg ins 20. Jahrhundert – Fiskalpolitische Perspektiven auf einen verhinderten Entwicklungsstaat? (1925 – 1972)

Die Entwicklung Ecuadors von 1925 bis 1972 lässt sich in drei Phasen gliedern, die ich im Folgenden nachzeichnen werde.

Wie bereits im vorangegangenen Unterkapitel angesprochen, begann das historische 20. Jahrhundert in Ecuador mit der *Revolución Juliana* (1925-1931), in der das Institutionensystem grundlegend modernisiert wurde (Paz y Miño Cepeda 2015: 113-114). Dennoch konnte in dieser Phase weder ein stabiles politisches System aufgebaut werden, noch wurde die Überwindung der strukturellen Abhängigkeit von den Kakaoexporten erreicht – wobei das Festhalten am Goldstandard die Krisentendenzen ab 1929 verschärfte (Abschnitt 5.2.1). In der sich anschließenden Phase ab 1932 setzte sich die politische und wirtschaftliche Instabilität fort, hinsichtlich der Finanzorganisation des Staates waren sogar gravierende Rückschritte zu verzeichnen. In den 1940er Jahren kam es durch verbesserte Exportpreise zu einer wirtschaftlichen Erholung, die allerdings nicht zu strukturellen Veränderungen führte. Auf der politischen Ebene gelang es nicht, das Land zu stabilisieren, was nicht zuletzt eine Folge der traumatischen Kriegsniederlage gegen Peru zu Beginn des Jahrzehnts war (Abschnitt 5.2.2). Erst ab 1948 folgte eine Phase erster entwicklungsstaatlicher Ansätze, allerdings ohne die Abhängigkeit von Primärgüterexporten zu überwinden. Vielmehr wurde Kakao durch Bananen als Hauptexportgut abgelöst. Bereits in den 1960er Jahren zeigten sich dann wieder vermehrt wirtschaftliche Stagnations- und politischen Krisentendenzen (5.2.3).

5.2.1 Staatsmodernisierung und Fiskalpolitik in der *Revolución Juliana* (1925 – 1932)

Mit der *Revolución Juliana* betrat das Militär – unter Führung junger Offiziere – erstmals als staatliche Institution die politische Bühne und wurde dabei von breiten Sektoren der Bevölkerung unterstützt. (Almeida Arroba 1994: 32; Paz y Miño Cepeda 2013: 27). Dabei handelte es sich um eine Herausforderung für die vor allem in der Küstenregion verankerte ‚Plutokratie'[77] (North

[77] Als Angehörige eben jener 'Plutokratie' werden später auch diejenigen Akteure bezeichnet, die in den 1980er und 1990er Jahren neoliberale Reformen durchsetzten (North 2006: 87).

2006: 87).[78] Schon direkt nach der erfolgreichen Revolte wurden die jungen Offiziere aber durch Militärs höheren Rangs verdrängt. Die Militärjunta setzte eine erste Übergangsregierung ein, bestehend aus 5 zivilen Mitgliedern und zwei Militärs (Paz y Miño Cepeda 2013; Izurieta Andrade 2015: 44).

Die Eliten des Hochlandes gehörten zu den potenziellen Nutznießern der politischen Entmachtung des hauptsächlich in Guayaquil verankerten Handels- und Finanzkapitals und erhofften sich nicht zuletzt einen leichteren Zugang zu Krediten. Zu den Unterstützern der Juli-Revolution gehörten daher nicht nur die neu entstehenden urbanen Mittelschichten, sondern auch wichtige Eliten der *Sierra*. Weiter reichende Transformationsplänen der Regierung standen allerdings die zunehmende Unzufriedenheit heimischer Eliten entgegen, die nun – nicht zuletzt wegen der getroffenen steuerpolitischen Maßnahmen – auch von konservativen Landeigentümern der *Sierra* geteilt wurde. Dazu kamen Konflikte innerhalb der Regierung.

Dessen ungeachtet führten die *Julianos* zwischen 1925 und 1931 eine Modernisierung des Landes in drei zentralen Bereichen durch: bei der Regulierung des Geld- und Finanzsystems, bei der – im Fokus dieser Arbeit stehenden – Schaffung progressiver Elemente im Steuersystem und auch bei der – hier nicht schwerpunktmäßig behandelten – Arbeits- und Sozialgesetzgebung (Paz y Miño Cepeda 2016: 7; Almeida Arroba 1994: 32). Die Steuerverwaltung wurde in dieser Phase ebenfalls modernisiert, systematisiert und zentralisiert. Mit dem Ziel, die Abhängigkeit des Staates von Zolleinnahmen und Bankkrediten zu reduzieren, wurden zudem die Steuern Wohlhabender erhöht. Hierzu gehörte eine Neubewertung des lange Zeit unterbewerteten ländlichen Grundbesitzes. Auch konnten Mehreinnahmen aus der Erbschafts- und Schenkungssteuer generiert werden, ebenso aus lokalen Steuern und Stempelsteuern (Drake 1989: 136).

Aus Sicht der Juli-Revolutionäre war mit der radikalen Modernisierung der Finanz- und Fiskalinstitutionen des Landes die Hoffnung verbunden, die Macht der Zentralregierung stärken zu können, deren Amtssitz sich in Quito, im ecuadorianischen Hochland, befand. Gegenüber dem in der Hafenstadt Guayaquil konzentrierten Handels- und Finanzkapital musste dies als direkter Affront gelten (Drake 1995: 205; Drake 1989: 135). Besonders die Ernennung des – für seine konfrontative Haltung gegenüber dem Bankensektor bekannten – Präsidenten der Handelskammer in Quito Luis Napoleon Dillons zum Finanzminister führte in der Folge zu massiven Protesten in Guayaquil (Izurieta Andrada 2015: 44; Drake 1989:135-139, Almeida 1994:34; North 2006: 87).[79]

[78] Die Auffassung, dass die politischen Umwälzungen durch die *Revolución Juliana* für die Krise der Küstenoligarchie ursächlich waren, unterschlägt, dass diese sich bereits vorher wegen der sinkenden Kakaoexporte in großen Schwierigkeiten befand (Paz y Miño Cepeda 2000: 51-52).

[79] Der Protest führte allerdings nicht zu weiterreichenden Veränderungen, da Vertreter Guayaquils lediglich in als weniger wichtig geltende Ministerien wie Bildung und Gesundheit berufen wurden, während die Vertreter Dillons das Innenministerium, das Außenministerium sowie das Verteidigungsministerium übernahmen und Dillon selbst Finanzminister wurde (Izurieta Andrade 2015: 44).

Das sofortige konfrontative Vorgehen der Juli-Revolutionäre gegen den Bankensektor ist im Kontext spontaner Proteste zu verstehen, die sich gegen die teils illegale Art und Weise der Geldemission und Kreditvergabe der Banken richteten und der *Revolución Juliana* vorausgegangen waren (Drake 1989: 130). Schon im Juli 1925 wurde eine Untersuchungskommission gegründet, die im August gleichen Jahres ihren Bericht über die Praktiken ecuadorianischer Banken vorlegte. Hierin wurde die *Banco Comercial y Agrícola*[80] beschuldigt, von 1914 bis 1925 ungedeckt und damit illegal Geld emittiert zu haben (Izurieta Andrade 2015: 45) Die Übergangsregierung befahl daraufhin die Inhaftierung des Managers dieser Bank Urbina Jada, der als Widersacher von Finanzminister Dillon galt. Dillon erließ eine für damalige Verhältnisse exorbitante Geldstrafe und forderte die Schließung der Bank. Letzteres geschah, obwohl der Bericht festhielt, dass die *Banco Comercial y Agrícola* solvent war. Als Ersatz für diese Bank, die für über 25 Jahre der wichtigste Kreditgeber des Staates gewesen war, forderte Dillon die Gründung einer Zentralbank, die wenig später, allerdings im Kontext einer neuen Regierung und gemäß den Empfehlungen der so genannten Kemmerer-Mission, auch erfolgte[81] (Izurieta Andrade 2015: 45–46).

Nach einer zweiten Übergangsregierung mit rotierendem Vorsitz setzte die Militärjunta schließlich eine provisorische Regierung unter Führung des zivilen Präsidenten Isidro Ayora[82] ein, der zunächst bis 1929 diktatorisch regierte – und dann weitere zwei Jahre als von der *Asamblea Nacional* nominierter verfassungsgemäßer Präsident (Paz y Miño Cepeda 2013: 27). Er war es, der schließlich die *Kemmerer-Mission* nach Ecuador holte (Almeida Arroba 1994: 32).[83] Diese durch den US-amerikanischen Wirtschaftswissenschaftler Edwin Walter Kemmerer (1875-1945) geführte Beratergruppe wurden von der ecuadorianischen Regierung unter Vertrag genommen und finanziert, aber ebenso durch das US-Außenministerium gutgeheißen (Acosta 2012a: 111).

Als Kemmerer am 18. Oktober 1926 nach Guayaquil kam, fand er ein Land vor, das zwischen August 1923 und Juli 1925 zwei konstitutionelle Präsidenten, einen Übergangspräsidenten, eine mehrköpfige Exekutive und fünf verschiedene Finanzminister gesehen hatte – und in dem die

[80] Die inflationäre Politik in der Phase des plutokratischen Liberalismus nützte besonders den Exporteliten der Küstenregion, die günstige Kredite benötigten, um ihre Produktion umzustellen und ihre Abhängigkeit von Kakaoexporten zu überwinden. Gleichzeitig verfügten die Exporteure über Zugang zu einer harten Währung. Die Grundbesitzer im Hochland forderten hingegen eine Stabilisierung des Geldwerts und schließlich den Goldstandard (Drake 1989: 129).

[81] Diese Option war im Bankensektor der Küste bereits ab 1920 diskutiert worden und noch bevor die Juli-Revolution begann, hatten Bankiers die Regierung Córdova gebeten, den US-Experten Edwin Kemmerer nach Ecuador einzuladen, um einen Vorschlag für das institutionelle Design einer Zentralbank vorzubereiten. Anders als die Bankiers strebte Dillon die Bankgründung ohne Beratung und auf Basis der Konfiszierung der Reserven privater Banken gegen eine Zahlung von 50 Prozent des Weltmarktpreises an (Izurieta Andrade 2015: 46).

[82] Der aus Quito stammende Arzt und ehemalige Rektor der *Universidad Central* war formal nicht Mitglied einer Partei und stellte sich als rationaler Intellektueller dar, der über dem Kleinklein der Tagespolitik steht (Drake 1989: 139).

[83] Mit der Kemmerer-Mission wurde erstmals auf die später wiederholt genutzte Strategie politischer Eliten zurückgegriffen, interne Blockaden durch die Nutzung der technokratischen Autorität vermeintlich neutraler externer Experten zu überwinden. Während sich die Konflikte zwischen der Regierung und den Banken der Küstenregion immer auch in den Medien widergespiegelt hatten, wurde die Kemmerer-Mission nun einmütig von der Presse in Guayaquil und Quito gelobt (Izurieta Andrade 2015: 49).

Revolución Juliana nicht zu Stabilität, sondern zu Autoritarismus und drei Übergangsregierungen innerhalb von 14 Monaten geführt hatte (Izurieta Andrade 2015: 48).

Zu diesem Zeitpunkt befand sich das Land in einer tiefen politischen und – durch den Rückgang der Exporte bedingt – auch ökonomischen Krise (Drake 1995: 205). Als Kemmerer nach Ecuador geholt wurde, wussten die Regierung und der Bankensektor Guayaquils, was zu erwarten war, da nun die Leitlinien von Kemmerers Empfehlungen auch für Ecuador zur Geltung kamen, wobei der Princeton-Ökonom Kemmerer ‚*one-size-fits-all*' Lösungen präferierte (Izurieta Andrade 2015: 48–49).[84] Es gehörte zu seiner Praxis, Gesetzesvorlagen zu erstellen, die dem Parlament direkt vorgelegt werden konnten, so dass seine Berater die Gesetzestexte kontrollierten – und vage oder widersprüchliche Gesetze verhindern konnten (Izurieta Andreade 2015: 39, 51; Paz y Miño Cepeda 2015). Die unter dem starken Einfluss der *Misión Kemmerer* durchgeführten Reformen und die Etablierung neuer Institutionen – Zentralbank, Bankenaufsicht, Rechnungshof – können als Ecuadors Eintritt in das historische 20. Jahrhundert interpretiert werden.[85] Mit der Gründung der Zentralbank im März 1927 übernahm der Staat schließlich das Monopol der Geldemission, das vorher in der Hand der privaten Banken gelegen hatte (Acosta 2012a: 109; Izurieta Andrade 2015: 45–46).

Ein zentrales Problem sah Kemmerer in dem ungeordneten ecuadorianischen Fiskalsystem mit enormen Haushaltsdefiziten. Ecuadors Staatsanleihen hatten zu diesem Zeitpunkt das schlechteste Rating in der gesamten Region (Izurieta Andrade 2015: 48). Durch die von der Kemmerer-Mission eingeleiteten Fiskalreformen sollten wiederkehrende Probleme der öffentlichen Finanzen überwunden werden, zu denen die permanenten Staatsdefizite, das Verschwinden öffentlicher Mittel, das Chaos bei ihrer Vergabe und die Korruption ebenso zählten wie die weit verbreitete Steuerhinterziehung (Paz y Miño Cepeda 2015: 113). Kemmerer plädierte daher für eine Bündelung der fiskalpolitischen Kompetenzen bei der Zentralregierung (Almeida Arroba 1994: 127) In den Folgejahren führten diese Reformen tatsächlich zu Einnahmeerhöhungen des Staates und es kam sogar zu Haushaltsüberschüssen. Die Einnahmesteigerungen wurden durch eine nun effektivere interne Besteuerung generiert, wobei die Einkommens-, Vermögens-, und Unternehmenssteuern besonders anstiegen (Almeida Arroba 1994: 67). Die Zolleinnahmen spielten auch weiterhin eine wichtige Rolle und stiegen von 1926 bis 1929 deutlich an. In der dann folgenden Wirtschaftskrise zeigte sich die starke Krisenanfälligkeit der Zolleinnahmen, deren Anteil 1932 auf dann nur noch 30 Prozent der gesamten laufenden Staatsinnahmen zurückging.

---

[84] Zum Teil kam es durch dieses Vorgehen im lokalen Kontext zu unbrauchbaren institutionellen Arrangements und Regelungen. Beispielsweise kopierte der Experte für die Zollverwaltung Robert Vorfeld schlicht seine vorher in Paraguay getane Arbeit. Dies führte zu sinnlosen Zöllen auf Warenverkehr auf Ecuadors Binnengewässern (Izurieta Andrade 2015: 49–50).

[85] Mit seinen Empfehlungen setzte Kemmerer auf die damalige Orthodoxie ökonomischen Denkens im Stil von Woodrow Wilsons *New Freedom Policies* mit der die USA den Freihandel zu erleichtern suchten. Entsprechend dieser Konzepte wurde gegen rechtswidrige Geschäftspraktiken härter vorgegangen und ein Zentralbanksystem eingeführt. In Ecuador wurde besonders die Zollreform Kemmerers als *laissez-faire* Politik kritisiert, die einheimische Produzenten schädige und zu einem Kollaps der Landwirtschaft führen könnte (Izurieta Andrade 2015: 50f).

Tabelle 7: Entwicklung der Zolleinnahmen während der Revolución Juliana

Jahr	Einnahmen in Tausend Sucre	Prozent der laufenden Staatseinnahmen
1925	20,284	55
1926	19,005	42
1927	23,277	36
1928	26,728	43
1929	27,806	43
1930	23,309	38
1931	17,496	39
1932	12,702	30
		Izurieta Andrade 2015: 52

Auf der wirtschaftlichen Ebene bestand bis 1929 ein positives Umfeld für Ecuadors Exporte[86]. In dieser Phase repräsentierten die Zölle stets deutlich über 40 Prozent der Staatseinnahmen. Der Beginn wirtschaftlicher Schwierigkeiten durch veränderte externe ökonomische Rahmenbedingungen fiel in Ecuador nahezu zeitgleich mit der Rückkehr zur konstitutionellen Herrschaft 1929 zusammen. Auch Ecuador war ab 1929 durch sein Export-Import-Modell, das sich seit der zweiten Hälfte des 19. Jahrhunderts als dominante Form der Einbindung Lateinamerikas in den Welthandel etabliert hatte, von der Weltwirtschaftskrise betroffen. (Acosta 2012a: 137; Boris 2009: 27; Werz 2008: 240). Die strukturell bedingten wirtschaftlichen Probleme aufgrund niedrigerer Kakaoexporte konnten nicht überwunden werden.[87] Der Anteil der Zolleinnahmen an den Gesamteinnahmen des Staates ging zwischen 1929 und 1932 auf 30 Prozent zurück (siehe obige Tabelle). Besonders auch die geldpolitischen Empfehlungen Kemmerers führten nun, vor dem Hintergrund mangelnder Exporteinnahmen, zu Deflation und verschärften die wirtschaftlichen Krisentendenzen in Ecuador(vgl. Acosta 2012a: 109–110; Izurieta Andrade 2015: 63).

Auf der politischen Ebene vollzogen sich derweil progressive Veränderungen. Die ab 1929 geltende neue Verfassung Ecuadors ist zum einen aus der Perspektive der gewährten staatsbürgerlichen Rechte zu betrachten und zum anderen im Hinblick auf das Zusammenwirken unterschiedlicher staatlicher Institutionen. In Bezug auf die erstgenannte Perspektive sind wichtige politische, rechtliche und soziale Fortschritte für die ecuadorianische Bevölkerung festzustellen. Hierzu gehörte eine Ausweitung sozialer und staatsbürgerschaftlicher Rechte, wie zum Beispiel die Einführung des Frauenwahlrechts, das erstmalig in einem Land Lateinamerikas festgeschrieben wurde. Die staatliche Kontrolle über die natürlichen Ressourcen des Landes erhielt zudem

[86] Von 1926 bis 1929 verzeichnete Ecuador einen Außenhandelsüberschuss, wobei Kakao zwar weiterhin das wichtigste Exportgut war (38,5 Prozent 1927 und 30,1% 1928), aber auch eine Diversifikation der Exporte erreicht wurde.
[87] Die Gesamtexporte Ecuadors hatten sich 1928 der 15 Millionen-Dollar-Marke genähert, fielen dann jedoch permanent und lagen 1933 bei nur noch 4,2 Millionen (Acosta 2012a: 113; Izurieta Andrade 2015: 56).

Verfassungsrang, die Finanzverwaltung wurde zentralisiert, die Kontrolle über ausländische Investitionen wurde festgeschrieben. Auch erhielt die soziale Verantwortung von Privatfirmen erstmals Verfassungsrang, der den sozialen Fortschritt der Gesellschaft als Grenze für die Freiheit von Privatfirmen definiert (Paz y Miño Cepeda 2013: 92-93).

Mit dieser neuen Verfassung, die zweifelsfrei viele positive Elemente enthielt, war allerdings auch eine folgenreiche Schwächung der Exekutive und eine kontraproduktive Stärkung der einzelnen Abgeordneten verbunden, welche nun die Nominierung von Ministern in Frage stellen konnten. Die Folge war ein von Klientelinteressen dominiertes Parlament, in dem über Nominierungen geschachert wurde und Funktionäre dem Präsidenten aufoktroyiert werden konnten (Izurieta Andrade 2015: 55). Statt die Legislative als Kontrollinstanz zu stärken, minderte das neu geschaffene Institutionensystem die Fähigkeit der Staatsorgane, steuer- und fiskalpolitisch kohärent zu handeln.

5.2.2 Eine politische und ökonomische Dauerkrise (1932 – 1948)

Die mit dem System der Goldbindung einhergehende Überbewertung des *Sucre* fand am 8. Februar 1932 ihr Ende. Die Fortschritte in Steuerpolitik und Steuerverwaltung waren zunehmend durch die negativen Folgen der starren Goldbindung konterkariert worden. Senatspräsident und Übergangsmachthaber Alfredo Baquerizo Moreno erklärte, 'Die Währung ist gesund; aber alles andere ist krank', und hob die Konvertibilität des *Sucre* per Dekret auf (Acosta 2012a: 111). Trotz dieser geldpolitischen Maßnahme setzte jedoch erst in den 1940er Jahren eine wirtschaftliche Erholung ein (Acosta 2012a: 116).

Auch auf der politischen Ebene gelang es nicht, die dringend notwendige Stabilität herzustellen: Zwischen 1931 und 1948 hatte Ecuador 20 Regierungen. In diese Phase fiel der ‚Krieg der vier Tage‘ (1932), das Intermezzo eines progressiven Militärregimes[88] (1937-1938), der Verlust eines Großteils der von Ecuador beanspruchten Amazonasgebiete nach einem Angriff Perus (1942) und eine ‚*La Gloriosa*‘ getaufte Revolution (1944) (Conaghan 1988; Paz y Miño Cepeda 2016). Bezüglich der wirtschaftlichen Ebene ist für die beschriebene Phase zu konstatieren, dass die Krise der Kakaoexportwirtschaft nicht grundsätzlich überwunden werden konnte. Die wichtigsten Exportprodukte Ecuadors Ende der 1920er und Anfang der 1930er Jahre waren Baumwolle, Reis, Zucker, Kakao, Kaffee, Steinnüsse sowie einige Bergbauerzeugnisse und Erdöl (Acosta 2012a: 113). Die für den Binnenmarkt produzierende Textilindustrie des Hochlands hatte die Wirtschaftsprobleme ab Ende der 1920er Jahre relativ gut überstanden und profitierte von einer Beschränkung der Importe, was aber wiederum zu Kontroversen mit den Importeuren aus Guayaquil führte (Acosta 2012a: 113). Von der erwähnten wirtschaftlichen Erholung der 1940er

---

[88] Einen kurzzeitigen Versuch, an die Modernisierungspolitik der *Revolución Juliana* anzuknüpfen, machte das Militärregime von Alberto Enriquez (1937-1938), das Gewerkschaftsrechte erweiterte und Restriktionen gegen linke politische Aktivitäten aufhob (Conaghan 1988a: 78).

Jahre profitierten lediglich die Eliten des Handelskapitals, die Bankiers und die Großgrundbesitzer, während sich an den prekären Lebensbedingungen der meisten Ecuadorianer*innen praktisch nichts änderte (Acosta 2012a: 116). Holzexporte, Kautschuk und die in Ecuador gefertigten Panamahüte wurden von den US-Truppen nachgefragt. Zudem profitierte das Land von einer höheren Nachfrage und steigenden Preisen für Agrarprodukte[89], exportierte auch in geringem Umfang Erdöl sowie Bergbauerzeugnisse (Acosta 2012a: 115). Anders als in anderen Ländern Lateinamerikas gelang es in Ecuador aber nicht, die Steigerung der Kriegsproduktion in den führenden Industrieländern für die eigene Industrialisierung zu nutzen (ebd.).

Die in den 1930er Jahren vorherrschende Tendenz, die während der *Revolución Juliana* erreichten Fortschritte beim Staatsaufbau wieder umzukehren, lässt sich insbesondere in der Fiskal- und Steuerpolitik erkennen, die schon bald unter ähnlichen Bedingungen betrieben wurde wie vor 1925. Erneut wurden autonome Körperschaften gegründet, die öffentliche Gelder erhielten oder einzogen. Die vormalig durchgeführte Zentralisierung der Steuererhebung wurde wieder aufgehoben: Es gab nun Steuern des Zentralstaates, solche der Munizipien und solche auf regionaler Ebene, die jeweils autonom verwaltet wurden. Einige Munizipien, vor allem die an der Küste, nutzten sogar private Agenten zur Steuereintreibung. Auch wurde eine Vielzahl von unterschiedlichen Steuern auf diverse Produkte und Dienstleistungen erhoben. Die Umsatzsteuer brachte kaum staatliche Einnahmen – und die während der *Revolución Juliana* eingeführte Einkommenssteuer verfehlte zunehmend das Ziel der Progressivität[90]. Der Zolleinzug war ebenfalls nicht klar geregelt.[91] In der von permanenten wirtschaftlichen Problemen geprägten Situation machten es zudem die unübersehbaren politischen Spannungen unmöglich, dringend notwendige institutionelle Reformen zur Neuordnung des Staatswesens und zur Überwindung von Budgetdefiziten durchzuführen (Paz y Miño 2015: 136).

Ein traumatischer Einschnitt in Ecuadors Geschichte war 1941 Perus Angriff auf das Land, dem eine Niederlage Ecuadors folgte.[92] Ecuadors Hoffnung auf eine diplomatische Lösung erfüllte sich nicht (Acosta 2012a; Izurieta Andrade 2015: 68). Mit dem Friedensvertrag verlor Ecuador fast die Hälfte des beanspruchten Territoriums (200.000 km^2) und wurde auch gezwungen, seine seit der Unabhängigkeit erhobenen territorialen Ansprüche im Amazonasgebiet aufzugeben (I-

[89] Exportprodukte von Bedeutung waren u. a. auch Kaffee, Steinnüsse und Reis.

[90] Lediglich Arbeiter und Angestellte mit festem Einkommen mussten Einkommenssteuer zahlen, während Handel, Banken, Industrielle und Freiberufler die Steuer mit einem Jahr Verspätung zahlen konnten, sie aber meist hinterzogen.

[91] Oft blieb unklar, ob die Zölle nach Mengen, nach Größenangaben oder nach Schätzwert *(ad valorem)* zu erheben waren. Die wichtigsten Zollbehörden in Tulcán und Guayaquil waren von Schmuggel und Korruption geprägt. Zudem existierten lokale Zölle zwischen den verschiedenen Provinzen des Landes (Paz y Miño Cepeda 2015: 132).

[92] Zwischen 1931 und 1941 erhöhte Peru die Zahl seiner Soldaten von 8000 auf 16705 und kaufte Kampfflugzeuge, Bomber und Kriegsschiffe. Von 1937 bis 1941 wurden Militärberater aus dem faschistischen Italien ins Land geholt und während der 1930er Jahre wurde militärisch mit dem japanischen Kaiserreich kooperiert. Ecuador aber konnte auf diese Aufrüstung nicht adäquat reagieren, da die staatlichen Finanzprobleme es unmöglich machten, ebenfalls aufzurüsten.

zurieta Andrade 2015: 72). Nachdem Präsident Arroya del Río ganz im Sinne der US-amerikanischen Interessen dem für Ecuador höchst negativen Vertrag zugestimmt hatte, wurde er dort mit allen Ehren empfangen. In Ecuador – wo seine Regierung als hauptverantwortlich für die militärische Niederlage galt – konnte er sich jedoch nur durch Rückgriff auf diktatorische Mittel an der Macht halten und schlug eine Reihe von Aufständen – im Mai 1943 auch einen bewaffneten Angriff auf den Präsidentenpalast – nieder. Als Arroyo jedoch versuchte, seinen Getreuen Miguel Angel Albornoz als Nachfolger zu installieren, stieß er auf den massiven Widerstand der *Alianza Democrática Ecuatoriana* (ADE), die Ex-Präsident Velasco Ibarra (1934-1935, 1944-1947, 1952-1956, 1960-1961, 1968-1972) als Präsidentschaftskandidaten aufstellte.[93]

Am 28. Mai 1944 begann eine erfolgreiche Militärrevolte mit massiver Unterstützung der Bevölkerung, welche enthusiastisch als Wiederherstellung der nationalen Würde nach der Kriegsniederlage gegen Peru wahrgenommen und *La Gloriosa* genannt wurde. Nach blutigen Kämpfen floh Arroyo schließlich in die USA (De la Torre 1994: 683-684; Izurieta Andrade 2015: 73). Bei *La Gloriosa* handelte es sich um einen erfolgreichen Aufstand gegen das liberale Regime Arroyos im Namen der Demokratie und des ‚großen Abwesenden' Velasco Ibarra, der selbst nicht an dem Aufstand teilnahm.[94] Der Aufstand stützte sich auf ein breites Bündnis von links bis rechts, dessen gemeinsamer Nenner die Ablehnung des von Arroyo geführten Regimes war. Ein Ergebnis war schließlich die progressive Verfassung von 1945, die an die Prinzipien der *Revolución Juliana* anknüpfte (Ogaz Arce 2015), die aber von dem – durch die Revolution ins Präsidentenamt gebrachten – Velasco Ibarra in Frage gestellt wurde. Er berief eine Verfassungsgebende Versammlung ein, die 1946 schließlich eine deutlich konservativere Verfassung verabschiedete.

La Gloriosa kann als Beginn der Politisierung der Massen in Ecuador und als partielle Integration bis dahin ausgeschlossener Gruppen interpretiert werden, wobei der politische Stil Ibarras eine zentrale Rolle spielte (De la Torre 1994: 684, 685). Seine proklamierte politische Inkorporation[95] blieb aber weitgehend symbolisch, da die breite Mehrheit der Bevölkerung weiterhin vom Wahlrecht ausgeschlossen blieb (ebd. 689-690). So zeigten sich schnell die engen Grenzen, in denen sich der durch Ibarra verkörperte ecuadorianische Populismus bewegte. Ibarra unterhielt stets enge Kontakte zu den traditionell dominanten politischen und ökonomischen Klassen, sein tiefer

---

[93] Arroyo hatte dessen Rückkehr aus dem chilenischen Exil nach Ecuador unterbinden wollen, diese aber letztlich nicht verhindern können (Izurieta Andrade 2015: 73).

[94] An den Aufständen nahmen Zivilisten und Offiziere der Armee teil, wobei letztere durch den Aufbau der Polizei-Eliteeinheit *Carabineros* gegen das liberale Regime aufgebracht waren. Die Gewalt richtete sich gegen die Institutionen des liberalen Regimes und besonders die *Carabineros,* während das Eigentum von Nicht- Liberalen respektiert wurde (De la Torre 1994: 683-684).

[95] Da das Wahlrecht an die Alphabetisierung gebunden war, blieb die Mehrheit der Bevölkerung von den Wahlen ausgeschlossen. 1939 lag die Alphabetisierung bei 20,25 und 1944 bei 22,28 Prozent. Außerdem wurden Gebühren für die Stimmabgabe erhoben. Die Wahlbeteiligung erhöhte sich von 3,1 Prozent 1933 auf immer noch niedrige 8,81 Prozent 1948. Allerdings bedeutete dies keine politische Apathie, sondern der *Velazquismo* führte die Politik aus den Salons der Eliten hinaus auf die Straßen und Plätze des Landes. Bereits die Revolte nach der Wahlniederlage Velasco Ibarras 1940 hatte die hohen politischen Kosten des Wahlbetrugs gezeigt (De la Torre 1994: 689–690).

Konservatismus zeigte sich in der Kabinettsbesetzung und im politischen Diskurs (Quintero 1980; Conaghan 1988: 79-80).

Die Fiskalpolitik Velasco Ibarras (1944-1947) war in dieser Phase durch fehlende Finanzdisziplin geprägt. Die Korruption in der öffentlichen Verwaltung war an der Tagesordnung und es kam zur Veruntreuung öffentlicher Gelder, die meist mit der dringenden Finanzierung öffentlicher Arbeitsbeschaffungsmaßnahmen gerechtfertigt wurde (Izurieta Andrade 2015: 75). Dennoch kam es, obwohl die Regierung in der Praxis kaum handlungsfähig war, aufgrund der internationalen Entwicklungen zu wichtigen politischen Veränderungen in Ecuador. Bereits 1945 trat das Land dem *Bretton Woods System*[96] bei. Auf Grundlage technischer Unterstützung der US-amerikanischen *Federal Reserve Bank* (FED) besuchte die so genannte *Triffin Mission* 1947 Ecuador, um dort die Zentralbank auf Basis keynesianischer Ansätze[97] zu reformieren. 1948 wurden die Vereinten Nationen (VN) gegründet, deren Berater*innen ebenfalls eine wichtige Rolle in der Entwicklung Ecuadors spielen sollten.

5.2.3 Ansätze entwicklungsstaatlicher Politik, erneute Krisentendenzen und kein Fiskalvertrag in Sicht – Fiskalpolitischen Tendenzen zwischen 1948 und 1972

Mit der Präsidentschaft Galo Plaza Lassos (1948-1952) begann schließlich eine als *Boom Bananero* bekannte Phase politischer Stabilität und wirtschaftlichen Wachstums in Ecuador. Während die Bananenproduktion 1948 noch bei lediglich 2 Millionen US-Dollar gelegen hatte, stieg dieser Wert schon 1950 auf 17 Millionen – und 1960 erreichten allein die Bananenexporte den Wert von 90 Million USD. Die Bananenexporte hatten zu diesem Zeitpunkt den Kakao als wichtigstes Exportgut abgelöst und machten nun etwa 60 Prozent der Gesamtexporte aus (Drekonja 1980: 82–83).

Wachsende Staatseinnahmen ermöglichten es in der Folge dem Staat, mit einer als Proto-*Desarrollismo* bezeichneten Politik eine zentrale Rolle im ecuadorianischen Entwicklungsprozess einzunehmen (Paz y Miño Cepeda 2007). Grundlage des Ausbaus öffentlicher Investitionen waren die Einnahmen aus dem Exportsektor und Kredite, die bei internationalen Finanzinstitutionen aufgenommen wurden (Carrasco Vintimilla et al. 2011: 127). Das während des *Boom Bananero* erreichte wirtschaftliche Wachstum und die aktive Rolle des Staates führten jedoch letztlich weder zu einer grundsätzlichen Überwindung der Abhängigkeit von Primärgüterexporten noch zum Aufbau eines soliden und progressiven Steuersystems.

---

[96] Noch während des zweiten Weltkriegs wurden 1944 die *Bretton Woods* Organisationen Internationaler Währungsfonds (IWF) und Weltbank gegründet und das *General Agreement on Tariffs and Trade* (GATTS) unterzeichnet.

[97] Ein Währungsrat wurde gegründet und die Exekutive erhielt stärkeren Einfluss auf die Geldpolitik, die nun eine aktive Rolle im Entwicklungsprozess einnehmen und wenn nötig antizyklische Politik durchführen sollte (Paz y Miño Cepeda 2015: 133–134; Jácome 2015: 19).

Galo Plaza Lasso holte internationale Berater der Vereinten Nationen, des IWF und der US-Notenbank nach Ecuador, um eine Modernisierung des Institutionensystems einzuleiten. Diese aber entwarfen eine am freien Kapital- und Warenverkehr orientierte Politik mitsamt Garantien für ausländische Investitionen. Außerdem ermunterten sie die ecuadorianische Regierung zur Wachstumsfinanzierung durch externe Kredite. Eine VN-Mission zur Fiskalpolitik beschäftigte sich zudem mit der Ausarbeitung von Reformvorschlägen in den Bereichen Verwaltung, Haushaltsführung und Steuern. (Paz y Miño 2015: 135).

> „Aber wo es die meisten Probleme gab, war die Steuerreform. Der VN-Vorschlag zielte auf einen strukturellen Wandel hinsichtlich der Einkommenssteuer, der Verkaufssteuer, des Briefmarkengesetzes und der Tarife und Zölle. Es gelang einen neuen Zoll ad valorem entsprechend der Nomenklatur von Genf einzuführen und die bestehenden Gesetze zu diesem Thema wurden reformiert. Aber im Hinblick auf die Steuern wurden die Projekte der Fiskalmission zwischen den Funktionären des Schatzministeriums, dem Nationalen Wirtschaftsrat und auch dem Kongress hin- und hergeschoben, ohne dass es über Monate zu einer Entscheidung kam. Dies offensichtlich aufgrund fehlenden politischen Willens und angesichts des systematischen Widerstands der Kammern für Handel, Landwirtschaft und Industrie, besonders derjenigen in Guayaquil." (Paz y Miño Cepeda 2015: 135)

Die folgenden 1950er Jahre waren von relativ großer politischer Stabilität geprägt, die es drei aufeinanderfolgenden Regierungen – Galo Plaza Lasso, Velasco Ibarra und Ponce Enrique –ermöglichte, ihre Amtszeit zu Ende zu führen. Der Ansatz, dem Staat eine steigende Bedeutung im Entwicklungsprozess einzuräumen, wurde auch von den Nachfolgern Lassos fortgesetzt. Die Fiskalpolitik folgte dem Ziel, die Wirtschaft zu diversifizieren, den Binnenmarkt auszubauen und die Binnenintegration zwischen Küste und Hochland zu fördern. Der Anteil der öffentlichen Investitionen an den Gesamtinvestitionen stieg von 26 Prozent 1950 auf 57 Prozent 1960.

Der Prozess der Staatsmodernisierung verlief jedoch in teils widersprüchlichen Bahnen. Velasco Ibarra (1952 – 1956)[98] schaffte in seiner dritten Amtszeit einerseits das zur Professionalisierung des öffentlichen Dienstes dienende Gesetz zur Verwaltungskarriere wieder ab, intensivierte aber andererseits den Ausbau der Verkehrsinfrastruktur und gründete die Planungsbehörde *Junta Nacional de Planificación y Coordinación Económica* (JUNAPLA) (Paz y Miño Cepeda 2015: 136).[99] Eine von der Regierung Ponce Enrique vorgelegte Steuerreform scheiterte allerdings am Widerstand der Wirtschaftseliten. In dieser Phase zeigten sich wiederum deutlich die Symptome eines nicht kohärenten Staatshandelns, beispielsweise an der Vielzahl von autonomen Institutionen, die ihre gesetzten Aufgaben nicht länger erfüllten. Daneben existierten viele verschiedene kleinere, allerdings kaum wirksame Steuern. Die Einnahmen aus tendenziell regressiven indirekten Steuern überstiegen die Einnahmen aus direkten Steuern deutlich (Paz y Miño Cepeda 2015:

[98] Die einzige Amtszeit, die Velasco Ibarra zu Ende führen konnte (1952-1956) fiel in die Phase des Boom Bananero (Drekonja 1980: 82)

[99] Die JUNAPLA wurde 1979 zum *Consejo Nacional de Desarrollo*. Mit der neoliberal geprägten Verfassung von 1998 wurde die Behörde zu einem Sekretariat des Präsidialamts heruntergestuft und 2004 in *Secretaría Nacional de Planificación* (SENPLADES) umbenannt (Correa 2014: 34).

136-137). Das Steuersystem zeigte demnach grundlegende Defizite, die nicht durch Wirtschaftswachstum allein zu überwinden waren.

Der Aufstieg Ecuadors zum Großexporteur von Bananen ab Ende der 1940er Jahre ist als Zusammenspiel externer Faktoren und ihrer gezielten Nutzung durch die Regierung Plaza Lasso zu verstehen. Vor allem der Bananensektor profitierte vom Ausbau öffentlicher Infrastruktur und von der staatlichen Förderung. Von dem Modernisierungsprozess profitierten folglich nur die an der Küste gelegenen Teile des ländlichen Sektors, während in weiten Teilen der Sierra präkapitalistische Formen der Produktion wie die *Hacienda* vorherrschend blieben (vgl. Bocco 1983: 486-487). Als sich die florierende Bananenproduktion Zentralamerikas in der Nachkriegsphase durch diverse Schädlingsplagen verringerte, nutzte Galo Plaza Lasso seine Kontakte zur *United Fruit Company* und wurde durch das US-Unternehmen beraten (Acosta 2012a: 123).

Der Bananenexport beruhte auf anderen Produktions- und Handelsstrukturen als der Kakaoexport der vormaligen Kakaobarone. Die Regierung förderte ein Modell, durch das der Bananensektor nicht auf einige wenige Großproduzenten konzentriert war, die Bananenproduktion erfolgte daher zunächst vor allem durch kleine und mittlere Produzenten in den Küstenprovinzen (Drekonja 1980: 83; Carrasco Vintimilla et al. 2011: 124; Acosta 2012a 124-125). Trotz der anfänglichen staatlichen Förderung auch kleinerer Produzenten gewann aber die kapitalintensivere Plantagenwirtschaft zunehmend an Gewicht, wodurch das kapitalistische Verhältnis von Kapital und Arbeit erstmals auch im Agrarsektor, vornehmlich in der Küstenregion, an Bedeutung gewann. Der *Boom Bananero* führte in der Folge zu einer verstärkten Binnenmigration vom Hochland in die Küstenregion, was Teile der Bauern aus den prä-kapitalistischen Ausbeutungsverhältnissen befreite – und im Hochland Forderungen nach einer Landreform lautwerden ließ (Carrasco Vintimilla et al. 2011: 127). Bei der Finanzierung von Anbau und Kommerzialisierung spielten neben dem ecuadorianischen Staat auch nordamerikanisches Kapital und transnationale Konzerne (TNKs) eine zentrale Rolle. So kontrollierten neben der ecuadorianischen *Bananera Noboa* wenige TNKs einen Großteil des Exportgeschäfts (Acosta 2012a: 124; Correa 2014: 32).

Die Akzeptanz einer stärkeren Rolle des Staates stütze sich in dieser Phase vor allem auf die positiven Erfahrungen im Bananensektor.[100] Der im Kontext des *Boom Bananero* entstandene *Proto-Desarrollismus* der späten 1940er und 1950er Jahre entsprach aber lediglich hinsichtlich der gestärkten staatlichen Institutionen mit Planungskompetenzen dem Idealtypus des Entwick-

[100] Die Kapazitäten des öffentlichen Finanzsektors bei der Entwicklungsfinanzierung wurden ausgebaut, das *Ministerio de Obras Públicas* baute das Straßennetz und Bewässerungssysteme aus und das *Instituto Ecuatoriano de Reforma Agraria y Colonización* (IERAC) wurde als Planungs- und Koordinierungsinstanz des Agrarsektors gegründet (Drekonja 1980: 83). Außerdem wurden durch die Gründung des *Centro de Desarrollo Industrial* (CEDES) erste Schritte zur Förderung der Industrie unternommen und mit der Gründung der *Junta Nacional de Planificación y Coordinación Economica* (JUNAPLA) 1954 die staatlichen Planungskompetenzen gestärkt (Drekonja 1980: 83). In Ecuador gab es allerdings kaum Fortschritte bei der Industrialisierung. Zu Beginn der 1960er Jahre war das Land im lateinamerikanischen Vergleich besonders wenig entwickelt und der Agrarsektor war weiterhin die erste Einnahmequelle.

lungsstaates. Vornehmliches Ziel war die Integration Ecuadors in die internationalen Distributionsnetzwerke gewesen, die es Ecuador ermöglichen sollte, nicht auf der Ebene einer reinen Produktionsenklave zu verharren (vgl. Drekonja 1980: 84). So war es in dieser Phase zwar möglich, eine neue Wachstumsphase durch gezielte staatliche Investitions- und Planungsentscheidungen und die notwendigen außenwirtschaftlichen Spielräume zu befördern. Mit Blick auf Ecuadors Einbindung in den Weltmarkt ist gleichwohl zu konstatieren, dass die Grundstruktur des Export-Import-Modells dadurch nicht überwunden wurde (Carvajal 2011: 95).

Stärkere Entwicklungsimpulse wurden jedoch durch den beschränkten Binnenmarkt und die trotz einiger Fortschritte weiterhin schwach ausgebaute Infrastruktur verhindert (Paz y Miño Cepeda 2015: 137).

Die 1960er Jahre waren auf politischer Ebene von zunehmenden sozialen Konflikten und von großer Instabilität geprägt,[101] was nicht zuletzt den Schwierigkeiten bei der Anpassung an die außenwirtschaftlichen Bedingungen geschuldet war (Carrasco Vintimilla et al. 2011: 127). Zwischen 1960 und 1972 gab es sieben verschiedene Regierungen, ein Militärregime und eine zivile Diktatur (Paz y Miño Cepeda 2007). Neue Hoffnungen auf einen Ausweg aus dem Teufelskreis wiederkehrender Krisen ergaben sich 1967 aus dem Fund von Erdöl im Amazonasgebiet Ecuadors.

Als das Militär 1963 die Macht übernahm, kündigte die anti-kommunistische Militärjunta an, lediglich kurz an der Macht zu bleiben, bis (angebliche) subversive und terroristische Attacken gestoppt seien. Die Militärs blieben dann aber doch bis zu ihrem Sturz 1966 an der Macht (Arroyo et al. 2007: 13). Ihre Machtausübung ist im Rahmen der *Alianza para el Progresso*[102] zu begreifen, orientierte sich aber auch am Strukturalismus der CEPAL (Paz y Miño Cepeda 2009: 27). Ziel war eine gesellschaftliche Modernisierung und Professionalisierung des Staates im Rahmen des Kapitalismus. Darüber hinaus gehörten ein Abbau von Ungleichheiten und die Überwindung präkapitalistischer Ausbeutungsformen durch eine Landreform[103] zu den Zielen der Militärs. Die Militärjunta stand daher in einem ambivalenten Verhältnis zu Teilen der traditionellen Eliten (zu Ecuador siehe Velasco 1979).

---

[101] Die Phase der politischen Stabilität endete, als der 1960 erneut zum Präsidenten gewählte Velasco Ibarra bereits 1961 durch seinen Vizepräsidenten Carlos Julio Arosemena gestürzt wurde.

[102] Die ‚Allianz für den Fortschritt' wurde von der Kennedy-Administration Anfang der 1960er Jahre als modernisierungstheoretisch geprägte Initiative in Reaktion auf die kubanische Revolution mit dem Ziel gestartet, die US-Hegemonie in der westlichen Hemisphäre zu erhalten.

[103] Eine Landreform war bereits zuvor nicht nur Forderung der politischen Linken, sondern auch Teil der Agenda der VN-Organisationen FAO und CEPAL gewesen. Die Zielsetzung der 1961 ausgerufenen *Alianza para el Progreso* verstärkte den internationalen Konsens über die Notwendigkeit von Agrarreformen in Lateinamerika, hatte aber keine antikapitalistische und auf Umverteilung ausgerichtete Zielsetzung. (Velasco 1979: 85; Arruda Sampaio 2005: 17).

Im Juli 1964 legte das Militärregime eine Landreform konservativer Prägung vor[104], die nicht mit einer weitreichenden Umverteilung von Landeigentum verbunden war, aber die Zerschlagung des alten *Hacienda*-Systems bewirkte (siehe Unterkapitel 5.1). Dies entsprach nicht zuletzt auch dem Interesse von Teilen der Landbesitzer des Hochlands, sich auf ertragreichere Bereiche landwirtschaftlicher Produktion und Weiterverarbeitung von Produkten zu konzentrieren (Velasco 1979: 63–64; Paz y Miño Cepeda 2009: 27). Das neu gegründete Institut für Agrarreform sollte auch prekäre Eigentumsformen überwinden helfen (Andrade 2007: 25). Die durchgeführte Landreform brachte allerdings dennoch keine grundlegenden Verbesserung der soziökonomischen Lage der Landbevölkerung, was in Verbindung mit der Priorisierung der Industrialisierung zu verstärkter Landflucht führte (Martín-Mayoral 2009: 125-126; Acosta 2012a: 141-142).

Fiskalpolitische Auseinandersetzungen waren ein ebenfalls wichtiger Ausgangspunkt für zunehmende Konflikte der Militärs mit den Wirtschaftseliten des Landes. 1964 setzte die Militärjunta eine Steuerreform durch, die sich an den Empfehlungen der CEPAL orientierte. Diese forderte eine radikale Steuerreform mit Schwerpunkt auf der Einkommenssteuer, um damit eine gesellschaftliche Umverteilung des Reichtums zu erreichen (Paz y Miño Cepeda 2015: 138, 141). Außerdem wurde eine Verbrauchssteuer eingeführt, die später durch die Mehrwertsteuer ersetzt wurde (ebd. 141). Fortschritte konnten auch hinsichtlich der Vereinfachung des Steuersystems und bei der Steuerverwaltung erreicht werden. Hierdurch – und in Folge des gesteigerten Handelsvolumens – gelang es auch, die Steuerquote insgesamt zu erhöhen (Arias Urvina 2012: 98). All diesen steuerpolitischen Anstrengungen zum Trotz waren die staatlichen Einnahmen aber Ende der 1960er Jahre weiterhin zum größten Teil vom Außenhandel abhängig. Die Zolleinnahmen machten fast zwei Drittel der Staatseinnahmen aus (Arias Urvina 2012: 95).

Im Bereich der Handelspolitik gelang es in dieser Phase nicht, die große Steigerung der Importe durch Zölle und Ansätze zur Importsubstitutionspolitik zu bremsen. Da gleichzeitig die Bananenexporte zurückgingen, hatte Ecuador zwischen 1964 und 1972 ein chronisches Handelsbilanzdefizit zu verzeichnen (Arias Urvina 2012: 91). Um die Wettbewerbsfähigkeit zu erhöhen, wurde der *Sucre* 1961 von 15 Sucre pro US-Dollar auf 18 Sucre pro US-Dollar abgewertet, 1969 sogar auf 25 *Sucre* pro USD. Die beschriebene Wechselkurspolitik der Regierungen wurde in der Folge zu einem zentralen Konfliktfeld zwischen unterschiedlichen ecuadorianischen Unternehmenssektoren. Während neben dem importorientierten Handelssektor auch die auf Kapitalimporte und Zulieferungen aus dem Ausland angewiesenen Industriellen eine Beibehaltung der Wechselkursstabilität forderten, pochten die Exporteure auf die Abwertung der Währung (Vintimilla 2011: 128).

Konflikte mit der traditionellen Handelsoligarchie Guayaquils leiteten schließlich den Sturz auch dieses Militärregimes ein (Drekonja 1980: 84). Als die Militärjunta 1965 neue Zölle einführte,

[104] Mit der Landreform konnte das Militärregime nicht die Unterstützung der politischen Linken gewinnen, da es gleichzeitig auf deren politische Verfolgung setzte – und auch auf die Verfolgung der Arbeiterbewegung (Velasco 1979: 63–64).

kam es zur offenen Konfrontation mit dem Handelskapital der Küstenregion. Die großen Handelskapitale weigerten sich, Steuern zu zahlen und stoppten ihre Aktivitäten (ebd. 146). Erneut war die Außenhandelspolitik ausschlaggebend für den Machtverlust der Regierung, wobei es sich um eine erste politische Niederlage der neu entstandenen staatlichen Technokratie gegenüber den Interessen des Importsektors – vor allem aus Guayaquil – handelte. Mit ihrer Politik hatte sich die Militärdiktatur nicht auf bestimmte soziale Klassen stützen und keine tragenden Allianzen mit zivilen Kräften bilden können (Carvajal 2011: 97). Den anti-kommunistischen Militärs, die den Staat als Instrument der kapitalistischen Modernisierung nutzen wollten, wurde nun Kommunismus und die Nachahmung des kubanischen Modells vorgeworfen (ebd. 140). Proteste gegen die Diktatur, die zum Teil brutal niedergeschlagen wurden, gab es aber auch von progressiver und studentischer Seite (ebd.).

Trotz der maßgeblichen Beteiligung der *Sectores Populares* am Sturz der Diktatur im März 1966 blieb der politische Prozess Ecuadors von den traditionellen wirtschaftlichen Eliten kontrolliert, die nach dem Ende der Militärdiktatur wieder direkt die Macht übernahmen (Drekonja 1980: 84; Endara Osejo 2011: 160). Die auf die Militärdiktatur folgenden zivilen Regierungen vermochten es jedoch ebenfalls nicht, ausreichend Einnahmen für eine tatsächlich entwicklungsstaatlich orientierte Politik zu generieren. Auch ihnen gelang es nicht, ein stabiles politisches System zu etablieren.

5.3 *Boom Petrolero* und Fiskalpolitik der Militärdiktaturen (1972-1979) – Eine Referenzperiode zur *Revolución Ciudadana*

Aufgrund von zwei Ausgangsprämissen ist die Betrachtung der Entwicklungsphase von 1972 bis 1979, insbesondere als Vergleichsgrundlage zur Analyse der Veränderungsprozesse im Kontext der *Revolución Ciudadana*, von Interesse: Zum einen haben beide Entwicklungsperioden die Kontextbedingung relativ hoher Rohstoffeinnahmen gemeinsam. Zum anderen besteht für die Bewertung der Phase der Militärdiktatur ein weitgehender Konsens darüber, dass es eben diese überraschend hohen Einnahmen waren, die zur Vernachlässigung des bestehenden, unzureichenden Steuersystems geführt haben (Acosta 2012a; Chiliquinga Carvajal et al. 2012; Paz y Miño 2015), wohingegen die Steuerpolitik für die Regierung Correa seit 2007 eine zentrale Priorität hatte (Paz y Miño Cepeda 2015; Schützhofer 2016).

Nachfolgend betrachte ich den fiskalpolitischen Umgang mit den Erdöleinnahmen in beiden Phasen vor dem Hintergrund politökonomischer Perspektiven instrumenteller und struktureller Macht und blicke insbesondere auf die für die effektive Steuererhebung zentrale Legitimitätsgrundlage staatlichen Handelns (vgl. Moore 2004, 2011; Di John 2006, 2009; Di John und Putzel 2009; Fairfield 2015).

Anfang der 1970er Jahre konnten sich entwicklungsstaatliche Politikansätze in Ecuador nicht auf die Zusammenarbeit mit führenden und an einem grundsätzlichen Wandel produktiver Strukturen interessierten Wirtschaftseliten stützen. Weder war es im Interesse der alten Oligarchie, diese Aufgabe übernehmen, noch war eine neue unabhängige Bourgeoisie entstanden (zu sektorübergreifenden Eliteverbindungen siehe Conaghan 1988a). Zugleich blieb die große Mehrheit der Bevölkerung von politischen Partizipationsrechten ausgeschlossen. Soziale Bewegungen und Gewerkschaften waren zu schwach, um demokratische Rechte und soziale Umverteilung durchzusetzen (Carvajal 2011: 97). Vor diesem Hintergrund werden die Beweggründe der Militärs, nur gut 6 Jahre nach dem Scheitern des letzten Militärregimes erneut nach der politischen Macht zu greifen, kontrovers diskutiert. Einerseits ging es darum, Reformblockaden des elitären zivilen politischen Systems zu überwinden, andererseits war mit der Machtübernahme des Militärs nicht zuletzt das Ziel verbunden, einem Wahlsieg des populistischen Assad Bucarám zuvorzukommen und eine unkontrollierte Umverteilung von unten nach oben zu verhindern (Isaacs 1993: 67). Die Herrschaft der Militärs begann 1972 auf der Basis ideologischer Prinzipien, die in der "*Filosofía y Plan de Acción del Gobierno Revolucionario y Nacionalista del Ecuador*" dargelegt wurden. Darin wurde betont, dass private Sonderinteressen hinter ‚den Interessen der Nation‘ zurückstehen müssten (Paz y Miño Cepeda 2015: 152).

Als Grundlage zur weiteren Diskussion der Entwicklungsprozesse befasse ich mich zunächst mit den Veränderungsprozessen auf dem Feld der Staatsfinanzen (Abschnitt 5.3.1). Dabei gehe ich auf die Aneignung der Ressourceneinnahmen durch den Staat ein, zeichne steuerpolitische Veränderungen nach, weise auf Mängel bei der Nachhaltigkeit hin und komme schließlich auf das Verhältnis von notwendigen Investitionen und finanzpolitisch nicht zu verantwortender Verschuldung zu sprechen. Danach arbeite ich zunächst einige grundlegende Entwicklungen hinsichtlich der Wirtschaftspolitik und sozioökonomischer Strukturveränderungen heraus (Abschnitt 5.3.2). In einem weiteren Abschnitt gehe ich auf die empirischen Veränderungen ein. Danach zeichne ich den Weg von progressiven Reforminitiativen zu Restaurationsversuchen der Wirtschaftseliten nach (Abschnitt 5.3.3), um anschließend politökonomische Erklärungsansätze zu den Auswirkungen der Rohstoffeinnahmen auf die Fiskalpolitik des erst ab 1972 zum Erdölexportland gewordenen Staates Ecuador zu diskutieren (Abschnitt 5.3.4). Die politischen Auseinandersetzungen um Ecuadors Weg in die Demokratie behandele ich im darauffolgenden Teil des historischen Rückblicks.

5.3.1 Ecuadors Staatsfinanzen: Vom *Boom Petrolero* in die Verschuldung – eine empirische Annäherung (1972 - 1979)

Die zentralen Tendenzen der Fiskalpolitik in der Regierungszeit des sich selbst als revolutionär und nationalistisch bezeichnenden Militärregimes unter Führung von Rodriguez Lara (1972 - 1976) und des wirtschaftspolitisch dem Privatsektor näherstehenden Militärtriumvirats (1976 -

1979) zeichne ich im Folgenden empirisch[105] nach, wodurch eine Grundlage für die am Ende des vorliegenden Kapitels folgende theoriegeleitete Diskussion über mögliche Ursachen der Entwicklungen in diesem Zeitabschnitt geschaffen wird.

Der plötzliche und schnelle Aufstieg des *Rentenstaats* in Ecuador ist auf die Erhöhung der Erdölförderung von zunächst 1,4 Millionen Barrel 1970 auf 76,2 Millionen Barrel 1973 und massive Preissteigerungen auf dem Weltmarkt zurückzuführen (Dunning 2008: 253). Wie das nachfolgende Schaubild zeigt, erhöhten sich die – nicht auf Steuereinnahmen zurückzuführenden – Staatseinnahmen in dieser Phase drastisch.

Abbildung 4: Einnahmen der Zentralregierung zwischen 1950 und 1998 in Prozent des BIP

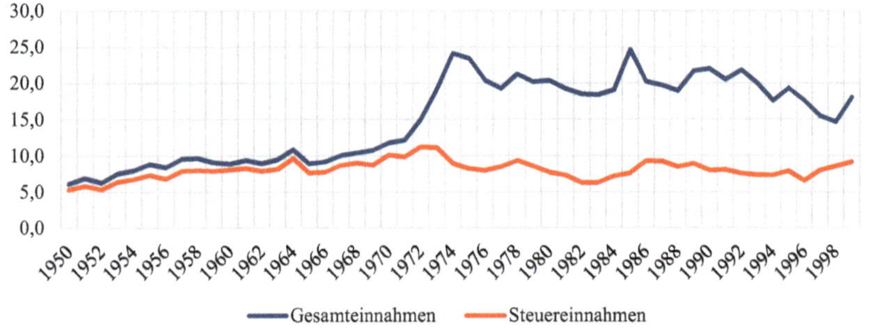

Quelle: BCE 2017

Erdölpolitik und Aneignung der Ressourceneinnahmen

Im Erdölsektor profitierte Ecuador im diskutierten Zeitraum enorm von internationalen Entwicklungen. Der Ölpreisschock 1973[106] führte zu einem schnellen und unerwarteten Anstieg der Staatseinnahmen, da der Rohölpreis von 2,50 USD 1972 auf 12 und dann auf 15 USD stieg, so dass Erdöl bald zur wichtigsten Einnahmequelle des Staates wurde (Paz y Miño Cepeda 2015: 150). Zudem trugen konkrete politische Maßnahmen zu einer höheren Beteiligung des Staates an den Erdöleinnahmen bei. In einem ersten Schritt führte das Militärregime eine Exportsteuer von

[105] Die empirische Betrachtung zentraler Tendenzen in der Fiskalpolitik während der Militärherrschaft der 1970er umfasst die Frage der Aneignung der Erdöleinnahmen für den öffentlichen Sektor sowie ihre Nutzung für offene und versteckte Subventionen, die Entwicklung der Staatsausgaben zwischen drängenden Investitionen und unverantwortlicher Schuldenpolitik und schließlich die Frage, inwiefern steuerpolitische Versäumnisse als Ursache mangelnder fiskalpolitischer Nachhaltigkeit gelten können.

[106] Der Ölpreisschock wurde durch die Drosselung der Erdölförderung durch die Länder der Organisation Erdölproduzierender Länder (OPEC) in Reaktion auf westliche Unterstützung für Israel während des Jom-Kippur Krieges 1973verursacht. Ecuador, das gerade Mitglied der OPEC geworden war, beteiligte sich nicht an dem Boykott und profitierte von den hohen Preisen.

15 Prozent auf Erdöl ein und erhöhte die Lizenzgebühren von 11 auf 16 Prozent (Isaacs 1993: 42). Die Militärjunta entschied sich aber gegen die Nationalisierung des Erdölsektors[107] und setzte stattdessen darauf, den Anteil des Staates an den Erdöleinnahmen sowie Ecuadors Kontrollfähigkeiten graduell zu erhöhen.

> „Die Regierung setzte eine Revision der Verträge mit den Erdölfirmen durch, stornierte eine Reihe von Konzessionen und zwang das Konsortium *Texaco-Gulf*, den Staat als Mehrheitsaktionär zu akzeptieren und setzte sofort das Gesetz für Kohlenwasserstoffe um, das zunächst durch den Privatsektor abgelehnt wurde. Zudem trat Ecuador der Organisation Erdölproduzierender Länder (OPEC) bei, gründete die *Corporación Estatal Petrolera Ecuatoriana* (CEPE), weihte die staatliche Raffinerie ein, gründete die *Flota Petrolera* (FLOPEC) (TRANSNAVE) und übernahm die Kontrolle der verschiedenen Phasen der Erdölaktivität.“ (Paz y Miño Cepeda 2009: 28)

Diese Erdölpolitik führte dazu, dass der Anteil der ausländischen Firmen an den Erdöl-Einnahmen von 47,6 Prozent 1972 auf nur noch 10,7 Prozent 1975 zurückging und die ecuadorianische *Corporación Estatal Petrolera Ecuatoriana* (CEPE) nennenswerte Expertise in den Bereichen Förderung, Raffination und Vermarktung erlangte (Isaacs 1993 45, Espinosa 2009: 96).

Die Neuverhandlungen der Förderverträge führten in der Folge auch dazu, dass sich eine Reihe transnationaler Firmen aus Ecuador zurückzog, was den Einfluss der verbliebenen Firmen und insbesondere von *Texaco-Gulf* erhöhte. Zwischen der Regierung und diesem Konsortium kam es in den Folgejahren zu heftigen Auseinandersetzungen. 1973 knüpfte Ölminister Jarrin die Erlaubnis höherer Fördermengen an zusätzliche Anstrengungen zur Exploration, was *Texaco-Gulf* ablehnte. Daraufhin senkte der Minister die tägliche Fördersumme von 250000 auf 210000 und erhöhte die Förderlizenzgebühren von 16 auf 16,7 Prozent. Die Erfolglosigkeit der Regierung bei der Gewinnung anderer Firmen für die Erdöl-Exploration, wurde durch *Texaco-Gulf* für eine wirkungsvolle, offene Kritik an der Erdölpolitik der Regierung genutzt. Im Oktober 1974 trat Jarrin schließlich zurück (Isaacs 1993: 44). Ein Exportstopp durch *Texaco-Gulf* 1975 führte zu einem Einbruch der ecuadorianischen Erdöleinnahmen, mit dem das Ende des Erdölbooms eingeleitet wurde. Ecuadors Militärregime musste schließlich, wie von *Texaco-Gulf* gefordert, einen niedrigeren Referenzpreis für die Besteuerung von Erdölexporten akzeptieren (ebd. 44-45). Der Konflikt mit *Texaco-Gulf* stand in engem Zusammenhang mit den Schwierigkeiten des Staates, die Zahlungsbilanz Ecuadors angesichts sinkender Erdölexporte stabil zu halten und zeigte die Fragilität des Militärregimes.

[107] Gegen eine Nationalisierung wurde argumentiert, dass dies vom Privatsektor als negatives Signal im Sinne einer stärker staatsbasierten Wirtschaftsordnung aufgenommen würde. Darüber hinaus waren die mit der Formulierung der Erdölpolitik betrauten zivilen Technokraten und Militäroffiziere aufgrund der fehlenden einheimischen Expertise besorgt, dass eine Nationalisierung des Sektors den Interessen des Landes widersprechen könnte (Isaacs 1993: 41).

Tabelle 8: Zur Bedeutung des Erdöls von 1970 bis 1979

Zur Bedeutung des Erdöls für die wirtschaftliche Entwicklung Ecuadors 1970 – 1979			
Jahr	Erdölsektor Prozent des BIP	Erdöl in Prozent der Exporte	Erdöleinnahmen in Prozent der öffentlichen Ausgaben
1970	0,05	0,44	0
1971	0,07	0,58	6,25
1972	3,17	18,22	12,52
1973	11,33	53,01	27,41
1974	18,67	61,66	42,51
1975	13,62	60,29	35,11
1976	13,9	58,79	34,69
1977	10,55	48,90	30,57
1978	8,13	39,97	29,87
1979	11,72	49,29	36,59
			Quelle: Alberto Acosta 2012a

Die Tabelle zeigt, dass die Bedeutung des Erdölsektors bei den Exporten am stärksten zur Geltung kam. Auch machten die Erdöleinnahmen bald einen bedeutenden Teil der Staatseinnahmen aus, ohne allerdings andere Einnahmequellen ersetzen zu können. Erdöl spielte fortan eine wichtige Rolle in Ecuadors Wirtschaftsentwicklung und Staatsfinanzierung, wurde allerdings nicht zum allein determinierenden Faktor.

Steuerpolitische Tendenzen und das Problem fehlender Nachhaltigkeit

Rückblickend betrachtet entsprach die Steuerpolitik des Militärregimes der 1970er Jahre in weiten Teilen rentenstaatstheoretischen Erwartungen und stand somit nicht zuletzt den eigenen, nach der Machtübernahme formulierten steuerpolitischen Reformplänen entgegen. Zwar stiegen nominell auch die Steuereinnahmen, wie nachfolgendes Schaubild verdeutlicht. Aber die nicht auf Erdöl beruhenden Staatseinnahmen stagnierten anteilig am BIP, während auch die permanenten Ausgaben, nicht zuletzt aufgrund des vorangetriebenen Verwaltungsaufbaus, deutlich anstiegen.

Abbildung 5: Steuer- und Erdöleinnahmen in Millionen USD

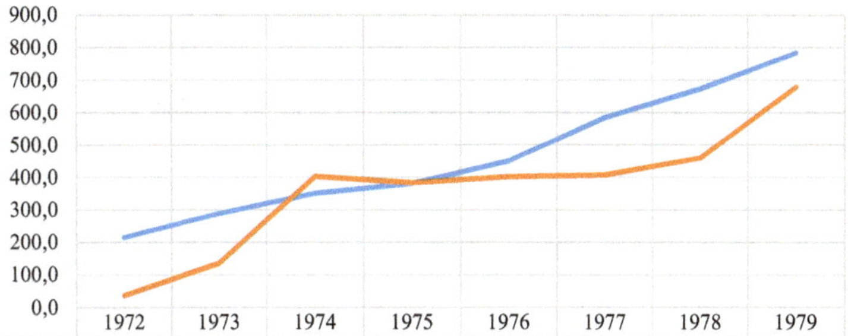

	1972	1973	1974	1975	1976	1977	1978	1979
Steuern	215,6	288,4	350,7	381,6	450,8	584,6	672,9	784,4
Erdöl	36,1	135,6	401,8	382,0	401,3	407,0	458,6	678,7

Quelle: BCE 2012

An den offiziellen Steuersätzen lässt sich die Vernachlässigung der Steuereinnahmen allerdings nicht ablesen. Die Tarife der persönlichen Einkommenssteuer lagen zwischen 10 und 42 Prozent, während einheimische Firmen 20 Prozent und ausländische Firmen 40 Prozent auf ihre Gewinne zahlen mussten – wobei letzteres in erster Linie die Erdölkonzerne betraf (Paz y Miño Cepeda 2015: 151). Doch bei genauerer Betrachtung verpasste das Regime unter Führung von General Rodriguez Lara – trotz der Ankündigung, eine von Partikularinteressen unabhängige Politik umzusetzen und Reformen auch im Bereich der Steuerpolitik einzuleiten – vor dem Hintergrund hoher Erdöleinnahmen die Gelegenheit, finanzielle Spielräume für den Staat zu schaffen (Acosta 2004: 204). Entsprechend der rentenstaatstheoretischen Erwartungen gewann der öffentliche Sektor auf Basis der Erdöleinnahmen – und ab 1976 verstärkt durch Kreditaufnahme – an Bedeutung, während die Steuerquote außerhalb des Erdölsektors sank (Bocco 1983: 394, 487).

> „Man hielt es in diesen Jahren einfach nicht für nötig, den Druck durch Abgaben zu verschärfen. Noch Jahrzehnte später rühmt sich der Diktator General Guillermo Rodríguez Lara (1972-1976) [nicht ganz den Tatsachen entsprechend], dass während seiner Regierungszeit keine Steuern erhoben[108] worden seien." (Acosta 2004: 204)

Die Steuerpolitik Rodríguez Laras (1972-1976) war Teil einer Reihe von Mechanismen zur Subventionierung des Privatsektors. Sie konzentrierte sich auf Strategien zur Senkung der Steuerlast, vor allem durch die Erhöhung von Rabatten und Abzugsmöglichkeiten bei der Bestimmung des steuerpflichtigen Einkommens (Chiliquinga Carvajal et al. 2012: 192). Die Abschreibungsmöglichkeiten für Investitionen und Reinvestitionen wurden entsprechend der in den Gesetzen zur

[108] Diese Aussage Rodríguez Laras stellt eine Übertreibung dar, die in dieser Form faktisch nicht korrekt ist.

Wirtschaftsentwicklung festgelegten Kategorien gestaffelt. Im Bereich der Zölle wurden Ausnahmen für den Import von Kapitalgütern geschaffen (ebd.)[109]. Die Erdölexporte konnten das Problem mangelnder Devisen zunächst verdrängen. Mit dem wirtschaftlichen Wachstum und durch die Einführung von Treibstoffsubventionen stieg der heimische Verbrauch aber schnell und begrenzte die Exportkapazitäten signifikant. Das außenwirtschaftliche Gleichgewicht geriet ins Wanken und mit ihm auch die politische Stabilität.

Während noch Mitte 1975 ein Putschversuch gegen Rodríguez Lara scheiterte, wurde der reformorientierte Diktator schließlich Anfang 1976 von wirtschaftspolitisch weiter rechts stehenden Militärs abgesetzt. 1975 hatte das Militärregime zollpolitische Maßnahmen zur Stabilisierung des Außenhandels ergriffen, die auf massiven Widerstand von mächtigen ecuadorianischen Importeuren stießen und als eine Hauptursache für den Sturz Laras gelten können. In der Zeit des Militärtriumvirats (1976-1979) begann dann die bereits erwähnte verstärkte Auslandsverschuldung, während Maßnahmen zur Einnahmesteigerung durch Steuern unterlassen wurden.

Zwischen drängenden Investitionen und unverantwortlicher Verschuldung

Ihre ersten fiskalpolitischen Auswirkungen hatten die Erdölfunde im Amazonasgebiet (1967) bereits vor Beginn der eigentlichen Förderung, da die Regierung Velasco Ibarras (1968-1970) die Rohölreserven als Garantie für Kredite von einem Konsortium US-amerikanischer Banken nutzte (Paz y Miño Cepeda 2009: 28).[110] Auf Basis der unerwartet hohen Erdöleinnahmen stieg der Staatshaushalt – allerdings ausgehend von einem niedrigen Ausgangsniveau – 1974 um 21 Prozent und 1975 und 1976 um jeweils 32 Prozent (Dunning 2008: 254). Neben den laufenden Ausgaben wurden auch die öffentlichen Investitionen in Bereichen wie Elektrifizierung, Straßennetz, Transportwesen, Kommunikationswesen, im Erdölsektor sowie in den Bereichen Bildung und Gesundheit erhöht (Arias Urvina 2012: 102; Paz y Miño Cepeda 2015: 153). Insgesamt stiegen die laufenden Ausgaben in der Phase des *Booms* allerdings stärker als die Investitionen, die 1978 wieder etwa auf das Niveau von 1972 zurückfielen (Carrasco Vintimilla 2011: 131). Auch zwischen 1968 und 1975 war die Außenhandelsbilanz in den meisten Jahren negativ, wurde aber weitgehend durch ausländische Direktinvestitionen im Erdölsektor ausgeglichen (Carrasco Vintimilla et al. 2011: 123). Die erhöhte öffentliche Neuverschuldung diente auch in den 1970er Jahren nicht allein der Finanzierung von Investitionen, sondern auch dem öffentlichen Konsum

[109] Positiv ist allerdings hervorzuheben, dass, obwohl die Stärkung des Steuersystems nicht zu den Prioritäten des Militärregimes gehörte, dennoch ein Steuerrahmengesetz per Dekret verabschiedet wurde. Die darin enthaltenen Regelungen zu rechtlichen Belangen, steuerliche Pflichten und der Verwaltung sind zum Teil heute noch gültig (Chiliquinga Carvajal et al. 2012: 192).

[110] Nach ihrer Machtübernahme kündigte die Militärregierung die Kreditverträge und konnte vor dem Hintergrund der zu erwartenden Erdöleinnahmen neue Verträge zu besseren Konditionen aushandeln (Paz y Miño Cepeda 2015: 152).

und einer Ausweitung der Staatsverwaltung.[111] Neben dem öffentlichen Sektor nahmen auch Unternehmen bis 1978 zunehmend Kredite im Ausland auf (ebd.: 130).

Insgesamt stiegen die nominellen Staatsschulden von 1972 bis 1981 um das Siebzehn-, von 1971 gerechnet sogar um das fast Zweiundzwanzigfache (Albornoz und Anda 2014: 141; Acosta 2012a: 150). Während die externen Staatsschulden Ende 1971 noch bei 260,8 Millionen USD gelegen hatten, stiegen sie bis Ende 1981 auf 5,9 Milliarden USD. Gemessen am BIP bedeutete dies eine Steigerung der Auslandsschulden von 16 auf 42 Prozent. Die neuen Kredite wurden dabei meist zu flexiblen Zinsraten bei privaten Banken aufgenommen (Albornoz und Anda 2014: 141). Während 1971 noch 15 Prozent der Exporteinnahmen für die Bedienung der externen Schulden aufgewandt werden mussten, waren es zehn Jahre später 71 Prozent (Acosta 2012a: 150–151). Die Verschuldungspolitik entsprach nicht zuletzt den Interessen internationaler Finanzorganisationen, die nach Anlagemöglichkeiten der ‚Petrodollars' aus dem Nahen Osten suchten (Paz y Miño Cepeda 2009: 29), und auch diese förderten die massive Kreditaufnahme der ecuadorianischen Regierung (Acosta 2004: 201–202).

5.3.2 *Boom Petrolero*, Militärdiktatur und Veränderungen in der Sozialstruktur

Die nun folgende Betrachtung der Auswirkungen von Boom Petrolero und Regierungspolitik auf unterschiedliche Bevölkerungsgruppen und Wirtschaftssektoren erfolgt auf Grundlage der im vorhergehenden Unterkapitel herausgearbeiteten Ausgangsbedingungen. Ecuador war zum Zeitpunkt des Militärputsches 1972 weiterhin ein ländlich geprägtes, politisch instabiles Land mit schwach organisierten *Sectores Populares* und mit einer konservativen, sich gegenseitig blockierenden politisch-ökonomischen Elite, die, in den unterschiedlichen Regionen verankert, vornehmlich als Veto-Spieler im politischen Prozess auftrat (Carvajal 2011: 97).

Die staatlichen Modernisierungsmaßnahmen privilegierten stark den urbanen Sektor[112] und eine vermeintlich moderne Bourgeoisie mit Wurzeln im Industriesektor (Bocco 1983: 497), hinter der in der Praxis aber häufig die alten Oligarchien standen, die versuchten, von dem neuen Akkumulationsmodus zu profitieren (Carvajal 2011: 98). Die von Verwandtschafts- und Freundschaftsnetzwerken zusammengehaltenen *Grupos Económicos* hatten ihr Kapital zum Teil bereits in den Fertigungssektor und die Lebensmittelindustrie investiert, behielten aber ihre Verbindungen im Bereich des Handels und der Immobilienbranche, wobei diese Flexibilität durch ihre Kontrolle

[111] Die Bedeutung des Staates als Arbeitgeber ähnelte aber nie den Extremfällen von Rentenstaaten wie Katar, Kuwait oder den Vereinigten Arabischen Emiraten (vgl. Peters 2014: 65).

[112] Die Industrialisierungsstrategie war in der Praxis auf Quito und Guayaquil konzentriert, so dass sich etwa 2/3 der zwischen 1972 und 1978 gegründeten Industriebetriebe in einer dieser Städte ansiedelten. Während nur etwa 40 Prozent der Bevölkerung in den Provinzen Guayas (Guayaquil) und Pichincha (Quito) lebte, entstanden hier etwa 80 Prozent der Arbeitsplätze im verarbeitenden Sektor (Isaacs 1993: 54).

über den Banken- und Finanzsektor erleichtert wurde (Hurtado 1977 nach Paz y Miño Cepeda 2016; Conaghan 1988: 4).[113]

Der Ausweitung des Sozialstaats zum Trotz führte die Politik von Rodriguez Lara (1972 – 1976) nicht zu einem umfassenden, signifikanten Abbau der sozialen Ungleichheit. Die Fortschritte hinsichtlich der sozialen und sanitären Infrastruktur blieben auf die urbanen Zentren konzentriert, was zu verstärkter Migration in die Städte führte. Dazu trug auch die Reduktion von Arbeitsmöglichkeiten in der Landwirtschaft[114] durch die verstärkte Nutzung von Maschinen bei. Diese Faktoren führten wiederum dazu, dass insbesondere das ärmste Viertel der Landbevölkerung seinen Anteil am Gesamteinkommen zwischen 1965 und 1975 von 5 auf 3 Prozent verringert sah (Isaacs 1993: 57). Zudem konnte der kapitalintensive industrielle Sektor in den Städten nicht ausreichend Arbeitsplätze[115] für die ländlichen Zuwanderer zur Verfügung stellen (Isaacs 1993: 57; vgl. Carrasco Vintimilla 2011: 123; Naranjo Chiriboga 2006: 83). Infolgedessen stieg der Anteil der im informellen Sektor Beschäftigten an (Isaaca 1993: 57). Hinsichtlich der lohnpolitischen Entwicklung bei den formal Beschäftigten weist Bocco (1983: 489) auf ein stabiles Niveau der Reallöhne während der Amtszeit von Rodríguez Lara (1972 – 1976) und Reallohnsenkungen zur Zeit des Militärtriumvirats ab 1976 hin, was auch die Bezieher des Mindestlohns betraf.

Von der entwicklungsstaatlichen Politik profitieren konnten dagegen Teile der mittleren Sektoren (Conaghan 1988: 10; Carvajal 2011: 98), was vor allem mit der Vergrößerung des öffentlichen Sektors um 40 000 neue öffentliche Angestellte zwischen 1972 und 1977 zu tun hatte (Isaacs 1993: 57; vgl. Almeida Sánchez et al. 2012: 119–120). Der Einkommensanteil der reichsten 20 Prozent der urbanen Bevölkerung sank aber von 63 Prozent 1968 auf 57 Prozent 1975 (Isaacs 1993: 57). Diese Einkommenszuwächse der Mittelklassen gingen demnach zu Lasten der Ärmsten und der Reichsten, wobei es hier um einen geringeren Anteil an der Gesamtwirtschaftsleistung und nicht um absolute Einkommensrückgänge handelt. Abschließend ist festzustellen, dass in Ecuador in diesem kurzen zeitlichen Abschnitt unübersehbare Veränderungen in der Sozialstruktur zu verzeichnen waren, von denen besonders mittlere und urbane Sektoren profitierten.

---

[113] Conaghan weist als weiteren Faktor für die Analyse ecuadorianischer Wirtschaftseliten auf die fehlende Trennung zwischen Eigentum und Management der Firmen und auf ein oft geschlossenes und stark konzentriertes Aktienkapital hin (Conaghan 1988a: 63).

[114] Bereits die Landreform von 1964 hatte den aus dem *Husipungo*-System (siehe Kapitel 5.1 und 5.2) befreiten Kleinbauern oft keine wirtschaftliche Perspektive geboten und sie zur Arbeitssuche in den Städten genötigt. Im Kontext des Boom Petrolero verschärfte sich diese Tendenz: Die starke Währung ermöglichte es Großgrundbesitzern, verstärkt Maschinen einzuführen, wobei diese Hinwendung zur maschinellen Landwirtschaft auch als Schutz vor möglichen Landreformmaßnahmen gesehen wurde.

[115] Die Schaffung von Arbeitsplätzen im Industriesektor blieb selbst hinter moderaten Erwartungen zurück und lag zwischen 1972 und 1978 bei durchschnittlich 4 Prozent und damit etwa 1 Prozent unter den Zielvorgaben des Militärregimes (Isaacs 1993: 55).

5.3.3 Von entwicklungsstaatlichen Reforminitiativen zu Restaurationsversuchen der Wirtschaftseliten

Die Hochphase des ecuadorianischen Entwicklungsstaates fällt mit der Militärdiktatur (1972-1979) und dem so genannten *Boom Petrolero* zusammen. Die Erdöleinnahmen waren eine wichtige wirtschaftliche Grundlage für den Ausbau der Infrastruktur, hatten aber widersprüchliche Auswirkungen auf den angestrebten Industrialisierungsprozess (Acosta 2004: 203). Im lateinamerikanischen Vergleich kam diese Phase entwicklungsstaatlicher Politik spät und war zudem weniger durch das ISI-Modell geprägt, sondern beinhaltete durchaus eine starke Erhöhung der Industrieexporte (Correa 2014). Nur auf den ersten Blick hatte sich der Militärputsch 1972 gegen den ideologisch schwer fassbaren Präsidenten José María Velasco Ibarra gerichtet, der seit den 1930er Jahre fünfmal das Präsidentenamt bekleidet hatte und seit einem Machtkampf mit dem Kongress 1970 als ziviler Diktator herrschte. Naheliegender ist, dass der politische Aufstieg der als linkspopulistisch geltenden *Concentración de Fuerzas Populares* (CFP) und ein möglicher Wahlsieg Assad Bucarams das Hauptmotiv für die Machtübernahme des Militärs war und zur Akzeptanz des Putsches innerhalb der Wirtschaftseliten als ‚notwendiges' Übel zur Abwendung einer Umverteilungspolitik von unten beitrug (Conaghan 1988: 8; Isaacs 1993: 69). Auch Teile der konservativen Medien drückten ihre Zustimmung zum Eingreifen des Militärs aus und erklärten es zu einer Notwendigkeit (Dunning 2008: 255).

Der Verzicht auf eine stärkere Besteuerung ökonomischer Eliten in der Regierungszeit Rodríguez Laras kann in der Tat darauf zurückgeführt werden, dass der Militärdiktatur eine steuerpolitische Konfrontation mit diesen Sektoren wegen der hohen Erdöleinnahmen als unnötig erschien. Diese steuerpolitische Zurückhaltung widersprach jedoch der so genannten *Filosofía,* einer Art Grundsatzpapier des Militärregimes, und dem nach ihrer Machtübernahme vorgelegten Entwicklungsplan. Hierin wurde der Staatsfinanzierung durch Steuern gegenüber der Aufnahme internationaler Kredite Priorität eingeräumt, es sollte ein progressives Steuersystem zur Umverteilung des Reichtums aufgebaut werden (Paz y Miño Cepeda 2015: 149). Hinsichtlich der offensichtlichen fiskal- und steuerpolitischen Versäumnisse Laras ist jedoch zu berücksichtigen, dass der entwicklungstheoretische Mainstream zur Zeit des *Boom Petrolero* auch international von einem starken Rohstoffoptimismus geprägt war. Die Warnungen vor einem vermeintlichen Ressourcenfluch begannen erst ab Ende der 1980er Jahre die Fachliteratur und das Denken in internationalen Finanzinstitutionen zu beherrschen (vgl. Rosser 2006: 7).

Dem in ersten Verlautbarungen Rodriguez Laras und in Regierungsdokumenten ausgedrückten Bekenntnis zu tiefgreifenden sozialen und ökonomischen Transformationen – auch gegen mögliche Blockadeversuche traditioneller Eliten – standen die Perzeption mangelnder eigener Expertise in der Wirtschaftspolitik und die damit verbundene Offenheit für die Einflussnahme von Vertretern ökonomischer Eliten entgegen. Bei ihren Modernisierungs- und Industrialisierungszielen setzte das Militärregime von Beginn an in erster Linie auf die Zusammenarbeit mit dem Unternehmenssektor. Noch während der Regierungszeit von Rodríguez Lara ist Mitte der 1970er

Jahre eine Veränderung bei der Besetzung von Regierungsämtern festzustellen. Denn nach dem gescheiterten Putschversuch am 31. August 1975 bildete Rodriguez Lara sein Kabinett um und holte führende Wirtschaftsvertreter in sein ökonomisches Team: Mit Jaime Morillo wurde ein wohlhabender Unternehmer aus Quito Finanzminister, während mit Danilo Carrera ein Ökonom mit engen Verbindungen zu Guayaquils Bankensektor Industrie- und Handelsminister wurde.

> „Bei weitem versöhnlicher gegenüber privaten Interessen als seine Vorgänger, erklärte Morillo bei seiner Amtsübernahme seinen Wunsch, die Beziehungen zwischen Regierung und Unternehmern zu verbessern, während Carrera betonte, dass die Regierung ihre Kontrolle ausländischer Investitionen abmildern würde." (Isaacs 1993: 80–81)

Das entwicklungsstaatliche Modell Laras wurde besonders in der zweiten Hälfte der 1970er Jahre verstärkt von den traditionellen Landeigentümern, dem Handels- und Finanzkapital, aber auch von Industriellen kritisiert, die für eine marktwirtschaftlich orientierte Politik und den Rückzug des Staates eintraten, obwohl insbesondere die Industriellen ihre Existenz weitgehend dem Schutz des Staates zu verdanken hatten (vgl. Paz y Miño Cepeda 2015: 154).

Gleichzeitig stand das Militärregime von Seiten der Arbeiter*innen und Mittelschichten in der Kritik, die mit sinkenden Reallöhnen konfrontiert waren und sich gegen den Autoritarismus des Regimes zur Wehr setzten (Bocco 1983; Paz y Miño Cepeda: 154). Als Reaktion auf die Verschlechterung der Handelsbilanz wurden noch unter Führung Laras sogar Maßnahmen ergriffen, die eine weitere Steigerung der Löhne verhindern sollten. Die Gewerkschaften kritisierten diese aus ihrer Sicht gegen die Arbeiterschaft gerichteten Dekrete massiv. Ihr Versuch, das Regime 1975 mit einem Generalstreik unter Druck zu setzen, führte aber nicht zu einer arbeitnehmerfreundlicheren Politik (Llambías 1983; Isaacs 1993). Letztlich war es die zunehmende Konfrontation mit wichtigen Teilen des Unternehmenssektors und insbesondere mit dem Importsektor (wegen der Festsetzung von Zöllen), die schließlich zum Sturz Laras führte. Seine zollpolitischen Maßnahmen erinnern an die 2015 von der Regierung Correa eingeführten *Salvaguardias*, die ebenfalls zu Protesten der Importsektoren und auch zu Straßendemonstrationen führten. So gelangte im Januar 1976 ein Triumvirat – bestehend aus Poveda Burbano und den Generälen Guillermo Durán Arcentales und Luis Leoro Franco – an die Macht (Paz y Miño Cepeda 2015: 151).

> „Es war richtig, die Finanzierung des öffentlichen Sektors durch Steuern zu überdenken und die Regierung kam sogar zu einer Revision der Zolltarife und zur Modifizierung der Listen der Importprodukte in I (notwendige Güter) und II (Luxusgüter). Diese Veränderung (eine Reihe von Gütern kam nun von der Liste I auf die Liste II), führte zu hartnäckigem Widerstand der Handelsunternehmer und waren das auslösende Motiv für den Putschversuch von General Raúl González Alvear am ersten September 1975 gegen Rodríguez Lara. Ein paar Monate später, im Januar 1976 entschieden sich die Streitkräfte für die Auswechslung der Regierung." (Paz y Miño Cepeda 2015: 151)

Die neuen Machthaber führten den zuvor proklamierten 'revolutionären Nationalismus' nicht weiter, das Einfrieren der Löhne wurde nun mit schärferen Repressionen gegen die Arbeiterbewegung durchgesetzt (Paz y Miño Cepeda 2009; Carrasco Vintimilla 2011: 131). Das Militärtriumvirat unternahm keine erneuten Initiativen, die Staatsfinanzen durch eine Steigerung der Einnahmen zu stabilisieren. Die teilweise Abkehr von den an der CEPAL orientierten entwicklungsstaatlichen Modellen setzte somit bereits während der Militärherrschaft ein (Carvajal 2011: 99).

5.3.4 Fiskalpolitische Dynamiken in einem jungen Rentenstaat – eine Zusammenfassung

Die empirischen Ergebnisse der hier vorliegenden Diskussion zur ecuadorianischen Fiskal- und Steuerpolitik in den Jahren von 1972 bis 1979, in denen Militärdiktatur[116] und *Boom Petrolero* zusammenfallen, sollen im Folgenden zusammengefasst werden. Dabei soll zum einen der Bezug zu den politökonomischen Faktoren von instrumenteller und struktureller Macht hergestellt werden, zum anderen sollen die unterschiedlichen Quellen legitimen Staatshandelns – Identität, *Input* und *Output* – analysiert werden.

Im Unterschied zur Militärdiktatur der 1960er Jahre standen dem Staat angesichts des *Boom Petrolero* scheinbar die entsprechenden Finanzmittel zur Verfügung, um – ohne auf Steuergelder und Investitionen der ökonomischen Eliten angewiesen zu sein – eine zentralere Rolle im Entwicklungsprozess zu spielen (Carvajal 2011). Vor dem Hintergrund der sprudelnden Erdöleinnahmen wurden die vormals proklamierten Reformziele auf dem Feld der Fiskalpolitik nicht umgesetzt, stattdessen die Steuerlast gesenkt und oft regressiv wirkenden Subventionen auf Treibstoff, Gas und öffentlichen Verkehr eingeführt (Paz y Miño Cepeda 2015: 151; Acosta 2012a: 153). Ähnlich der noch näher zu erläuternden Entwicklungen während der *Revolución Ciudadana* gelang es aber dem Militärregime unter Führung Rodriguez Laras und Erdölminister Jarrín, wichtige Fortschritte bei der Aneignung von Rohstoffeinnahmen und der Stärkung eigener technischer Kapazitäten im Bereich der Erdölförderung und Raffination zu erzielen.

Es gelang der Regierung Rodríguez Lara somit durchaus, die Rolle des Staates im Rohstoffsektor gegenüber den internationalen Investoren zu stärken und sich einen höheren Anteil der Einnahmen anzueignen. Der Erdölsektor blieb jedoch weitgehend eine ökonomische Enklave, die zwar hohe Einkommen generierte, jedoch kaum in die lokale Wirtschaft eingebunden war und geringen Arbeitskräftebedarf hatte (Naranjo Chiriboga 2006). Aus dem *Boom Petrolero* heraus war daher keine alleinige Dominanz des Erdölsektors im Hinblick auf Staatseinnahmen und wirtschaftliche Entwicklung entstanden, wie dies in klassischen Rentenstaaten der Fall ist. Die stark ungleichen Eigentumsverhältnisse außerhalb des Erdölsektors veränderten sich in den Jahren des Erdölbooms nicht grundlegend im Sinne einer sozial gerechteren Verteilung, Weder wurden die

[116] Dass der Militärputsch nur wenige Monate vor Beginn der Erdölförderung im Amazonas durchgeführt wurde, verleitet zur Annahme, die Chance auf die Aneignung der zu erwartenden Einnahmen durch das Militär selbst sei die treibende Motivation für die Machtübernahme gewesen; denn tatsächlich erhöhten sich die Militärausgaben von 42 Millionen USD 1971 auf 98 Millionen USD 1976[116]. Allerdings war der nicht vorhersehbare Ölpreisschock von 1973 Hauptursache für die abrupte Steigerung der Staatseinnahmen (Dunning 2008: 255–256).

Produktionsmittel um- oder mit Hilfe der Rohstoffeinnahmen grundlegend neu verteilt, noch wurden staatliche Firmen außerhalb des Rohstoffsektors zu entscheidenden Wirtschaftsakteuren. Allerdings wurden die staatlichen Ausgaben gesteigert, die Zahl der Staatsangestellten deutlich erhöht und auch das Entstehen größerer Unternehmenskonglomerate trug zur Vergrößerung einer kaufkräftigen Mittelklasse bei.

Anders als zunächst durch das Militärregime verlautbart, setzte eine fiskalpolitische Dynamik ein, bei der nicht das Gemeinwohl im Vordergrund stand, sondern die Bedienung von Interessen spezifischer Wirtschaftssektoren (Bocco 1987: 166-167). Bocco (1983: 494). Dies weist auf eine rentenstaatstheoretischen Annahmen entsprechende Entwicklung hin: Die Renteneinnahmen führten zu einer weiteren Vernachlässigung der Steuereinnahmen. Ökonomische Eliten erreichten demnach über Subventionen und Steueranreize eine bedeutende Beteiligung an den Erdöleinnahmen. Es entstand demnach – basierend auf staatlichen Steuererleichterungen, Subventionen und Krediten – eine vermeintlich für den modernen Kapitalismus stehende tatsächlich aber trotz Fortschritten in der Industrialisierung in erster Linie konsumtive Bourgeoisie. Diese war tatsächlich eng mit traditionellen Eliten verwoben, die es verstanden, die neu geschaffenen Subventionen für sich zu nutzen (Paz y Miño Cepeda2009; Carvajal 2011). Im Hinblick auf die wirtschaftspolitische Orientierung entstand wie in anderen Ländern Lateinamerikas, anders als von Analysten in den 1950er und 1960er Jahren erhofft (siehe Cardoso 1967), kein progressiver Sektor. Die neuen Industriellen Ecuadors verharrten auf zutiefst konservativen Positionen und lehnten die Idee einer fruchtbaren Verbindung zwischen sozialen Reformen, Marktausdehnung und Wirtschaftswachstum stets vehement ab (Conaghan 1988a).

Die Bedeutung des Staates im Entwicklungsprozess nahm aufgrund der Erdöleinnahmen ab 1972 deutlich zu, da mit diesen Einnahmen die öffentlichen Nachfrage und Investitionen finanziert wurden. Spätestens aber in der zweiten Hälfte der 1970er Jahre zeigte sich mit der Machtübernahme des Militärtriumvirats und einer erneut stärkeren Präsenz von Vertreter*innen des Privatsektors in wirtschaftspolitischen Entscheidungszentren , dass von einem nachhaltigen Zurückdrängen der strukturellen Macht ökonomischer Eliten nicht die Rede sein konnte. Die Unfähigkeit der reformorientierten Kräfte innerhalb der Militärdiktatur um Rodríguez Lara, fallende Erdöleinnahmen durch zoll- und steuerpolitische Maßnahmen des Staates zu kompensieren, kann nicht zuletzt auf die wieder gestiegene strukturelle Macht der insbesondere mit dem Außenhandel verbundenen Wirtschaftseliten zurückgeführt werden.

Die zunächst stärkere Durchsetzungsfähigkeit des Staates wurde nicht zur Stärkung des Steuerstaats genutzt. War die Besteuerung der Eliten in den ersten Jahren der Militärherrschaft im Kontext hoher Rohstoffeinnahmen vernachlässigt worden, waren es später Ängste vor ausbleibenden Investitionen und Arbeitsplatzverlusten, die aus Regierungssicht gegen eine Konfrontation mit dem Privatsektor sprachen. Die Kritik von Wirtschaftsverbänden an mangelnden Mitbestimmungsmöglichkeiten während der Militärherrschaft muss im Kontext eines Landes gesehen werden, in dem Konflikte über Wirtschafts-, Finanz-, und Steuerpolitik innerhalb der Eliten ausgetragen wurden: Zunächst hatten öffentliche Bedienstete zentrale Positionen in der Wirtschafts- und Finanzpolitik eingenommen, die bis dato meist von Unternehmensvertretern besetzt worden waren (Conaghan 1988: 11). Als sich die Krisentendenzen verstärkten, wurde die Schwäche des labilen Militärregimes unter Führung Rodríguez Laras deutlich, dessen Legitimität zunächst nur auf dem durch die Erdöleinnahmen möglichen *Output* an Investitionen und sonstigen staatlichen Leistungen basiert hatte. Das Regime hatte außerdem sträflich vernachlässigt, Teile der *Sectores Populares* als potentielle Partner für eine reformorientierte Politik einzubinden und baute beispielsweise, anders als es in Peru der Fall war, keine Partei zur Mobilisierung der potentieller Unterstützer*innen transformatorischer Politik auf. (Conaghan 1988a; Isaacs 1993).

Hier lohnt es sich, die im Rahmen der Diktatur fortbestehenden Mechanismen instrumenteller Macht in den Blick zu nehmen und zu analysieren, wie sich diese im Verlauf der Militärdiktatur und im Kontext unterschiedlicher Erdöleinnahmen verändert haben. Die wirtschaftlichen Eliten hatten bereits in den Monaten vor dem Militärputsch Maßnahmen ergriffen, um ihren politischen Einfluss in Zeiten der politischen Instabilität beizubehalten. Hierzu gehörte es, ihre Verbindungen zu traditionellen politischen Parteien abzubauen und stattdessen die Organisation der Unternehmerverbände (*Camaras de la Producción*) zu stärken, um ihre politischen Interessen zu artikulieren. Vertreter der Unternehmerverbände waren in verschiedenen Regierungsbehörden – vor allem in den Bereichen Wirtschafts- und Entwicklungsplanung – präsent, deren Bedeutung aller Wahrscheinlichkeit nach in Folge einer Machtübernahme der Militärs nicht abnehmen würde (Isaacs 1993: 69). Wie erwartet, wurden parteipolitische Aktivitäten nach dem Militärputsch unterbunden, ohne dass dies jedoch mit einer weitergehenden Unterdrückung der Interessenartikulation unterschiedlicher gesellschaftlicher Gruppen verbunden gewesen wäre, die nun verstärkt über Wirtschaftsverbände und – im Falle der *Sectores Populares* – über Gewerkschaften stattfand (ebd. 68).

Im Kontext von Militärherrschaft und hohen Rohstoffeinnahmen gelang es den ökonomischen Eliten, wichtige Grundlagen ihrer instrumentellen Macht zu erhalten: Zu nennen ist ihre Kontrolle der auch im Kontext der Diktatur weiterbestehenden Privatmedien, ihr Einfluss durch formale Konsultationsmechanismen und – mit dem Beginn einer ökonomisch komplexer werdenden Lage – auch ihre verstärkte Rekrutierung in zentrale Positionen der Wirtschafts- und Finanzpolitik. Dabei profitierten die ökonomischen Eliten von einem relativ moderaten Vorgehen des Militärregimes Rodriguez Lara, das zwar die Rolle des Staates im Entwicklungsprozess ausbaute, privatwirtschaftliche Akteure aber als unverzichtbare Partner für die Modernisierung des Landes ansah. Die Führung beider aufeinander folgenden Militärdiktaturen sah die wirtschaftliche Rolle des Staates in engen Grenzen. Die erhobene Kritik an einer vermeintlichen Staatsfixiertheit des Militärregimes unter Führung Laras ist somit vor dem Hintergrund zu interpretieren, dass den

Kritiker*innen aus dem Privatsektor die bis dahin geltenden Praxis eines durch die eigene Präsenz in den staatlichen Entscheidungszentren abgesicherten, weitgehenden staatlichen Laissez-Faires als Vergleichsgrundlage diente.

Die betroffenen Industriellen lehnten die Beteiligung des Staates als Minderheitsanteilseigner an ihren Konsortien meist nicht rundweg ab, nicht zuletzt deshalb, weil die Beteiligungen meist über die *Corporación Financiera Nacional* (CFN) erfolgten, deren Verantwortliche die komplementäre Rolle staatlicher Investitionen in Industriebetrieben betonten (Conaghan 1988a: 86).

Erneut zeigte sich die Blockademacht der Wirtschaftseliten, die zugleich die Politik des Landes dominierten, durch zwei Mechanismen: Einerseits durch die Nutzung regionaler Spaltungslinien mit dem Ziel, untergeordnete soziale Klassen zur Verteidigung der wirtschaftlichen Privatinteressen der Eliten zu mobilisieren (North 2006: 87). Andererseits durch die Fähigkeit, eine gemeinsame Front zu bilden gegen jegliche Anzeichen einer Politik, die auf die Mobilisierung von *Sectores Populares* und auf Umverteilung ausgerichtet war (ebd.). Erfolgreich blockierten die Wirtschaftseliten weitergehende Umverteilungsmaßnahmen wie eine nach der Machtübernahme des Militärs zunächst angestrebte radikalere Landreform ebenso wie angestrebte Schritte in Richtung einer sozial progressiven Steuerreform, die Steuern auf Vermögen und Luxusgüter enthalten sollte und stemmten sich vehement gegen Regulierung und Kontrolle ihrer Unternehmen (Conaghan 1988a: 81; Paz y Miño Cepeda 2015: 151; Paz y Miño Cepeda 2016: 11). Ein Beispiel hierfür war, dass Industrie, Handel und Agrarsektor gemeinsam forderten, dass eine Landreform auf dem Respekt vor Eigentum aufbauen müsse. „In anderen Worten, die [in diesem Punkt geeinten] ecuadorianische Wirtschaftseliten waren nicht gewillt, jedwede Bedrohung des Privateigentums zu legitimieren, sogar wenn Sektorinteressen nicht direkt betroffen waren." (Conaghan 1988: 13). Die von Fairfield (2013, 2015) als wichtige instrumentelle Machtquelle genannte Kohäsion der durch familiäre Netzwerke über Branchengrenzen hinweg miteinander vernetzten Wirtschaftseliten, zeigte sich somit deutlich in den 1970er Jahren.

Der relative Rückgang der Erdöleinnahmen hatte dementsprechend nicht zur Folge, dass die steuerpolitischen Versäumnisse aus der ersten erdölinduzierten *Boomphase* nun nachgeholt würden (Bocco 1983: 494). Stattdessen wurden verstärkt externe Kredite aufgenommen, während gleichzeitig eine bessere Kontrolle der Staatsausgaben durchgesetzt wurde. Die Möglichkeit einer Erhöhung der Steuereinnahmen wurde hingegen nicht auf die politische Agenda gesetzt (Bocco 1983: 494).[117] Dieser Mechanismus lässt sich zum Teil aus der Perspektive struktureller Macht erklären, denn das Militärregime war gerade angesichts der schwierigeren wirtschaftlichen Lage verstärkt auf privatwirtschaftliche Investitionen angewiesen und daher nicht zu einer Konfrontation mit dem Privatsektor bereit.

[117] Beachtet werden muss, dass Steuereinnahmen und externe Kredite aufgrund unterschiedlicher ökonomischer Wirkungszusammenhänge nicht eins zu eins austauschbar sind.

Eine weitere Ursache für die Unfähigkeit des Militärregimes, seine Reformpolitik und den Ausbau sozialer Leistungen in Zeiten weniger hoher Rohstoffeinnahmen weiterzuführen, war die, dass bereits Lara zwar mit dem Ziel angetreten war, soziale Reformen durchzuführen (vgl. Fairfield 2013), dies aber nicht mit einer stärkeren Mobilisierung der *Sectores Populares* verbunden hatte. Während das Militär einerseits ein vergleichsweise hohes Maß an Presse- und Meinungsfreiheit gewährte und damit insbesondere den Wirtschaftseliten die Möglichkeit öffentlicher Kritik ließ, scheute es gleichzeitig vor einer stärkeren Mobilisierung potenzieller Profiteure sozialer Reformen zurück, da dies mit der Gefahr eines Kontrollverlusts verbunden gewesen wäre (Isaacs 1993: 92).

Eine nuancierte Evaluation der Entwicklungsphase von 1972 bis 1979 muss den beachtlichen Fortschritten, etwa bei der Entwicklung der Infrastruktur, dem Erwerb von Fähigkeiten im Erdölsektor und Ansätzen zur Industrialisierung, die steuerpolitischen Versäumnissen und die deutlich gestiegenen externen Schulden gegenüberstellen. Da die angemessenen fiskal-, währungs- und handelspolitischen Konsequenzen – wie die Stärkung des Steuersystems, Transparenz und Effizienzsteigerung bei den Staatsausgaben, Maßnahmen zum Ausgleich der Handelsbilanz durch Zölle oder Währungsabwertung – in der zweiten Hälfte der 1970er Jahre nicht gezogen wurden, sind die Ursachen für die spätere Währungs- und Schuldenkrise nicht zuletzt in den Entscheidungen dieser Zeit zu suchen. Das Zurückdrängen privater Partikularinteressen, insbesondere der ökonomischen Eliten, gelang auch in den 1970er Jahren nicht nachhaltig. Sie akzeptierten die wachsende Bedeutung des Staates lediglich, solange die staatlichen Mehrausgaben aus Renten finanziert werden konnten und sie keine eigenen Beiträge für den Staatsausbau zu leisten hatten.

5.4 Von der Demokratisierung zum neoliberalen Minimalstaat (1979 – 1996)

Der ecuadorianische Wirtschaftshistoriker Juan J. Paz y Miño Cepeda (2009: 35) bezeichnet die Entwicklungsphase von 1979 bis 2006, ausgehend von den prägenden ideologischen Leitlinien und den in der Praxis umgesetzten Politiken, als ‚unternehmerisch-neoliberales Entwicklungsmodell'. Diese Begrifflichkeit umschreibt gut, wie die Abweichungen von den klassisch neoliberalen Strukturanpassungsempfehlungen internationaler Finanzinstitutionen zu verstehen sind. Im Kontext neoliberaler Strukturanpassung gab es in Ecuador ab den 1980er Jahren durchaus Dissonanzen zwischen Teilen der lokalen Eliten und der Technokratie internationaler Finanzorganisationen: Dies gilt zum Beispiel in Bezug auf das – trotz aller Bekenntnisse zur ‚freien Marktwirtschaft' – konkrete Festhalten ecuadorianischer Eliten an protektionistischen Politiken (Conaghan 1988: 3). So wurden neoliberale Maßnahmen oft nur in widersprüchlicher Form durchgesetzt, Privatisierungsversuche wurden zum Teil verhindert und marktorientierte Reformen ausgehöhlt (Eaton 2011: 301-302). Auch verlief die neoliberale Rückkehr zur wirtschaftspolitischen Orthodoxie in Ecuador widersprüchlich und mit Unterbrechungen, folgte aber letztlich doch einer klaren Richtung zur Marktöffnung, Privatisierung und Deregulierung (Schuldt 1994: 17).

Teilweise gelang es der finanz- und wirtschaftspolitischen Bürokratie des Staates auch, den Einfluss der lokalen Wirtschaftseliten und ihrer Interessenorganisationen auf den Entscheidungsprozess durch Allianzen mit den internationalen Gebern zu begrenzen (Conaghan 1988: 3). Dasselbe gilt ebenso hinsichtlich der Steuerpolitik, da besonders die mit der Strukturanpassung an Einfluss gewinnenden internationalen Finanzorganisationen zwar den Rückbau des Entwicklungsstaats und Haushaltsdisziplin zum Kern ihrer Empfehlungen machten, jedoch als Vertreter der Gläubiger dem Ziel verpflichtet blieben, die Zahlungsfähigkeit lateinamerikanischer Kreditnehmer zu erhöhen, und deshalb auch institutionelle Reformen im Steuerbereich forderten.

Eine Ursache der fehlenden Privatisierungsdynamik in Ecuador liegt darin begründet, dass der ecuadorianische Staat, abgesehen vom Rohstoffsektor, nie über ähnlich bedeutende öffentliche Firmen verfügte wie seine Nachbarländer (Acosta 1999: 65). Die Wirtschaftseliten, die ihre starke Präsenz im Staatssektor auch während des Militärregimes aufrechterhalten konnten, waren es gewohnt, ihre eigenen privaten Interessen mit den allgemeinen Interessen des Landes gleichzusetzen (North 2006: 92). Der Übergang zur Demokratie fand demnach in einer Gesellschaft statt, in der sektorübergreifende Unternehmenskonglomerate, die gleichzeitig in den Bereichen Handel, Finanzen und Industrie tätig waren, einen starken Einfluss innerhalb der Staatsapparate ausübten. Diese Eliten waren weiterhin auch eng mit dem traditionellen Großgrundbesitz verbunden, aus dem sie entstanden waren, was auch deren einhelliger Widerspruch gegen eine auf Umverteilung setzende Landreform gezeigt hatte. Die Unternehmerverbände und einzelne Kapitalgruppen übten in einem durch wechselnde Bündnisse und institutionelle Blockaden gekennzeichneten politischen Systems starken Einfluss auf die Wirtschaftspolitik aus (vgl. Mejía Acosta et al. 2008). Die Probleme bei der Implementierung neoliberaler Politik in Ecuador bedeuten demnach also nicht, dass die soziale Ungleichheit hier weniger ausgeprägt gewesen wäre oder dass den wirtschaftlichen Eliten stärkere progressive Parteien, Gewerkschaften oder soziale Bewegungen gegenübergestanden hätten als in anderen Ländern der Region.

Die Krisenanfälligkeit des unternehmerisch-neoliberalen Modells zeigte sich in Ecuador daran, dass das Land bereits vier Jahre nach der lateinamerikanischen Währungs- und Schuldenkrise (1983) mit einer weiteren Krise, bedingt durch den Rückgang des Ölpreises, konfrontiert war (1987) und schließlich zur Jahrtausendwende in eine tiefe Banken- und Finanzkrise schlitterte, auf die ich im nachfolgenden Unterkapitel noch näher eingehen werde. Politisch lässt sich dieser Entwicklungszyklus in zwei Phasen unterteilen: Er begann mit einer Phase oberflächlicher Stabilität, in der es den Präsidenten – mit Ausnahme des bei einem Flugzeugabsturz verstorbenen

Jaime Róldos (1979-1981) – gelang, ihre Amtszeit zu Ende zu führen[118]; ab 1996 beginnt dagegen erneut eine Phase offener politischer Instabilität.

Im Folgenden befasse ich mich zunächst mit Ecuadors Weg in die repräsentative Demokratie und den Weichenstellungen bis 1979 (Abschnitt 5.4.1). Danach diskutiere ich die Entwicklung vom demokratischen Aufbruch bis hin zur lateinamerikanischen Währungs- und Schuldenkrise im Zeitraum vom 1979 bis 1984. Dabei setze ich mich mit den fiskalpolitischen Anpassungsmaßnahmen der Regierungen Roldós und Hurtado auseinander (Abschnitt 5.4.2). Abschließend gehe ich auf die Fiskalpolitik im Rahmen des neoliberal-unternehmerischen Entwicklungsmodells von 1984 bis 1996 ein (Abschnitt 5.4.3).

5.4.1 Ecuadors Weg in die repräsentative Demokratie, Weichenstellungen bis 1979

Hinsichtlich der Rückkehr zur zivilen Herrschaft spielte Ecuador eine Vorreiterrolle in der Region. Die Militärdiktatur endete hier bereits 1979. Dass sich das Militär nicht an die Macht klammerte, hatte verschiedene Ursachen: Zum einen hatten die Militärs von einem Übergang zur zivilen Herrschaft wenig zu befürchten. Das Triumvirat war zwar stark autoritär geprägt, seine Machtausübung erreichte aber niemals das Gewaltniveau der Diktaturen des Conosur (Wolff 2008). Zum anderen hatte die Machtübernahme gesellschaftliche Konflikte in die Reihen des Militärs getragen. Die Rückgabe der Macht in zivile Hände sollte wohl auch dazu beitragen, diese Konflikte innerhalb der Streitkräfte zu beruhigen.

Die doppelte Transformation zu Demokratie und Neoliberalismus gestaltete sich allerdings widersprüchlich. In Ecuador war mit der gerade durch Wirtschaftskammern und Unternehmerverbände vorangetriebenen Rückkehr zu ziviler Herrschaft erstmals der Weg in die repräsentative Demokratie verbunden. An den Wahlen vor 1979 hatten nie mehr als 18 Prozent der Bevölkerung teilgenommen (Conaghan 1988a: 124). Die Motivation der Unternehmensverbände, auf die Rückkehr zu ziviler Herrschaft zu drängen, sieht Conaghan (1988: 1) zu einen in ihrer Unzufriedenheit aufgrund von Unsicherheiten im politischen Prozess der Militärdiktaturen und zum anderen in den aus ihrer Sicht mangelnden Möglichkeiten, den politischen Prozess zu kontrollieren. Den organisierten Vertretern*innen der ökonomischen Eliten allerdings – wie es mitunter geschieht – eine Vorreiterrolle in Sachen Demokratisierung zu bescheinigen, beruht auf einer unzulässigen Gleichsetzung von Demokratie und ziviler Herrschaft. Zwar war die Rückkehr zur zivilen Herrschaft auch in Ecuador in ihrem Sinne, Vertreter*innen der ökonomischen Eliten versuchten aber andererseits, die Ausweitung des Wahlrechts auf Analphabeten zu verhindern und riefen unter der Wortführerschaft Febres-Corderos im Vorfeld des Referendums über eine

[118] Auf Roldós folgten dessen christdemokratischer Vizepräsident Oswaldo Hurtado (1981-1983), der autoritär-neoliberal regierende Febres-Cordero (1984-1988), der widersprüchlich agierende Sozialdemokrat Rodrigo Borja (1988-1992) und schließlich der ehemals christsoziale Sixto Durán Ballen (1992-1996), dessen Kabinett die Deregulierung des Finanzsystems einleitete (Paz y Miño Cepeda 2009: 30).

neue Verfassung dazu auf, für keine der möglichen Optionen zu stimmen *Voto Nulo*[119] (Isaacs 1993: 94). Die traditionellen politischen und ökonomischen Kräfte führten dagegen eine systematische Medienkampagne gegen die neue progressive Verfassung.[120]

Mit der Ausarbeitung einer neuen Verfassung war bereits 1977 begonnen worden. Eine Kommission legte einen Entwurf für eine völlig neue Verfassung vor, eine andere machte Reformvorschläge für die bestehende Verfassung von 1945. Die Parteien der Linken und politischen Mitte unterstützten die Ausarbeitung einer neuen Verfassung und förderten eine breite gesellschaftliche Debatte über deren Inhalte (Paz y Miño Cepeda 2015: 155). In einem Referendum (1978) setzte sich schließlich die Option einer neuen Verfassung mit 43 Prozent der abgegebenen Stimmen gegen jene einer reformierten Verfassung auf Basis der Konstitution von 1945 durch, für die 32 Prozent stimmten. Mit ihrem Aufruf für keine der möglichen Optionen zu stimmen – *Voto Nulo* – waren die dem Verfassungsprozess skeptisch gegenüberstehenden Teile der ökonomischen Eliten demnach nicht erfolgreich gewesen.

Die neue Verfassung war progressiv[121], *desarrollistisch* geprägt und sah eine protagonistische Rolle des Staates im Entwicklungsprozess vor. Der Staat sollte auch selbst zum Unternehmer werden, vor allem im Rohstoffsektor eine zentrale Rolle spielen (Endara Osejo 2011: 162–163). Auch wurde der staatlichen Entwicklungsplanung eine wichtige Rolle eingeräumt.[122]

Aus den Stichwahlen zur Präsidentschaft ging 1979 mit Jaime Roldós der Kandidat der linkspopulistisch-desarrollistischen CFP mit einer deutlichen Mehrheit von 68,5 Prozent als Sieger hervor. Der CFP-Kandidat verkörperte eine Politik des demokratischen und sozialen Aufbruchs und setzte sich gegen den Kandidaten der rechtsgerichteten Unternehmereliten Sixto Durán Ballén durch (Paz y Miño Cepeda 2015: 155-156). Mit dem Wahlsieg von Roldós drängten eben jene von Assad Bucaram geführten – und von den etablierten Eliten als linkspopulistisch kritisierten – Kräfte an die Macht, deren mögliche Regierungsübernahme durch Wahlen man 1972 durch den Militärputsch zu verhindern gesucht hatte (Dunning 2008: 256).[123] Mit dem Übergang zur Demokratie und angesichts der progressiven Verfassung von 1978, wie auch durch den Wahlsieg von Jaime Roldós, mussten die ökonomischen Eliten durchaus eine stärkere Umverteilung

[119] Dass wichtige Teile der ökonomischen Eliten die oben angesprochenen Risiken einer Rückkehr zur Demokratie hinsichtlich der Wahrung ihre wirtschaftlichen Privilegien erkannten, wird durch ihre ambivalente Position zum Transitionsprozess deutlich. Unternehmersektoren unter Führung des Guayaquiler Unternehmers Febres-Cordero versuchten, den Demokratisierungsprozess durch eine Kampagne für eine Abgabe ungültiger Stimmen beim Referendum über eine neue Verfassung 1978 auszuhebeln (Isaacs 1993: 94).

[120] Dabei wandten sie sich gegen das Wahlrecht für Analphabeten, warnten vor eine Kontrolle des Parteiensystems durch den Staat, kritisierten das Einkammerparlament und eine zu starke Präsenz des Staates in der Wirtschaft (Paz y Miño Cepeda 2015: 155).

[121] Hervorzuheben ist außerdem, dass erstmals Analphabeten das Wahlrecht erhielten

[122] Die *Junta Nacional de Planificación y Coordinación Económica* (JUNAPLA) wurde zum *Consejo Nacional de Desarrollo* (CONADE) und mit weitreichenden Kompetenzen ausgestattet. Die Behörde war für die Ausarbeitung von Entwicklungsplänen zuständig, die dann mit Zustimmung des Präsidenten umgesetzt werden sollten (Endara Osejo 2011).

[123] Assad Bucaram war die Teilnahme an den Wahlen mit Verweis auf seine libanesische Herkunft auch 1978 versagt worden.

zu ihren Lasten befürchten. Doch in Ecuador sollte sich der aus dem Medianwähler-Theorem heraus zu erwartende Zusammenhang von Demokratie und sozialer Gerechtigkeit nicht zeigen. Im Gegenteil, die soziale Ungleichheit stieg – wie auch im übrigen Lateinamerika – im Kontext der doppelten Transformation zu repräsentativer Demokratie und zu Neoliberalismus sogar noch weiter an (Wolff 2008; Boeckh 2011 84).

5.4.2 Ecuadors Weg vom demokratischen Aufbruch in die lateinamerikanische Währungs- und Schuldenkrise (1979 - 1984)

Anfang der 1980er Jahre zeigte das Konzept einer stärkeren staatlichen Rolle im Entwicklungsprozess in Lateinamerika – und auch in Ecuador – zunehmend sichtbare Widersprüche und Krisentendenzen. Bereits vor der offen sichtbaren Krise des entwicklungsstaatlichen Modells hatten sich die externen Bedingungen für entwicklungsstaatliche Politik verändert: Das *Bretton-Woods* System fester Wechselkurse zerbrach 1973, neoliberale Ökonomen begannen den keynesianisch geprägten Konsens der Wirtschaftswissenschaften in Frage zu stellen. Ecuadors erdölgestützter Desarrollismus kam spät, war kurz und folgte in wichtigen Teilen nicht der Strategie der für lateinamerikanische Entwicklungsstaaten typischen Industrialisierung durch Importsubstitution.

Für die im vorliegenden Abschnitt dargestellte Übergangsphase gilt dennoch, dass die volatilen Einnahmen aus Rohstoffen, vornehmlich Erdöl, eine wichtige Rolle für fiskalpolitische Entscheidungen spielten. Vermeintliche politisch-ideologische Richtungswechsel können also mitunter auf den erdölbasierten finanziellen Handlungsspielraum der Regierung zurückgeführt werden. Roldós profitierte zum Beispiel von einer erneuten Steigerung der Erdöleinnahmen zu Beginn seiner Amtszeit. Bei einem für damalige Verhältnisse vergleichsweise hohen Rohölpreis von etwa 40 USD war es zeitweise möglich, den reformorientierten *Desarrollismo* wieder aufleben zu lassen, ohne dafür die Wirtschaftseliten des Landes zu belasten. Die Regierung nutzte die höheren Einnahmen für eine Reihe sozialer Maßnahmen, beispielsweise für die Unterstützung von Kleinbauern und für die Verbesserung der Basisinfrastruktur (Paz y Miño Cepeda 2015: 164–165). Allerdings wurden auch permanente Ausgaben erhöht, ohne dass diese aus permanenten Einnahmen – in Marktgesellschaften sind das meist Steuern – finanziert werden konnten.

Interne und externe Faktoren führten allerdings dazu, dass sich schon bald eine Währungs- und Schuldenkrise anbahnte. Zu den selbst verschuldeten internen Faktoren gehörte zum einen Ecuadors hohe öffentliche Verschuldung im Ausland, die durch die aggressive Kreditaufnahme des Militärtriumvirats schon ab 1976 bedingt war, zum anderen die ebenfalls steigende Verschuldung des Privatsektors. Zudem wirkte sich nach der Rückkehr zur Demokratie der Machtkampf zwischen Exekutive und Legislative negativ auf die Fähigkeit zu einer soliden Staatsfinanzierung aus. Durch die Spaltung der CFP-Fraktion in Unterstützer von Roldós einerseits und seines Onkels und Parlamentspräsidenten Assad Bucaram andererseits, regierte Roldós gegen eine oppositionelle Parlamentsmehrheit. Unter Führung Bucarams verabschiedete das Parlament nicht gegenfinanzierte Ausgabenprogramme und durchaus begrüßenswerte, aber nicht nachhaltig finanzierte soziale Verbesserungen, um die Regierung Roldós politisch unter Druck zu setzen.

> „Die Kammer verabschiedete einen unterfinanzierten Staatshaushalt und eine Reihe von Gesetzen, unter denen die sozialen Charakters herausstachen, wie die Verdoppelung der Löhne, die Senkung der Wochenarbeitszeit auf 40 Stunden und den Renteneintritt von Frauen nach 25 Jahren Arbeit ohne Altersgrenze. Mit den Gesetzen wurde danach getrachtet, die öffentlichen Finanzen zu ersticken, die Regierung zu bedrängen und das Bild eines mit den populären Interessen befassten Kongresses zu schaffen. Hier entstand das Phänomen des 'Kampfes der Gewalten' (*Pugna de Poderes*), das auf lange Sicht die Beziehung zwischen Exekutive und Legislative in der neuen ecuadorianischen Demokratie prägen sollte." (Paz y Miño Cepeda. 2015: 165)

Angesichts des wieder aufflammenden Grenzkonflikts mit Peru wurden erste Kürzungsmaßnahmen bereits durch Jaime Roldós eingeleitet. Das Steuersystem aber, ein wichtiges ökonomisches Steuerungselement, blieb indessen unverändert. Stattdessen lag der Fokus der staatlichen Anpassungsmaßnahmen auf der Senkung von Subventionen, auf Haushaltskürzungen und auf Preisliberalisierung (Paz y Miño Cepeda 2015: 165). Die von der Regierung Roldós als Alternative zu Steuererhöhungen propagierte Stärkung des Steuervollzugs durch das Finanzministerium wurde in der Praxis nicht umgesetzt. Schließlich sank die Steuerquote zwischen 1979 und 1982 deutlich (vgl. Paz y Miño Cepeda 2015: 166), wie das unten eingefügte Schaubild veranschaulicht. Dennoch wurden trotz Mehrausgaben aufgrund des Grenzkonflikts mit Peru (1981) vorhandene Pläne zu einer höheren Besteuerung der Wirtschaftseliten nicht wieder aufgegriffen (Paz y Miño Cepeda 2015: 161).

Abbildung 6: Ecuadors Steuer- und Zollquote 1978 bis 1984

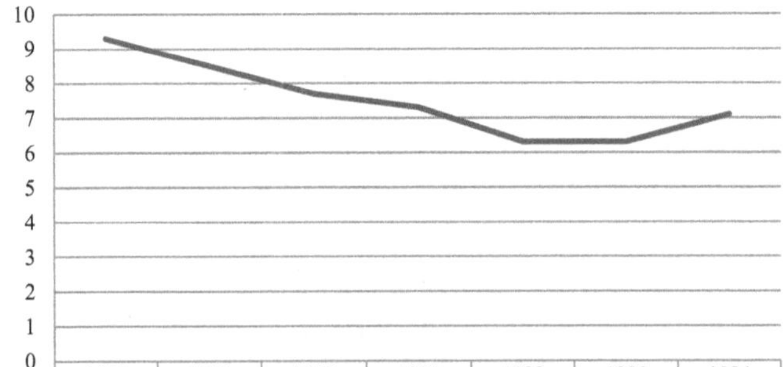

	1978	1979	1980	1981	1982	1983	1984
Steuerquote	9,3	8,5	7,7	7,3	6,3	6,3	7,1

Quelle: BCE 2017

Zu den internen Problemen kamen externe wie die massiven Zinserhöhungen in den USA im Zeitraum von 1979 bis 1981. Der sogenannte Volcker-Schock[124] führte dazu, dass Kapital in die USA zurückfloss und sich die Refinanzierungsbedingungen der Entwicklungsländer massiv verschlechterten (Büblöck und Staritz 2007: 168). Die Währungen der Region werteten stark ab, verloren also an Wert, während die Schulden weiterhin in US-Dollar zu zahlen waren. Die daraus resultierende Krise war in den meisten Ländern in erster Linie eine Währungskrise (Flassbeck 2014: 2). Den analytischen Fokus in diesem Zusammenhang auf die supranationale strukturelle Ebene und auf Veränderungen in den kapitalistischen Zentren zu richten, hilft dabei, sowohl die Kreditexpansion in den 1970er Jahren als auch den Kapitalabfluss Anfang der 1980er Jahre zu erklären (Boris 2009: 70f).

> "Während Ecuadors Zahlungen zur Bedienung der Schulden 1973 nur 8,8 Prozent der Exporterlöse des Landes ausmachten, stieg dieser Wert bis 1981 auf 84 Prozent der Exporterlöse. Aufgrund der Verschlechterung der Exporterlöse und der Unmöglichkeit, die Zahlungen fortzusetzen, begann Präsident Osvaldo Hurtado mit privaten internationalen Kreditgebern und dem Internationalen Währungsfond Verhandlungen über die Refinanzierung der ecuadorianischen Schulden." (Conaghan 1988a: 133).

Nachdem Mexiko im September 1982 die Zahlungsunfähigkeit erklärt hatte, war es auch für andere lateinamerikanische Länder praktisch unmöglich, an Kapital zu gelangen. Auch sie gerieten deshalb bald in eine Schuldenkrise. Auch Ecuador wurde durch anstehende Rückzahlungen, Zinszahlungen und Devisenflucht zum Netto-Kapitalexporteur (Lara 1996). Der Wechselkurs des ecuadorianischen Sucre war bereits vorher unter Druck geraten, schon im Mai 1982 war eine ersten Abwertung von 25 auf 33 Sucre pro USD erfolgt, nachdem der Wechselkurs zuvor seit 1971 stabil gehalten worden war (ebd.: 5). Ziel der ecuadorianischen Regierung – die Zentralbank war zu diesem Zeitpunkt noch nicht unabhängig – war eine einmalige *Sucre*-Abwertung im Mai gewesen, um dann erneut das System des festen Wechselkurses weiterzuführen, was allerdings nur kurzfristig gelang. Im März 1983 ging die Regierung Hurtado zu einem System von angekündigten, täglichen Abwertungen über, so dass der Außenwert des Sucre um weitere 27 Prozent sank (ebd.).

Schon im Oktober 1982 hatten Oswaldo Hurtado und sein ökonomisches Team ein austeritätsorientiertes Stabilisierungsprogramm angekündigt. Darin enthalten waren neue Konsumsteuern, die Streichung von Subventionen sowie eine Steigerung der Transportpreise (Conaghan 1988a: 133; Paz y Miño Cepeda 2015: 165). Die Krise verschärfte sich allerdings dennoch weiter und

[124] Als Volcker-Schock wird die durch den damaligen US-Notenbankpräsidenten Paul Volcker vollzogene radikale Zinswende zwischen 1979 und 1982 bezeichnet. Die Verknappung des Zentralbankgeldes und massive Zinserhöhungen in den USA setzten weltweit eine massive Steigerung des Zinsniveaus in Gang, was die Finanzierungsbedingungen für Länder mit Auslandsschulden erheblich verschlechterte (Schmidt 2018).

spätestens 1983 war Ecuador so von der Lateinamerikakrise erfasst, dass es ebenfalls seine Zahlungsunfähigkeit erklärten musste.[125] Präsident Hurtado setzte daraufhin auf mehr von der gleichen, bis dahin gescheiterten, Therapie und erklärte die Stunde der Austerität für gekommen (Paz y Miño Cepeda 2015: 162).

Die ökonomischen Gründe für die Krise der 1980er Jahre sind vielschichtig. Als eine wichtige Ursache für diese Krise wird der Rückgang der Exportnachfrage nach landwirtschaftlichen Gütern und Bergbauerzeugnissen genannt (Vintimilla 2011: 133). Der für Ecuador wichtige Rohölpreis sank ebenfalls durch Überproduktion und fehlende Abstimmung in der OPEC in der ersten Hälfte der 1980er Jahre deutlich von knapp 35 USD 1981 auf unter 13 USD 1986 (Lara 1996: 5). Die Finanzlage des ecuadorianischen Staates und die Außenwirtschaftsbilanz verschlechterte sich 1982 darüber hinaus auch durch das Wetterphänomen *El Niño*, das zu schweren Überschwemmungen in den Küstenregionen mit entsprechenden Produktionseinbrüchen und Wiederaufbaukosten führte.[126]

In ihrer Grundtendenz entsprachen die getroffenen Strukturanpassungsmaßnahmen auch in Ecuador den Empfehlungen von Weltbank und IWF. Sie führten in Richtung Rückzug des Staates, Flexibilisierung des Arbeitsmarktes, Freihandelsorientierung und Eingliederung in den Weltmarkt als Primärgüterexporteur, und zwar ohne weiterreichende Industrialisierungsperspektiven (Paz y Miño Cepeda 2012: 73; Acosta 2012a). Die Krise führte zu einer Einschränkung der staatlichen Autonomie und hinderte die Regierung daran, ihre reformorientierte Politik weiterzuführen, da diese den Leitlinien der internationalen Geldgeber nicht entsprochen hätte. Im Effekt schwächte die Liberalisierungspolitik des *Washington Consensus* die Position staatlicher Regulierung gegenüber den Rentiersinteressen des Privatsektors. Die Öffnung des Kapitalverkehrs wurde von den ecuadorianischen Wirtschaftseliten genutzt, um die Politik durch Kapitalausfuhr, beziehungsweise durch Anlagen im Ausland unter Druck zu setzen (North 2006: 94). Hinzu kommt, dass sich die politische Rechte auch auf nationaler Ebene stabilisieren konnte (Conaghan 1988a: 132).

Angesichts der oben beschriebenen Krisenursachen und der darauffolgenden Maßnahmen ist die staatlich praktizierte Steuerpolitik in dieser Phase ein erhellendes Beispiel dafür, dass es weder während der Regierung des als ‚linkspopulistisch' bezeichneten Roldós noch während der Amtszeit des scharf von den Vertretern ökonomischer Eliten kritisierten Hurtado politisch durchsetzbar war, diese an der Finanzierung der öffentlichen Aufgaben und an den Kosten der Krise zu beteiligen. Weder Roldós noch Hurtado reformierten die seit der Militärdiktatur der 1960er Jahren geltende Einkommenssteuer, so dass diese Steuer weiterhin auf die Bezieher*innen fester

[125] Mexiko hatte diesen Schritt bereits am 13. August 1982 vollzogen, was wiederum zu einem Risikoaufschlag für die gesamte Region führte, so dass schon bald weitere Länder in die Zahlungsunfähigkeit schlitterten (Büblöck und Staritz 2007: 168).

[126] Die landwirtschaftliche Produktion ging um 28 Prozent zurück, die Produktion von Bananen, Kakao und Kaffee sogar um 35 Prozent. Die Inflation erreichte bis zu 63 Prozent, während die Lebensmittelpreise deutlich stärker stiegen (Albornoz 2014: 143).

Lohneinkünfte ausgerichtet war, während die wohlhabendsten Sektoren der Gesellschaft ihre Möglichkeiten zur Hinterziehung der Steuer nutzten (Paz y Miño Cepeda 2015: 165). Das kaum effektive und wenig effiziente – da höchst komplexe – Steuersystem blieb aber bis ans Ende der 1980er Jahren weitgehend erhalten. In Ecuador war es bis dahin keiner Regierung gelungen, ausreichend solide Einnahmen über Steuern für die Finanzierung des öffentlichen Sektors zu erzielen. Die zeitweise Stabilisierung der Staatsfinanzen nach der Lateinamerikakrise war weder auf staatlicherseits verordnete Ausgabenkürzungen noch auf steuerpolitische Maßnahmen zurückzuführen, sondern in erster Linie auf die wieder steigenden Erdöleinnahmen (Paz y Miño Cepeda 2015).

Der Verlauf der politischen Konflikte zwischen Regierung und Privatsektor während der Amtszeit des 1981 ins Präsidentenamt gelangten Hurtado lässt sich insbesondere durch das Streben der Wirtschaftseliten nach Dominanz im Staatssektor selbst und direkter Kontrolle über den politischen Entscheidungsprozess verstehen. Hurtado war mit dem Beginn seiner Präsidentschaft (Mai 1981) mit der scharfen Opposition der Wirtschaftskammern und der mit diesen verbundenen Parteien konfrontiert (Paz y Miño Cepeda 2015). Er hatte versucht, seine Wirtschaftspolitik von der direkten Einflussnahme durch Wirtschaftsverbände abzuschirmen, was er selbst später als Hauptursache für die Angriffe eben dieser Interessengruppen gegen sich bezeichnete (Conaghan 1988a: 127). Er hatte zwar Repräsentant*innen der ökonomischen Eliten in seine Regierung aufgenommen, aber dennoch lange versucht, Elemente einer reformorientierten Politik zu bewahren. Jedoch setzte sich immer stärker eine auf die wirtschaftliche Öffnung des Landes und marktwirtschaftliche Lösungen zielende Politik durch, die private Investitionen stimulieren sollte, von Beobachter*innen aber teilweise schon als Beginn des Neoliberalismus interpretiert wurde (vgl. Paz y Miño Cepeda 2016: 11). Letztlich hatte Hurtado also eine für den Privatsektor höchst vorteilhafte Politik umgesetzt, sah sich aber dennoch weiterhin Angriffen bedeutender Wirtschaftseliten ausgesetzt, was deren Fixierung auf Fragen von Zugang, Einfluss und auf den politischen Stil der jeweiligen Regierung beispielhaft bezeugt.

Die umstrittenste Maßnahme Hurtados war die so genannte *Sucretización*. Die Entscheidung durch den Währungsrat, 1,63 Milliarden in USD aufgenommene Schulden des Privatsektors durch die Zentralbank zu übernehmen und für die betroffenen Unternehmen und Banken in *Sucre* umzuwandeln, fiel am 21. Juni 1983. Zu dieser Maßnahme, von der Banken, Konzerne und wohlhabende Einzelpersonen profitierten, wurde die Regierung durch den Privatsektor und internationale Finanzorganisationen gedrängt, die vor dem drohenden Verlust tausender Arbeitsplätze warnten (Martín-Mayoral 2009: 128–129; Correa 2014: 48-49)[127]. Bei der *Sucretización* und den später von León Febres-Cordero gewährten zusätzlichen Vorteilen[128] für die betroffenen Unternehmen handelte es sich letztlich aber um eine massive Subvention des Privatsektors (Martín-Mayoral 2009: 128–129; Redacción Economía 11.04.2014). Die Wirkung dieser Maßnahme ist vor dem Hintergrund der eingeleiteten Abwertungspolitik zu verstehen, durch die der *Sucre* dem US-Dollar gegenüber stark an Wert verlor (Carrasco Vintimilla et al. 2011: 136, 137; Martin-Mayoral 2009: 128-129). Der Staat übernahm die Verpflichtung, die von ecuadorianischen Unternehmen in US-Dollar aufgenommenen Schulden zu begleichen und auch Privatpersonen und nicht produktive Sektoren profitierten davon, ihre Schulden in *Sucre* an die Zentralbank zurückzahlen zu können. Schätzungen gehen von Kosten in Höhe von insgesamt 1,5 Milliarden USD für den ecuadorianischen Staatshaushalt aus (Acosta 2008: 3; Arias Urvina et al. 2012: 110).[129]

Die Rettung ecuadorianischer Unternehmen mit Hilfe der *Sucretización* und das Zurückschrecken vor steuerpolitischen Reformmaßnahmen für eine verbesserte Staatsfinanzierung angesichts fallender Rohstoffeinnahmen lassen sich nur zum Teil mit quasi Automatismen staatlichen Handelns erklären, die aus der strukturellen Macht wirtschaftlicher Eliten entstehen. Klar scheint zu sein, dass die Regierung Hurtado angesichts einer drohenden Verschärfung der Wirtschaftskrise nicht zu einer Konfrontation mit den wirtschaftlichen Eliten des Landes bereit war. Strukturell entscheidend waren dabei die für die Außenhandelsbilanz wichtigen Exportsektoren, aber auch der Finanzsektor. Von entscheidender Bedeutung für die Durchsetzung des austeritätsorientierten Programms war die Interpretation der so genannten Lateinamerikakrise als Staatsschuldenkrise sowie der aus der neoliberalen Strukturanpassungslogik resultierende wirtschaftspolitische Kontext auf nationaler und internationaler Ebene, in dem die Stärkung privater Investitionen einen zentralen Platz der wirtschaftspolitischen Agenda der Regierung einnahm. Die Liste geretteter Firmen und Privatpersonen verdeutlicht, dass der Staat keineswegs nur den für die wirtschaftliche Entwicklung des Landes entscheidenden Sektoren unter die Arme griff, sondern auch wohlhabende und einflussreiche Privatpersonen als solche von der Maßnahme profitieren konnten

[127] Ähnliche Mechanismen zur Entlastung einheimischer privater Schuldner wie die *Sucretización* wurden auch in anderen Ländern der Region umgesetzt, um die Rückzahlung der von Privatunternehmen und Personen in USD aufgenommenen Schulden zu garantieren. Daher kam es zur *Nacionalización* in Mexiko, zur *Desdolarización* in Argentinien, zur *Capitalización* in Chile und zur *Chucuta* in Venezuela (Correa 2014: 48–49). Die Regierung Febres-Cordero verkörpert am stärksten die Grundzüge des unternehmerisch-neoliberalen Modells. Während die Wirtschaftspolitik von 1984 bis 1988 von Privatinteressen, insbesondere freihandelsorientierter Sektoren Guayaquils geprägt war, wurde sozialen Protesten gegenüber mit Repression und Härte reagiert (Redacción Política 24.10.2016):

[128] Durch die Regierung Febres-Cordero wurde die Schonfrist von 1 ½ auf 4 ½ Jahre und die Zahlungsfristen von 3 auf 7 Jahre erweitert wurden. Die nominelle Zinsrate wurde auf 16 Prozent festgelegt, während kommerzielle Kredite mit 28 Prozent verzinst wurden. Die Bemessung des *Sucre* Kurses wurde bei 100 *Sucre* pro USD festgesetzt und die Gebühren für die Übernahme des Wechselkursrisikos durch die Zentralbank erlassen.

[129] Es wurde weder geprüft, inwiefern die Schuldner selbst über Dollardevisen verfügten, noch zu welchem Zweck die Kredite genutzt wurden.[129] Zu den Hauptprofiteuren gehörten Industriefirmen wie die Aktiengesellschaften *Maquinarias y Vehiculos Mavesa* und *Industrias Artepractico* und Banken wie die *Banco del Pacifico und die Banco de Guayaquil*, mit geringeren Beträgen aber auch einflussreiche Privatpersonen (CAIC 2008).

(Acosta 2008: 3; Oleas Montalvo 2017: 232). Hieran wird die Bedeutung instrumenteller Macht für die Verteidigung von Privilegien besonders deutlich.

Trotz der überaus unternehmensfreundlichen *Sucretización* wurde die Regierung Hurtado von der politischen Rechten und Vertretern ökonomischer Eliten als desaströs bezeichnet (Paz y Miño Cepeda 2015: 167). Hurtado konnte sich am Ende weder auf die Unterstützung von Gewerkschaften stützen noch ein Bündnis mit den traditionellen Unternehmereliten etablieren, deren Interessen die Regierung mit ihren Krisenmaßnahmen privilegiert hatte. Conaghan (1988a: 127) bezeichnet die Angriffe der ecuadorianischen Eliten auf die Regierung Hurtado daher als besonders faszinierend.

5.4.3 Fiskalpolitik im Kontext des neoliberal-unternehmerischen Entwicklungsmodells (1984 - 1996)

Die in den vorhergehenden Abschnitten nachvollzogene Abkehr von der – während der Militärdiktatur (1972-1979) und bereits ab 1976 mit Abstrichen – desarrollistisch geprägten Politik zu Gunsten einer neoliberalen, von Eliteninteressen und internationalen Finanzorganisationen dominierten Strukturanpassungspolitik, stand in markantem Widerspruch zu den sozialreformerischen Hoffnungen, welche mit der Ende der 1970er Jahre verabschiedeten demokratischen Verfassung und dem Wahlsieg Jaime Roldós verbunden gewesen waren.

1984 stimmte in Ecuador eine knappe Mehrheit von 51,5 Prozent für den Präsidentschaftskandidaten León Febres-Cordero, der sich in der Stichwahl gegen den sozialdemokratisch orientierten Rodrigo Borja durchsetzen konnte. Durch diese Wahlen wurde die an den Interessen und ideologischen Positionen des Privatsektors orientierte Politik erstmals durch das demokratische Wählervotum legitimiert. Damit eroberte ein bekannter Guayaquiler Unternehmer und führender Kritiker der Reformpolitik der 1970er Jahre (siehe Unterkapitel 5.3) unter dem enthusiastischen Beifall des Privatsektors die Präsidentschaft[130] (Paz y Miño Cepeda 2009: 30). Wichtige Wirtschaftseliten identifizierten sich mit Febres-Cordero, der für die *Partido Social Cristiano* (PSC) und das Bündnis *Frente de la Reconstrucción Nacional*[131] antrat, wobei der Name der Allianz auf das vermeintlich durch die Regierung Hurtado verursachte Wirtschaftsdesaster hinweisen sollte (Paz y Miño Cepeda 2015: 167–168; Conaghan 1988a: 37). Der Wahlsieg der politischen Rechten zeigt auch den Erfolg des Strategiewechsels der politischen Rechten, der es mit ihrer Kampagne unter den Schlagworten *Pan, Techo, Trabajo* (Brot, Dach, Arbeit) gelungen war, auch Teile der *Sectores Populares* anzusprechen.

---

[130] Interviews in Cuenca (2015) deuten allerdings, zumindest in diesem Teil der Sierra, auf Unzufriedenheit beziehungsweise eine rückblickend negative Sicht auf die Präsidentschaft Febres-Corderos aufgrund mangelnder Konsultationen hin.

[131] Zu der Allianz, die Febres-Cordero und den aus Quito stammenden Blasco Peñaherrera unterstützte, gehörten neben der PSC auch die Konservativen, die Liberalen, die *Partido Nacionalista Revolucionario* (PNR), die *Coalición Institucionalista Demócrata* CID und die *Partido Velasquista* (Redacción Política 24.10.2016).

Der Sozialdemokrat Rodrigo Borja führte seine Wahlniederlage darauf zurück, dass es der Wahlkampagne Febres-Corderos gelungen sei, ihn als Fortsetzung der Regierung Hurtado darzustellen (Borja 1985). Zudem wurden die vermeintlichen Verfehlungen der zurückliegenden Dekade einseitig der staatlichen Bürokratie angelastet, ohne nach der Verantwortung des Privatsektors zu fragen, dessen Repräsentant*innen sich unter Führung des christsozialen Unternehmers Febres-Cordero für prädestiniert hielten, die Geschicke des Staates nun direkt in die Hand zu nehmen. Das unternehmerisch-neoliberale Modell Febres-Corderos (1984-1988) zeichnete sich durch die direkte Rekrutierung von Unternehmern, insbesondere aus Guayaquil, und Vertretern der Wirtschaftskammern für öffentliche Ämter aus (Freidenberg 2003: 11; Paz y Miño Cepeda 2015: 168). Die Repräsentanten des Privatsektors und neoliberale Technokraten übernahmen den wirtschaftlichen Bereich, während der politische und juristische Bereich an traditionelle Politiker übergeben wurde (Freidenberg 2003: 11).

Die Schwächung von Staatsbetrieben und Behörden schien gezielt zu erfolgen, um ihre spätere Privatisierung zu erleichtern (North 2006: 92). Der erneute Kollaps des Rohölpreises 1986 und die Lahmlegung der Exporte durch die Beschädigung von Ecuadors damals einziger Pipeline in Folge eines Erdbebens in der Amazonasregion im März 1987 führten zu erneuten wirtschaftlichen Schwierigkeiten. Im diesem Jahr ging die Wirtschaftsleistung um 6 Prozent zurück. Die Regierung sah sich nun zu Notmaßnahmen gezwungen, um die hohen Haushaltsdefizite zu kontrollieren. Der Fokus dieser Maßnahmen lag dabei auf der Kürzung von Subventionen und einer erhöhten Geldemission[132]. Die Inflationsrate stieg in der Folge enorm und erreichte im März 1989 einen Rekordstand von 99 Prozent (Albornoz 2014: 145).

Insgesamt kann das Regierungshandeln Febres-Corderos als besonders direkter Versuch verstanden werden, die Partikularinteressen einer modernisierten und stärker mit transnationalem Kapital verbundenen Oligarchie durchzusetzen, ohne hierfür einen sozialen Konsens aufzubauen (Endara Osejo 2011: 164). Entgegen der Tendenz zur Demokratisierung früherer Regierungen war die Durchsetzung des neoliberalen Modells während der Amtszeit León Febres-Corderos mit einem besonders repressiven Vorgehen gegen soziale Bewegungen verbunden. Während seiner Amtszeit war Gewalt an der Tagesordnung: Vertreter*innen von sozialen Bewegungen und Gewerkschaften wurden inhaftiert, gefoltert, verschwanden oder wurden getötet. North (2006: 94) resümiert, dass sich die Wirtschaftseliten an der Macht teils als repressiver erwiesen als das Militär.

[132] Die regulierten Benzinpreise wurden um 80 Prozent erhöht, die Bustarife um 25 Prozent. Diese Anpassungsmaßnahmen führten zu Krawallen, Angriffen auf Parlamentarier und Molotowcocktail-Würfen auf Regierungsgebäude (Dunning 2008: 257). Diese Reaktionen hatten ihren Ursprung nicht zuletzt darin, dass die Kürzungspolitik als sozial stark unausgewogen wahrgenommen wurde.

> „Febres-Cordero beendete sein Mandat mit einer evidenten Verschlechterung der Demokratie, mit heruntergekommenen Finanzen, einem gestärkten Großunternehmertum, einem Nationalstaat im Prozess der De-Institutionalisierung und einer klaren Verschlechterung der Lebens- und Arbeitsbedingungen der Bevölkerung im Kontrast mit der oligarchischen Bereicherung." (Paz y Miño Cepeda 2009: 30)

Im zweiten Anlauf gelangte Rodrigo Borja schließlich doch noch in die Präsidentschaft (1988-1992). Er konnte die Untergrundgruppe *Alfaro Vive Carajo* zur Aufgabe bewegen und stoppte die Verfolgung von Gewerkschaften. Diese neue Regierung präsentierte aber trotz starker parlamentarischer Basis in den ersten beiden Regierungsjahren keine alternative Politik zu den neoliberalen Vorgaben des IWF (Endara Osejo 2011: 165; Paz y Miño Cepeda: 30). Der aus den Reihen des Privatsektors als ‚Kommunist', ‚staatsfixiert' und ‚zentralistisch' attackierte Rodrigo Borja versuchte eine regulatorische Rolle des Staates zurückzugewinnen und gleichzeitig Investoren zu beruhigen (Paz y Miño Cepeda: 178). Konflikte mit internationalen Gläubigern wurden vermieden, die Ausgaben kontrolliert und 1989, 1990 und 1991 wurden Absichtserklärungen für die Umsetzung von IWF-Programmen unterzeichnet (Paz y Miño Cepeda 2015: 178).

Angesichts eines niedrigen Ölpreises und einer internen Steuerquote von nur 5 Prozent des BIP im Jahr 1988 war jedoch allein durch Sparpolitik keine Haushaltskonsolidierung möglich, was zu Budgetdefiziten und steigenden Staatsschulden führte (Espinosa 2009: 96). Die Umsetzung einer Steuerreform zur Stabilisierung des Fiskalsystems gehörte daher zu den Prioritäten dieser Regierung. Es erfolgten weitreichende Veränderungen zur Vereinfachung des Steuersystems und eine Konsolidierung der drei Haupteinnahmequellen: der Einkommenssteuer zu Gunsten einer stärkeren Besteuerung von Gewinneinkommen vor allem der reichsten Sektoren des Landes, der Mehrwertsteuer und der Sonderverbrauchssteuern (Arias Urvina 2012: 112; Paz y Miño Cepeda 2015: 179). Die Umstellung auf das Mehrwertsteuersystem führte dann allerdings zu einem relativen Bedeutungsverlust der Einkommenssteuer und einer stärkeren Regressivität des Steuersystems (Carrasco Vintimilla et al. 2011: 138). Wie die nachfolgende Abbildung zeigt, konnte auch bei Berücksichtigung der Zolleinnahmen zwischen 1984 und 1996 keine Erhöhung der Steuerquote erreicht werden, welche für eine von volatilen Rohstoffeinnahmen unabhängige Finanzierung staatlicher Aufgaben ausgereicht hätte. Dies gilt auch für die Amtszeit des als progressiv und sozialdemokratisch geltenden Borja. Die – allerdings gescheiterten – Versuche, die Steuerquote insgesamt zu erhöhen, wurden von internationalen Finanzinstitutionen begrüßt, wohl auch weil es im Kontext von Freihandelsorientierung und Zollsenkungszielen darum ging, alternative Einnahmequellen zu erschließen.

Abbildung 7: Entwicklung der Zoll- und Steuerquote von 1984 bis 1996 in Prozent der BIP

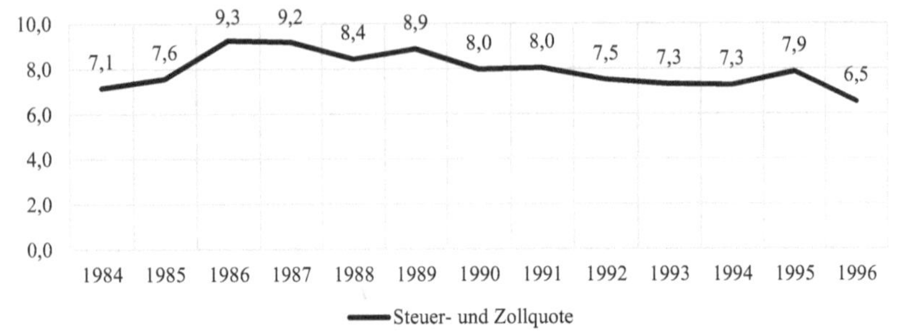

Quelle: BCE 2012

Die Politik der Währungsabwertung wurde von der Regierung Borja (1988-1992) fortgesetzt, wodurch die Wettbewerbsfähigkeit ecuadorianischer Produzenten erhöht werden sollte. Allerdings führte diese Strategie zu Inflationsraten von durchschnittlich etwa 50 Prozent (Páez Pérez 2004: 17). Somit kam es in dieser Phase nicht zu einem grundlegenden wirtschaftspolitischen Wechsel und die Folgen der Währungs- und Schuldenkrise konnten ebenfalls nicht überwunden werden. Aber immerhin konnten einige erwähnenswerte sozialpolitische Maßnahmen, wie eine Alphabetisierungskampagne und die Verteilung großer Landflächen an indigene Gemeinden im Amazonasgebiet[133], umgesetzt werden (Paz y Miño Cepeda 2009: 30).

Bis zu den Wahlen 1988 war es möglich gewesen, ideologische Differenzen zwischen jenen Kandidaten, die in die Stichwahl gelangten, zumindest im Wahlkampf und auf Basis Ihres bisherigen politischen Wirkens im Rahmen eines Links-Rechts-Schemas voneinander zu unterscheiden. In den 1990er Jahren kam es dann aber zu einer Dominanz rechtsgerichteter und neoliberal orientierter Kandidaten und damit zu einer starken ideologischen Gleichförmigkeit. Bei den Wahlen 1992 setzte sich Quitos ehemaliger Bürgermeister Sixto Durán Ballén (1970-1978) gegen den ehemaligen Gouverneur von Guayas Jaime Nebot Saadi durch, der von Ex-Präsident Febres-Cordero unterstützt wurde.[134] Es handelte sich um eine Abstimmung zwischen zwei neoliberalen Optionen mit einer jeweils unterschiedlichen regionalen Verankerung. Nach seinem

[133] Während der Regierungszeit Borjas fanden die Feierlichkeiten zur 500 jährigen 'Entdeckung' Amerikas durch Christoph Kolumbus statt. Aus diesem Anlass fand in Ecuador der erste Indigenenaufstand statt. Danach wurde die Indigenenbewegung zu einem relevanten politischen Akteur, gewann politische Mandate auf lokaler und provinzieller Ebene und Abgeordnetensitze im Kongress (Paz y Miño Cepeda 2009: 30–31).

[134] Sixto Durán Ballén selbst war Mitbegründer der PSC und hatte bereits 1979 und 1988 erfolglos für die Partei kandidiert. Da er sich parteiintern nicht gegen den von Febres-Cordero unterstützten Jaime Nebot hatte durchsetzen können, trat er für die neu gegründete *Unión Republicana* an (Paz y Miño Cepeda 2009: 31).

Wahlsieg setzte Sixto Durán Ballén (1992-1996) den von Febres-Cordero eingeschlagenen neoliberalen Kurs fort und weitete ihn aus (Paz y Miño Cepeda 2009: 31).[135]

Auch die Kabinettsbesetzung Balléns erinnerte an die bereits von Febres-Cordero gewählte Mischung aus Unternehmer*innen und Technokratie (Freidenberg 2003: 12). Nach der neoliberalen Strukturanpassung der 1980er Jahre folgte nun die bereits unter Borja eingeleitete Freihandelsorientierung und Öffnung des Finanzmarkts der 1990er Jahre, wobei die *Ley de Instituciones Financieras* (1994) den Durchbruch der neoliberalen Finanzmarktöffnung für ausländisches Kapital bedeutete (Carrasco Vintimilla et al. 2011: 135, 139; Muñoz López 2006: 105). Die Deregulierung des Finanzsektors leitet sich aus der Vorstellung von selbstregulierenden Märkten ab, wobei der Finanzmarkt als ein Markt wie jeder andere verstanden wurde (ebd.). In der Geldpolitik wurde versucht, den Außenwert des *Sucre* zu stabilisieren und die Abwertungserwartung zu mindern, wodurch ausländisches Kapital zu kurzfristigen Investitionen in Ecuador angezogen wurde. Außerdem sollte die Inflationsdynamik gebremst werden (Carrasco Vintimilla et al. 2011: 139). Die Reformen führten aber zu hohen Zinsraten und zu weniger Investitionen in produktive Wirtschaftssektoren sowie zu einer Fokussierung auf den Finanzmarkt und Kredite mit kurzen Laufzeiten (Muñoz López 2006: 106). Diese Verschiebung in Richtung einer stabilitätsorientierten Geldpolitik kann als Folge einer eliteinternen Machtverschiebung zu Gunsten des Finanzsektors und Importeuren interpretiert werden, wobei die Verschlechterung der preislichen Wettbewerbsfähigkeit des ecuadorianischen Privatsektors in Kauf genommen wurde. Das Stabilisierungsprogramm scheiterte allerdings, nicht zuletzt durch massive Kapitalflucht in Folge eines erneuten bewaffneten Konflikts mit Peru, auf die von der Regierung mit starken Zinserhöhungen reagiert wurde. Für eine solide Staatsfinanzierung fehlte es unterdessen weiterhin an einer umfassenden und einnahmesteigernden Steuerreform (Carrasco Vintimilla et al. 2011: 140).

Die Regierung Sixto Durán Ballens setzte auf eine durch den freien Marktes und Privatfirmen bestimmte Wirtschaftsentwicklung, auf den Rückzug des Staates sowie auf Privatisierungen (Paz y Miño Cepeda 2009: 31). So kam es zu einer systematischen Verschlechterung staatlicher Leistungen, wovon so wichtige Bereiche wie Bildung, Gesundheitsversorgung und die Sozialversicherung betroffen waren (Paz y Miño Cepeda 2009: 31). Das 1993 verabschiedete Gesetz zur Staatsmodernisierung, Privatisierungen und öffentliche Leistungen[136] wurde mit dem neoliberalen Lemma von der Ineffizienz öffentlicher Firmen begründet (Carrasco Vintimilla et al. 2011: 140). Pläne für eine Teilprivatisierung des Sozialversicherungssystems durch die Einführung einer ‚freien Wahlmöglichkeit' und damit einer privaten Konkurrenz für das staatliche Sozialversicherungssystem, erhielten in einer Volksabstimmung 1995 allerdings keine Mehrheit.[137] Außerdem scheiterten weitere Versuche Ballens, Privatisierungen im den Kongress durchzusetzen,

[135] Auch bei den Wahlen 1996 und 1998 gelangte kein linksgerichteter Kandidat in die Stichwahl und Lucio Gutiérrez führte nach seinem Wahlsieg 2002 ebenfalls eine Politik neoliberaler Orientierung durch.

[136] Ley de Modernización del Estado, Privatizaciones y Prestación de Servicios

[137] Durch diesen abgelehnten Reformvorschlag sollte das Prinzip des freien Wettbewerbs als weitere Grundorientierung der Sozialversicherung neben dem Solidarprinzip eingeführt werden (Garjado 1996; El Comercio 07.03.2011).

als Vizepräsident Dahik die Zahlung von Schmiergeldern zur Beschleunigung der Privatisierungen zugeben musste (Acosta 1999: 58).

Trotz gescheiterter Privatisierungspläne kann auf wirtschaftspolitischer Ebene eine Vertiefung des neoliberal-unternehmerischen Entwicklungsmodells durch die Regierung Sixto Ballens konstatiert werden, wobei insbesondere die Liberalisierung des Finanzsektors hervorsticht. Auf politischer Ebene konnte Ballen zwar seine Amtszeit beenden, prägte aber bereits das Wort vom unregierbaren Ecuador.

5.5 Administrative Reformen im Kontext politisch-ökonomischer Instabilität – die turbulente Dekade 1996 – 2006 als weitere historische Referenzperiode

Komplementär zur bereits erfolgten Analyse der Fiskal- und Steuerpolitik im Kontext des *Boom Petrolero (1972-1979)* dient die turbulente Dekade von 1996 bis 2006 als weitere Referenzperiode für fiskal- und steuerpolitische Entwicklungen während der *Revolución Ciudadana* (2007-2015) und hilft außerdem dabei, die politökonomischen Startbedingungen für jene politische Phase nachzuvollziehen.

Ecuadors Fiskalsystem kann in den Jahren von 1996 bis 2006 eine Reihe von bleibenden Problemen attestiert werden, die sich zum Teil verschärften, statt einer Lösung zugeführt zu werden. Dieser Befund trifft weniger auf die Einführung neuer Steuern zu, wohl aber auf deren unüberschaubare Komplexität durch verschiedenste Ausnahmeregelungen und – auf der Ausgabenseite – durch die gesetzlichen Vorabfestlegungen zur Verwendung öffentlicher Mittel und die daraus folgenden Einschränkungen für eine bedarfsorientierte Mittelverwendung (Schenone 2008: 76). Ein weiteres steuerpolitisches Problem bestand durch die geringe Progressivität bei der Erhebung der persönlichen Einkommenssteuer sowie auch die insgesamt kaum vorhandene Umverteilungswirkung des vorfindlichen Steuersystems. Hinsichtlich der Staatseinnahmen bestanden Probleme darin, die durch Zollsenkungen entstandenen Einnahmeausfälle zu kompensieren (Schenone 2008: 76).

Di John (2006: 2) erklärt in diesem Zusammenhang, dass die steuerpolitischen Empfehlungen des *Washington Consensus* auf dem Kapazitätsansatz (*Capacity Approach*) beruhten: Zu den wichtigsten Vorschlägen gehörte die Vereinfachung des Steuersystems, die Verbreiterung der Steuerbasis bei einer gleichzeitigen Senkung der Steuersätze sowie die Senkung von Zöllen. Diesem Ansatz folgte auch Ecuador. Durch die Vereinfachung und Erhöhung der Mehrwertsteuer sollten Einnahmeausfälle kompensiert werden. Diese regressiv wirkende Steuer galt in den Augen der neoliberal geprägten Expert*innen als marktangemessen und zudem politisch leichter durchsetzbar.

In den nachfolgenden Abschnitten werde ich zunächst die verschiedenen Ebenen der politischen Auseinandersetzungen dieser Dekade schildern und Ursachen für Instabilität und Handlungsblockaden zwischen 1996 und 2006 benennen, wobei ich besonders auf die tiefe ökonomische Krise Ecuadors zur Jahrtausendwende und die politische Ökonomie der Dollarisierung eingehe (Abschnitt 5.5.1). Daran anschließend beschreibe ich die Ausgabenpolitik der verschiedenen Regierungen ab 1996 und gehe auf die Wirkung von Ressourcenfonds im Rahmen einer auf Austerität ausgerichteten Politik ein (Abschnitt 5.5.2), um schließlich auch die steuerpolitischen Fortschritte und ihre Grenzen im Kontext des praktizierten neoliberal-unternehmerischen Entwicklungsmodells ins Auge zu fassen. Auch die Bedeutung, die die Gründung der semi-autonomen Steuerbehörde *Servicio de Rentas Internas* (SRI) hatte, werde ich neben anderen steuerpolitischen Maßnahmen herauszuarbeiten (Abschnitt 5.5.3). Ich schließe mit einer Diskussion der Analyseergebnisse und der sich daraus ergebenden Herausforderungen für die Steuerpolitik der *Revolución Ciudadana* (Abschnitt 5.5.4).

5.5.1 Eine turbulente Dekade (1996–2006)

Hinsichtlich des wirtschaftspolitischen Entwicklungswegs Ecuadors kann die Dekade zwischen 1996 bis 2006 als die durchgängige Fortsetzung des unternehmerisch-neoliberalen Entwicklungsmodells betrachtet werden. Bei den Wahlen 1998 erreichte erneut kein im weitesten Sinne linksgerichteter Kandidat die Stichwahl. Der *Democracia Popular* (DP)-Politiker und ehemalige Bürgermeister Quitos Jamil Mahuad setzte sich – mit inoffizieller Unterstützung der PSC – gegen den Großunternehmer Alvaro Noboa durch, der für eine stärker in der Küstenregion vertretene Allianz populistischer Parteien angetreten war, an der auch PRE und die verbliebenen Reste der CFP beteiligt waren. Der von Wolff (2008) gewählte Begriff der ‚turbulenten Stabilität' illustriert den Widerspruch zwischen politischen Turbulenzen und durch massive Proteste zum Ausdruck kommender Unzufriedenheit mit den neoliberal geprägten Eliten bis hin zum wiederholten Sturz gewählter Präsidenten einerseits und der Fortsetzung des neoliberal-unternehmerischen Entwicklungswegs sowie das Festhalten an (formal) demokratischen Institutionen andererseits. Zwischen 1996 und 2006 war es keinem gewählten Präsidenten mehr möglich, seine Amtsperiode zu Ende zu führen.

Tabelle 9: Ecuadorianische Präsidenten 1996 - 2007

Zeitraum	**Präsident**	**Partei**
August 1996 – Februar 1997	Abdalá Bucaram	PRE, Partido Roldosista Ecuatoriana
Februar 1997 – August 1998	Fabián Alarcon	FRA, Frente Radical Alfarista
August 1998 – Januar 2000	Jamil Mahuad	DP, Democracia Popular
Januar 2000 – Januar 2003	Gustavo Noboa	DP, Democracia Popular
Januar 2003 – April 2005	Lucio Gutiérrez	PSP, Partido Sociedad Patriótica
April 2005 – Januar 2007	Alfredo Palacio	Keine Parteizugehörigkeit
		Quelle: Eigene Recherche und Zusammenstellung

Einen wichtigen Einschnitt in die wirtschaftspolitischen Rahmenbedingungen stellten die tiefe Finanz- und Wirtschaftskrise und die Dollarisierung zur Jahrtausendwende dar. Während ich in Kapitel 3.1 aus wirtschaftstheoretischer Perspektive auf Folgen und Risiken der Dollarisierung eingegangen bin, steht hier die politische Ökonomie im Vordergrund. Bei der Entscheidung für die Dollarisierung handelte es sich nicht um eine Abkehr von der seit Anfang der 1980er Jahre implementierten neoliberal-unternehmerischen Entwicklungslogik, sondern vielmehr um einen Versuch, die Kontinuität des Neoliberalismus über Regierungswechsel hinaus festzuschreiben, also dem ‚technokratischen Traum' einer entpolitisierten Wirtschaft näher zu kommen (Acosta 2012a: 253). Tatsächlich wurde damit aber eine langfristige Verschiebung struktureller Macht zu Gunsten der eng mit dem Außenhandel und potentiellen Investoren verbundenen Wirtschaftssektoren erreicht. Ich werde mich in der nun folgenden Schilderung der politökonomischen Veränderungen weitgehend an ihrer zeitlichen Abfolge orientieren und dabei auf die Interessenkonstellation interner und externer Akteure rund um die Dollarisierung zurückkommen.

Im Hinblick auf das politische System ist anzumerken, dass dieses bereits seit der Präsidentschaft von Jaime Roldós (1979-1981) durch eine *Pugna de Poderes* (Kampf der Gewalten) und die daraus folgenden gegenseitigen Blockaden von Exekutive und Legislative[138] gekennzeichnet war. Dieses und die Politisierung der Justiz führten nun zu offener und umfassender politischer Instabilität in Ecuador. Die bisher so nicht gekannte Instabilität begann mit dem Wahlsieg des politischen Außenseiters und Kandidaten der *Partido Roldosista Ecuatoriana* (PRE) Abdalá Bucaram. Wie bereits sein Onkel Asad Bucaram nutzte auch er einen anti-oligarchischen Diskurs zur Mobilisierung von Wählern aus den unteren Schichten der Küstenprovinzen (Acosta 1999: 58). Bucarams Selbstdarstellung als Vertreter des einfachen Volkes stand dann in deutlichem

[138] Nach der Rückkehr zur Demokratie Ende der 1970er Jahre war dies in Ecuador durchgehend der Fall, die Regierungspartei hielt hier durchschnittlich lediglich 15 Prozent der Parlamentssitze. Wie im Rahmen des historischen Rückblicks noch eingehend zu erläutern sein wird, war das politische System nach der Rückkehr zur Demokratie von institutionellen und faktischen Vetospielern dominiert, während es nicht gelang mittelfristig mehrheits- und handlungsfähige Regierungsallianzen aufzubauen.

Widerspruch zu seiner Besetzung entscheidender Regierungsämter durch Oligarchen.[139] Die zentralen Personen der Regierung Bucaram waren von den Ideen des ‚freien Unternehmertums' überzeugt und verteidigten vehement die von den internationalen Finanzinstitutionen geforderten Maßnahmen[140] (Freidenberg 2003: 16). Außerdem gehörten zu Geld gekommene Personen aus dem Umfeld der libanesischen Minderheit zu den wichtigsten Unterstützergruppen des *Bucaramismo*, mit dem für sie das Ziel verbunden war, ihren Status als informelle Elite zu überwinden (Acosta 1996).

Der Grundkonsens über Kernelemente des Neoliberalismus hatte in der Auseinandersetzung zwischen Jaime Nebot (PSC) und Abdalá Bucaram bei den Wahlen 1996 nicht zur Debatte gestanden (Acosta 1996). Es bestanden allerdings Differenzen in der Wechselkurspolitik: Während Abdalá Bucaram nach seinem Wahlsieg versuchte, nach argentinischem Vorbild die Konvertibilität des *Sucre* zum USD zu erreichen, hatte Nebot eine ausgewogeneres Wechselkursregime angestrebt, das eine – die Wettbewerbsfähigkeit ecuadorianischer Firmen untergrabende – Überbewertung des *Sucre* ausschließen sollte (Gómez Téllez 24.06.1996). Der mit einem populistischen Diskurs angetretene Bucarám kann mit seinen wirtschaftspolitischen Positionen entsprechend der Kategorisierung von Frieden (2003: 310) als logische Folge der Außenorientierung seit den frühen 1980er Jahren verstanden werden, vertrat er doch die wirtschaftspolitischen Interessen der Importeure und jener Sektoren mit in US-Dollar indexierten Verbindlichkeiten, vernachlässigte aber den Schutz des lokalen verarbeitenden Gewerbes.

Um das Ziel der Konvertibilität des *Sucre* zu erreichen, wurden durch seine Regierung zum Beispiel die Tarife für öffentliche Leistungen erhöht, die Subventionen für (Koch)gas abgeschafft, Zuzahlungen in Krankenhäusern eingeführt, die Benzin- und Dieselpreise erhöht und die Privatisierung von Staatsfirmen vorbereitet (Acosta 2012a: 231; Endara Osejo 2011: 166). Zudem war die Regierung Bucarams von weitreichender Korruption geprägt und büßte schnell an Rückhalt in der Bevölkerung ein. Es kam schon bald zu Generalstreiks und Massendemonstrationen gegen ihn und seine Regierung. Auch die Rücknahme der fiskalpolitischen Strukturanpassungsmaßnahmen innerhalb weniger Stunden konnte seinen Machtverlust nicht aufhalten. In seiner kurzen Amtszeit konnte Abdalá Bucaram keine Vereinbarung mit dem IWF treffen, was allerdings nicht an einer mangelnden Bereitschaft lag, Strukturanpassungsmaßnahmen einzuleiten. Das Erreichen seiner währungspolitischen Ziele machte fiskalpolitische Anpassungsmaßnahmen mit positiver Wirkung auf die Zahlungsbilanz notwendig. Seine im Amt verfügten Maßnahmen standen

[139] So wurde der Miteigentümer der Großbank Filanbanco Roberto Isaias zu einem engen Berater in Wirtschaftsfragen, und Álvaro Noboa Pontón, der reichste Mann Ecuadors,[139] übernahm die Präsidentschaft des Währungsrates. Ebenfalls Mitglied wurde das Direktoriumsmitglied der *Banco Territorial* David Goldbaum (Acosta 2012a: 231).

[140] Die Ablehnung der Regierung Bucarams durch Teile der Oligarchie kann erstens auf Befürchtungen zurückgeführt werden, bei der Aufteilung von Pfründen aus den anstehenden Privatisierungen marginalisiert zu werden und zweitens auf die dem Populismus eigene Anrufung der Volksmassen, die Teilen der etablierten Eliten als schwer kontrollierbar erschienen.

jedoch den Interessen seiner Unterstützerbasis in den *Sectores Populares* entgegen und führten schnell zu einem starken Verlust an Zustimmungswerten.

Bereits Anfang Februar 1997, also nach siebenmonatiger Amtszeit, wurde Bucaram vom Nationalkongress, mit Rückendeckung des Militärs, seines Amtes enthoben und offiziell für ‚geistig unfähig' erklärt, das Präsidentenamt zu bekleiden[141] (Minkner-Bünjer 1999: 210). Während soziale Bewegungen und Gewerkschaften eine wichtige Rolle bei der Mobilisierung gegen Bucaram gespielt hatten, wurde dessen Absetzung letztlich von traditionellen Parteien unter Führung der PSC umgesetzt.

Parlamentspräsident Fabián Alarcón von der Splitterpartei *Frente Rádical Alfarista* (FRA) wurde Übergangspräsident[142] (Paz y Miño Cepeda 2014: 29). Angesichts der politischen Krise und der fehlenden Legitimität seiner Präsidentschaft ließ Alarcón die Bevölkerung über die Einberufung einer Verfassungsversammlung abstimmen, die Reformen an der bestehenden Verfassung ausarbeiten sollte, sich dann allerdings selbst zur Verfassungsgebenden Versammlung erklärte und – entgegen ihrer zunächst auf Reformen beschränkten Befugnisse – eine neue Verfassung formulierte (Paz y Miño Cepeda 2008).

Bis zur Verabschiedung der neuen Verfassung von 1998 hatten die durchgeführten neoliberalen Reformen im Widerspruch zum entwicklungsstaatlichen Geist der Verfassung von 1978 gestanden. Die neue Verfassung erleichterte es nun, den Staat stärker an Markt und Privatsektor zu orientieren (Muñoz López 2006: 108; Paz y Miño Cepeda 2008). Entscheidend für die Privatisierungsziele war, dass ein wichtiger Passus aus der Verfassung von 1979 nicht übernommen wurde, welcher dem Staat exklusive Ausbeutungsrechte in bestimmten Wirtschaftsbereichen gegeben hatte.[143] Durch Verfassungsveränderungen wurde außerdem versucht, die Regierungsfähigkeit durch eine Stärkung der Exekutive in Person des Präsidenten zu verbessern (Muñoz López 2006: 107). Da sich seit Anfang der 1990er Jahre die indigene Bewegung als wichtiger soziopolitischer Akteur konsolidiert hatte, beeinflusste sie auch die verfassungsgebende Versammlung. In der Verfassung von 1998 wurde Ecuador zu einem plurikulturellen und multiethnischen sozialen Rechtsstaat erklärt, neue ökonomische, soziale und kulturelle Rechte erhielten erstmals Verfassungsrang (Muñoz López 2006: 108). Andererseits ging in der neuen Verfassung von 1998 die Geld- und Währungspolitik in die Verantwortung der von der Exekutive unabhängigen Zentralbank über. Von der Zentralbank erhoffte man sich ein an technischen Kriterien und stabilitätsorientiertes Handeln.

Ende der 1990er Jahre sah sich Ecuadors Ökonomie mit einer Reihe schwerer externer Schocks konfrontiert. Das Haushaltsdefizit erhöhte sich in den Jahren 1997 und 1998 drastisch, da der Verfall des Rohölpreises anhielt und gleichzeitig für Schäden in Folge eines Wetterphänomens

141 Dies war notwendig, um die Amtsenthebung ohne die sonst notwendige Zweidrittelmehrheit zu erwirken.
142 Für ein Wochenende kam Vizepräsidentin Rosalía Arteaga an die Macht.
143 Damit wurden Hürden für Privatisierungen der unterirdischen Naturressourcen, der Wasserversorgung, des Elektrizitätssektors und von weiteren strategischen Bereichen der Ökonomie entfernt (Paz y Miño Cepeda).

aufgekommen werden musste. Im Jahr 1998 kam es zu einem ökonomischen Einbruch des Exportsektors (Vintimilla 2011: 141). Während aus den Erdöleinnahmen 1996 noch 47 Prozent des Staatshaushalts finanziert werden konnten, waren es 1998 nur noch etwa 29 Prozent (Minkner-Bünjer 1999: 212). Angesichts der angespannten Haushaltslage konnte der IWF einerseits stark an Macht gewinnen und somit auch unpopuläre Konsolidierungsmaßnahmen gegenüber der Regierung Mahuad durchsetzen. Ecuador verpflichtete sich zu einem austeritätsorientierten Programm das Ausgabenkürzungen, Subventionsabbau und die vor allem von Erhöhung der Verbrauchssteuern vorsah (Lucas 1999)

Auch führten gravierende Mängel in der Einlagen- und Kreditpolitik der Regierung ab Anfang 1998 zu einer weiteren Krisenfront im Finanz- und Bankensektor: Die Insolvenzkrise umfasste 1998 etwa 60 Prozent des Finanzsystems (Minkner-Bünjer 1999: 213). Ende 1998 wurde unter der Regierung Mahuad die *Agencia de Garantía de Depósitos* (AGD) mit dem proklamierten Ziel gegründet, die Sparguthaben der Bankkunden zu schützen (Vintimilla 2011: 141). Die herausragende instrumentelle Macht des Banken- und Finanzsektors in politischen Entscheidungsprozessen wurde auch durch die Besonderheit deutlich, dass im ecuadorianischen Fall die Einlagesicherung durch die AGD auch für *Offshore*-Guthaben und Kreditlinien im Handelssektor gelten sollte (Páez Pérez 2004: 47). Der Einfluss des Finanzsektors auf die Regierung Mahuad war besonders stark ausgeprägt.[144] Politisch brisant wurde dies im Umgang mit der Bankenkrise von 1999, welche nicht zuletzt auf das Fehlen einer ausreichenden Regulierung des Finanzsektors und eine kaum vorhandenen Durchsetzung von Kontrollmechanismen zurückgeführt wird. Um den Finanzsektor zu retten, ließ Mahuad 1999 die Banken schließen und die Einlagen einfrieren, was zu großen Einbußen in der Lebensqualität von Angehörigen der Mittelschichten und der *Sectores Populares* führte. In der Krise stellten sich Kredite als faul heraus, die oft unter Vorzugskonditionen an diejenigen Firmen vergeben worden waren, die zu den gleichen Unternehmensgruppen wie die Banken selbst gehörten (Paz y Miño Cepeda 2009: 32).[145] Außerdem wurden die von der ecuadorianischen Zentralbank gewährten Notkredite für Banken meist ohne jede Kontrolle für die Spekulation in US-Dollar genutzt, was den Verfall des Außenwerts des *Sucre,* somit den Prozess der informellen Dollarisierung, beschleunigte (Espinosa 2000: 5; Páez Pérez 2004: 48). Gerade die nun einflussreichere Zentralbank erhöhte zur Bankenrettung die Geldemissionen, woraufhin der *Sucre* massiv an Wert verlor. Die Abschaffung der eigenen Währung und die offizielle Dollarisierung konnte schließlich als Rettungsanker und letzte Option zur Ver-

[144] Zu den Großspendern gehörten Danilo Carrera Drouet, Präsident des Direktoriums der *Grupo Financiero Guayaquil*, Direktor der Zentralbank, Industrieminister während der letzten Militärdiktatur und Präsident des Währungsrats während der Interimsregierung Alarcons ebenso wie der Bankier und spätere Präsidentschaftskandidat Guillermo Lasso Mendoza, der während der Amtszeit Mahuads Gouverneur von Guayas und kurz Superminister für Wirtschaft und Finanzen war. Zusammen spendeten sie 1.027 Millonen Sucre für den Wahlkampf. Hauptgeldgeber war Fernando Aspiazu Seminario mit einer 3-Millionen-USD Spende, die schließlich zu einer durch den Wahlrat (TSE) veranlassten Strafzahlung führte (ANDES 18.10.2012).

[145] Noch während der Krise leiteten die Großbanken *Filanbanco* und *El Progreso* Liquiditätshilfen der Zentralbank an nahestehende Firmen weiter, was schließlich zur Insolvenz dieser Banken führte (Espinosa 2000: 3).

hinderung einer vermeintlich drohenden Hyperinflation dargestellt werden (vgl. Wolff 2002; Acosta 2012a). Vor dem Hintergrund von Wirtschaftskrise und hohen Inflationsraten von 50 Prozent 1999 war der Dollarisierung ein massiver Verlust an Vertrauen in die Seriosität und Kapazität der Geldpolitik von Regierung und Zentralbank vorausgegangen.

Für die realen Kosten der von der Regierung Mahuad durchgeführten Bankenrettung gibt es keine offiziellen Zahlen (Muñoz López 2006 107). Der ecuadorianische Ökonom Pedro Páez Pérez (2004: 6) schätzt die Kosten auf bis zu 6 Milliarden USD. Mahuad wurde schließlich im Kontext der tiefen Banken- und Finanzkrise Anfang 2000 gestürzt, nachdem er kurz vorher die offizielle Dollarisierung verkündet hatte.

Correa (2014: 89) weist ähnlich wie Acosta (s.o.) auf die Bedeutung technokratischer Sektoren bei der Unterstützung für die Dollarisierung hin. Eine Dollarisierung der Länder Zentralamerikas sei besonders durch einige BID-Funktionäre schon Jahre vor der Dollarisierung Ecuadors propagiert worden. Die Dollarisierung als mögliche Anpassungsmaßnahme für die ganze Region wurde hingegen erst durch einen entsprechenden Vorschlag des argentinischen Präsidenten Carlos Menem breiter diskutiert. Bei der Dollarisierung handelte es sich um eine der in technokratischen Kreisen, insbesondere innerhalb des IWF, trotz fehlender technischer Fundierung im Hinblick auf die wirtschaftlichen Auswirkungen äußerst beliebten Eck-Lösungen in der Währungspolitik (Correa 2014: 89). In Ecuador rückte die Dollarisierungsidee 1999 als ein möglicher Weg zur Lösung der Finanz- und Wirtschaftskrise auf die politische Agenda (Minkner-Bünjer 1999: 218). Zu den Unterstützer*innen der Maßnahme müssen im Vorfeld auch über die Wirtschaftseliten hinausgehende Teile der Bevölkerung gelten. Insbesondere Kleinsparer verbanden mit ihr die Hoffnung, eine höhere Wertstabilität der eigenen Ersparnisse zu erreichen. Die im Zusammenhang mit der Dollarisierung schließlich tatsächliche Enteignung privater Sparguthaben konnte von ihnen nicht abgesehen werden. Anfang 2000 war es Ecuador, das die Rolle des Vorreiters in Sachen Dollarisierung übernahm (Wolff 2002). Die Dollarisierung folgte aber nicht einer breiten gesellschaftlichen Debatte, sondern wurde im Kontext der Krise ohne breitere Abstimmung mit unterschiedlichen Wirtschaftssektoren ad hoc entschieden. Die Entscheidung entsprach den Interessen eines wichtigen Teils der wirtschaftlichen Machtgruppen Ecuadors, war aber weder eine innerhalb der Regierung, geschweige denn mit den Wirtschaftseliten und über diese hinaus konsensuierte, noch eine auf rigoroser ökonomischer Analyse beruhende Maßnahme. (Acosta 2012a: 252–253).

Mahuads Sturz führte jedoch nicht zu einer Abkehr von der neoliberalen Politik (ebd.). Nach der kurzlebigen Machtübernahme durch ein Triumvirat unter Führung von Oberst Lucio Gutiérrez übernahm Vizepräsident Gustavo Noboa die Präsidentschaft, bestätigte die Dollarisierung und setzte die Politik seines Vorgängers weitgehend fort. Die Dollarisierung Ecuadors bedeutete eine tiefgreifende Veränderung in der wechselhaften Geldpolitik des Landes und den Verlust wichtiger Teile staatlicher Souveränität.

Zwischen 1995 und 2000 stieg in Ecuador der Anteil der Armen von 34 auf 71 Prozent, während gleichzeitig die Einkommenskonzentration zunahm. Entfielen auf die ärmsten 20 Prozent der Bevölkerung 1990 noch 4,6 Prozent der Einkommen, waren es 1995 nur noch 4,1 und 1999 lediglich 2,46 Prozent. Das reichste Fünftel hingegen verbuchte 1990 52, 1995 54,9 und 1999 61,2 Prozent aller Einkommen für sich (Acosta 2012a: 245) .Nach der tiefen Wirtschaftskrise von 1999, die zu einem Rückgang der Wirtschaftsleistung in Höhe von 6,3 Prozent führte, erholte sich Ecuadors Wirtschaft im neuen Jahrtausend zügig (BCE 2010: 10). Allerdings blieb die Inflation auch nach der Dollarisierung zunächst auf hohem Niveau[146], was einer deutlichen realen Aufwertung des Wechselkurses entsprach (vgl. Flassbeck 2014: 6) Vor diesem Hintergrund erklärt Acosta (2004: 216), dass der Bestand der Dollarisierung von hohen Rohstoffexporterlösen und den Überweisungen der Auslandsecuadorianer abhänge.[147] Ecuador profitierte in der Phase nach der Dollarisierung von der relativen Abwertung des USD im Vergleich mit anderen international relevanten Währungen.

Mit Lucio Gutiérrez gewann 2003 einer der Protagonisten des Umsturzes gegen den neoliberalen Jamil Mahuad die Präsidentschaftswahlen, der zudem mit seiner politischen Nähe zu Hugo Chávez kokettiert hatte und sich als Gegner der traditionellen Oligarchie präsentierte (Faust et al. 2005: 108).[148] Bei der Stichwahl um das Präsidentenamt 2003 setzte er sich mit 54,3 Prozent der Stimmen gegen Álvaro Noboa durch (ebd. 107). Den Reiz des für seine Wahlplattform *Sociedad Patriótica 21 de Enero* (PSP) angetretenen Gutiérrez machte in einem Land, in dem die politischen Eliten das Vertrauen der Bevölkerung weitgehend verwirkt hatten, gerade das Fehlen guter Verbindungen zur politischen Elite aus. Allerdings fehlte es ihm nicht nur an Verbindungen und potentiellen Bündnispartnern, sondern auch an einer klaren Programmatik (Faust et al. 2005: 107).

> „Gutiérrez regierte trotz anderslautender Wahlversprechen im Stile der neoliberalen Populisten der frühen 90er Jahre – Salinas de Gotari, Alberto Fujimori, Carlos Menem – mit einem zumindest partiell orthodox-konservativen Wirtschaftskurs.“ (ebd.: 108)

Die Allianzen im Parlament wechselten nun schnell. Schließlich bildete sich ein Bündnis aus Präsident Lucio Gutiérrez, Abdalá Bucaram (der die PRE von seinem Exil in Panama aus leitete)

---

[146] Die Inflation lag im Dezember 1999 bei 61 Prozent, im Dezember 2000, als bereits der Dollar eingeführt war, bei 91 Prozent und im Dezember 2002 bei immer noch 9,4 Prozent, also deutlich höher als in den USA. Von der Dollarisierung profitierte vor allem der Importsektor (BCE 2010: 13).

[147] Letztere stiegen von 794 Millionen USD 1998 auf 1415 Millionen USD 2001,erreichten 2007 mit gut 3335 Millionen USD ihren bisherigen Höchststand und gingen danach tendenziell zurück, so dass sie 2015 bei knapp 2379 Millionen USD lagen (vgl. Acosta 2005: 5; BCE 2017)2016 lagen die Remesas vermutlich wegen der Überweisungen von Ecuadorianern aufgrund des Erdbebens in den Küstenregionen Manabí und Esmeraldas, mit 2602 Millionen USD wieder etwas höher (BCE 2017).

[148] Nach dem Putsch hatte er mit der *Partido Sociedad Patriótica 21 de Enero* (PSP) seine eigene Partei aufgebaut. Angesichts seines auf die Verteidigung der nationalen Souveränität ausgerichteten Wahlprogramms und seiner Nähe zur Indigenenbewegung mit Pachakutik als Teil seines Wahlbündnisses wurde Gutiérrez zunächst der lateinamerikanischen Linken zugerechnet.

und Alvaro Noboa heraus[149], der seine wirtschaftliche Macht inzwischen erfolgreich zum Aufbau der von ihm kontrollierten *Partido Renovador Institucional Acción Nacional* (PRIAN) genutzt hatte (Puertas 27.03.2005). Die persönlichen Interessen an der Allianz waren leicht durchschaubar: Die PRE versuchte die Rückkehr ihres Parteiführers aus Panama zu erwirken, Noboa versuchte Ermittlungen der Steuerbehörde abzuwenden und Gutiérrez suchte nach Bündnispartnern, um seine drohende Amtsenthebung abzuwenden (Faust et al. 2015: 108). Eine knappe Parlamentsmehrheit aus PRE, PSP und PRIAN und einigen unabhängigen Abgeordneten wechselte daraufhin schließlich, am 8. Dezember 2004, die Richter des Obersten Gerichtshofs aus (ebd.). Dies rief Gegenreaktionen im Parlament und auf der Straße hervor. Die PSC fürchtete um ihren Einfluss auf die Judikative und um ihre Wählerbastionen in den Regionen der Küste, wo sie in Konkurrenz zur PRE und Noboa stand. Neben dem ehemaligen Bündnispartner Pachakutik und der ID mobilisierte nun auch die PSC ihre Anhänger gegen die Regierung Gutiérrez.[150] Auch sein Versuch, das Militär durch klientelistische Netzwerke an sich zu binden, scheiterte schließlich.[151] Nachdem Gutiérrez die Unterstützung des Militärs vor dem Hintergrund von massiven Protesten gegen ihn verloren hatte, wurde sein Vizepräsident Alfredo Palacio Übergangspräsident.

Der Slogan *Que se vayan todos*[152] illustriert, dass die Proteste der *Forajidos*[153] nicht nur gegen den Präsidenten Gutiérrez gerichtet waren, sondern vielmehr gegen die politisch-ökonomischen Eliten in ihrer Gesamtheit. Beim Sturz Lucio Gutiérrez' stand die Ablehnung von Klientelismus, Nepotismus und Korruption im Vordergrund. Die Proteste wurden, anders als beim Sturz Mahuads, vor allem von Mitgliedern der Mittelschichten Quitos getragen, die ihren Unmut über die dominierenden Praktiken im politischen System zum Ausdruck brachten und sich nicht nur gegen die Regierung, sondern gegen das existierende Parteiensystem insgesamt wandten (Faust et al. 2005: 105).

[149] Die drei Politiker kannten sich seit 1996, als der damalige Präsident Abdalá Bucaram (PRE) seinen Adjudanten Gutiérrez mit Noboa, dem Leiter des Währungsrats und Kopf des Kabinetts für Wirtschaftsfragen, bekannt machte (Puertas 27.03.2005).

[150] Am 26. Januar 2005 rief Guayaquils Bürgermeister Jaime Nebot (PSC) zu einer massiven Anti-Regierungsdemonstration auf. Als am 16. Februar eine weitere massive Anti-Regierungsdemonstration in Quito stattfand, der im März weitere Proteste in Cuenca folgten, wurde der schwindende Rückhalt für Gutiérrez deutlich (Faust et al. 2005: 109).

[151] Eine Rolle an der Seite einer spezifischen Regierung im Kontext einer stärker werdenden Polarisierung drohte dem Ansehen der Institution zu schaden[151] (Faust et al. 2005: 109).

[152] Sie sollen alle abhauen!

[153] Vermutlich um sie zu diskreditieren bezeichnete Lucio Gutiérrez die Demonstranten, die ab dem 13. April 2005 vor allem in Quito gegen seine Regierung demonstrierten als *Forajidos* (Geächtete). Die Aufständischen übernahmen jedoch den Begriff und bald gelang es ihnen die negative Konnotation abzustreifen. Die Proteste wendeten sich gegen den illiberalen und neopopulistischen Regierungsstil Gutierréz, brachten aber auch die Unzufriedenheit mit dem politischen System insgesamt zum Ausdruck (Faust et al.2005). „Getragen wurde die Bewegung der *Forajidos* vor allem durch die außergewöhnlich starke Beteiligung urbaner Mittelschichten. Deren herausragende Stellung kontrastierte mit den indigenen Massenprotesten oder Protesten als Folge von Wirtschaftskrisen in der Vergangenheit." (ebd.: 106}

5.5.2 Haushaltsdisziplin und die Einrichtung von Ressourcenfonds in Ecuador

Im nachfolgenden Abschnitt befasse ich mich nicht mehr mit der politischen Instabilität, sondern fokussiere auf den fiskalpolitischen Umgang Ecuadors mit Rohstoffeinnahmen.

Eine zentrale These der Rentenstaatstheorie ist das Paradox des Überflusses, wonach Staaten mit Renteneinkünften wegen dieser nicht erarbeiteten Einnahmen dazu neigen, einen ineffizienten und aufgeblähten Staatsapparat aufzubauen (Karl 1997: 16). Außerdem wird der Zugriff auf Renten als Ursache für die mangelnde Fähigkeit dieser Staaten genannt, ein solides Steuersystem aufzubauen (Herb 2005; Dunning 2008; Acosta 2012). In Ecuador wurde in den 1990er und frühen 2000er Jahren nicht von der – auch von zentralen Akteuren der Gebergemeinschaft wie dem IWF geteilten – Prämisse abgerückt, dass Ecuadors Hauptziel die Kontrolle über die Staatsausgaben und die Disziplinierung des Ausgabeverhaltens vermeintlich unverantwortlicher Regierender sein musste (Acosta 2012a).

Die im vorherigen Abschnitt diskutierte Dollarisierung bringt demnach wichtige Veränderungen hinsichtlich der Verteilung struktureller Macht und makroökonomische Risiken mit sich. In der Dollarisierung einen Hebel für Produktivitätssteigerungen zu sehen, war eine riskante Strategie, aus der absehbar eine weitere Reprimarisierung der Ökonomie folgen sollte (Espinosa 2000: 8.). Die Vulnerabilität des dollarisierten Ecuadors gegenüber externen Schocks zeigt Correa (2014), der auf einen Anstieg des Handelsdefizits im Nicht-Erdölsektor von 650 Millionen USD vor der Dollarisierung auf ein Niveau von 3153 Millionen 2004 hinweist. Dieses Defizit konnte angesichts steigender Erdölexporteinnahmen zunächst relativ problemlos gedeckt werden, die Stabilität hing angesichts der Volatilität der Erdöleinnahmen aber buchstäblich am seidenen Faden. Die Befürwortung der Dollarisierung beruht auf einer nicht nachhaltigen Kaufkraft- und Stabilitätsillusion, denn statt die Stabilität der Währung als Folge einer wettbewerbsfähigen und diversifizierten Wirtschaftsstruktur zu betrachten, wird umgekehrt vorgegangen: Die massiv von externen Schocks betroffene Ökonomie soll sich der durch die Dollarisierung auf Dauer gestellten Überbewertung anpassen (Wolff 2002; Correa 2014). Strukturell bedeutete die Dollarisierung, dass die Finanzierung von Defiziten und der Zustrom von Dollars durch Kredite und Investitionen zunehmend zur Hauptsorge der Wirtschaftspolitik wurden.

Da die Dollarisierung wechselkurspolitische Maßnahmen zur Steigerung der Exporte und damit eine Überwindung von Handelsdefiziten weitgehend unmöglich machte und auf Ebene der Fiskalpolitik gleichzeitig eine einseitige Fixierung auf Haushaltsdisziplin durchgesetzt wurde, blieben nur noch wenige Möglichkeiten, auf externe Schocks zu reagieren, also das System in Krisenzeiten zu stabilisieren. Vor allem aus neoliberaler Perspektive wird die Schaffung verbesserter Investitions- und Anlagebedingungen propagiert und der Wegfall des Wechselkursrisikos als Vorteil der Dollarisierung betont. Auf den Zustrom ausländischem Kapitals zu setzen ist aber mit Risiken verbunden: Hier entstehen Verbindlichkeiten für die Zukunft, so dass sich die Richtung der Zahlungen durch eine Repatriierung von Gewinnen umkehren kann, woraus neue Probleme für die Stabilität der Dollarisierung folgen. Die im Kontext der Dollarisierung ohnehin erschwerte Steigerung der Netto-Exporte war ohne gezielte Maßnahmen zur Produktivitätssteigerung allenfalls durch fortgesetzt niedrige Löhne erreichbar (Correa 2014: 91).

Die Prämissen des neoliberalen Anti-Etatismus und Annahmen der Rentenstaatstheorie zum öffentlichen Sektor in rohstoffabhängigen Staaten stimmen diesbezüglich weitgehend miteinander überein. Vor diesem Hintergrund sollten unabhängige Rohstofffonds dabei helfen, eine unverantwortliche Nutzung hoher Ressourceneinnahmen durch die jeweilige Regierung zu verhindern, die zur Verfügung stehenden Staatseinnahmen zu stabilisieren, den Schuldendienst zu garantieren und für Zeiten ohne oder mit lediglich niedrigen Rohstoffeinnahmen vorzubeugen.[154]

In Ecuador wurden deshalb zwischen 1998 und 2006 verschiedene erdölbasierte Fonds gegründet. Der erste Erdölfond Ecuadors, der *Fondo de Estabilización Petrolera* (FEP) wurde während der Amtszeit von Jamil Mahuad (1998-2000) eingerichtet, um Erdöleinnahmen, die über den in der Haushaltsplanung vorgesehenen Wert hinausgehen, für Phasen niedrigerer Einnahmen anzusparen (Paz y Miño Cepeda 2015: 193). Dies entspricht einer aus rentenstaatstheoretischen Konzepten abgeleiteten Strategie, eine vermeintliche fiskalpolitische Dimension des Ressourcenfluchs durch institutionelle Beschränkungen für die Verwendung von Rohstoffeinnahmen zu überwinden.

Im Jahr 2002 wurde während der Amtszeit des Übergangspräsidenten Gustavo Noboa, der wie Mahuad der *DP* angehörte, die Einrichtung eines weiteren Erdölfonds beschlossen. Grundlage hierfür war die *Ley Orgánica de Responsabilidad, Estabilización y Transparencia Fiscal*, die der IWF gegenüber der Regierung Noboa zu einer Bedingung für die Unterzeichnung eines Abkommens gemacht hatte, welches dann dennoch nicht zustande kam. In dem besagten Gesetz wurden strenge Regeln zur Ausgabenkontrolle festgelegt: Die Staatsausgaben durften, auch bei unvorhergesehenen Einnahmesteigerungen, nicht über 3,5 Prozent jährlich, gemessen am Realwert, hinausgehen (Acosta 2012a: 270; Correa 2014: 111-112). Alle darüber hinausgehenden Einnahmen flossen in den so genannten *Fondo de Estabilización, Inversión Social y Productiva y Reducción del Endeudamiento Público*[155] (FEIREP). Der Fonds sollte durch Einnahmen aus den staatlichen Anteilen an der privaten Erdölförderung gespeist werden, die über das für das nachfolgende Jahr geplante *Oleoducto de Crudos Pesados* (OCP) transportiert werden sollten. Außerdem sollten 45 Prozent der über den geplanten Einnahmen liegenden Erdöleinnahmen und der gleiche Anteil möglicher Haushaltsüberschüsse ebenfalls dem Fonds zufließen (Correa 2014: 111–112). Auch die Regierung Gutiérrez beschloss per Dekret im Dezember 2003 eine Reihe

[154] Bebbington (2013: 28) weist diesbezüglich auf Zielkonflikte zwischen Sozialausgaben und der Fähigkeit zu sparen hin, wobei er neben Rohstofffonds (sovereign wealth funds) auch den Aufbau von nationalen Entwicklungsbanken und Investitionen in die Infrastruktur als Alternativen sieht. Die weiteren theoretischen Argumente für und gegen die Implementierung von Rohstofffonds werden im theoretischen Teil meiner Arbeit dargelegt. Im vorliegenden Abschnitt beziehe ich diese Argumente auf die konkreten Erfahrungen in Ecuador.

[155] Der FEIREP wurde als Treuhandfonds mit der Zentralbank als Treuhänder eingerichtet (siehe Almeida 2006: 27-28)

von Maßnahmen, die dem Fonds zusätzliche Ressourcen zuführen sollten.[156] Wiederholt setzte sie den erwarteten Ölpreis deutlich zu niedrig an, so dass ein höherer Anteil der Gesamteinnahmen des Staates an Rohstofffonds überwiesen werden musste (Acosta 2012a: 268).[157] Der nach dem Sturz von Gutierrez 2005 von Alfredo Palacio zum Finanzminister ernannte Rafael Correa setzte eine Reform des FEIREP durch: Dieser wurde in die *Cuenta Especial de Reactivación Productiva y Social* (CEREPS) umgewandelt.

Dabei wurden Restriktionen für Investitionen und Sozialausgaben aufgehoben (Falconí 2005: 11). Die Finanzierung des *Fondo de Ahorro y Contingencia* (FAC) wurde nun nicht an die Höhe des Erdölpreises, sondern an die effektiven Erdöleinnahmen gebunden. Angespart werden sollten bis zu maximal 2,5 Prozent des BIP (Fretes-Cibils 2008: 53). Im Jahr 2006 wurde schließlich der *Fondo Ecuatoriano de Inversión en los Sectores Energéticos e Hidrocarburíferos* (FEISEH) gegründet, durch den Investitionen im Erdöl- und Energiesektor finanziert werden sollten (Cueva 2008: 7).

In Ecuador lag die Fiskalquote zu diesem Zeitpunkt allerdings unterhalb des regionalen Durchschnitts.[158] Zentraler Kritikpunkt von Correa (2014) ist, dass durch die Regeln des FEIREP der vorab angekündigte Rückkauf von Staatsschulden zum Gesetz wurde, was zu illegitimen Vorteilen für Gläubiger geführt habe. Auch wenn es letztlich nicht zum Rückkauf der Staatsanleihen (*Bonos Global*) aus Mitteln des FEIREP kam, erhöhten die akkumulierten Gelder den Marktwert dieser Anleihen beachtlich.[159] Auch über den FEIREP gelang es jedoch nicht, den Staatshaushalt gegen Einnahmeschwankungen zu schützen. Hinzu kommt, dass mit der Einrichtung des Fonds neue Zweckbindungen der Einnahmen verbunden waren, wodurch die Flexibilität der öffentlichen Finanzen eingeschränkt wurde (Correa 2014: 112).

Die Einrichtung von Rohstofffonds in Ecuador kann im Kontext von Versuchen interpretiert werden, die Finanzen des ecuadorianischen Staates zu stabilisieren. Vor der Banken- und Finanzkrise war die Staatsverschuldung Ecuadors von 80,9 Prozent 1990 ebenfalls vornehmlich durch Ausgabenkürzungen auf 49,4 Prozent im Jahr 1997 zurückgegangen, erreichte dann aber 1999

[156] Dazu gehörte die Neudefinition von Schweröl und die Entscheidung, dass nun das gesamte Schweröl, das über die Erdölpipeline OCP fließt, mit einbezogen werden sollte. Bis dahin ging es lediglich um das Schweröl der privaten Unternehmen (Acosta 2004: 218).

[157] In den Jahren 2003 und 2004 wurde der Preis bei 18 USD angesetzt, während der tatsächliche Preis für Rohöl aus dem Amazonasgebiet bei 30 USD lag. 2005 wurde der zu Grunde gelegte Preis auf 25 USD eingefroren, während der tatsächliche Preis bei über 40 USD pro Barrel lag. Die Differenz wurde zur Finanzierung des 1999 eingerichteten *Fondo de Estabilización Petrolera* (FEP) genutzt, von dem dann wiederum 45 Prozent dem FEIREP zufließen sollten. Als der FEIREP schließlich aufgelöst wurde, waren hier 638 Millionen USD, statt wie geplant nur 292 Millionen USD akkumuliert worden." (Acosta 2012a: 268)

[158] Die öffentlichen Ausgaben lagen 2006 gemessen am BIP bei 21,2 Prozent und sind damit seit der Jahrtausendwende konstant geblieben. Im gleichen Zeitraum stiegen die Einnahmen von 22,5 Prozent am BIP im Jahr 2000 auf 24,2 Prozent im Jahr 2006 (MINFIN 2015).

[159] Correa (2014: 113-114) führt aus, dass sich der Marktwert der *Bonos Globales 12* dank der Inbetriebnahme des OCP und damit des FEIREP im Jahr 2003 von 64,4 Prozent auf 96,5 Prozent ihres Nennwerts erhöht hat, während dieser für die *Bonos Globales 30* von 47 auf 77 Prozent stieg. Damit verbunden war ein Wertzuwachs in Höhe von 1,4 Milliarden USD für die Gläubiger und entsprechend höhere Kosten für Ecuador im Falle eines tatsächlichen Rückkaufs.

wieder einen Wert von 85,5 Prozent und lag nach Staatsbankrott und Schuldenschnitt 1999 schließlich bei 76,7 Prozent im Jahr 2000. Bis 2006 konnte der Schuldenstand gemessen am BIP auf 28,8 Prozent abgesenkt werden, so dass Correa seine Präsidentschaft in einer fiskalpolitisch relativ entspannten Situation beginnen konnte (Fretes-Gilbis et al. 2008; MINFIN 2015). Dies war jedoch vor allem durch niedrige Sozialausgaben und das Vertagen dringender öffentlicher Investitionen erreicht worden. Bis 2007 gelang es somit keiner Regierung, die permanenten Staatsausgaben auch aus permanenten Einnahmen zu finanzieren, wenngleich sich das Land diesem Ziel insbesondere nach der Jahrtausendwende annäherte (MCPEC k. D.).

Tabelle 10: Die öffentliche Investitionsquote von 2000 bis 2006

	2000	2001	2002	2003	2004	2005	2006
Öffentliche Investitionsquote in Prozent	4,3%	5,8%	5,4%	4,5%	4,4%	4,4%	4,2%
Quelle: MINFIN, Ministerio de Finanzas							

Auch Kritiker*innen der konkreten Einrichtung von Rohstofffonds in Ecuador halten an der Notwendigkeit fest, Mechanismen zum Sparen und zur Stabilisierung der temporären Einkünfte zu suchen. Die Empfehlung, doch die Erfahrungen Norwegens beim Management der Ressourcen zu studieren (Acosta 2012a: 274), lässt jedoch die gänzlich anderen Ausgangsbedingungen Ecuadors außer Acht: Erste Voraussetzung für die Einrichtung eines Fonds ist die Fähigkeit zu sparen. Bei Ecuador handelte es sich allerdings im Gegensatz zu Norwegen um ein Land mit großem externen Finanzierungsbedarf. Während auf der einen Seite in Rohstofffonds Ressourcen akkumuliert wurden und nur etwa 2 Prozent Rentabilität einbrachten, wurden gleichzeitig Kredite mit Zinsraten von 8 Prozent aufgenommen – ein gesamtwirtschaftlich irrationales Verhalten, wie Correa ausführt (Correa 2014: 114). Hier wird die Fokussierung des späteren Präsidenten auf eine möglichst schnelle Umwandlung mobilisierter Ressourcen in staatliche Leistungen und Investitionsprojekte deutlich, die den auf Austerität und Absicherung des Schuldendienstes konzentrierten Empfehlungen – auch in akademischen Veröffentlichungen nachzulesen – aus dem Umfeld internationaler Finanzinstitutionen widerspricht (vgl. Fretes-Gilbis et al. 2008).

5.5.3 Zur Gründung des SRI, fiskalpolitische Erfolge und Grenzen im unternehmerisch-neoliberalen Entwicklungsmodell

Nachdem ich in den vorangegangenen Abschnitten auf den Kontext politisch-ökonomischer Instabilität ebenso eingegangen bin, wie auch auf die Wirkung von Rohstofffonds und austeritätsorientierter Haushaltspolitik, konzentriere ich mich nun auf die in dieser Arbeit zentrale Steuerpolitik. Dabei zeige ich die Reichweite der steuerpolitischen Veränderungen in der Dekade von

1996 bis 2006 auf. Hierzu gehe ich zunächst auf zentrale statistische Daten ein und arbeite institutionelle Veränderungen heraus. Der Hauptfokus liegt dabei auf den Auswirkungen der Gründung der semi-autonomen Steuerbehörde SRI auf die Steuereinnahmen.

In Ecuador war die Reform des Steuersystems bereits seit Ende der 1980er Jahre durch die Interamerikanische Entwicklungsbank (BID) gefördert worden (Arraiz 2008). Mit den Maßnahmen zur Professionalisierung der Steuerverwaltung und dem Versuch, sie von (partei)politischen Auseinandersetzungen abzuschirmen, folgte Ecuador somit einem internationalen Trend. Diese Reformen wurden in Ecuador – im starken Kontrast zu anderen Maßnahmen im Kontext des *Washington Consensus* – meist als notwendige Modernisierungen technischen Charakters wahrgenommen und führten kaum zu innenpolitischen Konflikten (Moore und Fjeldstad 2008: 241).

Bereits Ende der 1990er Jahre und damit lange vor der Amtsübernahme Rafael Correas wurde die direkt dem Finanzministerium unterstellte und mit dem Ruf der Korruption behaftete *Dirección General der Rentas* (DGR) durch die neu gegründete autonome Steuerbehörde *Servicio de Rentas Internas* (SRI) ersetzt (Espinosa 2009: 96). Grundsätzlich ist festzustellen, dass es durch die Einrichtung des SRI in Ecuador nicht nur gelang, die Staatsfinanzierung durch eine Erhöhung der Steuerquote zu stabilisieren, auch genoss das SRI, anders als die vorher für den Steuereinzug verantwortliche *Dirección General de Rentas* (DGR), das Ansehen einer professionellen Institution mit qualifiziertem technokratischem Personal. Dennoch musste Ecuador weiterhin zu jenen Ländern Lateinamerikas gezählt werden, die besonders gravierende Defizite im Steuervollzug aufwiesen (Cornia et al. 2011: 31-32). Form und Ziel der Reform entsprachen den in der internationalen Debatte zur Steuerpolitik dominanten Ausgangsprämissen und Leitlinien. So war es ein wichtiges Ziel internationaler Finanzinstitutionen wie des IWF, die Zahlungsfähigkeit von Entwicklungsländern zu erhöhen (vgl. Moore und Fjeldstad 2008: 239). Auf administrativer wie auf politischer Ebene waren höhere Staatseinnahmen in erster Linie durch Erhöhung von Verbrauchssteuern angestrebt worden. Diese galten einerseits als administrativ leicht realisierbar, belasteten aber andererseits die Oberschicht weniger als Mittelschichten und *Sectores Populares*. Die Hinterziehungsrate bei der Einkommensteuer lag Schätzungen zufolge im Jahr 2006, dem Jahr vor der Amtsübernahme Correas, bei alarmierenden 63,8 Prozent (Gómez Sabaini et al. 2010: 58). Allerdings stießen beispielsweise Pläne der Regierung Noboa, die Mehrwertsteuer im Jahr 2001 anzuheben, auf scharfe Proteste und wurden damals zurückgenommen. Dort, wo die Steuerquote in Lateinamerika im neoliberalen Rahmen erhöht wurde, geschah dies unter Druck internationaler Finanzorganisationen und mit dem Ziel, Haushaltskrisen zu bewältigen, wobei verteilungs- und allokationspolitische Neutralität angestrebt wurde, um Fehlanreize zu vermeiden (Cornia et al. 2011: 7).

Die Gründung des SRI kann im Rückblick als wichtiger Pfadwechsel in der Steuerpolitik Ecuadors betrachtet werden (ebd.). Die damit verbundene Herauslösung der Steuerbehörde aus dem Finanzministerium kann als tendenziell gelungener Versuch interpretiert werden, die Steuerpolitik von parteipolitischen Auseinandersetzungen und vermeintlicher Korruption im öffentlichen

Sektor zu isolieren. Im Aufsichtsrat der Behörde war, neben fünf Repräsentanten des öffentlichen Sektors, aber auch ein Vertreter des Privatsektors vertreten, was dem Unternehmenssektor einen privilegierten Zugang zu der neu geschaffenen Behörde ermöglichte und somit wiederum die völlige Abschirmung von diesen Interessen in Frage stellte (vgl. Schenone 2008: 73; Mejía et al. 2009). Die beschriebenen steuerpolitischen Fortschritte werden von Analysten auf die Abschirmung des SRI von politischen Auseinandersetzungen im weiterhin höchst labilen und von klientelistischen, korporatistischen und regionalen Konfliktlinien durchzogenen politischen System Ecuadors zurückgeführt (Mejía Acosta 2008: 249–250). Präsident Mahuad war es, der Elsa Chávez de Mena zur Leiterin des SRI ernannte, die in den nachfolgenden Jahren eine wichtige Rolle beim Aufbau und bei der Stärkung der neu geschaffenen Behörde spielte. Mejía et al. (2008: 249-250) führen dies auch darauf zurück, dass Mahuad die Steuerverwaltung stärker von politischer Einflussnahme abschirmte. Ein weiterer Faktor für die dadurch gewonnene Stabilität der Behörde war, dass die Direktorin des SRI zwar direkt durch den Präsidenten, aber für eine über dessen Amtszeit hinausgehende Zeit ernannt und von seinen Nachfolgern bestätigt wurde (Mann 2004: 32).

Die Schritte zur Stärkung des Steuersystems verliefen nicht geradlinig. Erneut kam es zu Diskrepanzen zwischen den Prioritäten der internationalen Finanzinstitutionen und wichtigen Teilen der lokalen Eliten. In die Amtszeit Mahuads fällt zum Beispiel auch eine parlamentarische Initiative, die dem Ziel einer Stärkung des Steuersystems und einer Erhöhung der Einnahmen zuwiderlief: 1998 wurde die von einflussreichen Unternehmenssektoren abgelehnte Einkommenssteuer abgeschafft und durch eine Steuer auf Kapitalzirkulation ersetzt, nachdem sie fast 75 Jahre existiert hatte (Oliva Pérez 05.01.2015). Dabei handelte es sich um ein Wahlversprechen der PSC gegenüber den Wirtschaftseliten, deren Abgeordneter Jaime Nebot die Initiative im Parlament einbrachte: Die Abschaffung der Einkommenssteuer stand jedoch im Widerspruch zum Ziel der Haushaltskonsolidierung, wurde auch vom IWF abgelehnt und so musste diese Maßnahme nach wenigen Monaten wieder zurückgenommen werden.

Eine deutliche Steigerung der Steuerquote von 6,2 Prozent des BIP 1998 auf 11 Prozent ist 2001 zu beobachten, danach stagnierte sie aber weitgehend und lag 2006 bei 11,1 Prozent (Gomez-Sabaini und Jiménez 2012). Allerdings reichte die Steigerung der Steuerquote nicht aus, um die in dieser Phase relativ niedrigen Erdöleinnahmen auszugleichen. Hinzu kamen die wachsenden Aufwendungen für den Schuldendienst. Im regionalen Vergleich blieb Ecuador weiterhin ein Niedrigsteuerland. Im Bemühen, die die dringend benötigten Steuereinnahmen zu erhöhen, wurde auch von Seiten des SRI auf die relativ leicht einziehbare aber regressive Mehrwertsteuer gesetzt. Allerdings kann man 12 Prozent schwerlich als hohen Mehrwertsteuersatz bezeichnen. Die Bekämpfung der Mehrwertsteuer-Hinterziehung war zwischen 1999 und 2002 erfolgreich gewesen, danach stieg die Hinterziehungsrate allerdings wieder an (Arraiz 2008).

Nachdem sich die Haushaltslage konsolidiert hatte, wurde die Tendenz zur Erhöhung der Steuerquote und zur Vereinfachung des Steuersystems bereits 2005 wieder durch neue steuerliche

Anreize konterkariert, die mit dem Hinweis auf die Förderung regionaler Entwicklung, auf soziale Gerechtigkeit und auf die Förderung großer sowie technologieintensiver Investitionen neue Ausnahmen schufen (Arraiz 2008: 7). Die Nähe von Wirtschaftseliten und politischen Entscheidungsträger*innen sowie die starke instrumentelle Macht spezifischer Interessen, werden auch hier an der mangelnden Fähigkeit zur Fokussierung und Beschränkung von Steueranreizen deutlich.

> „Ein Beispiel ist das Gesetz zur Förderung der Investitionen (Ley para la Promoción de Inversiones) basierend auf einer Reihe von steuerlichen Begünstigungen um die Gründung von Hochtechnologieunternehmen oder große Investitionsprojekte zu privilegieren, das aber letztlich für einen weiten Bereich an Investitionen aller Art geöffnet wurde"

Bei der Einkommenssteuer lag die Steuerhinterziehungs-Quote auch noch 2005 bei geschätzt knapp 64 Prozent und der Anteil direkter Steuern an den Gesamtsteuereinnahmen lag 2006 bei lediglich 33 Prozent des Gesamtsteueraufkommens (SRI 2007; Gomez Sabaini und Jiménez 2012).

Tabelle 11: Entwicklung der Steuereinnahmen von 1999 bis 2006

	1999	2000	2001	2002	2003	2004	2005	2006
Steuern in Milliarden US-Dollar	1,38	1,66	2,35	2,71	2,91	3,26	3,93	4,52
BIP in US-Dollar	16,67	15,93	21,25	24,90	28,64	32,64	36,49	40,90
Steuereinnahmen in Prozent des BIP	8,3	10,4	11	10,9	10,2	10	10,8	11,1
Quelle: SRI 2007								

Als das SRI im März 1999 seine Arbeit aufnahm, befand sich Ecuador bereits in einer schweren wirtschaftlichen Krise, die Regierung Mahuad suchte dringend nach neuen Einnahmequellen, um einen Staatsbankrott abwenden zu können (vgl. Minkner-Bünjer 1999). Der spätere SRI-Direktor Carlos Marx Carrasco (2012) erkennt Fortschritte des SRI bei der Modernisierung und Stärkung der Steuerverwaltung im Vergleich zu dem im Finanzministerium eingegliederten DGR an. Er führt die Erhöhung der Steuerquote aber in erster Linie auf Steuererhöhungen in den Krisenjahren 1999 und 2000 zurück. Die Exekutive versuchte, ihre Stabilisierungsziele neben Ausgabensenkungen auch durch ein steuerpolitisches Maßnahmenpaket zu erreichen, bei dem die Erhöhung der Mehrwertsteuer im Mittelpunkt stand[160] (vgl. Arias Urvina et al. 2012).

[160] Die Einnahmesteigerungen sollten hauptsächlich durch die Erhöhung der tendenziell regressiven Mehrwertsteuer von 10 auf 15 Prozent erreicht werden. Der Kongress entschied schließlich, die Mehrwertsteuer auf lediglich 12 Prozent anzuheben und die Kapitalverkehrssteuer auf lediglich 0,8 Prozent statt wie im Regierungsentwurf auf 0,3 Prozent zu senken und sie gleichzeitig gegen die Einkommenssteuer anrechenbar zu machen.

„Die Mehrheit wurde durch eine Allianz der *Democracia Popular* mit ihrem Intimfeind, dem *Partido Rodolsista Ecuatoriano* (PRE) des im Exil lebenden Abdalá Bucaram erreicht, ergänzt durch den *Frente Radical Alfarista* (FRA) mit Ex-Interimspräsident Fabián Alarcón, dem *Partido Conservador* mit Ex-Präsident Sixto Durán Ballén und der jungen Partei *Nuevo País.*" (Minkner-Bünjer 1999: 216–217)

Hinsichtlich des Ziels, das SRI von parteipolitischen Konflikten unabhängig zu machen und die Einflussnahme mächtiger politisch-ökonomischer Interessen zurückzudrängen, kann der von Mejía et al. (2008) diesbezüglich konstatierte Erfolg zumindest in der Phase von 1997/1998 bis 2004 weitgehend bestätigt werden. Schenone (2008) empfiehlt darüber hinausgehende institutionelle Veränderungen im SRI, um die Behörde auch besser gegen Einflüsse aus dem Privatsektor abzuschirmen. Am 9. September 2004 wurde Elsa Chávez de Mena jedoch von Präsident Lucio Gutiérrez ihres Amtes enthoben, nachdem dieser und Gustavo Noboa die von Mahuad benannte Funktionärin zunächst in ihrem Amt belassen hatten. Ihre Entlassung[161] verdeutlicht die Mängel der Reformen der späten 1990er Jahre. Die Regierung Gutiérrez opferte die Behördenchefin wohl auch, um die Unterstützung der Abgeordneten zu gewinnen, die an einem schwachen Steuervollzug interessiert waren (Mejía et al. 2008: 284).

5.5.4 Ecuadors Fiskalpolitik vor Beginn der *Revolución Ciudadana* – wirtschaftliche Erholung, strukturelle Probleme und politische Dauerkrise

Die vorliegende Analyse der Entwicklungen zwischen 1996 und 2006 als Referenzperiode zur Betrachtung fiskal- und insbesondere steuerpolitischer Veränderungen während der *Revolución Ciudadana*, soll nicht zuletzt dazu dienen, unterschiedliche steuerpolitische Reformstrategien, ihre Erfolgsbedingungen und Grenzen zu analysieren. Aus theoretischer Perspektive betrachtet, ist die Steigerung der Steuerquote in der beschriebenen Phase vor allem deshalb von Interesse, weil sie in einem anderen fiskalpolitischen Kontext erfolgte als die steuerlichen Einnahmesteigerungen während der *Revolución Ciudadana.*

Auf den ersten Blick widerspricht diese Steigerung der Steuerquote der aus der Perspektive struktureller Macht abgeleiteten These, dass der Staat gerade in Zeiten sich anbahnender Krisen an Durchsetzungsfähigkeit gegenüber ökonomischen Eliten verliert, da er stärker auf deren Bereitschaft zu Investitionen angewiesen ist, der Privatsektor also strukturell an Macht gewinnt. Angesichts der starken Abhängigkeit Ecuadors von externen Krediten muss jedoch hier auf den Einfluss internationaler Finanzinstitutionen verwiesen werden. In Anlehnung an die von Fairfield

[161] Für ihre Entlassung machte Chávez de Mena politischen Druck und insbesondere die Einflussnahme des Politikers und Bananenproduzenten und -exporteurs und Alvaro Noboa verantwortlich, dessen Firmen gerade durch die Steuerbehörde überprüft wurden (Puertas 27.03.2005). Der PRIAN- Abgeordnete Vicente Taiano sah hingegen eine angebliche Einflussnahme der Wirtschaftskammern, insbesondere jener aus Guayaquil, hinter der Entlassung der Funktionärin. Mit Vicente Saavedra wurde ein Gründungsmitglied der Regierungspartei *Sociedad Patriotica* neuer Direktor der Steuerbehörde. Unter seiner Leitung ging dann die Kontrolle der Unternehmen Noboas nur noch langsam voran (El Universo 07.09.2004; Puertas 27.03.2005).

(2013, 2015) beschriebenen Kategorisierung unterschiedlicher Reformstrategien kann in diesem Zusammenhang von einem Versuch gesprochen werden, einen Elitenkonsens für Steuererhöhungen durch den Hinweis auf die dadurch zu erwartenden Stabilisierungseffekte zu erreichen.[162] Doch zeigt sich hier erneut – allen Auseinandersetzungen um Ausnahmeregelungen und Begünstigungen zum Trotz – die bleibende Dominanz und Einigkeit der wirtschaftlichen Eliten bezüglich einer auf niedrige Steuern ausgerichteten Fiskalpolitik, eindrücklich sichtbar an der regressiven Verteilungswirkung der Maßnahmen. Hier ist ein klarer Gegensatz zu den steuerpolitischen Schwerpunktsetzungen während der *Revolución Ciudadana* zu konstatieren.[163]

Es konnte allerdings durchaus gezeigt werden, dass administrative Verbesserungen im Zuge der Gründung des SRI, neben Steuererhöhungen – welche im Kontext der sich ab 1998 verschärfenden wirtschaftlichen und fiskalpolitischen Krisentendenzen um die Jahrtausendwende durchgesetzt wurden – zu einer höheren Steuerquote beitrugen.

Die selbst stark von Eliteinteressen, insbesondere aus dem Finanzsektor, geprägte Exekutive unter Führung Jamil Mahuads setzte bei ihrer Strategie auf die Kooperationsbereitschaft und das Stabilitätsinteresse des Privatsektors und auf die Unterstützung internationaler Finanzinstitutionen, konnte aber weder die tiefe ökonomische Krise noch die Zahlungsunfähigkeit abwenden. Dabei durfte nicht unerwähnt bleiben, dass Ecuadors Steuereinnahmen, trotz der gestiegenen Steuerquote, weiterhin auf einem im internationalen Vergleich niedrigen Niveau lagen und die Einnahmesteigerungen auf die tendenziell regressive Mehrwertsteuer konzentriert blieben. Hinzu kommt in diesem Zusammenhang das grundlegende Problem von niedrigen subnationalen Einnahmen, das ich jedoch nur am Rande streifen kann (Faust et al. 2008: 109).

Grundsätzlich ist zu konstatieren, dass das technokratisch definierte SRI – bedingt durch die Abschirmung von politischen Entscheidungen – in dieser Phase durchaus beachtenswerte Erfolge zu verzeichnen hatte. Doch zeigen dessen Entscheidung zur Fokussierung der Steuererhebung auf die Mehrwertsteuer sowie dessen weiterhin bestehende Nachlässigkeit bei der Bekämpfung der Einkommensteuerhinterziehung durch Unternehmen und gut verdienende Privatpersonen die verteilungspolitische Relevanz dieser Institution, die scheinbar rein technokratischen Entscheidungen auf der Verwaltungsebene trifft.

---

[162] Aus administrativer Sicht lässt sich diese Schwerpunktsetzung mit einer sequenziellen Logik erklären, in der zuerst mit vermeintlich einfacher zu erhebenden Verbrauchssteuern begonnen wird und die stärkere Kontrolle direkter Steuern erst später erfolgt.

[163] Die historische Analyse zeigt gewisse Veränderungen in Struktur und Zusammensetzung der Eliten, also Verschiebungen von der *Hacienda*-System zur Plantagenwirtschaft, zunehmender Dominanz der Außenhandelssektoren und des Finanzsektors ebenso wie das Auftreten neuer Elitesektoren – zum Teil mit dem Ziel der Integration in bestehende Netzwerke – aber auch mit neuen eigenen Netzwerken, wie die meist aus dem Libanon stammenden Handelssektoren. Insgesamt lässt sich aber eine starke, meist durch politische Kontakte und instrumentelle Macht gegebene Anpassungsfähigkeit der Eliten beziehungsweise die Fähigkeit etablierter Eliten, auch von der Förderung neuer Wirtschaftssektoren zu profitieren, feststellen.

Die jeweils amtierenden Präsidenten dieser Periode repräsentierten einen schwachen Staat, stützten sich auf parlamentarische Ad-hoc-Koalitionen, die auf klientelistischen Begünstigungen potentieller Verbündeter beruhten. Die Anreize zur Kooperation mit der jeweiligen Minderheitsregierung nahmen aber mit dem Näherrücken kommender Wahlen oder der Möglichkeit eines Präsidentensturzes ab (ebd.). Schwache Zustimmungswerte[164] zur Politik der jeweils amtierenden Regierung steigerten die Anreize für Parteien, sich als Opposition zur Regierungspolitik zu profilieren.

Zudem erschwerten institutionelle Blockaden zwischen Exekutive und Legislative die Durchsetzung einer kohärenten Steuerreform. Die jeweiligen Regierungen konnten sich jeweils nur auf eine Minderheit der Abgeordneten stützen und waren zudem mit niedrigen Zustimmungswerten konfrontiert (Latinobarómetro 2015). Reformen waren lediglich durch einen komplexen Prozess der Bündnisbildung und damit unter Berücksichtigung einer Vielfalt von Sonderinteressen durchzusetzen. Das Parteiensystem war hochgradig fragmentiert und angesichts der meist auf partikulare und regionale Interessen ausgerichteten Parteien unfähig, auf die ethnischen, regionalen und sozioökonomischen Herausforderungen des Landes zu reagieren (Faust et al. 2005: 105, 111). Die politische Orientierung auf partikulare Interessen bestimmter einflussreicher Bevölkerungsgruppen verhinderte auch, dass Interessen von Benachteiligten oder Menschen in den peripheren Landesteilen angemessen berücksichtigt wurden. Stattdessen waren es jeweils gut organisierte Lobbygruppen, deren Interessen sich besonders stark durchsetzen (Mejía Acosta 2008: 250).

Die traditionellen politisch-ökonomischen Eliten waren, wie auch die Organisationen und Bewegungen der *Sectores Populares,* stark fragmentiert und in sich gespalten. Das Problem politischer Handlungsblockaden durch die Macht von Veto-Spielern geht hier über Fehler im institutionellen Design hinaus. In einem insgesamt von Wirtschaftseliten dominierten politisch-ökonomischen Kontext konnten die Elitesektoren ihre instrumentelle Macht nicht zuletzt über ihre Präsenz in spezifischen Staatsapparaten geltend machen. In den Bereichen Soziales, Gesundheit und Bildung ließen sie gleichzeitig Nischen für die Einflussnahme jener Organisationen und Parteien entstehen, welche die Repräsentanz konfliktfähiger Teile der *Sectores Populares* für sich beanspruchten.

Die weit verbreitete Skepsis der ecuadorianischen Bevölkerung gegenüber der real existierenden Staatlichkeit führte dazu, dass in Meinungsumfragen eine breite Mehrheit der Befragten die Auffassung vertrat, dass die Steuern in Ecuador hoch, beziehungsweise sehr hoch – also zu hoch – seien (Latinobarómetro Online-Datenbasis). Dementsprechend riefen Pläne, die Mehrwertsteuer zu erhöhen, besonders starke Proteste sozialer Sektoren hervor. Universalistische Forderungen nach sozialen Rechten spielten dagegen kaum eine bedeutende Rolle, was ebenfalls die fehlende

[164] Die Ergebnisse des *Latinobarómetro* zeigen im Zeitraum von 2002 bis 2006 eine durchgehend schwache Zustimmung

Akzeptanz gegenüber staatlichen Organen verdeutlicht. In diesem Kontext, in dem, weit über Elitesektoren hinaus, eine weit verbreitete – erklärtermaßen verständliche – Präferenz für niedrige Steuern bestand, standen der Steigerung der Staatseinnahmen hohe Hürden entgegen.

Ursächlich für diese ablehnende Haltung gegenüber Steuern ist eine Reihe von Faktoren. Zu diesen gehören nicht zuletzt auch historische Pfadabhängigkeiten eines kaum für die Realisierung sozialer Rechte sorgenden postkolonialen Staates. Auch die fehlende soziale Reichweite staatlicher Leistungen erschwerte es zweifellos, Steuern zu erheben. Die oft von diesen Leistungen ausgeschlossenen ärmeren Sektoren ließen sich somit kaum für die Verteidigung bzw. Durchsetzung solcher Leistungen mobilisieren. Wohlhabende aber nutzten sie oft nicht, zogen es vor, auf private Alternativen zurückzugreifen. Dies alles minderte die *Output*-Legitimität staatlichen Handelns. Zudem wurde Ecuador eine im regionalen Vergleich hohe Korruptionsrate bescheinigt (Faust et al. 2005: 112). Bei einer *Latinobarómetro*-Umfrage von 2002 stimmten 61 Prozent der Befragten mit der Aussage überein, dass Steuern auch dann so niedrig wie möglich sein sollten, wenn dies zu (noch) niedrigeren Sozialausgaben führen würde (Latinobarómetro 2015). Somit existierte eine weit verbreitete Skepsis hinsichtlich der Nutzung der Steuergelder durch den Staat. Lediglich 6,7 Prozent der Befragten 2003 und 11,5 Prozent der Befragten 2005 äußerten Vertrauen darin, dass der Staat seine Einnahmen gut nutzen werde (ebd.).

Aufgrund der besonderen Bedeutung der ökonomischen Eliten für die Steuerpolitik eines Staates sind – besonders aus fiskalvertragstheoretischer Perspektive – die Sichtweisen von Unternehmensvertretern und Wirtschaftseliten von besonderer Bedeutung. Diesbezüglich weisen die Daten des *World Economic Forum* (WEF) auf ein niedriges Maß an Vertrauen von ecuadorianischen Unternehmensmanagern in die politischen Eliten des Landes hin. Ecuador erhält hier den schlechtesten Wert von 21 lateinamerikanischen Ländern. Die Justiz wird im internationalen und regionalen Vergleich als besonders stark politisch beeinflusst und ineffizient bewertet (WEF 2006: 209). Korruption, Instabilität von Politiken, Ineffizienz der Regierungsbürokratie und politische Instabilität durch mögliche *Coups* werden von den befragten Managern als Haupthindernisse für eine positive Geschäftsentwicklung gesehen (ebd. 208). Hinsichtlich der fehlenden Zufriedenheit mit der Nutzung der Staatseinnahmen wird deutlich, dass neoliberale Austeritätspolitik zu einem fiskalpolitischen Teufelskreis (*Circulo Vicioso*) führen kann. Schlechte oder nicht vorhandene öffentliche Leistungen, ausbleibende Infrastrukturprojekte und eine mangelnde Handlungsfähigkeit staatlicher Institutionen – all dies mindert das Vertrauen in den Staat. In diesem Kontext ist darüber hinaus zu fragen, ob die Existenz von Rohstofffonds negative Auswirkungen auf die Bereitschaft zur Zahlung von Steuern haben kann. Denn durch die Festlegung, in Fonds anzusparen, ist der Staat in seiner Handlungsfähigkeit eingeschränkt und kann weniger heimische Investitionsprojekte finanzieren. Hinzu kommt die oft fehlende parlamentarische Kontrolle und Transparenz von Ressourcenfonds. Um hier Abhilfe zu schaffen, flexibilisierte Rafael Correa bereits in seiner Funktion als Wirtschafts- und Finanzminister in der Regierung Palacio die Verwendungsregeln der Fondsgelder und überführte die Gelder des FREIREPS in den neu geschaffenen und weniger deterministischen CEREPS (Falconí und Ponce 2005: 11; Fretes-Cibils et al. 2008: 53).

Auch in Ecuador erwiesen sich gerade korporatistische Arrangements als außerordentlich anpassungsfähig. Gut organisierte und über Machtressourcen verfügende Sektoren innerhalb des Staatssektors konnten sich gegen Einschnitte der neoliberalen Strukturanpassungspolitik schützen, während gleichzeitig allgemeine soziale Rechte und öffentliche Leistungen abgebaut wurden (Boris et al. 2008: 328; Paz y Miño Cepeda 2009). Neben den Unternehmenssektoren, die sich zwar im Allgemeinen stets für mehr Markt und Wettbewerb aussprachen, in der Praxis aber Ausnahmeregelungen im Steuersystem und Subventionen verteidigten, ist hier auch die Rolle der Staatsbürokratie angesprochen, für die bestimmte Regelungen für Lohn und soziale Leistungen nach der Fähigkeit getroffen wurden, Machtressourcen zu mobilisieren, wodurch im Kontext des neoliberalen Sozialabbaus zunehmend Sonderrechte für spezifische Gruppen eingeführt wurden.[165] Universell geltende Standards dagegen wurden vernachlässigt. Die auch von daher gespeiste Entstehung sozialer Bewegungen und nicht zuletzt auch das Erstarken der Indigenenbewegung sind vor diesem Hintergrund als wichtige Schritte zur Emanzipation von klientelistischen Abhängigkeitsstrukturen zu verstehen. Letztlich jedoch waren auch deren Forderungen und die damit implizierte politische Logik häufig nicht vom Ziel der Überwindung von Sonderrechten und Privilegien bestimmt, sondern oft eher mit dem Ziel verbunden, selbst Teil der wenig transparenten Verteilungsmechanismen zu werden (Bustamente 2003).

5.6 Pfadabhängigkeiten, Kontinuitäten und Brüche in Ecuadors Staatsfinanzierung – ein Zwischenfazit

Die in den vorausgegangen Abschnitten erfolgte Analyse zeigt, dass sich in Ecuador gewisse Pfadabhängigkeiten, gerade auf dem Feld der Fiskalpolitik, bis in die Zeit der Gründung des postkolonialen ecuadorianischen Staates zurückverfolgen lassen. Dennoch haben sich das Institutionensystem und auch das Verhältnis zwischen Staat und Wirtschaft mit der Entwicklung eines von starken Rententendenzen durchzogenen Kapitalismus und durch Ecuadors Entwicklung zum Rohstoffexporteur durchaus signifikant gewandelt. Die Aussage bezüglich der tief in das 19. Jahrhundert zurückgehenden Pfadabhängigkeiten, beziehungsweise Weichenstellungen bezieht sich vor allem auf die – das Land von Beginn an prägende – wenig entwickelte soziale und territoriale Verankerung des Staates sowie auf die schwache Binnenintegration der Ökonomie.

Die Analyse zeigte vor diesem Hintergrund, dass neue Einnahmemöglichkeiten durch die Stärkung des Außenhandels im letzten Drittel des 19. Jahrhundert nicht zu einer Stärkung des Zentralstaats, sondern zu verschärften Konflikten zwischen der Hauptstadt Quito und der aufstrebenden Hafenstadt Guayaquil führten. Der Bizentralismus wurde geboren. Dieser Bizentralismus

[165] Ein Beispiel dafür ist, dass für das Militär (1992) und die Polizei (1995) jeweils eigene Sozialversicherungen gegründet wurden. Anderen Berufsgruppen gelang es, eine staatliche Förderung ihrer Pensionsfonds zu erreichen.

wirkt sich bis heute auf die politische und ökonomische Entwicklung des Landes und nicht zuletzt auf steuer- und fiskalpolitische Auseinandersetzungen aus (vgl. Eaton 2011, 2014)

Insgesamt konnte der ecuadorianische Staat im 19. Jahrhundert nur geringe Einnahmen erzielen, was auch und gerade bezogen auf die oft besonders elitendominierte lokale Ebene galt und negative Auswirkungen auf die Bereitstellung öffentlicher Güter hatte Bereits in dieser Phase organisierten sich die wohlhabenden Klassen unabhängig von staatlichen Institutionen. Dies führte zu einer Reproduktion der bestehenden großen Ungleichheiten und trug bereits damals zur Etablierung eines für die Entwicklung des Steuerstaats höchst negativen Mechanismus bei: Leistungen wie Bildung und Gesundheit wurden von den wohlhabenden Sektoren privat und exklusiv organisiert. Sie sahen somit keine Notwendigkeit, den Bildungsstand und die soziale Lage breiterer Bevölkerungssektoren zu verbessern. Soziale Fürsorge und Schulbildung wurden lediglich ansatzweise durch die katholische Kirche organisiert.

Die Analyse belegt, dass historisch bedingte Pfadabhängigkeiten und institutionelle Weichenstellungen ebenso wie spezifisch gewachsene Produktionsstrukturen als lang nachwirkende Faktoren für die schwach ausgeprägte Legitimität des ecuadorianischen Staates bei der Steuererhebung gelten können. Die *Revolución Juliana* und die darauffolgende Modernisierung des staatlichen Institutionensystems stellten einen elementaren Bruch in Ecuadors Geschichte dar und markieren den Eintritt des Landes in sein historisches 20. Jahrhundert. Zu den neu geschaffenen Institutionen gehörten der Rechnungshof und die Zentralbank; auf dem Gebiet der Steuerpolitik wurde erstmals das Prinzip der Progressivität berücksichtigt. Es handelte sich um eine weitreichende Modernisierung des staatlichen Institutionensystems. Die Modernisierung erfolgte allerdings auf Basis von Empfehlungen der damaligen internationalen wirtschaftspolitischen Orthodoxie, so dass Ecuadors Wirtschaft in das enge währungspolitische Korsett des Goldstandards gezwängt wurde. Dies schränkte die Möglichkeiten, auf externe Schocks zu reagieren ein und führte ab Ende der 1920er Jahre zu einer Verschärfung wirtschaftlicher Krisentendenzen und Deflation (Naranjo Navas 2016).

In dieser Entwicklungsphase traten eine Reihe politökonomischer Phänomene erstmals auf, die während des historischen 20. Jahrhunderts mehrfach wiederkehrten. Hierzu gehört das Heranziehen externer Expert*innen zur Legitimierung und Durchsetzung von Reformvorhaben und auf wirtschaftspolitisch inhaltlicher Ebene der Versuch, ökonomische Stabilität einseitig durch eine besonders strikte Wechselkurspolitik zu erreichen.

Bereits im 19. Jahrhundert waren die richtungsweisenden Maßnahmen zur Staatsmodernisierung vorrangig von Präsidenten vorangetrieben worden, die von den etablierten Eliten reflexhaft als autoritär kritisiert wurden. Im 20. Jahrhundert übernahm dann das Militär die Rolle eines Modernisierers von oben. Durch direkte Machtübernahme löste es eliteninterne Blockaden und Veto-Positionen auf, allerdings meist nicht mit nachhaltigem Erfolg.

Eine weitere wiederholt genutzte Strategie von ecuadorianischen Regierungen, gesellschaftliche Legitimität für umstrittene wirtschaftspolitische Richtungsentscheidungen zu gewinnen, war das Hinzuziehen externer Expert*innen. Diese Funktion, die in den 1920er Jahren die so genannte Kemmerer-Mission übernahm, bildet auch eine wichtige Komponente für den Einfluss internationaler Finanzinstitutionen. Deren Einfluss und ihre Bedeutung für neoliberale Reformstrategien im Ecuador der 1980er und 1990er Jahre gingen durch ihre vermeintliche Expertenposition über ihre strukturelle Macht als Vertreter internationaler Gläubigerinteressen hinaus.

Auf der Ebene des Fiskalsystems kam es infolge ihres Einwirkens der Kemmerer-Mission zu einer Zentralisierung und Vereinheitlichung des Steuersystems und zu einer Modernisierung der Verwaltung, die allerdings bereits in den 1930er Jahren wieder verworfen wurde: Hier zeigte sich ein wiederkehrendes Muster ecuadorianischer Politik, bereits etablierte Modernisierungsschritte in Zeiten konservativer Restauration wieder zurückzudrehen. Das Beispiel offenbart darüber hinaus die politische Bedeutung von Verwaltungsstrukturen und das – auch von daher bestimmte – Bestreben politisch einflussreicher Wirtschaftseliten, den Kapazitätsaufbau in der Steuerverwaltung, wo immer das möglich erscheint, zu unterlaufen.

Blickt man nun auf die Entwicklung des ecuadorianischen Wirtschaftssystems und der Staatsfinanzierung in den Jahrzehnten vor dem so genannten *Boom Petrolero*, dann zeigt sich, dass bereits damals entscheidende Probleme der Staatsfinanzierung Ecuadors bestanden und die später bestehenden folglich nicht unreflektiert mechanistisch auf einen "Fluch der Ressourcen" zurückgeführt werden können.

In den späten 1940er und in den 1950er Jahren gelang staatlicherseits zwar eine gewisse protodesarrollistische Modernisierung und der Staat trat als Entwicklungsakteur, zum Beispiel beim Ausbau der Infrastruktur in Erscheinung. Ein staatlich angestoßener weitergehender Industrialisierungsprozess blieb aber aus. Die in den 1960er Jahren wiederkehrende Instabilität der Staatsfinanzierung und die geringen extraktiven Kapazitäten des Staates können auch für diese Phase nicht allein auf die rückständige Wirtschaftsstruktur zurückgeführt werden, sondern waren eng mit dem Phänomen des *State-Capture* staatlicher Institutionen durch ecuadorianische Elitesektoren verbunden. Der Außenhandel war auch in dieser Periode die Achillesferse des auf einfachen Agrarexporten basierenden, prägenden Produktionsmodus Ecuadors. Dies gab den meist wenig an der Weiterentwicklung von Fähigkeiten und an der Diversifizierung der Ökonomie interessierten Sektoren eine bedeutende Veto- und Blockademacht.

Im Folgenden sollen nun Erkenntnisse über die Auswirkungen des *Boom Petrolero* und den Umgang mit den zeitweilig rasant gestiegenen Staatseinnahmen ab 1972 bilanzierend dargestellt werden. So kann konstatiert werden, dass die Wirtschaftseliten in ihrer Positionierung gegen steuerpolitisch nun mögliche staatliche Umverteilungsbestrebungen damals bereits eng zusammenarbeiteten. Der Umgang mit den Erdöleinnahmen entsprach in der Folge zum Teil dem – in rentenstaatskritischen Beiträgen herausgearbeiteten – Phänomen des fiskalpolitischen Ressourcenfluchs. Letztlich konnte der zwischenzeitliche Verlust struktureller Macht von Wirtschaftseliten nicht für grundlegende, nachhaltige Maßnahmen zur Stärkung des Steuersystems genutzt werden. Ein differenzierter Blick zeigt zudem, dass auch damals nicht etwa ein übergroßer und in seinem Ausgabeverhalten unkontrollierter Staatssektor das Hauptproblem ausmachte, sondern vielmehr der insbesondere im Bereich der Steuerpolitik deutlich werdende Mangel an Durchsetzungswillen der amtierenden Regierungen gegenüber starken Elitesektoren aus dem Agrarexport- und Handelssektor.

Die Industrialisierungsbestrebungen des Landes fanden in Kooperation mit etablierten Wirtschaftseliten statt. Die traditionellen oligarchischen Sektoren wurden in diesem Prozess nicht etwa von jungen und dynamischen Neugründungen verdrängt, im Gegenteil, sie nutzten die Modernisierungsstrategie der Militärs und neue Finanzierungmodalitäten für ihre Zwecke. Die steuerpolitische Reformstrategie dieser Periode kann somit nicht jener der *Revolución Ciudadana* gleichgesetzt werden, da es damals den Elitesektoren gelang, die Platzierung des steuerpolitischen Themas auf der politischen Agenda zu verhindern. Stattdessen waren die ecuadorianischen Elitesektoren vor allem beim Zugriff auf Fördergelder erfolgreich.

Die massiven Einnahmesteigerungen in der Phase von Militärdiktatur und *Boom Petrolero* führten zu einer deutlichen Vergrößerung des Staatssektors. Der Staat übernahm über den Erdölsektor hinaus neue Aufgaben, die nicht zuletzt mit dem Anspruch verbunden waren, den angestrebten Industrialisierungsprozess durch staatliche Förderpolitik zu beschleunigen. Wichtige Argumente sprechen allerdings gegen die These einer institutionellen Stärkung des Staates in der Phase der Militärdiktatur: Der Staat gewann an Größe, auf politischer Ebene war es aber im Kontext der Militärdiktatur kaum möglich *Input*-Legitimität zu erreichen. Auf der Ebene der Staatsfinanzierung wurde der ecuadorianische Staat von höchst volatilen Erdöleinnahmen abhängig und schließlich konnte rentenstaatstypisch, weder ein effektives System zur entwicklungsorientierten Zusammenarbeit mit der Privatwirtschaft noch zur Regulierung privatwirtschaftlicher Aktivitäten etabliert werden.

In den 1980er Jahren sah sich die junge Demokratie in Ecuador schnell mit einer Verschiebung politökonomischer Kräfteverhältnisse zu Gunsten der freihandelsorientierten Wirtschaftseliten konfrontiert. Hoffnungen auf einen sozial-reformistischen Aufbruch auf Basis der neuen Verfassung und unter Führung des Duos Roldós-Hurtado bestätigten sich nicht. Die Wahl Febres Corderos ließ schließlich die Neuformierung der wirtschaftlichen Eliten und deren erfolgreichen Versuch erkennen, auch ärmere Sektoren im Wahlkampf zu erreichen. Insgesamt zeigt sich eine historisch schwache Artikulation von Gewerkschaften und sozialen Bewegungen, die nicht dazu in der Lage waren, Ecuadors Entwicklung in Richtung Neoliberalismus zu stoppen. Auch war von ihnen keine Verteidigung oder Durchsetzung ausreichender Staatseinnahmen zu erwarten, da das Vertrauen großer Teile der so genannten *Sectores Populares* in den real existierenden ecuadorianischen Staat nur sehr gering war.

Dass nun ausgerechnet in der Dekade vor Beginn der *Revolución Ciudadana* mitten in einer tiefen Wirtschaftskrise wichtige steuerpolitische Fortschritte erreicht wurden, scheint zunächst wenig plausibel. Die in Unterkapitel 5.5 herausgearbeiteten Zahlen und die Darlegung administrativer Schritte lassen aber durchaus wichtige Maßnahmen erkennen, die wiederum teilweise als Grundlage für spätere, während der Amtszeit Rafael Correas erfolgte, progressive Veränderungen in der Steuerpolitik dienten. Die Reformstrategie der amtierenden Regierungen war jedoch grundsätzlich auf Kooperation mit dem Privatsektor angelegt und sie war in den späten 1990er Jahren vor dem Hintergrund drohender und zur Jahrtausendwende eingetretener Zahlungsunfähigkeit durchaus nachzuvollziehen. Auch waren die Bemühungen zu Einnahmesteigerungen und zur Konsolidierung der Staatsfinanzen nicht mit weitergehenden verteilungspolitischen Zielen verbunden. Mit der folgenträchtigen Gründung des SRI und der Professionalisierung des Mehrwertsteuereinzugs wurden von internationalen Finanzinstitutionen empfohlene Maßnahmen umgesetzt. Diese waren nicht als Abkehr vom Neoliberalismus zu verstehen, sondern komplementär zur weiterhin auf Freihandel ausgerichteten Wachstumsstrategie des Landes und als Substitut für den zu erwartenden Rückgang der Zolleinnahmen. Dennoch bleibt festzuhalten, dass vor allem die Schaffung des SRI als semi-autonome Steuerbehörde und die Professionalisierung ihres Personals eine wichtige Investition in die administrativen Kompetenzen der Steuerverwaltung war, auf die während der *Revolución Ciudadana* zurückgegriffen werden konnte.

Die politischen Grenzen dieses steuerpolitischen Reformprozesses lagen in der zwischen 1996 und 2006 verschärften politischen Krise, welche das Vertrauen der gesellschaftlichen Sektoren in Politik und Staat – und damit auch die Legitimität des Steuereinzugs – weiter aushöhlte. Auch die in den mächtigen Eliten des Landes weiterhin vorherrschende Positionierung insbesondere gegen direkte Steuern zeigte steuerpolitischen Reformbestrebungen der Regierungen ihre Grenzen auf. Als strukturelle Folge dieser Entwicklungsphase bleiben außerdem die Auswirkungen der im Jahr 2000 erfolgten offiziellen Dollarisierung, die wie ich bereits auf herausgearbeitet habe, wirtschaftspolitische Möglichkeiten zur Reaktion auf externe Schocks einschränkt und auch den Rahmen der Fiskalpolitik maßgeblich mitbestimmt.

6. Zu Ecuadors sozioökonomischer Entwicklung im Kontext der *Revolución Ciudadana*

Im nachfolgenden Kapitel setze ich mich mit der sozioökonomischen Entwicklung Ecuadors während der Regierungszeit Rafael Correas von 2007-2017 auseinander. Bei der Gesamtsicht auf die Dekade der so genannten *Revolución Ciudadana* lässt sich bis 2014 eine insgesamt positive wirtschaftliche Entwicklung feststellen, bevor die Wirtschaftsleistung im Jahr 2015 stagnierte und 2016 nennenswert zurückging. Trotz dieser – in den letzten beiden Regierungsjahren – festzustellenden negativen Entwicklung konnten in dem beschriebenen Gesamtzeitraum Ungleichheit und Armut deutlich reduziert werden. Bedingt durch niedrigere Erdöleinnahmen und wirtschaftliche Schwierigkeiten wurde es allerdings zunehmend schwerer, die erreichten Fortschritte zu verteidigen und die Erfolge im Kampf gegen Armut und Ungleichheit weiter auszubauen (Burchardt et al. 2016: 9; Larrea 2016: 131; Gachet et al. 2016: 1).

Über die Betrachtung des Wirtschaftswachstums hinaus sollen in diesem Kapitel vor allem auch strukturelle Fragen der sozioökonomischen Entwicklung während der *Revolución Ciudadana* im Mittelpunkt stehen: Es geht um die Überwindung der Rohstoffabhängigkeit und den grundlegende Umbau der bis dato extraktivistisch geprägten Produktionsmatrix, die als zentrale Ziele in den ecuadorianischen Entwicklungsplänen der Jahre 2009 und 2013 festgeschrieben wurden (SENPLADES 2009; 2013, Larrea 2016). Die Diversifizierung der Wirtschaftsstruktur und die Überwindung der Erdölabhängigkeit ist Grundbedingung für eine langfristig prosperierende Volkswirtschaft, denn die Einnahmen aus dem Erdölsektor sind höchst volatil, zudem können in diesem Bereich nur wenige Arbeitsplätze geschaffen werden (Faust 2005: 113). Durch das von mir entwickelte Modell des *Circulo Virtuoso*[166] (Schützhofer 2016) wird deutlich, dass es im Kontext der *Revolución Ciudadana* gelungen ist, die Fiskaleinnahmen – entgegen rentenstaatstheoretischen Erwartungen – zu erhöhen: Die Wirtschaftseliten verloren an instrumenteller Macht, da ihre ‚natürlichen' Verbündeten im etablierten Parteiensystem geschwächt waren und auch an struktureller Macht, da durch höhere Rohstoffeinnahmen des Staates die wirtschaftliche Entwicklung und die Staatsausgaben weniger vom Privatsektor abhängig waren. Dem über die Phase höherer Rohstoffeinnahmen hinausweisenden ökonomischen Strukturwandel ist eine zentrale Bedeutung für die mittel- und langfristig stabile Staatsfinanzierung beizumessen. Ziel des vorliegenden Kapitels ist es daher zu erörtern, inwiefern Ecuador mit der schon ab 2007 implementierten Entwicklungsstrategie dem Ziel näher gekommen ist, eine diversifizierte Wirtschaftsstruktur aufzubauen und damit auch die materielle Basis für zukünftige Steuereinnahmen zu sichern.

In diesem Zusammenhang muss zunächst auf die Debatte um den so genannten Neo-Extraktivismus Lateinamerikas in den 2000er Jahren eingegangen werden. Eine weit verbreitete Prämisse in dieser Debatte ist, dass das wirtschaftliche Wachstum und die sozialen Fortschritte dieser Zeit in erster Linie auf einen Ressourcenboom zurückzuführen sind (Svampa 2013; Gudynas 2013; Goldberg 2015). Dabei wird besonders auf die negativen ökonomischen und ökologischen Folgen und die mangelnde Nachhaltigkeit einer auf Extraktion basierenden Wirtschaftsweise verwiesen (Acosta 2012; Altvater 2013; Gudynas 2013). Ecuador wird in diesem Kontext als paradigmatisches Beispiel diskutiert (Burchardt et al. 2016: 9): Hier sei es einerseits zwar gelungen,

[166] Siehe Kapitel 2

die ökonomische *Bonanza* für Investitionen in Bildung, Gesundheit und Wohnungsbau, für den Abbau von Armut und Ungleichheit sowie für die Ausweitung der Sozialversicherung zu nutzen. Andererseits sei aber – anders als es das Ziel des Wandels der Produktionsstrukturen vorgibt – die Rohstoffausbeutung intensiviert und die Weltmarkteinbindung als Primärgüterexporteur verfestigt worden (Larrea 2016: 149; Burchardt et al. 2016: 9). Der umfassende Umbau produktiver Strukturen, durch den eine sozial gerechte und nachhaltige Entwicklung auf eine stabilere Basis gestellt werden könnte, stelle somit auch weiterhin eine bleibende Herausforderung dar (Burchardt et al. 2016: 9; Larrea 2016: 149).

Auch der subalternen Einbindung Ecuadors in den Weltmarkt und den Auswirkungen von Entscheidungen, welche durch andere Akteure des Weltmarktsystems getroffen werden, muss in Bezug auf den Gestaltungsspielraum der ecuadorianischen Politik mit Blick auf Bereiche wie die Lohn- und Arbeitspolitik, die Außenhandelspolitik und Garantien für Investoren sowie die Steuer- und Fiskalpolitik Rechnung getragen werden (Brand 2009; siehe auch Sablowski 2014: 88). Die Zusammenhänge von Industrialisierung, Fiskalstaat und außenwirtschaftlichem Gleichgewicht sind komplex, wobei die zeitversetzte Wirkung von politischen Maßnahmen und Investitionsentscheidungen ein zentrales Problem darstellt. Die Bereitstellung der notwendigen Produktionsvoraussetzungen für moderne Industrieproduktion ist ein vielschichtiger und langwieriger Prozess. Hierfür sind größere staatliche Aufwendungen nötig, die entsprechend finanziert werden müssen. Die noch nicht international wettbewerbsfähigen und stärker auf staatliche Maßnahmen angewiesenen Sektoren selbst können aber zu diesem Zeitpunkt schwerlich die Grundlage der Staatsfinanzierung durch Steuern bilden (vgl. Hickel 1976; vgl. Besley und Persson 2014; Stumpo 2016).

Inwieweit die Steuerzahlung als solide Grundlage für öffentliche Ausgaben durchgesetzt werden kann und Schritte in Richtung einer auf das Zurückdrängen sozialer und ökonomischer Ungleichheiten gerichteten Entwicklung umsetzbar sind, ist jedoch nicht allein auf die hier im Fokus stehenden ökonomischen Strukturen zurückzuführen. Diese stellen aber die materielle Basis für politische Auseinandersetzungen auf dem Feld der Fiskalpolitik dar. So ist die Struktur der Wirtschaft ein entscheidender Faktor für die Robustheit der Staatsfinanzen, auch gegenüber externen Schocks (Alvarado et al. 2004). Zudem können – z.B. durch die Vertiefung und verbesserte Verknüpfung innerhalb von Wertschöpfungsketten – Importe substituiert und der Devisenbedarf gesenkt werden. Ebenso sind hinsichtlich der Fähigkeit des Staates, Steuern einzunehmen, vorfindliche wirtschaftliche Strukturen von Bedeutung, da sie sich auf den materiellen Rahmen, in dem steuerpolitische Auseinandersetzungen stattfinden, ebenso auswirken wie auf die administrativen Herausforderungen der Steuerverwaltung. So erschweren bestimmte Strukturmerkmale der Wirtschaft – wie ein großer Anteil an Subsistenzlandwirtschaft und ein großer informeller Sektor – die Besteuerung durch den Staat (Di John 2006: 3; Von Haldenwang 2009, vgl. Morrissey et al. 2016: 1690-1691). Darauf, dass die Ausdehnung der Reichweite des Staates nicht immer gegen den kapitalistischen Markt verlaufen muss, sondern dass zwischen Staat und Markt wechselseitige, sich gegenseitig bedingende Faktoren wirksam sind, habe ich bereits im theoretischen Teil dieser Arbeit hingewiesen.[167,168]

Es bleibt festzuhalten, dass die sozioökonomische Entwicklung eines Landes die zentrale Grundlage für die Fähigkeit des Staates zur Erhebung von Steuern ist. Daher werde ich hierzu im folgenden Unterkapitel zentrale Wirtschaftsdaten Ecuadors zusammenfassend darstellen (6.1), wobei ich jeweils einen gesonderten Abschnitt der Entwicklung ökonomischer und sozialer Indikatoren widmen werde. Zunächst beziehe ich mich auf die für die vorliegende Analyse herausgearbeiteten Indikatoren für Neo-Extraktivismus und den Wandel produktiver Strukturen (siehe Kapitel 4). Danach setze ich mich – nach einer kurzen Einleitung zur Regierungsstrategie für die Nutzung von Rohstoffeinnahmen zur mittelfristigen Überwindung von Extraktivismus und Rohstoffabhängigkeit – mit den von der Regierung Correa formulierten und implementierten Politiken wie auch mit ihren Grenzen und Widersprüchen auseinander (6.2). In diesem Zusammenhang zeige ich die unterschiedlichen Handlungsspielräume auf, über welche die Regierung verfügen konnte: Zunächst in der Zeit des *Circulo Virtuoso* von 2007 bis Mitte 2014 und anschließend in der Phase fallender, beziehungsweise deutlich niedrigerer Erdöleinnahmen, ab der zweiten Jahreshälfte 2014 und in den Jahren 2015 und 2016. Schließlich diskutiere ich die Ergebnisse vor dem Hintergrund der kritischen Debatte zum so genannten Neo-Extraktivismus und gehe aus regulationstheoretischer Perspektive auf Widersprüche und Komplementaritäten zwischen Rohstoffförderung und den proklamierten entwicklungsstaatlichen Zielen Ecuadors ein (6.3).

6.1 Die sozioökonomische Entwicklung Ecuadors während der *Revolución Ciudadana* – Vom *Circulo Virtuoso* zur Anpassung an niedrige Rohstoffpreise

Im Folgenden konzentriere ich mich auf die empirische Darstellung ökonomischer und sozialer Veränderungen während der *Revolución Ciudadana*, da sie unerlässliche Basisinformationen für Ecuadors Entwicklungsprozess in der Phase von 2007 bis 2016 liefern.

Im neuen Jahrtausend ist Ecuadors Wirtschaft bisher deutlich stärker gewachsen als die Lateinamerikas insgesamt. Auch Armut und soziale Ungleichheit konnten insbesondere im Kontext des

[167] Siehe auch Abschnitt 3.2.3

[168] So können steuerpolitische Instrumente des Staates, wie das 2008 in Ecuador eingeführte vereinfachte Steuerzahlungsverfahren *Régimen Impositivo Simplificado Ecuatoriano* (RISE), als eine Möglichkeit zur Integration von informellen Marktsektoren in den formellen, kapitalistischen Teil der Wirtschaft interpretiert werden. Ähnliches gilt für die Registrierung von Landeigentum und Vieh, wofür Tiergesundheit und Katastrophenschutz als Gründe genannt werden. Da diese Registrierung gleichzeitig jedoch auch Möglichkeiten zur Einbindung in kapitalistische Marktprozesse bietet und damit potenziell zudem zukünftige Besteuerung ermöglicht, wird sie – nicht zuletzt deshalb – von Teilen der indigenen Bewegung abgelehnt.

Circulo Virtuoso stärker abgebaut werden als im Durchschnitt Lateinamerikas, wobei die Wirtschaftsleistung Ecuadors allerdings weiterhin deutlich unterhalb des Durchschnitts der Region[169] liegt.

Von besonderem Interesse ist hier jedoch die Nachhaltigkeit der positiven Veränderungen in Ecuador. Besonders in den Jahren fallender Erdöleinnahmen 2015 und 2016 stand die Robustheit der ökonomischen Grundlagen für soziale Fortschritte zur Debatte. Auch wenn die – auf Basis alarmierender IWF-Szenarien über die wirtschaftliche Entwicklung Ecuadors erstellten – skeptischen Prognosen sich bisher nicht bestätigt haben (Larrea 2016; Gachet et al. 2016), zeigt diese Problematik, dass der Aufbau einer diversifizierten Wirtschaftsstruktur von zentraler Bedeutung für die weitere wirtschaftliche Entwicklung Ecuadors ist.

6.1.1 Zur Veränderung ökonomischer Indikatoren – Informationen zu Wachstumszahlen und Strukturwandel

Der Wahlsieg Rafael Correas im Jahr 2006 fiel in eine Phase wirtschaftlichen Wachstums im Kontext eines seit der Jahrtausendwende gestiegenen Erdölpreises. Mit Ausnahme des globalen Krisenjahres 2009, in welchem Ecuadors Wirtschaft lediglich um 0,6 Prozent wuchs, kann zwischen 2006 und 2014 insgesamt von einem deutlichen Wachstum gesprochen werden. Nach Angaben der CEPAL stieg die Wirtschaftsleistung des Landes inflationsbereinigt von 61,47 Milliarden USD im Jahr 2006 auf 86,50 Milliarden USD 2014. Im Krisenjahr 2016 ging sie auf 85,37 Milliarden USD zurück, wobei dieser Rückgang um 1,13 Milliarden USD aber keinen tiefen Einbruch markiert. Das gesamte reale Wachstum betrug von 2006 bis einschließlich 2016 fast 39 Prozent. Auch die pro Kopf berechnete wirtschaftliche Wachstumsrate Ecuadors lag zwischen 2006 und 2016 bei durchschnittlich 1,5 Prozent und damit deutlich oberhalb der Wachstumsrate von 0,6 Prozent im Zeitraum von 1980 bis 2006 (Weisbrot et al. 2017: 4). Mit dem Ende der Phase hoher Rohstoffpreise im zweiten Halbjahr 2014 endete zunächst auch der Wachstumszyklus. 2014 wuchs die Volkswirtschaft zwar noch um 3,8 Prozent, stagnierte aber bereits im Jahr 2015 (0,1) Prozent. Schließlich ging 2016 die Wirtschaftsleistung um 1,6 Prozent zurück (BCE 01.08.2017).

Die auf den ersten Blick naheliegende Annahme, dass das wirtschaftliche Wachstum Ecuadors während der *Revolución Ciudadana* in erster Linie auf die gestiegenen Rohstoffpreise zurückzuführen sei, lässt eine gesteigerte Bedeutung des Rohstoffexports und weniger eine binnengetragene Wirtschaftsentwicklung erwarten. Blickt man nun aber auf die Bedeutung des Exportsektors für die wirtschaftliche Entwicklung des Landes, ist sogar eine Tendenz zum Rückgang der am

[169] Im Jahr 2015 lag Ecuadors Wirtschaftsleistung pro Einwohner bei 6284 USD. Im neuen Jahrtausend ist Ecuadors Wirtschaftswachstum damit bisher deutlich stärker gestiegen als der Durchschnitt in Lateinamerika. Dennoch liegt die Wirtschaftsleistung des Landes aber weiterhin 34 Prozent unterhalb des lateinamerikanischen Durchschnitts (Calderón und Stumpo 2016: 12).

BIP gemessenen Exportquote zu beobachten und dies bereits vor dem Einbruch der Erdölexporte: Die Exportquote gemessen in Waren und Dienstleistungen sank von einem Höchststand von 34,2 Prozent 2008 auf 28,6 Prozent 2013 und auf 19,7 Prozent 2016. Auch in den Jahren relativ hoher Rohstoffpreise kann also kein Bedeutungszuwachs dieser Exporte insgesamt festgestellt werden. Allerdings ist auch festzustellen, dass die Exporteinnahmen in den wirtschaftlich schwierigen Jahren 2009 sowie 2015 und 2016 besonders stark zurückgingen und somit auch die Exportquote entsprechend sank. Dies zeigt das folgende Schaubild in Deutlichkeit.

Abbildung 8: Exporte von Waren und Dienstleistungen in Prozent des BIP

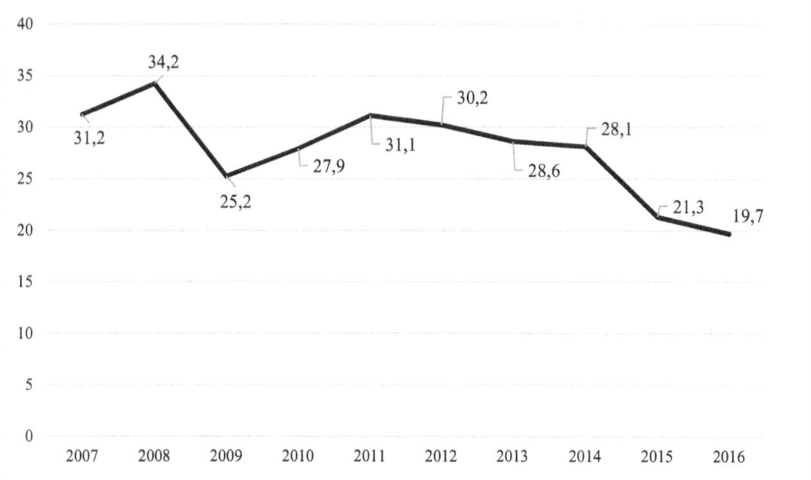

Quelle: Weltbank Online Datenbank

Untersucht man nun einen weiteren Aspekt, nämlich die Entwicklung der Exporteinnahmen aus unterschiedlichen Wirtschaftssektoren, dann zeigt sich, dass die Primärgüterexporte auch während der *Revolución Ciudadana* weiterhin eine zentrale Rolle spielten. Insgesamt war der Anteil der Exporte von Rohöl und Bergbauerzeugnissen[170] an den Gesamtexporten – in der Phase des *Circulo Virtuoso* von 2007 bis 2014 – verglichen mit der vorangegangenen Dekade relativ hoch. Dieser Anteil war 2008 und 2013 mit jeweils etwa 56 Prozent am höchsten, 2016 lag er aber nur

[170] Hierbei geht es in dieser Phase in erster Linie um Rohöl. Der in den politischen Debatten um den Neo-Extraktivismus kontrovers diskutierte Bergbausektor spielt in der Betrachtung der wirtschaftlichen Dynamik im hier untersuchten Zeitraum noch keine zentrale Rolle.

noch bei unter 32 Prozent der Gesamtexporte (BCE 2016, 2017).[171] Noch deutlicher – und als tiefer Einbruch erkennbar – wird der Rückgang der Rohstoffexporte 2015 und 2016, wenn er in absoluten Zahlen ausgedrückt wird: Von 14,09 Milliarden USD 2014 fielen die Exporte 2016 in dieser Kategorie auf nur noch 5,36 Milliarden USD (siehe nächste Abbildung).

Ecuadors Exportstruktur wird von drei Primärgütern dominiert: Erdöl, Bananen und Schalentiere (vor allem Krabben). Diese drei Exportgüter machten zwischen 2002 und 2014 etwa 70 Prozent der Gesamtexporte aus (Calderón und Stumpo 2016: 39). Ein Problem des ecuadorianischen Exportsektors ist dabei, dass sich das Land auf nicht-dynamische Sektoren konzentriert hat, deren Bedeutung im Welthandel abnimmt (ebd.: 46). Allerdings waren diese oben genannten Primärgüterexporte nicht in gleicher Weise wie der Erdölsektor von Exporteinbußen betroffen. Sie blieben 2015 stabil und stiegen 2016 wieder leicht an. In diesem Jahr machten die Primärgüterexporte außer Erdöl 45 Prozent der Gesamtexporte aus, während es 2007 noch unter 22 Prozent gewesen waren. Einen weiteren Indikator für die wirtschaftliche Entwicklung Ecuadors bilden die Exporte verarbeiteter Produkte (Industrie). Sie stieg bis 2012 an, allerdings schwächer als die Exportquote insgesamt. In den Jahren 2013 und 2014 ging sie nominell in US-Dollar und auch relativ zu anderen Exporten zurück. 2014 machten verarbeitete Produkte nur noch 16,45 Prozent der Gesamtexporte aus. In der unten gezeigten Abbildung sind die beschriebenen Daten und Tendenzen visualisiert:

Abbildung 9: Exportwerte und Exportstruktur

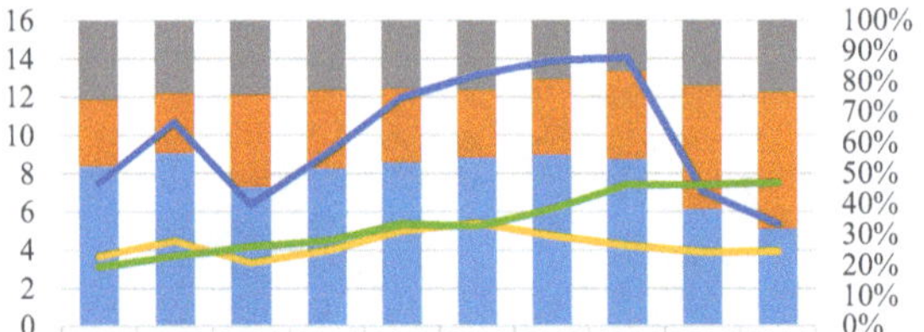

	2007	2008	2009	2010	2011	2012	2013	2014	2015	2016
Industrie %	25,72	23,83	24,08	22,7	22,33	22,67	19,15	16,45	21,23	23,44
Sonstige Primärgüter %	21,92	19,49	30,14	25,61	24,06	21,99	24,68	28,78	40,29	44,72
Rohöl und Bergbau %	52,36	56,68	45,78	51,7	53,61	55,34	56,17	54,77	38,48	31,93
Industrie in Mrd. USD	3,68	4,48	3,33	3,97	4,99	5,39	4,74	4,23	3,89	3,92
Rohöl u. Bergbau in Mrd. USD	7,5	10,67	6,35	9,04	11,97	13,15	13,9	14,09	7,05	5,36
Sonst. Primärgüter in Mrd. USD	3,14	3,67	4,18	4,48	5,37	5,23	6,11	7,4	7,39	7,51

Quelle: BCE 2017, CEPALSTAT

[171] Der Anstieg der Rohstoffpreise und damit der Anteil der Erdöl- und Bergbauerzeugnisse an den Gesamtexporten war bereits in den Jahren vor der *Revolución Ciudadana* gestiegen und lag den Jahren 2005 und 2006 bei knapp 54 beziehungsweise knapp 55 Prozent (BCE 2007).

Neben den Exportdaten geben auch die Importdaten des Landes einen wichtigen Aufschluss über die vorfindlichen ökonomischen Bedingungen. Beide Bereiche zusammen betrachtet zeigen, dass Ecuadors Einbindung in den Welthandel weiterhin dem Schema des alten Export-Import-Modells entspricht. Das Land importiert vor allem verarbeitete Produkte und exportiert Primärgüter und Produkte mit geringer Wertschöpfung in der Weiterverarbeitung. Die Schwäche des verarbeitenden Sektors wird auch dadurch deutlich, dass Ecuador – wie die meisten Länder der Region – nicht nur fast alle Waren aus technologie-intensiver Produktion importieren muss, sondern darüber hinaus auch auf Importe von Zuliefererprodukten für heimische Produktionsprozesse angewiesen ist, die von so genannten Schwellenländern in deren heimischen Firmen produziert werden (Calderón und Stumpo 2016: 38). Auch dies ist ein wichtiger Faktor für die – auch in Industriesektoren bestehende – Sensibilität ecuadorianischer Wirtschaftseliten in Bezug auf zollpolitische Maßnahmen und ebenso eine Belastung für die Handelsbilanz. Auffällig ist in diesem Zusammenhang außerdem, dass das Erdölland Ecuador die meisten auf Erdölbasis weiterverarbeiteten Produkte importieren muss (ebd.).[172]

Insgesamt zeigen die analysierten Wirtschaftsdaten Ecuadors eine weiterhin außerordentliche Bedeutung der Erdölförderung für den Export. Und doch relativiert der tendenziell sinkende Anteil des Erdölsektors an der Gesamtwirtschaftsleistung die Prämisse eines Rohstoffbooms, die der kritischen Debatte um den so genannten Neo-Extraktivismus zugrunde liegt. Für die in Kapitel 7 genauer zu betrachtenden Staatsfinanzen ist der Erdölsektor nicht zuletzt durch die – auf politische Entscheidungen der Regierung Correa zurückzuführende – stärkere Aneignung der Erdölrente durch den Staat von großer Bedeutung. Die besonderen wirtschaftlichen Schwierigkeiten Ecuadors in den Jahren 2015 und 2016 ergaben sich aber nicht nur aus der Abhängigkeit von Erdölexporten und anderen Primärgütern. Sie sind auch im Kontext der Dollarisierung des Landes zu erklären. Der US-Dollar ist für Ecuador eine überbewertete Währung. Durch das Fehlen einer eigenen Währung ist daher für Ecuador die Möglichkeit versperrt, durch eine Währungsabwertung – mit dem Effekt der Verbilligung von Ausfuhren und der Verteuerung von Einfuhren – das außenwirtschaftliche Gleichgewicht in Phasen niedriger Rohstoffeinnahmen wiederherzustellen (North 2013). Im Gegenteil, gerade in Zeiten, in denen Ecuador angesichts eines schwachen Konjunkturzyklus und fallender Exporteinnahmen einen fallenden Außenwert der eigenen Währung gebraucht hätte, um eigene Produkte konkurrenzfähig auf Auslandsmärkten platzieren zu können, gewann der US-Dollar – relativ zu den Währungen Südamerikas – deutlich an Wert. Diese von Ecuador nicht zu beeinflussenden Mechanismen wirkten sich negativ auf die Konkurrenzfähigkeit der ecuadorianischen Wirtschaft aus und verschlechterten insbesondere

[172] Die größte Raffinerie des Landes nahm 1977 ihren Betrieb auf und garantierte zumindest zeitweise die Selbstversorgung mit Kraftstoffen (Martín-Mayoral 2009: 124).

auch die Austauschrelationen zu den Nachbarstaaten (El País 20.12.2016; Pinza und Martín Carrillo 2016).

Nach einem Außenhandelsüberschuss von durchschnittlich 2,4 Prozent zwischen 2005 und 2009 war Ecuadors Außenhandelsbilanz in den Jahren 2010 bis 2015 mit durchschnittlich -1,1 Prozent stets negativ: Diese Entwicklung vollzog sich aber zunächst in einem insgesamt positiven Szenario, in dem auch das Exportniveau anstieg. Der externen Finanzierung standen außerdem ein hohes Investitionsniveau – vor allem des öffentlichen Sektors – und die Erwartung zukünftiger Einsparungen und Gewinne, beispielsweise durch ans Netz gehende neue Wasserkraftwerke[173] und die Erhöhung der Kapazitäten der Raffinerie in Esmeraldas gegenüber, durch welche die Finanzierung externer Kredite sichergestellt werden sollte. In dieser Phase waren vor allem öffentliche Investitionen eine tragende Säule des Wirtschaftswachstums (Calderón und Stumpo 2016: 14). Eben diese Investitionen sollten auch mittel- und langfristig zur Stabilisierung der Außenhandelsbilanz beitragen. So stand zwar den Leistungsbilanzdefiziten eine insgesamt deutlich gestiegene Investitionsquote im Inland gegenüber. Die gestiegene Binnennachfrage führte jedoch nicht in ausreichender Weise zu einer entsprechenden Stärkung produktiver Kapazitäten ecuadorianischer Unternehmen, sondern kam in erster Linie den Importeuren von günstigen Importwaren – und auch oft auch von Luxusgütern – entgegen (Páez Pérez 2015: 219).

> „In anderen Worten: Es gibt ein großes Gefüge von Unternehmen, die Beschäftigung letztlich durch importierte Produkte ersetzen und somit ihren erwarteten Gewinn maximieren, ohne dass Arbeitskosten und damit verbundene Risiken entstehen. Wenn wir dazu ihre Markteroberung hinzufügen, haben wir eine Geschäftsstruktur, die unter Garantie billig importiert und teuer verkauft." (Oliva Pérez 2016: 13)

In der zweiten Jahreshälfte 2014 erlebte Ecuador einen wirtschaftlichen Einbruch. Die Exporte gingen stark zurück und trotz erster Anpassungsmaßnahmen der Regierung Correa stieg das Außenhandelsdefizit 2015 auf 2,2 Prozent (Calderón und Stumpo 2016: 15). Nachfolgendes Schaubild zeigt die Anfälligkeit des Außenhandelssektors gegenüber externen Schocks durch den Rückgang der Erdöleinnahmen und Exporteinnahmen insgesamt. Sichtbar wird aber auch die Anpassung an die Reduzierung des Exportniveaus aufgrund der schwächeren wirtschaftlichen Dynamik, die durch konkrete Maßnahmen zu Senkung der Importe wie der Einführung von Schutzzöllen, neuer Qualitätsstandards und technischer Handelshemmnisse erfolgte. Auf diese Maßnahmen werde ich im nachfolgenden Unterkapitel noch gesondert eingehen (vgl. Calderón und Stumpo 2016: 15).

[173] Die Produktionskapazität im Bereich der Wasserkraft wurde von 4.070 MW 2006 auf 8.569 MW 2017 gesteigert.

Abbildung 10: Ecuadorianische Exporte in Milliarden USD

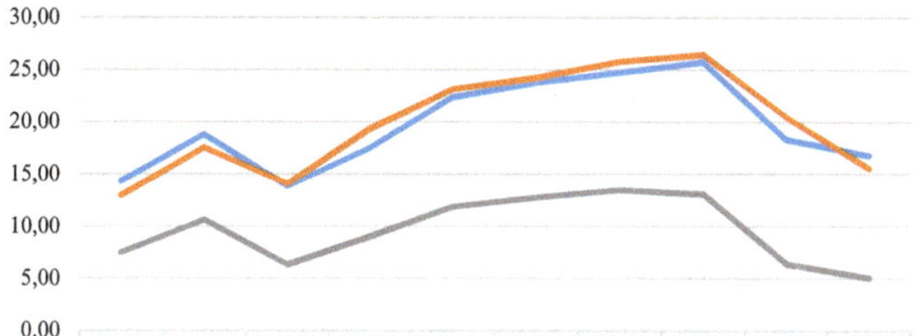

	2007	2008	2009	2010	2011	2012	2013	2014	2015	2016
Exporte FOB	14,32	18,82	13,86	17,49	22,32	23,76	24,75	25,72	18,33	16,80
Importe FOB	12,90	17,55	14,07	19,28	23,09	24,18	25,76	26,42	20,45	15,55
Rohölexporte FOB	7,43	10,57	6,28	8,95	11,80	12,71	13,41	13,02	6,36	5,05

Quelle: BCE 2017

Der spezielle Blick auf die Wertschöpfung im Erdölsektor im Vergleich zur restlichen Ökonomie zeigt für die Jahre des *Circulo Virtuoso* von 2007 bis 2014 keinen gestiegenen Anteil dieses Sektors an Ecuadors Volkswirtschaft. Wie die nachfolgende Tabelle verdeutlicht, ist der Erdölsektor zwischen 2007 und 2013 weniger gewachsen als die anderen Sektoren der ecuadorianischen Volkswirtschaft. Er war im Gegenteil stärker von Einbrüchen betroffen als die ecuadorianische Wirtschaft insgesamt. Zu konstatieren ist dennoch, dass der bereits seit der Jahrtausendwende wieder gestiegene Ölpreis, gemessen an den 1990er Jahren, relativ hoch war und trotz fehlender Konstanz – nicht zuletzt wegen der stärkeren Aneignung der Erdölrente durch die Regierung Correa – eine wichtige Grundlage für staatliche Investitionen darstellte, wie ich in Kapitel 7 verdeutlichen werde (vgl. Larrea 2016).

Tabelle 12: Wertschöpfung und wirtschaftliche Entwicklung während des *Circulo Virtuoso*

	2007	2008	2009	2010	2011	2012	2013
BIP Wachstum	2,2	6,4	0,6	3,5	7,8	5,1	4,0
BIP Erdölsektor	-7,1	0,7	0,4	-2,3	3,6	-0,2	1,7
BIP Nicht-Erdölsektor	3,6	7	1,8	4,6	8,2	5,7	3,6

Quelle: MINFIN 2014

In diesem Zusammenhang ist es wichtig anzumerken, dass ein großer Teil der aus der Rohstoffförderung gewonnenen Gelder – wie entsprechend dem Modell der ‚Holländischen Krankheit' zu erwarten – letztlich in den Bereich nicht handelbarer Güter[174] gelangte: Die Rohstoffeinnahmen des Staates flossen durch Gehälter, Investitionen und Staatsaufträge in den Privatsektor. Hier wiederum wurden die Einnahmen aber weniger in jene Sektoren investiert, die internationaler Konkurrenz ausgesetzt sind und eher in geschützte Teile der Volkswirtschaft und in Bereiche nicht-handelbarer Güter. Dort stärkten sie die Bau- und die Immobilienwirtschaft – ebenso wie den Dienstleistungssektor – ließen aber nicht jene Produktionsbereiche entstehen, die in einer post-extraktiven Wirtschaft die durch Erdölexporte eingenommenen Devisen hätten ersetzen können.

Dementsprechend ist auch in Ecuador die Bedeutung des Dienstleistungssektors von 60 Prozent des BIP 2007 auf 65 Prozent 2014 angestiegen. Das Ziel einer stärkeren Industrialisierung wurde hingegen nicht erreicht (Larrea 2016: 139). Eine nach Sektoren differenziertere Betrachtung des Wirtschaftswachstums von 2007 bis 2015 ergibt diesbezüglich folgendes Bild: Der Bausektor hat nach Prozentpunkten besonders stark zum Wirtschaftswachstum beigetragen, was neben den direkten staatlichen Investitionen auch eine Folge der Förderung durch Wohnungsbaukredite war. Auch der Bereich sozialer Dienstleistungen, Bildung und Gesundheit gewann – nicht zuletzt durch erhöhte Staatsausgaben in diesen Bereichen – an Bedeutung, wobei auch der Industriesektor – mit Ausnahme der Erdölraffination – überdurchschnittlich am Wachstum beteiligt war. Der Bergbausektor und die Erdölförderung trugen hingegen nur unwesentlich zum Wachstum bei. Durch die Generalüberholung der wichtigsten Raffinerie des Landes in Esmeraldas verlor die Erdölraffination zeitweise sogar absolut an Bedeutung (Weisbrot et al. 2017: 8). Der Bergbausektor, der in Ecuadors Wirtschaft bisher lediglich eine marginale Rolle gespielt hatte, gewann allerdings an Bedeutung für den Exportsektor. Auch für die kommenden Jahre wird ein starker Bedeutungszuwachs erwartet.[175]

---

[174] Hierbei geht es um Güter, die nicht international gehandelt werden können. Deshalb können sie in unterschiedlichen Ländern auch unterschiedliche Preise aufweisen, wie zum Beispiel Grundstücke oder bestimmte Dienstleistungen. Diese Preise werden allein durch die *nationalen* Angebots- und Nachfragebedingungen bestimmt (siehe auch Weerth 2018).

[175] Den Wert der bekannten Reserven, der sich auf Konzessionen in etwa 10 Prozent der Landesfläche bezieht, geben Larenas Herdiíza et al. (2017: 83), basierend auf den Durchschnittspreisen von 2015, mit 105 Milliarden USD oder 114 Prozent des jährlichen BIP an (ebd.), so dass der Bergbausektor ein wichtiger zentraler Bereich zukünftiger extensiver Akkumulation sein könnte. Konzessionen sind hier nicht mit Fördergebieten gleichzusetzen, sondern sie werden vergeben, um die Möglichkeiten des Bergbaus festzustellen und dann an den aussichtsreichen Stellen mit dem Bergbau zu beginnen. Vor der *Revolución Ciudadana* waren bereits für einen weitaus größeren Teil des Landes Bergbaukonzessionen vergeben worden. Die Verfassungsgebende Versammlung entschied jedoch im Jahr 2008 die Aufhebung aller Konzessionen, deren Eigentümer bis zu diesem Zeitpunkt keine Investitionen durchgeführt hatten, keine Studien über die Auswirkungen auf die Umwelt vorgelegt hatten, noch Schulden wegen Patentzahlungen hatten oder sich zum Beispiel in Naturschutzgebieten befanden (Larenas et al. 2017, Asamblea Constituyente 2008). Gleichzeitig wurde ein neues Bergbaugesetz angekündigt, das schließlich Anfang 2009 verabschiedet wurde und die Grundlage zur neuen Vergabe von Konzessionen und zur Formalisierung des bereits bestehenden informellen Bergbaus gab. Dass zunehmend die Förderung des Sektors und der Versuch Investoren nach Ecuador zu holen im Vordergrund standen, wird auch durch die Schaffung eines eigenständigen Bergbauministeriums 2015 deutlich (Larenas et al. 2017: 81).

Tabelle 13: Ecuadors Wirtschaftsstruktur nach Sektoren

	1980	1988	1999	2006	2014
Land- und Forstwirtschaft, Jagd und Fischfang	5,8	7,3	10,1	10,1	9,3
Minen und Steinbrüche, vor allem Erdölförderung	11	14,8	12,3	13,4	10,3
Verarbeitende Industrie	18,5	17,6	18,5	12,7	12
Energieversorgung	0,4	0,8	1	0,8	1,5
Bausektor	13,1	10,3	6,1	9	11,6
Handel, Gaststätten und Hotels	13,6	12,8	12,9	12,9	12,6
Transport, Lagerhaltung und Kommunikation	3,9	4,7	6,7	7,2	8,2
Finanz- und Unternehmensdienstleistungen	13,3	15,3	12,8	14,1	15,2
Kommunale, soziale u. personenbezogene Dienstleistungen	16,4	17,8	16,4	14,6	14,8

Quelle: Calderón und Stumpo 2016, basierend auf CEPAL mit Daten von CEPALSTAT

Betrachtet man die in diesem Kontext zu analysierende Entwicklung von Ecuadors Wirtschaftsstruktur, ergeben sich – wie die obige Tabelle zeigt – zwischen 2006 und 2014 lediglich geringe Veränderungen. Überraschend ist allerdings, dass der Bereich der Rohstoffextraktion seinen Anteil am Bruttoinlandsprodukt von 13,4 Prozent 2006 auf nur noch 10,3 Prozent 2014 verringerte. Der Anteil des verarbeitenden Industriesektors mit Berücksichtigung der Erdölraffination sank von 12,7 auf 12 Prozent leicht und auch der Anteil des Agrar-, Jagd und Fischereisektors an der Gesamtwirtschaftsleistung verkleinerte sich von 10,1 auf 9,3 Prozent ebenfalls leicht. Dieser prozentuale Rückgang ist allerdings nicht auf einen Niedergang der genannten Sektoren zurückzuführen, sondern auf deren geringeres Wachstum verglichen mit anderen Sektoren. Leicht an Bedeutung gewinnen konnten hingegen der Bausektor, der Transportsektor und der Bereich der Finanz- und Unternehmensdienstleistungen (Calderón und Stumpo 2016: 20).

Nachdem die Industrieexporte Ecuadors in den Jahren 1980 und 1981 erstmals die Primärgüter außer Erdöl übertroffen hatten – wenn auch mit einem erheblichen Import von Vorprodukten – ging die Bedeutung dieses Sektors für die Exporte (Correa 2014: 37-38), vor allem auch nach der Dollarisierung, für die Wirtschaft Ecuadors insgesamt zurück: Hatte der Industrieanteil am BIP 1999 noch bei 18,5 Prozent gelegen, waren es 2006 nur noch 12,7 und 2014 12 Prozent. Für die Phase des *Circulo Virtuoso* kann also eine weitgehende Stabilisierung des Anteils der verarbeitenden Industrie an der Volkswirtschaft, allerdings auf niedrigem Niveau, konstatiert werden (Calderón und Stumpo 2016: 20). Für die weitere Entwicklung dieses Sektors beunruhigend ist aber vor allem, dass sich auch der Produktivitätsvorsprung des Industriesektors gegenüber anderen Teilen der Volkswirtschaft zwischen 1999 und 2013 von 40,6 auf 27,4 Prozent deutlich reduziert hat und gleichzeitig auch der Anteil der Industriearbeitsplätze leicht rückläufig war (ebd. 26).

Renten spielten nicht nur durch die Verteilung der Erdölrente weiterhin eine erhebliche Rolle in Ecuadors Ökonomie. Die Kombination von Renteneinnahmen und freiem Kapitalverkehr führte zu einem permanenten Druck auf die Regierung, die Bedingungen für private Investoren durch höhere zu erwartende Renditen zu verbessern, um so der Kapitalflucht[176] und – damit oft verbunden – auch der Steuerflucht entgegenzuwirken. Letztlich scheint der Kern des Problems aber darin zu liegen, dass die Profiteure von Renteneinnahmen unter den gegebenen Bedingungen nicht dazu gezwungen sind, ihre Gewinne in produktive Sektoren zu reinvestieren, um ihre Marktposition zu behaupten (vgl. Elsenhans 2017: 1). Im Gegenteil, sie tendieren dazu, Vermögen in Form von Finanztiteln im Ausland anzuhäufen. Höhere Steuern und Löhne führen in diesem Kontext nicht notwendigerweise aus ökonomischen Gründen zu niedrigeren Investitionen, bergen aber die Gefahr von Investorenstreiks in sich, zu denen es in Ecuador aber während der Präsidentschaft Correas nicht kam. Allenfalls kam es zu Investitionszurückhaltung und im Zuge der Auseinandersetzungen um die Erbschaftssteuerreform 2015 waren Drohungen mit Kapitalflucht zu vernehmen.

Ausländische Konzerne spielten auch während der *Revolución Ciudadana* eine wichtige Rolle und zählten zu den umsatzstärksten Unternehmen des Landes. Ihre Ansiedlung geht zum Teil noch auf die Phase der Förderung der importsubstituierenden Entwicklung der 1960er und 1970er Jahre zurück, beispielswiese im Automobilbau.

Eine im Vergleich zu den Nachbarländern geringe wirtschaftliche Bedeutung hatten allerdings ausländische Direktinvestitionen. Diese erreichten durchschnittlich nur eine Höhe von 0,7 Prozent des BIP, während es im Durchschnitt der Region 3,4 Prozent waren (Calderón und Stumpo 2016: 48). Besonders in der Phase des eingeschränkten Devisenzugangs – aufgrund fallender Exporteinnahmen infolge des Verfalls der Erdöleinnahmen – rückten private ausländische Investitionen aber verstärkt in den Fokus der Regierung Correa. Sie konnten jedoch nur leicht – von lediglich 772 Millionen USD 2014 auf 1322 Millionen USD im Jahr 2015 – gesteigert werden, bevor sie im Rezessionsjahr 2016 wieder auf 744 Millionen USD zurückgingen. Auch waren diese Investitionen zudem kaum dazu angetan, einen Wandel der Produktionsstrukturen herbeizuführen. Die Statistiken Ecuadors zeichnen in diesem Zusammenhang folgendes Bild: Zwischen 2011 und 2015 machten die ausländischen Investitionen in den Industriesektor lediglich 19 Prozent der gesamten ausländischen Investitionen aus, während 25 Prozent auf den Dienstleistungssektor und 52 Prozent auf den Bereich der extraktiven Sektoren Bergbau und Erdölausbeutung entfielen. Mit lediglich 4 Prozent spielte der Landwirtschaftssektor eine untergeordnete

[176] Eine zusätzliche Herausforderung ergibt sich – nicht nur für Ecuador – durch den freien internationalen Kapitalverkehr, der es den Kapitaleignern und Investoren ermöglicht, höhere Renditechancen mit Verweis auf ihre *Exit*-Option einzufordern (Fisahn 2008; Novy und Jäger 2012). Bei dem Problem von Kapitalflucht spielt auch das Handeln anderer Akteure, insbesondere der US-Notenbank FED eine wichtige Rolle. Zinserhöhungen der US-Notenbank können zu einem Kapitalabfluss in Richtung USA führen beziehungsweise zu Zinserhöhungen zwingen, die ihrerseits negative Effekte auf Investitionen in die Realwirtschaft haben. Die Devisenausfuhrsteuer ISD der ecuadorianischen Regierung ist daher als Gegenmaßnahme zu verstehen, die aber auch den Zufluss von Kapital regulieren und Investitionen durch spekulatives Kapitel unattraktiv machen soll.

Rolle (Calderón und Stumpo 2016: 50). Dagegen gewann der lange Zeit marginale Bergbausektor zunehmend an Bedeutung als Ziel ausländischer Investitionen. Damit verstärkten sich die Befürchtungen einer erneuten Vertiefung des Extraktivismus – mitsamt den aus der Erdölförderung seit den 1970er Jahren bekannten, überwiegend negativen sozialen und ökologischen Folgen (Acosta und Schuldt 2006; Brand 2015).

6.1.2 Zur Veränderung sozialer Indikatoren – Abbau von Armut und Ungleichheit

Nach der soeben erfolgten Diskussion wirtschaftlicher Entwicklungstendenzen während der *Revolución Ciudadana* gehe ich nun auf soziale Entwicklungsindikatoren ein. Die Arbeitspolitik der Regierung Correa stellt dabei einen wichtigen Schnittpunkt zwischen der wirtschaftlichen und der sozialen Entwicklung Ecuadors dar.

Die Anfangsjahre der *Revolución Ciudadana* waren von einer expansiven Lohnpolitik geprägt, durch die der Binnenmarkt erweitert wurde. Der Mindestlohn stieg von 160 USD 2006 auf 340 USD 2014 und auf 375 USD 2017 und damit auch in realer Kaufkraft gemessen stark an. Ab 2015 fielen die Mindestlohnsteigerungen dann geringer aus, lagen aber immer noch über der Inflationsrate. Ein wichtiger Faktor für eine über den Mindestlohn hinausgehende Steigerung der Lohneinkommen war die Einführung des so genannten *Salario Digno* (Lohn der Würde) – einer gesetzlichen Regelung, die eine Auszahlung von Gewinnen an Anteilseigner erst dann erlaubt, wenn die Lohnhöhe in dem entsprechenden Unternehmen zur Deckung des Grundwarenkorbs ausreicht. Insgesamt stiegen die Löhne ab 2007 auch stärker als die Produktivität und die Lohnquote stieg von 32,2 Prozent 2007 auf 39 Prozent 2014 (León G. 2016). Die deutlichen Lohnsteigerungen in den ersten Jahren der *Revolución Ciudadana* sind – neben dem vorhandenen größeren wirtschaftlichen Spielraum – auch darauf zurückzuführen, dass nach Jahrzehnten des Neoliberalismus ein großer Nachholbedarf bestand.[177]

Zwischen 2006 und 2013 ging der Anteil informeller beziehungsweise nicht sozialversicherter Beschäftigung um fast 21 Prozentpunkte von 67,2 auf 45,7 Prozent zurück (Calderón 2016: 18). Darüber hinaus wurden, neben der deutlichen, realen Steigerung des Mindestlohns, von der Regierung Correa auch Maßnahmen ergriffen, um die Qualität der Arbeitsplätze zu verbessern. Hierzu gehört das seit September 2012 gültige Gesetz zur Verteidigung der Arbeitsrechte, durch das der Mutterschutz verbessert und die Arbeitszeiten der Hausangestellten geregelt wurden, wobei für letztere auch die Sozialversicherungspflicht und das Recht, den allgemeinen Mindestlohn

[177] Die Gründe dafür sind hier aber in der ausdrücklichen politisch motivierten Zielsetzung der Regierung und – weniger als in anderen Ländern – in einer gestärkten Verhandlungsmacht der Gewerkschaften zu sehen. Deren Organisationsgrad war in Ecuador im regionalen Vergleich stets gering und ihr Einfluss seit den frühen 1980er Jahren stark rückläufig (Paz y Miño Cepeda 2016a).

zu erhalten, festgeschrieben wurde (Calderón und Stumpo 2016: 17). Die durchgeführte Formalisierung von Arbeits- und Wirtschaftsbeziehungen hatte und hat auch eine große Bedeutung für die fiskalpolitischen Kapazitäten des ecuadorianischen Staates, denn dadurch werden für den Staat Informationen über Einnahmen und Ausgaben der Wirtschaftsakteure sichtbar und es wird in der Folge leichter, Einkommen zu besteuern (vgl. Alvarado 2004: 12). Der relativ hohe Anteil der Beschäftigten, welche auf eigene Rechnung oder in Betrieben und Geschäften mit weniger als 5 Beschäftigten arbeiteten, konnte allerdings nicht gesenkt werden, was deren Besteuerung erschwerte (Di John 2006: 3; Calderón und Stumpo 201: 18).

Der Rückgang der Armut ist nicht allein auf Wirtschaftswachstum und Transferleistungen, sondern auch auf Verteilungspolitik und öffentliche Investitionen zurückzuführen. Aufschluss über die Verringerung der sozialen Ungleichheit in Ecuador gibt unter anderem der GINI-Koeffizient: Er ging von 0,55 Ende 2006 auf knapp 0,47 Ende 2016 zurück (INEC 2016). Einen weiteren wichtigen Aspekt bietet in diesem Zusammenhang der Blick auf den für die unteren Einkommensgruppen wichtigen Grundwarenkorb. Hier zeigt sich, dass die Einkommensarmut zwischen 2007 und 2016 beträchtlich – nämlich von 36,7 auf 22,9 Prozent – zurückging und die extreme Armut im gleichen Zeitraum von 16,5 auf 8,7 Prozent (Weisbrot et al. 2017: 5).[178] Lediglich in den Jahren 2015 und 2016 ist eine leichte Verschlechterung festzustellen.

Ein erkennbarer Rückgang der Armut zeigte sich auch im Hinblick auf die gestiegene Möglichkeit zur Befriedigung von Grundbedürfnissen, beispielsweise im Bildungssektor und im Wohnungsbau. Hier spielten weniger konjunkturelle Faktoren als vielmehr eine gezielte staatliche Politik die entscheidende Rolle. Während der Anteil der Einwohner, deren Grundbedürfnisse nicht bzw. nicht vollständig befriedigt wurden, 2006 noch bei 52 Prozent lag, waren 2014 mit 35,8 Prozent deutlich weniger Menschen davon betroffen (INEC 2015).[179] Im ecuadorianischen Kontext betrachtet bedeutete dies eine erhebliche Verbesserung der Lebensbedingungen für die unteren gesellschaftlichen Schichten.

Darüber hinaus wurden wichtige Fortschritte bei der Gesundheitsversorgung und im Bildungssektor gemacht, vor allem in Bezug auf die Ausweitung der Zugangsrechte für bisher marginalisierte Sektoren zu Bildungseinrichtungen und auf die Verbesserung der Bildungsqualität (Malo-Serrano 2014). Auch wurde das Recht auf Gesundheit erstmals als Pflicht des Staates festgelegt. Es wurde verbunden mit gesundheitsfördernden Maßnahmen wie dem Zugang zu Wasser, zu

[178] Das ecuadorianische Statistikinstitut INEC definiert von Einkommensarmut betroffene Menschen als diejenigen, deren Pro-Kopf-Einkommen unterhalb der Armutsgrenze liegt. Die Armutsgrenze wird entsprechend der Steigerungsrate der Konsumentenpreise angepasst.

[179] Unterschiedliche Faktoren können dazu führen, dass die Grundbedürfnisse als nicht gedeckt gelten. Ein Faktor sind die ökonomischen Fähigkeiten. Hat der Haushaltsvorstand lediglich zwei Jahre oder weniger Schulbildung und kommen außerdem mehr als drei Bewohner auf eine Person mit Erwerbsarbeit, gilt der Haushalt als arm. Dies gilt auch, wenn Kinder zwischen 6 und 12 Jahren in diesem Haushalt wohnen und nicht die Schule besuchen. Ein weiteres Kriterium ist der Zugang zu adäquatem Wohnraum, der Fußboden darf also beispielsweise nicht aus Erde oder die Wände aus Rohr-oder Schilfgeflecht sein. Berücksichtigt werden auch die sanitären Bedingungen, also ob ein Anschluss an das Abwassersystem und ein Zugang zu Leitungswasser besteht. Als arm wegen einer unangemessenen Wohnungsgröße gelten Haushalte, in denen mehr als drei Personen auf ein Schlafzimmer kommen.

Bildung, zu sportlichen Betätigungsmöglichkeiten, zu Arbeit und sozialer Sicherheit, die als Teil des *Buen Vivir* verstanden wurden (Malo-Serrano 2014: 754–755). Bezüglich der Verbesserungen durch Ausgabesteigerungen in den Bereichen Bildung und Gesundheit muss allerdings angemerkt werden, dass der Ausgangspunkt ein extrem niedriges Ausgabenniveau war und die in der Verfassung festgelegten Niveaus von 6 beziehungsweise 4 Prozent des BIP noch nicht erreicht wurden (Iturralde 2015; UNESCO 2018).

Zusammenfassend ist festzustellen, dass es – trotz nicht zu unterschätzender Probleme –während der *Revolución Ciudadana* gelungen ist, die gravierende Armut großer Bevölkerungsgruppen zu senken, vorfindliche Arbeitsbedingungen zu verbessern und einige weitere Indikatoren sozialer Ungleichheit positiv zu verändern.

6.2 Der Entwicklungsweg der *Revolución Ciudadana* – vom *Circulo Virtuoso* zu Stagnation und Krisenangst

Ein wichtiges Merkmal progressiv regierter lateinamerikanischer Länder nach der Jahrtausendwende war die Rückkehr des Staates als Entwicklungsakteur und die Abkehr von der neoliberalen Ideologie des Minimalstaates (Grugel und Riggirozzi 2012: 1). Mit der Regierungsübernahme dieser Mitte-Linksregierungen kam dem Staat in seiner quantitativen Bedeutung und als Regulierungs- und Planungsinstanz wieder eine wichtigere Rolle im Entwicklungsprozess zu (Brand 2009: 67; Svampa 2013). Dies geschah mit dem Ziel, die staatlichen Lenkungs- und Umverteilungskapazitäten in einer sozial fortschrittlichen Weise auszubauen, ohne sich dabei eindeutig auf eine anti-kapitalistische Perspektive festzulegen (vgl. Boris 2014: 146). Die Analyse zeigt, dass ein großer Anteil der höheren Staatseinnahmen in Ecuador für Investitionen in die Verkehrsinfrastruktur, Energieerzeugung, Hochwasserschutz und Bewässerung verwendet wurde, womit wichtige Verbesserungen der allgemeinen Produktionsvoraussetzungen erreicht wurden. Was die Investitionen in den Energiesektor betrifft, wurden dadurch maßgebliche Schritte zur Stabilisierung der für den Erhalt der Dollarisierung wichtigen Leistungsbilanz umgesetzt.

Von der Regierung Correa war darüber hinaus das Ziel eines grundlegenden Wandels der Produktionsstrukturen proklamiert worden, um so mittelfristig die Abhängigkeit von Rohstoffexporten zu überwinden und eine nachhaltige, diversifizierte und wissensbasierte Ökonomie aufzubauen (SENPLADES 2009; SENPLADES 2013) und so langfristig zur dringend notwendigen Verbesserung des Lebensstandards beizutragen. Die in den vorangegangenen Unterkapiteln erfolgte Betrachtung ökonomischer und sozialer Entwicklungsindikatoren zeigt allerdings, dass der proklamierte Wandel produktiver Strukturen während der *Revolución Ciudadana* noch nicht erreicht wurde und insbesondere auch die historisch gewachsene Struktur des Außenhandels nicht grundlegend überwunden werden konnte. Dies sollte jedoch nicht dazu verleiten, die erfolgten Initiativen der Regierung Correa zur Diversifizierung von Produktionsstrukturen und die gegen die Deindustrialisierung gerichteten Maßnahmen zu negieren. Auch die Verbesserung der öffentlichen Beschaffung und die Förderung von Wertschöpfungsketten sind nicht zu unterschätzende Schritte in die richtige Richtung, die trotz bleibender Defizite nicht vorschnell als unwirksam abgetan werden sollten (América Economía 08.02.2017; Calerdón 2016)

Die Gründe für die bleibenden Herausforderungen sind vielschichtig. Gegen den Wandel stehen die höheren Gewinnerwartungen der Unternehmen in den traditionellen Sektoren und die Tatsache, dass es sich in wichtigen Teilen um Investitionen in einen Veränderungsprozess handelt, deren Wirkung nicht unmittelbar in den Wirtschaftsstatistiken ablesbar ist: Dies ist beispielsweise der Fall bei der Stärkung des Bildungswesens, bei der Universitätsreform, bei Schritten zum Aufbau eines dualen Berufsausbildungssystems sowie bei Stipendien- und wissenschaftlichen Austauschprogrammen.

Kritiker*Innen der Mitte-Linksregierungen argumentieren in diesem Zusammenhang damit, dass die Tendenz zu einer stärkeren Bedeutung des Rohstoffsektors die Folge einer explizit politischen Strategie sei (Gudynas 2013; Svampa 2013). Deren extraktivistischer Entwicklungsansatz strebe zwar Wandel und Zukunft an und sei auf den Staat angewiesen, habe aber nicht das Ziel der Diversifizierung der Ökonomie und deren Industrie- und Dienstleistungsgrundlage zum Ziel (Gudynas 2013: 37). Die Kritik ist meist damit verbunden, auch die sozialpolitischen Verbesserungen durch lateinamerikanische Linksregierungen allein als Folge des durch die höheren Rohstoffeinnahmen entstandenen Verteilungsspielraums zu sehen, ohne aber strukturelle Veränderungen zur Kenntnis zu nehmen. So wurden beispielsweise durch die Regierung Correa grundlegende strukturelle Veränderungen in der Neuordnung des Staatssektors und bei der Ausweitung sozialer Rechte durchgesetzt. Dabei erwies sich die Neuordnung der oft segmentierten und widersprüchlichen, von Privilegien und Exklusion durchzogenen Strukturen in den Bereichen Soziales und Bildung – angesichts der bereits vor der *Revolución Ciudadana* entstandenen korporatistischen Arrangements – als politische Herausforderung und auch als Ursache neuer Konflikte.

Auch auf die ökonomische Ebene bezogen greift die oben beschriebene Argumentation von Kritiker*innen der Linksregierungen zu kurz. So bleibt bei diesen Kritiken oft unberücksichtigt, dass es unerlässlich ist, zwischen strukturellen Zwängen und Preiseffekten einerseits und der Entwicklungsstrategie von rohstoffabhängigen Regierungen andererseits zu unterscheiden. Und Ecuadors Beispiel zeigt überdies: Hohe Exporterlöse und -mengen allein sind kein eindeutiges Indiz dafür, dass seitens einer Regierung ausschließlich auf eine rohstoffbasierte Wachstumsstrategie gesetzt wird und negative Erfahrungen mit schlechter werdenden *Terms of Trade* vergessen sind, auf die zunächst in Teilen Lateinamerikas ab den 1940er Jahren mit entwicklungsstaatlicher Politik und Förderung der Industrialisierung reagiert worden war.[180]

[180] Sofern dies nicht gezielt durch staatliche Regulierung eingeschränkt wird, ist bei hohen Rohstoffpreisen zu erwarten, dass Investoren diese nutzen, um zum Beispiel in den Bergbausektor oder entsprechende *Cash-Crops* zu investieren, die nun höhere Gewinne versprechen.

Die Frage ist hier demgemäß, inwiefern es während der *Revolución Ciudadana* gelungen ist, den starken Preissignalen durch hohe internationale Rohstoffpreise sowie den Effekten der ‚Holländischen Krankheit' durch adäquate Regulationsmechanismen und öffentliche Investitionen entgegenzuwirken und damit auch die makroökonomische Abhängigkeit von Erdöleinnahmen zu mindern (Calderón und Stumpo 2016: 13). Im vorliegenden Abschnitt setze ich mich daher mit den während der *Revolución Ciudadana* umgesetzten politischen Maßnahmen und der Fähigkeit der Regierung Correa auseinander, die staatlichen Institutionen im Sinne der proklamierten ökonomischen Entwicklungsziele zu nutzen und gegenüber dem Privatsektor entsprechende Mechanismen der Regulierung und der Kooperation umzusetzen. Dabei zeige ich in jeweils spezifischen Abschnitten die unterschiedlichen Handlungsspielräume der Regierung in der Phase des *Circulo Virtuoso* von 2007 bis Mitte 2014 und in der Phase deutlich geringerer Erdöleinnahmen ab der zweiten Jahreshälfte 2014 sowie in den Jahren 2015 und 2016 auf.

6.2.1 Strategische Ziele und konkrete Maßnahmen – Fortschritte und Rückschritte in Richtung Strukturwandel während des *Circulo Virtuoso*

Die Rückkehr des Staates als Entwicklungsakteur wurde zu Beginn der *Revolución Ciudadana* nicht zuletzt durch die günstigen externen Bedingungen relativ hoher Erdöleinnahmen ermöglicht. Dadurch konnten Zahlungsbilanzkrisen vermieden werden und der Wachstumsspielraum vergrößerte sich (vgl. Rosnick und Weisbrot 2014: 3). Wie andere progressive Regierungen der Region eignete sich auch die Regierung Correa einen größeren Teil der Rohstoffrente an. Sie nutzte die Rohstoffeinnahmen auch als Chance zur Bewältigung sozialer Probleme (Burchardt 2014: 6; Larrea 2016), wobei dies in Ecuador nicht für direkte Sozialtransfers aus Rohstoffeinnahmen, wohl aber für die Verbesserung der Infrastruktur in den Bereichen Bildung, Gesundheit und Soziales gilt, die wie andere Bereiche von der Erhöhung öffentlicher Investitionen profitierten. Die Ziele der Regierung Correa waren weiter gefasst und beinhalteten – über die Stabilisierung der Staatsfinanzierung durch die Stärkung des Steuersystems und die genannten Verbesserungen in der Infrastruktur hinaus – auch das Ziel einer Nutzung relativ hoher Rohstoffeinnahmen, um die Abhängigkeit von Erdöleinnahmen mittel- und langfristig zu mindern. Grob umrissen lassen sich die gesteckten Ziele so zusammenfassen: Der Aufbau einer sozial gerechten Gesellschaft sollte – basierend auf einem grundlegenden Wandel der ökonomischen Strukturen – also der Abkehr von Agrarexporten ohne Weiterverarbeitung und Rohstoffabhängigkeit und der Hinwendung zu hochwertiger Industrieproduktion und einer wissensbasierten Ökonomie erreicht werden (SENPLADES 2009; 2013). Die Nutzung der Rohstoffeinnahmen sollte dabei dazu dienen, auf die im Prozess nachzuholender Entwicklung – und z.B. von den so genannten asiatischen Tigerstaaten genutzte – hohe Ausbeutung von Arbeit zu verzichten (Correa 2012: 95; Carrasco Vicuña 10.02. und 17.02.2014). Ein wichtiges Problem ergibt sich hier aber dadurch, dass vor allem energieintensive aber nicht arbeitsintensive Produktionssektoren in Folge niedriger Energiepreise wettbewerbsfähig werden, so dass breitenwirksames Wachstum erschwert wird.

In der politisch-praktischen Umsetzung stellen sich die Wirkungszusammenhänge, die die Rohstoffrente für den Entwicklungsprozess von Staaten bedeutet, als überaus komplex und widersprüchlich dar. Ihre adäquate Nutzung zur Förderung neuer Produktionsstrukturen ist eine schwierige Herausforderung, denn dem Ziel, die Einnahmen aus Rohstoffen für Entwicklungsprojekte zu nutzen, stehen die Mechanismen der so genannten ‚Holländischen Krankheit' entgegen. So führt die Erwartung höherer Profite in diesem Sektor in der Tendenz zu steigenden Investitionen in die Ressourcenextraktion anstatt in andere Wirtschaftsbereiche. Der verstärkte Export von Rohstoffen bedingt in der Folge strukturell eine reale Aufwertung der Währung, wodurch wiederum produktive Wirtschaftsbereiche an Wettbewerbsfähigkeit verlieren und der Industrialisierungsprozess erschwert wird (Jäger und Leubolt 2011: 60). Auch in Ecuador, einem noch dazu dollarisierten Land, kam es infolge der Extraktionspolitik zu einer realen Aufwertung der Währung, also zu einer Steigerung der Preise im Verhältnis zum Preisniveau der Handelspartner. Die Rohstoffeinnahmen flossen in Ecuador zwar –wie in Unterkapitel 6.1 dargestellt – nicht nur in den Rohstoffsektor zurück, sie führten aber auch nicht zum gewünschten Wandel der Produktionsstrukturen, sondern zu einer Verschiebung der Investitionen von handelbaren Gütern, die internationaler Konkurrenz ausgesetzt sind, zu nicht-handelbaren Gütern und Dienstleistungen, bei denen die Preisbildung entsprechend Angebot und Nachfrage auf dem Binnenmarkt stattfindet (Naranjo Chiriboga 2003-2006: 69).

In diesem Kontext ist es notwendig, den Hintergrund der Dollarisierung Ecuadors nachzuzeichnen. Hier war es seit Ende der 1990er Jahre zu einem massiven realen Aufwertungsprozess der damaligen Währung *Sucre* gekommen – das heißt, der Außenwert des Sucre sank weniger rapide als dies angesichts der galoppierenden Inflation nötig gewesen wäre, um eine Verteuerung ecuadorianischer Produkte auf dem Weltmarkt zu verhindern. Dieser Prozess setzte sich sogar noch in den ersten drei Jahren nach Einführung des US-Dollars als Zahlungsmittel im Jahr 2000 fort, da die Inflationsrate in Ecuador zunächst noch weit höher als in den USA war. Erst mit dem Erreichen der amerikanischen Inflationsrate stabilisierte sich der reale Außenwert der Währung, allerdings auf hohem Niveau (Flassbeck 2014: 7; Calderón und Stumpo 2016: 13). Danach wurde dieser Effekt bis Mitte 2014 von einem im internationalen Vergleich relativ schwachen Dollarkurs gedämpft. Gerade als jedoch eine Abwertung der Währung für Ecuadors außenwirtschaftliche Stabilität angesichts fallender Rohstoffexporte notwendig gewesen wäre, gewann der US-Dollar im Vergleich zu lateinamerikanischen Währungen wieder an Wert (Calderón und Stumpo 2016: 14). Entsprechend negativ wirkt sich dies auf die ehrgeizigen Ziele der Regierung Correa aus.

Der Versuch, einen Wandel der Produktionsmatrix voranzutreiben, bedeutete für die Regierung Correa auch, der Logik einer Konzentration auf komplementäre Kostenvorteile á la Ricardo zu widerstehen, die als theoretisch-ideologische Grundlage der Reprimarisierung seit Beginn der

1980er Jahre gelten konnte. Demgegenüber zielte man darauf ab, die Bedingungen für eine stärkere Industrialisierung und eine wissensbasierte Ökonomie zu schaffen und die Wirtschaftssektoren mit größerem Innovations- und Entwicklungspotenzial besonders zu fördern (vgl. Chang 2002; 2003; 2007; Calderón und Stumpo 2016: 47). Hierfür wurde während der *Revolución Ciudadana* eine Reihe richtungsweisender Maßnahmen ergriffen. Bereits im nationalen Entwicklungsplan für die Jahre 2009 bis 2013 war das Ziel eines grundlegenden wirtschaftlichen Strukturwandels formuliert worden. Während im Zentrum der ersten Regierungsjahre die Rückkehr des Staates als Entwicklungsakteur, der institutionelle Wandel und soziale Verbesserungen – zum Beispiel die Zahlung der sozialen Schulden – gestanden hatten, wurde der Wandel der Produktionsstrukturen *Cambio de la Matriz Productiva* im Wahlkampf 2013 ins Zentrum des Regierungsdiskurses gerückt und als größte Herausforderung des Landes benannt. Ein wichtiges Vorhaben war es dabei, den verarbeitenden Sektor zu stärken und hochwertige industrielle Wertschöpfung zu generieren. Grundlagen hierfür waren die Schaffung der hierfür nötigen Reproduktionsbedingungen und gesellschaftlichen Produktionsvoraussetzungen (Hickel 1976) durch staatliche Leistungen bezüglich Infrastruktur, Technologieförderung, Bildungswesen, Gesundheitsversorgung und Gewährleistung von innerer und äußerer Sicherheit.

Die Regierung bezeichnete Wettbewerbsfähigkeit als strategisches Ziel ihrer Wirtschaftspolitik. Im Diskurs darüber grenzte sie sich aber entschieden vom neoliberalen Konzept ab, dieses Ziel durch niedrige Löhne und Steuern zu erreichen. Eben dieses Konzept hatte im Lateinamerika der 1980er Jahre zu einer Verringerung des Pro-Kopfeinkommen geführt und auch zu weniger Investitionen in Bildung und Forschung (vgl. Fajnzylber 1987). Stattdessen knüpfte die Regierung Correa an das im Kontext der CEPAL diskutierte Konzept einer ‚authentischen' (ebd.), beziehungsweise systemischen Wettbewerbsfähigkeit an (Eßer et al. 1995) – wobei es bei authentischer Wettbewerbsfähigkeit um die Nutzung und Entwicklung neuer Technologien im Rahmen einer gleichheitsorientierten Politik geht. Dass diese Strategie erfolgreich war, zeigt die Tatsache, dass nach Angaben des *World Economic Forum* Ecuador zu den Ländern Lateinamerikas gehört, die ihre Wettbewerbsfähigkeit zwischen 2008 und 2015 besonders stark steigern konnten[181] (vgl. WEF 2008: 2015). Die Fortschritte sind in nahezu allen Teilbereichen sichtbar, wobei die Bereiche Infrastruktur und Hochschulbildung besonders hervorstechen (Calderón et al. 2016: 238).

Die Transformation des Bildungssektors gehörte zu den zentralen Reformprojekten der Regierung Correa. Die historische Vernachlässigung dieses Sektors, nicht zuletzt in der Phase neoliberal-unternehmerischer Entwicklung bis 2006, stellte eine nicht zu vernachlässigende Hypothek für die Regierung dar, die sich sowohl auf die Bemühungen um den Aufbau einer diversifizierten

[181] Dem Modell des *World Economic Forum* ist nicht als neutralem Bewertungsmaßstab zu folgen, auch wenn es durchaus nicht als einseitig neoliberale Orientierung an einer unechten Wettbewerbsfähigkeit betrachtet werden sollte, denn soziale Faktoren wie Bildung und Gesundheitsversorgung und öffentliche Leistungen zum Beispiel in der Infrastrukturpolitik werden durchaus berücksichtigt Gleichzeitig wird aber beispielsweise ein hoch flexibles Arbeitssystem Modellen gegenüber bevorzugt, die eine höhere Arbeitsplatzsicherheit bieten (vgl. http://reports.weforum.org/global-competitiveness-report-2015-2016/labor-market-efficiency/)

Wirtschaft als auch in Bezug auf die Stärkung staatlicher Fähigkeiten negativ auswirkte (North 2013). Die Bildungsausgaben wurden folglich deutlich erhöht, Qualitätsstandards und Evaluierungen wurden, zum Teil auch gegen Widerstände innerhalb des bestehenden Bildungssystems, durchgesetzt. Sie führten – was auch immer man von internationalen Vergleichsstudien[182] halten mag – Ecuador innerhalb vergleichsweise kurzer Zeit von einem der letzten Plätze ins Mittelfeld des Leistungsniveaus Lateinamerikas. Dabei bleibt allerdings kritikwürdig, dass die Bildungsausgaben, obwohl sie deutlich erhöht wurden, dennoch nicht das Verfassungsziel von 6 Prozent des BIP zu erreichen vermochten (UNESCO 2018).

Über die beschriebenen Initiativen hinaus ergriff Ecuadors Regierung eine Reihe von Maßnahmen zur Schaffung eines adäquaten Umfeldes für Investitionen und Innovationen, die es ermöglichen sollten, technologische Entwicklungen besser zu nutzen und die eigene Forschung zu fördern. Nicht unerwähnt bleiben darf allerdings, dass dieser Prozess – unter kapitalistischen Bedingungen initiiert – stark durch international gesetzte Rahmenbedingungen bestimmt wurde (kritisch Purcel et al. 2016: 919). Zu den herausstechenden bildungspolitischen Maßnahmen gehörte die Gründung von vier Modelluniversitäten IKIAM, UARTES, UNAE und YACHAY,[183] wobei die Gründung der letztgenannten Universität mit der Grundsteinlegung für den Bau einer Wissenschaftsstadt verbunden wurde. Außerdem wurde unter Berücksichtigung des Ziels, einen Wandel der Produktionsstrukturen zu erreichen, ein massives Auslandsstipendienprogramm für ausgesuchte Studienbereiche gestartet, während gleichzeitig ausländische Wissenschaftler*Innen mit Stipendien an ecuadorianische Universitäten und öffentliche Einrichtungen geholt wurden. Zudem wurden erste Maßnahmen für den Aufbau eines dualen Ausbildungssystems getroffen und Schritte zur Neustrukturierung der technischen Bildung getätigt. Als eine zusätzliche, permanente Herausforderung stellte sich für die Regierung Correa die Stärkung der Innovationskraft der Privatwirtschaft dar, die die Diffusion moderner Produktionsmethoden und wissenschaftlicher Erkenntnisse in produktive Prozesse und ebenso eine spezielle Förderung bei Gründung neuer innovativer Firmen zum Ziel hatte (Calderón et al. 2016: 237, 246).[184]

[182] Die Ergebnisse der internationaler Vergleichsstudien zeigen einen Trend zu verbesserten Testergebnissen ecuadorianischer Schüler*innen (Redacción Sociedad 18.08.205, UNESCO 2015).

[183] IKIAM wurde als neue Amazonasuniversität mit Schwerpunkt auf Biowissenschaften gegründet, UNIARTES als Universität der Künste aber durchaus auch verbunden mit dem materiellen Ziel, eine ecuadorianische Kreativ- und Kulturindustrie aufzubauen, die UNAE als Bildungsuniversität und schließlich YACHAY als Kern einer geplanten Wissenschaftsstadt.

[184] Investiert wurde in menschliche Fähigkeiten und Forschung und den kostenlosen Bildungszugang. Die Ausgaben für den Hochschulsektor stiegen Jahr für Jahr an und erreichten 2015 den Wert von 2 Prozent des BIP. Ein massives Stipendienprogramm wurde finanziert, zudem das System technischer Bildung neu aufgebaut und das System öffentlicher Forschungsinstitute neu strukturiert. Die geplanten Investitionen in die Universität und Wissenschaftsstadt Yachay konnten zwischen 2013 und 2017 aufgrund der ökonomischen Schwierigkeiten und der Notwendigkeit, den Wiederaufbau nach dem verheerenden Erdbeben in Manabí und Esmeraldas zu priorisieren, nicht umgesetzt werden (Calderón et al. 2016: 237).

Die Regierung Correa richtete ihre Politik an der Erkenntnis aus, dass sowohl private als auch adäquate öffentliche Investitionen Voraussetzung für eine zukunftsweisende wirtschaftliche Entwicklung sind. Lagen zwischen 1990 und 1999 die Bruttoanlageinvestitionen Ecuadors nach Angaben der ecuadorianischen Zentralbank noch bei durchschnittlich nur 17,7 Prozent des BIP und damit unterhalb des Durchschnitts von Lateinamerika und der Karibik (18,9 Prozent), so stiegen sie von 2000 bis 2006 auf durchschnittlich 19,9 Prozent, während sie in der Region quasi gleichbleibend bei 19 Prozent lagen. Zwischen 2007 und 2014, in der Phase relativ hoher Rohstoffeinnahmen, stieg die Investitionsquote in Ecuador dann sogar auf durchschnittlich 24,8 Prozent an, während sie sich in der Region nur leicht auf 20,8 Prozent erhöhte (BCE 22.02.2016). Lediglich das Krisenjahr 2009 bildete hier eine Ausnahme. Diese Zahlen belegen, dass die Erdöleinnahmen während der *Revolución Ciudadana* in erheblichem Maße für Entwicklungsprojekte und die Ausweitung des Kapitalstocks genutzt wurden (vgl. Flassbeck 2014: 9) – also nicht für angebliche „soziale Wohltaten" verschwendet wurden, wie neoliberale Kritiker*Innen behaupten.

Eine eindeutige Abkehr der Regierung Correa vom unternehmerisch-neoliberalen Entwicklungsmodell zeigt sich auch deutlich an der Veränderung des Verhältnisses zwischen öffentlichen und privaten Investitionen. Während der Anteil öffentlicher Investitionen noch 2006 bei lediglich 20,3 Prozent der Gesamtinvestitionen gelegen hatte, erreichte dieser Wert 2013 mit 57,8 Prozent der Gesamtinvestitionen seinen Höchststand. Er ging dann aufgrund der wirtschaftlichen Krisentendenzen und Finanzprobleme des Staates bis 2016 wieder zurück, betrug aber immerhin noch 45,4 Prozent (BCE 01.08.2017). Somit nahm der Staat eine wichtige Rolle als Akteur in der Gestaltung des wirtschaftlichen und sozialen Wandels ein: Die öffentlichen Investitionen stiegen von 1,98 Milliarden USD im Jahr 2006 auf 15,95 Milliarden USD im Jahr 2014 und – wie dargelegt – auch im Verhältnis zur gesamten Wirtschaftsleistung erheblich. Die privaten Investitionen verzeichneten in diesem Zeitraum zwar ebenfalls einen Anstieg, allerdings nur von 7,78 auf 11,73 Milliarden USD (ebd.). Hierbei ist anzumerken, dass die öffentlichen Investitionen auch neue Möglichkeiten zur Entwicklung traditioneller Wirtschaftssektoren eröffneten, aber erst durch private Folgeinvestitionen vollständig zur Geltung kommen konnten, wie zum Beispiel im Fall von Mehrzweckprojekten in Hochwasserschutz, Bewässerung und Energieerzeugung. Hier mangelte es an einer ausreichenden Koordinierung zwischen Zentralregierung, lokalen Behörden und Privatsektor (Calderón et al. 2016: 237, 242).

Durch die Regierung Correa wurden weitere entwicklungspolitisch wichtige Maßnahmen getroffen. So vollzog man während der Phase des *Circulo Virtuoso* wichtige Schritte zur Verbesserung der Effizienz und Transparenz in der öffentlichen Beschaffung, wodurch zum Beispiel die Nutzung elektronischer Systeme bei der Auftragsvergabe ermöglicht wurde. Außerdem war damit begonnen worden, kleine und mittlere Unternehmen sowie die soziale und solidarische Ökonomie stärker zu unterstützen.[185] Bezüglich der Berücksichtigung sozialer und ökologischer Kriterien – mit dem Ziel einer auf nachhaltige Entwicklung ausgerichteten öffentlichen Beschaffung – waren hingegen lediglich erste Schritte eingeleitet worden (Calderón 2016: 201). Die Vergabe von Staatsaufträgen wurde während der *Revolución Ciudadana* an drei – den Entwicklungszielen entsprechende – Leitlinien geknüpft: Priorisierung von Firmen, die einen hohen nationalen Wertschöpfungsanteil einbringen, Förderung von kleinen und mittleren Unternehmen und der sozialen und solidarischen Ökonomie, sowie Schaffung der nötigen Bedingungen, um einen möglichst großen Technologietransfer zu ermöglichen (Calderón 2016: 115).

In der Amtsperiode ab 2013 begann die Regierung Correa mit der bevorzugten Förderung von Schlüsselindustrien und ausgesuchter Wertschöpfungsketten. Zu diesem Zweck wurde eigens ein Koordinierungskomitee von unterschiedlichen Institutionen im Amt des Vizepräsidenten angesiedelt. Die Abstimmung der Agenden der unterschiedlichen Institutionen blieb allerdings verbesserungswürdig, denn das Bemühen der Regierung um die Fokussierung der staatlichen Ressourcen auf spezielle Wertschöpfungsketten wurde durch die Hinzunahme zusätzlicher Bereiche teilweise unterlaufen (Calderón et al. 2016: 241). Calderón et al. (2016: 238, 239) weisen in diesem Zusammenhang auf einen Mangel an Kontinuität in der Industriepolitik und auf die kontraproduktive, starke Rotation des Personals in den für die Produktionssektoren zuständigen Ministerien und Behörden hin, die aufgrund von Konflikten zwischen unterschiedlichen Entwicklungskonzepten innerhalb der Regierung stattfand.[186] Das fehlende Wissen über und das Vertrauen in staatliche Förderinstrumente innerhalb des Privatsektors sowie auch die mangelnde Fähigkeit, sich zwischen öffentlichem und privatem Sektor auf gemeinsame Entwicklungsziele zu einigen, führten in der Folge zu wenig zielführenden Verunsicherungen. Anders als bei Investitionen in Infrastruktur und Energieerzeugung blieben die öffentlichen Investitionen in produktive Aktivitäten relativ gering.[187]

Im Energiesektor gelang es dagegen, bis 2016 insgesamt 8 Wasserkraftwerke fertigzustellen und weitere Projekte im Energiebereich abzuschließen. So konnte der Anteil der erneuerbaren Energien an der Stromerzeugung deutlich gesteigert und gleichzeitig der Verbrauch fossiler Brenn-

---

[185] Allerdings wurde der Sektor der populären und solidarischen Ökonomie in der Regierung nicht den für die Produktion zuständigen Ministerien, sondern den sozialen Sektoren zugeordnet.

[186] Diese Konflikte beziehen sich auf den Grad der Förderung von Teilen des Privatsektors durch Steuerprivilegien einerseits und die Bereitschaft zu einer stärkeren Konfrontation von Ungleichheiten und Renteneinnahmen andererseits und haben sich in meiner eigenen empirischen Forschung bestätigt.

[187] Die Ausgaben für die Förderung der produktiven Entwicklung durch das Ministerium für die Koordination der Produktion MCPEC, das Landwirtschafts- und Fischereiministerium MAGAP, das Industrieministerium MIPRO, MCE und das Tourismusministerium *Mintur* sowie die Regierungsbehörden für Qualität im Landwirtschaftssektor *Agrocalidad*, das Nationale Forschungsinstitut für Landwirtschaft INIAP, das Nationale Fischereiinstitut INP, *Proalimento*, die Behörde für Außenwirtschaftsförderung ProEcuador, das Institut für Normierung INEN und das Berufsbildungssystem SETEC wurden zwar zwischen 2011 und 2014 von 212 auf 444 Millionen USD erhöht, sie bleiben allerdings im Vergleich zu den öffentlichen Infrastrukturinvestitionen marginal (Calderón 2016: 239).

stoffe eingedämmt werden. Beides hatte zur Folge, dass die Exportkapazität und damit der Zugang zu Devisen für die Zukunft erhöht werden konnten. Im Bereich der Erdölraffination konnten die bestehenden Kapazitäten durch die Generalüberholung der Raffinerie von Esmeraldas – der bisher größten des Landes – erhalten und ausgebaut werden. In Bezug auf die Weiterverarbeitung von Erdöl ist Ecuador dem Aufbau einer Schlüsselindustrie am nahesten gekommen. Nicht erreichen konnte die Regierung Correa dagegen in ihrer Amtszeit den bereits 2008 anvisierten Bau eines Raffinerie- und Petrochemie-Komplexes Refineria del Pacifico Eloy Alfaro, für dessen Finanzierung durch Kredite oder private Investitionen nach aktueller Schätzung 13 Milliarden USD notwendig gewesen wären. Ein strategisches Ziel der Regierung Correa war es unter anderem, ausländische Investitionen vor allem in Bereiche so genannter Schlüsselindustrien nach Ecuador zu lenken, die eine zentrale Rolle in Wertschöpfungsketten spielen sollten, für die es den nationalen Unternehmern jedoch an Finanzierungsmöglichkeiten fehlte. Die Zusammenarbeit mit internationalen Investoren sollte dem bereits angesprochenen Technologietransfer und der Mobilisierung von größeren Investitionen dienen. Dieses Ziel wurde zur Beschleunigung der Wirtschaftsentwicklung anvisiert. Das geschah in Abwägung gegenüber einer Finanzierung durch den Staat beziehungsweise durch Kreditaufnahme und gegenüber den Möglichkeiten, ecuadorianisches Kapital für diese Investitionen zu mobilisieren (Calderón 2016: 129). Die real getätigten ausländischen Investitionen konzentrierten sich trotz dieser Bemühungen jedoch weiterhin auf den Rohstoffsektor. Auch die im Código de la Producción, Comercio e Inversión (COPCI) verankerten Steuerungsinstrumente, wie die Förderung und die Anreize aus dem Gesetz über Öffentlich-Private-Partnerschaften, konnten wenig zur Veränderung der Produktionsstrukturen beitragen (Calderón und Stumpo 2016: 50).

Der von der Regierung Correa anvisierte Umbau der Produktionsmatrix hatte eine Ökonomie vorgefunden, die sich zwischen Renten- und schwach entwickelter kapitalistischer Konkurrenzökonomie bewegte. Konkret konnten daher weniger Schritte in Richtung des offiziell propagierten „Sozialismus des 21. Jahrhunderts“ gegangen werden, als in Richtung eines „sozialen Kapitalismus“ (Paz y Miño Cepeda 2015). Dazu gehörte die unter Vorgängerregierungen gescheiterte Etablierung einer Kartellbehörde zur Stärkung des Wettbewerbsrechts und des Verbraucherschutzes. Die deutlich erhöhte Handlungsfähigkeit des Staates ermöglichte außerdem das Zurückdrängen der Vertreter*innen von Interessengruppen – insbesondere derer mit Nähe zu den Wirtschaftseliten. Und nicht zuletzt zeigte die stärkere Durchsetzung des Steuermonopols die gewachsene Autonomie des Staates sowie seine gewachsene Fähigkeit zur politischen Entscheidungsfindung – unabhängig von starken Partikularinteressen.

Neben den oben bereits genannten Problemen sah sich die Regierung Correa im Prozess des Wandels mit einer Reihe von weiteren Herausforderungen und Widersprüchen konfrontiert. Trotz aller Anstrengungen, die gegen die Bildung von Monopolen, Oligopolen und Kartellen und den durch diese betriebenen Missbrauch ihrer Wirtschaftsmacht unternommen wurden, setzten sich auch im Kontext der *Revolución Ciudadana* Prozesse der Konzentration von Marktanteilen und Produktionsmitteln fort, wodurch ein Grundpfeiler der strukturellen Macht der Wirtschaftseliten erhalten blieb (Iturralde 2013; Oliva Pérez 2016). Gegen eine über das praktizierte Maß hinausgehende Konfrontation mit den führenden Unternehmenskonglomeraten sprach der Umstand, dass insbesondere die Kooperationsbereitschaft von großen Unternehmen gewonnen werden musste, denen – allen Mängeln und Konflikten mit der Regierung Correa zum Trotz – am ehesten zugetraut wurde, mittel- und langfristig technologie- und wissensintensive Produktionsbereiche aufzubauen.

So wurden zwar wichtige Maßnahmen für eine stärkere Regulierung des Privatsektors und zum Schutz von Arbeitenden und Umwelt ergriffen – und nicht zuletzt auch geeignete Schritte zur Stärkung des Steuerstaats. Dennoch konnten die wirtschaftliche Macht und der politische Einfluss der traditionellen oligarchischen Sektoren des Handelskapitals und der Agrarwirtschaft durch diese Maßnahmen lediglich zurückgedrängt, nicht aber überwunden werden. Dies wird in den in Kapitel 8 dargestellten fiskal- und wirtschaftspolitischen Positionen und Handlungsoptionen der Wirtschaftseliten ebenso deutlich, wie im in Kapitel 9 nachgezeichneten Wiedererstarken traditioneller Wirtschaftseliten nach Ende des *Circulo Virtuoso*.

Folglich gewannen diese Sektoren in den wirtschaftlich turbulenten Jahren 2015 und 2016 erneut an Bedeutung. Die vorfindlichen Kartellstrukturen stellten sich als weiteres Problem für die private Investitionsdynamik in der ecuadorianischen Ökonomie dar, denn die Rentabilität war (und ist) hier nicht gleichmäßig, sondern zwischen marktbeherrschenden Akteuren einerseits und kleinen Akteuren andererseits asymmetrisch verteilt. Es besteht nach wie vor ein Sektor kleinerer Betriebe mit niedriger Rentabilität im Handelssektor, die nicht die Fähigkeiten haben, die Risiken des Aufbaus eigener Produktionskapazitäten im Produktivsektor zu tragen und die deshalb auf den Weiterverkauf von Importwaren konzentriert bleiben (Oliva Pérez 2016: 13). Auf der anderen Seite existieren auch weiterhin große Unternehmen, die durch ihre Marktmacht hohe Renditen mit geringen Risiken verbinden können und deshalb keine Anreize zu einem Wechsel ihrer Investitionen in neue Produktionsbereiche haben: Prägend für die Wirtschaftsstruktur Ecuadors bleiben daher der Handelssektor und eine Industrie mit hohem Bedarf an Vorprodukten und wenig eigener Wertschöpfung (Oliva Pérez 2016: 13). Für eine Produktion mit hoher Wertschöpfung fehlt es in Ecuador an den notwendigen Basisindustrien. Dieses Problem wurde zwar erkannt, es konnte aber bisher nicht behoben werden, da die Suche nach Investoren in diesen Bereichen nicht erfolgreich war. Zudem konnte die – vor dem Einbruch der Erdöleinnahmen erfolgte – Ankündigung, die Industrieprojekte zur Not staatlicherseits auszuführen, wegen der seit 2014 fehlenden Finanzmittel, nicht umgesetzt werden.

Weitere im Kontext der *Revolución Ciudadana* wiederentdeckte Instrumente wirtschaftlicher Strukturpolitik bietet der Finanzsektor. Dabei geht es sowohl um die Regulierung des privaten Finanzsektors und die Durchsetzung signifikanter Zinssenkungen – allerdings ausgehend von, insbesondere für kleine und Kleinstunternehmen oft exorbitant hohen Zinsraten – als auch um die Stärkung des Systems öffentlicher Förderbanken (Calderón 2016: 117; Páez Pérez 2015: 216).

Letztlich konnte in Ecuador – trotz bedeutender Anstrengungen zur Stärkung der staatlichen Handlungsfähigkeit – jenen Marktsignalen nicht ausreichend entgegengewirkt werden, die gerade in rohstoffabhängigen Staaten die Tendenz zur Holländischen Krankheit und die Spezialisierung auf Primärgüterexporte zur Folge haben. Gerade in diesen Sektoren nämlich waren die Renditen für ecuadorianische Firmen – auch während der *Revolución Ciudadana* – aufgrund der strukturellen Voraussetzungen der ecuadorianischen Volkswirtschaft und ihrer Einbindung in den Weltmarkt am höchsten, gerade hier bestanden jedoch nur wenige mittel- und langfristige Entwicklungsmöglichkeiten (Hernández 2015: 318; Calderón 2016: 13).Von Regierungsseite konnten aber wichtige Grundlagen für ein weniger auf den Rohstoffexport und niedrige Löhne basierendes Akkumulationsregime, vor allem durch hohe öffentliche Investitionen in den Ausbau der Infrastruktur, geschaffen werden. Darüber hinaus wurden qualitative Verbesserungen in den Bereichen Soziales und Bildung erreicht, wobei für den Aufbau einer post-extraktivistischen Ökonomie vor allem die Maßnahmen im Bildungssektor von Bedeutung sein werden.

6.2.2 Von strategischen Zielen zur kurzfristigen Stabilisierung – Wirtschaftspolitik nach dem *Circulo Virtuoso*

Ganz besonders in den Krisenjahren 2015 und 2016 stellte das von der Regierung Correa auch öffentlich propagierte Konzept – den Extraktivismus zu nutzen, um ihn zu überwinden – eine immense Herausforderung für die konkrete Politik in Ecuador dar. Dies nicht zuletzt aufgrund der strukturellen Abhängigkeit Ecuadors von Importgütern, da keine eigene Produktions- und Investitionsgüterindustrie bestand, die für die Umsetzung von Investitionsprojekten und für die Finanzierung von Anlageinvestitionen benötigt worden wäre. Gleichzeitig waren die Steuerungsmöglichkeiten der Regierung zur Devisennutzung aufgrund internationaler Verträge eng begrenzt. Wichtige Investitionen stellten in den Jahren 2014 bis 2016 Faktoren dar, die das Leistungsbilanzdefizit vergrößerten. Die komplette Überholung und Leistungsverstärkung einer Raffinerie und neue Wasserkraftwerke, um nur zwei Beispiele zu nennen, generieren nach ihrer Fertigstellung aber Renditen und werden zu positiven Faktoren für die Leistungsbilanz. Durch die genannten Faktoren begründete Leistungsbilanzdefizite können also durchaus den besseren Anlagemöglichkeiten in einem Defizitland geschuldet sein. Entscheidend für die Bewertung ist, dass kurzfristige Defizite eine Grundlage für zukünftige Überschüsse bilden oder einen niedrigeren Importbedarf mit sich bringen können. Dies gilt, abgesehen von der Frage, wer bei einem Rückgang der Exporte Kredite aufnehmen sollte, um den Einnahmeausfall auszugleichen und somit eine Rezession zu verhindern. Die nachfrageorientierte Logik sagt, dass diese Schuldnerrolle zu übernehmen kaum vom Privatsektor zu erwarten ist, schließlich wird bei stagnierender oder sinkender Nachfrage auch bei den Investitionen Zurückhaltung geübt

Die fallenden Exporteinnahmen aus dem Erdölsektor ab 2015 führten in der Folge zu einem Zuwachs struktureller Macht von traditionellen, agrarbasierten Exportsektoren, vor allem auch deshalb, weil in dieser Phase weder der Dienstleistungs- noch der Industriesektor in der Lage waren, auf mittlere Sicht eine zentrale Rolle für den Außenhandelssektor zu spielen. Dadurch bekamen also in den ökonomisch schwierigen Jahren 2015 und 2016 – wie bereits vor Beginn der Erdölförderung – Primärgüterexporte wieder größere Bedeutung für die Außenhandelsbilanz und somit auch größere strukturelle Macht (Calderón und Stumpo 2016: 59). Dabei handelte es sich um die Macht von Wirtschaftseliten, die ihre ökonomische Zukunft in der Ausweitung des Primärgütersektors sahen und eine Diversifizierung lediglich in diesem Rahmen anstrebten. Die Basis dieser extensiven Akkumulationsweise ist aber Landbesitz, verbunden mit der Ausbeutung von niedrig bezahlten Arbeitskräften, deren Arbeits- und Gewerkschaftsrechte systematisch unterlaufen werden, weil in diesen ein Hindernis für den wirtschaftlichen Erfolg dieses Sektors gesehen wird (North 2013: 119; Interviews). Die Abhängigkeit des Landes von Primärgüterexporten definierte bereits vor dem Einbruch der Rohstoffeinnahmen die Grenzen der angestrebten, alternativen Handelspolitik der Regierung Correa. Vor diesem Hintergrund ist daher die von der Regierung getroffene – und von Freihandelskritiker*Innen in Ecuador und Europa kritisierte – Entscheidung zur Unterzeichnung eines Handelsabkommen mit der Europäischen Union (EU) im Juli 2014 zu verstehen, nachdem Ecuador zuvor aus multilateralen Verhandlungen der EU mit Peru und Kolumbien ausgestiegen war (Mena Erazo 02.07.2010) EFE-Redacción 17.07.2014). Dieses Abkommen Ecuadors mit der EU trat noch rechtzeitig vor dem Auslaufen europäischer Zollpräferenzen für das Andenland in Kraft. Mit ihm konnten in erster Linie die Interessen der Agrarexportwirtschaft geschützt werden.

Die gegenüber den Versprechungen so genannter Freihandelsabkommen skeptische Regierung Correa, sah sich also zu einer Öffnung des Außenwirtschaftssektors gezwungen. Allerdings macht sie geltend, dass wichtige Ausnahmeregelungen und Übergangsfristen ausgehandelt werden konnten. Auch wurde Ecuadors besondere Situation als dollarisiertes Land berücksichtigt (Delegación de la Unión Europea en Ecuador (Hg.) 2017). Andererseits musste durch dieses Abkommen aber die Einengung des zukünftigen Spielraums für protektionistische Entwicklungspolitiken und den Schutz lokaler Produktion in Kauf genommen werden. Letzteres bezieht sich nicht nur auf Schutzzölle oder Quotenregelungen für Importe, sondern auch auf die Gestaltung öffentlicher Ausschreibungen und den Schutz geistigen Eigentums. Somit verdeutlicht die Verabschiedung dieses Handelsabkommens durch die Regierung Correa auch die Priorität, die der Stabilisierung der Zahlungsbilanz Ecuadors angesichts fallender Erdöleinnahmen gegeben wurde Diese Strategie reicht als politische Konzeption weit über das genannte Abkommen hinaus. Calderón (2016: 106) führt aus, dass der Verfall des Erdölpreises zu einer Neuausrichtung der staatlichen Entwicklungsstrategie weg von mittel- und langfristigen Transformationszielen und hin zu einer Ausrichtung auf die Milderung akuter ökonomischer Probleme führte.

Ein wichtiges Element der Krisenpolitik waren kreative Schritte zur Nutzung geldpolitischer Spielräume trotz des Verlustes der eigenen Währung. Im Fokus stand dabei das so genannte *Quantitative Easing* (QE).

Der Umfang des QE umfasste insgesamt eine Höhe von 6,8 Milliarden USD. Um eine Kreditklemme zu vermeiden, kaufte die Zentralbank demnach zunächst Anleihen von staatseigenen Geschäftsbanken in Höhe von 1,7 Milliarden USD in der dreijährigen Periode auf. Dabei ging es nicht um eine Maßnahme zur Senkung langfristiger Zinsen, sondern um einen direkteren Mechanismus zur Kreditallokation in produktiven Sektoren. Der zweite Mechanismus wurde angewendet durch den direkten Kauf von Staatsanleihen durch die Zentralbank ab 2014, stärker 2015 und 2016 schließlich in Höhe von 2,4 Prozent der BIP (ebd.). Ecuadors Zentralbank schöpfte durch den Kredit an die Regierung so genanntes (Buch)Geld aus dem Nichts. Ein Vorgang, der als Risiko für die Dollarisierung kritisiert wird. Auch Weisbrot et al. (2017) räumen ein, dass die dargestellten QE-Mechanismen durch einen möglichen Verlust an Vertrauen durch Ecuadors Festhalten an der Dollarisierung begrenzt sind, nennen aber als Ursache lediglich den möglichen Vertrauensverlust durch die Märkte. Anders als Zentralbanken in monetär souveränen Ländern kann Ecuadors Zentralbank das Umtauschversprechen in Bargeld nicht unbegrenzt einlösen. Die Inflation vor der Kritiker*Innen als Folge der Buchgeldschöpfung durch QE gewarnt hatten trat nicht ein. Tatsächlich lag die Inflation 2016 bei 1,12 Prozent (Weisbrot et al. 2017) und damit deutlich niedriger als im Durchschnitt seit Einführung des US-Dollars als gesetzliches Zahlungsmittel. Verdrängt wird in diesem Zusammenhang meist, dass die nicht gedeckte Geldschöpfung durch private Geschäftsbanken schon seit Beginn der Dollarisierung im Jahr 2000 vorgenommen wurde (Carvajal und Oliva Pérez 2016). Diese endogene Geldschöpfung der Banken erfolgt allerdings prozyklisch, da die Kreditnachfrage von Unternehmen bei zurückgehender Güternachfrage ebenfalls sinkt. Dagegen erzielte die Zentralbank im genannten Fall einen positiven konjunkturellen Effekt, weil die auf diese Weise geschöpften Gelder durch das Finanzministerium für Zahlungen an private Gläubiger genutzt werden konnten. Hier ging es meist um noch ausstehende Zahlungen für Staatsaufträge, was wiederum die Kreditwürdigkeit der entsprechenden Firmen und ihre Fähigkeit, eigene Verbindlichkeiten zu begleichen, erhöhte (Weisbrot et al. 2017).

Die genannten Mechanismen werden von linken wie rechten Kritiker*innen der Regierung Correa allerdings als eine Verschleierung des tatsächlichen Schuldenniveaus und Zeichen der Instabilität der Staatsfinanzen kritisiert, der (lediglich) dazu diene, die gesetzliche Schuldengrenze von maximal 40 Prozent des BIP nicht zu überschreiten. Spätestens 2016 begann die 40 Prozent-Regel in einer strikten Auslegung jedoch die Handlungsmöglichkeiten der Regierung in Krisenzeiten einzuschränken. Auch wenn in besagter Regel selbst Ausnahmefälle vorgesehen waren, für die es allerdings einer Entscheidung der Legislative bedurft hätte (ebd.). In Reaktion darauf wurde per Präsidialdekret entschieden, nicht länger die aggregierten, sondern die Nettoschulden der öffentlichen Haushalte – entsprechend den Empfehlungen des IWF – zur Bemessungsgrundlage zu machen, um so den tatsächlichen Rahmen für die Verschuldung der öffentlichen Hand ausweiten zu können (Presidencia de la República 20.10.2016). Die Änderung, beziehungsweise die Präzisierung der Regel mag auf den ersten Blick als Trickserei erscheinen. Aus der hier vertretenen Sicht erscheint jedoch das Ansinnen, angesichts der drohenden Vertiefung der Rezession auf weitere Kreditaufnahme zu verzichten, als Aufforderung zum Selbstmord aus Angst vor dem Tod.

Durch den Rückgang von Deviseneinnahmen wurde es zunehmend wichtig, den Importanteil bei staatlichen Investitionen zu senken.[188] Wie im vorangegangenen Abschnitt dargestellt, hatte die Regierung Correa bereits in der Phase vergleichsweise hoher Staatseinnahmen ein nationales Beschaffungswesen für alle öffentlichen Institutionen auf der nationalen Ebene etabliert. In Zeiten fallender Deviseneinnahmen konnte dieses Instrument – wie auch andere seit Beginn der Präsidentschaft Correas geschaffenen Instrumente – zur wirtschaftlichen Steuerung und Regulierung genutzt werden, um auf eine Stabilisierung der Leistungsbilanz hinzuwirken: Dies geschah beispielsweise durch die öffentliche Auftragsvergabe und durch die Vergünstigung von Immobilienkrediten für Wohnungen bis 70000 USD, da es sich beim Bausektor um einen Sektor mit hohem nationalen Wertschöpfungsanteils handelt[189].

Bezüglich der Nutzung einheimischer Produkte bestanden allerdings objektive Grenzen, da hier die entsprechenden Voraussetzungen fehlten. Es müssen also Waren und Expertise für die Umsetzung von Investitionsprojekten, insbesondere in kapitalintensiven und technologisch komplexen Bereichen wie der Energieerzeugung importiert werden. In der Phase höherer Erdölpreise hatten die Exporterlöse den Spielraum für Importe vergrößert und es war möglich gewesen, staatliche Investitionsprojekte mit einem relevanten Importanteil durchzuführen, ohne dass es dadurch notwendig geworden wäre, den privaten Konsum an Importgütern einzuschränken. Die dazu nötigen Zölle wurden lediglich in Folge außenwirtschaftlicher Schwierigkeiten 2009 und 2015 bis 2016 eingeführt, wobei dies besonders im zweiten Fall mit erheblichen politischen Kosten verbunden war.[190] Die Proteste gegen die Schutzzölle im März 2015 wurden auch von sozialen Organisationen und regierungskritischen Gewerkschaften und vermeintlich linksradikalen Parteien und Organisationen unterstützt. Handelsunternehmen nutzen die Einführung der Schutzzölle gleichzeitig für plötzliche Preissteigerungen, die von entsprechenden Medienberichten begleitet wurden, die ein Bild vermeintlicher Versorgungsengpässe zeichnen sollten. Diese Versuche der Destabilisierung wurden jedoch schnell als solche aufgedeckt, wie auch die letztlich niedrige Inflationsrate im Jahr 2015 zeigt (El Telégrafo 10.03.2015).

Nach der soeben erfolgten Betrachtung von Herausforderungen mit Fokus auf dem Außenhandel, betrachte ich nun die Rolle von ausländischen Konzernen und von Direktinvestitionen. In Ecua-

[188] vgl. Rosnick und Weisbrot 2014: 10
[189] Siehe auch: http://www.elcomercio.com/actualidad/creditos-hipotecarios-vivienda-biess-bancos.html
[190] Die Verantwortung für jegliche Einschränkungen der Kaufkraft und Erhöhung von Abgaben konnte zu diesem Zeitpunkt, angesichts der bereits relativ lange ausgeübten Zeit im Amt, bei der Regierung Correa platziert werden.

dor gehören ausländische Konzerne, wie auch in anderen Ländern der Region, zu den umsatzstärksten Unternehmen.[191] Wie bereits in Kapitel 6.1.1 dargelegt erhielt Ecuador allerdings im Vergleich zu anderen Ländern der Region relativ wenig ausländische Direktinvestitionen. Diese nach Ecuador zu holen, gewann nun an Bedeutung und sie wurden von der Regierung Correa als vorübergehende Alternative zur Dynamisierung der Wirtschaft gesehen, weil die öffentliche Finanzierung von Investitionen in dieser Phase an ihre Grenzen stieß. Dabei wurde auch der Verkauf staatlicher Aktiva und die Möglichkeit privater Beteiligungen an Staatsfirmen ins Auge gefasst, was sich aber letztlich nicht konkretisierte (El Universo 22.03.2017).

Als eine Ursache für die beschriebenen, auch in der Phase gestiegener Rohstoffpreise, relativ niedrigen ausländischen Direktinvestitionen, kann die entwicklungspolitischen Zielen verpflichtete Ressourcenpolitik der Regierung Correa ausgemacht werden. Hierzu gehört die 2010 beendete Neuverhandlung der Erdölverträge. Die dadurch erhöhten Staatseinnahmen[192] konnten – wie schon ausgeführt – im Rahmen des *Circulo Virtuoso* für zusätzliche Investitionen in Infrastruktur und Soziales und in den Energiesektor genutzt werden (Calderón und Stumpo 2016: 52), wodurch Ecuador weniger auf ausländische Direktinvestitionen angewiesen war. Das war ein zunächst sehr vorteilhafter Effekt, vor allem, wenn man bedenkt, dass sich der kurzfristige Nutzen ausländischer Direktinvestitionen für die Zahlungsbilanz langfristig in sein Gegenteil hätte verkehren können, nämlich dann, wenn die Repatriierung von Gewinnen den Zufluss neuer Investitionen überstiegen hätte. Genau dies ist laut CEPAL in einigen lateinamerikanischen Ländern bereits heute der Fall (CEPAL 2017). Dieser Effekt ist besonders dann problematisch, wenn es sich um Investitionen ohne positive Auswirkungen auf die Netto-Deviseneinnahmen handelt, beispielsweise im Dienstleistungssektor.

Insgesamt blieb die Bedeutung ausländischer Direktinvestitionen in Ecuador, wie auch schon in den Jahren vor Beginn der *Revolución Ciudadana,* gering (vgl. CEPAL 2017). Das Argument der Währungsstabilität Ecuadors durch den US-Dollar spricht insbesondere solche Investoren an, die an der Anhäufung von Eigentum interessiert sind und in anderen Ländern einen plötzlichen Wertverlust in Folge von möglichen Währungsabwertungen befürchten. Gerade dass diese Abwertung nicht möglich ist, kann aber bei Investitionen in den produktiven Sektor einen Verlust an Konkurrenzfähigkeit nach sich ziehen. Ausländische Investitionen können demzufolge mittelfristig sogar zur Instabilität beitragen, nämlich dann, wenn keine Devisen erwirtschaftet, wohl aber Gewinne außer Landes verschoben werden. Das heißt, wenn sie in das Land der jeweiligen Investoren repatriiert oder beispielsweise in *Offshore*-Finanzzentren angelegt werden. Die Höhe

[191] Im Jahr 2014 waren von den 25 Firmen mit dem höchsten Umsatz 15 ausländischer Herkunft, vier waren Staatsfirmen und nur sechs durch privates ecuadorianisches Kapitel kontrollierte Unternehmen (Calderón und Stumpo 2016: 50).

[192] Auf die sehr positiven Auswirkungen auf die Staatseinnahmen werde ich in Kapitel 7 näher eingehen. Durch die neuen Verträge waren die Unternehmen lediglich zu Dienstleistern geworden, während der Staat zum Eigentümer der Ölquellen wurde.

ausländischer Investitionen in Ecuador ermöglicht lediglich eine eingeschränkte Aussage bezüglich ihres definitiven Beitrags zur Wirtschaftsentwicklung des Landes. Denn mit diesen Investitionen ist das Risiko verbunden, dass sie sich – ganz den Mechanismen der Holländischen Krankheit entsprechend – auf den Bau- und Immobiliensektor und auf andere nicht handelbare Güter erstrecken können oder sich auf den Importsektor konzentrieren, also Bereiche, die für den angestrebten Umbau der Produktionsmatrix nicht relevant sind und das Risiko einer mittelfristigen Belastung der Leistungsbilanz durch Repatriierung von Gewinnen mit sich bringen.

6.3 Widersprüche und Komplementaritäten zwischen Neo-Extraktivismus, neuer Entwicklungsstaatlichkeit und fiskalpolitische Implikationen

In meiner Arbeit gehe ich davon aus, dass eine Diversifizierung der Produktionsstrukturen mittel- und langfristig unverzichtbar ist, um Leistungsbilanzdefizite zu vermeiden und für eine solide Staatsfinanzierung zu sorgen. Die Begrenztheit und Volatilität der Erdöleinnahmen und die Endlichkeit der Vorräte bedürfen eines wirtschaftlichen Strukturwandels, der eine auch für die Zukunft stabile Einnahmebasis des Staates ermöglicht. Vor diesem Hintergrund fasse ich nun zentrale Punkte der im vorliegenden Kapitel erfolgten empirischen Betrachtung sozioökonomischer Indikatoren und entwicklungspolitischer Maßnahmen während der *Revolución Ciudadana* zusammen. Außerdem gehe ich auf Widersprüche und Komplementaritäten zwischen Rohstoffförderung und den proklamierten entwicklungsstaatlichen Zielen Ecuadors während der *Revolución Ciudadana* ein.

In der Phase von 2007 bis 2014 konnte Ecuador wirtschaftlich stark wachsen und auch die Wirtschaftsleistung pro Kopf stieg während der Revolución Ciudadana deutlich stärker als während der vorangegangenen neoliberal-unternehmerischen Entwicklungsphase. Diese insgesamt positive Entwicklung betraf auch soziale Faktoren: Die Armut und Ungleichheit gingen zurück und in den wirtschaftlich schwierigen Jahren 2015 und 2016 kam es zwar nicht zu weiteren Fortschritten, aber auch nicht zu dem aus früheren Krisenphasen bekannten Phänomen schwerer sozialer Verwerfungen und einem davon verursachten Hochschnellen von Armutsindizes sozialer Ungleichheit. Wichtige soziale Verbesserungen während der *Revolución Ciudadana* sind auf die Durchsetzung des Steuermonopols gegen wohlhabende Steuerzahler*innen und ihre Unternehmen zurückzuführen. Dabei ist auch zu bemerken, dass nach der Stagnation 2015 lediglich 2016 eine Rezession folgte. Mit Blick auf die Schwere der externen Schocks, denen Ecuadors Ökonomie ab der zweiten Jahreshälfte 2014 und in den Jahren 2015 und 2016 ausgesetzt war, ist zu konstatieren , dass es nicht überraschend war, dass es 2016 erstmals in der Regierungszeit Rafael Correas zu einer Rezession kam. Als überraschend muss vielmehr gelten, dass sich die Rezession im Nachhinein im Vergleich zu wirtschaftlichen Einbrüchen vergangener Jahrzehnte als wenig tief erwies und durch gezielte wirtschaftspolitische Maßnahmen und die zum Teil wieder konsolidierten Erdöleinnahmen schnell überwunden war, allerdings ohne dass es – wie nach der Weltwirtschaftskrise 2009 –zu einem starken Wachstum gekommen ist.

Die vorausgehenden Ausführungen des vorliegenden Kapitels analysierten die Charakteristika der ecuadorianischen Wirtschaftsstruktur vor dem Hintergrund der Ausgangsprämisse der vorliegenden Arbeit und verdeutlichten, dass es sich bei Ecuador um eine von typisch extraktivistischen Strukturen geprägte Volkswirtschaft handelt. Diese Grundstruktur hatte für die Regierung Correa aber auch steuerpolitische Implikationen, die sich nicht allein auf die für rohstoffabhängige Staaten typische Substitution von Steuer- durch Renteneinnahmen bezogen. Eine zusätzliche Herausforderung stellte die vehemente Ablehnung von Steuern durch die Wirtschaftseliten dar. Ein wichtiger Ausgangspunkt und ein Argument für höhere Unternehmenssteuern in einer stark von Rententendenzen durchzogenen Ökonomie wie der ecuadorianischen ist es, dass Renten für Investitionen zur Befriedigung neuer Nachfrage nicht benötigt werden. Renten können daher – lässt man die politischen Implikationen und die Nutzung von Renten zum Ausbau politischer Macht beiseite – anders als die auf Investitionen basierenden Profite, umverteilt werden ohne dass dabei die Investitionskraft des Privatsektors geschwächt wird (Elsenhans 2004: 89; Elsenhans 2017: 1–2). Bestätigt hat sich auch die für extraktivistische Länder typische Struktur des ecuadorianischen Außenwirtschaftssektors mit einem hohen Anteil an Erdöl und Agrarexporten an den Gesamtexporten und der Dominanz des Ressourcensektors bei ausländischen Direktinvestitionen. Kritiker*innen der Regierung Correa bemerken daher, das Land habe sich lediglich in den traditionellen Produktionssektoren weiterentwickelt, ohne allerdings einen Strukturwandel zu erreichen. Die Abhängigkeit von Rohstoffen sei im Gegenteil noch gestiegen und damit auch die Vulnerabilität von Ökonomie und Staatsfinanzen (vgl. Gudynas 2013; Brand 2015).

Um aber die Wirtschaftspolitik der Regierung Correa adäquat zu analysieren, Erfolge zu würdigen und Defizite benennen zu können, müssen die internen und externen Wirtschaftsstrukturen und Ausgangsbedingungen hinsichtlich der staatlichen Fähigkeiten angemessen berücksichtigt werden. Dabei ist die Bedeutung der Dollarisierung als extreme Einschränkung der Handlungsoptionen und Disziplinierung von Politik nicht zu unterschätzen (Páez Pérez 2015: 195, siehe hierzu auch Kapitel 3.1 und 5.5). Rechnung zu tragen ist auch dem nicht zu vernachlässigenden Umstand, dass die Phase des *Circulo Virtuoso* 2007-2014, in welchem die Regierung Correa von relativ hohen Rohstoffeinnahmen profitieren konnte, einen außerordentlich kurzen Zeitraum umfasste, in den 2009 zudem eine Weltwirtschaftskrise fiel. In dieser Phase wurden entscheidende und zielführende Veränderungen erreicht: in der Fiskalpolitik, in der Bildungs- und Sozialpolitik und ebenso in den staatlichen Fähigkeiten.

Grundlage der Analyse des Reformprozesses können vor diesem Hintergrund nicht allein die bereits in der Zusammensetzung des Bruttoinlandsprodukts ablesbaren Veränderungen sein.

Stattdessen sind auf Basis der hier vorliegenden Betrachtung auf zwei Ebenen relevante Aussagen zu machen, die die Nutzung der – durch relativ hohe Rohstoffeinnahmen – vorteilhaften Bedingungen zur mittel- und langfristigen Verbesserung wirtschaftlicher Entwicklungsvoraussetzungen betreffen: Erstens wurden hinsichtlich der Akkumulationsvoraussetzungen zielführende Veränderungen initiiert. Die Verbesserung von Infrastruktur und staatlichen Leistungen sowie Krisenprävention implizierende Investitionen sind geeignet, auch zukünftig zur Stabilisierung der Leistungsbilanz und der Staatseinnahmen beizutragen. Zu einer strukturellen Überwindung der Rohstoffabhängigkeit waren diese Schritte jedoch nicht ausreichend.

Zweitens wurden von der Regierung Correa verschiedene Maßnahmen durchgeführt, welche geeignet schienen, die Bedingungen für einen grundlegenden Wandel des Akkumulationsregimes durch die Förderung qualifizierter Arbeitskräfte, innovativer Unternehmen und die Bereitstellung einer modernen Infrastruktur zu schaffen. Solche Maßnahmen sind oft langfristig angelegt, was zum Beispiel für erhöhte Ausgaben und Investitionen in den Bildungssektor gilt, aber auch für die im Verbund mit Universitäten und staatlichen Forschungsinstitutionen erfolgte neue Zusammenarbeit mit dem Ziel, die Diffusion wissenschaftlicher Erkenntnisse in den Produktionsprozess zu Beschleunigen. In diesem Zusammenhang sind die überaus ungünstigen Ausgangsvoraussetzungen für die Regierung Correa zu berücksichtigen. Trotz deren Versuche, eine stärkere Koordinierung durch das Vize-Präsidialamt unter Führung von Jorge Glas zu erreichen und notwendige Prioritäten bei der Förderung produktiver Sektoren durchzusetzen, wichen die Maßnahmen der einzelnen Ministerien und Behörden teilweise weiterhin von der verabredeten Agenda ab, was letztlich zu einer oft nicht zielgerichteten und widersprüchlichen Förderpolitik führte (Calderón et al. 2016: 241). Auch galt für die *Revolución Ciudadana* in Ecuador , dass die Regierung Correa zwar an die Spitze des Staates gelangte, damit aber auch die Führung eines Staates übernehmen musste, dessen Image in der Bevölkerung mit mangelnder Glaubwürdigkeit bei der Bereitstellung öffentlicher Güter, beim Steuereinzug sowie als Garant von sozialer Sicherheit, Produktivität und Arbeitsplätzen verbunden war (vgl. Hernández 2015: 322). Die Regierung Correa trat im Jahr 2007 zudem an die Spitze eines, wie bereits herausgearbeitet, hoch fragmentierten und in sich widersprüchlichen öffentlichen Sektors mit geringen administrativen Kapazitäten und mangelnder Legitimität in der Bevölkerung. Diesbezüglich gelang es ihr, ein im Vergleich zu Vorgängerregierungen höheres und Maß an Kohärenz in der staatlichen Politik durchzusetzen und zahlreiche geerbte Unstimmigkeiten und Widersprüchlichkeiten in Staatsaufbau und Verwaltungshandeln zu überwinden.[193] Den Fortschritten stehen bleibenden Widersprüche in der Herangehensweise von Fiskalpolitiker*innen und Steuerbehörde auf der einen und den enger mit dem Privatsektor verknüpften Ministerien im Bereich der Koordination der Produktion

[193] Die Schlichtung zahlreicher Gebietsstreitigkeiten auf lokaler Ebene und zwischen Provinzen, aber auch ungelöste Kompetenzstreitigkeiten zwischen nationaler und subnationaler Ebene sowie gegenläufige Politikansätze in verschiedenen staatlichen Behörden und Ministerien gehörten zum Erbe, das der *Revolución Ciudadana* von ihren Vorgängern überlassen wurde.

auf der anderen Seite gegenüber, durch die eine konsequentere Politik für den Wandel der Produktionsstrukturen und zur Stärkung eines sozial gerechten Steuersystems verhindert wurden.

Im Hinblick auf die Abgrenzung zum klassischen Extraktivismus, konnte in den vorangegangenen Ausführungen herausgearbeitet werden, dass die Bedeutung des Staates bezüglich der Rohstoffausbeutung während der *Revolución Ciudadana* gestärkt werden konnte. Hierdurch wurde auch die Grundlage für einen größeren Einfluss des Staates auf den Wirtschaftsprozess außerhalb des Erdölsektors und für ein sozial ausgewogeneres Entwicklungsmodell gelegt. Demgemäß spielten die öffentlichen Investitionen in dem 2007 begonnenen Entwicklungsprozess eine zentrale Rolle. Durch sie konnten wichtige Verbesserungen in den allgemeinen Produktionsvoraussetzungen erreicht werden, die für die weitere Wirtschaftsentwicklung unabdingbar waren. Diese Investitionen in die Verkehrsinfrastruktur, die Energieversorgung und den Internetausbau konnten zwar entscheidende Voraussetzungen für den angestrebten Wandel der Produktionsstrukturen schaffen, den Wandel selbst jedoch noch nicht erreichen.

Ein Faktor, der bei der Analyse der Anreizstrukturen für den Privatsektor beachtet werden muss, sind die für extraktivistische Länder typischen Subventionen für Kraftstoffe – die zwar der Senkung der Produktions- und Transportkosten dienen, aber verteilungspolitisch problematisch sind und Anreize gegen die Nutzung neuer und effizienterer Technologien bedeuten. In dieser Hinsicht wurde keine konsequente Abkehr von der seit den 1970er Jahren implementierten Subventionspolitik vollzogen.[194]

Richtig ist auch, dass die zur Förderung des Produktivsektors implementierten Maßnahmen eher allgemein und wenig fokussiert waren. Allerdings wurden durchaus wichtige Fortschritte bei der Einführung von Qualitätsstandards, bei der gezielten Protektion und der Priorisierung einheimischer Unternehmen bei der öffentlichen Auftragsvergabe gemacht (Calderón et al. 2016: 243). Mittel- und langfristig betrachtet wird es jedoch darum gehen müssen, vor allem solche Wirtschaftssektoren zu stärken oder neu aufzubauen, die es ermöglichen, in neue Bereiche der Wertschöpfung vorzudringen, Technologien zu entwickeln, Wertschöpfungsketten zu vertiefen und Wachstumspotentiale zu erweitern – und dadurch auch die Grundlage für mehr zukünftige Steuereinnahmen zu legen.

Im Vorhergehenden habe ich herausgearbeitet, dass der dargestellte sozioökonomische Transformationsprozess nur durch zielführende politische Strategien erfolgreich gegangen werden kann. Dabei gehe ich davon aus, dass nicht darauf gewartet werden sollte, dass die Kreativkräfte des Marktes diesen Prozess in Gang setzen. Insofern erscheint die Vorgehensweise der Regierung Correa dem Ziel des Wandels der Produktionsstrukturen entsprechend, private Investitionen zu

[194] Pläne zur Senkung bzw. Fokussierung von Energiesubventionen für die Industrie wurden ab 2015 implementiert. Eine weitere Initiative zur Senkung der Ausgaben für Subventionen ist die Förderung von Induktionsherde, durch die das hoch subventionierte und größtenteils importierte Kochgas ersetzt werden soll. Radikalere Pläne zur Senkung, Neuordnung und Fokussierung nach sozialen und ökologischen Kriterien wurden zwar diskutiert aber letztlich nicht umgesetzt. Für eine differenzierte Analyse der ecuadorianischen Subventionspolitik siehe Espinoza Echeverria und Guayanlema 2017.

fördern und ingenieurs- und technologieintensive Produktionsbereiche aufzubauen, grundsätzlich richtig. Diese Strategie wurde aber nicht mit der notwendigen Fokussierung umgesetzt. Eine Reihe von Maßnahmen wurde ergriffen, wobei der Zusammenarbeit mit den Akteuren des Privatsektors gegenüber dem Aufbau öffentlicher Firmen Vorrang gegeben wurde. Die Wirkung dieser Maßnahmen blieb allerdings aufgrund der schon beschriebenen vorfindlichen ecuadorianischen Problematiken hinter den zu Beginn der Regierungszeit Correa gesteckten Zielen zurück.

Warum aber wurden die von der Regierung Correa geschaffenen Möglichkeiten für Investitionen durch die Privatwirtschaft nicht im von der Regierung erhofften Maß genutzt? Rosa Luxemburg hatte schon vor Keynes darauf hingewiesen (zit. nach Elsenhans 2017), dass Unternehmer unter den Bedingungen vollständiger Konkurrenz ihren für Konsumzwecke genutzten Einkommensanteil nicht beliebig erhöhen und auf Investitionen verzichten können, da sie sonst an Wettbewerbsfähigkeit verlören. Eigentlich zwingt also die Nachfragedynamik zu Investitionen, um Marktanteile zu halten und konkurrenzfähig zu bleiben. Ein nach außen gerichtetes Wachstum ist in einem relativ kleinen Land wie Ecuador also durchaus möglich. Wenn dieses aber auf Preiseffekte zurückzuführen ist und Investitionen in den Exportsektor zur Bedienung der Nachfrage nicht nötig sind – oder durch räumliche und institutionelle Schranken nicht möglich sind – kommt es zur Anhäufung von Vermögenswerten und Finanzaktiva – und genau dieser Effekt ergab sich in Ecuador (Oliva Pérez 2016). Ein ähnlicher Mechanismus greift für die Renteneinnahmen der Importsektoren, die durch reale Aufwertung der Währung bei von Kartellstrukturen geprägten Märkten entstehen. Die Konzentration privater finanzieller Ressourcen in diesen Sektoren kann demnach als wichtige Ursache dafür ausgemacht werden, dass die für Investitionen in die Diversifizierung der Produktionsstrukturen geschaffenen Möglichkeiten in Ecuador nur unzureichend genutzt wurden (Calderón 2016: 241; vgl. Elsenhans 2017). Die in Folge der Stärkung der Binnennachfrage durch sozial- und verteilungspolitische Maßnahmen zur Stärkung der Massenkaufkraft und erhöhte öffentliche Aufwendungen für Beschaffung entstandenen Potenziale, wurden durch den ecuadorianischen Privatsektor oft nur zögerlich und somit unzureichend genutzt. Das Problem eines erhöhten Kostenniveaus entsprechend der Mechanismen der Holländischen Krankheit, aber aufgrund der Dollarisierung auch in der Phase niedriger Erdölpreise 2014, kann als Ursache hierfür nicht ignoriert werden. Einen mindestens ebenso wichtigen Faktor stellen aber die im Importsektor und im Bereich nicht-handelbarer Güter zu erzielenden Renten dar (Oliva Pérez 2016).

Bezüglich des ecuadorianischen Wirtschaftssystems kann von einem durch Rententendenzen durchzogenen Kapitalismus gesprochen werden, dessen Charakteristika merklich vom Idealtypus dynamischer kapitalistischer Entwicklung unter Bedingungen des Akkumulationszwangs abweichen. Formal besteht die für die Kombination von Kapitalismus auf wirtschaftlicher und Demokratie auf politischer Ebene typische Trennung ökonomischer und politischer Macht. In der Praxis besteht allerdings eine enge Verzahnung beider Bereiche und Gewinne beruhen oft auf politisch abgesicherter Marktmacht, wenig Arbeitskraftbedarf im Vergleich zu den Verkaufsmengen und wenig Produkten mit wenig industrieller Weiterverarbeitung (Oliva Pérez 2016: 14). Die Bedeutung von Renten in Ecuadors ökonomischer Entwicklung ist ein – nicht erst durch den Beginn der Erdölförderung im Amazonasgebiet – relevantes Phänomen. In der Wirtschaftsgeschichte des Landes kann eine lange Persistenz präkapitalistischer Ausbeutungsbeziehungen, basierend auf extraktiven Institutionen konstatiert werden (Oliva Pérez 2016: 3). Die ecuadorianischen Unternehmen bedienen sich traditionell – wenn möglich – vorrangig zweier Mechanismen zur Steigerung ihrer Gewinne: Zum einen gelingt ihnen das durch Verteidigung und Aneignung unterschiedlicher Formen von Renten, zum anderen durch die Durchsetzung möglichst niedriger Löhne und niedriger effektiver Steuern. In anderen Worten: Ihre Gewinne basieren weniger auf Investitionen in die Steigerung der Produktivität und auf der Nutzung neuer Technologien, als auf der Fähigkeit, Konkurrenten auszuschließen und Oligopole zu festigen (Oliva Pérez 2016: 16). Vor diesem Hintergrund ergab sich logischerweise bei den Industrialisierungsbemühungen der Regierung Correa in Zusammenarbeit mit den Wirtschaftseliten des Landes ein immer wiederkehrendes Problem, denn auch ein falsch verstandener Protektionismus im Industriesektor kann dazu führen, dass eine vordergründige Modernisierung durch Industrialisierung mit einer Fortsetzung der Praktiken des *Rentseekings* verbunden wird (ebd.).[195]

Die großen privaten Unternehmenskonglomerate Ecuadors bildeten für die Zielsetzungen der Regierung Correa ein wesentliches Problem. Diese konnten sich in Ecuadors Geschichte immer wieder auf ihren politischen Einfluss, aber auch auf ihre strukturelle Macht verlassen, da ihre Unternehmen der Kategorie ‚too big to fail' zuzuordnen sind. In Phasen des Aufschwungs konnten und können sie daher ihren Besitzern zur privaten Reichtums-Akkumulation dienen, um dann bei Krisentendenzen die Rettung durch den Staat zu verlangen, entweder durch die Liberalisierung der Arbeitspolitik, durch Steuerausnahmen oder durch direkte Subventionen (Oliva Pérez 2016: 17). Diese Forderungen klammern die Bedeutung von Lohnerhöhungen als wichtige Komponente der Nachfrage aus und stehen so der Entwicklung einer dynamischen Binnennachfrage entgegen (Oliva Pérez 2016: 18). Wie schon beschrieben, stieg durch signifikante Reallohnsteigerungen und durch den Ausbau des öffentlichen Sektors, die Binnennachfrage während der *Revolución Ciudadana* erheblich. In der Folge stellte sich ein zentrales, nicht erwartetes Problem heraus: Ecuadors Unternehmen waren nur unzureichend dazu in der Lage, diese gestiegene Nachfrage durch heimische Produkte zu bedienen. Dies wiederum bewirkte die ökonomisch ungünstige Steigerung der Importe (Calderón und Stumpo 2016: 36). Die von Elsenhans (2017) beschriebene nachfragegestützte Wachstumsdynamik, in deren Folge Renten durch die Steigerung von Reallöhnen zurückgedrängt werden und Profite auf Nettoinvestitionen beruhen, kam daher in Ecuador nur begrenzt zur Geltung.

---

[195] Forderungen nach Ausschluss ausländischer Unternehmen und Preisabsprachen ecuadorianischer Produzenten bei Einkäufen von Pharmazeutika durch Ecuadors staatlichen Gesundheitssektor oder Forderungen nach gesicherten Absatzmärkten und Ausschluss chinesischer Konkurrenz bei Induktionsherden, zeigen nur zwei Beispiele für Versuche, Renteneinnahmen politisch durchzusetzen

Allgemeinhin – und so auch in Ecuador – nutzen die Rentiers ihre Marktmacht gegenüber Kunden und Zulieferern sowie ihr Wissen und ihren Einfluss durch ihre enge Vernetzung mit der Politik aus, um hohe Renditen mit niedrigem Risiko verbinden zu können (Oliva Pérez 2016: 16). Hierbei kommt es darauf an, wie sich deren Einbindung in den Weltmarkt gestaltet und welche Kartellstrukturen auf dem heimischen Markt vorfindlich sind. Speziell auf Ecuador bezogen kommt hinzu, dass, bedingt durch die geringe Erfahrung in technologieintensiven Produktionsbereichen, Anreizstrukturen für den Privatsektor fehlten. Die Investitionen in den Wandel der Produktionsmatrix wurden daher durch eine Reihe von Faktoren gehemmt: Kleineren und mittleren Unternehmen fehlte es an Know-how und Finanzierungsmöglichkeiten, während die großen Unternehmenskonglomerate in anderen Sektoren höhere und schneller zu realisierende Renditen erzielen konnten als in der Industrie und sich gleichzeitig eine höhere Liquidität bewahrten (Oliva Pérez 2016: 15).

Die beschriebenen Problematiken hatten auch Implikationen für die Steuereinnahmen der Regierung, denn für den Aufbau einer diversifizierten Wirtschaftsstruktur mit tieferen Wertschöpfungsketten und innovationsstarken, technologieintensiven Sektoren bedurfte es zunächst weitreichender öffentlicher Leistungen in Bereichen wie Bildung und Forschung, Infrastruktur und Forschungsförderung. Hierbei handelte es sich aber um öffentliche Investitionen in die Zukunft, die steuerpolitisch zunächst keine Vorteile bringen konnten, da hierdurch das anvisierte Ziel der internationalen Konkurrenzfähigkeit in den genannten Sektoren erst mittelfristig erreichbar ist.

In Ecuador dominieren stark von Renteneinnahmen profitierende Wirtschaftseliten in den Bereichen Immobilien, Importe und Primärgüterexport. Anstrengungen der Regierung Correa zur Verbesserung und Förderung von Investitionen in diesen Sektoren müssen in ihrer Wirkung auf den Entwicklungsprozess kritisch hinterfragt werden, insbesondere im Kontext starken Drucks auf die Handelsbilanz und vor dem Hintergrund des angestrebten Wandels der Produktionsstrukturen (Oliva Pérez 2016: 18-19). Zu Ende gedacht steht die Förderung oder die Ermöglichung von Investitionen in den genannten Bereichen, im Widerspruch zum Ziel des Wandels der Produktionsstrukturen, es sei denn, man glaubt daran, dass sich diese Investitionen ab einem bestimmten Maß an Rentengewinnen schließlich auf nicht rentenbasierte Bereiche übertragen. Dagegen sprechen allerdings Jahrhunderte lateinamerikanischer Wirtschaftsgeschichte und auch das konkrete Verhalten der rentenorientierten Wirtschaftseliten während der Regierungszeit Rafael Correas (ebd.). Dies bedeutet nicht, dass staatliche Maßnahmen zur Wirtschaftsförderung und Entwicklung von vornherein als unmöglich abgetan werden sollten. Vielmehr muss die Konzentration des Privatsektors auf Renten durch eine konsequentere Regulierung von privaten Investitionen und das Abschöpfen von Renteneinnahmen verhindert werden.

Die vorangegangenen Betrachtungen haben weitreichende Implikationen für die an eine progressive Fiskalpolitik zu formulierenden Erwartungen und an eine ausgewogene Kritik an der Wirtschaftspolitik der Regierung Correa, die im abschließenden Fazit zu bewerten sein wird. Diesbezügliche Defizite lassen sich allerdings schon hier benennen. Dazu zählt zweifelsohne die mangelnde Kontinuität der Regierungspolitik in den direkt mit den Produktionssektoren befassten Teilen der Regierungsinstitutionen und auch die mangelnde Konsolidierung der Förderinstrumente und des Personals auf Expert*innen-Ebene. Zurückzuführen sind diese Unzulänglichkeit nicht zuletzt auf unterschiedliche Perspektiven innerhalb der Regierung bezüglich der als notwendig erachteten entwicklungspolitischen Maßnahmen, was in der Folge dazu beigetrug, dass bestehende Instrumente der Investitionsförderung innerhalb des Privatsektors oft nur unzureichend bekannt waren und daher nicht genutzt wurden (Calderón et al. 2016: 238, 239.).

Vor dem Hintergrund der gemachten Ausführungen wäre es allerdings ein Trugschluss, davon auszugehen, dass mangelnde private Investitionen in Ecuador auf einen ökonomisch begründeten Zielkonflikt zwischen Umverteilungskonzepten und privaten Investitionen in produktive Sektoren zurückzuführen sind. Von Seiten der für die Förderung der Produktion zuständigen Ministerien wurde während der *Revolución Ciudadana* wiederholt versucht, die Industrialisierung durch steuerliche Anreize zu befördern, aber die Wirtschaftseliten tendierten dennoch dazu, ihre Gewinne in Finanzaktiva und Immobilien zu investieren, während die Investitionen in produktive Sektoren zurückblieben (Oliva Pérez 2016: 19). Allerdings ist auch zu konstatieren, dass zwar generelle auch sektorspezifische Steueranreize für produktive private Investitionen enthalten sind, die Priorisierung auf bestimmte Sektoren letztlich aber so weit gefasst ist, dass in der Praxis alle Sektoren von den Anreizen profitieren können (Calderón 2016: 119).

Um einen erkennbaren Wandel der Produktionsstrukturen in Ecuador zu erreichen, wird es darauf ankommen, die Förderinstrumente bezüglich neuer Produktionsbereiche qualitativ zu verbessern, eine besonderen Schwerpunkt aber auch auf das Zurückdrängen von Renten zu legen – vor allem bezogen auf große Unternehmenskonglomerate . Es wird also darum gehen, einen Modus der Regulation durchzusetzen, der den kurzfristigen Interessen rentenorientierter Wirtschaftseliten widersteht. Diese Perspektive werde ich auch bei der im nächsten Kapitel folgenden Darstellung steuer- und fiskalpolitischer Veränderungen weiter verfolgen.

7. Die Fiskalpolitik der *Revolución Ciudadana* – eine Übersicht

Im vorliegenden Kapitel stelle ich die Grundzüge der Fiskalpolitik während der *Revolución Ciudadana* von 2007 bis einschließlich 2016 dar. Wie schon das vorhergehende Kapitel zur Wirtschaftsentwicklung dient auch dieser Teil meiner Arbeit nicht zuletzt der Klärung, inwiefern die in der Forschungsfrage implizit enthaltenen Prämissen für den ecuadorianischen Fall zutreffend sind. Hierzu werde ich herauszuarbeiten, welche Bedeutung der Erdölsektor für die öffentlichen

Einnahmen hatte und inwiefern es zwischen 2007 und 2014 tatsächlich zu erhöhten Renteneinnahmen gekommen ist. Ebenso gilt es, Anhaltspunkte für die Fähigkeit des Staates aufzuzeigen, die Steuerpflicht der Wirtschaftseliten durchzusetzen. Hierzu dient die Betrachtung der direkten Steuern, da diese Wirtschaftseliten und Mittelklassesektoren besonders betreffen. Das vorliegende Kapitel soll aufzeigen, inwiefern die Ausgangsprämisse erhöhter Rohstoffeinnahmen zutreffend war und ob es außerdem gelungen ist, eine höhere Fiskal- und Steuerquote durchzusetzen.

Nicht zuletzt dient das vorliegende Kapitel auch der Überprüfung einer weiteren zentralen Ausgangsprämisse meiner Analyse, nämlich dass im Kontext der *Revolución Ciudadana* erstens eine signifikante Erhöhung der Fiskal- und Steuerquote in Zeiten relativ hoher Erdöleinnahmen erreicht wurde und zweitens wichtige Schritte auf dem Weg zu einem progressiven Steuersystem gegangen werden konnten. Die Rolle des Staates bei der Erdölausbeutung wird in dieser Arbeit in erster Linie mit Blick auf die Aneignung der Rente erörtert, wobei ich eine Erhöhung des Staatsanteils als eine für den so genannten Neo-Extraktivismus typische Entwicklung einordne. Die staatliche Aneignung von Rohstoffeinnahmen an sich soll hier nicht negativ als Beweis für eine (implizit) als nicht nachhaltig kritisierte Entwicklungsstrategie herangezogen werden, schließlich würde wohl

> „kein Staat/Staatsapparat, wenn sich auf seinem Souveränitätsgebiet Erdöl- oder Edelmetallvorräte finden, darauf verzichten, die entsprechenden Öl- oder Bergwerksrenten zu kassieren. Und auch kein Unternehmen, das sich wie auch immer Eigentumsrechte an Ölquellen oder Silberminen erobern konnte, würde dies tun. Kein Konzern, der sich auf einem noch so kleinen Gebiet eine Monopolstellung sichern kann, wird auf die daraus resultierende Monopolrente verzichten, keiner, der sich einen Knowhow-Vorsprung patentieren lassen kann, auf die Patentrente. Und die größten *Rent Seekers* in der Dritten Welt sind allemal die dort tätigen Transnationalen Konzerne, die oft genug alle drei genannten Rentenarten auf einmal kassieren können und kassieren." (Hauck 2007: 247)

Dies besagt, dass die Frage der Verwendung dieser Einnahmen als essentiell zu betrachten ist. Als Zeichen für die negativen Folgen eines extraktivistischen Entwicklungswegs sehe ich –aufgrund der ökologischen und sozialen Folgen – die auch durch den so genannten Neo-Extraktivismus nicht überwundene, hohe Subventionierung fossiler Brennstoffe. Als Besonderheit des Neo-Extraktivismus sind höhere Sozialausgaben zu nennen: Zur Einschätzung der Nachhaltigkeit dieser Transfers gilt es, anhand der Finanzierungsquellen herauszuarbeiten, inwiefern diese durch volatile Erdöleinnahmen finanziert werden und somit der Vorwurf mangelnder Nachhaltigkeit zutreffend ist.

In einem ersten Unterkapitel gehe ich in gesonderten Abschnitten auf die ecuadorianischen Verfassungsleitsätze für den Bereich der Steuer- und Fiskalpolitik ein, biete eine kompakte Übersicht über die Steuerreformen seit 2007 und fasse die wichtigsten Veränderungen auf der Verwaltungsebene zusammen (7.1). Vor diesem Hintergrund erfolgt ein quantitativer Überblick über die Entwicklung von Ecuadors Staatsfinanzen im Zeitraum von 2007 bis 2016, wobei ich auf die Erdöleinnahmen, die Steuereinnahmen und sonstige Einnahmen sowie auch auf das Ausgabeverhalten des Staates eingehe (7.2). Von Interesse sind hier – wie bereits in den Hinweisen zur Nutzung quantitativer Daten in Kapitel 4 erklärt – die Staatsquote, die Fiskal- und Steuerquote sowie der Grad der Abhängigkeit von Rohstoffeinnahmen. Außerdem nenne ich Zahlen zur Entwicklung der Staatsverschuldung, wobei ich dieser die Höhe der Investitionen gegenüberstelle und auch mögliche Privatisierungserlöse berücksichtige, um ein ausgewogenes Bild zu zeichnen. Für die Frage nach der Schuldentragfähigkeit ist es indessen von entscheidender Bedeutung, ob es sich um interne Schulden handelt oder um externe, für deren Rückzahlung der Zugang zu Devisen nötig ist. Das Kapitel endet mit Überlegungen zur Nachhaltigkeit des Entwicklungsmodells der *Revolución Ciudadana* mit Blick auf den niedrigen Erdölpreis ab der zweiten Jahreshälfte 2014. Hier stelle ich die erreichten Veränderungen den in Ecuadors Verfassung formulierten Leitsätzen gegenüber (7.3).

7.1 Verfassungsleitsätze, Steuerreformen und Veränderungen auf der Verwaltungsebene

Das erste zentrale Projekt der *Revolución Ciudadana* war die Ausarbeitung und Verabschiedung einer neuen Verfassung.[196] Die 2008 durch Volksabstimmung bestätigte neue Verfassung bietet wichtige Anhaltspunkte zum Verständnis der fiskalpolitischen Leitlinien der *Revolución Ciudadana*. Diese finden sich auch in den nationalen Entwicklungsplänen 2009-2013 und 2013-2017 wieder. Da ich mich in meiner Arbeit auf die Auseinandersetzungen zur Steuerpolitik konzentriere, widme ich der Übersicht über die Steuerreformen im Zeitraum von 2007 bis 2015 und den Veränderungen auf der Verwaltungsebene jeweils einen eigenen Abschnitt.

Den zweiten Teil des vorliegenden Unterkapitals widme ich den quantitativen Veränderungen im Bereich der Staatsfinanzen. Hier gehe ich auf Veränderungen bezüglich der Bedeutung der Erdöleinnahmen ein und stelle diese ins Verhältnis zur Wirtschaftsleistung und den Gesamteinnahmen des Staates. Um die Bedeutung des Erdöls für Ecuador angemessen zu erfassen, beziehe ich auch die Bedeutung der Erdölexporte im Verhältnis zu den Gesamtexporten des Landes mit ein. Die Tragfähigkeit der Auslandsschulden einer Volkswirtschaft, seien diese nun vom Staats- oder vom Privatsektor aufgenommen worden, steht in engem Zusammenhang mit dem Zugang zu Devisen. Der Anteil der Erdölexporte an den Gesamtexporten kann daher als Indikator dafür dienen, wie stark die Auswirkungen sinkender Erdölexporte auf die Außenhandelsbilanz und damit auf die externe Tragfähigkeit der Staatsschulden sind (vgl. Flassbeck und Panizza 2008: 2). Dabei ist zu beachten, dass die Einführung des USD in Ecuador einseitig erfolgte und – anders als dies bei nationalen Notenbanken der Fall ist – von daher keinerlei Verpflichtung der US-

[196] Mit dem Verzicht auf Kandidaten für den Kongress hatte die politische Formation *Acuerdo PAIS*, die Rafael Correa bei den Wahlen 2006 unterstützte, ihre Ablehnung gegenüber dem bestehenden politischen System und den Willen zur Ausarbeitung einer neuen Verfassung unterstrichen.

amerikanischen FED besteht, die Liquidität des Zahlungssystems in Ecuador aufrechtzuerhalten (vgl. Carvajal 2015).[197]

7.1.1 Fiskalpolitische Leitsätze in Verfassung und Entwicklungsplänen

Laut Artikel 285 der ecuadorianischen Verfassung hat die Fiskalpolitik folgende Ziele: Die Finanzierung von Dienstleistungen, Investitionen und öffentlichen Gütern, die Umverteilung des Einkommens durch Transfers, Steuern und adäquate Subventionen, das Schaffen von Anreizen für Investitionen in ausgewählte Sektoren der Wirtschaft und zudem diejenige Produktion von Gütern und Dienstleistungen zu fördern, die sozial gewünscht und ökologisch akzeptabel sind (Asamblea Constituyente 2008a: 141). In Bezug auf die Steuerpolitik werden in Artikel 300 die grundlegenden Verfassungsprinzipien genannt, an denen sich das Steuersystem orientieren soll. Hierzu gehören die Allgemeingültigkeit, die Progression sowie die Effizienz und Einfachheit der Verwaltung und der Passus, dass Steuern nicht rückwirkend eingeführt werden können. Weitere Prinzipien sind die Gleichheit, Transparenz und die Angemessenheit der erzielten Einnahmen. Außerdem heißt es:

> „Die Steuerpolitik wird die Umverteilung fördern und die Beschäftigung, die Produktion von Gütern und Dienstleistungen, das ökologisch, sozial und wirtschaftlich verantwortungsvolle Verhalten stimulieren." (ebd.: 145)

In der Verfassung werden ebenfalls Regeln für die öffentliche Kreditaufnahme festgelegt. In Artikel 290 heißt es hierzu, dass Kredite nur dann aufgenommen werden, wenn die Fiskaleinnahmen und Zuwendungen aus der internationalen Zusammenarbeit nicht ausreichen. Die Kreditaufnahme einerseits und die Einzahlung in Rohstofffonds andererseits sind – zeitgleich veranlasst – damit ausgeschlossen. Dabei ist zu berücksichtigen, dass die Zinsraten für Ecuadors Staatsschulden im Durchschnitt deutlich höher liegen als die mit Erdölfonds erzielten Renditen. Außerdem wird betont, dass die Aufnahme von Krediten nicht die Souveränität des Landes, die Rechte seiner Bürger und das Ziel des guten Lebens und des Umweltschutzes einschränken dürfe. Während in Bezug auf die hier benannten Konzepte Interpretationsspielraum besteht, sind weitere Regeln konkreter: So sollen mit öffentlichen Schulden lediglich Investitionsprojekte im Infrastrukturbereich finanziert werden oder Projekte, aus denen selbst finanzielle Spielräume entstehen.[198] Hinzu kommt, dass die Übernahme privater Schulden durch den Staat untersagt wird. Außerdem wird der Zentralregierung die Befugnis gegeben, darüber zu entscheiden, ob sie für von subnationalen Regierungen aufgenommene Schulden aufkommt (Asamblea Constituyente

[197] Auch für die Eurokrisenländer gilt, dass die europäische Zentralbank seit 2012 durch Anleiheaufkäufe in der Praxis die Rolle eines Kreditgebers letzter Instanz erfüllt.

[198] Dieser kann durch Einnahmen aus diesen Projekten entstehen, wie es zum Beispiel bei Wasserkraftwerken der Fall ist. Außerdem können Investitionen zukünftige Kosten senken.

2008a).[199] Zu den über die Steuerpolitik hinausreichenden Fiskalregeln gehört, dass permanente Ausgaben aus permanenten Einnahmen finanziert werden müssen. Die Staatsverschuldung darf 40 Prozent des BIP nicht übersteigen. Außerdem wird die Handhabung der Liquidität durch ein zentrales Konto des öffentlichen Sektors bei der Zentralbank verbessert (Herrera 2013).

Die Verfassung stärkt die Stellung der Zentralregierung im Bereich der Fiskalpolitik. Die Exekutive erhält das alleinige Initiativrecht im Bereich der Steuerpolitik. Das gibt der Zentralregierung die Möglichkeit, die steuerpolitische Agenda stärker zu bestimmen und verhindert parlamentarische Initiativen, die den Zielen der jeweiligen Regierung zuwiderlaufen. Gesetze können freilich nur mit Bestätigung durch die Legislative in Kraft treten (Asamblea Constituyente 2008a: 145). Auf die Bedeutung dieser institutionellen Veränderung werde ich in Kapitel 9 zurückkommen.

Die in der Verfassung verankerten steuerpolitischen Leitlinien spiegeln sich auch in den Nationalen Entwicklungsplänen für die Perioden 2009 bis 2013 und 2013 bis 2017 wieder. Im 2009 beschlossenen Entwicklungsplan heißt es, dass eine Steuer- und Zollpolitik angestrebt werde, durch die die heimische Produktion geschützt, Reichtum und Einkommen umverteilt und die Verantwortung gegenüber der Umwelt gefördert werden soll (CONSEJO NACIONAL DE PLANIFICACIÓN 2009: 339).

Ausgangspunkt des Entwicklungsplans ist, dass die steuerliche Belastung trotz des Anstiegs der vorhergehenden Jahre nach wie vor relativ gering ist und Steuerreformen weiter vorangebracht werden müssen, da es ohne Stärkung der Einnahmekapazitäten nicht möglich sei, eine starke Wirkung auf die Verteilung zu erreichen (ebd.: 77, 139). Die Steuerpolitik wird als ein Mechanismus gesehen, um wirtschaftliche Ungleichheit bis 2013 zu senken. Konkret wird angestrebt, die Steuerquote bis zum Jahr 2013 auf 15 Prozent und den Anteil der direkten Steuern auf mindestens 50 Prozent zu erhöhen. Weitere Ziele sind eine stärkere Progression der Mehrwert- und der Einkommenssteuer, ebenso wie eine stärkere Umverteilungswirkung dieser Steuern (ebd.: 151).

Der Entwicklungsplan sieht ebenfalls eine Ausweitung der Steuerbasis mit Fokus auf nicht regressive Steuern und Verteilungsgerechtigkeit vor. Einerseits soll die Steuerkultur entsprechend der Fiskalvertragsidee durch Verdeutlichung des Zusammenhangs zwischen Steuereinnahmen und Investitionen verbessert werden, andererseits sind auch schärfere Kontrollmechanismen und härtere Strafen gegen Schmuggel und Steuerhinterziehung vorgesehen. Der Fokus soll dabei auf den Beziehern hoher Einkommen und Firmen mit großen Gewinnen liegen (CONSEJO NACIONAL DE PLANIFICACIÓN 2009: 148). Auch der Entwicklungsplan für die Jahre 2013 bis 2017 hält am Ziel einer Verbesserung der Steuer- und Fiskalkultur fest und formuliert, was durch

[199] In der Praxis geht es beim letzten Punkt um die Übernahme von Bürgschaften, für größere Investitionsprojekte. Das Risiko für die Zentralregierung ist dabei gering, da sie bei Nichtzahlung der Schulden durch den Kanton oder das Department die der Gebietskörperschaft zustehen Transferzahlungen aussetzen kann.

eine ‚exzellente' Steuerverwaltung und die effiziente Verwendung der Steuergelder erreicht werden soll. Festgelegt wird auch, dass die Bevölkerung über steuerrelevante Zusammenhänge zu informieren ist. Dies soll durch Evaluierung und die Kosten-Nutzenanalyse der Staatsausgaben gewährleistet werden. Teil der steuerpolitischen Agenda bleibt auch die Durchsetzung des staatlichen Steuermonopols durch eine weitere Stärkung von Straf- und Kontrollmechanismen (CONSEJO NACIONAL DE PLANIFICACIÓN 2013: 123).

Im *Plan Nacional del Buen Vivir* (2013-2017) wird auf die bereits erreichte Erhöhung der Steuerquote und die gewachsene Bedeutung direkter Steuern hingewiesen und an die steuerpolitische Orientierung des 2013 abgeschlossenen Entwicklungsplans angeknüpft. Vorgesehen sind eine weitere Stärkung der Einnahmekapazität und die deutliche Fokussierung auf eine stärkere Progression im Steuersystem. Außerdem heißt es, dass die historische *Steuerverweigerung* der Eliten und wirtschaftlich mächtigen Kapitalgruppen gestoppt werden müsse (CONSEJO NACIONAL DE PLANIFICACIÓN 2013: 53). Als eine der bleibenden Aufgaben wird die Konsolidierung einer progressiven Steuerstruktur genannt, die auf Einkommens- und Vermögenssteuern aufbaut und die Bezieher hoher Einkommen besonders zur Steuerzahlung heranzieht, während die staatlichen Ausgaben auf die Bezieher niedriger Einkommen fokussiert werden sollen. Letzteres soll unter anderem dazu dienen, das ‚Humankapital' einkommensschwacher Bevölkerungsgruppen zu erhöhen und ihnen den Zugang zu Krediten erleichtern (ebd.: 66).

7.1.2 Die Steuerreformen seit 2007 – eine empirische Übersicht

Seit 2007 wurde in Ecuador eine Reihe von Steuerreformen durch- und umgesetzt, die ich im Folgenden kurz zusammenfasse. Dabei werde ich die Hauptziele und die Verteilungswirkung der jeweiligen Maßnahmen – soweit möglich – benennen.[200] Meine Zielsetzung ist es dabei, Hinweise auf die voraussichtliche Wirkung der Steuerreformen auf die Staatseinnahmen und die Verteilung der Steuerlast zu präsentieren. Dabei können im vorliegenden Kapitel allerdings nur die wichtigsten Ergebnisse der Reformen genannt werden, es kann dagegen nicht auf die Aushandlungsprozesse mit Interessengruppen und zwischen Exekutive und Legislative eingegangen werden.

Die erste bedeutende Reforminitiative war das Gesetz zur Steuergleichheit, das Ende 2007 von der Verfassungsgebenden Versammlung beschlossen wurde. Trotz einiger neuer Steuerausnahmen und Abschreibungsmöglichkeiten hatte das Gesetz eine insgesamt positive Wirkung auf die Staatseinnahmen (Carpio Rivera und Carrasco Vicuña 2012). Die sichtbarste Veränderung war die Einführung von zwei neuen Höchststufen bei der persönlichen Einkommenssteuer von 30

[200] Eine tiefere Analyse der politischen Auseinandersetzungen um die Steuerreformen erfolgt im Rahmen der Analyse des *Circulo Virtuoso* in Kapitel 9 von 2007 bis 2013/2014 und bei der Betrachtung der Schwierigkeiten bei der Durchsetzung einer auf Verteilungsgerechtigkeit und Verbesserung der Einnahmesituation des Staates ausgerichteten Steuerpolitik in Zeiten niedriger Erdöleinnahmen.

und 35 Prozent. Andererseits wurden neue Absetzungsmöglichkeiten für bestimmte Ausgaben eingeführt, insbesondere in den Bereichen Bildung und Gesundheit (Castro et al. 2013). Der Steuersatz für Unternehmen blieb bei 25 Prozent. Verschärft wurden allerdings Kontroll- und Sanktionsmechanismen. Parallel dazu wurden neue steuerliche Anreize, beispielsweise in Form von Absetzungsmöglichkeiten, eingeführt, die zur Schaffung von Arbeitsplätzen anregen und die Inklusion von Menschen mit Behinderung fördern sollen. Auch die *Ley de Equidad Tributaria* beinhaltete bereits Veränderungen bezüglich der Steuer auf Spenden, Vermächtnisse und Erbschaften, also jener Steuer, die im Jahr 2015 zu heftigen politischen Auseinandersetzungen und Straßenprotesten führte. 2007 wurde statt des bis dahin geltenden einheitlichen Steuersatzes von 5 Prozent ein progressives Tarifsystem mit Steuersätzen von 5 bis 35 Prozent eingeführt, was aufgrund weit verbreiteter Steuervermeidungsstrategien allerdings wenig praktische Effekte hatte. Ebenfalls mit dem Ziel einer stärkeren Umverteilungswirkung wurde eine Steuer auf Landbesitz eingeführt (Carpio Rivera und Carrasco Vicuña, 2012; Chiliquinga Carvajal et al. 2012).

Eine in den folgenden Jahren noch wachsende Bedeutung bekam die im Rahmen der *Ley de Equidad Tributaria* eingeführte Kapitalausfuhrsteuer. Carpio Rivera und Carrasco Vicuña (2012) weisen auf den progressiven Charakter dieser Steuer und ihre Bedeutung für die makroökonomische Stabilität des Landes im Rahmen der Dollarisierung hin. Der Steuersatz wurde in den nachfolgenden Jahren immer wieder erhöht. Doch erst die Erhöhung auf 5 Prozent ab 2011 führte schließlich zu einer tatsächlichen Senkung der Kapitalabflüsse.[201] (Castro et al. 2013: 48). Dieser Punkt ist besonders wichtig, da der Kapitalabfluss ins Ausland, vor allem in Richtung Steueroasen, gegen die Grundannahme angebotsorientierter Wirtschaftspolitik spricht, dass steigende Unternehmensgewinne automatisch zu höheren Investitionen in die heimische Wirtschaft führen.

Bei den indirekten Steuern blieb eine Senkung der Mehrwertsteuer aus. Im Wahlkampf 2006 hatte Rafael Correa die Senkung der Mehrwertsteuer von 12 auf 10 Prozent versprochen und dieses Vorhaben nach seinem Wahlsieg zunächst bestätigt (El Universo 19.12.2006). Ende 2007 rückte die Regierung Correa dann jedoch von der Senkung der Mehrwertsteuer ab und erklärte, dass die Hauptbegünstigten einer solchen Maßnahme nicht die Verbraucher, sondern bestimmte Firmen seien. Veränderungen wurden hinsichtlich der Kategorisierung von Produkten vorgenommen und die Sonderverbrauchssteuern auf Luxusgüter und Produkte mit negativen Externalitäten in Bezug auf Umwelt, Gesundheit und ihre sozialen Folgen fokussiert (Carpio Rivera und Carrasco Vicuña, 2012). Correa wies darauf hin, dass die meisten Produkte des täglichen Bedarfs von der Mehrwertsteuer ausgenommen seien. Stattdessen wurde die Sonderkonsumsteuer auf Mobilfunk- und Festnetzanrufe um 15 Prozent gesenkt, da es hierbei nicht um Luxus gehe. Diese Maßnahme helfe den *Sectores Populares* deutlich mehr als die Senkung der Mehrwertsteuer (El Diario 06.12.2007).

---

[201] Im Falle von Firmen die mit der Transaktion Vorprodukte oder Kapitalgüter für gewerbliche Zwecke importieren, kann eine Rückerstattung der ISD beantragt werden (Castro 2013: 48).

Angesichts steigender Erdölpreise wurde 2007 eine Sondersteuer (*Windfall-Tax*) eingeführt[202] (Carpio Rivera und Carrasco Vicuña 2012; Castro et al. 2013: 46), die im Jahr 2009 bereits 6,7 Prozent der gesamten Steuereinnahmen ausmachte. Durch die 2010 eingeführten neuen Vertragsmodalitäten verlor diese Steuer jedoch an Bedeutung, da die ausländischen Förderfirmen nun nicht mehr den Erdölsektor dominierten, sondern nur noch Verträge mit festen Preisen für ihre Dienstleistungen erhielten (Castro et al. 2013: 62).

Die Reform von 2007 verbesserte Verwaltungsabläufe und stärkte Mechanismen zur Durchsetzung der Besteuerung. Hierzu gehörten höhere Zinssätze bei Steuerschulden und Verschärfungen von Sanktionen bei Steuerverstößen. Außerdem wurden neue Regulierungen von Verrechnungspreisen im internationalen Handel in die nationale Steuergesetzgebung aufgenommen. Carpio Rivera und Carrasco Vicuña (2012) betonen, dass die von Vorgängerregierungen angestrengten, insgesamt 14 zurückliegenden Reformen den so genannten Steuerplanungsmechanismen beziehungsweise Steuervermeidungsstrategien kaum Beachtung geschenkt hatten. Die Autoren stellen genau diese Mechanismen als mögliche Methoden zur Steuerhinterziehung dar, die auch auf Steueroasen anwendbar seien. Besonders neue Regelungen für die Vorauszahlung der Einkommenssteuer schränkten die Möglichkeiten zur Steuervermeidung von Unternehmen ein (Silva Legarda 2013: 24). Die Regierung Correa setzte eine Reihe von Maßnahmen durch, durch die es ecuadorianischen Unternehmen und Einzelpersonen erschwert werden sollte Geschäfte mit so genannten Steueroasen von Steueroasen abzuwickeln. Ein wichtiger Schritt auf diesem Weg war die Erstellung einer Liste mit 90 als Steueroasen bezeichneten Territorien. Die steuerpolitischen Schritte wurden außerdem durch weitere Reformen im Unternehmensrecht und bei der öffentlichen Auftragsvergabe ergänzt (ebd. 25).

Die während der *Revolución Ciudadana* verabschiedeten Steuerreformen waren keineswegs nur eindimensional auf die Einnahmeerhöhungen ausgerichtet. Bereits 2008 wurden Veränderungen an der *Ley para la Equidad Tributaria* verabschiedet, die neue Steueranreize zur Förderung von Investitionen vorsahen, auch die Möglichkeiten für Privatpersonen, bestimmte Ausgaben von der Einkommenssteuer abzusetzen, wurden erweitert. Dementsprechend hatten verschiedene steuerliche Veränderungen im Jahr 2008 eine tendenziell negative Wirkung auf die Staatseinnahmen (Carpio Rivera und Carrasco Vicuña 2012).

2009 wurden verschiedene steuerpolitische Maßnahmen ergriffen, um produktive Sektoren zu fördern: Hierzu wurde die Kreditvergabe der Finanzinstitutionen durch Rabatte auf Steuervorauszahlungen steuerlich begünstigt (Carpio Rivera & Carrasco Vicuña 2012: 301). Neu eingeführt wurde auch eine Steuer auf das von Ecuadorianern im Ausland gehaltene Kapital. Die Kapitalausfuhrsteuer wurde zunächst von 0,5 auf 1 Prozent und im Rahmen weiterer Veränderungen

---

[202] Es handelt sich um eine 70prozentige Besteuerung von außerordentlichen Gewinnen, die nicht auf Handlungen der Erdölfirma, sondern auf einen höheren Ölpreis zurückgehen (El Universo 20.02.2008). Diese Maßnahme war besonders für das Jahr 2009 relevant, als sich die Einnahmen aus dieser Steuer auf 6,7 Prozent der gesamten Steuereinnahmen beliefen.

an der *Ley de Equidad Tributaria* schließlich auf 2 Prozent angehoben. Im Bereich der Mehrwertsteuer wurde eine Reihe von Steuerausnahmen abgeschafft. Außerdem wurden Einkünfte aus Dividenden und sonstige Kapitaleinkünfte von Privatpersonen steuerpflichtig. Insgesamt waren die Effekte auf die Steuereinnahmen positiv, insbesondere bei den direkten Steuern (Oliva Pérez 05.01.2015).

Im Jahr 2010 stimmte das Parlament dem Gesetz für Produktion, Handel und Produktion zu, woraus wichtige Veränderungen in der Steuergesetzgebung folgten. Hauptziel war es dabei, Anreize für private Investitionen zu verstärken, weswegen die Einkommenssteuer für Unternehmen in den nachfolgenden Jahren jeweils um einen Prozentpunkt von 25 auf 22 Prozent gesenkt wurde (Castro et al. 2013). Außerdem schuf man weitere Abschreibungsmöglichkeiten und auch steuerliche Begünstigungen für sogenannte Sonderzonen für wirtschaftliche Entwicklung. Die privatsektorfreundliche Ausrichtung dieses Gesetzes hatte ihre Ursache nicht zuletzt darin, dass das Gesetz federführend vom Koordinierungsministerium für Produktion, Arbeit und Wettbewerbsfähigkeit ausgearbeitet wurde. Dieses Ministerium und die ihm zugeordneten Ministerien und Behörden stehen dem Privatsektor näher als die für die Wirtschaftspolitik verantwortlichen Ministerien und Behörden. Die stärker angebotsorientierte Sicht auf die Steuerpolitik in den Bereichen Produktion und Wettbewerbsfähigkeit, von der man sich in diesen Ministerien auch Schritte zum Wandel der Produktionsstrukturen erhoffte, widersprach aber den Zielen einer stärkeren steuerlichen Beteiligung der Wirtschaftseliten an der Finanzierung öffentlicher Aufgaben.

2011 wurde das Gesetz zur Umweltentwicklung und Optimierung der Staatseinnahmen verabschiedet, das durch strengere Regulierungen bestehender Steuern und die Einführung neuer Steuern einen positiven Nettoeffekt auf die Steuereinnahmen hatte. Die wichtigste Veränderung war dabei die Anhebung der Kapitalausfuhrsteuer von 2 auf 5 Prozent. Durch das Ende 2012 verabschiedete Gesetz zur Einkommensumverteilung für Sozialausgaben wurde eine 10 prozentige Erleichterung der Unternehmenssteuer für Banken gestrichen und der Mehrwertsteuersatz von 12 Prozent für Finanzdienstleistungen eingeführt. Außerdem wurde eine Steuer von monatlich 0,25 Prozent auf ins Ausland verschobenes Kapital eingeführt. Sofern es sich dabei um Steueroasen handelte, wurde die Rate auf 0,35 Prozent festgesetzt (Paz y Miño Cepeda 2015; SRI k. D.).

Während die Steuerreformen bis Ende 2012 – mit Ausnahme des Krisenjahres 2009 – in einem Kontext wirtschaftlichen Wachstums und steigender Erdöleinnahmen durchgeführt wurden, stand Ecuadors Regierung ab der zweiten Jahreshälfte 2014 vor der Aufgabe, fiskalpolitisch auf stark sinkende Erdöleinnahmen und eine drohende Wirtschaftskrise zu reagieren.[203] Ende 2014 stimmte die *Asamblea Nacional* dem in dieser neuen Situation eingebrachten Gesetz für Steueranreize und Vorbeugung des Steuerbetrugs *(Ley de Incentivos y Prevención del Fraude Fiscal)*

---

[203] Der für Ecuador essentielle Ölpreis brach ab Mitte 2014 stark ein (BCE 10.01.2016). Bei ihrer Haushaltplanung für 2016 legte Ecuadors Regierung daraufhin einen durchschnittlichen Rohölpreis von nur noch 25 USD zu Grunde (NODAL 25.02.2016).

zu. Der erwartete positive Nettoeffekt dieser Maßnahme wird von der Steuerbehörde auf 200 Millionen USD beziffert (Orozco 29.12.2014).

Ecuadors Regierung hatte für die Haushaltsplanung des Jahres 2015 zunächst einen durchschnittlichen Ölpreis von 79,7 USD pro Barrel angenommen. Ende des Jahres 2014 hatte der Preis aber bereits mehrere Wochen bei nur etwa 50 USD gelegen. Um den Außenhandel angesichts sinkender Erdöleinnahmen und eines relativ starken US-Dollars stabilisieren zu können, wurden im Jahr 2015 zollpolitische Maßnahmen ergriffen. Zunächst wurden Schutzzölle gegenüber Importen aus Kolumbien (21 Prozent) und Peru (7 Prozent) erhoben, deren Währungen zuvor stark an Wert verloren hatten (El Universo 04.01.2015). Diese Maßnahmen wurden allerdings von der Andengemeinschaft abgelehnt. Im März 2015 wurde schließlich ein auf maximal 15 Monate beschränktes System gestaffelter Schutzzölle von 5 bis 45 Prozent ohne Bezug zum Herkunftsland der Importe eingeführt. Dabei waren nach Schätzungen der Regierung lediglich 32 Prozent der Importprodukte von der Maßnahme betroffen (Presidencia de la República 07.03.2015; Calderón 2016: 212-213). Darüber hinaus wurde Ecuadors Rückstand in Bezug auf Qualitätsnormen verschiedener Art überwunden, was auch als Schutz für einheimische Produzenten dienen konnte.

Eine weitere Maßnahme im Kontext der wirtschaftlichen Schwierigkeiten des Jahres 2015 war ein Amnestiegesetz, die so genannte *Ley de Remisión* (Gesetz zur Steuererleichterung) im Jahr 2015. Dieses Gesetz erbrachte eine erkennbare Steigerung der Staatseinnahmen, allerdings nicht durch ein härteres Vorgehen gegenüber Steuersäumigen, sondern durch ein Amnestieangebot. Für mehrere Monate wurden Steuernachzahlern Strafzahlungen und Zinsen erlassen. Durch diese Maßnahme konnten bis Ende Juli 2015 insgesamt 932 Millionen USD Mehreinnahmen verzeichnet werden (Revista Líderes 30.07.2015).

Ebenfalls im Jahr 2015 legte die Exekutive das Gesetz zur Umverteilung des Reichtums (*Ley para la Redistribución de la Riqueza)* vor, musste diese Initiative aber nach scharfen Protesten von Unternehmersektoren – aber auch von Angehörigen der Mittelschicht – wieder zurückziehen. Auf die konfliktreichen Auseinandersetzungen um die Erbschafts- und Schenkungssteuer sowie über die Besteuerung von Gewinnen bei Grundstücksverkäufen werde ich in Kapitel 9 vertieft eingehen. Wichtige Maßnahmen zur Bekämpfung der Steuervermeidung bei der Erbschaftssteuer wurden schließlich, ein Jahr nachdem die Reforminitiative erstmals vorgelegt wurde, beschlossen. Die über dieses Ziel hinausgehenden Veränderungen bei den Steuersätzen konnten allerdings nicht durchgesetzt werden (Asamblea Nacional 21.07.2016). Parallel zum oben genannten Gesetz hatte die Regierung Correa 2015 auch ein Gesetz gegen Spekulationsgewinne auf Immobilienverkäufe vorgelegt und dieses ebenfalls zunächst zurückgezogen. Es wurde Ende 2016 schließlich doch – und zwar ohne größere Änderungen – verabschiedet. In diesem Gesetz, das zu höheren Einnahmen auf lokaler Ebene führen sollte, wurde bestimmt, dass auf Gewinne aus Immobilienverkäufen, die – bei einem Freibetrag von 24 Mindestlöhnen und abzüglich der selbst getätigten Investitionen – über das normale Maß an Wertsteigerung hinausgehen, ein Steuersatz von 75 Prozent zu zahlen ist. Damit sollten die Möglichkeiten illegitimer Einkünfte durch Insiderwissen eingeschränkt werden (Asamblea Nacional 30.12.2016).

2016 wurde mit dem Gesetz zur Stabilität der öffentlichen Finanzen (*Ley Orgánica para el Equilibrio de las Finanzas Públicas)* eine weitere Anpassungsmaßnahme an die schwierige Finanzlage der öffentlichen Haushalte ergriffen. Dieses Gesetz erhöhte die Steuern auf den Konsum von gezuckerten Getränken und Bier und führte die Sondersteuern auf Festnetz- und Mobilfunktelefonie wieder ein. Es förderte aber gleichzeitig das so genannte 'elektronische Geld' sowie – in geringerem Maße – die Zahlung mit Kredit- und Debitkarten durch die Senkung der Mehrwertsteuer für damit getätigte Transaktionen (El Universo 29.04.2016).[204]

Verabschiedet wurde das soeben beschriebene Gesetz am 29. April, also bereits nach dem schwerwiegenden Erdbeben vom 16. April, aufgrund dessen weitere steuerliche Maßnahmen ergriffen wurden. Die am stärksten betroffenen Provinzen Manabí und Esmeraldas wurden von den auf ein Jahr beschränkten Maßnahmen ausgenommen. Die Mehrwertsteuer wurde von 12% auf 14% erhöht und die Einkommenssteuer bei Unternehmen um 3 zusätzliche Prozentpunkte auf 25 Prozent. Außerdem wurde die einmalige Zahlung von 0,9 Prozent des Gesamtvermögens für Personen mit einem Gesamtvermögen von über einer Millionen USD beschlossen. Personen mit einem Monatseinkommen von über 1000 USD wurden verpflichtet, das Äquivalent eines Arbeitstages beizutragen, Personen mit über 2000 USD zwei Arbeitstage und jene mit Einkommen über 5000 USD fünf Tage (Araujo 21.04.2016).

7.1.3 Zur Steuerverwaltung

Das Beispiel Ecuador zeigt, dass eine Betrachtung der Steuerpolitik, die auf der Ebene der Analyse von Veränderungen in der Steuergesetzgebung beschränkt bleibt, wichtige Aspekte außer Acht lässt. Hinsichtlich der Einnahmesteigerungen seit 2007 geht Ecuadors Regierung davon aus, dass diese im Wesentlichen auf die seit der Regierungsübernahme erfolgten Verbesserungen bei der Bekämpfung von Steuerhinterziehungs- und Vermeidungsmechanismen durch die Steuerbehörde zurückzuführen sind.

Dennoch ist die bereits Ende der 1990er Jahre erfolgte Gründung der semi-autonomen Steuerbehörde SRI als wichtige Weichenstellung zu betrachten. Diese Behörde verfügte bereits vor Beginn der *Revolución Ciudadana* über qualifiziertes und nach meritokratischen Kriterien ausgewähltes Personal und unterschied sich grundlegend von der *Dirección General de Rentas* (DGR). Die Trennung der Behörde von der Politik und den Sonderinteressen einzelner Unternehmenskonglomerate war zunächst allerdings nur unzureichend erfolgt. Als deutliches Indiz hierfür mag

[204] Ein Grund für diese Förderung des elektronischen Geldverkehrs ist darin zu sehen, dass der Import von physischen Dollarscheinen für Ecuador mit erheblichem Aufwand verbunden ist.

die Absetzung der langjährigen SRI-Direktorin Elsa Romo-Leroux Chévez de Mena gelten. Ihre zwischenzeitliche Absetzung wurde 2004, wie in Kapitel 5 erläutert, auf die Intervention des Bananenmagnaten und mehrfachen Präsidentschaftskandidaten Alvaro Noboa zurückgeführt, dessen Unternehmen gerade zu dem Zeitpunkt durch das SRI untersucht wurden, als die Stimmen seiner Partei PRIAN für den Machterhalt von Präsident Lucio Gutiérrez benötigt wurden. Das Problem lässt sich aber nicht auf einen, wenn auch prominenten, Einzelfall begrenzen, sondern hat mit der grundsätzlichen Vernachlässigung der Kontrolle der Einkommenssteuer des SRI im Vergleich zur Kontrolle bei der regressiven Mehrwertsteuer zu tun. Auch 2005 konnte deshalb noch von einer Steuerhinterziehungsrate von 63,8 Prozent ausgegangen werden (Gómez Sabaini und Jiménez 2012: 34).

Dies wurde ab 2007 schrittweise geändert. Mit Carlos Marx Carrasco übernahm ein von heterodoxen und marxistischen Ideen geprägter Ökonom aus Cuenca die Aufgabe, die Fähigkeiten der Steuerverwaltung zu stärken. Die Bekämpfung der Steuerhinterziehung wurde nun zu einem zentralen Thema der politischen Auseinandersetzung. Verbesserungen erfolgten auch durch die Gründung des *Centro de Estudios Fiscales* (CEF) und der dadurch verbesserten Analyse- und Evaluierungskompetenz der Behörde. Außerdem wurde die Qualität der Computersysteme zur Steuerkontrolle erhöht, wodurch die so genannte *State Capacity* in Bezug auf die Steuerverwaltung verbessert werden konnte. Die Neuorientierung der Steuerbehörde auf eine schärfere Kontrolle – insbesondere der Einkommenssteuer – ist kein allein technokratisch zu erklärender Prozess, der sich automatisch aus den gewachsenen technischen Fähigkeiten der Behörde ergeben hätte, sondern entsprach den politischen Vorgaben des Behördenleiters und des Präsidenten. In Kontrast zu den soeben geschilderten Vorgängen um Noboas Steuerschulden im Jahr 2004 steht die durch das SRI eingeleitete Konfiszierung von Eigentum Noboas aufgrund ausstehender Steuerzahlungen in Höhe von 93 Millionen USD während der Regierungszeit Correas. Der Unternehmer und Politiker Noboa gilt allgemein als reichster Ecuadorianer. Er kandidierte mehrfach für das Präsidentenamt. Am Ende der Konfiszierung stand im Jahr 2013 die Versteigerung der größten Finca des Landes ‚*La Clementina*' an eine neu gegründete Genossenschaft der Landarbeiter (Redacción Política 27.11.2013; Redacción Economía 06.02.2014).[205]

Gleichzeitig übernahm das SRI während der *Revolución Ciudadana* auch eine zentrale Rolle bei der Förderung der Steuermoral und stärkte durch eine intensivere Öffentlichkeitsarbeit mit Slogans wie ‚Erkläre deine Steuern, erkläre deine Liebe zu Ecuador' das Bewusstsein für die Bedeutung der Erfüllung der Steuerpflichten und betonte den Zusammenhang mit steuerfinanzierten öffentlichen Leistungen.

[205] Medienberichte aus der Zeit vor Beginn der *Revolución Ciudadana* befassten sich wiederholt mit den Schwierigkeiten der Steuerbehörde, die Steuerpflicht gegen den Großunternehmer und mehrfachen Präsidentschaftskandidaten Alvaro Noboa durchzusetzen (siehe z.B. Ecuadorinmediato 25.03.2005). Auch die zeitweilige Absetzung von SRI-Chefin Elsa de Mena in der Regierungszeit von Lucio Gutiérrez wird von Beobachtern auf ein politisches Bündnis von Gutiérrez mit Noboa zurückgeführt wird (Puertas 27.03.2005).

7.2 Ecuadors Staatsfinanzen von 2007 bis 2015 – ein quantitativer Überblick

In den folgenden Absätzen gehe ich auf die quantitativen Veränderungen in Ecuadors Fiskalpolitik ein. Dabei unterscheide ich in Abschnitt 7.2.1 zwischen Erdöleinnahmen und Nicht-Rohstoffeinnahmen, auf die ich in gesonderten Abschnitten eingehen werde und arbeite die Bedeutung der Steuereinnahmen heraus. Danach lege ich die Bedeutung der Erdöleinnahmen für den Staatshaushalt dar und ergänze damit die in Kapital 6 erfolgte Analyse ihrer Bedeutung für Ecuadors Außenhandel. Die Analyse der Situation der ecuadorianischen Staatsfinanzen wird durch den Blick auf die Ausgabenseite und die Entwicklung der Staatsverschuldung komplettiert, die in Abschnitt 7.2.2 folgt.

7.2.1 Ecuadors Staatseinnahmen – zur Bedeutung von Steuern, Rohstoffeinnahmen und sonstigen Finanzquellen

Eine wichtige Grundlage meiner Arbeit ist die Betrachtung der Staatseinnahmen und die Bedeutung des Erdölsektors für die Staatsfinanzierung. Wie in Abbildung 7 deutlich wird, sind die Staatseinnahmen in der von mir als *Circulo Virtuoso* bezeichneten Phase von 2007 bis 2014 deutlich gestiegen, wobei die Brutto-Erdöleinnahmen gemessen am BIP bereits ab 2012 wieder zu sinken begannen. Dies konnte aber bis einschließlich 2014 durch andere Einnahmequellen kompensiert werden. Bevor ich auf die Fiskal- und insbesondere die Steuereinnahmen eingehe, werde ich hier zunächst zentrale Daten bezüglich der Einnahmen aus dem Erdölsektor benennen und den Anteil des Erdölsektors an der Staatsfinanzierung herausarbeiten.

Zur Erhöhung der Erdöleinnahmen des Staates trug die Neuverhandlung von Förderverträgen mit transnationalen Erdölkonzernen wesentlich bei.[206] Das Verhandlungsergebnis von 2010 sah vor, die bis dahin geltenden Gewinnbeteiligungsverträge durch neue Verträge zu ersetzen, die auf pauschalen Zahlungen an die Förderfirmen für deren technische Leistungen beruhten. In Zeiten hoher Erdölpreise konnten nach Regierungsangaben dadurch insgesamt 2,795 Milliarden zusätzliche Rohstoffeinnahmen erzielt werden (MRNNR 23.02.2013). Der von Kritikern der konfrontativen Politik der Regierung Correa befürchtete Rückgang der Fördermenge trat nicht ein. Die Fördermenge erhöhte sich vielmehr von 177.071,9 Tausend Barrel 2010 auf 206.970,8 Tausend Barrel im Jahr 2014 (BCE: 2015).

Insgesamt konnte die Regierung Correa auf höhere Erdöleinnahmen zurückgreifen. Es kam aber – wie in nachfolgender Abbildung deutlich wird – keineswegs zu einer Verdrängung anderer Staatseinnahmen.

[206] Die Analyse der politischen Auseinandersetzungen über die Aneignung der Erdölrente und Bestrebungen zur Begrenzung der Erdölförderung erfolgt in Kapitel 8.

Abbildung 11: Brutto-Einnahmen des öffentlichen Nicht-Finanzsektors Verhältnis zum BIP

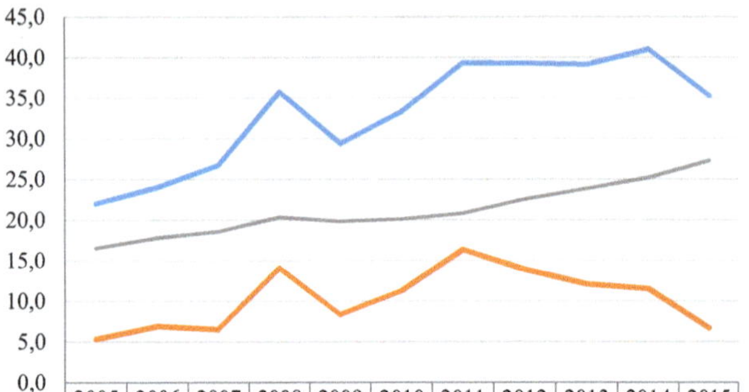

	2005	2006	2007	2008	2009	2010	2011	2012	2013	2014	2015
Staatseinnahmen	22,0	24,1	26,7	35,8	29,4	33,3	39,3	39,3	39,2	41,0	35,3
Erdöleinnahmen	5,3	6,9	6,5	14,0	8,3	11,3	16,3	13,9	12,0	11,5	6,7
Nicht Erdöleinnahmen	16,6	17,8	18,6	20,3	19,8	20,1	20,8	22,5	23,8	25,2	27,3

Quelle: BCE 2016

Gemessen am Bruttoinlandsprodukt stieg die Bedeutung der Brutto-Erdöleinnahmen von 5,3 Prozent im Jahr 2005 auf 16,3 Prozent im Jahr 2011 deutlich an. Die Auflösung der Rohstofffonds durch Ecuadors Regierung führte 2008 zu einmaligen Sondereinnahmen für den Staatshaushalt.

Seitdem ist eine fallende Tendenz zu beobachten. Besonders stark war der Rückgang zwischen 2014 und 2015 als die Erdöleinnahmen des Staates gemessen am Bruttoinlandsprodukt von 11,5 auf 6,7 Prozent zurückgingen (BCE 2016). Bezogen auf das Bruttoinlandsprodukt lagen die Erdöleinnahmen 2015 nur knapp unter dem Niveau von 2006 und immer noch höher als 2005. Aufgrund der stetigen Erhöhung sonstiger Einnahmen konnte ihre Bedeutung für die Staatsfinanzierung allerdings deutlich reduziert werden (ebd.).

Will man die Netto-Einnahmen des Staates benennen, also jene Einnahmen, die letztlich unmittelbar in den Staatshaushalt einfließen, sind die Kosten für die Finanzierung der Staatsfirmen PAM-EP und PETROECUADOR-EP sowie die Zahlungen an private Förderunternehmen und die Kosten für die Importe von Derivaten von den Bruttoeinnahmen abzuziehen (Presidencia de la República 2014). Blickt man davon ausgehend auf den Beitrag des Erdölsektors zur Finanzierung des Staatshaushalts, ergibt sich folgendes Bild: Nach einem Anteil der Erdöleinnahmen von 18,7 Prozent im Jahr 2006, stieg der Anteil im Jahr 2008 auf den bisherigen Höchststand von

29,3 Prozent[207]. 2011 machten die Erdöleinnahmen noch 24,9 Prozent der Einnahmen im Staatshaushalt aus. Seitdem ist dieser Anteil stark gesunken; 2015 waren demnach keine Nettoeinnahmen mehr zu verzeichnen. Die Ausgaben für den Erdölsektor überstiegen sogar die Einnahmen.

Abbildung 12: Anteil der Netto-Erdöleinnahmen am Staatshaushalt

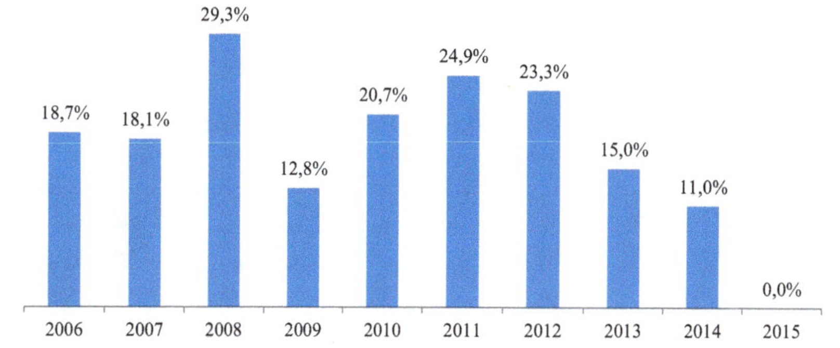

Quelle: Presidencia de la República 2016

Ein weiterer wichtiger Bezugspunkt für die vorliegende Analyse ist die Entwicklung der Fiskalquote. Diese umfasst, neben den durch das SRI erhobenen Steuern, auch die Sozialversicherungsabgaben, Zölle und die auf subnationaler Ebene erhobenen Steuern. Die Fiskalquote erhöhte sich den Zahlen zufolge, die durch das Zentrum für Fiskalstudien (CEF) veröffentlichten wurden, erheblich. Sie stieg von 15,1 Prozent im Jahr 2006 auf 21,7 Prozent im Jahr 2015, wobei sie in den Jahren 2013 und 2014 minimal rückläufig gewesen war. Nach diesen Daten stieg die Quote der von der Zentralregierung eingenommenen Steuern inklusive Zöllen im gleichen Zeitraum von 11,2 Prozent auf 15,7 Prozent, wobei der starke Anstieg von 14,4 Prozent 2014 auf 15,7 Prozent 2015 auch auf die Sondereinnahmen aufgrund des 2015 erlassenen Amnestiegesetzes zurückzuführen ist.

Dabei muss zusätzlich berücksichtigt werden, dass die Steigerung der Steuer- und Fiskalquote in einen wirtschaftlichen Wachstumsprozess fiel, wodurch die positive Wahrnehmung der Ausweitung staatlicher Aktivitäten verstärkt wurde. Während sich die Steuereinnahmen von 2000 bis 2006 auf 21.995 Milliarden USD beliefen, lagen sie in der Zeit von 2007 bis 2013 bei zusammengenommen 60,660 Milliarden USD (SENPLADES 2014). Die Zolleinnahmen blieben in der Phase von 2006 bis 2014 mit einigen leichten Schwankungen relativ stabil und lagen sowohl

[207] Hierzu trugen auch Sondereinnahmen durch die Auflösung von Erdölfonds bei, deren Gelder für Investitionen genutzt wurden.

2006 als auch 2014 bei 1,4 Prozent am BIP.[208] Eine steigende Tendenz ist 2015 zu beobachten: Durch die Einführung temporärer Schutzzölle sind die Zolleinnahmen gemessen am BIP auf 2 Prozent gestiegen, während die Importe in diesem Jahr stark zurückgingen.[209] Wie die nachfolgende Tabelle zeigt, sind auch die subnational erhobeneren Steuern kaum gestiegen. Die Erhöhung der Steuerquote ist daher in erster Linie auf die durch das SRI erhobenen Steuern zurückzuführen.

Tabelle 14: Die Entwicklung der Steuerquote

	2006	2007	2008	2009	2010	2011	2012	2013	2014	2015
Zoll- und Steuereinnahmen der Zentralregierung	11,2	11,7	11,7	12,4	13,1	12,5	14,1	14,6	14,4	15,7
Interne Steuern (SRI)	*9,6*	*10,1*	*10,1*	*10,7*	*11,3*	*11,0*	*12,6*	*13,1*	*13,0*	*13,7*
Externe Steuern (SENAE, Zölle)	*1,6*	*1,6*	*1,5*	*1,7*	*1,8*	*1,5*	*1,4*	*1,4*	*1,4*	*2*
Steuereinnahmen der subnationalen Ebene	0,6	0.6	0,6	0,7	0,6	0,7	0,7	0,7	0,7	0,9
Quelle: SRI-CEF Online Datenbank										

Wie bereits bemerkt, hat der Aufbau eines progressiven Steuersystems in Ecuador seit 2008 Verfassungsrang. Zudem sind hierfür Zielvorgaben und konkrete Maßnahmen zu ihrer Umsetzung in den nationalen Entwicklungsplänen (2009-2013 und 2013-2017) formuliert. Tatsächlich deuten die erhobenen Daten darauf hin, dass diese Aufwertungen Folgen zeitigten. Das Steuersystem ist heute sichtbar weniger regressiv als vor Beginn der *Revolución Ciudadana*. Der Anteil der tendenziell progressiven direkten Steuern stieg von 33 Prozent im Jahr 2006 auf 46 Prozent im Jahr 2014 (SRI 2007; SRI 2015). Das anvisierte Ziel, bereits 2013 einen Anteil direkter Steuern von 50 Prozent zu erreichen, wurde jedoch verfehlt. Die tendenziell regressiven Verbrauchssteuern sind auch weiterhin für das Gesamtsteueraufkommen von zentraler Bedeutung, wobei die Mehrwertsteuer die wichtigste Einnahmequelle ist. Bei Rückschlüssen auf die Verteilungswirkung der Steuereinnahmen muss allerdings beachtet werden, dass die regressive Wirkung der Mehrwertsteuer dadurch verringert wird, dass die meisten Grundnahrungsmittel davon befreit sind (Redacción Economía 28.01.2015; Castro et al.2013).

Die direkten Steuern wurden weiterhin in erster Linie durch den Unternehmenssektor gezahlt, während die persönliche Einkommenssteuer und Vermögenssteuern nach wie vor eine geringe

[208] Der Handlungsspielraum für nationale Regierungen ist aufgrund internationaler Abkommen im Bereich Zölle beschränkt, die Freihandelsorientierung in der Außenhandelspolitik ist durch WTO-Verträge und weiter bilaterale Abkommen auf supranationaler Ebene abgesichert.

[209] Die so genannten *Salvaguardías* betreffen 32 Prozent der Importe und wurden je nach erwarteten Auswirkungen auf die ecuadorianischen Konsumenten und Produzenten mit Bedarf an Vorprodukten in vier Kategorien von 5, 15, 25 und 45 Prozent eingeteilt (ANDES 11.03.2015). Anfang 2016 war mit dem Abbau der Schutzzölle begonnen worden, dieser Prozess wurde dann aber aufgrund des Erdbebens vom 16.04.2016 für ein Jahr ausgesetzt (Redacción Guayaquil 29.04.2016).

Rolle spielen. Hauptursache ist die Kombination einer weiterhin stark ungleichen Primärverteilung der personenbezogenen Einkommen und hoher Steuerfreibeträge sowie großzügiger Absetzungsmöglichkeiten, beispielsweise für Bildungs- und Gesundheitsausgaben, was zu einer lediglich schmalen Steuerbasis führt (Ramírez Álvarez et al. 2012). Andererseits wurden hierdurch Anreize gegeben, die entsprechenden Quittungen einzufordern, was die Steuerhinterziehung durch die betroffenen Geschäfte und Freiberufler*innen erschwert. 2013 erreichten jedoch 83,7 Prozent der Einkommensbezieher keine Einkommen oberhalb der Freibetragsgrenze und 2013 betraf der Spitzensteuersatz der Einkommenssteuer lediglich 0,19 Prozent von ihnen (Jiménez 2015: 134). 2009 erfolgte die Rückkehr zur Besteuerung von Kapitaleinkünften und 2014 wurde entschieden, auch Einkünfte aus Unternehmens- bzw. Aktienverkäufen zur Steuerzahlung heranzuziehen. Auch wenn der quantitative Effekt dieser Entscheidungen relativ gering war, ist es wichtig hervorzuheben, dass damit erstmals die Kapitaleinkünfte den Arbeitseinkünften von Privatpersonen steuerlich gleichgestellt wurden (vgl. Oliva Pérez 05.01.2015).

Abbildung 13: Verteilung der Einnahmen aus durch das SRI erhobenen Steuern 2015

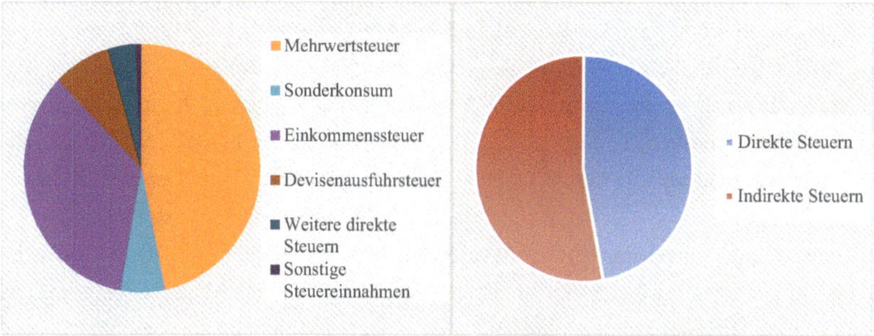

Quelle: Eigene Darstellung basierend auf SRI 2016

7.2.2 Ein Blick auf die Staatsausgaben und Staatsverschuldung

In meiner Analyse konzentriere ich mich in erster Linie auf die Einnahmenseite bezüglich der Steuern, beziehungsweise – noch spezifischer – auf politische Veränderungsprozesse auf dem Feld der Steuerpolitik. Um diese angemessen analysieren zu können, ist aber ein Blick auf die Staatsausgaben unerlässlich. In einem vereinfachten Modell können Staatsschulden als Alternative zur Extraktion von Einnahmen durch Steuern und Abgaben betrachtet werden. Die Höhe der öffentlichen Neuverschuldung ist aus dieser Perspektive ein Indiz dafür, dass es der jeweiligen Regierung nicht gelingt, ihre politischen Ziele zu erreichen, ohne die Kosten hierfür in die Zukunft zu transferieren (Fjeldstad und Moore 2008; Boeckh 2011).

Diese Kritik an einer Kostentransferierung in die Zukunft ist allerdings auch bei einer Vernachlässigung öffentlicher Investitionen angebracht oder bei mangelnden Ausgaben für Bildung und Soziales. Für die Analyse der Nachhaltigkeit der Fiskalpolitik der Regierung Correa ziehe ich daher Daten zu Staatsverschuldung einerseits und Investitionen andrerseits heran und berücksichtige ebenfalls die Notwendigkeit, in Zeiten externer Schocks das gesamtwirtschaftliche Gleichgewicht aufrechtzuerhalten.

Ein isolierter Blick auf Staatsverschuldung und Neuverschuldung würde, wie gesagt, zu kurz greifen. Daher werden diese Daten zum Bruttoinlandsprodukt in Beziehung gesetzt und es wird zwischen internen und externen Schulden unterschieden. Außerdem blicke ich nicht isoliert auf den Schuldenstand, sondern beziehe außerdem öffentliche Investitionen einerseits und Privatisierungserlöse andererseits mit ein. Von zentraler Bedeutung für die Beurteilung fiskalischer Stabilität ist das Faktum, dass es in der Phase des *Circulo Virtuoso* erstmals möglich war, die permanenten staatlichen Ausgaben mit permanenten Einnahmen zu decken,

In Bezug auf die Staatsschulden ist festzustellen, dass der öffentliche Sektor seit 2011 zunächst ein kleines Defizit und dann ab 2013 deutliche Defizite verzeichnete. Während die Einnahmen des öffentlichen Sektors 2012 ihren bisherigen Höchststand von 39,2 Prozent am BIP erreicht hatten, gingen sie seitdem merklich zurück und lagen 2016 nur noch bei 31,6 Prozent. Im gleichen Zeitraum wurden die Ausgaben von 40,3 Prozent auf 38,5 Prozent gesenkt, waren aber noch 2013 auf den bisherigen Höchststand von 43,7 Prozent erhöht worden (BCE 2017). Ein Großteil der nominell höheren Ausgaben für laufende Kosten ist darauf zurückzuführen, dass verschiedene Haushaltsposten wie die Transferzahlungen an die Sozialversicherungen von Militär und Polizei und insbesondere die Kosten für den Import von Erdölderivaten transparent gemacht wurden. Zuvor waren sie mit Exporteinnahmen verrechnet worden und folglich nicht in den Bilanzen aufgetaucht. Die tatsächlichen Steigerungen der Staatsausgaben sind hingegen zwischen 2007 und 2014 größtenteils auf erhöhte Kapitalausgaben bzw. Investitionen zurückzuführen.

Dabei ist zu bemerken, dass der Anstieg der Staatsverschuldung in den Jahren 2015 und 2016 auf einen – in erster Linie durch den Rückgang der Erdöleinnahmen verursachten –drastischen Einnahmerückgang von 9,2 Prozentpunkten am BIP zurückzuführen ist. Die Lage wurde durch von internationalen Schiedsgerichten auferlegte Zahlungen im Wert von 1,1 Prozent am BIP an die Erdölfirmen Oxy und Chevron noch weiter verschärft (Presidencia de la República).

Abbildung 14: Staatseinnahmen und Ausgaben gemessen am BIP

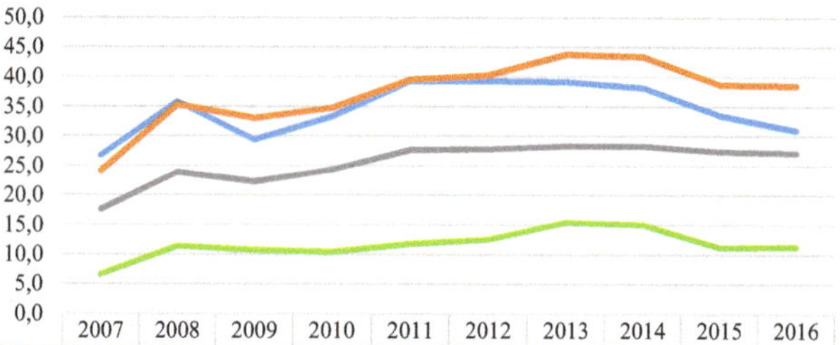

	2007	2008	2009	2010	2011	2012	2013	2014	2015	2016
Gesamteinnahmen	26,7	35,8	29,4	33,3	39,3	39,3	39,2	38,2	33,5	31,0
Gesamtausgaben	24,1	35,2	33,0	34,7	39,5	40,3	43,7	43,4	38,6	38,5
Laufende Ausgaben	17,6	23,9	22,3	24,3	27,7	27,8	28,4	28,3	27,4	27,2
Kapitalausgaben	6,6	11,3	10,7	10,4	11,8	12,5	15,4	15,0	11,2	11,3

Quelle: eigene Darstellung auf Basis von BCE 2017

Mit Blick auf den konsolidierten Schuldenstand[210] der öffentlichen Haushalte ergibt sich folgendes Bild: Zunächst konnte der Schuldenstand weiter reduziert werden. Wie bereits ausgeführt, war diese Phase auch mit einer Steigerung der Staatseinnahmen verbunden. Hinzu kommt, dass der Staatshaushalt durch relativ niedrige Ausgaben für den Schuldendienst zusätzlich entlastet wurde. Diese Ausgaben hatten zwischen 2001 und 2006 bei einer Quote von durchschnittlich 7,72 Prozent am BIP gelegen, fielen aber im Zeitraum von 2007 bis 2012 auf eine deutlich niedrigere Quote von 3,85 Prozent (Herrera 2013).

Der Schuldenstand konnte von 23 Prozent 2006 deutlich, auf nur noch 12,2 Prozent 2009 gesenkt werden und ist seitdem zunächst aufgrund der Finanzierung großer Investitionsprojekte und dann verstärkt im Zusammenhang mit dem Einbruch der Rohstoffpreise wieder angestiegen, so dass die Staatsschuldenquote Ende 2016 bei 27,8 Prozent lag. Die Bruttoschuldenquote stieg von 16,4 Prozent 2009 auf 39,6 Prozent 2016, wobei bei dieser Berechnung die Inlandsschulden deutlich höher sind. Die Unterscheidung zwischen internen und externen Schulden ist aber von zentraler Bedeutung für die Schuldentragfähigkeit eines Staates, da die Rückzahlung letzterer nur dann möglich ist, wenn ausreichend Zugang zu Devisen besteht (Flassbeck und Panizza 2008.).

[210] Dies bedeutet, dass Schulden zwischen unterschiedlichen Institutionen innerhalb des öffentlichen Sektors nicht berücksichtigt werden.

Tabelle 15: Veränderungen des konsolidierten Schuldenstands öffentlicher Haushalte

	2006	2007	2008	2009	2010	2011	2012	2013	2014	2015	2016
Auslandsschulden	21,8	20,8	16,3	11,8	12,5	12,7	12,4	13,6	17,2	20,2	26,7
Inlandsschulden	1,2	0,5	0,4	0,3	0,4	0,5	0,7	1,1	1,1	1,0	1,2
Gesamtschulden (kons.)	23	21,4	16,7	12,2	12,8	13,2	13,1	14,7	18,3	21,2	27,8
Quelle: MINFIN 2017											

Blickt man allein auf die staatlichen Ausgaben bezüglich des Schuldendienstes, machten sich die Anstrengungen der Vorgängerregierungen, eine Senkung der Staatsverschuldung zu erreichen, durchaus durch diesbezüglich geringere Ausgaben und durch einen dadurch gewonnenen fiskalpolitischen Spielraum bemerkbar. Ein wichtiger Faktor hierfür war aber auch die 2008 getroffene Entscheidung der Regierung Correa, einen Teil der Schulden des Landes für illegal zu erklären, da der Abschluss der entsprechenden Kreditverträge durch Vorgängerregierungen nicht den ecuadorianischen Gesetzen entsprochen habe. Diese Entscheidung wurde auf Basis eines Untersuchungsberichts der von der Regierung mit der Prüfung der Rechtmäßigkeit, Legitimität, Transparenz, Qualität, Effektivität und Effizienz der Schulden beauftragten *Comisión de Auditoria Integral del Crédito Público* (CAIC) getroffen (Weisbrot und Sandoval 2009).[211]

Die 2008 erfolgte Auflösung von Erdölfonds bedeutet jedoch keine Senkung der Investitionsquote, sondern eine Neuorientierung öffentlicher Investitionen, weg von Investitionen auf den internationalen Finanzmärkten, hin zu realwirtschaftlichen Investitionen in Ecuador. Der wichtigste Vorteil dieser Strategie der Regierung Correa war, dass Investitionsprojekte implementiert werden konnten, die deutlich höhere Renditen versprachen als Rohstofffonds. Das trifft z. B. auf die 8 Wasserkraftprojekte zu, mit deren Umsetzung 2010 begonnen wurde (Constante 14.04.2016; Carillo Maldonado et al. 2018).

Eine Priorität wurde auch der Erhöhung der Sozialausgaben gegeben, die, gemessen am BIP, von durchschnittlich 3,9 Prozent zwischen 2001 und 2006 auf durchschnittlich 7,45 Prozent zwischen 2007 und 2012 erhöht werden konnten (Herrera 2013, siehe hierzu auch Kapitel 9.1.2). Im Zusammenhang mit den Zielen des Wandels der Produktionsmatrix sind die stark gestiegenen Ausgaben für den tertiären Bildungssektor von großem Interesse (vgl. Calderón 2016: 121).

Allerdings sind die in der Verfassung festgeschriebenen Ziele von Bildungsausgaben bis zum Abitur in Höhe von 6 Prozent und öffentliche Gesundheitsausgaben in Höhe von 4 Prozent des BIP bisher nicht erreicht wurden. Zur Struktur der Sozialausgaben ist festzuhalten, dass, auch

[211] In dem am 20. Oktober 2008 vorgelegten Bericht weist die Kommission auf eine Reihe von Irregularitäten und Rechtsbrüchen beim Abschluss von Krediten hin. Die Regierung stoppte daher im Dezember 2008 die 510 Millionen USD, die für die Rückzahlung von *Global 2012* Staatsanleihen bestimmt waren und im Februar 2009 die Zahlung von 2,7 Milliarden USD, die für die Zahlung *Global 2030* Staatsanleihen vorgesehen waren, was insgesamt einen Zahlungsausfall in Höhe von 3,3 Milliarden USD bedeutete. Ecuador gelang es schließlich, 91 Prozent der Schuldtitel zu einem Preis nahe an den Marktpreisen und damit zu 35 Prozent Ausgabepreis zurückzukaufen (Weisbrot und Sandoval 2009).

wenn man allein auf die Sozialausgaben blickt, die These, dass hierbei Sozialtransfers im Vordergrund stehen, nicht bestätigt werden kann. Die Mehrausgaben des öffentlichen Sektors dienten vor allem der Verbesserung und Erweiterung öffentlicher Leistungen, wozu neben dem Sozial- und Bildungssektor auch die Bereiche Polizei und Justiz gehören (MITRAB 2015). Dies ging mit einer signifikanten Erhöhung der Zahl der Staatsangestellten und ihrer Gehälter einher.[212] Dieser Ausbau öffentlicher Beschäftigung ist vor dem Hintergrund eines niedrigen Ausgangsniveaus zu verstehen und daher nicht im Sinne einer unverantwortlichen Rentenverteilung zu interpretieren. Zudem ist er durch Steuereinnahmen gedeckt. Wie ich in der Analyse unterschiedlicher Stakeholder-Perspektiven in Kapitel 8 und bezüglich des Verlaufs steuer- und fiskalpolitischer Auseinandersetzungen (Kapitel 9) noch genauer herausarbeiten werde, handelt es sich beim Ausbau des öffentlichen Sektors keineswegs um den immer wieder angeprangerten Rentenklientelismus.

Staatliche Renteneinnahmen aus dem Erdölsektor wurden hingegen für Investitionen genutzt, wobei staatliche Bau- und Investitionsprojekte allerdings auch als Verteilung von Renten an den Privatsektor interpretiert werden könnten (vgl. Peters 2014). Dem stehen jedoch die dringende Notwendigkeit höherer öffentlicher Investitionen und ihre positive Wirkung auf die systemische Wettbewerbsfähigkeit Ecuadors gegenüber. Auch unter Berücksichtigung der ab 2015 schrittweise ins Licht der Öffentlichkeit gerückten Korruptionsfälle, die sicherlich Aufschluss darüber geben, dass Korruption auch während der Regierungszeit Correas ein nicht schlagartig behobenes Problem war, müssen dennoch die weitreichenden Vorteile der Investitionen für die wirtschaftliche Entwicklung des Landes gewürdigt werden. Hinzu kommt, dass zwischen den einzelnen aufgedeckten, auch großen Korruptionsfällen wie jenem internationalen Skandal rund um Schmiergeldzahlungen des brasilianischen Baukonzerns Odebrecht oder den Korruptionsskandal des staatlichen Erdölkonzerns PETROECUADOR und einer grundsätzlichen institutionellen Schwäche von Kontrollmechanismen unterschieden werden muss.[213] Im ecuadorianischen Fall konnten im Rahmen der *Revolución Ciudadana* bei der Transparenz öffentlicher Beschaffung wichtige Fortschritte erzielt werden. Der Zugang kleiner- und mittlerer Unternehmen zu staatlichen Investitionsprojekten konnte ebenfalls verbessert werden. Dies hat sich zum Beispiel auch positiv auf das Preisniveau ausgewirkt (vgl. Calderón 2016).

Von fundamentaler Bedeutung für die Nachhaltigkeit der Staatsfinanzierung ist, ob die Neuverschuldung zur Zahlung von Gehältern und öffentlichen Konsumausgaben genutzt wird oder Investitionen dient. Der Blick auf die Entwicklung der Investitionsquote zeigt, dass die Senkung

---

[212] Mehrausgaben gab es beispielsweise im Bildungssektor bis zum Abitur, bei der vorschulischen Bildung und insbesondere im Gesundheitssektor sowie auch in den Bereichen Justiz und Polizei. Dies war jeweils auch mit Neueinstellungen und Gehaltserhöhungen verbunden (MITRAB 2015).

[213] In Korruptionsfälle waren keineswegs in erster Linie Vertreter der Regierung Correa involviert und im Fall des Odebrecht-Skandals, von dem 12 unterschiedliche Länder betroffen sind, waren diese schwerlich auf spezifische Charakteristika Ecuadors oder der Regierung Correa zurückzuführen. Mit Blick auf den Prozess gegen Vizepräsident Glas sollte von Vorverurteilungen – gerade vor dem Hintergrund des rechtlich fragwürdigen Prozessverlaufs – Abstand genommen werden.

des Schuldenstands bis 2006 zu großen Teilen durch eine Vernachlässigung öffentlicher Investitionen erkauft wurde. Von den Regierungen, die vor der Regierung Correa an der Macht gewesen waren, wurde also nicht erkannt, dass Investitionen auch der Senkung zukünftiger Kosten dienen und das Wachstumspotenzial steigern können – dass von daher also eine Kreditfinanzierung durchaus gerechtfertigt sein kann.[214]

Investitionsprojekte müssen, wie im vorangegangenen Kapitel zur Wirtschaftseinwicklung aufgezeigt, auch hinsichtlich ihrer Wirkung auf den externen Sektor mit Blick auf ihre kurzfristigen und längerfristigen Folgen beurteilt werden. Als sich in Ecuador ab 2014 wirtschaftliche Schwierigkeiten abzeichneten, waren wichtige öffentliche Investitionsprojekte noch nicht abgeschlossen. Diese mussten nun zu einer Zeit durch Kredite finanziert werden, als die Risikoaufschläge für Ecuadors Staatsanleihen angesichts des niedrigen Ölpreises stark anstiegen und zudem die Außenhandelsbilanz belasteten. Dabei ist aber zu betonen, dass die getätigten Investitionen in die Stromübertragungsnetze, den Neubau von Wasserkraftwerken und in die an der Raffinerie von Esmeraldas durchgeführten Reparaturen und Kapazitätssteigerungen ausnahmslos dazu dienen, die Leistungsbilanz für die Zukunft zu verbessern. Es zeigt sich aber auch, dass die Außenhandelsbilanz weiterhin die Achillesferse der ecuadorianischen Wirtschaft ist und vor allem auch Auswirkungen auf die Kreditwürdigkeit des Landes hat.

Eine weitaus problematischere und in der Phase des *Circulo Virtuoso* nicht überwundene Form der Rentenverteilung sind Energie- und Treibstoffsubventionen (Fretes-Cibils et al. 2008: 52). Di Bella (2015: 6) argumentiert mit Recht, dass die Subventionierung von Energie einen langfristig negativen Effekt auf die Wettbewerbsfähigkeit habe, da Ausgabeprioritäten von Investitionen in Energie-Effizienzsteigerungen weggelenkt und Modernisierungsprozesse somit verzögert werden. Hinzu kommt, dass das höchste Einkommensquintal besonders stark von den Energie- und Treibstoffsubventionen profitiert (El Telégrafo 05.08.2013). Aufgrund der Festsetzung der Preise für Diesel, Benzin und Kochgas führten die erhöhten internationalen Rohstoffpreise auch zu einem massiven Anstieg der Ausgaben für Subventionen, wobei der Trend wohl auch auf die starke Zunahme der Autonutzung zurückzuführen ist, die aus einer starken Vergrößerung der Zahl registrierter Automobile seit der Jahrtausendwende und insbesondere ab 2009 abgeleitet werden kann. Die Ausgaben für Subventionen lagen 2002 bei einem Tiefststand von 0,64 Prozent am BIP und stiegen bis auf 6,59 Prozent des BIP im Jahr 2011, um dann im Kontext niedrigerer Erdölpreise auf 2,51 Prozent 2015 zu fallen (Espinoza Echeverría und Guayanlema 2017).

Erst in der dritten Amtszeit Correas wurden konkrete Maßnahmen zur Senkung und Fokussierung der Subventionsausgaben ergriffen. Dabei spielen die Kosten der Subventionen für den Staat und die negative Wirkung der steigenden Nachfrage nach Treibstoffen auf die Außenhandelsbilanz eine Rolle (Espinoza Echeverría und Guayanlema 2017: 7). Eine Besonderheit stellt

[214] Die öffentlichen Investitionen gemessen am BIP lagen zwischen 2000 und 2006 bei durchschnittlich 4,4 Prozent, zwischen 2007 und 2014 bei durchschnittlich 11,1 Prozent (Presidencia de la República 27.09.2016).

diesbezüglich das Präsidialdekret 799 vom 15. Oktober 2015 dar, mit dem vor allem Subventionen für größere Unternehmen gestrichen wurden (El Universo 16.10.2015; Carillo Maldonado et al. 2018). Zuvor waren die Versuche, die Ausgaben für Subventionen zu senken, meist mit besonderen Förderprogrammen wie dem *Plan Renova*, einer ecuadorianischen Version einer Umweltprämie auf Automobile und Haushaltsgeräte, verbunden gewesen (MITOP 2013). Ein weiterer Versuch, die Ausgaben für Subventionen zu senken, ist die Förderung des Umstiegs von Gas auf deutlich effizientere Induktionsherde, für die in Folge der Investitionen in Wasserkraftwerke nun ausreichend Energie zur Verfügung steht. Bis April 2017 wurden über 534 Tausend Induktionsherde verkauft. Die Zielvorgabe, drei Millionen dieser Küchen bis Ende desselben Jahres zu verkaufen, wurde auf 2022 verschoben, weshalb die Autoren weitere Maßnahmen anregen, die die schrittweise Senkung der Subventionen für Kochgas vornehmen und den dadurch entstehenden Kaufkraftverlust durch Kompensationsleistungen für die ärmsten Haushalte auszugleichen (ebd.). Bisher wurden die Möglichkeiten einer Senkung und Neuausrichtung von Subventionen entlang ökologischer und sozialer Kriterien noch kaum genutzt. Damit könnte nicht zuletzt auch der Devisenbedarf begrenzt werden.

7.3 Zwischenfazit und Hinweise zur fiskalpolitischen Nachhaltigkeit

Im vorliegenden Kapitel habe ich zentrale Komponenten der Fiskalpolitik Ecuadors im Zeitraum von 2007 bis einschließlich 2016 zusammengefasst. Dabei bin ich auf die in der Verfassung von 2008 und in den nationalen Entwicklungsplänen der Jahre 2009 und 2013 formulierten Ziele eingegangen und habe aufgezeigt, dass die avisierten Ziele noch nicht vollständig erreicht wurden, wenngleich signifikante Fortschritte gemacht wurden. Außerdem konnte die Ausgangsprämisse meiner Analyse bestätigt werden, nämlich dass die Steuer- und Fiskalquote erhöht werden konnten, während parallel dazu die Erdöleinnahmen stiegen. Mit anderen Worten: Die steuerpolitischen Veränderungen in Ecuador während der *Revolución Ciudadana* widersprechen der rententheoretischen Erwartung einer fiskalpolitischen Dimension des Ressourcenfluchs, wonach Rohstoffeinnahmen quasi zwangsläufig zu einer Verdrängung von anderen Einnahmen und einer Vernachlässigung des Steuersystems führen.

Konnte also durch die steuerpolitischen Strategien der Regierung Correa erstens eine gerechtere Verteilung der Steuerlast erreicht und zweitens ein nachhaltig stabiles Fiskalsystem aufgebaut werden, das eine von den Erdöleinnahmen unabhängige Staatsfinanzierung ermöglicht? In den nun folgenden Zeilen werde ich die wichtigsten Informationen der soeben erfolgten weitgehend deskriptiven Betrachtung zusammenfassen, sie im Hinblick auf diese Frage diskutieren und – wo möglich – Ursachen für die benannten Veränderungen im Bereich der Staatsfinanzen benennen.

Mit Blick auf die Steuerpolitik ist zu konstatieren, dass, auch wenn nicht alle Steuerreformmaßnahmen in die Richtung einer Erhöhung der Steuereinnahmen ausgerichtet waren, dennoch festgestellt werden kann, dass sich die Steuergesetzgebung und insbesondere ihre Umsetzung durch das SRI an den Vorgaben der neuen Verfassung und der nationalen Entwicklungspläne orientiert hat. Tatsächlich wurde diese Orientierung von Beginn der Präsidentschaft Correas im Jahr 2007 an verfolgt und dann 2008 sogar in der Verfassung verankert. Die indirekten Steuern spielen aber dennoch weiterhin eine bedeutende Rolle. In Bezug auf die Einkommenssteuer bleibt deshalb festzuhalten, dass die besonders stark zur Umverteilung von Einkommen geeignete persönliche Einkommenssteuer weiterhin eine untergeordnete Rolle spielt. Besonders die Mittelklasse profitiert hier weiterhin von hohen Freibeträgen und Abschreibungsmöglichkeiten, aber auch der relativ niedrige Spitzensteuersatz von 35 Prozent greift erst für sehr hohe Einkommen und trifft dementsprechend nur wenige Steuerzahler. In Bezug auf die Unternehmenssteuern wurde auch während der Regierungszeit Correas an Versuchen festgehalten, Investitionen durch steuerliche Anreize zu fördern, was sich besonders deutlich am *Código de la Producción* zeigt.

Vor diesem Hintergrund argumentiere ich, dass die auf der Ebene der Steuerverwaltung getroffenen Entscheidungen nicht als rein verwaltungstechnisch und technokratisch zu betrachten sind. Ihre Auswirkungen auf die Umverteilung des Einkommens machen die Frage danach, welche Prioritäten bei Steuereinzug und Kontrolle gesetzt werden, vielmehr zu einem politisch höchst relevanten Thema: Die stärkere Kontrolle der Einkommenssteuer und Schließung von Steuerumgehungs- und Hinterziehungsmechanismen war seit 2007 nicht nur eine Priorität des SRI-Direktors Carlos Marx Carrasco. Die Bedeutung eines starken Steuerstaats wurde auch von Präsident Correa wiederholt betont und die rigorose Bekämpfung der Steuerhinterziehung im öffentlichen Diskurs zu einem zentralen Unterscheidungsmerkmal zu den Vorgängerregierungen gemacht.

Die Staatsverschuldung konnte nach dem bisherigen Höchststand von 1999 stark abgebaut werden, ist aber seit 2009 kontinuierlich und in den Jahren niedriger Erdöleinnahmen 2015 und 2016 wieder deutlich angestiegen. Sie liegt aber konsolidiert immer noch deutlich unter 30 Prozent des BIP. Vor der *Revolución Ciudadana* war die Senkung der Staatsschuldenquote durch staatliche Ausgabensenkungen erreicht worden und der Druck in Richtung einer austeritätsorientierten Fiskalpolitik durch Akkumulation von Erdöleinnahmen in Ressourcenfonds zusätzlich gesteigert worden. Dass gleichzeitig Kredite zu deutlich höheren Zinssätzen als die Renditen der Erdölfonds aufgenommen wurden, erscheint hierbei allerdings als finanzpolitische Absurdität.[215]

[215] Die Nutzung von Rohstofffonds und anderer Arten der Finanzanlage von Rohstoffeinnahmen im Ausland kann demnach unter bestimmten Umständen eine sinnvolle Option sein. Dies trifft zum Beispiel bei plötzlichen Einnahmesteigerungen zu, die durch die heimische Volkswirtschaft nicht absorbiert werden können und für deren Verwendung keine sinnvollen Investitionsprojekte bestehen. Die Anlage im Ausland verhindert dann, dass die Gelder in wenig rentable Projekte fließen und sich die Tendenzen zur ‚Holländischen Krankheit' verschärfen. Die Idee,- von den Renditen aus diesen Investitionen zu leben, stößt sich abgesehen von den negativen Auswirkungen auf das Arbeitssystem nicht zuletzt auch an den niedrigen Zinsen für sichere Anleihen. Außerdem fehlen die Mittel für Investitionen in verbesserte Produktionsvoraussetzungen (Chang 2007a).

Die einseitige Fokussierung auf die Staatsschuldenquote bzw. Neuverschuldung des Staates erlaubt es nicht, fundierte Aussagen über die Nachhaltigkeit der Fiskalpolitik zu treffen. Die Schuldentragfähigkeit eines Staates hängt von einer Reihe weiterer Faktoren ab, zu denen das zukünftige wirtschaftliche Wachstum und das Verhältnis der Schulden zu nachhaltigen Einnahmen gehören (vgl. Flassbeck und Panizza 2008). Eine entscheidende Frage ist demnach, ob es dem Staat gelingt, genügend permanente Einnahmen zu generieren, um damit ebenfalls permanente Ausgaben zu finanzieren, ohne hierfür auf Erdöleinnahmen und Kredite zurückgreifen zu müssen. Investitionen können dazu dienen, zukünftige Kosten zu senken und Wachstumspotenziale zu steigern. Ein Schlüssel für eine solide Fiskalpolitik ist demnach, dass ein Überschuss des öffentlichen Sektors vor Investitionen erreicht wird. Damit wird sichergestellt, dass nicht der Vermögensbestand des Staates zur Finanzierung laufender Ausgaben herangezogen und dadurch aufgezehrt wird. Die Fiskalregel in der ecuadorianischen Verfassung orientiert sich an diesem Maßstab. Die lateinamerikanische Rio-Gruppe argumentiert, dass getätigte staatliche Investitionen von Defizitzielen ausgenommen werden sollten (vgl. Flassbeck und Panizza 2008). Das Hauptargument für diese Fiskalregel ist, dass laufende Ausgaben, die größtenteils aus Löhnen und Sozialausgaben bestehen, in Krisenzeiten schwerer an niedrigere Einnahmen angepasst werden können als Investitionen. Vernachlässigt werde dabei allerdings die Anfälligkeit von Entwicklungsländern für externe Schocks und die prozyklischen Effekte der Senkung von Investitionen (Flassbeck und Panizza, 2008).

Hinsichtlich der externen Nachhaltigkeit ergeben sich für Ecuador besondere Risiken, da Ecuadors Zentralbank durch die selbst gewählte Dollarisierung keinen Einfluss mehr auf die Währung des Landes hat. Sie kann weder selbst US-Dollars herausgeben noch eine Senkung des Wechselkurses zur Stärkung der Konkurrenzfähigkeit heimischer Firmen herbeiführen, um damit Zugang zu Devisen zu erhalten. Die außenwirtschaftliche Strukturanpassung ist damit eine zentrale Herausforderung für die Schuldentragfähigkeit (vgl. Flassbeck und Panizza 2008; vgl. Carvajal 2015). Bei der Betrachtung der wirtschaftlichen Krisentendenzen nach dem Verfall der Erdöleinnahmen ab der zweiten Jahreshälfte 2014, der wirtschaftlichen Stagnation 2015 und der Rezession 2016 zeigen sich bleibende Probleme hinsichtlich der Nachhaltigkeit des ecuadorianischen Entwicklungsmodells. Die Kombination von Erdöl als wichtigstem Exportgut, der Agrarproduktion als wichtigstem Exportsektor außerhalb des Erdölsektors und der Verlust geldpolitischer Souveränität aufgrund der Dollarisierung machen Ecuadors Außenhandel demnach zur Achillesferse für eine nachhaltig stabile Entwicklung und letztlich auch für die Stabilität der Staatsfinanzen.

Der Einbruch der Exporteinnahmen traf Ecuador nach einer Phase hoher Investitionen allerdings auch zu einem Zeitpunkt, zu dem wichtige Investitionen noch nicht zu Ende geführt und Ressourcen in den Investitionsprojekten gebunden waren, so dass sich die Regierung mit Liquiditätsengpässen konfrontiert sah. Erschwerend kommt hinzu, dass die Investitionsprojekte oft mit einem hohen Anteil von Importprodukten umgesetzt werden müssen. Dem steht gegenüber, dass sich eine Reihe dieser Investitionen perspektivisch positiv auf die Außenhandelsbilanz auswirken werden, sei es durch geringere Importe – wie zum Beispiel Erdölderivate, die durch die Renovierung der Raffinerie von Esmeraldas nun zu einem größeren Anteil selbst hergestellt werden können – oder durch den Export von Energie nach Kolumbien und Peru. Da die Importe weniger stark zurückgingen, stieg Ecuadors Handelsbilanzdefizit im Jahr 2015 deutlich an. Zuvor hatte Ecuador bereits eine negative Außenhandelsbilanz verzeichnet, dies allerdings in einem Kontext steigender Exporte und hoher Investitionen. In Zeiten des niedrigen Erdölpreises war Ecuador nun stärker auf ausländische Direktinvestitionen und Neuverschuldung angewiesen, um die Zahlungsbilanz zu stabilisieren. Neuverschuldung und Direktinvestitionen sind hierbei Faktoren, die kurzfristig für Liquidität sorgen, mittel- und langfristig aber neue Zahlungsverpflichtungen nach sich ziehen.

Ecuadors Regierung hat hierfür Verträge über *Standby*-Kredite mit internationalen Finanzinstitutionen abgeschlossen. Ob Ressourcenfonds eine sinnvolle Alternative darstellen, hängt von der wirtschaftlichen und sozialen Situation des Landes hinsichtlich der Infrastruktur, der Befriedigung der Grundbedürfnisse und hinsichtlich der Möglichkeiten zur Durchführung ertragreicher Investitionsprojekte ab. In Ecuador konnten solche, auch finanziell rentablen, Projekte zum Beispiel im Bereich der Wasserkraft durchgeführt werden. Darüber hinaus müssen die über den direkten finanziellen Nutzen für den Staat hinausgehenden positiven Effekte berücksichtigt werden. Die positiven Effekte von Investitionen in anderen Teilen der Infrastruktur machen sich nicht in dieser direkten Form im Staatshaushalt bemerkbar, können aber positive Effekte auf zukünftiges Wachstumspotential haben. Zu erwähnen sind hier zum Beispiel Investitionen in Verkehrsinfrastruktur oder so genannte Mehrzweckprojekte, mit denen Überschwemmungen verhindert und Bewässerung generiert werden kann.

Abgesehen von den hier benannten positiven Entwicklungen in der Steuer- und Fiskalpolitik, konnten durch wichtige Investitionsprojekte im Energie- und Verkehrssektor zukünftige Kostensenkungen bei Subventionen erreicht werden. Die Subventionierung von Treibstoff und Energie führt dagegen, insbesondere in Phasen hoher Preise, zu enormen Kosten für den Staatshaushalt, erhöht die inländische Nachfrage und senkt damit die Exporterlöse. Sie kommt zudem den Beziehern höherer Einkommen überproportional zu Gute und verzögert überdies Investitionen in Energieeffizienz. Für den Unternehmenssektor wurden schon erste, wichtige Maßnahmen zur Subventionssenkung ergriffen. Es bedarf diesbezüglich aber einer weiterreichenden fiskalpolitischen Strategie, die zum einen soziale Aspekte und Risiken möglicher Preissteigerungen auf Produkte des täglichen Bedarfs berücksichtigt, gleichzeitig aber eine Fokussierung der Subventionen und Steueranreize vornimmt, die ökologischen und sozialen Kriterien genügt.

8. Präsentation der Feldforschungsergebnisse – die Steuerpolitik der *Revolución Ciudadana* aus Stakeholdersicht

Im Mittelpunkt des folgenden Kapitels stehen die Ergebnisse meiner in den Jahren 2014 und 2015 sowie 2016 durchgeführten Feldforschung. Die Interviews wurden also in unterschiedlichen Phasen der politökonomischen Entwicklung und der Auseinandersetzungen auf dem Feld der Fiskalpolitik geführt. Rückblickend ist klar, dass auch die von Interviewpartner*innen während meines ersten Feldforschungsaufenthalts geäußerten Perspektiven bereits drohende wirtschaftliche Probleme nach dem *Circulo Virtuoso* reflektieren. Die zweite Interviewphase habe ich im Juni 2016 durchgeführt, also bereits nach den Auseinandersetzungen um die gescheiterte Erbschaftssteuerreform (siehe Kapitel 9.4) und als der Tiefpunkt wirtschaftlicher Entwicklung erreicht war. Die Aussagen über die bisherige Bilanz der Reformpolitik sind vor diesem Hintergrund zu lesen.

Mittels leitfadengestützter und vor Ort geführter Interviews wurden die unterschiedlichen Positionen und Strategien von Akteuren in Bezug auf die steuerpolitischen Fragen und Maßnahmen der Regierung Correa ermittelt. In meiner Auswertung werde ich zum einen die wirtschaftstheoretischen und ideologischen Grundannahmen der verschiedenen Akteure herausarbeiten, zum anderen ihre Handlungsoptionen und politischen Strategien darstellen.

Zur Fiskal- und Steuerpolitik der Regierung Correa – hier verläuft auch die zentrale Konfliktlinie zwischen Wirtschaftseliten und Regierung – habe ich leitfadengestützte Interviews mit Repräsentanten von diversen ecuadorianischen Wirtschaftskammern und Verbänden geführt. Durch die Befragung von mehreren führenden Vertretern – sowohl regierungsnaher als auch regierungskritischer Organisationen der *Sectores Populares* – habe ich versucht, mir ein möglichst ausgewogenes und zugleich alle wesentlichen Aspekte berücksichtigendes Bild zu machen. In diesem Rahmen konnte ich ebenfalls Stakeholderinterviews mit Vertretern der Indigenen- und der Bauernbewegung führen, wie auch mit Vertretern des Gewerkschaftssektors. Hinzu kommen Interviews mit führenden politischen und intellektuellen Vertretern der extraktivismuskritischen Linken. Um aber auch diejenigen fiskal- und steuerpolitischen Zielvorstellungen und Debatten erfassen zu können, die innerhalb des Unterstützungsspektrums der Regierung von Bedeutung sind, war es unerlässlich, darüber hinaus auch mit einflussreichen Vertretern unterschiedlicher regierungsnaher Politikbereiche und Politikebenen ausführliche leitfadengestützte Interviews zu führen.[216]

[216] Hierzu gehören führende Vertreter des SRI und des dazugehörigen Forschungszentrums *Centro de Estudios Fiscales* sowie des Ministeriums für Wirtschaftskoordination. Ergänzend wurden leitende Mitarbeiter des Koordinierungsministeriums der Produktionssektoren und der Planungsbehörde SENPLADES interviewt. Zu den Gesprächspartnern bei *Alianza PAIS* gehörten Mitglieder der Parteispitze und Berater der Partei. Außerdem konnte ich mit den jeweiligen Vorsitzenden des parlamentarischen Finanzausschusses Interviews führen.

8.1 Unternehmerverbände und rechte Oppositionsparteien

Die 2007 mit dem Amtsantritt Rafael Correas als Präsident begonnene *Revolución Ciudadana* markiert die Abwendung Ecuadors von dem seit den frühen 1980er Jahren beschrittenen unternehmerisch-neoliberalen Entwicklungsmodell, die sich zudem durch eine erkennbar konfrontative Haltung gegenüber den traditionellen politischen und ökonomischen Eliten des Landes auszeichnet (Le Quang 2016: 37). Gleichzeitig wurde von Regierungsseite stets Bereitschaft signalisiert mit den „ehrlichen und verantwortungsbewussten" Unternehmern zusammenzuarbeiten. Außerdem wurde seitens der Regierung versucht, die Kritik auf die eng mit dem alten politischen System vernetzte Teile des Privatsektors zu beschränken und sie auf den – nach der Banken- und Finanzkrise zur Jahrtausendwende diskreditierten – Bankensektor und auf die mit diesem verbundenen Privatmedien zu fokussieren (Wolff 2016). Im vorliegenden Abschnitt betrachte ich steuerpolitische Positionen von Vertretern des Privatsektors und neoliberal-konservativer Oppositionsparteien. Dabei berücksichtige ich, dass die Strategien und Handlungsebenen unterschiedlich sind, verdeutliche aber auch die ideologische Nähe führender Vertreter des Privatsektors zu politischen Parteien bis hin zu deren eigenen Aktivitäten in der Parteipolitik.

Es gilt in Bezug auf diese gesellschaftlichen Gruppen herauszuarbeiten, inwieweit es im Kontext der *Revolución Ciudadana* gelungen ist – finanzsoziologischen Ansätzen entsprechend – erste Schritte in Richtung eines impliziten Fiskalpakts zu gehen und wie sich die instrumentelle und strukturelle Macht der Wirtschaftseliten einerseits und die staatliche Handlungsfähigkeit andererseits auf das Verhältnis beider Ebenen zueinander auswirkt. Es geht hier also um die Frage, ob die Besteuerung von den Betroffenen akzeptiert wird und welche Rolle dem Staat im Entwicklungsprozess zugedacht wird – sowohl in wirtschaftlicher Hinsicht als auch mit Blick auf die Bereitstellung sozialer Leistungen und öffentlicher Güter.

Bei der Auswahl von Interviewpartner*innen aus Oppositionsparteien habe ich Abgeordnete priorisiert, deren politische Arbeit sich auf die Wirtschafts- und Fiskalpolitik konzentriert. In den Interviews mit Abgeordneten der liberal-konservativen Parteien *Movimiento CREO* und der *Partido Social Cristiano (PSC)* bestätigte sich meine Annahme, dass inhaltliche Differenzen hier kein entscheidendes Unterscheidungsmerkmal hergeben. Die PSC ist regional stärker auf das Einflussgebiet Guayaquil konzentriert und es bestehen engere Beziehungen zur traditionellen Oligarchie und den Wirtschaftskammern der Hafenmetropole, während CREO stärker landesweit präsent ist und zudem eng mit dem ecuadorianischen Finanzsektor verbunden. Ein Wechsel von Politiker*innen zwischen den Parteien und den Verbandsvertretungen ist nicht untypisch.[217]

[217] Die eigene Darstellung – als allein an technokratischen Kriterien interessiert – widerspricht Hinweisen auf einen Drehtüreffekt zwischen rechten Parteien und Privatsektor und der starken Präsenz von Unternehmern in den Reihen ersterer. So wurde der ehemalige Präsident des Unternehmerdachverbandes CEE nach den Wahlen 2013 zum Mitbegründer und schließlich zum Fraktionsvorsitzenden von CREO, während Henry Kronfle nach seiner Tätigkeit als Präsident des CEE und der Industriekammer Guayaquil nach den Wahlen 2017 Abgeordneter der PSC wurde.

Beide Parteien waren zum Zeitpunkt der Interviews die wichtigsten und ideologisch am klarsten definierten rechten Oppositionsparteien.

Im Zentrum meiner hier diskutierten Stakeholderinterviews standen gleichwohl hochrangige Vertreter*innen von Wirtschaftsverbänden und Kammern. Aus der Sicht von Regierungskritiker*innen, die aus dem Privatsektor kommen, stützt sich die Regierung Correa auf ein staatszentriertes Entwicklungsmodell, das auf übertrieben hohen öffentlichen Ausgaben beruht, von den Erdöleinnahmen abhängig sei und nach immer mehr Staatseinnahmen rufe. Man hätte die Phase hoher Einnahmen zum Sparen nutzen müssen, um auf die Krisentendenzen durch die fallenden Erdöleinnahmen ab der zweiten Jahreshälfte 2014 vorbereitet zu sein und keine Kürzungen vornehmen zu müssen. Als Fehler wird die Auflösung der Erdölfonds FAC und FEIREP gesehen. Diese Auflösung und die expansive Fiskalpolitik der als linkspopulistisch wahrgenommenen Regierung, die auch in Zeiten hoher Rohölpreise Kredite zur Finanzierung von Investitionsprojekten aufgenommen habe, führten nun dazu, dass der Staat nicht handlungsfähig sei und hohe Risikoaufschläge für Kredite zahlen müsse. Auch steht China wegen vermeintlich hoher Zinsraten in der Kritik. Unterschiede zwischen laufenden Ausgaben und Investitionen werden indes nur dann betont, wenn die Bedeutung letzterer heruntergespielt werden soll. Anders als bei links-ökologischen Kritikern wird angesichts der Kritik am Umgang mit den Erdöleinnahmen keine Abkehr von der Ressourcenausbeutung gefordert, es werden im Gegenteil bessere Bedingungen für Großinvestoren verlangt.

Kritisiert wird die Steuerpolitik der Regierung Correa unter anderem deshalb, weil sie ohne ausreichende Kontrolle durch das Parlament zu einem Faktor wirtschaftlicher Instabilität geworden sei: Die Änderungen der rechtlichen Rahmenbedingungen wirkten sich aus der Sicht der Interviewten negativ auf private Investitionen aus.[218] Die Vertreter der liberal-konservativen Opposition stellen im Falle eines Wahlerfolges eine deutlich stärker auf die Interessen des privaten Unternehmenssektors ausgerichtete Politik in Aussicht.

Die bis dahin übliche Karriere führender Vertreter des Privatsektors in politischen Ämtern wurde im Kontext der *Revolución Ciudadana* zu einer Ausnahmeerscheinung, was negativ bewertet wird. Hauptsächlich richtet sich die Kritik aber auf mangelhafte Konsultationen und die fehlende Bereitschaft der Regierung, Initiativen des Privatsektors in ihre Politik zu integrieren. Die Unternehmer seien aber zentrale Entwicklungsakteure, auf die letztlich jede Regierung zurückkommen müsse. Arbeitgebervertreter interpretieren die Wahl der Regierung Correa als Reaktion auf den Einfluss von bestimmten Machtgruppen in der etablierten Politik, ohne allerdings einzuräumen, dass insbesondere die Vertreter des Privatsektors als Vertreter solcher Machtgruppen identifizierbar sind. Zum Teil wird Verständnis für die zunächst konfrontative Haltung der Regierung

[218] So betonen Vertreter der Privatwirtschaft immer wieder, dass es in der Amtszeit Correas bereits in 8 Jahren 10 Steuerreformen gegeben habe, ohne allerdings zu erwähnen, dass es sich hier zumindest teilweise auch um steuerliche Erleichterungen und Vereinfachungen handelte. Steuerliche Anreizsysteme werden als in der Praxis nicht anwendbar kritisiert.

dem Privatsektor gegenüber geäußert, es habe aber falsche Verallgemeinerungen gegeben. In Ansätzen wurde auch auf die Bedeutung unterschiedlicher Positionen innerhalb der Regierung Correa eingegangen, auf die ich im abschließenden Abschnitt dieses Unterkapitels zurückkommen werde (8.1.4).

In Zeiten sinkender Rohstoffeinnahmen und einer drohenden Wirtschaftskrise rechnet man im Privatsektor mit mehr Dialogbereitschaft und Beachtung der eigenen Interessen seitens der Regierung, während gleichzeitig die Hoffnung auf eine – stärker an den Interessen des Privatsektors orientierte – rechte Regierung zu wachsender Bereitschaft führt, die Regierung Correa zu kritisieren. Zwischen Vertretern des Privatsektors und liberal-konservativen Parteien herrscht weitgehender Konsens über die notwendige Führungsrolle der Privatwirtschaft bei der wirtschaftlichen Entwicklung. Die parteipolitische Opposition hält eine positive wirtschaftliche Entwicklung durch nicht gegenfinanzierte Entlastungen der Unternehmen für möglich und angemessen. Es müsse Schluss sein mit neuen Steuern, da diese die Investitionsbereitschaft hemmten. Auch wird eine Senkung des Steuerfreibetrags für Privatpersonen abgelehnt. Die Streichung unnötiger Steuern und die Vereinfachung des Steuersystems würden zu Wachstum und Beschäftigung führen, so dass das Einnahmeniveau erhalten werde. Die beispielsweise im *Código de la Producción* enthaltenen Steueranreize werden dagegen als kompliziert und deshalb nicht wirkungsvoll bezeichnet. Private Investitionen werden als wichtiger erachtet als öffentliche. Aus dieser Perspektive sind die Privatunternehmen der Wirtschaftsmotor und schaffen Arbeitsplätze, während Defizite in der privatwirtschaftlichen Entwicklung auf Fehler der Regierung zurückgeführt werden. Die neoliberale Ideologie ist, wie auch aus den Interviews hervorgeht, besonders gut dazu geeignet, einen Staat im Dienste der Unternehmer zu schaffen. Zu deren Vorstellungen von einer modernen Wirtschaft gehört unabdingbar auch ein möglichst flexibler Arbeitsmarkt, eingeschränkte Arbeiterrechte und eine weitgehende Privatisierung der Wirtschaft.

Die Kohäsion des Privatsektors selbst wird von Fairfield (2015) als Quelle der instrumentellen Macht des Privatsektors herausgearbeitet. Auf organisatorischer Ebene ist hier die Gründung des *Comité Empresarial Ecuatoriano* (CEE) 2004 als Versuch der Interessenbündelung im Kontext der Verhandlungen über einen Freihandelsvertrag mit den USA zu erwähnen.[219] Insgesamt handelt es sich dabei aber um eine personell und finanziell schwach ausgestattete Koordinierungsinstanz, während die vier großen Industriekammern und Handelskammern aus Quito und Guayaquil die politische Agenda des Privatsektors bestimmen und direkt in Debatten um zentrale verteilungs- und wirtschaftspolitische Themen eingreifen. Die stärkere Kohäsion des Privatsektors ist also weniger auf neue institutionellen Strukturen als auf eine Annäherung der Interessen führender Unternehmenskonglomerate in Quito und Guayaquil zurückzuführen. Hierzu gehört das Ziel möglichst niedriger Steuern und Löhne, verbunden mit einer Beschränkung auf niedrige

[219] Der von Seiten des CEE betonte Zusammenhalt des Privatsektors durch gemeinsame Interessen und die Führungsrolle der Komitees neben dem Rat der Kammern wird durchaus von lokalen Industrie- und Handelskammern und von Branchenvertreter*innen bestätigt.

Umwelt- und Sozialstandards. Freihandelskritische Positionen von binnenmarktorientierten Sektoren spielen eine untergeordnete Rolle, ebenso wie Befürchtungen mangelnder internationaler Konkurrenzfähigkeit ecuadorianischer Unternehmen durch einen überbewerteten US-Dollar. Aus Sicht der importfixierten privaten Wirtschaftseliten überwiegen die Vorzüge der durch die Dollarisierung gewonnenen hohen Geldwertstabilität.

Die Gespräche mit Vertreter*innen des Privatsektors verdeutlichen allerdings auch unterschiedliche Interessen bezüglich der Frage, wer die Lasten der Staatsfinanzierung tragen soll. Spielraum für eine weitere Erhöhung der Steuereinnahmen wird von Vertretern des Industrie- und des Handelssektors bei der Formalisierung und Kontrolle des informellen Sektors und bei der Bekämpfung von Schmuggel gesehen. Damit verbunden wird die Behauptung, die Regierung Correa sei den für sie einfachsten Weg gegangen, indem sie mehr Steuern lediglich von den Unternehmen des formellen Sektors verlange. Die Einführung eines vereinfachten Steuerregimes *Regimen Impositivo Simplifidado Ecuatoriano* (RISE) für kleine Gewerbetreibende findet eher beiläufig – und mit dem Hinweis auf dessen geringen Einnahmeneffekte – Erwähnung. Dieser skeptischen Haltung zu den Formalisierungsbemühungen der Regierung stehen die positiven Erfahrungen mittlerer und kleinerer Unternehmen entgegen, die ich ebenfalls interviewen konnte. Die Formalisierung der Ökonomie sei dezidiert zu begrüßen und die damit verbundene Möglichkeit (dieser Unternehmen) zur Teilnahme an öffentlichen Ausschreibungen stärke diesen Sektor.

Hinsichtlich der Verbesserung des Steuereinzugs weisen Vertreter*innen des Privatsektors auf die bereits ab Ende der 1990er Jahre durch Elsa De Mena begonnene Modernisierung der Steuerbehörde hin. Die Verbesserungen beim Steuereinzug und bei der Bekämpfung der Steuerhinterziehung werden nicht offen kritisiert, da es sich um Schritte hin zu gleichen Wettbewerbsbedingungen und gegen Straftaten handelt. Zum Teil werden die in der Amtszeit von Carlos Marx Carrasco erreichten Schritte zur Stärkung der Steuerbehörde sogar ausdrücklich gelobt. Bei weiteren Maßnahmen zur besseren Kontrolle der Steuerpflichten äußern sich Vertreter des Privatsektors jedoch ablehnend und mahnen Rechtssicherheit und Schranken für die Kontroll- und Sanktionsmöglichkeiten der Steuerbehörde an wie auch eine Vereinfachung des Steuersystems. Dabei wird die Verfolgung von Steuerhinterziehung wie zum Beispiel im Fall Noboa zum Teil begrüßt, andererseits wird aber auch die Unabhängigkeit der Steuerbehörde angezweifelt. Kritik wird auch an weiteren Maßnahmen zur Verhinderung von Steuerbetrug, wie der Vorauszahlung der Einkommenssteuer, geübt.

Die unterschiedlichen Sichtweisen auf den Außenhandel können als weitere zentrale Konfliktlinie zwischen den führenden Vertretern des Privatsektors und der Regierung Correa gelten, wobei die *Cámera de la Pequeña y Mediana Empresa de Pichincha* (CAPEIPI) als Organisation kleinerer und mittlerer Unternehmen am meisten vom Freihandelskonsens im Privatsektor abweicht. Aus Sicht der CAPEIPI sind Schutzzölle eine hilfreiche Maßnahme zum Schutz der heimischen Produktion und im Sinne der eigenen Verbandsmitglieder. Die im Privatsektor dominierenden

Akteure fordern dagegen eine fortgesetzte Weltmarkteinbindung auf Basis des traditionellen Export-Import-Modells und die Anpassung an das Diktat der Auslandsmärkte. Ecuador solle in die Agrarindustrie investieren, weil dies hohe Rentabilität bringe und das Land hier seine Wettbewerbsfähigkeit gezeigt habe. Hierfür brauche man aber sichere Märkte und deshalb Freihandelsabkommen. Sofern die Notwendigkeit der Weiterentwicklung über Agrarprodukte hinaus anerkannt wird, werden bessere Investitionsbedingungen für die auf diese Produkte aufbauende, weitere Wertschöpfung eingefordert.

Die Wirkung ausländischer Direktinvestitionen wird von neoliberal-konservativen Politikern uneingeschränkt positiv betrachtet – und die in Ecuador deutlich niedrigeren ausländischen Direktinvestitionen als in den neoliberal regierten Ländern der Region dienen ihnen als Beweis für das Scheitern der Regierungspolitik. Die Revision von Investitionsschutzabkommen wird trotz der hohen Strafzahlungen, zu denen Ecuador durch Schiedsgerichte verurteilt wurde, abgelehnt. Kritisiert wird auch das späte Einlenken der Regierung Correa bezüglich eines Handelsvertrags mit der Europäischen Union. Außerdem werden ein Handelsabkommen mit den USA sowie der Eintritt Ecuadors in die Pazifikallianz gefordert. Auf mittelfristige Risiken der Dollarisierung – wegen der möglichen Gewinnrückführung in die Herkunftsländer der Investoren nach einer ersten Investitionsphase – wird nicht eingegangen.

Die Sichtweisen der Vertreter des Privatsektors und der neoliberal-konservativen Opposition auf den öffentlichen Sektor im Kontext der *Revolución Ciudadana* sind durchaus heterogen. Die positive Wirkung öffentlicher Investitionen und Ausgaben wird von Vertretern des Privatsektors und der rechten Opposition zwar ansatzweise anerkannt, aber sie wird meist als automatische Konsequenz einer Phase mit hohen Rohstoffeinnahmen dargestellt, bei der es quasi keinen Beitrag der Regierung gab. Die Erhöhung der Rohstoffeinnahmen durch erfolgreiche Neuverhandlungen der Förderverträge wird nicht erwähnt. Auch werden die verbesserten Investitionsbedingungen für den Privatsektor nicht damit in Verbindung gebracht. Von Vertretern des Privatsektors wird darüber hinaus bemängelt, dass der Wandel der Energieproduktion zu viel Zeit in Anspruch genommen habe und zudem keine grundlegende Veränderung der Produktionsmatrix gebracht habe. Allerdings wird teilweise positiv auf eine meritokratische Auswahl von Funktionären und einen positiven „Kulturwandel" im öffentlichen Sektor hingewiesen. Die Ausdehnung des Staates wird dagegen kritisch beäugt, unternehmerische Aktivitäten des Staates werden nur in geringem Umfang akzeptiert und als potenziell wettbewerbsverzerrende Konkurrenz für Privatunternehmen gesehen. Die seitens der Regierung eingebrachten Vorschläge für so genannte Öffentlich-Private-Partnerschaften beziehen sich inzwischen auch auf diese Kernbereiche öffentlicher Leistungen. Ziel der Opposition ist es dabei, die Finanznot des Staates angesichts fallender Rohstoffeinnahmen zu nutzen und bisher öffentliche Bereiche wieder dem privatwirtschaftlichen Profitstreben zu öffnen.

Der Staat habe – so die Vertreter der Privatwirtschaft – Wachstumsimpulse lediglich durch öffentliche Ausgabensteigerungen und höhere öffentliche Gehälter gegeben. Damit sei Geld in die

Wirtschaft gepumpt worden, ohne dass parallel dazu adäquate Maßnahmen zur Steigerung der heimischen Produktion getroffen worden seien. Deshalb seien die Importe angestiegen. Insgesamt überwiegen Befürchtungen, dass eine Ausweitung des öffentlichen Sektors zur Zurückdrängung des Privatsektors führt. Darüber, dass die Krisenbewältigung über eine Verkleinerung des Staates geschehen sollte, besteht Konsens im Privatsektor. Das Wachstum des öffentlichen Sektors gehe zu Lasten des Privatsektors und sei exzessiv. Nach sieben Jahren *Revolución Ciudadana* zeige sich, dass das Ziel, die Produktionsmatrix mit einer staatlichen Lenkung der Wirtschaft zu verändern, gescheitert sei. Der Verfall der Erdöleinnahmen wird von Oppositionspolitikern und Vertretern des Privatsektors durchaus als wichtige Ursache der wirtschaftlich schwierigen Lage des Landes anerkannt, wobei der Fokus jedoch allein auf die fiskalpolitischen Folgen und Anpassungsmaßnahmen gelegt wird. So wird betont, dass die Regierung Correa lediglich mit steuerpolitischen Maßnahmen reagiert habe, um das Loch des Fiskaldefizits zu stopfen.

Bezüglich der Befürwortung der Dollarisierung besteht ein weitreichender Konsens innerhalb des Privatsektors. Vorgebrachte Argumente sind hierbei wirtschaftliche Stabilität, die Senkung der Inflation und die Möglichkeit zu mehr Planungssicherheit bei Investitionsentscheidungen. Auch die Meinung, der Dollar habe die Konsummöglichkeiten der Ecuadorianer*innen ausgeweitet, wird vertreten. In der Einschränkung des geldpolitischen Handlungsspielraums der Regierung durch die Dollarisierung wird dagegen meist kein Problem gesehen, im Gegenteil, sie wird als willkommenes Mittel zur Ausgabendisziplinierung der politischen Entscheidungsträger betrachtet. Angesichts der hohen Produktionskosten aufgrund der Dollaraufwertung zeichnen sich allerdings – in den Interviews feststellbare – erste Brüche im Konsens pro Dollarisierung innerhalb der Wirtschaftseliten ab. Diese Kritik findet aber bisher keinen Weg in die Öffentlichkeit. Ein Interviewpartner fasst die Problematik wie folgt zusammen:

> "Und um die Frage zur Dollarisierung zu beantworten, ich war im Jahr 2000 ein Befürworter der Dollarisierung und habe dies sowohl privat als auch öffentlich geäußert. Aber ich glaube, dass sich nach 16 Jahren Erfahrung gezeigt hat, dass die Dollarisierung nicht so zweckmäßig für die Wirtschaft des Landes ist, da sie es uns zwar erlaubt hat, eine niedrige Inflation zu haben, Fahrzeuge in 60 Monaten auf Raten zu kaufen oder Häuser mit Laufzeiten von 20 Jahren, auf der anderen Seite aber zu einer grausamen Erhöhung der Produktionskosten geführt hat. Ich gebe Ihnen ein Beispiel, weil ich mich im Bananensektor auskenne. Vor der Dollarisierung lagen die Kosten zur Produktion einer Bananenkiste bei weniger als einem Dollar, jetzt kostet es 5 Dollar eine Bananenkiste zu produzieren. Das ist das beste Beispiel."

Es wird deutlich, dass kaum Verständnis wird für die handelspolitischen Konsequenzen der Dollarisierung besteht, was Importeure und Exporteure gleichermaßen eine freihandelsorientierte Allianz bilden lässt ohne mögliche negative Folgen für die Stabilität des Währungsregimes zu erkennen. Dies wird auch durch deren oft scharfe Ablehnung der 2015 eingeführten Schutzzölle deutlich. Während mit Argumenten bezüglich zu erwartender Preissenkungen und Wahlfreiheit der Konsumenten für eine generelle Öffnung der Wirtschaft plädiert wird, sieht sich das Kartellamt der Kritik von privaten Oligopolen und Monopolen ausgesetzt. Die Ablehnung von Handelsbeschränkungen wird auch von Industriellen geteilt, was sowohl auf eine starke Abhängigkeit der bestehenden Industrie auf importierte *Inputs* zurückgeführt werden kann als auch auf die ideologische Prägung der handelnden Personen. Aber auch vorfindliche Eigentumsstrukturen, in denen Industriekonzerne meist Teil größerer, oft familienbasierter Unternehmenskonglomerate mit Schwerpunkt im Agrarexport- oder Handelssektor sind, spielen diesbezüglich eine Rolle.

8.2 Extraktivismuskritik, soziale Bewegungen und Gewerkschaften

Die Beziehungen der Regierung Correa zu sozialen Bewegungen und Gewerkschaften sind – trotz Unterstützung durch eine Reihe neuer und alter Organisationen – insgesamt durch eine Vielzahl von Konflikten geprägt (Wolff 2010; Becker 2013; Zibechi 2015; Gallegos und Stoessel 2015). Nach dem Verfassungsgebungsprozess gingen auch extraktivismuskritische Sektoren der politischen Linken wie auch Teile sozialer Bewegungen und Gewerkschaften in Opposition zur *Revolución Ciudadana*. Dabei entstanden, einerseits entlang korporatistischer Interessen, andererseits aufgrund der Forderung nach einer Abkehr von dem als neo-extraktivistisch bezeichneten Entwicklungsmodell, neue politische *Cleavages* (vgl. Le Quang 2016: 37, Gallegos und Stoessel 2015).

Auf Basis der Interviews mit Vertretern verschiedener sozialer Sektoren habe ich deren Beziehungen zur Regierung Correa herausgearbeitet, ebenso wie ihre Vorstellungen über die Entwicklung des Landes, wobei ich mich diesbezüglich insbesondere auf den Bereich der Fiskal- und Steuerpolitik konzentriert habe. Dabei wurde bestätigt, dass die Haltung zur Regierung Correa eine zentrale Spaltungslinie darstellt – sowohl innerhalb der organisierten sozialen Bewegungen als auch innerhalb der Gewerkschaften selbst. Durch die Einbeziehung eines führenden Vertreters der *Confederación de Organizaciones Campesinas, Indígenas y Negras* (FENOCIN) als Interviewpartner konnten zum einen die Positionen und Vorstellungen einer wichtigen Organisation aus dem Unterstützungsspektrum der *Revolución Ciudadana* betrachtet werden. Zum anderen kamen mit wichtigen Vertretern aus der *Confederación de Nacionalidades Indígenas del Ecuador* (CONAIE)[220] und der *Confederación de Pueblos de la Nacionalidad Kichwa del Ecuador* (ECUARUNARI) Kritiker der Regierung Correa zu Wort.

Die ecuadorianischen Gewerkschaften lassen sich grob in drei unterschiedliche politische Strömungen einteilen: Die in Opposition zur Regierung stehenden traditionellen Gewerkschaftsverbände gehören zum Spektrum der *Frente Unitaria de Trabajadores* (FUT) und koordinieren ihre Proteste und Stellungnahmen meist mit anderen Organisationen der regierungskritischen Linken.

[220] Die CONAIE gilt als wichtigster Indigenenverband des Landes und konnte in den 1990er und 2000er Jahren zeitweise einen Führungsanspruch innerhalb linker ecuadorianischer Protestbewegungen für sich in Anspruch nehmen (Wolff 2008; Crncic 2012).

Die regierungsnahen Gewerkschaften schlossen sich erst ab 2014 in der *Central Unica de Trabajadores* (CUT) zusammen, entwickelten aber bisher kaum eine eigenständige Positionierung in Auseinandersetzungen über gesamtgesellschaftliche Entwicklungsfragen und bezüglich der hier im Fokus stehenden Steuer- und Fiskalpolitik. Zu den Vertretern der genannten Gewerkschaftsverbände war kein Kontakt auf Führungsebene möglich, so dass ihre Positionen lediglich aus Sekundärquellen herausgearbeitet werden konnten. Lediglich mit einem Vertreter des sich als Gewerkschaftsplattform verstehenden *Parlamento Laboral* war ein Interview möglich. Hier dominierten zum Zeitpunkt des Interviews im März 2015 regierungskritische Positionen.

Die Organisationen der *Sectores Populares* sehen unterschiedliche Möglichkeiten der Partizipation und nutzen verschiedene Wege der politischen Einflussnahme im Kontext der *Revolución Ciudadana.* Aus der Perspektive der regierungskritischen Indigenenbewegung sind die eigenen Einflussmöglichkeiten im Rahmen des formellen politischen Systems auch im Kontext der *Revolución Ciudadana* gering. Es herrscht hier die Einschätzung vor, Reformvorschläge und staatliche Politiken seien ohnehin zwischen Regierung und Eliten abgestimmt. Auch durch Correa sei die Verteilung des Reichtums nicht angetastet worden. Sozialpolitische Erfolge der Regierung seien lediglich ‚Marketing'. Man sieht sich selbst im Widerstand[221], ist aber durch die als politischer Arm der CONAIE bezeichnete Partei *Pachakutik* zugleich in das etablierte politische System integriert.

Die Protestlogik und scharfe Kritik an der Regierung Correa wird auch von den traditionellen und sich radikal links gebenden Gewerkschaften aus dem Spektrum der FUT geteilt. Diese Perspektive steht im Kontrast zur von der FENOCIN eingenommenen Sichtweise, deren Vertreter zwar mehr Investitionen in die ländliche Entwicklung einfordert, aber auch die neuen Möglichkeiten zur Einflussnahme im Rahmen von Konsultationsprozessen betont.

Der Vertreter des *Parlamento Laboral* bemängelt hingegen einen autoritären Stil und die Dominanz der Exekutive. Gerade die Erdöleinnahmen führten dazu, dass die Regierung nicht an Bündnissen mit der Zivilgesellschaft interessiert sei. Von Protesten radikalerer Gewerkschaften erhofft man sich eine Verbesserung der eigenen Verhandlungsposition gegenüber der Regierung. Inhaltlich steht das *Parlamento Laboral* für eine vergleichsweise offene Haltung gegenüber den Interessen des Privatsektors, die sich auch in den Aussagen zur Steuerpolitik zeigt: Die Unternehmen bräuchten rechtliche Garantien statt ständige Änderungen im Steuersystem. Dieser Interviewpartner betont aber die Bereitschaft seiner Organisation zum Dialog mit der Kapitalseite

[221] Die Vertreter der Indigenenbewegung sehen weiterhin Probleme aufgrund von ethnischer und kultureller Diskriminierung. Der Vertreter der Ecuarunari bezeichnet Ecuador als rassistische und machistische Gesellschaft mit kolonialer Kultur und sieht den eigenen Widerstand als adäquate Antwort darauf. Er geht nicht auf Veränderungen im Kontext der *Revolución Ciudadana* ein. Aus Sicht der FENOCIN wurden allerdings wichtige Fortschritte im Kampf gegen Rassismus und Diskriminierung erreicht und Indigene, Afros, und Montubios seien nun auch in den Ministerien vertreten. Die Fortschritte seien aber nicht umfassend. Auch für die FENOCIN als soziale Bewegung haben sich die Bedingungen für Partizipation in der Politik verbessert.

und zur Kooperation mit der Regierung, wodurch er sich deutlich von der Strategie der FUT abgrenzt. Ein wichtiger Faktor für die Nachhaltigkeit von staatlichen Einnahmesteigerungen ist die Zufriedenheit mit öffentlichen Leistungen. Der Vertreter des *Parlamento Laboral* sieht einen positiven kulturellen Wandel und eine bessere Nutzung moderner Technologie und Ordnung in den öffentlichen Behörden. Trotz der in der Regierungspropaganda herausgestellten Verbesserung der Infrastruktur gebe es weiterhin große Defizite.

Ausgehend von der verteilungspolitischen Interessenlage der *Sectores Populares* überrascht es, dass gerade Sozialtransfers von Teilen der sozialen Bewegungen skeptisch gesehen werden. Besonders ablehnend äußert sich dazu ein Vertreter der Indigenenbewegung, der den *Bono de Desarrollo Humano* (BDH) als Verteilung von Armut bezeichnet. Auch viele, den sozialen Bewegungen nahestehende Wissenschaftler und Politiker der regierungskritischen Linken sehen zwar Verbesserungen in der Lebensqualität vieler Begünstigter, kritisieren aber den vermeintlich assistenzialistischen Charakter des BDH und eine damit verbundene vermeintliche Perpetuierung von Armut. Fortschrittliche Sozialpolitik solle hingegen soziale Bewegungen stärken und die Kräfteverhältnisse für zukünftige radikalere Reformen ändern. Dies habe die Regierung versäumt und sei nun dazu gezwungen, politisch nach rechts zu rücken und sich an den Interessen der Wirtschaftseliten und an den Bedingungen internationaler Kreditgeber zu orientieren. Das anfangs positive Szenario verschlechtere sich.

Im Spektrum der exktraktivismuskritischen Opposition wird die Abkehr vom Neoliberalismus durchaus honoriert, auch wird eine stärkere positive Rolle der Regierung im Entwicklungsprozess gesehen. In den Krisenjahren 2008 und 2009 habe es gute Ansätze zu einer antizyklischen Wirtschaftspolitik gegeben. Es wird in diesem Zusammenhang auch auf mehr Investitionen in den Sozialbereich und in die öffentliche Infrastruktur verwiesen, die der Marktorientierung und der Tendenz zur Verkleinerung des Staates durch die Vorgängerregierungen entgegenwirkten. Nach außen sei es zudem zu einer Abkehr von der Weltbank und IWF gekommen. Die durch Vorgängerregierungen in Ressourcenfonds akkumulierten Gelder, hohe Fiskaleinnahmen sowie gestiegene Preise für Exportprodukte bei einer gleichzeitigen Abwertung des Dollars hätten der Regierung Correa wirtschaftspolitischen Spielraum gegeben. Die erfolgten Veränderungen blieben allerdings weit hinter denen der Militärdiktatur der 1970er Jahre zurück, die wiederholt als Referenzperiode genannt wird. Die Verbesserungen für *Sectores Populares* seien nicht nachhaltig und auf einer extraktivistischen Konsumblase gegründet. Eine Abkehr von der extraktivistischen Wirtschaftsweise wird indes als vergleichsweise leicht machbar dargestellt. Die Nationalisierung zentraler Wirtschaftszweige könne alternative Einnahmequellen bringen, ebenso wie eine bessere Nutzung des Potenzials des kommunitären und ökologischen Tourismus.[222]

Aus dieser extraktivismuskritischen Perspektive führen auch die Pläne der Regierung Correa zur Transformation der Produktionsmatrix in Kooperation mit bestehenden Unternehmenskonglomeraten zu einer konservativen Restauration, da dadurch die ökonomische Macht dieser rentenorientierten Wirtschaftseliten gestärkt werde, die sich auf Monopole und die Ausbeutung ihrer Arbeitskräfte stützten. Als Alternative wird eine Stärkung der sozialen und solidarischen Ökonomie vorgeschlagen, deren Förderung bisher nur punktuell und im Rahmen sozialer Assistenz statt als ernstzunehmender Wirtschaftssektor erfolgt sei. Sichtbare Fortschritte bei öffentlichen Investitionen und Leistungen[223], wie sie von der eher regierungsnahen FENOCIN ins Feld geführt werden, relativieren die Vertreter*innen regierungskritischer Organisationen mit dem Hinweis darauf, dass hier lediglich die vorhandenen Erdöleinnahmen genutzt worden seien.

Die Neuverhandlung der Erdölförderverträge gehört für die FENOCIN zu den Errungenschaften der *Revolución Ciudadana*. Auch von Seiten des extraktivismuskritischen CDES werden bessere Vertragsbedingungen anerkannt. Vertreter der regierungskritischen Indigenenbewegung stellen hingegen diesbezüglich jedwede Verbesserung in Frage und bemängeln, dass die Regierung die Gefahr sinkender Erdölpreise nicht ausreichend beachtet habe. Dass am Ende die Erdölfirmen die Hauptprofiteure auch der neuen Verträge gewesen sind, scheint hier a priori festzustehen und wird der Regierung Correa angelastet. An den Kompensationsmaßnahmen der Regierung für extraktive Projekte wird bemängelt, dass sich deren Finanzierung aus der Senkung des Arbeitnehmeranteils an den Gewinnen aus der Erdölförderung speise[224], die initiierten Projekte zur Kompensation von Schäden und Kosten werden als Erpressung kritisiert. Gefordert werden dagegen Weiterbildungsmöglichkeiten für die im handwerklichen Bergbau Tätigen und die stärkere Förderung des handwerklichen Bergbaus. Aus Sicht der FENOCIN ist die Ausbeutung von Rohstoffen zur Verbesserung der Lebensverhältnisse auch im umstrittenen YASUNI-ITT dagegen notwendig und möglich, da es jetzt eine verantwortlich arbeitende Regierung gebe, die die daraus resultierenden Einnahmen in sinnvolle Entwicklungsprojekte investiere. Regierungskritische soziale Bewegungen sehen die Entscheidung für die Ausbeutung des YASUNI-ITT hingegen als

---

[222] Acosta und das CDES sehen die Marktkonzentration und Marktmacht großer Unternehmen als ein zentrales Problem des Landes. Acosta betont den historischen Widerstand des Handelssektors gegen Maßnahmen zur Kontrolle von Marktmacht. Aus Sicht des CDES-Vertreters wurden auch trotz der Gründung des Kartellamts durch die *Revolución Ciudadana* diesbezüglich kaum Fortschritte erzielt. Dieser Konzentrationsprozess habe sich in der Regierungszeit Correas im Gegenteil noch weiter fortgesetzt.

[223] Die FENOCIN weist auf einen wahrnehmbaren Kontrast zu neoliberaler Politik hin und nennt dazu als positive Beispiele den Wohnungsbau, Millenniumsschulen und neue Straßen.

[224] Die in Ecuador geltende Gewinnbeteiligung der Beschäftigten von 15 Prozent wurde im Erdölsektor und später auch im Telekommunikationssektor wegen der besonderen Charakteristika dieser Wirtschaftsbereiche auf 3 Prozent abgesenkt.

weiteren Beweis für die bleibende Erdölabhängigkeit Ecuadors und für die fehlende Durchsetzungskraft gegenüber den Großunternehmen und Vermögenden, deren höhere Besteuerung unter anderem von CDES und *Yasunidos* als Alternative zur Ausbeutung des YASUNI-ITT gefordert wird. Die Initiative für einen so genannten *Plan C* fand auch in der Debatte zur Ausbeutung des Erdöls im und am Rande dieses Naturschutzgebiets in Deutschland Beachtung (Iturralde 2013; Brand 2015). Im Kern geht es den Vertreter*innen des Plan C und ähnlicher Ansätze darum, einen Ausweg aus dem Zielkonflikt zwischen Umweltschutz und dem damit verbundenen Verzicht auf extraktive Aktivitäten und der Finanzierung sozialer Investitionen mit Hilfe von Gewinnen aus eben diesen Aktivitäten zu weisen. Eine stärkere Umverteilung und Besteuerung von Wohlhabenden und Unternehmen kann demnach dafür genutzt werden, den Verzicht auf Rohstoffeinnahmen auszugleichen.

Damit wird von Vertreter*innen dezidiert linker Extraktivismuskritik die Frage des Umweltschutzes mit der der sozialen Ungleichheit in Ecuador verknüpft, denn fehlende soziale Leistungen werden nicht mit fehlenden Ressourcen, sondern mit einer ungleichen Verteilung in Ecuador selbst verbunden. Dabei werden Alternativen zur Erdölförderung als leicht realisierbar dargestellt, ohne allerdings die durch vermehrte Steuereinnahmen nicht zu erreichende Auswirkung der Erdölexporte auf die Leistungsbilanz zu beachten. Zudem sind nicht nur in Bezug auf die Erdölausbeutung im YASUNI auch Stimmen zu vernehmen, die eine Notwendigkeit höherer Staatseinnahmen anzweifeln.

In Bezug auf Fragen zur Effizienz der öffentlichen Institutionen übernehmen auch extraktivismuskritische Oppositionelle, soziale Bewegungen und Gewerkschaften weitgehend den Diskurs der liberal-konservativen Opposition und der Arbeitgeberverbände. Die Regierung habe die Einnahmen verschwendet und das Land trotz hoher Erdöleinnahmen in bislang ungekannter Höhe mit hoher öffentlicher Verschuldung belastet. Für Zeiten niedriger Einnahmen werden dann auch die gleichen symbolpolitischen Vorschläge zur Senkung des Haushaltsdefizits ins Feld geführt wie von den Vertretern rechter Oppositionsparteien[225], so zum Beispiel der Verkauf von Regierungsflugzeugen.

Sofern höhere Steuern gefordert werden, richten sich diese auf Konzerne und Bezieher exorbitant hoher Einkommen, während Schritte zur Verbreiterung der Steuerbasis in diesen Sektoren auf allgemeine Ablehnung stoßen. Forderungen nach einer deutlich höheren Besteuerung von Spitzenverdiener*innen waren auch im Wahlprogramm Alberto Acostas enthalten, der 2013 für die *Unidad Plurinacional de las Izquierdas* antrat. Hierzu gehörte auch die Besteuerung von Wertzuwächsen, die nicht auf eigenes Handeln zurückzuführen sind, beim Immobilienverkauf (*Impuesto a la Plusvalía)* sowie eine höhere Erbschaftssteuer. Eine diesbezügliche Radikalisierung der

225 Statt die Transfers an subnationale Regierungen zu senken, solle die Regierung die ‚Bürokratie' (ohne dass dies spezifiziert wird) abbauen, die als ‚Ministerium des Glücks' verspottete *Secretaria del Buen Vivir* abschaffen und Correas samstägliche Fernsehprogramm *Enlace Ciudadano* einstellen.

Regierung hätte folglich als Annäherung an die Positionen der regierungskritischen Linken verstanden werden können. Dennoch kam es nach der Vorlage für eine Reform der Erbschaftssteuer und des *Impuesto a la Plusvalía* nicht zur Unterstützung durch linke regierungskritische Organisationen, während von Seiten der FENOCIN die Reform an sich zwar begrüßt, die Strategie zu ihrer Durchsetzung aber kritisiert wurde. Auf diese Problematik werde ich in Unterkapitel 8.4 genauer eingehen.

Auch von der regierungskritischen Indigenenbewegung wird kritisiert, dass Verbrauchssteuern weiterhin den größten Teil der Staatsfinanzierung bilden. Die sozial positive Wirkung von Ausnahmen für die Güter des Grundwarenkorbs und Sondersteuern für Luxusgüter findet kaum Erwähnung. Insgesamt wird deutlich, dass einer Steuerentlastung für Angehörige der *Sectores Populares* eine höhere Priorität eingeräumt wird als den, durch gestiegene Steuereinnahmen finanzierten, staatlichen Leistungen für diese Gruppen. Ein immer wieder auftauchendes Denkmuster ist, dass die auf die Wirtschaftseliten abzielenden Steuererhöhungen letztlich auf ärmere Schichten abgewälzt würden und zu höheren Preisen und niedrigeren Löhnen führten. Höhere Steuerzahlungen von Unternehmenskonglomeraten seien nicht auf die bessere Durchsetzung des Steuermonopols, sondern auf deren enorm hohen Einkommen und Gewinne zurückzuführen. Mit der These, dass die Regierung ohnehin keine gerechte Besteuerung der Wirtschaftseliten erreichen werde – verbunden mit einer übertriebenen Wahrnehmung der steuerlichen Belastung der *Sectores Populares* – reihen sich Teile der regierungskritischen Organisationen der *Sectores Populares* überraschenderweise in die anti-etatistische Niedrigsteuerallianz ein.

Bei der regierungskritischen Linken stoßen die staatlichen Initiativen zur Einbeziehung kleiner Gewerbetreibender in die Steuerpflicht, wie durch das RISE System realisiert, häufig auf Kritik. Eine diesbezüglich ähnliche steuerskeptische Haltung ist auch bei Vertretern der mit der ländlichen Entwicklung befassten Organisationen zu sehen. Diese Organisationen stimmen bei Forderungen nach einer Landreform und nach mehr Ausgaben für ländliche Entwicklung überein, unterscheiden sich aber in der Bewertung der Regierungspolitik und in spezifischeren Forderungen.[226] Maßnahmen der Regierung zur Registrierung von bäuerlichen Betrieben und ihres Viehbestands zur Weiterverarbeitung von Produkten und zur Marktintegration stoßen auf ein ambivalentes Echo, wobei vor allem innerhalb der regierungskritischen Indigenenbewegung eine Verdrängung traditioneller Tauschmechanismen und eine zukünftige Besteuerung befürchtet werden.

Die Basisorganisationen der *Sectores Populares* sehen sich oft in einer Tradition des Kampfes gegen den Abbau von Subventionen, weshalb Versuche der Regierung zu deren Abbau mit hohen politischen Kosten verbunden sind. Dass regierungskritische Extraktivismusgegner die negativen

[226] Die Vertreter der regierungskritischen Indigenenbewegung fordern eine ‚Rückgabe' von Land und eine Begleichung der historischen Schuld an den Indigenen. Während die neue Gesetzgebung zur Nutzung von Wasser und Land bei regierungskritischen Indigenen-Organisationen und Extraktivismuskritikern auf scharfe Kritik stößt, da sie einer kapitalistischen Logik zu Gunsten des Agribusiness folge, betont die FENOCIN Fortschritte durch die Vergabe von Landtiteln und den Zugang zu Beratung und Krediten.

Verteilungswirkung und ökologisch problematischen Effekte der bestehenden Subventionen ebenso sehen wie Vertreter der Regierung, führt bei ihnen jedoch nicht zu einer Unterstützung für die konkreten Maßnahmen zum Subventionsabbau.

Am Schnittpunkt zwischen Fiskal- und Außenhandelspolitik werden gerade für soziale Bewegungen und Gewerkschaften – und damit auch innerhalb der regierungskritischen Linken – Zielkonflikte sichtbar. Auch wird hier besonders deutlich, dass die inhaltliche Positionierung zu Einzelfragen mitunter der allgemein positiven oder negativen Haltung zur Regierung untergeordnet wird. In den Interviewaussagen wird dies dadurch deutlich, dass einerseits Kritik an spezifischen zollpolitischen Maßnahmen der Regierung zum Schutz der einheimischen Produktion geäußert wird, gleichzeitig aber eine nicht zuletzt mit dem Schutz einheimischer Produzent*innen begründete Kritik an der Unterzeichnung von Handelsabkommen, wie beispielsweise mit der Europäischen Union, geübt wird. Konträr zu der auch von Organisationen der *Sectores Populares* geäußerten Kritik an den 2015 von der Regierung Correa erlassenen Schutzzöllen, werden zollpolitische Maßnahmen auf grundsätzlicher Ebene als Teil einer kohärenten Strategie zum Umbau der Produktionsstrukturen eingefordert. Die Zurücknahme von in den Jahren 2008 und 2009 eingeführten protektionistischen Maßnahmen zeigt aus ihrer Perspektive das Fehlen einer solchen kohärenten Strategie. Auch die Verhandlungen über das später abgeschlossene Assoziierungsabkommen mit der Europäischen Union deuteten auf Rechtstendenzen und auf die Rückkehr wirtschaftsliberaler Entwicklungsstrategien hin. Der Regierung sei es nicht gelungen, eine alternative Entwicklungsstrategie zu artikulieren. Das Interesse der Unternehmenssektoren sei dabei nicht rein wirtschaftlich gewesen, es gehe ihnen auch darum, die Regierung stärker kontrollieren zu können, da diese immer noch als potentielle Gefahr für die originären Interessen der Unternehmenssektoren gesehen werde. Dagegen ist aus Sicht der FENOCIN eine a priori Kritik am Handelsabkommen mit der EU, wie sie von regierungskritischen Linken geübt wird, nicht gerechtfertigt, da die Regierung glaubhaft gemacht habe, dass man kein Handelsabkommen unterzeichne, das kleinen und mittleren Produzenten schade. Ihrer insgesamt freihandelskritischen Haltung zum Trotz, nutzten auch linke regierungskritische Bewegungen Anfang 2015 die Einführung von Schutzzöllen zur Mobilisierung gegen die Regierung und warnten vor vermeintlich steigenden Preisen.[227] Lediglich der FENOCIN-Vertreter sieht die Politik der Regierung diesbezüglich grundsätzlich positiv.

Die Positionierung des *Parlamento Laboral* zu Schutzzöllen ist dagegen ambivalent. Ihr Vertreter bewertet zwar den durch die 2015 eingeführten Zölle erreichten Schutz heimischer Produktion positiv, kritisiert aber zugleich die Belastung der Verbraucher und dass diese Zölle auch für technische Produkte wie Computer und Mobiltelefone gelten. Das in Ecuador höhere Preisniveau als

[227] In ihrer Verteilungswirkung entsprechen die Schutzzölle aber eher der von Ha-Joon Chang und Grabel (2014) vorgeschlagenen Nutzung von Verbrauchssteuern auf Luxusgüter, die zudem dem Schutz einheimischer Produktionssektoren und Arbeitsplätzen dienen.

in den Nachbarländern führt er – ungeachtet der Tatsache einer vergleichsweise niedrigen Mehrwertsteuer und durchschnittlichen Steuerquote – auf zu hohe Steuern und Zölle zurück. Die Positionierung regierungskritischer Intellektueller ist hier weniger eindeutig. Alberto Acosta und Cajas Guijarro (2015) bezweifeln die Wirksamkeit der Schutzzölle, die sie als Zeichen dafür interpretieren, dass Correa von einem Kritiker der Dollarisierung zu einem Beschützer dieses Währungsregimes geworden sei. Damit wird von dieser Seite her die These einer konservativen Restauration innerhalb der Regierung Correa unterstrichen.

8.3 Die Regierung Correa und das Unterstützungsspektrum der *Revolución Ciudadana*

Von den Interviewpartnern aus dem Unterstützungsspektrum[228] der so genannten *Revolución Ciudadana* wird der grundlegende Wandel des ecuadorianischen Entwicklungsmodells seit 2007 betont und befürwortet. Das Institutionensystem sei nicht zuletzt durch die Ausarbeitung und Verabschiedung einer neuen Verfassung von 2008 grundlegend verändert worden. Der Staat habe seine Fähigkeiten zur Regulierung zurückgewonnen, die staatliche Planung sei gestärkt worden und die Ergebnisse der Planung würden nun – anders als in Zeiten einer einseitigen Marktorientierung – auch in praktische Politik umgesetzt. Auch habe der Staat seine Fähigkeit zur Umverteilung zurückgewonnen, wobei die Steuerpolitik im Sinne der neuen Verfassungsprinzipien eine zentrale Rolle spiele. Wie im Folgenden noch näher herauszuarbeiten sein wird, gehört die Betonung der staatlichen Autonomie gegenüber externen Akteuren und ecuadorianischen Wirtschaftseliten mit ihren Verbänden zu den Kernelementen der *Revolución Ciudadana* Der Einfluss der Wirtschaftseliten wird allerdings von Unterstützer*innen der *Revolución Ciudadana* als weiterhin zu bedeutend gewertet und als eine Gefahr für dauerhaften Fortschritt gesehen. Mit der Regierung Correa hätten diese Interessengruppen aber erstmals einen Gegenspieler, der versuche, bessere Spielregeln im Sinne der gesamten Gesellschaft auszuhandeln. In den Äußerungen zu den steuerpolitischen Veränderungen seit Beginn der *Revolución Ciudadana* wird die Bedeutung der Fiskaleinnahmen für die Stabilität der Staatsfinanzierung betont. Der Bezug auf die Neuverhandlung der Auslandsschulden dient bei diesen Interviewpartner*innen erstens als Hinweis auf Unregelmäßigkeiten bei der Kreditaufnahme durch Vorgängerregierungen, zweitens als wichtiges Zeichen für die neu gewonnene Souveränität gegenüber externen Akteuren und drittens als wichtiger Schritt zur Vergrößerung des fiskalpolitischen Handlungsspielraums. Die enge Verstrickung früherer Regierungen mit dem Finanzsektor und Karrierezielen wichtiger Funktionäre bei supranationalen Finanzinstitutionen hätten dagegen oft zu Interessenkonflikten bei Restrukturierungsversuchen ecuadorianischer Staatsschulden geführt.

[228] Hierzu gehören Parlamentarier ebenso wie die klar mit der *Revolución Ciudadana* verbundenen Expert*innen, zum Teil auch Mitarbeiter*innen der Exekutive, die aber nicht notwendigerweise direkt an der Regierung Correa beteiligt waren.

Die Vertreter des Wirtschaftskoordinationsministeriums und des SRI machen ihre Nähe zu heterodoxen Ansätzen der politischen Ökonomie deutlich.[229] Die Wirtschaftswissenschaften seien eine Sozialwissenschaft und könnten nicht apolitisch sein. Die Grundüberzeugung, dass Steuern der Umverteilung dienen sollten und das Steuersystem progressiv gestaltet werden muss, kann als allgemeiner Konsens bei den Unterstützern der *Revolución Ciudadana* gelten. Allerdings bestehen auch innerhalb der Regierung und der Funktionäre der Exekutive Differenzen in der ideologisch-theoretischen Ausrichtung. So wiesen einige Interviewpartner*innen darauf hin, dass auch in der Regierung Correa wichtige Funktionäre präsent seien, deren ökonomisches Denken neoklassisch geprägt sei, weshalb sie eine weitergehende Transformation des Landes im Sinne des Sozialismus des 21. Jahrhunderts ablehnten. Besonders in den direkt mit der Produktion befassten Ministerien seien die Perspektiven von privatwirtschaftlichen Sektoren und betriebswirtschaftliche Denkweisen präsent und die Verantwortlichen favorisierten eine stärker an den Marktkräften orientierte Politik.[230]

Unterschiedliche Auffassungen werden bei den Interviewten hinsichtlich des Steuerfreibetrags und der Besteuerung der Mittelschicht deutlich. Die Verbreiterung der Steuerbasis bezüglich der persönlichen Einkommenssteuer scheint nicht konsensfähig zu sein, obwohl lediglich Angehörige des höchsten Dezils der Einkommenspyramide diese Steuer zahlen. Diese internen Differenzen werden als Hindernis für radikalere Reformen auf dem Feld der Steuerpolitik angeführt.

Die Gründung des SRI mit Unterstützung der Interamerikanischen Entwicklungsbank (IADB) Ende der 1990er Jahre wird von Unterstützern der *Revolución Ciudadana* und Funktionären der Regierung Correa als wichtiger Wendepunkt in der Steuerpolitik anerkannt. Durch diesen Schritt sei eine Behörde mit qualifiziertem Personal und deutlich höherer gesellschaftlicher Anerkennung als die *Dirección General de Impuestos* entstanden. Dies sei eine wichtige Voraussetzung für die gelungene Erhöhung der Steuerquote während der Präsidentschaft Rafael Correas gewesen. Gleichzeitig wird aber betont, dass sich die Behörde entsprechend der Doktrin des IWF auf die Erhebung von Verbrauchssteuern konzentriert habe, was zwar leichter als die effektive Erhebung direkter Steuern möglich sei, aber eine regressive Wirkung habe und *Sectores Populares* und Mittelschichten stärker belaste als Vermögende. Die höheren Einnahmen seit 2007 seien

---

229 Keynesianische und neo-institutionalistische Ansätze, Einflüsse von Schumpeter und Bezüge zum Feld der modernen Geldtheorie finden mit unterschiedlichen Schwerpunktsetzungen Erwähnung. Eher am Rande sind Aussagen mit neo-marxistischen Perspektiven aber auch zu den Arbeiten Aymatara Sens auszumachen.

230 In einem Kommentarbeitrag macht Samuele Mazzolini (01.12.2015) auf die labilen Kräfteverhältnisse in diesen Sektoren aufmerksam. Einerseits sind hier Funktionäre mit ideologischer Nähe zum Privatsektor präsent, die gerade in Zeiten, in denen privaten Unternehmen angesichts niedrigerer öffentlicher Einnahmen eine wichtigere Rolle im Entwicklungsprozess eingeräumt wird, versuchen ihren Einfluss auszubauen. Andererseits versucht die Regierung Correa ihre Autonomie aufrechtzuerhalten und weiter auf eine an entwicklungsstaatlichen Prämissen orientierte Politik zu festzuhalten. Diese Positionskämpfe lassen sich teils an spezifischen Personen festmachen. In diesem Sinne ist Vinicio Alvarado – der im Oktober zum Produktionsminister ernannt wurde – kein besonders heterodoxer Kader (bezieht sich auf hetorodoxe Konzepte der Wirtschaftswissenschaften), aber er repräsentiert einen zentristischen Interessenausgleich zwischen den Interessen des Staates und der nationalen Unternehmerschaft. Der Abgang von Nathalie Cely bedeutet hingegen eine Niederlage der skrupellosesten Marktorientierung. Aus Sicht von Correa würde Alvarado diese Tendenz stoppen, ohne die Unternehmer zu verunsichern." (Mazzolini 01.12.2015).

daher auf den politischen Willen und die bessere Schulung der Mitarbeiter und nur zu einem Bruchteil auf neue Steuern oder höhere Steuersätze zurückzuführen. Das SRI sei durch den Aufbau des *Centro de Estudios Fiscales* zu einer fachlich und organisatorisch gut aufgestellten Institution geworden, in der steuerpolitische Reformen vorbereitet und auch Ergebnisse evaluiert würden. Die Steuerverwaltung wird nicht als vermeintlich technische und apolitische Angelegenheit betrachtet. Während das SRI seine institutionelle Struktur als semi-autonome Behörde behalten habe, werde die Koordination mit anderen staatlichen Institutionen gestärkt und die Schwerpunktsetzung auf die Kontrolle großer Unternehmensgruppen im Kampf gegen Steuerhinterziehung ermöglicht, betonen die Interviewpartner.[231]

Das politisch-ökonomische Projekt der *Revolución Ciudadana* versteht sich auch in den Augen der Interviewpartner*innen in Abgrenzung zu dem vorhergegangenen Modell neoliberal-unternehmerischer Entwicklung: Eine verbesserte finanzielle Grundlage staatlichen Handels und ein tiefgreifender Umbau des staatlichen Institutionensystems werden als wichtige Grundlagen für die Stärkung staatlicher Handlungsfähigkeit und die wirtschaftspolitische Abkehr von neoliberalen Konzepten betrachtet. So besteht Konsens darüber, dass das neoliberal-unternehmerische Entwicklungsmodell von einer Öffnung der Ökonomie und steigender Außenabhängigkeit geprägt gewesen sei und zu tiefen sozialen Problemen, Armut und Marginalisierung geführt habe. Dabei sei die Währungs- und Schuldenkrise der 1980er genutzt worden, um eine neue Verbindung mit externen und internen Kräften einzugehen und das vorher begonnene Industrialisierungsprojekt zurückzunehmen.

Allerdings grenzen die Regierungsvertreter*innen sich und die *Revolución Ciudadana* auch klar vom durch die von entwicklungsstaatlichen Ansätzen beeinflussten Militärregierungen der 1970er Jahre beschrittenen Entwicklungsweg der 1970er Jahre ab, da dieser mit einer unverantwortlichen Kreditfinanzierung laufender Ausgaben verbunden gewesen sei. Besonders kritisch wird aber die Fiskalpolitik zwischen 1979 und 2006 gesehen. Der Staatsabbau und die Verschleppung wichtiger Investitionen in Infrastruktur und Energiesektor haben demnach zum guten Teil den Geschäftsinteressen privater Akteure entsprochen, gesamtwirtschaftlich aber hohe langfristige Mehrkosten und Opportunitätskosten verursacht. Als herausragende Entscheidungen für die Bevorzugung von Teilen der Wirtschaftseliten werden von diesen Interviewpartnern die so genannte *Sucretización* Anfang der 1980er Jahre und die Rettung von Banken im Zuge der Finanz- und Wirtschaftskrise zur Jahrtausendwende genannt.

Die Notwendigkeit höherer Steuereinnahmen erklärt sich aus dieser Perspektive auch aus der Diagnose eines schlechten Zustands der öffentlichen Versorgung in den Bereichen Bildung und Gesundheit und aus dem Nachholbedarf an öffentlichen Investitionen zum Zeitpunkt der Amts-

[231] Immer wieder wird auf herausragende Beispiele wie den Fall Noboa[231] für die Durchsetzung des Steuermonopols verwiesen, von denen man sich auch eine Signalwirkung auf andere Unternehmer erhoffe. Der Fall zeige, dass die Nutzung politischer Macht zur Umgehung der Steuerpflicht von der Regierung Correa nicht länger geduldet werde

übernahme durch Correa. Die Staatsausgaben hätten daher eine wichtige Rolle für die Entwicklung des Landes gespielt. Sie werden nicht als übertrieben betrachtet. Wichtiger als der Ausbau der Straßen- und Energie-Infrastruktur seien die Investitionen in Bildung und Kinderbetreuung. Es gebe viel Bedarf an inländischen Technikern mit einem hohen Ausbildungsniveau, die – einmal ausgebildet – notwendige Innovationen und eine höhere Produktivität sowie eine Entwicklung auf Basis eigener Technologie voranbringen könnten.

Der Staat sei nicht aufgebläht worden, implizite Vorwürfe eines vermeintlichen *Empleismo* werden zurückgewiesen. Das Entwicklungsmodell der Regierung Correa brauche einen starken Staat, da es in der Regierungsinterpretation des *Buen Vivir* nicht zuletzt darum gehe, gute Dienstleistungen für die Bürger bereitzustellen. Der Bemühen um Kooperation mit dem Privatsektor habe allerdings bereits vor Beginn der Krisentendenzen ab 2014 zu Abstrichen bezüglich der Durchsetzung höherer Steuereinnahmen und mehr Progressivität im Steuersystem geführt. Die Einschätzung aus Unternehmenssektoren, dass Ecuador ein Land hoher Steuern sei, wird zurückgewiesen. Diese Haltung sei wohl auf die erst jetzt vorhandene Effektivität des Steuervollzugs zurückzuführen.

Ebenso wird die Behauptung zurückgewiesen, dass man nichts für die Formalisierung getan habe, wenngleich bestätigt wird, dass der Hauptfokus der steuerpolitischen Maßnahmen auf Umverteilung und Gleichheit und nicht auf die Einbeziehung des informellen Sektors ausgerichtet war. Das SRI versuche aber, bei den Bürger*innen Verständnis für das Thema Steuern zu schaffen und sie weiterzubilden. Die Steuerhinterziehungsrate bei der Einkommenssteuer habe man deutlich senken können. Die Verbesserung der Steuerkultur führe dazu, dass die meisten Steuerzahler ihrer Zahlungspflicht pünktlich nachkämen. Da Steuereinnahmen stabiler als Rohstoffeinnahmen seien, hätten die Stärkung des Steuerstaats und die dadurch möglich gemache Finanzierung permanenter Ausgaben wie die Auszahlung öffentlicher Gehälter aus Steuereinnahmen, zur Stabilität des Landes beigetragen. Man habe die Steuerpflichten des Privatsektors – anders als die neoliberalen Vorgängerregierungen – durchgesetzt, aber letztlich profitierten die privaten Unternehmen auch von dem durch die *Revolución Ciudadana* bewirkten Veränderungsprozess.

Potential für Kostensenkungen wird bei den Energie- und Treibstoffsubventionen gesehen, da diese Gelder nicht für wichtige Investitionen genutzt werden könnten. Die Treibstoffsubventionen zu senken sei allerdings mit hohen politischen Risiken verbunden und könne im schlimmsten Fall zum Sturz der Regierung führen. Daher werden staatliche Investitionen – wie beispielsweise in insgesamt acht größere neue Wasserkraftwerke oder die Renovation der Raffinerie von Esmeraldas – als geeignetere Maßnahmen zur Senkung der Kosten für Subventionen genannt.

Die interviewten Vertreter der *Revolución Ciudadana* weisen die Vorwürfe autoritären Regierungshandelns zurück. Defizite bei partizipativen Elementen in Planungsprozessen werden auf die existierende gesellschaftliche Zersplitterung und auf fehlende zivilgesellschaftliche Netzwerke zurückgeführt. Prinzipiell gehe es um die Überwindung von Pfründen und Privilegien und um die Vertiefung der Demokratie durch die Orientierung an einer langfristigen Entwicklungsperspektive und nicht darum, vorzugsweise auf die Forderungen von Interessengruppen zu reagieren. Der Erfolg des Regierungshandelns zeige sich zudem an Wahlerfolgen und anderen Zufriedenheitsindikatoren. Die gesellschaftlichen Konflikte hätten abgenommen, weil auf angemessene Forderungen, Wünsche und Bedürfnisse unterschiedlicher Bevölkerungsgruppeneingegangen worden sei, was die Stabilität und die Regierungsfähigkeit erhöht habe. Das unternehmerisch-neoliberale Modell hingegen habe klientelistischen Aushandlungsprozessen Vorschub geleistet, da öffentliche Investitionen und Leistungen oft nur in Reaktion auf Proteste erbracht worden seien. Die große Machtfülle des Präsidenten und das Initiativrecht der Exekutive in fiskalpolitischen Angelegenheiten müssten vor dem Hintergrund der Unregierbarkeit des Landes zwischen 1995 und 2007 gesehen werden. Der Auffassung, dass das heutige Parlament steuer- und fiskalpolitische Initiativen der Regierung lediglich abnicke, wird ebenfalls widersprochen.[232]

Im früheren Kongress – seit der Verfassung von 2008 in Nationalversammlung umbenannt – habe die Budgetdebatte nicht der Haushaltskontrolle gedient, sondern sei Teil eines politischen Spiels von Partikularinteressen und punktuellen Absprachen gewesen. Dadurch sei eine Vielzahl von Festlegungen bei der Zuteilung von Haushaltsgeldern entstanden und habe somit eine effiziente Nutzung der Staatseinnahmen entsprechend den Entwicklungszielen des Landes und dringender Notwendigkeiten erschwert. Die wechselnden Parlamentsmehrheiten und schwachen Regierungen hätten außerdem dazu geführt, dass die Parteien sich – soweit möglich – von dem unpopulären Thema der Besteuerung ferngehalten hätten. Gesetze wirtschaftlicher Dringlichkeit nun im Schnellverfahren verabschieden zu können, ermögliche es, den Haushalt an eine veränderte Einnahmesituation aufgrund volatiler Rohstoffpreise anzupassen und den Zeitraum zu verkürzen, in welchem auf Initiativen zu Steuererhöhungen mit Investitionszurückhaltung, beziehungsweise mit Kapitalflucht, reagiert werden könne. Dadurch schränke man die Möglichkeiten zur kontraproduktiven Destabilisierung des ecuadorianischen Finanzsystems ein.

Es wird bedauert, dass der Großteil der neuen Möglichkeiten, die sich durch die Vergrößerung der Binnennachfrage ergeben hätten, ökonomisch so wenig von den einheimischen Unternehmen genutzt worden sei, sondern vor allem zu mehr Importen geführt habe. Bei den Aussagen der Regierungsvertreter zur Rolle der Unternehmer beim Wandel der Produktionsmatrix wird eine starke Rentenorientierung der Wirtschaftseliten bemängelt, während aber gleichzeitig die Notwendigkeit zur Kooperation anerkannt wird. Eine offene Konfrontation mit den Wirtschaftseliten wird dabei als Gefahr für die wirtschaftliche Entwicklung und Stabilität Ecuadors empfunden. Es gebe aber auch Großunternehmer, die auf die Entwicklung des Landes setzten und eine Mo-

[232] Dabei wird von den Interviewten beispielhaft aufgezeigt, wie technische Details präzisiert werden oder angemessene Ausnahmeregelungen entstehen und wie unterschiedlichste gesellschaftliche Interessengruppen ihre Anliegen in den parlamentarischen Prozess einbringen können. Dass hierzu die Unternehmensverbände allerdings am besten in der Lage sind, wird nicht bestritten. Signifikante Veränderungen der Gesetzentwürfe im parlamentarischen Prozess seien die Regel.

dernisierung der Institutionen, des Produktionsapparats, des Bildungssystems, des Gesundheitssektors etc. auch für dringend nötig hielten. In diesem Zusammenhang wird der Wunsch deutlich, mit den Wirtschaftsvertreter*innen zu einer strategischen Allianz für den Umbau der Produktionsmatrix zu kommen, eine Position, mit der sich auch die stärkere Öffnung für die Forderungen des Privatsektors erklären lässt.

Die Interviewpartner aus dem Unterstützerspektrum der *Revolución Ciudadana* konstatieren, dass die Überwindung der Abhängigkeit von Primärgüterexporten zentral sei für die Transformation Ecuadors. Hiermit wird auch das Ziel verbunden, den Sektor der sozialen und solidarischen Ökonomie zu stärken und ein weniger exklusives Wirtschaftsmodell aufzubauen. Defizite der bisherigen Landwirtschaftspolitik werden zwar eingeräumt, Forderungen sozialer Bewegungen nach Landverteilung aber skeptisch gesehen. Die Probleme lägen hier in der Kreditvergabe, im Technologietransfer, in adäquater Weiterbildung und in fehlender Produktivitätssteigerung. Die zugemessene große Bedeutung des Agrarexportsektors wird nicht zuletzt durch die Bewertung des Handelsabkommens mit der Europäischen Union deutlich. Dieses scheint eigentlich im Widerspruch zu den freihandelskritischen Wurzeln der *Revolución Ciudadana* zu stehen, wird aber von Regierungsvertretern wegen des drohenden Wegfalls von Handelspräferenzen als unausweichlich verteidigt. Außerdem seien in diesem Abkommen keine Schiedsgerichtsverfahren und ähnliche problematische Elemente enthalten.

Die mit der Steuerpolitik befassten Regierungsvertreter vermerken eine bemerkenswerte Zurückhaltung der *Sectores Populares* in steuerpolitischen Fragen und führen dies auf die Geschichte Ecuadors zurück, in der der Staat lediglich den Eliten gedient habe. Als Ausnahme wird von den Mitarbeitern des CEF auf die Initiative der Bewegungsorganisation YASUNIDOS verwiesen: die eine progressive Steuerreformen als Alternative zur Ausbeutung von Erdöl im Yasuní-Nationalpark vorgestellt habe. Es handelte sich um eine Entscheidung, die im extraktivismuskritischen Diskurs auch in Europa scharf kritisiert wurde (Matthes und Chimienti (2013). Insgesamt sei allerdings keine Dynamik zu erkennen, der zufolge soziale Bewegungen und Gewerkschaften auf weitergehende steuerpolitische Reformen drängten. Führende Regierungsvertreter halten die Ausbeutung der Erdölvorkommen im Yasuní-Gebiet für unumgänglich. Die dadurch requirierten Devisen seien nötig zur Finanzierung von wichtigen Produkten für die weitere industrielle und soziale Entwicklung des Landes, denn dafür würden Importprodukte benötigt, die in Ecuador selbst nicht hergestellt werden könnten. Deshalb wird ein abrupter Abschied vom Extraktivismus generell abgelehnt. Verwiesen wird dabei auf den Bedarf an Fiskal- und insbesondere Deviseneinnahmen und auf die erwartbare Tiefe einer wirtschaftlichen und politischen Krise, welche eine Abkehr von extraktiven Wirtschaftszweigen verursachen würde. Auch innerhalb der Unterstützer der *Revolución Ciudadana* gibt es angesichts der bisherigen Erfahrungen mit der Erdölförderung und dem Bergbau Bedenken hinsichtlich der Umweltschäden und der Weiterverarbeitung der Rohmaterialien. Der mögliche Weg aus der Rohstoffabhängigkeit und der Überwindung des Extraktivismus wird gerade in der Nutzung der Rohstoffrente für Investitionen und den Aufbau alternativer Wirtschaftszweige gesehen.

Der bisherige sozioökonomische Wandel wird von den einzelnen Regierungsvertretern differenziert bewertet. Dass die ursprünglichen Ziele der Regierung Correa im Hinblick auf den Wandel der Produktionsmatrix bisher nicht erreicht worden seien, habe mit dem existenten Verfall von sozialen und staatlichen Strukturen zu tun, dessen Ausmaß man erst nach der Regierungsübernahme erkannt habe. Durch die erfolgten Investitionen in Infrastruktur und Energieerzeugung bestehe nun eine bessere Basis für weiterreichende Industrialisierungsziele. Die Verkleinerung des Staates durch Vorgängerregierungen habe zu einem Verlust an Handlungs- und Regulierungsfähigkeit geführt und sei mit einer Übertragung staatlicher Aufgaben an den Markt und an private Akteure verbunden gewesen. Die Zersplitterung des Staates habe enge Beziehungen einzelner Bereiche des Staatssektors zu diversen privaten Interessengruppen mit sich gebracht und das habe eine kohärente Regierungspolitik unmöglich gemacht. Der Staat brauche eine institutionelle Struktur, die natürlich von dem entsprechenden Personal getragen werden müsse. Der ecuadorianische Staat nehme – seit Regierungsübernahme durch die *Revolución Ciudadana* – innerhalb des Landes, und zwar in allen Sektoren und Territorien sowie in den internationalen Beziehungen, eine neue Position ein. Für diese Neupositionierung des Staates bedürfe es aber einer strategischen und an den nationalen Zielen orientierten Planung. Höhere staatliche Ausgaben für Gehälter werden mit erforderlichen Neueinstellungen in den Bereichen Sicherheit, Justiz und vor allem in Gesundheit und Bildung begründet und auch mit notwendigen Lohnerhöhungen.

Eine klare Differenz zu rechten politischen Parteien, den Vertretern der Wirtschafskammern und Verbände wird bei der Sichtweise auf ausländische Investitionen deutlich. Die Vertreter der *Revolución Ciudadana* halten an staatlichen Regulierungen gegen kurzfristige und spekulative Kapitalanlagen fest. Ausländische Investitionen seien nicht unter allen Bedingungen vorteilhaft für die Entwicklung des Landes. Es müsse außerdem gewährleistet sein, dass diese Direktinvestitionen auch einen Wissenstransfer mit sich bringen.

Diesbezüglich bestätigt sich allerdings die im Koordinierungsministerium für Produktion bestehende ideologische Nähe zu Positionen des Privatsektors. Ein hochrangiger Funktionär des Ministeriums für die Koordination der Produktion erklärte zum Beispiel, dass die Dollarisierung Ecuadors sehr wichtig und vorteilhaft für das Anziehen von ausländischen Investitionen sei, da hierdurch das Abwertungsrisiko wegfalle, was eine hohe ökonomische und finanzielle Stabilität schaffe. Hier fehlte das Bewusstsein für das Risiko, dass damit – ähnlich dem Muster der holländischen Krankheit – gerade Investitionen in nicht-handelbare Güter angelockt werden, deren langfristige Folge eine Belastung für den Fortbestand der Dollarisierung wäre. Im Wirtschaftskoordinationsministerium wird die volkswirtschaftliche Wirkung von Direktinvestitionen hingegen ähnlich wie die von externen Krediten betrachtet. Daraus folgt die Einschätzung, dass ausländische Direktinvestitionen nur dann eine mittel- und langfristig positive Wirkung auf das außenwirtschaftliche Gleichgewicht haben können, wenn sie Devisen generieren. Die Finanzierung großer Investitionsprojekte im Energiesektor durch externe Kredite sei aufgrund der zu erwartenden Renditen und der positiven Auswirkungen auf die Leistungsbilanz gerechtfertigt. Durch staatliche kreditfinanzierte Investitionen komme es keineswegs zu dem durch Neoklassiker befürchteten *Crowding-Out* Effekt, da diese Befürchtung auf einem konzeptuellen Fehler beruhe. Auszugehen sei davon, dass die Regierung, wenn sie sich über den heimischen Kreditmarkt finanziere, Finanzressourcen nachfrage, was zur Erhöhung der Zinsraten führe, wodurch wiederum die Rentabilität privater Investitionen sinke. In der Praxis jedoch transferiere der Staat Gelder auf die Konten der Privatpersonen, was letztlich zu mehr Liquidität in der Wirtschaft führe. Dieses zusätzliche Geldangebot verursache ein Sinken und nicht eine Steigerung der Zinsraten. Öffentliche Investitionen machten demzufolge also auch die privaten Investitionen rentabler.

In den 2015 und 2016 geführten Interviews mit Vertretern von SRI und CEF wird eine skeptische Haltung hinsichtlich der Chancen auf weitere Steuerreformen geäußert, da man in dieser zentralen Auseinandersetzung sowohl gegenüber der Opposition wie auch gegenüber dem auf Steuersenkungen drängenden Privatsektor in die Defensive geraten sei. Die Profiteure der steuerfinanzierten Leistungen meldeten sich hingegen kaum zu Wort.[233] Man habe entscheidende Momente für weitergehende Reformen verstreichen lassen und zu viele Konzessionen an die Opposition, aber auch an Teile der eigenen Partei gemacht. Trotz der großen Mehrheit der Regierungspartei *Alianza PAIS* im Parlament besteht nicht der Eindruck, dass die Reformen nun nachgeholt werden könnten. Die steuerpolitische Reaktion auf den Rückgang der Erdöleinnahmen sei – wie im Falle der *Ley de Control de Fraude Fiscal* – von dem Versuch geprägt gewesen, Einnahmeerhöhungen durch härtere Kontrollen gegen Steuerhinterziehung zu erzielen, gleichzeitig aber neue Steueranreize zu schaffen.

Stärker an den Forderungen der Unternehmerverbände und Wirtschaftskammern ausgerichteten Positionen sind in den Ministerien zu erkennen, deren Kooperation mit dem Privatsektor entsprechend ihrer Aufgabenbereiche am engsten ist. Das Rahmengesetz für die Produktion (*Código de la Producción)*, welches eine Reihe von Ausnahmeregelungen und steuerlichen Anreizen enthält, ist im Ministerium für die Koordination der Produktion und zugeordneten Ministerien entstanden, wobei die Planungsbehörde SENPLADES, das Ministerium für Wirtschaftskoordination und die diesem zugeordneten Institutionen – Finanzministerium und SRI – erst zu einem späteren Zeitpunkt einbezogen wurden.

Die Interviews mit Regierungsvertretern wurden zu einem Zeitpunkt geführt, als staatliche Anpassungsmaßnahmen angesichts niedriger Erdöleinnahmen notwendig wurden und die Ausgabenpolitik der Regierung Correa zunehmend kritisiert wurde. Besonders gegen vermeintlich teure Kredite aus China regte sich Kritik. In den Interviews wird deutlich, dass der Debatte um

[233] Auch innerhalb der Regierung bleiben Steuern in erster Linie ein Thema progressiver Funktionäre in der Steuerbehörde und des Präsidenten, während andere Minister – auch von der Regierung deutlich besser finanzierter sozialer Sektoren – kaum einen Bezug zur Steuerpolitik herstellen.

die Nutzung der Erdöleinnahmen und die öffentliche Kreditaufnahme unterschiedliche wirtschaftstheoretische Annahmen und Definitionen bezüglich einer guten Fiskalpolitik zugrunde liegen. Ein Kernpunkt der Argumentation von Regierungsvertretern ist in diesem Zusammenhang, dass die Bewertung öffentlicher Haushaltsdefizite immer die konkrete Nutzung dieser Kredite berücksichtigen müsse. Dabei wird positiv hervorgehoben, dass während der *Revolución Ciudadana* mit den aufgenommenen Krediten erstmals keine laufenden Ausgaben, sondern ausschließlich Investitionen finanziert worden seien.

Die Frage der fiskalpolitischen Nachhaltigkeit kann aus Sicht der Vertreter des dem SRI zugehörigen *Centro de Estudios Fiscales* (CEF) nicht ohne Bezug zur Geldpolitik – Stichwort Dollarisierung – und dem außenwirtschaftlichen Gleichgewicht diskutiert werden. Dabei wird die Dollarisierung im Grundsatz für die ecuadorianische Volkswirtschaft als schädlich kritisiert. Sie wirke wie eine permanente Strukturanpassung, da sie den wirtschaftspolitischen Handlungsspielraum der Regierung stark einenge. Hinsichtlich der Verschuldung sei es wichtig zu verstehen, dass es für ein dollarisiertes Land – anders als für Länder mit eigener Geldpolitik, die in der eigenen Währung verschuldet seien – durchaus die Gefahr gebe, durch externe Verschuldung zahlungsunfähig zu werden. Daher sei der Rückgang der Erdöleinnahmen ein Problem, weil Steuererhöhungen zum Ausgleich des Einnahmeverlusts rezessiv wirken könnten. Die Möglichkeit einer Finanzierung von außen sei in Krisenzeiten angesichts eines steigenden Länderrisikos begrenzt. Das Länderrisiko führt demnach zu einem Zinsaufschlag, also im Vergleich zu als sicher geltenden Staatsanleihen höheren Zinsen. Aufgrund des erhöhten Risikos eines Zahlungsausfalls in Ländern der Peripherie, können diese Staaten Kredite also nur zu höheren Zinssätzen aufnehmen. Trotz aller damit verbundenen Probleme wird aber die praktische Unumkehrbarkeit der Dollarisierung betont. Die Regierungsvertreter sind sich der breiten Zustimmung zur Dollarisierung in der Bevölkerung, weit über die Wirtschaftseliten hinaus, bewusst und führen diese Zustimmung auf die geringe Inflation und die dadurch entstehende Möglichkeiten langfristiger Planung zurück. Da Ecuador keine Möglichkeit zur Abwertung der Währung habe, müsse dem ecuadorianischen Staat aber die Möglichkeit eingeräumt werden, durch zollpolitische Maßnahmen auf die Abwertungen der Währungen der Nachbarländer zu reagieren. Ohne diese Möglichkeit, die eigene Währung abzuwerten, sei es auch schwieriger, Handelsabkommen abzuschließen, da diese dazu tendieren, den außenhandelspolitischen Spielraum einzuschränken. Eine negative Außenwirtschaftsbilanz führe im Kontext der Dollarisierung letztlich zu Liquiditätsproblemen, da keine Geldemission möglich sei und es zu einem Zahlungsausfall kommen könne. Die Regierung stehe also vor der Herausforderung, geeignete Maßnahmen für den Erhalt der Dollarisierung durchzusetzen. Einflussreiche und medial gut vernetzte Wirtschaftssektoren hielten zwar ebenfalls an der Dollarisierung fest, lehnten aber die notwendigen Maßnahmen wie Schutzzölle ab. Hinzu kommen die in der Mittelschicht verbreitete Konsumorientierung und eine Medienkampagne, die vor Inflation und Arbeitslosigkeit als Folge der Schutzzölle warne.

In den – wegen niedriger Rohstoffeinnahmen und einem hohen Dollarkurs – schwierigen Jahren 2015 und 2016 seien die Grenzen antizyklischer Politik deutlich geworden. Man könne den Einnahmerückgang nur teilweise durch Kredite ausgleichen, da die Finanzierungsmöglichkeiten begrenzt seien. Derzeit sei es aufgrund des wieder leicht höheren Ölpreises möglich, wieder Kredite an den internationalen Kapitalmärkten aufzunehmen. Es gebe den Zugang zu multilateralen Banken (CAN, BID, auch den IWF wegen der Naturkatastrophe), wenn auch beschränkt, aber das helfe dabei, die Rezession der Wirtschaft zu beenden. Die Senkung der Investitionen bedeute allerdings, dass deutlich weniger neue Projekte angegangen würden, wie zum Beispiel der Bau von Schulen, Gesundheitszentren und Krankenhäusern. Es gebe also konkret erkennbare negative Folgen der notwendig gewordenen Einsparmaßnahmen. Empfehlungen, die Löhne im öffentlichen Dienst zu senken, würden von Regierungsseite abgelehnt, sie hätten aber eingefroren werden müssen. Aufgrund der aktuell schwierigen wirtschaftlichen Lage seien staatlicherseits auch Neuanstellungen gestoppt worden, die Schließung bestimmter staatlicher Institutionen werde notgedrungen anvisiert.

8.4 Tabellarische Übersicht relevanter Stakeholderpositionen

Die unterschiedlichen Positionen der interviewten Repräsentant*innen sozialer Bewegungen, Parteien und Interessenorganisationen, aber auch von Vertreter*innen der Regierung zu verschiedenen Fragestellungen der leitfadengestützten Interviews wurden bereits in den vorangegangenen Unterkapiteln beschrieben. Dabei wurden eindeutig interessenbezogene Einstellungen zur Steuerpolitik der Regierung Correa deutlich, auch Indifferenzen gegenüber nicht die eigene Organisation direkt betreffenden Fragen, Haltungen, die den originären Interessen zuwiderliefen und Widersprüchlichkeiten, deren Hintergrund nicht immer eindeutig zu ermitteln war. Aufgrund dessen habe ich nun versucht, die wesentlichen Aussagen, beziehungsweise Haltungen der befragten Stakeholdergruppen in einer tabellarischen Übersicht aufzuzeigen. Dies ermöglicht es – zwar stark fokussiert auf schlagwortartige Stichpunkte – auf einen Blick zu erkennen, in welcher Beziehung die Positionen der einzelnen Akteursgruppen zueinander stehen: Ob sie sich gleichen oder sich ergänzen, ob sie gegensätzlich sind oder sich stark unterscheiden. Setzt man sie in Beziehung zueinander, ergibt sich ein deutliches Bild der Sichtweisen, die die politischen Akteure in der Phase der *Revolución Ciudadana* auf die Fiskal- und Steuerpolitik der Regierung Correa hatten und darüber hinaus auf das von ihr vertretene Entwicklungsmodell.

Tabelle 16: Tabellarische Auswertung von Stakeholderperspektiven

Themen/ Politikfelder — Akteure/ Stakeholder	Steuerpolitik					Staatsausgaben					Wirtschafts-politik					Extraktivismus				
	Einnahmeerhöhungen	Umverteilungsziele	Steuerpflicht ausweiten	Steueranreize ausbauen	Kontrollen Verschärfen	Priorität Sozialausgaben	Öffentliche Investitionen	Notwendig und sinnvoll	Subventionen senken	Heterodoxe Fiskalpolitik	Dollarisierung	Akzeptanz Schutzzölle	Außenwirtschaftsöffnung	Expansive Lohnpolitik	Planung & Regulierung	Festhalten an Extraktivismus	Agrarexportsektor fördern	Produktionsmatrix ändern	Bedeutung der Ökologie	Staatliche Rolle stärken
Dominante Wirtschaftseliten	-	--	+	+	--	--	+-	•-	+-	--	++	--	+	--	-	+	+	•	-	-
Kleine und mittlere Unternehmen	+-	•	•		+-		+	•-	+	+-	•+	+	-	--	+-			•+		
Liberal/konservative Opposition	--	--	-		•-			-		--	+	-	++		--	+		•		•-
Extraktivismuskritiker*innen	•+	++	-	?-	+	+		•	•+	?+	-		--	•+	+	--	-	?+	+	+
Regierungskrit. Indigenenbewegung	+-	•+	--		?+	?+	+-	--	•-	?-		-	--		•+	-	-	+-	•+	?-
Regierungskritische Gewerkschaften[234]	-	+	-	+	?+	+		-	•-		•+	•-	•-	++					+	
Regierungsnahe soz. Bewegung.[235]	+-	++				++	•+	+			-	+	•-			•+	-	+	+	++
Regierung, wirtschaftsnah	•	•		+	•+					•	+	+	•+		+-	+		+		
Regierung, heterodoxe Fiskalpolitiker	++	++	+-	-	++	++	++	+		++	•-	++	-	+	++	•+	•-	++	•+	++
Regierungspartei AP	+	++			+	+	++	+			•-	++	-		++	•+	•-	++	+	++

++ starke Zustimmung | + Zustimmung | •+schwache Zustimmung | ?+ bedingte Zustimmung |
+- widersprüchliche Positionierung | ? Infragestellung von Tatsachen bzw. offizieller Daten |
•- schwache Ablehnung | ?- bedingte Ablehnung | - Ablehnung |--starke Ablehnung

Quellen: Stakeholder- und Experteninterviews, Hinzunahme von Nachrichtenmedien, Zeitschriftenbeiträgen und sonstigen öffentlich zugänglichen Äußerungen ranghoher Vertreter*innen der hier aufgeführten Stakeholder-Organisationen. Bei offenen Feldern konnten keine klaren Aussagen der entsprechenden Stakeholder herausgearbeitet werden.

8.5 Zusammenfassende Analyse der Stakeholderpositionen

In den vorausgegangenen Abschnitten habe ich die unterschiedlichen Perspektiven politischer und ökonomischer Akteure auf die Politik der Regierung Correa analysiert und in obiger Tabelle

[234] Die gewerkschaftliche Organisationen wie die FUT hatten zunächst negativ auf die Dollarisierung reagiert und zum Streik gegen diese Maßnahme aufgerufen (BBC Mundo 15.03.2018). Zum Zeitpunkt meiner Feldforschung war das Eintreten für den Erhalt der Dollarisierung aber insoweit Konsens, dass ihre Abschaffung von keinem Sektor offen gefordert wurde. Die Interviewauswertung zeigte außerdem, dass die Dollarisierung zum Teil auch im Gewerkschaftssektor als Grundlage für eine höhere und stabilere Kaufkraft gesehen wird.

[235] Die FENOCIN habe ich als regierungsnahe, aber durchaus eigenständige soziale Bewegungsorganisation ausgewählt.

stichpunktbezogen visualisiert. Im Fokus meiner Interviews standen Fragen zur Verteilungspolitik der Regierung Correa, zu den steuerpolitischen Auseinandersetzungen während der *Revolución Ciudadana* und bezogen auf den in dieser Phase beschrittenen Entwicklungsweg Ecuadors. In der Interviewauswertung zeigte sich die große Bedeutung der Konflikte um staatliche Autonomie, um Partizipationsmechanismen und um *State Capture.* Die Interviews wurden auch als Ausgangspunkt für weitere literaturbasierte Recherchen genommen, um so ein genaueres Bild der Positionierung und Handlungsoptionen relevanter Interessenorganisationen und sonstiger Stakeholder zu erhalten.

Wenngleich die interviewten Vertreter*innen des Privatsektors Fortschritte der Regierung Correa bei der Infrastruktur, der öffentlichen Verwaltung und im Bereich Bildung und Soziales teilweise anerkennen, fordern sie doch in erster Linie Deregulierung, Freihandelsorientierung und insgesamt weniger Staat. Insbesondere im Sektor der kleinen und mittleren Betriebe besteht jedoch durchaus Interesse an regulierenden staatlichen Eingriffen und Schutzzöllen. Die dominanten Akteure im Privatsektor sind aber die Handels- und Industriekammern von Quito und Guayaquil, deren Positionen auch maßgeblich die Haltung des CEE[236] prägen. Auch starke anti-etatistische Ressentiments und das Festhalten an einem auf den Privatsektor konzentrierten ökonomischen Kurs haben in der Folge zu deren konflikthaften Beziehung zur Regierung Correa beigetragen.

Auf der politischen Ebene besteht – wie sich in den Interviews bestätigte – eine enge Verbundenheit der führenden Vertreter des Privatsektors mit politischen Parteien, die implizit eine Rückkehr zum unternehmerisch-neoliberalen Entwicklungsmodell und den gewohnten korporatistischen Partizipationsmustern in Aussicht stellen. Die sich zeigenden Differenzen zwischen den wichtigsten Oppositionsparteien CREO und PSC sind daher eher auf die Vertretung unterschiedlicher Partikularinteressen als auf grundsätzliche, inhaltlich-ideologische Unterschiede zurückzuführen.

Die Wahl des politischen Außenseiters Rafael Correa 2006 war nicht allein eine Reaktion der Bevölkerung auf Instabilität und Machtkämpfe im politischen System. Auch gegen den vorfindlichen ecuadorianischen Staat, der zu diesem Zeitpunkt durch die Ziele, Charakteristika und Begierden des Privatsektors geprägt war, richtete sich die in der Wahlentscheidung sichtbare Unzufriedenheit weiter Bevölkerungsteile. In der Folge verloren die Wirtschaftseliten zunächst wichtige instrumentelle Machtressourcen. Dennoch bleibt zu konstatieren, dass die Unternehmensverbände und Kammern letztlich auch im Kontext der *Revolución Ciudadana* die wichtigsten zivilgesellschaftlichen Akteure auf dem Feld der Fiskalpolitik geblieben sind.

Dies bestätigte sich auch in den Interviews. So wurde beispielsweise von einem Abgeordneten betont, dass die Vertreter*innen des Privatsektors gut ausgearbeitete konkrete Forderungen in

[236] *Comité Empresarial Ecuatoriano*

die Debatte einbringen. Die Forderungen der Wirtschaftseliten werden hier technokratisch begründet und als vorgeblich dem Allgemeinwohl dienend wahrgenommen. Außerdem verfügen sie durch ihren Einfluss auf die privaten Kommunikationsmedien über herausragende Möglichkeiten, die politische Agenda zu bestimmen. Dadurch ist – will die Regierung Correa die anvisierten Entwicklungsziele erreichen – die Kooperation mit dem Privatsektor unausweichlich und begrenzt ihre Möglichkeiten für ein konfrontatives Vorgehen in der Steuerpolitik. Dies umso mehr, als der Wandel der Produktionsmatrix im Rahmen eines privatkapitalistischen, aber von Rententendenzen durchzogenen Wirtschaftssystems erfolgen soll. Das alles ist den Akteuren dieses Sektors bewusst, wie in den von mir geführten Interviews überaus deutlich wurde. Hinzu kommt, dass sie gerade aufgrund des Rückgangs der Erdöleinnahmen und des zunehmenden Bedarfs an privaten Investitionen mit einer Öffnung der Regierung gegenüber den Interessen und Vorschlägen der Wirtschaftseliten rechnen konnten.

Die Reichweite des Veränderungsprozesses während der *Revolución Ciudadana*, der in den Interviews thematisiert und in dieser Arbeit analysiert wurde, wird auch von den sozialpolitischen Forderungen sozialer Bewegungen und Gewerkschaften mitbestimmt. Im steuerpolitischen Diskurs dieser Organisationen ist die Forderung nach einer stärkeren steuerlichen Belastung der Wirtschaftseliten präsent, welche die Regierung Correa nicht erreicht habe. In den konkreten steuerpolitischen Auseinandersetzungen werden demgegenüber aber kaum radikalere steuerpolitische Alternativen zur Regierungspolitik verdeutlicht. Die genannten Organisationen stellen sich in ihren Interview-Aussagen bezüglich konkreter Auseinandersetzungen mitunter sogar auf die gleiche Seite wie Vertreter der Wirtschaftseliten. Die Opposition unterschiedlicher politischer Provenienz zeigt Übereinstimmung in der negativen Darstellung der öffentlicher Leistungen und Investitionen im Verhältnis zu den vorhandenen Ressourcen und prangert eine vermeintlich fehlende Nachhaltigkeit der Fiskalpolitik an. Ohne die Existenz inhaltlicher Differenzen in Frage zu stellen, wird deutlich, dass in diesen Sektoren korporatistische Partikularinteressen oftmals die inhaltlichen Positionen auf dem Feld der Steuerpolitik überlagern.[237] Nicht nur wird der steuerlichen Entlastung der *Sectores Populares* die absolute Priorität gegenüber dem Ziel der Staatsfinanzierung eingeräumt, auch die bereits stark auf die höchsten Einkommensgruppen und Unternehmen fokussierten steuerpolitischen Reformvorschläge werden mit dem Hinweis abgelehnt, dass davon angeblich auch die Mittelklasse getroffen werde. Inwieweit die Mittelklasse in die Steuerpflicht einbezogen werden sollte, ist sogar im Unterstützungsspektrum der *Revolución Ciudadana* umstritten.

In der Kritik an der Regierungspolitik bleiben daher die Positionen der Wirtschaftseliten dominant, die das Bild eines bürokratischen, wenig effizienten und fiskalpolitisch unverantwortlichen

[237] Beispiele sind die Ablehnung von notwendigen Schutzzöllen, bei der Teile von Indigenen- und Gewerkschaftsbewegung ebenfalls die Positionen und Argumentationsmuster von Wirtschaftskammern übernahmen. Gleiches gilt für die Auseinandersetzung um die Erbschaftssteuer, auf die ich im Kapitel 9.4 noch näher eingehen werde.

Staates zeichnen. Dieser Diskurs wird auch von Oppositionellen aus dem Spektrum der Gewerkschaften, der Indigenenbewegung und von Extraktivismuskritiker*innen übernommen. Die Mobilisierungsfähigkeit von Gewerkschaften und sozialen Bewegungen mag in der Vergangenheit eine stärkere Erhöhung der Mehrwertsteuer verhindert haben, insgesamt ist bei den Interviewpartnern aus diesen Sektoren aber wenig Expertise und Einfluss bei steuerpolitischen Fragen zu erkennen.

Innerhalb der Regierung Correa existieren, wie die Auswertung der Interviews ergeben hat, unterschiedliche Grundhaltungen bezüglich der praktizierten Steuerpolitik. Ein stärker betriebswirtschaftlich geprägtes und den Ansichten der Wirtschaftseliten entsprechendes Denken kann bei Vertretern jener Ministerien festgestellt werden, die sich mit der Produktion befassen und stärker dazu bereit sind im Namen der Wirtschaftsförderung den Forderungen des Privatsektors nach Ausnahmeregelungen und steuerlichen Anreizen nachzugeben.

Die Vertreter des Wirtschaftskoordinationsministeriums und insbesondere des SRI dagegen bezweifeln den Nutzen dieser Mechanismen und drängen auf eine möglichst zügige Umsetzung der Verfassungsziele von Progression und ausreichenden Einnahmen des Staates. In einen größeren Kontext gestellt, schafft diese steuerpolitische Ausrichtung wichtiger politischer Akteure die materielle Basis für die Umsetzung weitergehender Transformationsziele der Regierung Correa.

Abschließend ist festzustellen, dass die Ergebnisse der Feldforschung, die auf leitfadengestützten Interviews mit Repräsentant*innen unterschiedlichster Organisationen und Sektoren beruhen, wichtige Erkenntnisse über deren inhaltlichen Positionen und strategisch-taktische Optionen zur Durchsetzung eigener Forderungen zeigen konnten.

So konnte ermittelt werden, dass die Einstellung zur Politik der Regierung Correa vor allem in Bezug auf deren steuerpolitische Maßnahmen und Initiativen je nach Interessenlage der jeweiligen Akteure sehr unterschiedlich, wenn nicht gegensätzlich ausfiel. Und es wurde deutlich, dass es mitunter ähnliche Einschätzungen zu bestimmten Politikbereichen gab, auch wenn die jeweilige Interessanlage von diversen Sektoren durchaus gegensätzlich war. Auch gab es unterschiedliche Einschätzungen gegenüber einem bestimmten Regierungshandeln bei annähernd gleicher Interessenlage. All diese Widersprüchlichkeiten lassen eindrucksvoll erkennen, in welch komplizierten gesellschaftlichen Strukturen und Handlungsmustern von Akteuren die Regierung Correa ihre Politik vorantreiben musste. Demgegenüber gelten gerade ein hohes Maß an gesellschaftlichem Zusammenhalt und Verlässlichkeit politischer Entscheidungen gerade für den Steuereinzug als wesentliche Erfolgsfaktoren. Dass es der Regierung Correa trotzdem gelang, ihren steuerpolitischen Zielsetzungen näher zu kommen, ist umso mehr anzuerkennen.

9. Zur fiskalpolitischen Auseinandersetzung im Verlauf der *Revolución Ciudadana* – ein *Circulo Virtuoso* und seine Grenzen

Die Ausführungen der vorangegangenen Kapitel boten einen Überblick über wesentliche Entwicklungsebenen während der *Revolución Ciudadana*, der zusammen mit den soeben herausgearbeiteten Stakeholderperspektiven die Voraussetzung zum Verständnis des folgenden Kapitels bildet. Die Präsentation quantitativer Daten sowie legislativer und administrativer Veränderungen seit Beginn der *Revolución Ciudadana* war dabei ein wichtiger Schwerpunkt der Ausführungen. Während ich mich in Kapitel 6 auf die wirtschaftliche Entwicklung konzentrierte und dabei auf das Spannungsfeld zwischen Rohstoffabhängigkeit und entwicklungsstaatlichen Zielen eingegangen bin, habe ich in Kapitel 7 Verfassungsleitsätze, Gesetzesreformen und quantitative Veränderungen auf dem Feld der Fiskal- und insbesondere der Steuerpolitik zusammengefasst. Im vorherigen Kapitel stand dann die Auswertung der schwerpunktmäßig auf leitfadengestützten Interviews mit Stakeholder*innen und Expert*innen basierenden Feldforschungsergebnisse im Mittelpunkt. Vor dem Hintergrund dieser Darlegungen sollen im vorliegenden Kapitel die fiskalpolitischen Auseinandersetzungen in der Regierungszeit Rafael Correas im zeitlichen Ablauf nachvollzogen werden.

Im ersten Unterkapitel werde ich den Verlauf der von mir als *Circulo Virtuoso* bezeichneten Entwicklungsphase von 2007 bis 2014 nachzeichnen, als relativ hohe staatliche Rohstoffeinnahmen mit Schritten zur Erhöhung der Steuerquote zusammenfielen (9.1). Daran schließt eine Fallstudie über das Gesetz für Steuergleichheit (Ley Reformatoria para la Equidad Tributaria) an (9.2). Bei diesem Gesetz handelte es sich um die erste durch die Verfassungsgebende Versammlung verabschiedete Reform überhaupt. Danach folgt eine Darstellung steuerpolitischer Herausforderungen nach dem Einbruch der Rohölpreise ab Mitte 2014 (9.3), an die ich eine weitere Fallstudie anschließe. Diese bezieht sich auf den zunächst gescheiterten Versuch, die bereits existente Erbschafts- und Schenkungssteuer[238] zu reformieren (9.4). Ich setze mich somit im vorliegenden Kapitel mit steuerpolitischen Veränderungen sowohl im Kontext hoher wie auch niedriger Rohstoffeinnahmen auseinander, betrachte allgemeine steuerpolitische Tendenzen und gehe darüber hinaus auf spezifische Reformvorhaben ein. Die daraus zu gewinnenden Erkenntnisse fasse ich schließlich in einem Zwischenfazit zusammen (9.5).

9.1 Fiskalpolitik als *Circulo Virtuoso* – Veränderungen von 2007 bis 2014

Die nachfolgenden Abschnitte zeichnen Schritt für Schritt die Dynamik der von mir als *Circulo Virtuoso* dargestellten steuerpolitischen Veränderungen im Zeitraum von 2007 bis 2014 nach. Das von mir zu Grunde gelegte Modell des *Circulo Virtuoso* (siehe Abbildung 1, Kapitel 2)

[238] Álvarez Ramírez (2015) präsentiert eine Chronologie der Reformen an der Erbschafts- und Schenkungssteuer seit erstmaliger Einführung 1912.

erscheint mir besonders dafür geeignet zu sein, aufzuzeigen, dass steigende Erdöleinnahmen – entgegen rentenstaatstheoretischen Erwartungen – Ausgangspunkt für positive Entwicklungen hinsichtlich der Stärkung des Steuersystems waren. Entsprechend diesem Modell überschneiden sich die nachfolgend zu analysierenden unterschiedlichen Phasen des *Circulo Virtuoso* einerseits, bauen aber andererseits auch aufeinander auf: Veränderungen in der Steuer- und Ressourcenpolitik in der ersten Phase der Spirale führten zu erhöhten öffentlichen Investitionen und Verbesserungen öffentlicher Leistungen, von denen in der Folge die zweite Phase geprägt war. Die erhöhte Zufriedenheit der Bevölkerung mit den staatlichen Leistungen wiederum schuf die Bedingung für die Fähigkeit des Staates, weitere Steuern zu erheben, die eine bessere Finanzierung öffentlicher Leistungen nach sich zogen und somit die Akzeptanz von Steuern bei Bürger*innen und Unternehmensvertreter*innen erhöhten.

Das in Kapitel 2 eher abstrakt vorgestellte Modell des *Circulo Virtuoso* legt einen spezifischen Verlauf steuer- und fiskalpolitischer Veränderungen im Kontext der *Revolución Ciudadana* nahe, wobei Dynamiken des Zusammenwirkens relativ hoher Rohstoffeinnahmen und steigender Steuereinnahmen in jener Phase nachvollzogen werden, die von der Regierungsübernahme Rafael Correas Anfang 2007 bis zum Ende der Hochpreisphase im Erdölsektor Mitte 2014 reicht. In einem ersten Schritt konnte die Finanzierung höherer Investitionen – anstelle von möglichen Steuersenkungen oder auch einer Vernachlässigung des Steuervollzugs – als Reaktion auf die gestiegenen staatlichen Erdöleinnahmen durchgesetzt werden. Die Akzeptanz des Staates als zentraler entwicklungspolitischer Akteur und die Zufriedenheit mit öffentlichen Dienstleistungen konnte dann in einem zweiten Schritt gesteigert werden, wodurch schließlich eine nachhaltige Stärkung des Steuerstaats möglich wurde.

Im nun folgenden Unterkapitel gilt es, den tatsächlichen komplexen Prozess steuerpolitischer Auseinandersetzungen und die anhand der Analyse dieses Politikfelds deutlich werdenden Veränderungen in den gesellschaftlichen Kräfteverhältnissen nachzuvollziehen. Das Modell des *Circulo Virtuoso* dient mir dabei als Grundlage für die Einteilung des zu beschreibenden Veränderungsprozesses in unterschiedliche Phasen. Dabei knüpfe ich an die soeben erfolgte Analyse der Positionen von Stakeholder*innen und Expert*innen an, greife aber ebenso auf quantitative Daten des *Latinobarómetro* sowie des *World Executive Surveys* zurück. Darüber hinaus werden die in den Interviews gemachten Aussagen soweit möglich mit der Positionierung von Interessenorganisationen und Expert*innen zum Zeitpunkt der Entscheidung über steuerpolitische Weichenstellungen abgeglichen.[239] Berücksichtigung finden außerdem die in Kapitel 6 angestellten Über-

[239] Wie in Kapitel 4 dargelegt, wurden die Interviews zwischen Oktober 2014 und März 2015 geführt und im Juni 2016 um weitere Interviews ergänzt. Dabei ist zu berücksichtigen, dass Aussagen über den bisherigen Verlauf steuerpolitischer Veränderungen dadurch aus der Retroperspektive erfolgten und durch aktuelle Ereignisse und Auseinandersetzungen geprägt waren.

legungen zu wirtschaftspolitischen Dynamiken und Veränderungen, beziehungsweise zu Kontinuitätslinien in der Wirtschaftsstruktur. Ebenso werden die in Kapitel 7 dargelegten rechtlichen und quantitativen Veränderungen in der Steuer- und Fiskalpolitik einbezogen.

- Abschnitt 9.1.1 (erste Phase) ist auf jene Prozesse konzentriert, die zur Aneignung steigender Erdöleinnahmen durch den Staat ab 2007 geführt haben. Diese erste Phase wurde mit der Unterzeichnung neuer Erdölförderverträge im Jahr 2010 abgeschlossen. In dieser Periode stiegen sowohl die Rohstoffeinnahmen als auch die heimische Fiskalquote. Wichtige Schritte zur Stärkung des Steuereinzugs und zu einem weniger regressiven Steuersystem wurden auf legislativer und administrativer Ebene durchgeführt.
- In Abschnitt 9.1.2 (zweite Phase) konzentriere ich mich auf die „Rückkehr des Staates" als Entwicklungsakteur, der nun vermehrt öffentliche Leistungen bereitstellte und Investitionen durchführte. In diesem Zusammenhang analysiere ich auch die Effekte des durch die Verfassung von 2008 gesetzten neuen institutionellen Rahmens. Diese Phase umfasst den Zeitraum von der ersten Wiederwahl Rafael Correas 2009 bis zu seiner zweiten Wiederwahl 2013.
- In Abschnitt 9.1.3 (dritte Phase) diskutiere ich, ob die erhoffte nachhaltige Stärkung des Steuersystems im Sinne des *Circulo Virtuoso* ab 2013 eingetreten ist. Dabei arbeite ich heraus, inwieweit die in den vorhergehenden Abschnitten aufgezeigten steigenden Investitionen und Ausgaben zu einer höheren Akzeptanz von Steuern führt. Hierbei benenne ich auch die zentralen Veränderungen bei den öffentlichen Leistungen und betrachte die daraus folgenden Effekte für unterschiedliche Sektoren der ecuadorianischen Gesellschaft.

9.1.1 Zur Aneignung der Rohstoffrenten durch den öffentlichen Sektor

In der Phase zwischen 2007 und 2010 wurden steigende Erdöleinnahmen des Staates in den öffentlichen Sektor gelenkt (Rojas-Kienzle 2012), während gleichzeitig strikt gegen Steuerhinterziehung und Steuervermeidung vorgegangen wurde. Es kam also nicht zu einer Vernachlässigung des Steuersystems vor dem Hintergrund der verfügbaren Rohstoffeinnahmen, wie dies rentenstaatstheoretischen Annahmen entsprechen würde und im ecuadorianischen Fall bereits für frühere Perioden gezeigt werden konnte (Karl 2007; Fairfield 2015).

Bei der nun folgenden Analyse soll das Zusammenwirken von struktureller und instrumenteller Macht und ihre Bedeutung für die Entwicklung des *Circulo Virtuoso* nachvollzogen werden. Aus der Perspektive struktureller Macht ist der Anstieg der Erdöleinnahmen zentraler Kausalfaktor für eine größere Autonomie des Staates im fiskalpolitischen Bereich, die notwendig war, um den so genannten *Circulo Virtuoso* auf Basis erhöhter öffentlicher Investitionen in Gang zu setzen. Die Erhöhung der Rohstoffeinnahmen stärkte die Verhandlungsposition der Regierung gegenüber ökonomischen Eliten, da weniger Risiken durch einen drohenden Rückgang privater Investitionen zu befürchten waren (Fairfield 2013). Aus der Perspektive struktureller Macht war demnach ein größeres Maß staatlicher Autonomie auf Basis von höheren Rohstoffeinnahmen sowie ein daraus folgendes niedriges Niveau an Investitionsmacht der ökonomischen Eliten ausschlaggebend für den steuerpolitischen Veränderungsprozess.

Aus der Perspektive instrumenteller Macht betrachtet, steht der politische Einfluss ökonomischer Eliten bezüglich der Auseinandersetzungen um Verteilung, Einkommen, Vermögen und staatliche Leistungen im Mittelunkt. Dieser politische Einfluss der Eliten bestimmt sich unter anderem wesentlich dadurch, welche verteilungspolitischen Bündnisse unterschiedliche Sektoren innerhalb der Wirtschaftseliten mit Teilen der Mittelschichten und der *Sectores Populares* eingehen und auch dadurch, welche Optionen für eine auf Umverteilung ausgerichtete Verteilungsallianz und für eine bedeutendere Rolle des Staates im Entwicklungsprozess bestehen. Das niedrige Niveau der instrumentellen Macht ökonomischer Eliten zu Beginn der *Revolución Ciudadana* kann somit als zentrale Ursache dafür gelten, dass ein steuerpolitischer Veränderungsprozess eingeleitet werden konnte. Auch von dieser Perspektive her zeigt sich die Valenz der Regierungsautonomie gegenüber ökonomischen Eliten zu Beginn des *Circulo Virtuoso.*

Ausgehend von vorliegenden Meinungsumfragen muss der politische Anreiz für die neu gewählte Regierung Correa, höhere Erdöleinnahmen für Steuersenkungen zu nutzen, als hoch eingeschätzt werden. Denn laut *Latinobarómetro* beurteilten im Jahr 2007 26 Prozent der Befragten die Steuern in Ecuador als sehr hoch, weitere 49 Prozent immerhin als hoch. 2005 hatten zudem lediglich 12 Prozent der Befragten ihr Vertrauen in eine gute Verwendung der Steuereinnahmen erklärt. Im Jahr 2002 hatte eine Mehrheit der Ecuadorianer sogar bekundet, Steuersenkungen sogar dann zuzustimmen, wenn dies zu schlechteren sozialen Leistungen führen würde (Latinobarómetro 2015). Dennoch verzichtete die Regierung Correa bewusst auf Steuersenkungen und machte damit ihren politischen Willen zu einem grundsätzlichen fiskal- und steuerpolitischen Wandel deutlich. Vor Beginn der *Revolución Ciudadana* hatten soziale Bewegungen zwar eine wichtige Rolle bei der Mobilisierung gegen den Neoliberalismus gespielt (Wolff 2008), Mobilisierungen für ein gerechtes Steuersystem und die angemessene Besteuerung der Wirtschaftseliten spielten dabei allerdings keine nennenswerte Rolle. Allenfalls gab es Proteste gegen vermeintlich zu hohe Verbrauchssteuern und für den Erhalt von verteilungspolitisch höchst problematischen Subventionen.

Die allgemein geringe Bereitschaft innerhalb sozialer Bewegungen und Gewerkschaften, höhere Verbrauchssteuern zu akzeptieren, spiegelte sich auch in den für die vorliegende Arbeit durchgeführten qualitativen Interviews wider. Dabei waren zwei meinungsbildende Phänomene zu erkennen: Erstens die nicht durch die empirischen Daten gedeckte, aber weit verbreitete Behauptung, dass die *Sectores Populares* durch die Verbrauchssteuern einer hohen Besteuerung unterliegen und zweitens die geringe Identifikation von sozialen Bewegungen und Gewerkschaften mit Staat und Regierung. Trotz der ebenso falschen wie weit verbreiteten Auffassung, in Ecuador seien die Steuern sehr hoch, gelang es aber der Regierung Correa, die steuerpolitische Diskussion im Rahmen der Auseinandersetzung mit traditionellen politischen und ökonomischen Eliten auf die politische Agenda zu setzen (Abc Color 06.05.2007; La Hora 30.12.2007).

Die Interessen der so genannten *Sectores Populares* wurden von der Regierung zeitnah durch verteilungspolitische Sofortmaßnahmen und längerfristig wirksame Weichenstellungen bedient. Wie im nachfolgenden Abschnitt noch genauer herauszuarbeiten sein wird, galt dies aber weniger für die Interessen sozialer Organisationen, Gewerkschaften und ihrer Führungsspitzen. Die Unterscheidung dieser Interessenlagen bedarf einer Erläuterung: Die Regierung Correa stand von Beginn an in keinem quasi-organischem Verhältnis zu den gewerkschaftlichen, regionalen oder ethnisch-kulturellen Protestbewegungen (Becker 2013). Sie verstand sich zu keinem Zeitpunkt als „Werkzeug der sozialen Bewegungen", sondern machte ihre anti-korporatistische Haltung immer wieder deutlich (Wolff 2010). Der Verlust an instrumentellem Einfluss von Wirtschaftsverbänden hatte also keinen privilegierten Zugang sozialer Bewegungen zur Regierung zur Folge.

Die politischen Veränderungen entsprechen daher eher der Transformation eines vormals durch Wirtschaftsinteressen kontrollierten Staates, in dem spezifische Gewerkschaften, Berufsverbände und soziale Bewegungen ihre Einflussenklaven gehabt hatten, hin zu einem Staat, der auf einem höheren Maß an Autonomie von jedweden Partikularinteressen aufbaut. Auf die sich von daher ergebende Konfliktlinie zwischen Regierung und sozialen Bewegungen – mit ihren Auswirkungen auf die politische Akzeptanz der Regierung Correa – werde ich in den nachfolgenden Abschnitten zurückkommen.

Wie ich bereits in Kapitel 5 herausgearbeitet habe, hatten vermehrte soziale Konflikte vor Beginn der *Revolución Ciudadana* eine weit verbreitete Unzufriedenheit mit dem existierenden politischen System zum Ausdruck gebracht. Doch obwohl die Unzufriedenheit mit dem gesamten politischen System an sich stieg, zielten nicht wenige Proteste und Forderungen sozialer Bewegungen, Berufsgruppen und Gewerkschaften vor allem darauf ab, für die eigene soziale Gruppe Zugang zu den Verteilungsmechanismen zu erhalten, ohne deren grundsätzlich intransparenten und exklusiven Charakter in Frage zu stellen. Schon im Verfassungsgebungsprozess 2008 zeigte sich dann, dass es bezüglich des von der Regierung Correa anvisierten entwicklungsstaatlich geprägten Projekts nicht nur mit den Interessen der Oligarchie zum Konflikt kommen würde (Wolff 2010), sondern auch mit den oben benannten gesellschaftlichen Sektoren. Quintero und Charvet (2010) argumentieren diesbezüglich, dass die neoliberale Privatisierungspolitik in Ecuador zwar zur Schwächung des Staates geführt habe, dass diese Politik aber auch – durch Mittelschichtsektoren kontrollierte – funktionale Machtnischen innerhalb von Institutionen geschaffen habe. Diese Sektoren wurden durch korporatistische Konzepte und Praktiken zusammengehalten und profitierten somit von der für ein oligarchisches System typischen Verteilung von Pfründen (ebd.).

In der hier vorliegenden Arbeit habe ich die enge Verknüpfung von Wirtschaftseliten und politischen Entscheidungsträgern – bis in die jüngste Geschichte Ecuadors hinein – bereits hinreichend aufgezeigt. Wie die Analyse der entsprechenden Referenzperiode in Unterkapitel 3.3 untermauert, hatte sich das Militärregime der 1970er Jahre durch den Zugriff auf die Erdöleinnahmen lediglich eine gewisse Autonomie für eine kapitalistische Modernisierung erkaufen können. Die Rückkehr zur zivilen Herrschaft und Einführung des allgemeinen Wahlrechts Ende der 1970er Jahre hatte dann zunächst zu einer kurzen Phase reformistischer Politik geführt, allerdings ohne die Bereitschaft zur verteilungspolitischen Konfrontation mit den Wirtschaftseliten. Noch in den frühen 1980er Jahren wurde dann der Weg in Richtung eines neoliberal-unternehmerischen Entwicklungsmodells beschritten (Paz y Miño Cepeda 2014).

Für das Jahr 2007, also zum Zeitpunkt der Regierungsübernahme durch Rafael Correa, waren weder tiefgreifende Veränderungen durch die für Ecuador günstigen Erdölpreisen zu verzeichnen, noch kam es zu einem außergewöhnlich starken Wirtschaftswachstum. Während das BIP um 2 Prozent leicht anstieg, blieb die Bedeutung der Erdöleinnahmen im Verhältnis zur allgemeinen Wirtschaftsleistung lediglich konstant (MINFIN 2013; Ray und Kozameh, 2012). Daraus lässt sich folgern, dass sich Ecuador im ersten Amtsjahr Correas nicht in einer Fiskalkrise befand, sondern im Gegenteil fiskalpolitischer Handlungsspielraum für die neue Regierung bestand. Diesen nutzte Correa in den ersten Monaten seiner Amtszeit, um eine Reihe populärer Maßnahmen umzusetzen, von denen in erster Linie die *Sectores Populares* profitierten (Conaghan und De la Torre 2008: 276). Es war zu diesem Zeitpunkt aber definitiv nicht zu einer massiven Steigerung staatlicher Einnahmen aus Erdöl gekommen, die als Bestätigung für einen simplen Mechanismus rohstoffinduzierter Staatsautonomie hätte dienen können.

Diese Einnahmesteigerung erfolgte erst 2008, hatte dann aber mit Ausnahme von 2009, als der Ölpreis im Zuge der globalen Finanz- und Wirtschaftskrise stark zurückging, bis 2013 Bestand. Einen positiven Effekt für die Staatsautonomie hatte auch die Neuverhandlung der Staatsschulden mit internationalen Gläubigern, die im Jahr 2008 ebenfalls zu einer verbesserten Finanzlage des Staates beitrug. Darüber hinaus konnte die Regierung durch die Beseitigung der vormals durch Rohstofffonds vorhandenen institutionellen Blockaden eine größere Verfügungsgewalt über bereits bestehende Staatseinnahmen erreichen. Zudem erschien, im Kontext relativ hoher Rohstoffpreise, die Chance zu einer stärkeren Aneignung höherer Rohstoffrenten durch den öffentlichen Sektor durchaus realistisch.

Wie bereits in Kapitel 7 herausgearbeitet, wurden die Fiskalregeln während der *Revolución Ciudadana* nicht im Sinne einer stärkeren Austeritätsorientierung verschärft, sondern ganz auf die Nutzung der Rohstoffeinnahmen für entwicklungsfördernde Investitionen ausgerichtet. Demnach ist der Ausgangspunkt für die Erhöhung der Steuerquote zu Beginn des *Circulo Virtuoso* nicht der einer – im Vergleich zu früheren Entwicklungsphasen – prekären Finanzsituation des Staates. An diesem Punkt unterscheiden sich somit die Ausgangsbedingungen und auch die Zielsetzungen der Regierung Correa grundlegend von den in den späten 1990er Jahren initiierten

Reformen. Die Abkehr von der neoliberalen Idee eines Minimalstaats und eine neue Rolle des Staates im Entwicklungsprozess gehören zu den Kernelementen der *Revolución Ciudadana.* Die Notwendigkeit höherer Steuereinnahmen ergibt sich demnach aus der von entwicklungsstaatlichem Denken geprägten Entwicklungsstrategie und dem Ziel, öffentliche Leistungen zugunsten der Mehrheit der Bevölkerung auszubauen.

Wie beschrieben, waren in den späten 1990er und frühen 2000er Jahren Stabilisierungs- und Investitionsfonds auf Basis der Erdöleinnahmen staatlicherseits eingeführt worden. Im Kontext der *Revolución Ciudadana* wurden diese Rohstofffonds 2008 aber aufgelöst und als Kapitaleinkünfte in den nationalen Haushalt überführt. Durch diesen Schritt wurden das darin enthaltene Kapital und zukünftige Erdöleinnahmen für die Regierung Correa nutzbar. Der politischen Agenda dieser Regierung entsprechend wurde die Verwendung der Gelder strikt auf die Nutzung für Investitionen festgelegt, so dass laufende staatliche Ausgaben, z.B. für Gehälter öffentlich Angestellter, nicht aus diesen Einnahmen bezahlt werden durften. Die hohen Erdöleinnahmen ermöglichten es dadurch dem Staat, ohne Rücksprache mit Unternehmenssektoren drängende Investitionsprojekte direkt umzusetzen. Höhere Steuereinnahmen aus anderen Quellen zu nutzen, um mehr und besser vergütetes Personal und erweiterte staatliche Leistungen finanzieren zu können, blieb aus Regierungssicht, auch gegen den Widerstand der Wirtschaftseliten, ein vorrangig durchzusetzendes Ziel.

Mit dem Ende 2007 verabschiedeten Gesetz zur Steuergleichheit, welches unter anderem die Einführung der Steuer auf Sondergewinne zur Folge hatte, wurde ein wichtiger Schritt zur Aneignung der Rohstoffrenten getan, obwohl die Wirkung dieser Steuer zeitlich begrenzt war. Drei Jahre später, 2010, konnte schließlich die Neuverhandlung von Erdölförderverträgen abgeschlossen werden, wodurch rohstoffbasierte Sondergewinne durch die neuen Vertragsmodalitäten grundsätzlich ausgeschlossen wurden (Castro 2013: 46, 62). Diese staatlichen Maßnahmen führten nicht nur zu mehr fiskalpolitischem Handlungsspielraum, sondern passten auch zu dem auf die Verteidigung der nationalen Souveränität ausgerichteten Regierungsdiskurs. In der Rohstoffpolitik folgte die Regierung Correa damit einem ähnlichen Muster wie andere linke Regierungen von Rohstoffexportländern, griff allerdings nicht zu einer – mit der Erdgasnationalisierung in Bolivien vergleichbaren – öffentlichen Inszenierung.

Ein Blick auf die zeitliche Abfolge der von Regierungsseite initiierten Veränderungen belegt zudem, dass es nicht die steigenden ecuadorianische Rohstoffeinnahmen waren, die als Grundlage für das robuste Vorgehen der Regierung Correa gegen Steuerhinterziehung und Steuervermeidung dienten. Ebenso wenig sind deren Initiativen zu einnahmesteigernden Steuerreformen hierin begründet, denn die zentralen, die steuerpolitische Ausrichtung betreffenden Entscheidungen wurden bereits 2007 getroffen – und damit noch bevor im Jahr 2008 eine signifikante Steigerung der verfügbaren Erdöleinnahmen zu verzeichnen war. Die von Beginn an als wesentlich erachtete steuer- und entwicklungspolitische Zielsetzung des Regierungsprogramms ist demgegenüber als wichtige Voraussetzung für den steuerpolitischen Wandel erkennbar.

Die für meine Analyse zentrale Fragestellung lautet nun diesbezüglich, wie sich die neue staatliche Verfügbarkeit über Rohstoffeinahmen ab 2008 auf diejenige Einnahmegenerierung ausgewirkt hat, die durch andere inländischen Quellen, insbesondere durch nicht rohstoffbasierte Steuern erreicht werden kann. Dass es nicht zu einer Vernachlässigung des Steuereinzugs kam, zeigt die Entwicklung der Steuerquote deutlich (siehe Abschnitt 7.2.1). Auch die erfolgreiche Konfrontation mit den ausländischen Investoren im Erdölsektor – und die damit erreichte signifikante Erhöhung von Ecuadors Anteil an der Erdölrente – führte erkennbar nicht zu einer Vernachlässigung des allgemeinen Steuersystems. Denn auch als die Erdöleinnahmen im Jahr 2008 steil anstiegen – und sich damit auch die staatliche Erdölrente weiter steigerte – leitete die Regierung Correa weder Steuersenkungen ein, noch gab es Anzeichen dafür, dass der Einzug anderer Steuern, etwa durch die Steuerverwaltung, vernachlässigt wurde. Der herausragende Effekt der hohen Steuereinnahmen ist vor allem darin zu sehen, dass die Regierung Correa die Staatsausgabenquote zum einen intensiv nutzte, zum anderen deutlich erhöhte (MINFIN 2013).

Um den steuerpolitischen Veränderungsprozess in Gang zu setzen, bedurfte es jedoch der Krise des bis dato etablierten politischen Systems, durch welche die instrumentelle Macht der Wirtschaftseliten erodierte, und darüber hinaus des klaren politischen Ziels der Regierung Correa, diese Situation zu nutzen, um einen steuerpolitischen Reformprozess einzuleiten. Mit Carlos Marx Carrasco Vicuña hatte Correa einen linksgerichteten Wirtschaftsprofessor aus Cuenca zum Leiter der Steuerbehörde ernannt, der keine Verbindungen zu den Wirtschaftseliten von Quito und Guayaquil hatte. Dieser fand in dem ab Ende 1997 aufgebauten SRI einen professionellen Verwaltungsapparat vor, der über die Kompetenz zur Umsetzung einer robusten Herangehensweise beim Einzug von Steuern verfügte. Diese günstige Ausgangsbedingung soll aber die Bedeutung weitergehender institutioneller Veränderungen dieser Behörde, die im Kontext der *Revolución Ciudadana* vorgenommen wurden, nicht in Abrede stellen. So wurde beispielweise eine spezielle Abteilung für so genannte große Beitragszahler geschaffen, die Maßnahmen gegen Steuerhinterziehung wurden verschärft. Weiterhin nahm das Zentrum für Fiskalstudien 2008 seine Arbeit mit dem Ziel auf, die Kapazitäten in der Planung und Evaluierung steuerpolitischer Maßnahmen zu stärken. Bereits im Jahr 2007 hatte die Verfassungsgebende Versammlung das auf die Erhöhung der Einnahmen ausgerichtete Steuergleichheitsgesetz verabschiedet, das die erste bedeutende legislative Reform im Kontext der *Revolución Ciudadana* darstellte (zur vertiefenden Analyse siehe Unterkapitel 9.2). Voraussetzung für diese Reform waren die zugunsten der Regierung Correa veränderten Kräfteverhältnisse in der Legislative gewesen.

Die steuerpolitischen Weichenstellungen der Regierung mussten dennoch in nicht unerheblichem Maße den vorfindlichen Ausgangsbedingungen Rechnung tragen. Hier wird deutlich, dass die nun in der Verfassung festgeschriebenen Grundsätze zwar eine prinzipielle Neuorientierung der steuerpolitischen Zielsetzungen bedeuteten, die durchgeführten administrativen und legislativen Veränderungen aber keineswegs radikal zu nennen sind, da bereits in dieser Phase Kompromisse zu verzeichnen sind. Dies betrifft zum Beispiel die Besteuerung der Wirtschaftseliten, da Unternehmenssteuern nicht erhöht wurden. Auch die persönliche Einkommenssteuer blieb von geringer Bedeutung, was den Bezieher*innen höherer Einkommen zu Gute kam.

Correa hatte demgegenüber schon im Wahlkampf 2006 ein Ende der Steuerhinterziehung versprochen und Steuerhinterziehern mit Gefängnis gedroht. Angesichts der bis dahin weit verbreiteten Steuerhinterziehungspraktiken und Steuervermeidungsstrategien konnte daher bereits mit der Durchsetzung bestehender Steuerpflichten und mit Regelungen zur Beseitigung von so genannten Steuerschlupflöchern messbare Erfolge bei staatlichen Einnahmesteigerungen erzielt werden, was zu mehr Progressivität im Steuersystem führte. Der konfrontativen Argumentation und öffentlichen Mobilisierung gegen diese – oft auf administrativer Ebene getroffenen Maßnahmen – stand deren hohe Legitimation entgegen, da sich die Regierung in ihrer Argumentation für die Bekämpfung von Steuerhinterziehungs- und Steuervermeidungsstrategien implizit auf das Prinzip der Fairness gegenüber den ehrlichen Steuerzahler*innen stützen konnte.

Die hier eingenommene differenzierte Sicht auf die zeitliche Abfolge der Ereignisse zeigt, dass die politischen Veränderungen, die den Prozess des gesellschaftlichen Wandels in Ecuador eingeleitet haben, nicht ursächlich in Beziehung zu den erhöhten Rohstoffeinnahmen zu setzen sind. Die bereits ausgemachten potenziellen Rohstoffeinnahmen zu Beginn des *Circulo Virtuoso* und die effektive Nutzung von tatsächlich höheren Rohstoffeinnahmen in den Folgejahren können aber als wesentlicher Faktor für die Persistenz des Veränderungsprozesses gelten.

Rafael Correa gewann 2006 die zweite Runde der Präsidentschaftswahlen überraschend deutlich gegen den Milliardär Alvaro Noboa, der bereits zum dritten Mal in Folge zu Präsidentschaftswahlen antrat. Der gemeinhin als reichster Mann Ecuadors bekannte Noboa hatte seine Kampagne nicht allein auf inszenierte Auftritte im Stile eines Erweckungspredigers aufgebaut, sondern auch und vor allem auf seine Partei *Partido Renovación Institucional Acción Nacional* (PRIAN) und auf ein ausgedehntes Klientelnetzwerk von Stiftungen und Wohltätigkeitsorganisationen gestützt (Conaghan und De la Torre 2008: 274). Noboas Kandidatur erleichterte das durch die Unterstützer Correas vorgenommene *Framing* der politischen Auseinandersetzungen als Konfrontation Correas mit den alten Wirtschaftseliten des Landes, mit ihrer Ausbeutung von Arbeitskräften und nicht zuletzt mit ihren Versäumnissen bei der Erfüllung der eigenen Steuerpflichten.

Bereits in seiner ersten Wahlkampagne 2006 hatte Correa seine Ablehnung der existierenden Institutionen zum Ausdruck gebracht und damit die Stimmung der Bewegung der *Forajidos* aufgenommen, die 2005 zum Sturz der Regierung Gutiérrez geführt hatte. Deren Slogan ‚Sie sollen alle abhauen' hatte die bestehende große Unzufriedenheit verdeutlicht, die sich gegen die eng miteinander verknüpften politischen und ökonomischen Eliten richtete. In seinem Diskurs betonte Correa den Gegensatz zwischen den verschmähten, durch (korrupte) Eliten dominierten und für fehlende nationale Souveränität verantwortlich gemachten existierenden Institutionen einerseits und seinem Versprechen andererseits, ein stolzes, inklusives und gerechtes Ecuador aufzubauen (Conaghan und De la Torre 2008). Dass *Alianza PAIS* 2006 keine Kandidat*innen für den Kongress aufgestellt hatte, diente dazu, die Ablehnung der Funktionsweise des bestehenden Parlaments zu betonen (Wolff 2010). Nach seiner Wahl zum Präsidenten erreichte die Regierung Correa eine Zustimmungsrate von 73,8 Prozent und stand somit einem diskreditierten Kongress gegenüber, dessen Arbeit laut *Latinobarómetro* von 36 Prozent der Befragten als schlecht und von weiteren 51 Prozent der Befragten sogar als sehr schlecht bewertet wurde, woraus sich eine negative Wahrnehmung von 87 Prozent ergibt (Latinobarómetro 2015). Die im Folgenden eingefügte Tabelle visualisiert die im Text gemachten Ausführungen und macht die dauerhaft große Zustimmung für Präsident Correa im Jahr 2007 nochmals deutlich.

Tabelle 17: Zustimmungs- und Glaubwürdigkeitswerte von Präsident Correa 2007

Umfragezeitpunkt	**Zustimmung**	**Glaubwürdigkeit**	**Ereignisse**
15. Januar	73	68	
15. Februar	71	67	
15. März	69	65	
24. April	76	74	
30. Mai	67	62	
25. Juni	62	54	
31. Juli	59	53	
31. August	56	56	
28. September	63	57	30. September, Wahl zur Verfassungsgebenden Versammlung
30. Oktober	72	66	
30. November	72	63	15.November, Einweihung der Verfassungsgebenden Versammlung
23. Dezember	64	55	
			CEDATOS, zitiert nach Conaghan und De la Torre 2008: 276

Tatsächlich waren die große Akzeptanz und die wahrnehmbare Mobilisierung der Bevölkerung die wichtigsten Instrumente eines Präsidenten, der mit weitreichenden Zielen zum Umbau des Staates und zur Neuorientierung der Entwicklungsstrategie angetreten war, und der zunächst ohne parlamentarische Basis und in einem Kontext schwacher sozialer Netzwerke regierte. Über die bereits dargestellten Dynamiken hinaus, die durch die Zusammensetzung der Verfassungsgebenden Versammlung gegeben waren, lag die zentrale Bedeutung für das längerfristig wirksame Kräftegleichgewicht darin, dass eine neue Verfassung erarbeitet wurde, welche die Exekutive in fiskalpolitischen Belangen stärkte und neue, progressive Verfassungsleitlinien für die Fiskal- und Steuerpolitik Ecuadors formulierte (Carrasco Vicuña und Carpio Rivera 2012).

Um ein vorzeitiges Ende der Präsidentschaft Correas zu verhindern, musste die neue Regierung umgehend dafür sorgen, dass die große Popularität des Präsidenten für den Ausbau der politischen Handlungsfähigkeit und die Festigung institutioneller Macht genutzt wurde (Conaghan und De la Torre 2008: 275). Die Einleitung des Verfassungsprozesses direkt nach der Amtsübernahme war daher für den Erfolg der Regierung essentiell. War die erste Phase der *Revolución Ciudadana* bis zur Bestätigung der neuen Verfassung in einer Volksabstimmung am 28. September 2008 durch den Verfassungsgebungsprozess definiert gewesen, so wurde die politische Agenda in dieser Phase durch die Auseinandersetzungen zwischen der Regierung Correa und der neoliberal geprägten und stark durch die Wirtschaftseliten beeinflussten *Partidocracia* bestimmt. Da als Hauptziel der so genannten *Revolución Ciudadana* die Ausarbeitung und Verabschiedung einer neuen ecuadorianischen Verfassung und die Rückgewinnung eines handlungsfähigen Staates proklamiert worden war (Le Quang 2016: 38), musste zunächst ein Referendum über die Einberufung einer Verfassungsgebenden Versammlung durchgesetzt werden. Darüber hinaus war es unbedingt erforderlich, dieses Referendum zu gewinnen und schließlich bei den Wahlen zur Verfassungsgebenden Versammlung eine deutliche Mehrheit der Stimmen zu erreichen.

Diese Ziele wurden im ersten Amtsjahr Correas erreicht: In der Volksabstimmung vom 15. April 2007 stimmten knapp 82 Prozent der Bevölkerung für die Einberufung einer Verfassungsgebenden Versammlung (Conaghan und De la Torre 2008; Gallegos und Stoessel 2015: 7). Am 30. September desselben Jahres gewann die Regierungspartei *Alianza PAIS*, die sich an den Parlamentswahlen 2006 nicht beteiligt hatte, eine deutliche Mehrheit von 80 der 130 Sitze in der Verfassungsgebenden Versammlung (Conaghan und De la Torre 2008: 275). Mit diesem Abstimmungsergebnis erodierten wichtige instrumentelle Machtressourcen der Wirtschaftseliten, die nun die Reformvorhaben der Regierung Correa nicht länger auf legislativer Ebene blockieren konnten. Wie gezeigt werden konnte, führte die Konfrontation der Regierung Correa mit den Vertretern des etablierten, aber ebenso diskreditierten politischen Systems schnell zu politischen Erfolgen. Zugleich bedeutete das Ergebnis der Wahlen zur Verfassungsgebenden Versammlung den Zusammenbruch des alten Parteiensystems, zu welchem die ecuadorianischen Wirtschaftseliten enge Kontakte aufgebaut hatten. Die Zahlen in der unten eingefügten Tabelle mögen, bezogen auf den dargestellten Kontext, für sich sprechen.

Tabelle 18: Sitzverteilung im Kongress und in der Verfassungsgebenden Versammlung

	Kongresswahlen 2006	Wahlen zur Verfassungsgebenden Versammlung 2007
Alianza PAIS (AP)	0	79
Partido Renovador Institucional de Acción Nacional (PRIAN)	28	8
Partido Sociedad Patriótica 21 de Enero (PSP)	24	18
Partido Social Cristiano (PSC)	13	6
Izquierda Democrática (ID)	11	3
Partido Roldosista Ecuatoriano (PRE)	6	1
Movimiento de Unidad Plurinacional Pachakutik Nuevo País (MUPP-NP)	6	4
Unión Demócrata Cristiana (UDC)	5	
Movimiento Popular Democrático (MPD)	3	4
Red Ética y Democracia (RED)	1	3
Partido Socialista-Frente Amplio (PS-FA)	1	
Movimiento Ciudadanos Nuevo País (MCNP)	1	
Acción Regional por la Equidad	1	
Una Nueva Opción (UNO)		2
Movimiento Honradez Nacional (MHN)		1
Movimiento Ciudadano Independiente Futuro Ya		1
Insgesamt	100	130

Quelle: Eigene Recherche

Die instrumentelle Macht der Wirtschaftseliten befand sich nun auf einem Tiefpunkt. Der ecuadorianische Unternehmenssektor hatte nicht nur, bedingt durch die Wahlergebnisse, an Einflusskanälen in das politische System hinein verloren. Auch seine Fähigkeiten, quasi als Ersatz zur parteipolitischen Opposition, den Widerstand gegen steuerpolitische Reformpläne der Regierung zu artikulieren, waren gering: Umfragen zeigen, dass 74,1 Prozent der Befragten wenig oder gar kein Vertrauen in die privaten Wirtschaftsverbände zum Ausdruck brachten (Latinobarómetro 1995 – 2017, Online Datenbasis). Dabei kann davon ausgegangen werden, dass die Ablehnung gegenüber den Vertretern des Banken- und Finanzsektors, der maßgeblich für die Krise zur Jahrtausendwende verantwortlich gemacht wurde, noch größer war. Während die Regierung Correa nun ihre Kritik auf die rentenorientierten Unternehmer*innen fokussierte, die aus der Regierungsperspektive ihren gesellschaftspolitischen Pflichten nicht nachkamen, erschwerten es Spaltungslinien zwischen verschiedenen Sektoren der Opposition und regionalistische Konflikte innerhalb der Wirtschaftseliten, der Regierung Correa mit einer einheitlichen Position entgegenzutreten. Unterdessen gelang es der Regierung, den unvermeidlichen Dialog mit einzelnen Wirtschaftsführern aufrechtzuerhalten. Auch vermied sie radikalere Schritte zum Umbau der gesellschaftlichen Rahmenbedingungen, da dies die Gefahr in sich geborgen hätte, eine stärkere, gegen die Regierung gerichtete Einigung der fragmentierten Wirtschaftseliten herbeizuführen (Wolff 2010).

In dieser Phase war auch die interessengeleitete Nutzung der Privatmedien durch die Opposition und Wirtschaftseliten gegen die Politik der Regierung Correa nur begrenzt erfolgreich. Demgegenüber bestand die durchaus erfolgreiche Medienstrategie der Regierung darin, den direkten Kontakt zu den Wählern zu suchen und der Macht der Privatmedien durch den Aufbau öffentlicher Medien zu begegnen, ohne allerdings den Kontakt zu den Privatmedien komplett abzubrechen. Im Gegenteil, der Präsident verteidigte seine Politik auf zahlreichen Pressekonferenzen und in Interviews. Die Regierung Correa etablierte zudem ein wöchentliches Radioprogramm, das bald darauf zu einem wöchentlichen Fernsehprogramm umgewandelt wurde. Sie nutzte auch so genannte 'reisende Kabinette', um den direkten Kontakt mit Menschen in der Provinz zu suchen – und sie nutzte ebenfalls ihr verbrieftes Recht, auch private Fernsehsender zur Ausstrahlung von Botschaften der Regierung zu verpflichten (Conaghan 2008: 277). Dabei suchte die neue Regierung offen die Konfrontation mit den liberal-konservativen Privatmedien, indem sie immer wieder auf die bestehenden Eigentumsstrukturen hinwies und die häufige Verbindung führender Medien mit den Wirtschaftseliten und mit dem Finanzsektor anprangerte.

Die vorliegenden Ausführungen lassen erkennen, dass die Regierung Correa von Beginn an über eine relativ hohe politische Autonomie gegenüber Unternehmensinteressen verfügte (Wolff 2010). Dadurch gelang es ihr, den durch sie eingeleiteten steuerpolitischen Richtungswechsel als Teil eines grundlegenden Umbaus von Staat und Gesellschaft zu definieren und auf die politische Agenda zu setzen. Da sie keine engen Verbindungen zum Privatsektor hatte, konnte sie ihre Reformen glaubwürdig als Kampf gegen vormalige gesellschaftliche Privilegien darstellen. Das größere Maß an staatlicher Autonomie ermöglichte es ihr auch, die höheren staatlichen Erdöleinnahmen in den öffentlichen Sektor zu leiten, was bedeutet, dass mit den steigenden Erdöleinnahmen nicht etwa fehlende Steuereinnahmen ersetzt wurden, sondern dass die erhöhte Staatsquote auch zu einem materiellen Bedeutungszuwachs des Staates als Entwicklungsakteur führte – dieser also eben gerade nicht, rentenstaatlichen Verteilungsmustern entsprechend, staatliche Renten über den Transfer von Subventionen weiterverteilte.

Den vorangegangenen Darlegungen entsprechend argumentiere ich dahingehend, dass die Erreichung staatlicher Autonomie gegenüber den ecuadorianischen Wirtschaftseliten, die der Regierung Correa gelang, den Startpunkt für den *Circulo Virtuoso* definiert. Die Auseinandersetzungen, die darüber hinaus innerhalb des politischen Systems mit Erfolg geführt wurden, habe ich ebenfalls bereits angesprochen, wobei ich mich bis zu diesem Punkt auf die politischen Institutionen und das Verhältnis zwischen Exekutive und Legislative konzentriert habe. Die Handlungsfähigkeit der Allianz zwischen einer progressiven Regierung und der Legislative musste aber auch innerhalb des Staatsapparates durchgesetzt werden und war nicht unmittelbar durch den Wahlsieg Correas gegeben (vgl. Miliband 1972: 71). Hierzu ein verdeutlichendes Zitat:

> „Formal steht der Verwaltungsapparat im Dienste der politischen Exekutive, ist ihr gehorsames Instrument, das Werkzeug ihres Willens. Tatsächlich aber ist er nichts dieser Art. Überall und unvermeidlich ist der Verwaltungsprozess auch Teil des politischen Prozesses; Verwaltung ist immer sowohl politisch wie exekutiv, jedenfalls auf dem Niveau, auf dem Politik relevant ist, das heißt in den oberen Schichten des Verwaltungslebens.“ (Miliband 1972: 73)

Ich habe schon betont, dass die gerade analysierten Veränderungen in der Steuerpolitik in den ersten Jahren der *Revolución Ciudadana* nicht als eine automatische Folge des strukturellen Machtverlustes der Wirtschaftseliten zu sehen sind. Um die politische Autonomie der Regierung Correa auch wirtschaftlich zu untermauern, waren vor allem die erhöhten Rohstoffeinnahmen besonders wichtig. Sie wurden ab 2008 für eine signifikante Erhöhung der öffentlichen Investitionen genutzt. Genau diese politische Strategie bildete eine Grundlage für die Fähigkeit der Regierung Correa, auch über die Phase des anfänglichen politischen Umbruchs hinaus, Schritte in Richtung einer Stärkung des Steuersystems zu tätigen und die Steuerpflicht auch gegenüber den Wirtschaftseliten durchzusetzen. Hierauf gehe ich im folgenden Abschnitt ein.

9.1.2 Zum Aufbau staatlicher Handlungsfähigkeit

Im kommenden Abschnitt analysiere ich die zweite Phase des *Circulo Virtuoso*. Dabei folge ich der Argumentation, dass die Rückkehr des Staates als zentraler Entwicklungsakteur in Ecuador zu besserer Planung, zu mehr öffentlichen Investitionen und zu verstärkter Bereitstellung öffentlicher Leistungen geführt hat. Dafür waren diverse institutionelle Reformen notwendig, die in der Folge eine effizientere und transparentere Nutzung der Staatseinnahmen ermöglichten. Diese institutionellen Reformen konnten im Zuge des mit der *Revolución Ciudadana* eingeleiteten politischen Umbruchs durchgesetzt werden, da etablierte Veto-Spieler innerhalb und außerhalb des politischen Systems an Blockademacht verloren hatten, wodurch eine Neuordnung der Verwaltungsstrukturen durchgesetzt werden konnte. Somit wurde es möglich, staatliche Mehreinnahmen auch über die steigenden Erdöleinnahmen hinaus durchzusetzen, für die Verbesserung öffentlicher Leistungen und für Infrastrukturprojekte zu nutzen – und sogar auch vormals bestehende Entwicklungshemmnisse für die Privatwirtschaft zu beseitigen.

Zunächst gehe ich jetzt auf die Weiterführung des Reformprozesses im Staatssektor ein und benenne Konsequenzen für die Steuerpolitik. Nach der Verabschiedung der neuen Verfassung und den Wahlen 2009 begann eine Transition, in der verschiedene Gesetze verabschiedet wurden, die zur Umsetzung der neuen Verfassung dienten. Wie Le Quang (2016) betont, wurden soziale Rechte erweitert und eine Vielzahl öffentlicher Maßnahmen durchgeführt, die den sozialen Forderungen breiter Bevölkerungsschichten entsprachen. Die für die zweite Phase des *Circulo Virtuoso* entscheidende Frage ist nun, wie die erhöhten Staatseinnahmen genutzt wurden und welche sozioökonomischen Effekte durch die Staatsausgaben und die staatlichen Investitionen erzielt werden konnten. Für die mittel- und langfristige Legitimität des Steuereinzugs ist dabei entscheidend, dass die Erhöhung der Staatsausgaben mit einer Verbesserung staatlicher Planungsfähigkeit, mit einer höheren Qualität und einer größeren Reichweite öffentlicher Leistungen und mit Verbesserungen in der Infrastruktur einhergeht. Anders formuliert: Mittel- und langfristig kann ein steuerfinanzierter Ausbau des Staates nur dann legitimiert werden, wenn damit greifbare Verbesserungen öffentlicher Leistungen verbunden sind. Dies kann für Ecuador während der *Revolución Ciudadana* im Wesentlichen bejaht werden, wie ich bereits ausgeführt habe, ist jedoch beileibe nicht automatisch gesichert. In diesem Zusammenhang sei angemerkt, dass zahlreiche Beispiele dagegen Folgendes belegen: Die erhöhte Verfügbarkeit von Rohstoffeinnahmen führt häufig gerade nicht zu einer erhöhten Akzeptanz des Staates als Entwicklungsakteur, sondern zu einem überdehnten und verschwenderischen öffentlichen Sektor und somit im Gegenteil zu einer sinkenden Akzeptanz von Steuern (Karl 2004: 666).

Bei den allgemeinen Wahlen 2009 wurde Rafael Correa im ersten Wahlgang mit 52,9 Prozent der Stimmen wiedergewählt (Gallegos und Stoessel 2015: 7). Dass es der Regierungspartei *Alianza PAIS* zu diesem Zeitpunkt jedoch nicht gelang, eine Parlamentsmehrheit zu gewinnen, erschwerte in der Folge die Durchsetzung progressiver Steuergesetze, zumal Reforminitiativen der Exekutive zum Teil im Parlament blockiert wurden (siehe beispielsweise Redacción Actualidad 18.11.2011). Eine grundlegende Kehrtwende in der Steuerpolitik war aber dennoch nicht zu befürchten, da in der Verfassung von 2008 die fiskalpolitischen Kompetenzen der Exekutive gestärkt worden waren, indem sie das alleinige Initiativrecht auf diesem Politikfeld erhielt, was jedwede parlamentarische Allianz für ein Zurückschrauben der bis dahin erreichten gesetzlichen Reformen verhinderte.

Im Bereich der Umsetzung staatlicher Politik gewann das Nationale Sekretariat für Planung und Entwicklung (SENPLADES), das für die Koordinierung der Umsetzung des nationalen Entwicklungsplans zuständig ist, an Bedeutung und konnte eine hegemoniale Rolle einnehmen. SENPLADES war dies möglich, da es als wichtiger institutioneller Ausdruck der Betonung der Entwicklungsplanung einer in sich kohärenten Regierungspolitik zu sehen ist (Muñoz und Ubasart, 2015; Viteri 2012) Im Einklang mit der wirtschaftspolitischen Grundausrichtung des Wirtschaftskabinetts steht es für die Priorisierung von Investitionen und manifestiert eine wichtige Rolle des Staates im Entwicklungsprozess. Auf dem Feld der Fiskalpolitik wurde zudem die hier bislang verortete neoliberal orientierte Technokratie mit engen Verbindungen zu internationalen Gebern und den heimischen Unternehmenseliten durch Ökonomen heterodoxer Prägung ersetzt. In der Steuerpolitik wurde somit eine stärkere Orientierung an den Zielen einer progressiven Besteuerung durchgesetzt. Dementsprechend wurden die Kapazitäten des SRI in Bezug auf die Kontrolle, insbesondere von Unternehmenskonglomeraten, vergrößert. Durch den Aufbau des *Centro de Estudios Fiscales* (CEF) konnte zudem die Rolle der Steuerbehörde als wichtiger Akteur in der fiskalpolitischen Debatte gestärkt werden.

Die Übernahme rentenstaatstheoretischer Prämissen in der extraktivismuskritischen Debatte, wonach das zentrale fiskalpolitische Problem in einer ausufernden, zwar großen und kostspieligen, aber ineffektiven Bürokratie liege, erscheint demzufolge nicht angebracht, denn sie führt offensichtlich an den zentralen politischen Strategien und staatlichen Maßnahmen, für die die *Revolución Ciudadana* steht, vorbei. Gleichfalls unangebracht erscheint, bezogen auf Ecuador, die These von der Dominanz einer mit der Regierung verbundenen Staatsklasse (kritisch Ziai 2011), der es gelingt, sich die rohstoffbasierten Renten anzueignen. Die Erhöhung von Personalausgaben als Indiz für eine vermeintlich ‚aufgeblähte Bürokratie' zu kritisieren, gehörte zu den Grundmustern der Kritik, die von neoliberal-konservativen Oppositionsgruppen vorgebracht wurde. Diese Kritik wurde mitunter auch von Organisationen der *Sectores Populares* übernommen. Dabei wird die Tatsache übergangen, dass der staatliche Personalzuwachs und die Lohnerhöhungen vornehmlich die Bereiche Bildung, Gesundheit, Sicherheit und Justiz betreffen, dass es dabei also – wie auch im Hinblick auf die Mitarbeiter verschiedener anderer Behörden – um die Stärkung staatlicher Fähigkeiten geht.[240] Die unten eingefügte Tabelle zeigt darüber hinaus, dass die staatlichen Ausgaben für öffentlich Beschäftigte, im regionalen Kontext betrachtet, in Ecuador zum beschriebenen Zeitpunkt im Niedrigbereich lagen.

Abbildung 15: Anteil der öffentlich Beschäftigen[241] an der Gesamtbeschäftigung 2013

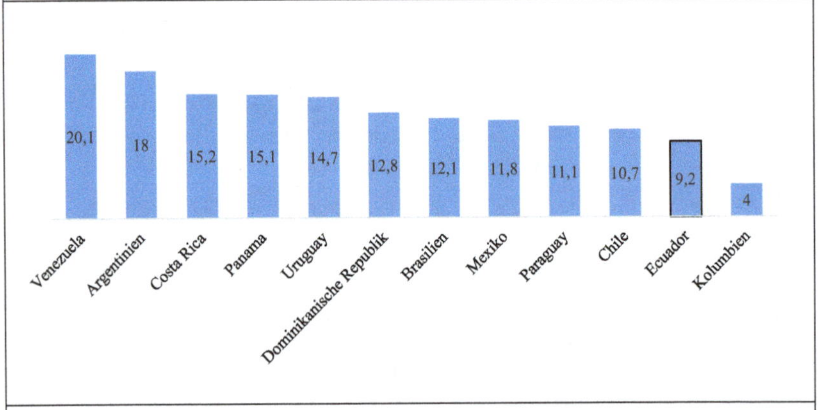

Quelle: MITRAB 2015

[240] In einem Beitrag von Redacción Justicia (11.01.2015) sind wichtige Erfolge der Justizreform mit Blick auf die Effektivität und Effizienz des Systems dargestellt.

[241] Für eine ausführlichere Diskussion von Tendenzen in der öffentlichen Beschäftigung in Lateinamerika siehe Gasparini et al. 2015

Im Zuge der Neuausrichtung des Staatsapparates wurden neue Ministerien und Behörden geschaffen, man löste aber auch andere nicht länger benötigte Institutionen auf und ergriff Maßnahmen zur Stärkung meritokratischer Mechanismen in der öffentlichen Verwaltung (Stefanoni 2014). Eine Evaluierung der Interamerikanischen Entwicklungsbank (IADB) ermittelte auch Ergebnisse, die auf deutliche Verbesserungen in der öffentlichen Verwaltung Ecuadors hinweisen (Redacción Economía 08.09.2015). Die neu gegründeten Institutionen dienten dazu, die Effizienz bei der öffentlichen Beschaffung, der Auftragsvergabe und der Verwaltung öffentlicher Immobilien und Liegenschaften zu verbessern (América Economía 08.02.2017; Ecuadorinmediato 17.07.2017). Das ab 2008 aufgebaute neue System öffentlicher Beschaffung schließt Firmen mit Steuerschulden oder ausstehenden Zahlungen an die Sozialversicherung aus, ebenso wie es Firmen, die vorhergehende Aufträge nicht zufriedenstellend ausgeführt haben, für bis zu 5 Jahren von öffentlichen Ausschreibungen ausschließt. Auch bei der öffentlichen Infrastruktur, im Bildungs- sowie im Gesundheitssektor wurde versucht, durch die Nutzung von standardisierten Modellen Preise zu senken und die Transparenz zu erhöhen. Der damit verbundene Zugang zu öffentlichen Aufträgen kann zudem als ein Anstoß für die Formalisierung von Betrieben gelten. Dass die Rückkehr des Staates als zentrale Entwicklungsinstanz in Ecuador ab 2007 nicht allein auf hohen staatlichen Rohstoffeinnahmen gegründet war, sondern ebenso auf einer Stärkung des Steuerstaats, zeigt auch die Tatsache, dass auf der Ausgabenseite und in der Staatsverwaltung nicht die typisch rentenstaatlichen Charakteristika feststellbar waren.[242]

Eine bedeutende, in der Phase relativ hoher Rohstoffeinnahmen nicht überwundene und für rohstoffabhängige Länder typische, Fehlallokation ergibt sich allerdings auch für Ecuador aus den staatlichen Subventionen auf fossile Brennstoffe wie Öl, Benzin und Gas. Tatsächlich entsprechen die politischen Dynamiken der ecuadorianischen Regierungspolitik auch unter Correa diesbezüglich weitgehend den negativen rentenstaatstheoretischen Prämissen. Wie bereits ausgeführt, hatten noch vor Beginn der *Revolución Ciudadana* vor allem Proteste gegen die Senkung von Subventionen bedeutende Mobilisierungserfolge in Ecuador erzielt. Aus umweltpolitischer Sicht fördern diese Subventionen aber die Nutzung umweltschädlicher fossiler Brennstoffe und auch aus verteilungspolitischer Sicht sind sie negativ zu bewerten, da sie überproportional den Beziehern höherer Einkommen zugutekommen (El Telegrafo 05.08.2013; ANDES 03.08.2013). Die Analyse der in den Interviews gemachten Aussagen von Stakeholdern und Experten ergibt diesbezüglich das Paradox, dass zwar eine breite Kritik an Subventionen geäußert wurde, dass tatsächliche Schritte zur Rationalisierung, beziehungsweise Senkung der Subventionen für fossile Energieträger in der konkreten ecuadorianischen Politik aber abgelehnt wurden mit dem Argument, dass dies mit zu hohen politischen Kosten verbunden sei.

Für die Bereitschaft, den Bedeutungszuwachs des Staates als Entwicklungsakteur zu akzeptieren, ist es essentiell wichtig, dass die öffentlichen Investitionen dabei helfen, Probleme kollektiven

---

[242] Korruptionsfälle bei Infrastrukturprojekten und im Erdölsektor gerieten erst in Zeiten wirtschaftlicher Schwierigkeiten ab 2015 und im Vorfeld der Wahlen 2017 verstärkt in den Fokus der öffentlichen Debatte.

Handelns und so genannte Flaschenhälse im Entwicklungsprozess zu überwinden. Hierfür spielt die deutlich erhöhte öffentliche Investitionsquote[243] eine wesentliche Rolle, da sie ein zentrales Unterscheidungsmerkmal der *Revolución Ciudadana* zu dem – von den Vorgängerregierungen befolgten – Pfad neoliberal-unternehmerischen Entwicklung darstellt. Eine wichtige Weichenstellung war diesbezüglich nicht zuletzt die in der Verfassung von 2008 verankerte Fiskalregel, wonach die Erdöleinnahmen und Kredite nur für Investitionen und nicht für die Finanzierung laufender Kosten genutzt werden dürfen. Die Priorisierung von Investitionen und ihre Finanzierung durch staatliche Kreditaufnahme – über die Erdöleinnahmen hinaus – ist angesichts der Entwicklungshemmnisse, die durch die lange Phase mangelnder öffentlicher Investitionen in Ecuador entstanden waren, zu verstehen (Rivera 24.05.2015).

Der Ausbau der Infrastruktur diente dabei in einigen Bereichen zukünftigen Einsparungen und war – wie z.B. im Energiesektor – auf zusätzliche Einnahmen, auch für den Staat selbst, ausgerichtet. Dieser Effekt wurde zum Beispiel durch den Bau von Wasserkraftwerken erreicht, wobei festzuhalten ist, dass sie größtenteils erst 2016 fertiggestellt werden konnten. Die positive Finanzsituation des Staates ermöglichte es aber, auch über den politischen Zyklus einer Wahlperiode hinausgehende Projekte in Angriff zu nehmen.

Andere öffentliche Investitionen, wie die so genannten *Multi-Propósitos* oder auch Fernstraßen, bringen für den Staatssektor allerdings keine direkten Kostenersparnisse. Es entstehen aber Einsparungen für die Gesellschaft insgesamt und bessere Entwicklungsmöglichkeiten für den Privatsektor, womit sich wiederum neue Möglichkeiten der Besteuerung ergeben. In manchen Investitionsbereichen, wie beispielsweise dem Gesundheits- und dem Bildungswesen, muss zudem auf die langfristige Fähigkeit des öffentlichen Sektors geachtet werden, auch dauerhaft deren Betrieb sicherzustellen. Diesbezüglich sind nicht zuletzt die bereits angesprochenen, während der *Revolución Ciudadana* geschaffenen Fiskalregeln von Bedeutung, die eine Finanzierung permanenter Ausgaben durch endliche und volatile Erdöleinnahmen oder Kredite untersagen.

Mit Blick auf die getätigten Staatsausgaben insgesamt ist schwierig abzuschätzen, welche soziale Klasse am stärksten von der massiven Steigerung der staatliche Investitionen in Verkehrswege, Internetverbindungen, Bewässerungssysteme und erneuerbare Energien profitiert hat. Klar ist hingegen, dass die Erhöhung der Sozialausgaben, wie in Kapitel 7 ausgeführt, für die ärmeren Teile der ecuadorianischen Bevölkerung signifikant war und sich dementsprechend auch positiv auf die Unterstützung der Regierung Correa auswirkte. Die Erhöhung der Sozialausgaben hat somit eine wichtige Rolle für die Unterstützung der Regierung Correa durch die Sectores Populares gespielt.

---

[243] Wie bereits in der Darstellung der quantitativen Veränderungen deutlich wird, gelang es, den Anteil der öffentlichen Investitionen am BIP – insbesondere in den ersten Regierungsjahren – stark von 4,2 Prozent 2006 auf 11,3 Prozent im Jahr 2008 zu steigern und dann bei über 10 Prozent zu halten, wobei mit 15,5 Prozent im Jahr 2013 der bisherige Höchststand erreicht wurde (Rivera 24.05.2015). Durchschnittlich lag die öffentliche Investitionsquote zwischen 2007 und 2014 bei 9,6 Prozent des BIP und damit auch deutlich über dem regionalen Durchschnitt von 4,3 Prozent.

Eine besonders starke, direkte Verteilungswirkung haben die so genannten *Conditional Cash Transfers* (CCTs), die in Ecuador eine im Vergleich zu anderen Ländern größere Rolle spielen und einen relativ großen Bevölkerungsanteil erreichen, aber auch hier deutlich unter 1 Prozent des BIP blieben (Burchardt 2014: 7-8). Paz y Miño Cepeda (2012: 74). Letzteres erklärt, dass auch die politische Rechte, die in der Geschichte Ecuadors in dieser Höhe bisher nicht gesehenen Sozialausgaben einerseits anerkennt, diese Sozialtransfers aber dennoch als klientelistische Maßnahmen abtut, obwohl diese Transfers in anderen Teilen der Welt als Teil des Wohlfahrtsstaats etabliert und als soziale Rechte anerkannt sind.

Die Regierung Correa setzte das schon existierende *CCT-Programm Bono de Desarrollo Humano* (BDH) an bedürftige Familien fort und weitete es aus, vervielfachte die Ausgaben für Menschen mit Behinderung und schuf mit dem *Bono Joaquin Gallegos Lara* ein neues Cash-Transfer-Programm, das auf Familien mit im Haushalt lebenden Behinderten ausgerichtet ist. Auch die Ausgaben für den sozialen Wohnungsbau wurden gesteigert (Ray und Kozameh 2012). Im Regierungsdiskurs spielte der BDH dennoch eine eher geringe Rolle, priorisiert wurden vielmehr Verbesserungen bei öffentlichen sozialen Leistungen und die Bereitstellung öffentlicher Güter.

Die Ausgabenerhöhung der Regierung Correa im Sozial- und Gesundheitsbereich war mit einer Ausweitung des Angebots und einem verbesserten Zugang zu Bildungsangeboten für benachteiligte Sektoren verbunden. So stieg der Zugang zur Sekundarstufe von 54,4 Prozent 2006 auf 82,5 Prozent 2013 (CEPALSTAT, Online Datenbasis). Im öffentlichen Gesundheitssektor stieg die Zahl der Behandlungen im gleichen Zeitraum auf mehr als das Doppelte (ANDES 22.09.2015). Insgesamt war die Erhöhung der Sozialausgaben seit Beginn der *Revolución Ciudadana* zwar signifikant, dies bedeutete aber lediglich eine Annäherung an den lateinamerikanischen Mittelwert, da die Sozialausgaben in den vorangegangenen Jahren unter der Führung von neoliberal geprägten Regierungen stark vernachlässigt worden waren (Oxfam 2013).

Die soeben dargestellten Reformen der Regierung Correa und die damit verbundene Prioritätensetzungen bestätigen Le Quangs (2016: 46) Darstellung der *Revolución Ciudadana* als einem neo-desarrollistischen Prozess, in dem die Verbesserung der Infrastruktur und die Ausweitung der öffentlichen Leistungen in den Bereichen Bildung, Gesundheit und Wohnungsbau die zentrale Grundlage zur Gewinnung der Unterstützung großer Teile der Bevölkerung bildeten, deren Lebensbedingungen sich grundlegend verbesserten. In der hier dargestellten zweiten Phase des *Circulo Virtuoso* bildeten sich allerdings auch neue Konfliktlinien heraus, auf die ich im Folgenden eingehen werde. Im Wissen, dass beide Ebenen eng miteinander verknüpft sind, konzentriere ich mich zunächst auf die inhaltlichen Auseinandersetzungen um generelle verteilungspolitische Konzepte und die regierungsseitliche Entwicklungsstrategie, danach gehe ich auf die Konfliktlinie um den Politikmodus der Regierung Correa ein.

Im angesprochenen Kontext konnten zwei wesentliche inhaltliche Konfliktlinien, mit denen sich die Regierung Correa konfrontiert sah, identifiziert werden: Zum einen ist hier die Auseinandersetzung mit den neoliberal-unternehmerischen Kräften zu nennen, die das Land in den Jahrzehnten vor Beginn der *Revolución Ciudadana* dominiert hatten. Diese Konfliktlinie mit liberal-konservativen Sektoren blieb durchgängig zentral, auch wenn sich die traditionellen liberal-konservativen Kräfte auf parteipolitischer Ebene in einer Krise befanden. So war mit Lucio Gutiérrez und seiner Partei *Sociedad Patriotica* eine ideologisch nicht fest gebundene Gruppierung bei den Wahlen 2009 auf den zweiten Platz gekommen. Dessen politische Unterstützung durch ökonomische Eliten war wohl in erster Linie seiner Ablehnung der Regierung Correa geschuldet. In steuer- und fiskalpolitischen Fragen blieb die Auseinandersetzung mit den Wirtschaftskammern, Unternehmerverbänden und deren liberal-konservativen Positionen die relevante Konfliktlinie. Ihre Opposition zur Regierung Correa konzentrierte sich auf kritische Verlautbarungen von Unternehmensverbänden und verschaffte sich vor allem mittels privater Medien durchaus öffentlichkeitswirksames Gehör.

Eine zweite wesentliche Konfliktlinie ergab sich durch den Widerspruch zwischen Wirtschaftswachstum und Umweltschutz, und auch zwischen Nutzung und Beschränkung des Extraktivismus. Wie die bereits erfolgte Charakterisierung der *Revolución Ciudadana* als desarrollistisch geprägtes Projekt nahelegt, büßte die extraktivismuskritische Linke innerhalb der Regierung Correa an Einfluss ein, sodass exponierte Vertreter*innen aus dieser politischen Richtung, wie zum Beispiel Alberto Acosta, ihre Unterstützung für die Regierung Correa aufkündigten. Innerhalb der *Revolución Ciudadana* gewannen die Befürworter von umgestaltungsorientierten, entwicklungsstaatlichen Zielsetzungen an Gewicht, während sich Teile der Indigenenbewegung, Umweltgruppen und Gewerkschafter zunehmend von der Regierung distanzierten. Im Institutionengefüge gewann parallel dazu die Exekutive an Bedeutung.

Bezüglich der Gewerkschaften können arbeitsrechtliche Konflikte, aber auch ihr geringerer Einfluss in spezifischen Staatsapparaten als zentrale Beweggründe zunehmender Opposition zur Regierung Correa genannt werden. Bei den drei oben genannten regierungskritischen Gruppierungen handelt sich um Sektoren, die sich oft lediglich in ihrer ablehnenden Haltung gegenüber der Regierung Correa einig zeigten, ansonsten aber durchaus stark unterschiedliche politische Ziele verfolgten.

In ihrer Entwicklungsstrategie ging die Regierung Correa ab 2009 zunehmend von einer vormals skeptischen Haltung gegenüber extraktivistischen Wirtschaftssektoren zu einer offenen Suche nach Investoren für eben diese Sektoren über. Das ökonomische Potential des Bergbaus und insbesondere die erwartbaren Deviseneinnahmen rückten in den entwicklungsstrategischen Vordergrund. Auf der anderen Seite verschärfte sich die Extraktivismuskritik von Umweltgruppen und Teilen der Indigenenbewegung. Um die Veränderungen der Regierungsposition realistisch einschätzen zu können, muss allerdings zwischen den zunächst mit der *Revolución Ciudadana* verbundenen Hoffnungen auf eine radikale Kehrtwende in der Rohstoffpolitik und den späteren Entscheidungen und Äußerungen Correas unterschieden werden. Der anfangs verfügte Stopp von Extraktionsprojekten, beziehungsweise die Aussetzung ihrer Vergabe bereits während der *Asamblea Constituyente* kann zwar als Bruch mit der alten Rohstoffpolitik interpretiert werden, nicht aber als grundsätzliche Abkehr von der Nutzung der Rohstoffförderung. Bereits im September 2008 machte Correa deutlich, dass er eine ökologisch verantwortungsbewusste Nutzung des Bergbaus für möglich und notwendig halte. Mit der Vorlage eines neuen Bergbaugesetzes 2009 wurde zudem deutlich, dass sich die radikal gegen den Bergbau gerichteten Positionen innerhalb der Regierung nicht durchsetzen würden. Somit waren die hauptsächlichen inhaltlichen Konfliktlinien für die Regierung Correa zum einen durch die Extraktivismusproblematik gegeben, zum anderen durch die regierungskritische Haltung der grundsätzlich dem neoliberal-unternehmerischen Modell verpflichteten ecuadorianischen Wirtschaftseliten.

Der Modus der Politikgestaltung stellt die zweite Ebene der Auseinandersetzung dar, ist allerdings mit den inhaltlichen Auseinandersetzungen verbunden und somit essentiell für die Fähigkeit einer Regierung, ihre Entwicklungsstrategie zu implementieren. Wie bereits ausgeführt, richtete sich das Zurückdrängen korporatistischer Arrangements in erster Linie gegen die Veto-Positionen der Wirtschaftseliten. Mit der zu Beginn dieses Abschnitts skizzierten Transformation des Staates verloren auch die sozialen Bewegungen, Gewerkschaften und Berufsverbände an Möglichkeiten, auf die Umsetzung partikularistischer Forderungen zu drängen. Ein ähnlich gelagerter Konflikt wurde 2009 mit der MPD-nahen Bildungsgewerkschaft *Union Nacional de Educadores* (UNE) ausgetragen, die bis dahin zu den Unterstützern der Regierung Correa gehört hatte und sich nun mit dem Vorwurf konfrontiert sah, mit ihrer korporatistischen Kontrolle des Bildungssystems zu Ineffizienz und Mittelmäßigkeit im öffentlichen Bildungssektor beigetragen zu haben (Gallegos und Stoessel 2015: 15). Die Pläne der Regierung zur Evaluierung von Lehrkräften führten schließlich im September 2009 zu einem Streik der UNE, der zusätzlich von breiter Unzufriedenheit in gewerkschaftlichen Sektoren getragen wurde, nicht zuletzt wegen geplanter Neuregelungen von Tarifverträgen.

Während sich die Opposition in Teilen der Organisationen der *Sectores Populares* und auch durch ehemalige Mitstreiter gegen die Regierung Correa radikalisierte und den in Folge der neuen Verfassung von der Regierung eingeleiteten Reforminitiativen mit Alles-oder-Nichts-Forderungen entgegentrat, kam es gleichzeitig zur Annäherung eben jener – vorgeblich für einen radikaleren Wandel streitenden – Organisationen an rechte Regierungsgegner. Als Beispiel hierfür weisen Quinteros und Charvet (2010) auf ein Treffen der CONAIE-Führung mit der rechtsgerichteten *Junta Cívica de Guayaquil* im März 2010 hin. Die wachsende Distanz der traditionellen Gewerkschaften zur Regierung Correa wurde deutlich, als die FUT nicht an den offiziellen Maifeierlichkeiten der Regierung teilnahm und von diesen getrennt ihre Forderungen zum Ausdruck brachte (Quintero und Charvet 2010). Der Indigenenbewegung war es seit dem ersten Indigenenaufstand 1990 stets gelungen, die jeweiligen Regierungen des Landes durch massive Demonstrationen an den Verhandlungstisch zu bewegen und als anerkannter Sozialpartner zu agieren. Dies erlaubte es der CONAIE, eine quasi korporative Kontrolle über bestimmte Bereiche der öffentlichen Verwaltung zu übernehmen (Gallegos und Stoessel 2015: 14). Nicht zuletzt deshalb, weil die Regierung Correa dieser Strategie widerstand, reihten sich Teile der Indigenenbewegung in die regierungskritische Opposition ein.

Einen Höhepunkt erreichten die Konflikte mit korporatistischen oppositionellen Kräften durch den gescheiterten Umsturzversuch vom 30. September 2010, in dessen Mittelpunkt eine Rebellion von Teilen der Nationalpolizei stand. An diesem Tag starben fünf Menschen, Correa selbst wurde elf Stunden von rebellierenden Polizeikräften in einem Polizeikrankenhaus festgehalten. Es bestand offensichtlich Gefahr für das Leben des Präsidenten (Quintero und Charvet 2010; Tamayo G. 28.09.2011, im Interview Paz y Miño Cepeda). Bei diesem Putschversuch offenbarte sich ein weitreichendes implizites Bündnis. Es reichte vom Umfeld von CONAIE und *Pachakutik*, der maoistisch inspirierten Oppositionspartei MPD und ihr nahestehenden Gewerkschaften über die besonders in den Sicherheitsorganen des Staates vernetzte Partei des ehemaligen Präsidenten Lucio Gutiérrez bis hin zu traditionellen Sektoren der politischen Rechten wie der PSC. Diese Gruppierungen wurden von den wichtigsten Privatmedien während des Putsches ebenso unterstützt wie bei den nachfolgenden Versuchen, die Ereignisse lediglich als Befehlsverweigerung einzelner Polizisten zu bagatellisieren (vgl. Quintero und Charvet 2010). Insgesamt lässt sich aber trotz dieser Episode und dem Erstarken diverser Oppositionsgruppen festhalten, dass institutionelle Veränderungen zur Modernisierung des Staatssektors, auch verbunden mit dem Wegfall von Sonderregelungen und Privilegien für bestimmte Gruppen, im Kontext allgemeiner Gehaltsverbesserungen und hoher Zustimmungsraten für die Regierung Correa durchsetzbar waren und darüber hinaus gesellschaftliche Akzeptanz erfuhren.

In ihrem politischen Diskurs setzte die Regierung unterdessen weiterhin darauf, die rechten und – ihrer Selbstwahrnehmung nach – linken Regierungsgegner*innen als Vertreter*innen von Partikularinteressen zu disqualifizieren. Dieses Vorgehen wurde mitunter als autoritär wahrgenommen und formte das Bild eines nicht kritikfähigen Präsidenten.

Die Regierung Correa bemühte sich demgegenüber um die Aufrechterhaltung einer hohen Zustimmung der Bevölkerung durch konkrete Verbesserungen in deren Lebensumständen und durch Bereitstellung öffentlicher Leistungen, die zu einer ex-post Legitimierung des politischen Wandels beitragen sollten. Im Zuge dessen entstanden aber kaum adäquate Mechanismen im Sinne einer Interessenaggregation, durch welche aus spezifischen Belangen heraus allgemein gültige Politiken hätten entstehen können, auf deren Basis in der Folge auf dann spezifische Belange eingegangen werden kann (vgl. Le Quang 2016). So kam es zeitweise auch zu einer Distanzierung von solchen Organisationen, die der Regierung anfangs nahegestanden hatten, wie der FENOCIN und der sozialistischen Partei, was zu einer weiteren Schwächung der sozialen Unterstützungsbasis der *Revolución Ciudadana* führte, die sich diesbezüglich nur unzureichend befähigt zeigte, ihre Reforminitiativen in der zivilgesellschaftlichen Debatte mit den genannten Sektoren adäquat zu verteidigen (Quintero und Charvet 2010). Dennoch handelte es sich bei diesen Gruppierungen nicht um das Gros der ecuadorianischen Bevölkerung. Das zeigen die in dieser Phase der Regierungszeit Correas weiterhin sehr hohen Zustimmungswerte der Bevölkerung für seine Regierungspolitik. Auch das Wahlergebnis 2013 belegt, dass die dargelegten Defizite bei der *Input*-Legitimation der Regierungspolitik im Kontext wirtschaftlichen Wachstums und erhöhter *Output*-Legitimation der Regierungspolitik noch kein entscheidendes Hindernis für die Tragfähigkeit des Reformprozesses darstellten. Es bestand in dieser Phase, trotz der wachsenden Zahl regierungskritischer Gruppierungen, weiterhin ein relativ großer Spielraum für entwicklungsfördernde und sozialstaatliche Ausgaben. Dies war auf die in diesen Jahren weiterhin hohen Rohstoffeinnahmen und sinkende Kosten für die Bedienung der Auslandsschulden zurückzuführen (SENPLADES 2014).

9.1.3 Grundlagen für eine anhaltende Stärkung des Steuerstaats?

Eine zentrale Erkenntnis aus der bis hierher erfolgten Analyse des *Circulo Virtuoso* ist es, dass der Bedeutungsgewinn des ecuadorianischen Staatssektors nicht allein auf hohe Rohstoffeinnahmen zurückgeführt werden kann, sondern auch auf eine beachtliche Stärkung des Steuersystems, das die Finanzierung permanenter staatlicher Aufgaben aus permanenten Einnahmen ermöglichte. Im Kontext der *Revolución Ciudadana* wurden grundlegende institutionelle Veränderungen in Ecuadors Staatssektor durchgeführt, die materielle Bedeutung des öffentlichen Sektors wurde so deutlich gesteigert. Die Aneignung der Erdöleinnahmen hatte dabei mittelfristig eine wichtige Bedeutung, da ihre Verfügbarkeit den Staat – unabhängig vom (Investitions-)Verhalten der Wirtschaftseliten – handlungsfähiger machte und die Umsetzung wichtiger Investitionsprojekte ermöglichte. Im vorliegenden Abschnitt diskutiere ich nun die Frage, wie sich das entwicklungspolitische Handeln der Regierung Correa in den ersten beiden Phasen der *Circulo Virtuoso* auf die dritte Phase ausgewirkt hat, in der es – allgemein ausgedrückt – um die gesellschaftliche Akzeptanz des durch die Regierung Correa implementierten Entwicklungsmodells ging.

Es geht hierbei auch um erste Hinweise auf die Nachhaltigkeit der – im Kontext der *Revolución Ciudadana* erreichten – Stärkung des ecuadorianischen Steuer- und Fiskalsystems. Damit verbunden stellt sich die weitergehende Frage, ob die höhere Legitimität des Staatssektors – unter anderem durch sichtbare verbesserte öffentliche Leistungen bedingt – weitere Schritte der Regierung in Richtung einer stärkeren fiskalpolitischen Unabhängigkeit von Rohstoffeinnahmen ermöglicht. Als Grundlage für diese Perspektive ist eine höhere Akzeptanz von Steuern und Abgaben zu sehen, die sich in Folge verbesserter Beziehungen zwischen Staat und Gesellschaft herausgebildet hat. Es geht demnach nicht ausschließlich um die Ebene der *Output*-Legitimation des Staates durch erbrachte staatliche Leistungen. Ebenso von Bedeutung sind die *Input*-Legitimation, also die Repräsentativität von politischen Entscheidungen sowie die Mechanismen, die unterschiedlichen gesellschaftlichen Sektoren offen stehen, um ihre Anliegen in den politischen Prozess einzubringen.

Für meine Analyse spielt in diesem Zusammenhang die subjektive Wahrnehmung der Betroffenen bezüglich der Politik der Regierung Correa eine zentrale Rolle. In den folgenden Ausführungen, die die Sichtweisen unterschiedlicher gesellschaftlicher Gruppen wiedergeben, beziehe ich mich im Wesentlichen auf Daten der repräsentativen Befragungen des *Latinobarómetro* sowie auf die Ergebnisse des *Executive Opinion Survey,* also die Managerbefragung des *World Economic Forums*, wodurch auch die sehr wichtige Perspektive des hier durch die Manager repräsentierten Unternehmenssektors sichtbar wird. Die gewählte Herangehensweise erscheint dazu geeignet, herauszuarbeiten, welche Akzeptanz und Legitimität staatliches Handeln im Bereich der Steuerpolitik in unterschiedlichen gesellschaftlichen Sektoren hat. Unterscheidbar sind vor allem Sichtweisen, die in der Gesamtbevölkerung vorherrschen, von denen, die im Umfeld der Wirtschaftseliten dominant sind.

Als Problem für die Steuerfinanzierung öffentlicher Leistungen stellt sich in Ecuador die gesellschaftliche Segmentierung dar, die bereits in Kapitel 3 zu Theorie und Kontextualisierung diskutiert wurde. Da die Eliten und Mittelklassen vornehmlich private Alternativen zu öffentlichen Leistungen nutzen, favorisieren sie möglichst geringe öffentliche Ausgaben. Die Legitimation für sein Handeln erwirbt der Staat hier also nicht gegenüber einer homogenen Gruppe, sondern im Kontext einer stark stratifizierten und segmentierten Gesellschaft. Auf der Ebene der *Output*-Legitimität bieten Sozial- und Bildungsausgaben, sowie die breiten Bevölkerungssektoren zugänglichen öffentlichen Leistungen eine gute Legitimationsbasis für eine Regierung gegenüber Nicht-Elitesektoren. Auf der anderen Seite stehen Verbesserungen von Produktionsvoraussetzungen und der Schutz von Eigentumsrechten, durch die sich die Akzeptanz einer Regierung bei den Wirtschaftseliten erhöht. Auf der Ebene der *Input*-Legitimation geht es darum, inwiefern die unterschiedlichen gesellschaftlichen Sektoren ihre Anliegen im politischen Prozess berücksichtigt sehen, ohne dass dadurch die Entscheidungsfähigkeit des politischen Systems blockiert wird.

Bevor ich auf die Zufriedenheit mit den öffentlichen Institutionen und Leistungen eingehe, richte ich meinen Blick zunächst auf die subjektive Wahrnehmung der Besteuerung in Ecuador. Parallel zur Erhöhung der Steuer- und Fiskalquote deutet der Vergleich der Umfragedaten des *Latinobarómetro* von 2007 und 2011 darauf hin, dass der Anteil derjenigen Bürger leicht gesunken ist, die die steuerliche Belastung in Ecuador als sehr hoch wahrnehmen. Auch wenn weiterhin eine breite Mehrheit von hohen oder sehr hohen Steuern ausgeht, wird diese Einschätzung doch weniger oft geäußert als noch 2003 und 2005 als noch ein deutlich größerer Teil der Befragten meinte, es würden in Ecuador sehr hohe Steuern gezahlt (Latinobarómetro 1995-2007, Online Datenbasis). Diese Umfrageergebnisse weisen auf eine gestiegene Akzeptanz von Steuern in der ecuadorianischen Bevölkerung hin, was in dieser Phase nicht zuletzt die Erfolgswahrscheinlichkeit einer Antisteuerkampagne im Wahlkampf verringerte. Hierbei darf allerdings nicht unerwähnt bleiben, dass die Steuerbasis in der Regierungszeit Correas zwar erheblich erweitert wurde, die Mehrheit der Ecuadorianer aber auch bis heute keine direkten Steuern zahlt. Nach Angaben des SRI stieg die Zahl der Steuerzahler von 625 Tausend im Jahr 2007 auf 1,7 Millionen im Jahr 2014 an (Ecuadorinmediato 26.02.2015).

Die höheren Steuereinnahmen waren jedoch in erster Linie durch eine Verbesserung des Steuereinzugs, strengerer Regeln zur Verhinderung von Steuervermeidung und verbesserte rechtliche Grundlagen für die Verfolgung von Steuerhinterziehung gestiegen. Im Bereich der Verbrauchssteuern verzichtete die Regierung Correa in der Phase des *Circulo Virtuoso* auf nennenswerte Erhöhungen der Steuersätze, wohl auch, weil die gesellschaftliche Akzeptanz dafür nicht gegeben erschien. So hatten insbesondere die Versuche, die Mehrwertsteuer zu erhöhen, in der der *Revolución Ciudadana* vorausgegangen Phase neoliberal-unternehmerischer Entwicklung immer wieder zu Aufruhr in der ecuadorianischen Bevölkerung geführt.[244]

Die Wiederwahl Correas und die für die Regierungspartei *Alianza PAIS* insgesamt sehr positiven Ergebnisse der Wahlen 2013 bestätigten die Einschätzung der Regierung, dass eine höhere Fiskalquote von einer Mehrheit der Bevölkerung zumindest passiv akzeptiert werden würde. Die Forderungen nach – und Versprechungen für – Steuersenkungen, die von führenden Oppositionskandidaten im Wahlkampf vorgebracht wurden, waren mit der Kritik an einem angeblich überbordendem und verschwenderischem Staatswesen verbunden. Sie gefährdeten den unangefochtenen Wahlsieg von Rafael Correa und *Alianza PAIS* aber nicht.[245] Rückblickend kann das Jahr 2013 als vorläufiger Höhepunkt der *Revolución Ciudadana* betrachtet werden. Die *Alianza PAIS* gewann zudem eine deutliche Zweidrittelmehrheit der Parlamentssitze (Le Quang 2016: 39). Der Regierung Correa war es inzwischen gelungen, die Zufriedenheit mit ihrer Arbeit über einen längeren Zeitraum auf einem – in Ecuadors Geschichte bisher unbekannt – hohem Niveau zu halten. Die auf die Person des Präsidenten konzentrierte Popularität der Regierung korrespondierte 2007 und 2014 mit positiven Befragungsergebnissen bezüglich der Regierungspolitik und bezüglich der Zufriedenheit mit der Arbeit weiterer staatlicher Institutionen.

[244] Neben der Konzentration des SRI auf den Einzug der Mehrwertsteuer gehörten auch die Versuche, den Mehrwertsteuersatz zu erhöhen zu einer Konstante in der Steuerpolitik der neoliberal-unternehmerischen Entwicklungsphase. Seit 1992 kündigten alle Regierungen eine Erhöhung der Mehrwertsteuer an, ohne diese letztendlich durchsetzen zu können. Während der Regierungszeit Jamil Mahuads kündigte ‚Superminister' Guillermo Lasso eine Erhöhung der Mehrwertsteuer von 10 auf 15 Prozent an, es kam schließlich zu einer Erhöhung auf 12 Prozent. Gustavo Noboa musste seinen Versuch einer Mehrwertsteuererhöhung nach Protesten und einer Entscheidung des Obersten Gerichtshofs zurückziehen (BBC Mundo 11.08.2001; Redacción Web 16.07.2016).

[245] Von den Wahlergebnissen ausgehend waren dies Guillermo Lasso und Lucio Gutiérrez.

Abbildung 16: Zustimmung zur Regierung Correa und Vorgängerregierungen in Prozent

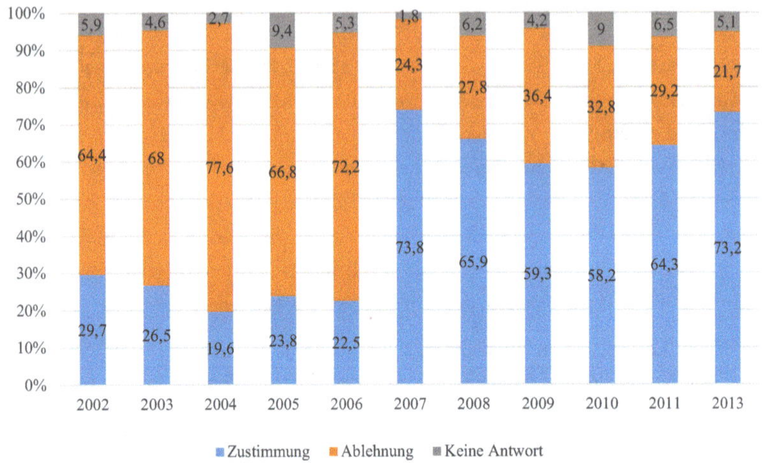

Quelle: Latinobarómetro Online Datenbasis

In der oben abgebildeten Übersicht über die Jahre 2002 bis 2013 zeigt sich der sprunghafte Anstieg der Zustimmungsrate für die Politik der Regierung Correa besonders deutlich. Blieb sie bei allen Vorgängerregierungen unter 30 Prozent, also unter einem Drittel, so lag sie ab 2007 immer bei einer deutlichen Mehrheit, fiel nie unter 58 Prozent und erreichte sogar in zwei Jahren mit 73,8 bzw.73,2 Prozent Höchstwerte.

Nicht zu unterschätzen ist aber, dass es der liberal-konservativen Opposition bei den Wahlen 2013 dennoch gelang, das Thema Steuern, kombiniert mit einem anti-etatistischen *Framing*, in der öffentlichen Debatte zu positionieren: Dabei ging es darum, tatsächliche oder vermeintliche Korruptionsskandale als generelles Zeichen für mangelnde Effizienz und Verschwendung im Staatssektor darzustellen, also die Legitimation für einnahmesteigernde staatliche Maßnahmen zu unterhöhlen. Wie nachfolgende Tabelle zeigt, hatte sich während des *Circulo Virtuoso* eine deutlich positivere Sicht auf die Maßnahmen der Regierung zur Korruptionsbekämpfung herausgebildet. In den darauffolgenden Jahren gerieten die Befürworter einer progressiv ausgerichteten Steuerpolitik, die zudem höhere Staatseinnahmen versprachen, tendenziell in die politische Defensive. Dies geschah – wie ich in den nachfolgenden Unterkapiteln noch eingehend darstellen werde – nicht zuletzt durch den verkleinerten Handlungsspielraum der Regierung Correa in der Phase niedriger Rohstoffeinnahmen.

Abbildung 17: Einschätzung der Erfolge im Kampf gegen Korruption in öffentlichen Institutionen

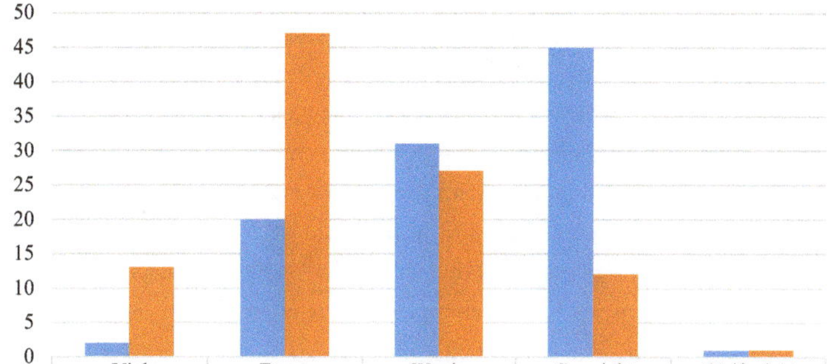

	Viel	Etwas	Wenig	Gar nicht	Weiß nicht
2006	2	20	31	45	1
2013	13	47	27	12	1

Quelle: Latinobarómetro 2006, 2013

Die Umfragedaten des *Latinobarómetro* zeigen für die Phase des *Circulo Virtuoso* (2007 – 2013) nicht nur eine hohe Zustimmung zur allgemeinen Politik der Regierung, sondern bilden auch eine gestiegene Akzeptanz für die Arbeit der öffentlichen Institutionen ab. Der im Rahmen der *Revolución Ciudadana* institutionell umgestaltete öffentliche Sektor konnte seine Legitimität als Entwicklungsakteur erhöhen, was unter anderem durch Bereitstellung öffentlicher Leistungen gelang. Dies verdeutlicht die politische Durchsetzungskraft der Regierung Correa und ihre Fähigkeit, die eigene politische Agenda umzusetzen. Aus Managersicht waren die politische Instabilität und das Risiko eines Putsches vor Beginn der *Revolución Ciudadana* stets häufig genannte Faktoren, die das Geschäftsklima verschlechterten. Im *Executive Opinion Survey* 2013 und 2015 spielten diese Faktoren hingegen keine wichtige Rolle.

Nach Daten des *Latinobarómetro* ging im Jahr 2013 mit 62 Prozent die Mehrheit der Befragten davon aus, dass das Land im Allgemeinen zum Wohl der ganzen Bevölkerung regiert werde. Damit erreichte Ecuador den höchsten Wert in der Region (Latinobarómetro 2015: 64). Verbesserte Daten ergaben sich 2013 auch für die Akzeptanz des Parlaments, welchem die ecuadorianischen Bürger*innen im Jahr 2006 praktisch das Vertrauen entzogen hatten. Damals erklärten 0 Prozent der Befragten, sie hätten großes Vertrauen in den damaligen Kongress und lediglich 6 Prozent meinten, dass sie etwas Vertrauen in diese Institution hätten. Im Jahr 2013 erklärten hingegen 16 Prozent der Befragten, großes Vertrauen in die *Asamblea Nacional* zu haben und weitere 35 Prozent erklärten, sie hätten etwas Vertrauen in das Parlament. Auch die allgemeine Zufriedenheit mit der 'real existierenden' Demokratie hatte sich deutlich verbessert. Während im Jahr 2006 lediglich 3 Prozent der Befragten angaben, mit der ecuadorianischen Demokratie sehr zufrieden zu sein und 19 Prozent etwas Zufriedenheit angaben, waren 2013 immerhin 12 Prozent sehr und 47 Prozent eher zufrieden.

Das *Executive Opinion Survey* zeigt ebenfalls eine tendenziell positive Wahrnehmung von Manager*innen bezüglich der Entwicklung von öffentlichen Institutionen.[246] Auch wenn das Justizsystem[247] von Managern mit Blick auf seine Unabhängigkeit und Effizienz weiterhin skeptisch gesehen wird, kann doch eine insgesamt deutlich positivere Sicht auf öffentliche Institutionen festgestellt werden; dies allerdings ausgehend von einer im internationalen Vergleich ausgesprochen negativen Sicht der ecuadorianischen Manager*innen auf jenes staatliche Institutionensystem, das in den Jahrzehnten des neoliberal-unternehmerischen Entwicklungsmodells maßgeblich von den ecuadorianischen Wirtschaftseliten geprägt worden war.

Die Ergebnisse der hier zitierten Managerbefragung zeigen eine starke Übereinstimmung mit den Ergebnissen meiner eigenen qualitativen Feldforschung, für die ich zum Teil ebenfalls ecuadorianische Manager*innen befragt habe, allerdings in ihrer Funktion als Repräsentant*innen von Wirtschaftsverbänden. In den Stakeholder*innen-Interviews wurde Kritik an den durch die *Revolución Ciudadana* geschaffenen institutionellen Rahmenbedingungen der politischen Entscheidungsfindung insbesondere in zweierlei Hinsicht geäußert: In der Exekutive konzentriere sich zu viel Macht, und sie beziehe die ‚produktiven Sektoren' – sprich die Wirtschaftseliten – nicht angemessen in die Beratung über wirtschaftspolitische Maßnahmen ein. Insgesamt zeigt die Analyse der Stakeholder*innen-Perspektiven aus den unterschiedlichen Organisationen – auch jener der *Sectores Populares* – dass *Input*-Legitimität für sie als Folge der Einbeziehung und Konsultation mit organisierten Interessengruppen entsteht. Der Umsetzung einer am Wahlprogramm der Regierungspartei orientierten Politik – als Basis für *Input*-Legitimität und demokratisches Regieren – wurde hingegen meist wenig Bedeutung beigemessen.

Neben der subjektiven Wahrnehmung der eigenen steuerlichen Belastung und der Bewertung politischer Institutionen und Entscheidungsfindungsprozesse ist nicht zuletzt die Bewertung der Schwerpunktsetzung und Effektivität von Staatsausgaben ein wichtiger Faktor für die Akzeptanz von Steuern. Als wichtige Grundlage für eine erhöhte Legitimität des Staates gegenüber so genannten *Sectores Populares* und breiter Bevölkerungsmehrheiten kann die Zufriedenheit mit den

---

[246] Während Ecuador bei der Frage nach dem Maß der Verschwendung bei den öffentlichen Ausgaben 2006 noch auf Platz 122 von 125 Ländern lag, erreichte das Land 2013 den Platz 42 von 148 in die Befragung einbezogenen Ländern. Die deutlichsten positiven Veränderungen zeigen sich dann, wenn man die Ergebnisse der Befragung von 2013 mit jenen der Jahre 2010 und 2011 vergleicht.

[247] Weitreichende Veränderungen im Justizsektor waren erst ab 2011 möglich, als eine diesbezügliche Volksabstimmung für die Regierung positiv ausging. Waren laut *Latinobarómetro* 2006 noch lediglich 10 Prozent der Befragten der Meinung, dass die Justiz eine gute oder sehr gute Arbeit mache, lag dieser Wert 2015 bei immerhin 40 Prozent. Hier lohnt der Hinweis, dass der Aufbau eines effizient und effektiv arbeitenden Justizsystems auch ein wichtiger Anreiz zur Formalisierung ökonomischer Aktivitäten sein kann (Besley und Persson 2014). Die vorhandenen Erhebungsdaten aus dem *World Executive Survey* zeigen ambivalente Ergebnisse hinsichtlich der Zufriedenheit der befragten Unternehmensmanager*innen mit dem Rechtssystem im Allgemeinen und mit der Unabhängigkeit der Justiz im Besonderen.

öffentlichen Leistungen in den Sektoren Bildung, Gesundheit und Soziales und allgemein zugänglicher öffentlicher Güter dienen. Die aus der Online-Datenbasis des *Latinobarómetros* entnommenen Informationen bieten hier wichtige Hinweise durch Daten, die mit der gebotenen Vorsicht als Proxyindikatoren für die Zufriedenheit mit öffentlichen Leistungen dienen können. Dies gilt für die Sicht auf das Einwohnermeldeamt, auf das öffentliche Bildungssystem und – eher spezifisch auf einen Bereich fokussiert – auf das Funktionieren öffentlicher Krankenhäuer. Anders formuliert: die vorhandenen Umfragedaten des *Latinobarómetro* zeigen eine insgesamt hohe Zufriedenheit mit zentralen staatlichen Leistungen.[248] Auch wenn Verbesserungen in den genannten Sektoren in fiskalvertragstheoretischen Perspektiven und Medianwähler-Ansätzen meist auf den Einfluss der *Sectores Populares* zurückgeführt werden, können auch Wirtschaftseliten und Manager*innen ein durchaus funktionales Interesse am guten Funktionieren des Staates bezüglich seiner reproduktiven Aufgaben haben. Dies geht aus den Befragungsergebnissen des *Executive Opinion Survey* hervor und belegt, dass Verbesserungen öffentlicher Leistungen im Bildungssektor auch von dieser Gruppe anerkannt werden. Auf einer Skala von 1 bis 7 gaben die befragten Manager*innen 2006 diesbezüglich einen Wert von 2,3 an, der bis 2013 kontinuierlich auf den Wert von 3,8 anstieg (WEF 2006-2013, siehe auch die entsprechende Tabelle im Anhang). Es fällt jedoch auf, dass die befragten Manager zwar dem Bildungssystem Ecuadors im Jahr 2006 ein schlechtes Zeugnis ausstellten, nicht adäquat ausgebildete Arbeitskräfte aber im Vergleich zu anderen Problemen kaum als drängendes Problem für die Geschäftsentwicklung gesehen wurde. Mängel im Gesundheitssystem wurden erst ab 2008 als mögliches Problem für die Geschäftsentwicklung in die Befragung aufgenommen, wurden von den Befragten aber nur selten genannt.

Eine genauere Betrachtung der Manager*innen-Perspektive macht es erforderlich, zwei Ebenen in den Blick zu nehmen. Das heißt, nicht nur danach zu fragen, ob Angehörige der Wirtschaftseliten Verbesserungen im Gesundheits- und Bildungssystem bestätigen, sondern auch zu berücksichtigen, welche Bedeutung sie diesen für die Geschäftsentwicklung beimessen (siehe hierzu auch die entsprechende Tabelle im Anhang). Die diesbezüglichen Fortschritte während der *Revolución Ciudadana* wurden auch in den eng mit den Wirtschaftseliten verbundenen – und mit diesen zum Teil deckungsgleichen Sektoren – nicht gänzlich ignoriert. Probleme in der Bildungs- und insbesondere der Gesundheitspolitik waren aber in diesen Sektoren auch vor Beginn der *Revolución Ciudadana* kaum als drängendes Problem für das Geschäftsklima gesehen worden,

[248] Die vorhandenen Umfragedaten zeigen, dass im Jahr 2011 16 Prozent der Befragten sehr zufrieden und 49 Prozent eher zufrieden äußern mit dem Einwohnermeldeamt waren. 2015 – also bereits nach dem *Circulo Virtuoso* – äußerten sich 27 Prozent sehr zufrieden und 35 Prozent eher zufrieden. Dieser Wert kann als Proxy für die Wahrnehmung der Agilität alltäglicher Verwaltungsprozesse dienen. Insbesondere für die Legitimität gegenüber den so genannten *Sectores Populares* ist die Zufriedenheit mit dem Bildungs- und Gesundheitssystem von zentraler Bedeutung. Für das Gesundheitssystem liegen lediglich Befragungen über die Zufriedenheit mit dem Krankenhauswesen vor. 2011 zeigten sich 19 Prozent sehr zufrieden und 51 Prozent eher zufrieden und 2015 22 Prozent sehr zufrieden, allerdings nur noch 36 Prozent eher zufrieden. Mit dem öffentlichen Bildungssystem zeigten sich 2011 27 Prozent der Befragten sehr zufrieden und 46 Prozent eher zufrieden, 2015 dann 31 sehr und 39 Prozent eher zufrieden.

was aus Unternehmenssicht Forderungen nach mehr Investitionen in die genannten Bereiche gerechtfertigt hätte (siehe hierzu auch North 2013).

Der erfolgreiche Ausbau der öffentlichen Infrastruktur, der öffentlichen Sozialsektoren und der Energieerzeugung spielte bis hin zur Thematisierung der verbesserten Verkehrsinfrastruktur in der Wiederwahlkampagne 2013 der Regierung Correa eine zentrale Rolle. Auch wenn dies nicht durch entsprechende Daten des *Latinobarómetro* bestätigt werden kann, ist die positive Sicht auf die Verbesserung der Infrastruktur – einschließlich aller weiteren genannten Bereiche – im Zuge des *Circulo Virtuoso* zweifellos als gesellschaftlicher Konsens zu bezeichnen.

Die positive Meinungsentwicklung zu staatlichen Investitionen in die Infrastruktur, hier insbesondere in den Straßenbau, zeigte sich auch in den Ergebnissen des *Executive Opinion Survey*, welches die Managersicht abbildet, wie die nachfolgende Tabelle verdeutlicht.

Tabelle 19: Die Wahrnehmung der Infrastruktur durch Manager

		2006	2008	2009	2010	2011	2013	2015
Allgemeine Qualität der Infrastruktur	Platzierung	84	105	99	98	91	75	45
	1 -7 Punkte	2.8	2.6	3.1	3.5	3.7	4.2	4.6
Qualität der Straßen	Platzierung	82	100	103	83	61	50	25
	1-7 Punkte	2.7	2.6	2.8	3.5	4.2	4.6	5.2
Zahl der einbezogenen Länder		125	134	133	139	142	148	140
Quelle: WEF 2006 bis 2015								

Anhand der vorgestellten Ergebnisse von Meinungsumfragen ist zweifelsfrei zu erkennen, dass eine deutlich mehrheitliche Akzeptanz der ecuadorianischen Bevölkerung in Bezug auf das Entwicklungsmodell der Regierung Correa zu verzeichnen ist. Dies steht besonders zu den negativen Bewertungen der Vorgängerregierungen im Kontrast und war während des *Circulo Virtuoso* ein wichtiger Faktor für die Durchsetzungsfähigkeit der Exekutive in steuer- und fiskalpolitischen Fragen. Bezüglich der steuerpolitischen Maßnahmen, der öffentlichen Leistungen und der staatlichen Institutionen ließ sich ebenfalls eine gesteigerte Akzeptanz der Befragten ablesen, die sich zum Teil auch auf die Haltungen von elitenahen Managern übertragen lässt. Dies bedeutet – aller weiterhin vorfindlichen Probleme und kritischer Sichtweisen auf staatliches Handeln zum Trotz – dass, basierend auf den soeben aufgezeigten Sichtweisen, von einer deutlichen Akzeptanz für das Steuersystem und die während der *Revolución Ciudadana* neu strukturierten staatlichen Institutionen innerhalb der ecuadorianischen Bevölkerung ausgegangen werden konnte.

Die soeben erfolgte Betrachtung unterschiedlicher Etappen steuerpolitischer Veränderungen zwischen 2007 und 2013/2014 erlaubt es, auch das Zusammenwirken unterschiedlicher Faktoren struktureller und instrumenteller Macht in ihrer chronologischen Abfolge zu erkennen. Außerdem konnte in Bezug auf die Entwicklung zu einer höheren Legitimität staatlichen Handelns zwischen *Output*- und *Input*-Legitimität unterschieden werden. Die Analyse vertiefe ich im folgenden Unterkapitel in Bezug auf die bereits 2007 verabschiedete *Ley para la Equidad Tributaria*, bevor ich ab Unterkapitel 9.3 auf Krise und Grenzen des steuer- und fiskalpolitischen Wandels eingehe.

9.2 Fallstudie: *Ley para la Equidad Tributaria (2007)*

Wie die soeben erfolgte Analyse verdeutlicht, wurde der Steuerpolitik während der *Revolución Ciudadana* von Beginn an große Bedeutung beigemessen. So wurden durch die Verfassung von 2008 neue fiskal- und steuerpolitische Leitlinien festgeschrieben, womit auch die Protagonistenrolle des Staates als Entwicklungsakteur gestärkt wurde. Als ein erster, richtungsweisender Schritt für den steuerpolitischen Kurs auf legislativer Ebene ist die bereits 2007 durch die Verfassungsgebende Versammlung beschlossene *Ley Reformatoria para la Equidad Tributaria* – das Gesetz zur Steuergleichheit zu betrachten (Carpio Rivera 2012: 298; Amoroso 2015: 107-108). Es handelt sich bei diesem Gesetz nicht lediglich um eine Fortsetzung des Ende der 1990er Jahren begonnenen Reformprozesses. Die ehemalige Leiterin des SRI, Elsa de Mena, wurde zur scharfen Kritikerin der neuen Steuerpolitik und der Maßnahmen gegen die in Ecuadors Wirtschaftseliten weit verbreitete Muster von Steuervermeidung und Steuerhinterziehung. An der *Ley para Equidad Tributaria* bemängelte sie, dass dieses Gesetz Menschen zu Denunzianten mache und Mitarbeiter gegen ihre Arbeitgeber stelle und wandte sich damit im Grunde gegen schärfere Kontrollmechanismen gegenüber Unternehmen (El Universo 21.12.2007).

In den weiteren Ausführungen diskutiere ich diese erste steuerpolitische Gesetzesinitiative der Regierung Correa als Startpunkt für den *Circulo Virtuoso*, da hiermit wichtige Zielsetzungen der *Revolución Ciudadana* für den Bereich der Steuerpolitik benannt wurden und mit der Verabschiedung des Gesetzes auch umgesetzt werden konnten. Entsprechend der in Kapitel 4 erläuterten methodischen Herangehensweise werde ich in der nun folgenden Tiefenanalyse auf das Modell des *Policy-Cycle* zurückgreifen, um eine einseitige Fokussierung auf die Entscheidung in der Legislative zu vermeiden. Daher verbinde ich in meiner Betrachtung verschiedene Ebenen:

das *Agenda-Setting,* die Formulierung von Politik sowie die mit diesen Ebenen verbundene Reformstrategie und verweise ebenfalls auf die Ebenen von Implementation[249] und Evaluation[250] des steuerpolitischen Reformpakets.

Im Unterkapitel 9.4 wird entsprechend dem in Kapitel 4 dargestellten Forschungsdesign eine weitere Fallstudie zur 2015 vorgelegten, aber vorerst gescheiteren Erbschaftssteuerreform folgen, wodurch die Erfolgsbedingungen für progressive steuerpolitische Veränderungen anhand von konkreten Reformvorhaben der Regierung Correa vergleichend analysiert werden können. Bevor ich nun also auf die Reforminitiative von 2007 und ihre politische Durchsetzung näher eingehe, ist es angebracht, einen grundlegenden Unterschied des Gesetzes von 2007 zur versuchten Erbschaftssteuerreform 2015 vorauszuschicken. Bei der letztgenannten handelte es sich um die Reform einer spezifischen Steuer, welche zusammen mit einer weiteren spezifischen Reform gegen Spekulations- und Rentengewinne bei Immobilienverkäufen in den parlamentarischen Prozess eingebracht wurde. Bei dem im Folgenden untersuchten *Ley para la Equidad Tributaria* handelt es sich hingegen um ein umfassenderes Reformpaket.

9.2.1 Zu den Grundzügen der Reforminitiative

Die Stoßrichtung der *Ley para la Equidad Tributaria* entspricht dem Titel der Reforminitiative – ‚Gesetz für steuerliche Gleichheit' und nimmt Grundzüge der in der Verfassung von 2008 enthaltenen progressiven steuerpolitischen Leitlinien vorweg (Carpio Rivera und Carrasco Vicuña 2012: 291). Chiquiluinga Carvajal et al. (2012: 175) argumentieren in einer durch Ecuadors Steuerbehörde SRI herausgegebenen Studie, dass es sich bei diesem Gesetz – sowie den ihm nachfolgenden Veränderungen im ecuadorianischen Steuersystem – um einen Meilenstein auf dem Weg zur Umverteilung und hin zu einem progressiven Steuersystem handele. Diese Gesetzesreform zeichnet sich dadurch aus, dass durch eine Reihe neuer Steuern und die Anhebung von Steuersätzen klare Schritte auf dem Weg zu einem progressiven Steuersystem gegangen wurden

[249] In Bezug auf die Implementation sind zwei Aspekte hervorzuheben. Erstens die Versuche von Wirtschaftsverbänden und der ihnen nahestehenden Opposition, die Wirkung des Reformpakets auf der Ebene der konkreten Umsetzung und Ausführungsbestimmungen abzumildern, nachdem Versuche gescheitert waren, das Reformvorhaben auf legislativer Ebene zu stoppen oder die gesetzgebende Kompetenz der Verfassungsgebenden Versammlung in Frage zu stellen. Darauf werde ich im vorliegenden Unterkapitel noch zurückkommen. Zweitens ist hervorzuheben, dass es in der Steuerpolitik nicht um die einmalige Umsetzung einer Maßnahme geht, sondern um die fortlaufende Stärkung von politischem Willen und technischen Kapazitäten im Bereich der Steuerverwaltung: Hier zeigt die bereits erfolgte Analyse (siehe Kapitel 7 und Unterkapitel 9.1), dass mit der *Ley para la Equidad Tributaria* verbundene Ziele in Bezug auf die Erhöhung von Steuereinnahmen und weniger Regressivität erreicht wurden. Gleichwohl waren aber die Voraussetzungen für die effektive Umsetzung von Teilen der hier diskutierten Reforminitiative auch weiterhin nur unvollständig vorhanden.

[250] Die Ebene der Evaluation ist nicht in allen Facetten nachzuvollziehen, da sie auf technischer Ebene nicht öffentlich zugänglich ist. Für die vorliegende Arbeit ist die rückblickende Bewertung der Reform in der öffentlichen Debatte entscheidend, wobei die Sichtweisen hier kaum von der allgemeinen Einstellung von Stakeholder*innen und Expert*innen zur Steuerpolitik der Regierung getrennt werden kann. Dieser Aspekt der Evaluation ist wichtig, da aus der unterschiedlichen Bewertung der Effekte vergangener Reformen auch Rückschlüsse für die Befürwortung oder Ablehnung zukünftiger Reformen gezogen werden.

(Carpio Rivera und Carrasco Vicuña 2012: 298).[251] Dass es sich bei diesem Gesetz um das erste von der Verfassungsgebenden Versammlung beschlossene Gesetzesvorhaben überhaupt handelt, lässt zudem die Priorität erkennen, die der Steuerpolitik unter Correa von Anfang an eingeräumt wurde (El Universo 28.12.2007).

Ihre besondere Bedeutung erhält die hier betrachtete Steuerreform durch weitere Elemente: Zum einen durch die klare Orientierung an den Prinzipien eines progressiven Steuersystems, aber auch durch die Zielsetzung, die Ökonomie zu formalisieren und die Universalisierung der Steuerpflichten zu erreichen. Mit der Einführung neuer Spitzensteuersätze von 30 und 35 Prozent bei der persönlichen Einkommenssteuer, mit der Rückkehr zur Progressivität bei der Erbschaftssteuer und auch durch die schon genannte Steuer auf Landbesitz wurde das Ziel einer umverteilungsorientierten Steuerreform unterstrichen.

In die in ihrer Gesamtheit auf eine Steigerung der Staatseinnahmen ausgerichteten Änderungen wurde aber auch eine Reihe von Ausnahmeregelungen und Absetzungsmöglichkeiten eingebaut – teils bereits in der Vorlage, teils im parlamentarischen Prozess. Dies war teilweise spezifischen sozialen Rücksichtnahmen geschuldet oder wurde zum Beispiel mit dem Ziel begründet, eine bessere steuerliche Kontrolle von Freiberufler*innen zu ermöglichen. Außerdem wurden zahlreiche Maßnahmen gegen die bis dahin häufig praktizierten Steuervermeidungsstrategien und Grundlagen für die stärkere Kontrolle gegen Steuerhinterziehung ergriffen, die für den Erfolg der neuen Steuerpolitik unerlässlich waren. Diese Maßnahmen zur Schaffung gleicher Bedingungen für alle Steuerzahler*innen, die auch im Sinne horizontaler Gleichheit begründet werden konnten, hatten in der Folge auch eine positive Wirkung hinsichtlich der vertikalen Gleichheit, da die angesprochenen Strategien zur Nutzung von Ausnahmeregelungen vor allem durch Unternehmen und Bezieher hoher Einkommen genutzt worden waren (Carpio Rivera und Carrasco Vicuña 2012: 298).

Zu den durch die Reform eingeführten Steuern mit signifikanter Wirkung gehörten zum einen die Devisenausfuhrsteuer ISD und zum anderen die – bis zum Abschluss der Neuverhandlungen über Erdölförderverträge wirksame – neu eingeführte Steuer auf Sondergewinne. Andere Teile der Reform, wie die Steuer auf Landbesitz, konnten demgegenüber nur wenig Wirkung im Sinne der angestrebten Umverteilung von Landbesitz entfalten. Auch der neu eingeführte Zahlungsmechanismus für Kleinstgewerbetreibende (RISE, *Regimen Impositivo Simplificado Ecuatoriano*) diente in erster Linie der Formalisierung und erzielte keine größeren Zusatzeinnahmen für den Fiskus (Paz y Miño Cepeda 2015: 202). Hinzu kam eine Reihe von Veränderung ohne klare

[251] Aus der Perspektive administrativer Ansätze kann der Übergang von einer Fokussierung auf Verbrauchssteuern zu einer stärkeren Durchsetzung auch direkter Steuern auf Einkommen und Vermögen – oberflächlich betrachtet – als eine dem Aufbau technischer Kapazitäten folgende und apolitische Dynamik verstanden werden. Damit wird aber die Abkehr der Regierung Correa von den neoliberalen Prämissen ihrer Amtsvorgänger nicht angemessen berücksichtigt und den wesentlichen verteilungspolitischen Zielen der Regierung Correa wird ebenfalls nicht Rechnung getragen.

Wirkung auf die Einnahmen (Carpio Rivera und Carrasco Vicuña 2012: 296–297). Bezüglich der erwähnten Devisenausfuhrsteuer (ISD) argumentieren Carpio Rivera und Carrasco Vicuña (2012: 298) zutreffend, dass diese Steuer eine wichtige makroökonomische Funktion erfüllt, da sie die Kapitalausfuhr belastet und spekulative Kapitalflüsse vermindert. Dies mindert umgekehrt natürlich auch die Liquidität des in Ecuador investierten Kapitals und widerspricht folglich auch der einzelwirtschaftlich plausiblen Präferenz von Investoren für eine möglichst grenzübergreifende Liquidität, die gerade in Ecuador durch den US-Dollar als Zahlungsmittel besonders hoch ist (Fernando de Paula et al. 2017).

Bei den Sondersteuern auf Konsum wurden ebenfalls verschiedenste Veränderungen vorgenommen, die Externalitäten berücksichtigten und auch Ziele wie den Schutz der Gesundheit einbezogen. Andererseits orientierten sich die Sondersteuern aber auch am Umverteilungsziel, was durch die erhöhte Besteuerung von Luxuskonsum verdeutlicht wird: Zu nennen sind Erhöhungen von Sondersteuern auf so unterschiedliche Produkte wie Zigaretten, alkoholische Getränke (ausgenommen Bier), höhere Sondersteuern für Autos, für Kleinflugzeuge und Helikopter, für Videospiele, für Schusswaffen und für Beiträge zu den *Clubes Sociales* (über 1500 USD), um nur einige Beispiele zu nennen (Carpio Rivera und Carrasco Vicuña 2012: 295–296, 299).

Insgesamt ist festzustellen, dass die *Ley para la Equidad Tributaria* die erste und zudem eine herausragende Steuerreform der *Revolución Ciudadana* war. Festzuhalten ist jedoch auch, dass Berücksichtigung diverse Widersprüchlichkeiten und eine teils mangelnde Konsequenz bei der Formulierung des Reformvorhabens zu konstatieren sind. So wurden im Zuge dieses Gesetzes nicht wenige neue Steuerausnahmen geschaffen, die sich negativ auf die Einnahmen auswirkten und die Verteilungswirkung der Reform abschwächten.[252] Auch wurden Vorschläge für radikalere Reformmaßnahmen unter den vorfindlichen politischen Kräfteverhältnisse vonseiten der Regierung erst gar nicht in den Gesetzgebungsprozess eingebracht.

Die späteren Aussagen Rafael Correas bei der Ankündigung einer Erbschaftssteuerreform im Jahr 2015 legen diese Einschätzung ebenso nahe wie Interviews mit führenden Vertreter*innen der Steuerbehörde (Correa 24.05.2015, siehe auch die zweite Fallstudie in Kapitel 9.4). Dabei zeigt sich, dass es in Bezug auf die Besteuerung von Angehörigen der Mittelklassen innerhalb des Spektrums der *Revolución Ciudadana* von Beginn an unterschiedliche Auffassungen gab,

[252] Hierzu gehörte Steuerbefreiung für das 13. und 14. Monatsgehalt, von Stipendien und Zuwendungen, von Prämien und Abfindungszahlungen, von Einnahmen aus Festgeldanlagen. Es gab zudem Abschreibungsmöglichkeiten für persönliche Ausgaben, die Steuerbefreiung von Streichung des angenommenen Einkommens in der Landwirtschaft, die Mehrwertsteuerbefreiung für Beiträge zu Wohnanlagen, für private Medizinzusatzversicherungen, für Gesundheits-, und Lebensversicherungen, für Ausgaben für Sozialklubs unter 1500 Euro jährlich. Beschlossen wurde außerdem die Streichung der Sonderkonsumsteuer auf Exportproduktion, die Senkung der ICE für Bier von 30,9 auf 30 Prozent, die Senkung der Sonderkonsumsteuer auf Limonaden und die besonders wichtige Streichung der Sondersteuer auf Mobilfunk. Für Unternehmen wurden zusätzliche Abschreibungsmöglichkeiten bei der Schaffung von Arbeitsplätzen und für an Menschen mit Behinderung gezahlte Löhne geschaffen und für Finanzinstitutionen ein vergrößerter Spielraum für Rückstellungen zur Vorbeugung von Finanzkrisen gewährt (Carpio Rivera und Carrasco Vicuña 2012: 297–298).

wobei sich die Befürworter einer weitgehenderen Ausweitung der Steuerpflichten nicht durchsetzen konnten. Davon profitierten allerdings nicht die so genannten *Sectores Populares,* sondern die überdurchschnittlich gut verdienenden Angehörigen der Mittelklassen.

Vor diesem Hintergrund gehe ich in den nächsten Abschnitten zunächst auf den Handlungsspielraum der Regierung Correa angesichts der kontextbezogenen konjunkturellen Lage und der Verteilung struktureller Macht ein, dann analysiere ich die Bedeutung der Krise für die instrumentelle Macht der wirtschaftlichen Eliten.

9.2.2 Strukturelle Macht und konjunktureller Kontext

Beim Versuch einer Regierung, einnahmesteigernde Steuerreformen allein mit einer spezifischen wirtschaftlichen Konjunktur zu begründen, besteht folgendes Problem: Es scheint in jeder Konjunkturlage immer Gründe gegen einnahmesteigernde Steuerreformen zu geben. Sind die Einnahmen durch Wirtschaftswachstum und Rohstoffeinnahmen hoch, erscheinen den jeweiligen Gegnern derartiger Reformmaßnahmen als nicht notwendig. Droht hingegen eine wirtschaftliche Krise, dominiert die Angst der Reformgegner vor einem weiteren Rückgang der privaten Investitionen und vor Kapitalflucht.

Bereits im theoretischen Teil dieser Arbeit habe ich mich daher diesbezüglich gegen eine apolitische Betrachtung steuerpolitscher Fragen gewandt. In diesem Zusammenhang habe ich darauf hingewiesen, dass die aus der Stellung im Produktionsprozess herrührenden Machtressourcen von einzelnen Kapitalisten und Kapitalfraktionen durchaus politisch sind und in organisierter Form zu politischen Interventionen genutzt werden. In diesem Kontext ist die Dominanz neoliberal-konservativer Position von ecuadorianischen Wirtschaftseliten und die bereits von Conaghan (1988a) betonte Ablehnung fordistischer oder keynesianischer Strategien zur Steigerung des Massenkonsums zu nennen, die sich auch im Rahmen meiner Feldforschung bestätigte (siehe Kapitel 8.1).

Auch habe ich bereits aufgezeigt, dass die Verteilung struktureller Macht vorrangig von den – auf nationaler und supranationaler/internationaler Ebene vorfindlichen – gesetzten Rahmenbedingungen abhängt. Außenorientierte Sektoren haben in Ecuador seit den 1980er Jahren an Bedeutung gewonnen, während der Spielraum für zollpolitische Maßnahmen durch die Liberalisierung des Welthandels eingeengt wurde. Nicht zuletzt durch die Dollarisierung war außerdem die Stabilität der Außenwirtschaftsbilanz, angesichts fehlender Instrumente zur Reaktion auf externe Schocks, noch wichtiger geworden.

Spielräume für das Handeln der Regierung, auch gegen die Interessen der Wirtschaftseliten, ergaben sich allerdings aus der positiven konjunkturellen und gesamtpolitischen Situation Ecuadors, inklusive der geschwächten alten Eliten im Jahr 2007. Dies waren wichtige Kontextbedingungen für die erfolgreiche Verabschiedung der *Ley Reformatoria para Equidad Tributaria*, die zu beachten sind. In diesem Jahr waren keine herausragenden Umbrüche zu konstatieren, aus denen sich eine grundlegende Veränderung der strukturellen Machtverhältnisse ableiten ließe. Ecuador war weder, wie ich dies in Unterkapitel 9.4 für den ökonomischen Kontext der 2015 gescheiterten Erbschaftssteuerreform herausarbeiten werde, von einem starken Einbruch der Erdöleinnahmen betroffen, noch drohte eine Wirtschaftskrise. Das Wachstum lag im Jahr 2007 bei 2 Prozent, die Staatseinnahmen aus Erdöl wuchsen moderat. Der Erdölpreis war schon seit der Jahrtausendwende deutlich angestiegen, die Regierung Correa strebte eine stärkere staatliche Kontrolle über die Erdöleinnahmen an.

Wichtig sind darüber hinaus die Erwartungen der politischen Entscheidungsträger*innen, die aus ihrer ideologischen Orientierung und ihrem Verständnis von Ökonomie zu erklären sind, worauf ich in meinen Ausführungen zur instrumentellen Macht im nachfolgenden Abschnitt zurückkommen werde. Mit Bezug auf die Bedeutung dieser Faktoren für den hier diskutierten Aspekt struktureller Macht ist zu betonen, dass die bei den meist keynesianisch und heterodox geprägten Ökonomen in der Regierung Correa vorhandene Grundüberzeugung, dass staatliche Investitionsprogramme und steigende Massenkaufkraft – und nicht Gewinnsteigerungen durch Lohn- und Steuersenkungen – letztlich zur Steigerung auch der privaten Investitionen führen, diese Regierung für Forderungen der Wirtschaftseliten nach möglichst niedrigen Steuern weniger empfänglich machte als die neoliberal geprägten Amtsvorgänger*innen.

All diese beschriebenen Faktoren, einschließlich der bisher dargestellten politökonomischen Macht- und Kräfteverhältnisse in Ecuador, machten es der Regierung Correa möglich, 2007 ihr erstes steuerpolitisches Reformprojekt durchzusetzen. In diesem Zusammenhang ist allerdings ein Blick auf weitere gesellschaftliche Bedingungsfaktoren zu richten, die Effekte auf die Entstehung und die Umsetzung des Gesetzes hatten.

9.2.3 Zur Krise der instrumentellen Macht wirtschaftlicher Eliten

Die erste Phase der *Revolución Ciudadana* von 2007 bis 2009 war zum einen von der Erarbeitung einer neuen Verfassung geprägt, zum anderen von der Konfrontation mit den neoliberalen Wirtschaftseliten und den Vertretern des alten Parteiensystems, der so genannten *Partidocracia*. Erst in der Phase nach den Wahlen 2009 etablierte sich außerdem eine (vorgeblich) linke Opposition zur *Revolución Ciudadana*. Die hier diskutierte *Ley para la Equidad Tributaria* fiel zeitlich in eine Entwicklungsphase, für die eine starke Polarisierung entlang verteilungspolitischer Konfliktlinien konstatiert werden kann. Dies erleichterte das von der Regierung Correa angestrebte *Framing* steuerpolitischer Auseinandersetzungen als Konflikt zwischen der zum grundlegenden Wandel bereiten Regierung und privilegierten Eliten.

Auf der einen Seite sehen wir das Unterstützungsspektrum der *Revolución Ciudadana,* dessen steuerpolitische Zielsetzungen auf die Erhöhung der Staatseinnahmen und den Aufbau eines stärker progressiven Steuersystems orientiert waren, auf der anderen Seite Wirtschaftseliten und liberal-konservative Parteien, die bis dahin eine Steuerpolitik betrieben hatten, die auf Verbrauchssteuern und eine insgesamt niedrige Steuerquote orientiert war. Die programmatische Schwäche der Parteien rechts der Mitte und die umstrittene Bedeutung populistischer *Caudillos*, mit jeweils besonderen Eigenarten wie Noboa, Lucio Gutiérrez oder auch Abdalá Bucaram, sind ebenfalls ein Merkmal der Zeit.

Als wichtigste Gegenspieler der Regierung Correa auf dem Feld der Steuer- und Fiskalpolitik können daher weniger politische Parteien als vielmehr die Wirtschaftsverbände und Privatmedien gelten. Diese wurden in Ecuador, wie auch in anderen Ländern Lateinamerikas, im Zuge der Linkstendenzen aufgrund ihrer Nähe zu den neoliberalen Eliten selbst in Frage gestellt (Kitzberger 2012: 125).

Le Quang (2016: 37) argumentiert in diesem Zusammenhang:

> "Das Erreichen der Macht durch die *Revolución Ciudadana* in Ecuador 2007 markierte mit der Umsetzung eines post-neoliberalen Programms einen grundlegenden Bruch in der Politik des Landes. Ihre harte Position gegenüber den wirtschaftlichen und politischen Eliten schuf gleichzeitig Unterstützung in breiten Sektoren der Bevölkerung und auf der anderen Seite die Opposition von mit dem Bankensektor, den Kommunikationsmedien, den Großunternehmer*innen und anderen verbundenen Sektoren.".[253]

Die politische Konfliktlinie war – wie im obigen Zitat beschrieben – zu diesem Zeitpunkt klar definiert. Auch in der steuerpolitischen Auseinandersetzung kann ein klarer Bruch der Regierung Correa mit der Politik der Vorgängerregierungen konstatiert werden.

Die Regierung Correa und die *Revolución Ciudadana* standen hierbei zweifellos für das Ziel einer Ausweitung von steuerfinanzierten staatlichen Leistungen, die vor allem auch den ehemals extrem benachteiligten gesellschaftlichen Gruppen zugutekommen sollte. Dieser grundsätzliche politische Richtungswechsel wird auch durch die Positionierung von ehemaligen steuerpolitischen Entscheidungsträger*innen deutlich. So positionierte sich ausgerechnet die ehemalige SRI-Direktorin Elsa de Mena gegen Maßnahmen zur Erhöhung der effektiven Steuerquote und stellte im Juni 2007 die Berechnung der Steuerlast durch den neuen SRI Direktor Carlos Marx Carrasco in Frage, der von einer niedrigen Fiskalbelastung gesprochen hatte. Mit dem Hinweis auf die in die Berechnung der Steuerlast nicht eingegangenen subnationalen Steuern – die allerdings in Ecuador im internationalen Vergleich besonders niedrig sind (CEF-SRI, Presión Fiscal)

[253] Erst später bildete sich eine weitere Konfliktlinie mit Teilen der sozialen Bewegungen und Gewerkschaften über das Entwicklungsmodell, wobei auf inhaltlicher Ebene besonders umweltpolitische und die Ressourcenausbeutung betreffende Fragen zu Konflikten führten. Auch Versuche, komparatistische Politikmuster und die Kontrolle spezifischer Bereiche des Staates zu erhalten spielten hier, wie auch auf Seiten der Wirtschaftseliten, stets eine ebenso wichtige Rolle (Le Quang 2016, Schützhofer 2016).

– versuchte de Mena den Eindruck zu erwecken, dass die Steuerlast in Ecuador noch höher sei als angegeben. Sie positionierte sich damit eindeutig auf der Seite der Niedrigsteuerallianz.

Ein wichtiger Faktor in dieser Auseinandersetzung waren ohne Zweifel die für die Regierung Correa sehr günstigen Mehrheitsverhältnisse in der Legislative, was schließlich den Erfolg der Steuerreform ermöglichte. Allerdings waren die Kontakte der wirtschaftspolitisch rechten Opposition und der Wirtschaftseliten zu den Kommunikationsmedien nach wie vor sehr eng. Diese gesellschaftlichen Gruppen wurden von der Regierungsseite jedoch nicht als neutrale Berichterstatter betrachtet oder als Terrain für faire politische Auseinandersetzung, sondern als integraler Bestandteil der Opposition gegen Reforminitiativen und Teil des Problems der Steuerhinterziehung und Steuervermeidung. Als Mittel zur Erklärung der Regierungspolitik diente daher die direkte Ansprache des Präsidenten an die ecuadorianische Bevölkerung, damals durch ein wöchentliches Radioprogramm gewährleistet, das Correa zum Beispiel zu direkter Kritik an der Steuervermeidung durch Medienunternehmen wie Teleamazonas nutzte (El Universo 30.12.2007).

Im ecuadorianischen Kontext schwacher politischer Loyalitäten und Parteibindungen sowie wechselnder Parlamentsmehrheiten konnte jedoch auch die bei der Wahl zur Verfassungsgebenden Versammlung erreiche breite Mehrheit nicht als Garantie für die Umsetzung einer progressiven Reformagenda gelten. Entscheidend für die *Revolución Ciudadana* war daher die Tatsache, dass die progressive Mehrheit auch nach den Wahlen erhalten werden konnte und sich in der Arbeit der Verfassungsgebenden Versammlung manifestierte. Das Steuerreformpaket konnte schließlich mit einer deutlichen Stimmenmehrheit von 90 Stimmen beschlossen werden (La Hora 02.01.2008).

Die vorangegangenen Ausführungen zeigen, dass die Gegenkräfte der Regierung Correa in der ersten Phase der *Revolución Ciudadana* nicht über das Machtpotential verfügten, das dazu ausgereicht hätte, die progressive Politikagenda zu torpedieren.

9.2.4 Die Reformstrategie der Regierung Correa und das Framing der Debatte

Die steuerpolitische Debatte fand im Rahmen der soeben dargestellten politischen Konfliktanordnung als Auseinandersetzung zwischen neuer Regierung und alten Eliten – einschließlich derer Verbündeten – statt. Soziale Bewegungen und linke politische Parteien hatten zu diesem Zeitpunkt noch keine Konfliktlinie zur Regierung konstituiert. Die öffentliche Debatte über Steuerpolitik wurde auch in den Auseinandersetzungen über die *Ley para la Equidad Tributaria* nicht allein mit Blick auf dieses konkrete Reformvorhaben geführt. Sowohl von Regierungs- wie auch Oppositionsseite wurde versucht, den Interpretationsrahmen der Debatte zu bestimmen.

Die Reformstrategie der Regierung Correa war von Beginn an auf Konfrontation mit der politischen Opposition, Privatmedien und Wirtschaftseliten ausgerichtet, womit es gelang, die weit verbreitete Unzufriedenheit der ecuadorianischen Bevölkerung mit den alten politischen und ökonomischen Machteliten und die bestehenden Forderungen nach mehr Verteilungsgerechtigkeit so zu kanalisieren, dass sie in Zustimmung für die neue Reformagenda mündeten. Es ist davon auszugehen, dass diese klare, öffentlichkeitswirksame Abgrenzung von den neoliberalen Vorgängerregierungen und den Parteien des als *Partidocracia* diskreditierten Parteiensystems wichtige Komponenten für den Erfolg der Reformstrategie waren.

Im *Framing* der Regierung Correa, das auf Umverteilung und das Versprechen eines radikalen gesellschaftspolitischen Wandels ausgerichtet war, konnte gerade die Kritik der Organisationen der Wirtschaftseliten und führender Privatmedien, die sie an der Regierungsagenda übten, für weite Teile der Bevölkerung als Beweis für den Reformwillen der Regierung gelten. Bereits in den Jahren vor Correas Regierungsantritt war die weit verbreitete Steuerhinterziehung als Problem erkannt worden.[254] Durch die gegenseitigen Vorwürfe traditioneller Kandidaten und Parteien in Bezug auf die Erfüllung – beziehungsweise die Nicht-Erfüllung – ihrer jeweiligen Steuerpflichten, hatten sie sich öffentlich diskreditiert. Dadurch konnten die Gegner*innen von Correas Steuerreform als Hüter*innen partikularer, teils eigener persönlicher Interessen dargestellt werden. In diesem Zusammenhang wurden beispielsweise von Regierungsseite her die Steuervermeidungsstrategien privater Kommunikationsmedien öffentlich thematisiert.

Beim Versuch, Maßnahmen zur Erhöhung der Steuereinnahmen zu ergreifen, konnte die erst kurz im Amt befindliche Regierung Correa noch nicht auf eigene Erfolge durch den Umbau des Staatssektors verweisen und die Effektivität des Staates als Entwicklungsakteur belegen. Für die Opposition musste es daher darum gehen, die noch bestehenden Unzulänglichkeiten des Staates als fortgesetztes Problem öffentlicher Verwaltung darzustellen. Für altgediente Politiker*innen aus den Reihen der etablierten Parteien war dies ein durchaus schwieriges Unterfangen, traf sie doch unbestreitbar selbst ein Teil der Verantwortung für den vorfindlichen desolaten Zustand der öffentlichen Hand. Auch wurde versucht, die Steuerreforminitiative der Regierung Correa dadurch zu diskreditieren, dass man sie in eine Linie mit unpopulären Strukturanpassungsmaßnahmen vorheriger Regierungen setzte. Parallel dazu bemühten sich die Gesetzesgegner, die Legitimität der Verfassungsgebenden Versammlung als Gesetzgeber in Zweifel zu ziehen.

Correa dagegen übte scharfe Kritik an den Privatmedien, die das Reformvorhaben kritisiert hatten. Die Journalisten hätten das Projekt verzerrt dargestellt und seien Sprecher der Machtgruppen, die keine Veränderungen, keine Gleichheit und keine Gerechtigkeit wollten. Die Presse sei korrupt, mittelmäßig und nicht ehrlich und mache schlechte Propaganda statt zu informieren (El Universo 26.12.2007). Die Konfrontation mit den Medien war riskant, die klare Bezeichnung der

[254] Prominente Fälle von Steuerhinterziehung und -umgehung, beispielsweise rund um die Unternehmen des bei den Präsidentschaftswahlen 2006 zweitplatzierten Alvaro Noboa und die über den spezifischen Fall hinausgehende Kritik an hohen Hinterziehungsraten hatten bereits im Vorfeld der *Revolución Ciudadana* und während des Wahlkampfs zu massiver Kritik an den Wirtschaftseliten geführt (siehe hierzu auch Kapitel 5.5 und 9.1).

Privatmedien als Verteidiger des Status quo stellte die vermeintlich gegebene und von ihnen deklarierte Unabhängigkeit dieser wirtschaftspolitisch rechts stehenden Medien in Frage.

Nach Verabschiedung der Reforminitiative durch die Verfassungsgebende Versammlung erklärte Correa:

> "Die Produktionskammern haben sich beschwert, die Printmedien, die Machtgruppen und ihre Koryphäen. Sage mir, wer sich beschwert und ich sage dir, ob die Reform gut ist oder schlecht." (Correa, zit. Nach El Universo 30.12.2007)

Ordnet man die Herangehensweise der Regierung Correa in das von Tasha Fairfield (2013) entworfene Raster unterschiedlicher Reformstrategien ein, dann entspricht der Regierungsdiskurs am ehesten einem Anknüpfen an Forderungen nach mehr vertikaler Gleichheit und dem Konzept der Mobilisierung der *Sectores Populares* zu diesem Zweck. Dieses Konzept war aber mit diversen Unwägbarkeiten verbunden.

In diesem Kontext prägte Guayaquils oppositioneller Bürgermeister und führender Oppositionspolitiker Jaime Nebot den Begriff des ‚*Correazo*' und sprach von einem ‚gigantischen *Paquetazo* von Steuern', womit er versuchte, an die in den *Sectores Populares* verbreiteten Diskurse gegen wirtschaftspolitische Kürzungsmaßnahmen neoliberaler Vorgängerregierungen anzuknüpfen. Außerdem kritisierte Nebot die vermeintlich zentralistische Staatsidee der Regierung Correa und konnte damit bedeutende Elemente neoliberaler Diskurse über den ‚dicken Staat' und der besonders in Guayaquil existierenden kritischen Haltungen gegenüber dem ecuadorianischen Zentralstaat verbinden (vgl. El Universo 22.12.2007). Insgesamt wird in den Aussagen Nebots deutlich, dass von oppositioneller Seite versucht wurde, die noch weit verbreiteten – und zu diesem Zeitpunkt durchaus noch realistischen – Auffassungen über die Ineffizienz des Staates zu nutzen, um die öffentliche Meinung gegen die Reformmaßnahmen der Regierung Correa zu beeinflussen.

Die Reform der Erbschaftssteuer 2007[255] war lediglich eine Komponente des Reformpakets der Regierung Correa, eignete sich aus Sicht der Reformgegner aber besonders gut dazu, die positiven Emotionen und Bindungen der ecuadorianischen Bevölkerung an die Familie zu nutzen und auch die traditionell negativen Auffassungen gegenüber den staatlichen Institutionen in ihrem Sinne zu instrumentalisieren:

> "Jeder Vater versucht sich selbst zu übertreffen, um seinen Kindern etwas zu hinterlassen. Oder, wenn es keine andere Möglichkeit gibt, dann wenigstens effiziente Institutionen. Heute stellt sich der Staat als Erbe heraus, sein Geld geht also an die *Pipones*[256] von PETROECUADOR, von Pacifictel[257], der Elektrowerke, die nicht ihre Aufgabe erfüllt haben, Wohlstand zu schaffen." (Jaime Nebot, zit. nach El Universo 22.12.2007)

[255] Dieser Teil der hier betrachteten Reforminitiative ist nicht zu verwechseln mit der 2015 im Parlament eingebrachten (und gescheiterten) Initiative für eine grundlegende Reform der Erbschaftssteuer.

[256] Umgangssprachlich ecuadorianische für Dickbäuchige.

[257] Staatliche Telekommunikationsfirma, die später mit ANDINATEL zur *Corporación Nacional de Telecomunicaciones EP* (CNT) fusioniert wurde.

Jedoch kam der Regierung Correa eine allgemein positive politische Konjunktur für eine umverteilungsorientierte Agenda zugute. Ohne diese auf das konkrete Reformvorhaben der *Ley para la Equidad Tributaria* zu beziehen, argumentiert Maria Elsa Viteri (2012: 350), zeitweilig selbst Wirtschafts- und Finanzministerin der Regierung Correa, dass die Regierung die weit verbreitete Unzufriedenheit der Bevölkerung hinsichtlich der sozialen Ungleichheit nutzen konnte und es verstand, diese auf die falsche und einseitig an den Eliteinteressen ausgerichtete Wirtschaftspolitik der Vorgängerregierungen zurückführen. Die *Ley para la Equidad Tributaria* wurde von Beginn an als steuerpolitische Initiative für mehr Verteilungsgerechtigkeit präsentiert, die dem einfachen Leitsatz folgte, dass, wer mehr hat, auch mehr bezahlen müsse (Ecuadorinmediato 04.12.2007).

Rückblickend betrachtet war es den Wirtschaftseliten und den mit ihnen verbündete Parteien somit nicht möglich, die öffentliche Meinung gegen das erste große Reformvorhaben der Regierung Correa in Stellung zu bringen und für Proteste gegen das Reformvorhaben zu mobilisieren. Die geschaffenen Ausnahmeregelungen im Regelwerk des Gesetzes verhinderten zudem ein Überwechseln wichtiger Teile der Mittelklassen in eine Anti-Reformallianz mit den Wirtschaftseliten. Ein Grund dafür war sicher der, dass Mittelklassenangehörige kaum von höheren Steuerzahlungen betroffen waren und teils sogar von neuen Abschreibungsmöglichkeiten profitierten. Die Vertreter*innen der Wirtschaftseliten konnten in der öffentlichen Debatte erfolgreich für eine aus Regierungssicht verfehlte Entwicklungsstrategie der Vorgängerregierungen mitverantwortlich gemacht werden.

In der *Ley para la Equidad Tributaria* war eine Reihe von progressiven Veränderungen enthalten, die in den Folgejahren stets im Zentrum der Kritik von Wirtschaftseliten und liberal-konservativer Opposition standen. Hierzu gehörten die Steuervorauszahlungen (Ecuadorinmediato 13.02.2008), die Liquidität einschränkten und letztlich dazu führten, dass auch Unternehmen, die keine oder gar keine Gewinne machten, Steuern zahlen mussten sowie der ISD, der zum Hemmnis für ausländische Direktinvestitionen erklärt wurde. Dieser Kritikpunkt wurde von Seiten der Wirtschaftsverbände in den Folgejahren stetig wiederholt, in den Mittelpunkt der steuerpolitischen Debatte gestellt und als Hindernis für die wirtschaftliche Entwicklung insgesamt dargestellt.

Allerdings sah sich der Privatsektor mit seiner Kritik einer progressiv ausgerichteten Regierung gegenüber, deren Mitglieder, einschließlich des Präsidenten Correa, heterodoxe Ökonomen waren, welche die von Wirtschaftsverbänden entwickelten Positionen nicht als Expertise anerkannten, sondern als stark interessengeleitet und neoliberal geprägt wahrnahmen. Demzufolge waren auch von daher die Möglichkeiten der Wirtschaftseliten äußerst gering, die Regierung durch Warnungen und negative Szenarien bezüglich der zukünftigen Wirtschaftsentwicklung zu einer Abkehr von ihren Reformplänen zu bewegen. Möglich war dies aufgrund der theoretisch-ideologischen Orientierung der politischen Entscheidungsträger*innen, ihrer Kompetenzen im *Framing*, der Schwäche der Opposition und nicht zuletzt auch wegen der stabilen Wirtschaftslage.

Dagegen konnte die hier diskutierte und für den weiteren Verlauf der Steuerpolitik der *Revolución Ciudadana* ausschlaggebende Steuerreform erfolgreich umgesetzt werden

In der wirtschafts- und finanzpolitischen Debatte markiert der Beginn der *Revolución Ciudadana* das vorläufige Ende der neoliberalen Hegemonie und der – trotz aller internen Widersprüche – seit den 1980er Jahren ungebrochenen einseitigen Dominanz neoliberal geprägter Wirtschaftseliten. Dies lag nicht zuletzt am sichtbar erfolgreichen *Framing* der Regierung Correa, die die öffentliche Debatte gegen bis dato übermächtige gesellschaftliche Akteure in ihrem Sinne zu nutzen wusste.

9.3 Die Phase nach dem *Circulo Virtuoso* – Fiskalpolitik in turbulenten Zeiten

Mittel- und langfristig angelegte Transformationsziele kann eine gewählte Regierung nur dann umsetzen, wenn der Transformationsprozess, der auf diese Ziele hin ausgerichtet ist, nicht durch gravierende soziökonomische Erschütterungen des Landes in Frage gestellt wird. Besonders für eine progressive Regierung kann eine konjunkturelle Krise einen derartigen Effekt haben, wenn sich dadurch die innenpolitischen Kräfteverhältnisse zu ihren Ungunsten verändern. Vor allem dann, wenn sich diese Regierung aufgrund verschlechterter Steuereinnahmen gezwungen sieht, staatliche Leistungen abzubauen, hat sie ein Legitimitätsproblem. Liberal-konservative Regierungen können den von ihnen angestrebten Abbau staatlicher Leistungen und die Ausweitung der privatwirtschaftlichen Sphäre hingegen gerade in Krisenphasen als notwendigen Sachzwang darstellen.

Für die Regierung Correa war dies in Ecuador – mit dem US-Dollar als Währung und weiterhin von Rohstoffexporten abhängig – angesichts des Ölpreisverfalls ab Mitte 2014 ein besonders schwieriges Unterfangen, obwohl hier genau ein solcher Sachzwang vorlag, der nicht durch Regierungshandeln verursacht worden war. Da die sozialen Reformen in Ecuador ab 2007 als Schritte in Richtung eines ‚sozialen Kapitalismus' identifiziert werden können, durch welche die Eigentumsverhältnisse an den Produktionsmitteln nicht grundsätzlich in Frage gestellt wurden, behielten die Wirtschaftseliten den wichtigsten Faktor struktureller Macht in ihren Händen (Clavijo, Interview mit Paz y Miño Cepeda 2014). Ihnen kam es nun zu, die öffentliche Debatte in ihrem Sinne zu beeinflussen.

Durch die Untersuchung der Fiskalpolitik während der *Revolución Ciudadana* werden die ökonomischen und politischen Grenzen eines – bis dato hauptsächlich auf die verbesserte und sozial gerechtere Finanzierung staatlicher Leistungen ausgerichteten – Reformprozesses analysiert. Wie nachhaltig sich vor diesem Hintergrund die Fiskalpolitik der Regierung Correa in der Phase nach dem *Circulo Virtuoso* ab 2014 darstellt, soll im vorliegenden Unterkapitel genauer betrachtet werden. Dabei soll rückblickend auch die staatliche Ausgabenpolitik während der vorausgegangenen Phase relativ hoher steuerlicher Einnahmen beurteilt werden.

9.3.1 Zu struktureller Macht und *Output*-Legitimität – ein externer Schock und seine Wirkung

Im Jahr 2014 konnte Ecuador sein Rohöl noch zu durchschnittlich 84,16 USD pro Barrel exportieren, im Jahr 2015 sank dieser Wert auf nur noch 41,88 USD (BCE 2017). In der folgenden Abbildung wird diese Entwicklung anschaulich dargestellt.

Abbildung 18: Preisentwicklung Ecuadorianischer Rohölexporte in USD 2014/I bis 2016/III

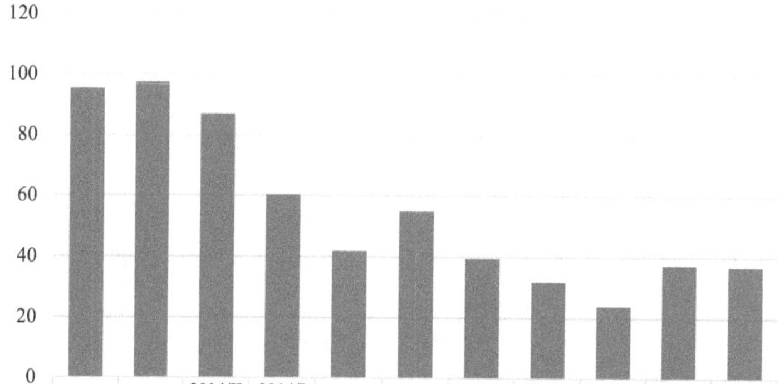

	2014/I	2014/II	2014/III	2014/IV	2015/I	2015/II	2015/III	2015/IV	2016/I	2016/II	2016/III
■ Rohölpreis	95,34	97,41	86,82	60,31	41,76	54,9	39,42	31,74	23,93	37,3	36,84

Quelle: BCE 2017

Nachdem die Wirtschaft des Landes 2014 noch ein Wachstum von knapp 4 Prozent verzeichnete, stagnierte die Wirtschaftsleistung 2015 bei lediglich 0,2 Prozent und im Jahr 2016 ging sie schließlich um 1,5 Prozentpunkte zurück (CEPALSTAT, Online Datenbasis). Pro Kopf kam dies bereits 2015 einem Rückgang der Wirtschaftsleistung gleich. Eine weitere Belastung der Ökonomie entstand durch die nicht weiter aufzuschiebende Generalüberholung der größten Raffinerie des Landes in Esmeraldas, was sich nicht nur durch meist ins Ausland fließende staatliche Ausgaben in Höhe von 1,2 Milliarden USD manifestierte, sondern auch höhere Kraftstoffimporte nach sich zog (siehe Kapitel 6).

Das Jahr 2015 begann in Folge der prekären ökonomischen Ausgangslage mit einer Haushaltskürzung. Der im November 2014 verabschiedete Haushalt hatte Gesamtausgaben in Höhe von 36,317 Milliarden USD vorgesehen, wobei 8,116 Milliarden USD für Investitionen der Zentralregierung reserviert waren[258] (ANDES 20.11.2014). Die erfolgte Kürzung auf 34,897 Milliarden

[258] Das Budget umfasst auch Transferzahlungen an Provinzen, Munizipien und Universitäten, aber nicht die von diesen Institutionen geplanten Investitionen.

USD beinhaltete eine Senkung der Investitionen um knapp 840 Millionen USD und der laufenden Ausgaben um 580 Millionen USD (El Universo 05.01.2015; El Tiempo 06.01.2015). Aufgrund des anhaltend niedrigen Ölpreises folgten im August 2015 weitere Budgetkürzungen: Die laufenden staatlichen Ausgaben wurden um 100 Millionen und die Investitionen um 700 Millionen USD reduziert (MINFIN 19.08.2015). Nachdem im Jahr 2009 ein Tiefststand bei der Staatsverschuldung erreicht worden war, stieg das Verhältnis von Staatsschulden zum BIP zunächst moderat, zwischen 2014 und 2016 dann allerdings durch Haushaltsdefizite von durchschnittlich 6 Prozent des BIP stark an. Da dies von einem niedrigen Defizit-Niveau aus geschah, blieb aber die Belastung durch Zinszahlungen vergleichsweise gering und lag 2016 bei nur 1,4 Prozent des BIP (Weisbrot et al. 2017: 18). Relativ wenig öffentliches Aufsehen erregte die 2015 erfolgte Senkung von Treibstoffsubventionen, die zu Einsparungen von 337 Millionen USD führte und vor allem die Großindustrie betraf, da Verbraucher kleinerer Volumen und die gemeinhin von Privatpersonen genutzten Treibstoffe auch weiterhin Subventionen erhielten (Constante 23.10.2015).

Allerdings zeigten sich in dieser Phase auch die Grenzen einer antizyklischen Politik durch externe Kreditaufnahme: Wegen der fallenden Staatseinnahmen sah sich die Regierung im März 2015 gezwungen, Staatsanleihen mit 25 Jahren Laufzeit im Wert von 1,5 Milliarden USD mit einer ausgesprochen hohen Zinsrate von 10,5 Prozent auszugeben. Angesichts des niedrigen Ölpreises und der steigenden Neuverschuldung waren die Risikoaufschläge für ecuadorianische Staatsanleihen stark gestiegen und eine Erholung durch wieder steigende Erdöleinnahmen war nicht abzusehen (Weisbrot et al. 2017: 19). Der Netto- Schuldenstand[259] Ecuadors lag Ende 2015 bei 21,2 Prozent des BIP und schließlich Ende 2016 mit 27,9 Prozent erstmals wieder über dem Schuldenstand, der vor Beginn der *Revolución Ciudadana* Ende 2006 zu verzeichnen gewesen war (MINFIN 2017). Die Verschuldungsproblematik wurde in der Folge wieder zu einem Thema der öffentlichen Debatte und zentraler Angriffspunkt der liberal-konservativen Opposition bei ihrer Forderung nach mehr Austerität. Eine allein auf die Vermeidung öffentlicher Schulden ausgerichtete Fiskalpolitik hätte jedoch die Bedeutung externer Kredite für die Stabilisierung und die Liquidität der Volkswirtschaft vernachlässigt, die aber besonders im Kontext der Dollarisierung Ecuadors unverzichtbar war, um eine tiefere Rezession zu verhindern.

Die folgende Abbildung visualisiert, wie sehr der ecuadorianische Staatshaushalt in der Zeit von 2012 bis 2016 mit Einnahmerückgängen zu kämpfen hatte.

[259] Die Schulden zwischen unterschiedlichen öffentlichen Institutionen und Regierungsebenen sind darin nicht berücksichtigt. Berücksichtigt man diese, lagen die Staatsschulden Ecuadors Ende 2006 bei 28,8 Prozent, Ende 2015 bei 32,7 und Ende 2016 bei 39,6 Prozent des BIP. Deshalb war auch eine genauere Definition der Schuldengrenze von 40 Prozent des BIP notwendig geworden und durch Präsidialdekret 1218 erfolgt (Presidencia de la República 20.10.2016). Diese genauere Definition war zunächst nicht erfolgt. Dies führte aufgrund der in Ecuador häufig genutzten Darstellung der Brutto-Staatsschuldenquote, die auch die gegenseitige Verschuldung zwischen öffentlichen Institutionen mit einbezieht, nun zu einer lauter geführten Debatte über eine vermeintliche Überschuldung des Landes.

Abbildung 19: Entwicklung der Einnahmen des Staatshaushalts in Milliarden USD

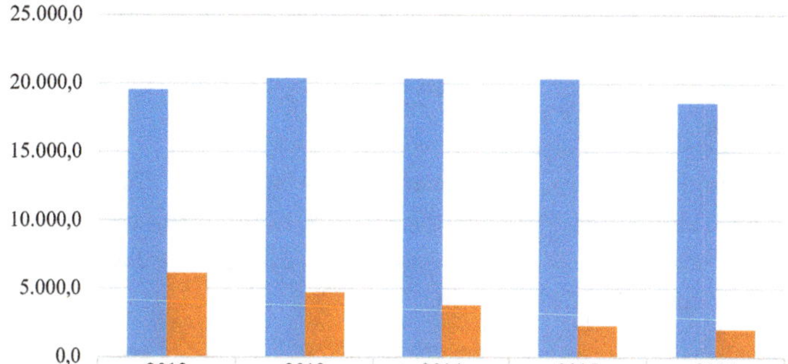

	2012	2013	2014	2015	2016
Gesamteinnahmen	19.522,8	20.400,0	20.380,6	20.344,5	18.555,6
Erdöleinnahmen	6.085,6	4.676,8	3.764,9	2.263,9	2.003,3

Quelle: BCE 2017

Die niedrigen Erdöl- und Rohstoffpreise und der gleichzeitig hohe Dollarkurs führten zu einem Rückgang der Exporte um 28,7 Prozent im Jahr 2015 und zu einem erneuten Rückgang von 8,4 Prozent im Jahr 2016 (BCE 2017). Die Schaffung neuer Liquidität durch Kredite konnte diese Tendenz lediglich ad hoc ausgleichen und eine weitergehende wirtschaftliche Abwärtsspirale stoppen. Die hohen Risikoaufschläge bei den Zinsen signalisierten zugleich aber die Grenzen einer solchen Strategie.

Diese Analyse kann nicht ohne Berücksichtigung der Konsequenzen erfolgen, die durch die Dollarisierung Ecuadors bedingt sind. Hauptproblem ist hierbei der Verlust geldpolitischer Souveränität, wodurch die Liquidität des Zahlungssystems unmittelbar mit der Außenhandelsbilanz verbunden ist, was die Fähigkeit, antizyklisch auf externe Schocks zu reagieren, unterminiert (Carvajal 2015). Dabei wird besonders eine von Rohstoffexporten abhängige Wirtschaft wie die Ecuadors durch die Dollarisierung vor große Probleme gestellt. Denn erstens sind externe Schocks hier von besonderer Schärfe und zweitens entspricht die für den Dollarkurs entscheidende Geldpolitik der US-Notenbank nur in Ausnahmefällen den Erfordernissen einer solchen Ökonomie (vgl. Sachs und Larrain 1999: 86). Gerade während in Ecuador 2015 die Einnahmen aus Erdöl- und Primärgüterexporten zurückgingen, gewann der US-Dollar an Wert und unterhöhlte damit die Konkurrenzfähigkeit ecuadorianischer Produkte auf dem Weltmarkt. Die diversen – von der Regierung durchgeführten – eher unkonventionellen Maßnahmen, um Konsum und Investitionen in Bereiche mit hoher einheimischer Wertschöpfung zu leiten und Ausgaben für

Importprodukte – wenn möglich – auf später zu verschieben, reichten nicht aus (Redacción Economía 2015), um das Problem zu beheben.

Daher musste der Problematik mit weiteren Maßnahmen zur Stabilisierung der Außenwirtschaftsbilanz begegnet werden, auch um den Bestand der Dollarisierung zu sichern. Hierbei erwiesen sich abgestufte Schutzzölle als besonders wirksam, die Anfang 2015 zunächst eingeführt wurden, um auf die Währungsabwertung der Nachbarländer Peru und Kolumbien zu reagieren (Ospina Peralta 2015). Weil diese Maßnahmen aber im Rahmen der Andengemeinschaft abgelehnt wurden, führte die Regierung Correa schließlich im März 2015 so genannte *Salvaguardias* (Schutzzölle) auf 2800 Tarifartikel in Höhe von bis zu 45 Prozent ein. Dies geschah mit der Zielsetzung, die Außenhandelsbilanz zu stabilisieren und die Importe um geschätzt 2,2 Milliarden USD zu senken (Ospina Peralta 2015: 7; Presidencia de la República 06.03.2015).

Außerdem ging es auch darum, heimische Produzenten und Arbeitsplätze zu schützen (Redaccion Economía 13.03.2015). Daher wurden die Schutzzölle auf solche Luxusgüter und Produkte konzentriert, für die es in Ecuador hergestellte Alternativen gab. Die Einführung von Zöllen zog jedoch heftige Konflikte mit den einflussreichsten Wirtschaftsverbänden und Unternehmenskammern nach sich. Auch konnten die positiven ökonomischen Effekte, welche die Abwertung einer eigenen Währung hätte bringen können, nicht vollständig erreicht werden. Dementsprechend waren die politischen Kosten der getroffenen Maßnahmen ungleich höher, da die Regierung direkt für Preissteigerungen von bestimmten Importprodukten verantwortlich gemacht wurde. Auch weil sie – anders als bei einer generellen Währungsabwertung – Entscheidungen über eine Vielzahl von Einzelprodukten treffen musste, zog sie Kritik auf sich. So schien nicht die unsichtbare Hand des Marktes zu höheren Preisen für Importgüter zu führen, sondern die politischen Akteure wurden dafür verantwortlich gemacht, da ihnen die Schuld dafür leicht zu geben war.

Der Versuch, die Außenwirtschaftsbilanz zu stabilisieren, war auch ein wichtiger Grund für restriktive lohnpolitische Entscheidungen: Die Erhöhung des Mindestlohns fiel in den Jahren nach dem Circulo Virtuoso vergleichsweise gering aus, von 2015 auf 2016 gab es eine Steigerung von 354 USD auf nur 366 USD und für 2017 schließlich auf nur 375 USD. Die Einführung von Schutzzöllen 2015 im Rahmen der WTO-Regeln war unverzichtbar. Einerseits war sie zwar mit hohen politischen Kosten verbunden, andererseits aber war sie als die wichtigste Maßnahme zur wirtschaftlichen Stabilisierung zu sehen, wobei die direkten Auswirkungen auf die Staatsfinanzierung von 0,7 Prozent des BIP nur eine untergeordnete Rolle spielten.

Die Fähigkeit einer Regierung, gesellschaftliche Transformationsprozesse zu gestalten, hängt bekanntermaßen nicht von den staatlichen Akteuren allein ab, sondern auch von ihrer Fähigkeit zur Kooperation mit anderen gesellschaftlich einflussreichen Akteuren. Aufgrund ihrer strukturellen Investitionsmacht sind diesbezüglich die Eigentümer an Kapital und Produktionsmitteln als die zentralen Ansprechpartner einer Regierung auszumachen, sofern diese Regierung keinen Wandel über die Grenzen des Kapitalismus hinaus, sondern allenfalls einen ‚sozialen Kapitalismus' anstrebt (vgl. zum Begriff Paz y Miño Cepeda 2014). In diesem Zusammenhang ist dem Umstand Rechnung zu tragen, dass das Wissen über betriebliches Management, Handelsbeziehungen und sonstiges Know-how in Ecuador vorwiegend in Privatunternehmen vorhanden ist. Für die Regierung Correa ergab sich daraus, dass ein Ersetzen bestehender Unternehmensstrukturen durch neue öffentliche oder solidarische Wirtschaftssektoren als politische Strategie nicht gangbar war. Die Zusammenarbeit mit rentenorientierten Unternehmenssektoren musste in Kauf genommen werden, da sich Partnerschaften mit den bestehenden Unternehmen mangels Alternativen als ökonomisch zwingend darstellten.

In Ecuador sind privatwirtschaftliche Produktionssektoren – wie in Kapitel 6 und 7 belegt – durchaus von zentraler Bedeutung. Es handelt sich hier nicht um eine allein vom Rohstoffsektor abhängige, idealtypische Rentiersgesellschaft, wohl aber um einen Privatsektor, dessen führende Vertreter dem politischen Konflikt über die Zuteilung von Renten eine deutlich höhere Priorität einräumen als der Einführung von Innovationen. Calderón et al. (2016: 241) konstatieren, dass sich bisher bis auf wenige Ausnahmen eine konservative und eher rentenorientierte Unternehmenskultur zeige, womit auch die zum Teil schwache Nutzung der durch öffentliche Investitionen geschaffenen Plattformen und Kapazitäten für privatwirtschaftliche Aktivitäten erklärt werden kann.

In meiner Analyse des *Circulo Virtuoso* (2007-2013) habe ich darauf hingewiesen, dass die Regierung Correa gerade auch aufgrund ihres proklamierten Ziels, einen Wandel der ecuadorianischen Produktionsmatrix zu erreichen – unabhängig vom Einbruch der Erdölpreise – letztlich auf die Kooperation mit dem Privatsektor angewiesen war, da dieser Wandel unter kapitalistischen Bedingungen angestrebt wurde. Vor diesem Hintergrund ist es nicht überraschend, dass der rapide Rückgang der Staatseinnahmen durch den Einbruch des Erdölpreises ab 2014 die Investitionsmacht der Unternehmen deutlich verstärkte – und somit auch ihre politischen Einflussmöglichkeiten. Die Wirtschaftseliten waren nun wieder in der Lage, die Regierung Correa in Legitimationsschwierigkeiten zu bringen, zumal diese – bedingt durch die neuen ökonomischen Zwänge – weitere Schritte in Richtung Umverteilung zurückstellen musste.

Die *Output*-Legitimation von Staat und Regierung war in den Jahren des *Circulo Virtuoso* gestärkt worden, wodurch es möglich geworden war, wirtschaftliche Zugewinne verstärkt für die Bewältigung öffentlicher, entwicklungsfördernder Aufgaben zu nutzen. Dagegen mussten dann in der Phase eines drohenden und 2016 tatsächlichen wirtschaftlichen Einbruchs die staatlichen Leistungen vermehrt in Frage gestellt werden, bereits angekündigte Investitionen konnten nicht durchgeführt werden. Die Glaubwürdigkeit der Regierung Correa ging infolgedessen zurück.

Der ‚soziale Kapitalismus' finanziert sich in erster Linie durch Steuern- und Abgaben, die größtenteils zur Finanzierung der laufenden Ausgaben wie Gehälter und Sozialtransfers genutzt werden. In Ecuador blieb aber das Erdöl ein weiterer wichtiger Faktor bei der Finanzierung öffentlicher Investitionen und damit auch für die Akzeptanz von Staat und Regierung. Durch die Nutzung von Erdöleinnahmen konnte der Staat als bedeutender Investor in strategisch wichtigen Sektoren auftreten. In der Phase des *Circulo Virtuoso* von 2007 bis 2013 verfügte der Staat über deutlich höhere Einnahmen als in der vorangegangenen Dekade. Die dadurch mögliche Erhöhung der staatlichen Investitionen und die Verbesserung öffentlicher Leistungen waren mit dem Ziel verbunden, die systemische Wettbewerbsfähigkeit zu erhöhen und dadurch auch Privatunternehmen zu Investitionen zu veranlassen, die den öffentlichen Investitionen folgen sollten. Als sich die erwünschten Investitionen jedoch nur zögerlich einstellten, erklärte Rafael Correa wiederholt, dass seine Regierung dazu bereit sei, die zur Entwicklung des Landes nötigen Investitionen in essentielle Produktionsbereiche, auch über den Rohstoff-, Telekommunikations- und Energiesektor hinaus, zu tätigen, sollten sich hierfür keine privaten Investoren finden. Dazu kam es aber nicht, da die stärker werdende Finanznot des Staates dies verhinderte. Ab 2014 konnten die Wirtschaftseliten sogar strukturelle Macht zurückgewinnen, im Kampf um die Hegemonie innerhalb des Privatsektors wurden zudem die traditionellen, anti-etatistischen Positionen gegenüber jenen Vertreter*innen der Wirtschaftseliten stärker, die eine stärkere Bereitschaft zu konstruktiver Zusammenarbeit mit der Regierung Correa gezeigt hatten.

Die Regierung hatte bereits in den Zeiten des wirtschaftlichen Aufschwungs versucht, mit geldpolitischen Maßnahmen im Kontext der Dollarisierung positive Effekte für eine entwicklungsfördernde Politik zu erreichen. Eine entscheidende Voraussetzung hierfür war gewesen, dass die ecuadorianische Zentralbank durch die Verfassung von 2008 ihre Unabhängigkeit verloren hatte. So konnte die Regierung zwischen 2011 und 2013 auf Zentralbankreserven zurückgreifen, um eine Politik der quantitativen Lockerung (*Quantitative Easing*) durchführen zu können. In dieser Phase kaufte die Zentralbank dann Anleihen staatlicher Banken in Höhe von insgesamt 1,7 Milliarden USD. Somit stand diesen Banken Geld zum Kauf von Staatsanleihen oder für Kredite an den Privatsektor zur Verfügung (Weisbrot et al. 2017). Da es sich hier um Banken in Staatseigentum handelte, unterschied sich die Wirkung dieses Programms grundlegend von solchen Programmen, bei denen eine Zentralbank Staatsanleihen auf dem Sekundärmarkt ankauft und durch die dadurch erzeugte Nachfrage vor allem Aktienpreise und andere Vermögenswerte nach oben treibt. In Ecuador führte das beschriebene Programm dagegen, wie von der Regierung Correa vorgesehen, direkt zur Erhöhung von Produktionskrediten und zur Finanzierung von Staatsausgaben (ebd.).

Ab 2014 begann eine zweite Phase der quantitativen Lockerung, in der die Zentralbank direkt Staatsanleihen aufkaufte. Zunächst 833 USD Millionen und im Jahr 2016 schließlich 2,4 Milliarden USD und damit etwa 2,5 Prozent des BIP. Dadurch konnte man Zahlungsrückstände der Regierung begleichen, die sich in der Krise angestaut hatten. Die quantitative Lockerung half auch, die ökonomische Negativspirale zu stoppen, da die Vertragspartner der Regierung nun wieder dazu in der Lage waren, ihre eigenen Rechnungen zu begleichen. Damit hatte diese Maßnahme eine zentrale Bedeutung für die Wiederherstellung von Vertrauen innerhalb der Wirtschaft (Weisbrot et al. 2017: 16–17).

Langfristig kann ein dollarisiertes Land die monetäre Liquidität jedoch nur durch eine ausgeglichene Leistungsbilanz herstellen (vgl. Flassbeck 2014). Ohne eigene Währung fehlt der anpassbare Wechselkurs als Stoßdämpfer gegen externe Schocks. Die Zentralbank eines dollarisierten Landes kann somit ihre Rolle als Kreditgeber in letzter Instanz (*Lender of last Resort*) nicht erfüllen.

Die Analyse verdeutlicht die geschwächte staatliche Handlungsfähigkeit der Regierung Correa nach dem *Circulo Virtuoso* und erklärt die daraus folgende verstärkte Suche nach privaten Investitionen, für welche die ecuadorianischen Wirtschaftseliten gebraucht wurden. Dadurch wiederum kam es zu einer erhöhten strukturellen Macht der Wirtschaftseliten – und hier insbesondere der traditionellen devisenbringenden Exportsektoren – was wiederum Auswirkungen auf der Ebene instrumenteller Macht hatte. Bei den nun folgenden Ausführungen konzentriere ich mich speziell auf das Jahr 2015, wenngleich sich die wirtschaftlichen Schwierigkeiten im Jahr 2016 in wichtigen Aspekten weiter verschärften. Die politische und wirtschaftliche Dynamik war in diesem Jahr allerdings auch stark von den Folgen des Erdbebens am 16. April 2016 geprägt.

9.3.2 Fiskalpolitik in Zeiten externer Schocks und konservativer Restaurationsversuche

Bereits in der Phase hoher Rohstoffeinnahmen und wirtschaftlichen Wachstums war die Steuerpolitik der Regierung Correa von Unternehmerverbänden und Kammern zunehmend als Problem für die wirtschaftliche Entwicklung des Landes ausgemacht worden. Diese Perspektive spiegelt sich im Übrigen auch in den Ergebnissen der durch das *World Economic Forum* (WEF) herausgegebenen Managerbefragung *World Executive Survey*.

Wie ich in der Interview-Auswertung in Kapitel 8 herausgearbeitet habe, bedienten sich die Unternehmenseliten dabei zweier Hauptargumente: Erstens schadeten die ständigen Veränderungen der Steuergesetze und Verwaltungsregeln dem Investitionsklima. Auch sei die steuerliche Belastung zu sehr auf den formellen Sektor konzentriert, während die Regierung zu wenig für die Formalisierung des informellen Sektors tue. Zweitens werde durch die Steuergelder ein in zunehmendem Maße aufgeblähter Staat finanziert. Der Disput um die Steuerpolitik hatte in der Phase des *Circulo Virtuoso* aber nicht zu einer offenen, konfrontativen Opposition der Wirtschaftsverbände geführt. Das strengere Durchgreifen der Regierung gegen Steuerhinterziehung wurde sogar als Notwendigkeit akzeptiert, während die Regierung ihrerseits ihr Interesse an privaten Investitionen deutlich machte, um ihre Entwicklungsziele zu erreichen (Wolff 2016; Interviews). Mit den anhaltenden wirtschaftlichen Schwierigkeiten wurde die Kritik der Wirtschaftseliten an der Regierung Correa jedoch schärfer: So erklärt zum Beispiel ein führender Unternehmervertreter 2016 im Interview, dass man sich so schnell wie möglich von dieser Regierung befreien müsse.

Der *Alianza PAIS*-Wahlsieg 2013 und die damit verbundene Parlamentsmehrheit hatten zunächst nicht zu einer Vertiefung des Reformprozesses in Richtung neuer verteilungspolitischer Maßnahmen geführt. Auch im Bereich der Steuerpolitik wurde die Parlamentsmehrheit in dieser Phase nicht für weitergehende Umverteilungsmaßnahmen genutzt. Die wichtigsten Oppositionsparteien hielten hingegen an ihrer Forderung nach steuerlichen Entlastungen fest: Die hohe Steuerlast diene dazu, einen übergroßen und undisziplinierten Staat zu finanzieren.[260]

Gallegos und Stoessel (2015) argumentieren, dass der deutliche Wahlsieg 2013 einen widersprüchlichen Effekt auf die politischen Kräfteverhältnisse hatte. Durch die breite Parlamentsmehrheit von Alianza PAIS verloren Plebiszite und soziale Organisationen an Bedeutung, ihre Einbeziehung in den politischen Prozess nahm ab. Teile der Indigenen- und Umweltbewegung und der Gewerkschaften dagegen verstärkten aber nun ihre Opposition zur Regierung. Zeitgleich vernachlässigte die Regierung den Dialog mit den ihr nahestehenden und zur Zusammenarbeit bereiten Sektoren (ebd.). Die Gründe für dieses Szenario liegen auf der Hand: Aus der Regierungsperspektive wurden aus dem großen Wahlerfolg gesellschaftliche Mehrheits- und Kräfteverhältnisse abgeleitet, durch welche die Umsetzung des Regierungsprogramms – weitgehend ohne Beachtung weiterer organisierter Interessengruppen – problemlos durchführbar erschien. Dabei wurden die Bedeutung von regierungskritischen Allianzen und die Konsolidierung möglicher Gegenpositionen in der Zivilgesellschaft vernachlässigt. Hinzu kam, dass auch basisdemokratische Plebiszite, die in der Phase ohne eigene Parlamentsmehrheit zwischen 2009 und 2013 dazu gedient hatten, Ziele der Regierung zur Not auch am Parlament vorbei durchzusetzen, nun angesichts der eigenen Parlamentsmehrheit als nicht mehr notwendig erschienen. Somit bewirkte die Parlamentsmehrheit, dass verschiedenste gesellschaftliche Gruppen nicht mehr ausreichend in den politischen Veränderungsprozess einbezogen wurden und der konstruktive Dialog mit ihnen vernachlässigt wurde. In der Folge geriet die Regierung Correa trotz der erreichten breiten parlamentarischen Mehrheit der Regierungspartei *Alianza PAIS* im Zuge des Rückgangs der Erdöleinnahmen ab Mitte 2014 nicht nur ökonomisch, sondern auch politisch zunehmend in Schwierigkeiten.

Die ersten steuerpolitischen Reaktionen der Regierung Correa auf den Rückgang der Erdöleinnahmen waren zurückhaltend. Ende 2014 wurde ein Gesetz für Produktionsanreize und Verhinderung des Steuerbetrugs durch die *Asamblea Nacional* verabschiedet (ANDES 23.12.2014), von

[260] Ein erster Erfolg eines auch gegen Steuern und Abgaben gerichteten Wahlkampfs zeigte sich beim Wahlsieg von Mauricio Rodas bei den Kommunalwahlen 2014 in Quito. In regierungskritischen Medien wurde der kurz darauf folgende Wechsel des langjährigen SRI-Direktors Carlos Marx Carrasco ins Amt des Arbeitsministers als Reaktion auf die Wahlniederlage in Quito gewertet. Nachdem in der Wahlkampagne Mauricio Rodas' gezielt Fehlinformation zu lokalen Steuern verbreitet worden waren, hatte sich Carrasco im Wahlkampf dazu geäußert Mit dieser Personalentscheidung verlor der 2007 begonnene steuerpolitische Reformprozess einen politisch gewichtigen Fürsprecher.

dem man sich vergleichsweise geringe Mehreinnahmen in Höhe von 200 Millionen USD erhoffte[261] (Redacción Negocios 10.12.2014). Die erfolgreichste Maßnahme zur Steigerung der Staateinnahmen während der Krise 2015 war hingegen ein Gesetz zum Erlass von Gebühren und Strafzahlungen für diejenigen Unternehmen und Bürger*innen, die ihre bestehenden Steuerschulden zeitnah begleichen. Dieses Vorgehen brachte dem Staat geschätzt 932 Million USD zusätzliche Einnahmen (Revista Líderes 30.07.2015). Hierbei handelte es sich aber um zwar dringend benötigte, doch nur einmalige Staatseinnahmen. Zudem waren diese Einnahmen nicht die Folge eines verschärften Vorgehens zur Durchsetzung des staatlichen Steuermonopols, sondern mit Konzessionen an Unternehmen und Privatpersonen verbunden, die ihre Steuerschulden nun ohne Strafzahlungen und angefallene Zinsen begleichen und damit für eine Einstellung laufender Verfahren sorgen konnten. Im Effekt zeigte sich darin eher ein geschwächter Staat.

Die politischen Folgen der ökonomischen Krisentendenzen werden von Le Quang (2016: 46) so dargestellt: Es sei durch die stark gesunkenen Staatseinnahmen nicht mehr möglich gewesen, im gleichen Rhythmus wie in den acht Jahren zuvor neue soziale Programme aufzulegen und staatliche Investitionen durchzuführen. Die Unterstützung in der Bevölkerung sei aber gerade auf verbesserte öffentliche Leistungen in Folge einer guten öffentlichen Verwaltung zurückzuführen gewesen. Das Befolgen der von der Regierung Correa aufgestellten Fiskalregel, wonach aus Erdöleinnahmen und Krediten lediglich Investitionen finanziert werden dürfen, ermöglichte es jedoch in dieser Krisenphase, die Wirkung der externen Schocks stärker abzufedern als dies in zurückliegenden Krisen der ecuadorianischen Geschichte gelungen war. Die negative Entwicklung der Steuereinnahmen war aber dennoch nicht von der gesamtwirtschaftlichen Dynamik zu trennen. Die Krise zeitigte Spuren, was auch durch den Bedeutungsverlust des Staates als Investor erkennbar wurde.

Ab September 2014 formierten sich zunehmend Straßenproteste gegen die Regierung Correa, die sich Anfang 2015 noch verstärkten (Le Quang 2016: 41). Diese politische Dynamik entwickelte sich parallel zum Fall der Rohstoffpreise und führte zu den ersten steuerlichen Anpassungsmaßnahmen der Regierung, wie beispielsweise zur Einführung von Schutzzöllen. Insbesondere diese Maßnahme wurde Anfang 2015 zur Mobilisierung gegen die Regierung genutzt. Bei den Protestierenden können mehrere unterschiedliche Gruppierungen ausgemacht werden: gewerkschaftliche, zum Teil der MPD nahestehende, Akteure, soziale Organisationen der Indigenen, Teile der Umweltbewegung und der Frauenbewegung, liberal-konservative politische Sektoren rund um Guillermo Lasso wie die Handelskammern und die PSC. Hinzu kamen Bürger ohne sichtbare politische Zugehörigkeit und die besonders aggressiv auftretenden "*Banderas Negras*"

[261] Das Parlament nahm Induktionsherde von der Mehrwertsteuer aus, um einen stärkeren Kaufanreiz zu erreichen, während Gasherde mit einer Sonderkonsumsteuer belastet wurden (ANDES 23.12.2014). Hintergrund ist die höhere Effizienz der Induktionsherde und die zu erwartende größere Verfügbarkeit elektrischer Energie durch den Bau neuer Wasserkraftwerke.

(schwarze Fahnen). Diese öffentlichkeitswirksamen, medial unterstützten Proteste brachten die Regierung unübersehbar in Legitimitätsprobleme.

Zwar wurden von Regierungsseite, auch in der Phase wirtschaftlicher Schwierigkeiten, Initiativen zur Einführung neuer Lenkungssteuern gestartet. Diese konnten jedoch von Unternehmerverbänden und regierungskritischen sozialen Bewegungen im Kontext der angespannten staatlichen Haushalte leicht als Maßnahmen mit dem bloßen Ziel der Einnahmesteigerung diskreditiert werden. Und auch schon zuvor war der Trend zu einer stärker auf Umverteilung orientierten Steuerpolitik der Regierung nicht immer geradlinig verlaufen. Zudem kann die Tendenz zu Maßnahmen für höhere Steuereinnahmen und zu einer steigenden Bedeutung der direkten Steuern nicht verdecken, dass für Regierung und Parlament die führenden Wirtschaftsverbände die wichtigsten Gegenspieler, aber auch notwendige Partner in fiskalpolitischen Bereichen geblieben waren. Zusammen mit liberal-konservativen Parteien und mittels ihrer Netzwerke in den Kommunikationsmedien, waren sie es, denen es schließlich gelang, der Debatte um Ursachen und Wege zur Überwindung wirtschaftlicher Probleme ein neoliberales *Framing* zu geben.

Die im vorherigen Abschnitt dargestellten ökonomischen Krisentendenzen wirkten sich auch auf die instrumentelle Macht des Privatsektors aus. Zwar blieb das in der *Revolución Ciudadana* geschaffenen Institutionengefüge bestehen und damit auch das geringere Maß an Präsenz von Wirtschaftsvertretern in staatlichen Kontrollgremien und Ministerien. Es kam somit zwar nicht zur Rückgewinnung ihrer direkten Einflusskanäle, die in Zeiten des unternehmerisch-neoliberalen Entwicklungsmodells bestanden hatten, aber die Regierung sah sich gezwungen, ein höheres Maß an Dialogbereitschaft mit dem Privatsektor zu zeigen als in vorhergehenden Jahren. Zwar hatte sie auch vorher den Dialog mit Wirtschaftsverbänden geführt, oft allerdings auf einer vermeintlich technokratischen Ebene und die Umsetzung spezifischer Politiken betreffend, jedoch weniger umfassend.

Im März 2015 trafen sich Präsident Correa und ein Großteil des Kabinetts mit Vertretern des Privatsektors, um eine gemeinsame Agenda zu entwickeln (ANDES 02.03. 2015; Revista Líderes 03.03.2015). Dies zeigt deutlich, dass die ökonomische Instabilität und die prekäre Fiskalsituation des Staates die politische Macht der Wirtschaftseliten wieder erstarken ließen, und es zeigt auch, dass deren neoliberal geprägte ideologische Positionierung und ökonomische Macht im Export-Import-System nicht überwunden worden war. Während aber die Importeure Handelsbeschränkungen wegen der direkten wirtschaftlichen Folgen ablehnten, befürchteten Exporteure negative Konsequenzen durch eine mögliche Verschlechterung des eigenen Marktzugangs.

Welche gesellschaftlichen Aufgabenfelder durch den öffentlichen Sektor und welche von privaten Akteuren übernommen werden, hängt zunächst grundsätzlich davon ab, wie sich das Spannungsfeld zwischen den in der Verfassung verankerten Sozial- und Eigentumsrechten einerseits und den ideologisch-wirtschaftspolitischen Leitlinien eines Staates andererseits gestaltet. Aber auch die Finanzlage des Staates hat in diesem Kontext einen großen Einfluss, wie im vorherigen Abschnitt am ecuadorianischen Beispiel dargelegt wurde.

In der Phase fallender Erdöleinnahmen versuchte die Regierung – neben einem Paket anderer Maßnahmen – die Einnahmelücke durch Kreditaufnahmen im Ausland zu schließen. Vor allem chinesische Geldgeber bauten ihre Bedeutung als Finanziers Ecuadors in dieser Phase weiter aus. So bewilligte die staatliche *China Export-Import Bank* (EXIMBANK) neue Kreditlinien in Höhe von über 7 Milliarden USD, davon knapp 5,3 Milliarden USD zu Vorzugskonditionen von 2 Prozent Zinsen und 30 Jahren Laufzeit. Die Kreditvergabe wurde dabei, wie dies auch bei anderen Geldgebern häufig der Fall ist, an die Umsetzung von Investitionsprojekten durch chinesische Firmen gebunden (Chun Lee und Reyes Herrera 2017). Bis März 2017 stieg der Anteil der chinesischen Kredite auf 30,3 Prozent der gesamten Auslandsverschuldung (MINFIN 2017a) Ecuadors an, wie ein Blick auf die angefügte Tabelle zu verdeutlichen vermag.

Tabelle 20: Chinesische Kredite an Ecuador

Datum	**Sektor**	**Ziel**	**Kreditgeber**	**In USD**
Juni 2010	Energie	Wasserkraftwerk Coca-Codo Sinclair	EXIMBANK	1,7 Mrd.
Juli 2010	Energie	Erdöl 20 Prozent, ungebunden 80 Prozent	CDB	1 Mrd.
Dezember 2010	Energie	Wasserkraftwerk Sopladora	EXIMBANK	571 Mio.
Juli 2011	Energie	Erneuerbare Energien	CDB	2 Mrd.
Dezember 2012	Sonstiges	Finanzierung Staatshaushalt	CDB	2 Mrd.
Februar 2013	Infrastruktur	Straße zum Flughafen Quito	EXIMBANK	80 Mio.
April 2013	Energie	Minas San Francisco Wasserkraftwerk	EXIMBANK	312 Mio.
Oktober 2014	Energie	Netzübertragung Coca-Codo-Sinclair	EXIMBANK	509 Mio..
Januar 2015	Sonstiges	Jährlicher Investitionsplan	CDB	1,5 Mrd.
Januar 2015	Sonstiges	Elektroherde	EXIMBANK	250 Mio.
Januar 2015	Sonstiges	Transport, Bildung und Gesundheit	EXIMBANK	5,3 Mrd.
Februar 2016	Sonstiges	Yachay Bildungskomplex	EXIMBANK	198 Mio.
April 2016	Sonstiges	Nicht-gebunden und Infrastruktur	CDB	2 Mrd.
				Quelle: China-Latin America Finance Database

Die im vorherigen Abschnitt geschilderten gravierenden wirtschaftlichen Probleme des ecuadorianischen Staates in der letzten Phase der *Revolución Ciudadana* und der durch diese verursachte Rückgewinn struktureller Macht wirtschaftlicher Eliten, blieb nicht ohne Auswirkungen auf die Kohärenz der Regierungspolitik und deren Fähigkeit, in politischen Auseinandersetzungen eine klare und einheitliche Position darzustellen. Zudem tat die Regierung Correa nun notgedrungen zum Teil das, was sie vorher vehement kritisiert hatte: In Zeiten fallender Staatseinnahmen sahen sich Regierung und Parlament gezwungen, Privatisierungen zu akzeptieren oder private Akteure als direkte Investoren und Betreiber, beispielsweise für noch ausstehende Infrastrukturprojekte, zu gewinnen. In der Folge bestimmten, anstelle von Forderungen nach einer Radikalisierung der *Revolución Ciudadana,* ab 2015 verstärkt Diskussionen zwischen Regierung und Wirtschaftsverbänden zu *Public-Private-Partnerships* (PPPs) und unvermeidbare Konzessionen der Regierung die politische Agenda. In seiner Regierungserklärung im Mai 2016 kündigte Correa schließlich – angesichts des drohenden staatlichen Liquiditätsengpasses – Privatisierungen staatlichen Eigentums an. Zu erwähnen ist in diesem Zusammenhang, dass die Fiskalregel weiter gültig blieb, die besagt, dass aus Krediten und Veräußerungsgewinnen ausschließlich Investitionen finanziert werden dürfen. Demnach wäre auch durch weitere Privatisierungen der staatliche Vermögensstand nicht angegriffen worden, da der Kreditaufnahme die entsprechenden öffentlichen Investitionen gegenübergestanden hätten. Dabei muss auch berücksichtigt werden, dass gerade angesichts der schlechten konjunkturellen Lage das Risiko vergleichsweise niedriger Verkaufserlöse bestand.

9.4 Fallstudie zur Steuerpolitik *nach* dem *Circulo Virtuoso* – zum Scheitern einer umverteilungsorientierten Erbschaftssteuerreform

Im nun folgenden Unterkapitel werde ich, wie angekündigt, die Auseinandersetzungen um die *Ley para la Redistribución de la Riqueza* – also der zunächst gescheiterten Erbschaftssteuerreform – analysieren. Entsprechend der in Kapitel 4 dargestellten methodischen Herangehensweise wird die nun folgende Analyse der bereits erfolgten Betrachtung der für die Regierung Correa erfolgreich durchgesetzten *Ley para la Equidad Tributaria* (Gesetz für steuerliche Gleichheit) gegenübergestellt, die oft als Meilenstein in der Steuerpolitik der Regierung Correa gesehen wird. Wie ich in meiner Analyse untermauern werde, markiert das Scheitern dieser Erbschaftssteuerreform, aus nachträglicher Sicht, einen massiven Rückschlag für die Ziele der Regierung Correa und hatte Auswirkungen auf die gesamte weitere Steuerpolitik während der *Revolución Ciudadana.*

Die nun folgende Tiefenanalyse ist dazu geeignet, die in den Auseinandersetzungen um das konkrete Reformvorhaben sichtbar werdenden latenten Einstellungen, Positionierungen und Handlungsstrategien beteiligter Sektoren sichtbar zu machen. Dabei nutze ich das Schema des in Kapitel 4.3.3 vorgestellten *Policy Cycle* und nehme unterschiedliche Ebenen des politischen Prozesses in Betracht (Werner und Wegrich 2007). Da es sich um ein zumindest vorerst gescheitertes Reformvorhaben handelt, können lediglich die Ebenen von *Agenda-Setting*, Politik formulieren und Entscheidungen treffen beachtet werden. Da es nicht zur Implementation dieser Reform gekommen ist, konnte diese auch nicht in ihrer Wirkung evaluiert werden.

Diese Analyse knüpft an die in Unterkapitel 9.3 erfolgte Betrachtung genereller Tendenzen in den steuer- und fiskalpolitischen Auseinandersetzung nach dem *Circulo Virtuoso* an. Bei seinem jährlichen Rechenschaftsbericht vor der *Asamblea Nacional* und geladenen Gästen kündigte Rafael Correa am 24.Mai 2015 zwei auf eine gerechtere Vermögensverteilung orientierte Steuerreformen an: eine Reform der Erbschafts- und Schenkungssteuer (*Ley Orgánica para la Redistribución de la Riqueza*) und eine Anti-Immobilienspekulationssteuer zur Verhinderung von Rentenorientierung und Spekulationsgewinnen im Immobiliensektor. Im Mittelpunkt der politischen Auseinandersetzungen stand in den folgenden Monaten dann die Erbschaftssteuerreform, auf die ich mich auch in dieser Fallstudie konzentriere.

Durch ihre Vorgehensweise trug die Regierung Correa selbst dazu bei, dass die geplante Erbschaftssteuerreform ein Maximum an öffentlicher Aufmerksamkeit erhielt und ins Zentrum der politischen Auseinandersetzung gerückt wurde: Von zentraler Bedeutung war dabei, dass Correa das Reformvorhaben im Rahmen seines Rechenschaftsberichts persönlich ankündigte. Um eine schnelle Entscheidung zu erzwingen, legte die Regierung ihre Initiative, entsprechend dem für diesen Fall vorgesehenen Verfahren, sogar als Gesetz ökonomischer Dringlichkeit vor.

Auf dem Papier existierte eine Erbschaftssteuer in Ecuador bereits seit 1912, lange wurde ihre Zahlung aber nicht eingefordert (Paz y Miño Cepeda 2015). Auch in der Verantwortlichkeit des SRI wurden nur wenige Einnahmen aus der Erbschaftssteuer erzielt. Ursächlich dafür waren vor allem die weiter vorhandenen Steuerschlupflöcher und Vermeidungsstrategien der betroffenen Sektoren. Mit dem Beginn der *Revolución Ciudadana* kehrte das Thema aber auf die politische Agenda zurück. Die *Ley para la Equidad Tributaria* beinhaltete auch eine Rückkehr der progressiven Erbschaftsbesteuerung, wie sie bereits gültig gewesen war, bevor sie 2001 pauschal auf 5 Prozent festgesetzt wurde. Die Exekutive war 2007 aber noch vor einer radikaleren Reform zurückgeschreckt und der bereits diskutierte Höchststeuersatz von 70 Prozent wurde letztlich nicht Teil der Reforminitiative (Ospina Peralta 2015a: 5). Die Reform des Jahres 2007 hatte den wichtigsten Steuervermeidungsstrategien kein Ende gesetzt, die Einnahmen aus der Erbschaftssteuer blieben dauerhaft gering.

In der vorliegenden Fallstudie argumentiere ich dahingehend, dass durch die Konflikte um das Erbschaftssteuergesetz machtpolitische Grenzen für eine progressive Fiskalpolitik manifest wurden. Es geht hier also um mehr als das konkrete Scheitern dieser Reforminitiative in Folge von zweifellos vorhandenen Fehlern bei Politikdesign und *Framing*, sondern auch um tieferliegende Verschiebungen gesellschaftlicher Kräfteverhältnisse. Anhand der Fallstudie werde ich verdeutlichen, wie die Faktoren instrumenteller und struktureller Macht ineinander greifen und auch die Bedeutung von *Input*- und *Output*-Legitimität für die Fähigkeit der Regierung diskutieren, Reformvorhaben politisch durchzusetzen und gesellschaftlich zu legitimieren. Die Betrachtung der Auseinandersetzungen um die Erbschaftssteuerreform durch das Schema des in Kapitel 4 vorgestellten *Policy Cycle* verdeutlicht eine große Diskrepanz zwischen zwei Ebenen der politischen Agenda. In der medial veröffentlichten Agenda dominierten bereits anti-etatistische Positionen und Forderungen, dass einer bevorstehenden Wirtschaftskrise mit Kürzungen vermeintlich unnötiger Ausgaben im öffentlichen Sektor zu begegnen sei. Wie ich in Kapitel 8 herausgearbeitet habe, geht diese anti-etatistische Positionierung in Ecuador weit über Wirtschaftseliten hinaus und wird auch von regierungskritischen sozialen Bewegungen geteilt.

Die von der Regierung Correa und der Steuerbehörde ausgearbeitete Erbschaftssteuerreform entsprach einer im öffentlichen Diskurs an den Rand gedrängten, aber anstehenden umverteilungsorientierten Agenda. Interessant ist in diesem Zusammenhang, dass schon im März 2015 führende Vertreter der Steuerbehörde in einem Interview einräumten, dass man auf dem Feld der Vermögens- und Erbschaftsbesteuerung bis dato wenig Fortschritte erzielt habe. Im Hinblick auf die Möglichkeit zukünftiger Reformen auf diesem Gebiet äußerte man sich aber da schon skeptisch, da man allem Anschein nach die öffentliche und ideologische Auseinandersetzung um eine progressive Steuerpolitik gegenüber der neoliberalen Steuersenkungsposition verloren habe.[262]

Correa betonte in seiner Ansprache, dass sich die Erbschaftssteuerreform gegen die Reichtumskonzentration richten werde und er dazu bereit sei, die politischen Kosten für diese Reforminitiative zu tragen. Mit Blick auf die 2013 erreichte breite Parlamentsmehrheit erklärte er, dass man nun über die für eine solche, umfassendere Reform notwendige Stärke verfüge. Allerdings wurden die Reformprojekte dann nicht, wie geplant, zeitnah verabschiedet, sondern bereits am 15. Juni 2015 zurückgezogen. Die Ursachen hierfür werde ich in den folgenden Abschnitten ebenso verdeutlichen, wie ich auf die zu späteren Zeitpunkten dennoch erreichten Reformschritte hinweisen werde. Das von Präsident Correa in seiner Rede zum Ausdruck gebrachte Verständnis politischer Kräfteverhältnisse konzentrierte sich auf die offiziellen Entscheidungsinstanzen, insbesondere auf die breite parlamentarische Mehrheit der Regierungspartei *Alianza PAIS*. Er vernachlässigte dabei aber die Bedeutung struktureller Macht, ebenso fehlte ein weiter gefasstes Verständnis instrumenteller Macht, das auch die gesellschaftlichen Kräfteverhältnisse, über die öffentlichen Institutionen hinaus, adäquat berücksichtigt hätte.

Zunächst werde ich nun die Grundzüge der geplanten Erbschaftssteuerreform darstellen, dann die Auseinandersetzungen aus den Perspektiven struktureller sowie instrumenteller Macht analysieren und schließlich erörtern, inwieweit es gelungen ist, zu späteren Zeitpunkten doch noch wichtige Aspekte der Reforminitiative durchzusetzen. Ausgehend von diesen Perspektiven folge ich der Argumentation, dass die von Rafael Correa geführte *Revolución Ciudadana* nach Verabschiedung der Verfassung von 2008 ihre *Input*-Legitimität vor allem durch Erfolge bei Wahlen erhielt. Bei der Umsetzung der eigenen politischen Ziele stützte sie sich vor allem auf das Majoritätsprinzip und technokratische Kriterien einer faktenbasierten (*evidence based*) Politik (vgl.

[262] Über die Motive, das Gesetz trotz der zu erwartenden Konfrontation mit den Wirtschaftseliten, mit denen man in den Vormonaten den Dialog gesucht hatte, einzubringen, lässt sich viel spekulieren. Ein Auslöser mag gewesen sein, dass es Großerben eines Unternehmenskonglomerats gelungen war, eine Erbschaft von 200 Millionen USD zu erhalten, ohne dafür Steuern zahlen zu müssen (Enríquez und García 02.06.2015).

De la Torre 2013; Ospina Peralta 2015), die durch öffentlich sichtbare Erfolge zu *Output*-Legitimität führen sollte. Dieser Mechanismus war in der Phase des *Circulo Virtuoso* zweifellos erfolgreich, wurde aber durch den tiefen Fall der Erdöleinnahmen ab Mitte 2014 und durch die sich anbahnende Wirtschaftskrise zunehmend in Frage gestellt.

9.4.1 Zu den Grundzügen der Reforminitiative

Das so genannte *Framing* zentraler Herausforderungen und das Bestimmen der politischen Agenda von politischen Entscheidungsträgern in der öffentlichen Debatte korrespondiert deutlich mit dem *Policy-Design*. Es geht hierbei darum, umstrittene Reformvorhaben – bei Beibehaltung der angestrebten Wirkung – so zu formulieren, dass möglichst wenig Angriffspunkte und Mobilisierungspotenzial für Reformgegner*innen entstehen. Diese Vorgaben für die Durchsetzbarkeit politischer Initiativen wurden im hier diskutieren Fall nicht befolgt. Das von Reformgegnern öffentlich beschworene zu niedrig erscheinende Niveau des Freibetrags erleichterte ihnen die Darstellung der Reforminitiative als Angriff auf die Mittelschicht (Ospina Peralta 2015a). Die niedrig angesetzten Eingangstarife sollte jedoch in erster Linie das Bewusstsein der mittleren Schichten dafür stärken, dass durch die Zahlung von Steuern zur Finanzierung des Gemeinwesens beigetragen wird. Die Hauptbelastung der Steuerreform war faktisch aber definitiv auf die Wirtschaftseliten gerichtet. Insofern ist also ein fehlerhaftes Design der Reforminitiative zu konstatieren. Es hatte zur Folge, dass ein relativ geringes Potential zusätzlicher Einnahmen genügte, um die Möglichkeiten der Fokussierung dieser Gesetzesinitiative auf die Besteuerung der Wirtschaftseliten in der öffentlichen Auseinandersetzung unverhältnismäßig stark einzuschränken, was darüber hinaus das Wechseln von Mittelklasseangehörigen in die Niedrigsteuerallianz mit den Wirtschaftseliten begünstigte (vgl. Krätke 1986; León 2015; Rivadeneira 2015; Ospina Peralta 2015a).

Die hier analysierte Steuerreform beinhaltete höhere Steuersätze für Großerben, eine Senkung des Steuerfreibetrags sowie neue Regeln zur Verhinderung von Steuervermeidung. Hinsichtlich der Steuersätze enthielt die erste, durch die Exekutive eingereichte Reforminitiative zunächst unterschiedliche Regelungen für direkte und nicht direkte Erben. Demnach war vorgesehen, dass die Lebenspartner die Hälfte des Gesamterbes steuerfrei erhalten. Bei direkten Erben sollte ab 35400 USD (100 Mindestlöhne) ein Grenzsteuersatz von 2,5 Prozent, ab 70800 USD (200 Mindestlöhne) von 7,5 Prozent, ab 141600 (400 Mindestlöhne) von 17,5 Prozent, ab 283200 (800 Mindestlöhne) 32,4 Prozent und ab 566400 (1600 Mindestlöhne) 47,5 Prozent gelten. Für nicht direkte Erben sollte ab 566400 USD hingegen ein Grenzsteuersatz von 52,5 Prozent und ab 849400 von 77,5 Prozent gelten (Presidencia de la República 06.06.2015). Das Reformvorhaben war in einer Art- und Weise formuliert, dass die Kosten für die Betroffenen nicht verschleiert, sondern eher übertrieben dargestellt wurden und letztlich – wohl auch durch die mediale Berichterstattung – deutlich mehr Menschen fürchteten, von höheren Belastungen betroffen zu sein, als dies definitiv der Fall gewesen wäre.

Bereits am 12. Juni 2015 wurde in der zuständigen Parlamentskommission aber entschieden, ein einheitliches Tarifsystem entsprechend dem System für direkte Erben einzuführen. Die Entscheidung zur Vereinheitlichung der Steuersätze erfolgte – wie bei Gesetzesvorhaben üblich und entgegen der von Kritiker*innen hervorgebrachten These einer in der Praxis völlig durch den Präsidenten kontrollierten Legislative – ohne vorherige Absprache mit der Exekutive. Correa gab später bekannt, dass er in der Entscheidung zunächst ein Einknicken gegenüber der Mobilisierung der Reformgegner*innen gesehen habe, dann aber überzeugt worden sei, dass die höhere Besteuerung von nicht direkten Erben nicht dem Ziel diene, den Prozess der Vermögenskonzentration abzuschwächen (La República 13.06.2015). Dies ändert allerdings nichts an der öffentlichen Wahrnehmung dieser Entscheidung, die als Reaktion auf die Opposition und die Proteste gegen die Gesetzesvorhaben gewertet wurde.

Tabelle 21: Geplante Erbschaftssteuersätze nach Änderungen im Parlament

Zahl der Mindestlöhne	Steuerstufen in USD, Mindest- und Höchstbetrag		Grenzsteuersatz	Maximaler effektiver Steuersatz
100	0	35400	0	
200	35400	70800	2,5%	1,25
400	70800	141600	7,5%	4,38
800	141600	283200	17,5%	10,94
1600	283200	566400	32,5%	21,27
Darüber hinaus	566400	Darüber hinaus	47,5%	-
Quelle: Presidencia de la República 06.06.2015, via Slideshare				

Die obige Tabelle zeigt stufenbezogen die geplanten Steuersätze für Erben. Durch die Koppelung an den Mindestlohn sollte eine direkte Verbindung mit den unteren Einkommensschichten deutlich werden, denn je höher der Mindestlohn, desto höher auch der Freibetrag der Erbschaftssteuer. Sofern es um zu vererbendes Immobiliarvermögen ging, bei dem die Begünstigten minderjährige Kinder sind oder eine Behinderung haben, sollte der Freibetrag um weitere 100 Mindestlöhne erhöht werden.

Abgesehen von den Steuersätzen waren in dem Gesetzentwurf auch wichtige regulatorische Veränderungen enthalten. Erstens sollten zentrale Steuervermeidungsmechanismen durch die fiktive Übertragung von Vermögen auf Treuhandfonds im Ausland nicht länger möglich sein und zweitens sollte es ermöglicht werden, statt der Zahlung der Steuer die erwartete Steuersumme in Unternehmensanteilen an die Mitarbeiter zu übertragen. Dies sollte einerseits zur Verteilung der Produktionsmittel beitragen und es den Erben andererseits auch ermöglichen, Kosten für das betroffene Unternehmen zu vermeiden. Zu diesem Teil des Gesetzes fehlte es an einer spezifischeren Ausführungsbestimmung, von Seiten der Wirtschaftsverbände wurde dieser Vorschlag besonders scharf abgelehnt. Auf der anderen Seite wurde dieser sie begünstigende Aspekt des Reformpakets von Organisationen der *Sectores Populares* kaum aufgegriffen.

9.4.2 Strukturelle Macht und konjunktureller Kontext – Zwischen Krisenangst, Konfrontation und Kooperation

Aus der Perspektive struktureller Macht spielt die ökonomische Konjunktur eine wichtige Rolle für die Fähigkeit von Regierungen, Reformen auch gegen die Interessen der Wirtschaftseliten durchzusetzen. In der Phase auch aus dem Rohstoffsektor stammender relativ hoher Staatseinnahmen verfügte der ecuadorianische Staat über eine relative Autonomie gegenüber den ökonomisch dominanten Gruppen. In der Darstellung des *Circulo Virtuoso* habe ich bereits die Bedeutung der positiveren Wahrnehmung des Staates als Entwicklungsakteur und der verbesserten öffentlichen Leistungen, also der *Output*-Legitimität, für die Fähigkeit der von Rafael Correa geführten *Revolución Ciudadana* herausgearbeitet, die Steuer- und Fiskalquote signifikant zu erhöhen. Der Versuch der Regierung Correa, mit der im Juni 2015 vorgelegten Erbschaftssteuerreform eine weitere grundlegende Veränderung durchzusetzen, fällt allerdings in eine Phase, in der die Handlungsfähigkeit der Regierung bereits stark eingeschränkt war: Zu nennen sind hier sinkende Staatseinnahmen, eine drohende Rezession und außenwirtschaftliche Instabilität sowie Anpassungsmaßnahmen durch neue Zölle, Ausgabenkürzungen und die Aufnahme neuer Kredite, wie bereits im vorangegangenen Unterkapitel dargestellt wurde.

Ospina Peralta (2015a: 7) betont die wirtschaftliche Lage Ecuadors zum Zeitpunkt der vorgelegten Erbschaftsteuerreform als zentrale Ursache für ihr vorläufiges Scheitern. Als die Reform vorgelegt wurde, waren die ökonomischen und sozialen Fortschritte ins Stocken geraten, es herrschte bereits eine weit verbreiteter Sorge über eine drohende Wirtschaftskrise. Dadurch erhöhte sich die strukturelle Macht der Wirtschaftseliten, während der Wille und die Fähigkeit der Regierung, die Reform auch gegen die Wirtschaftseliten durchzusetzen, geschwächt wurden.

Die Auswertung der entsprechenden Interviews zeigt (siehe auch Kapitel 8), dass trotz der ergriffenen Regulierungsmaßnahmen auch bei den Entscheidungsträgern innerhalb der *Revolución Ciudadana* eine starke Sensibilität hinsichtlich der Möglichkeiten einer verstärkten Kapitalflucht der Wirtschaftseliten bestand. Letztlich setzten sich innerhalb des Spektrums der *Revolución Ciudadana* dann jene Kräfte durch, die eine Rücknahme der Gesetzesvorlagen verlangten, statt lediglich einschränkende Korrekturen an ihnen vorzunehmen. Auch führende Vertreter des Unternehmenssektors zeigten sich in Stakeholder- Interviews davon überzeugt, dass Befürchtungen hinsichtlich negativer Effekte der Erbschaftssteuerreform in Bezug auf die Bankeinlagen und Kapitalflucht – und die daraus resultierenden Gefahren für die Dollarisierung im Kontext eines rapiden Einbruchs der Exporteinnahmen – wichtige Motive für den vorübergehenden Rückzug der steuerpolitischen Reforminitiativen waren. Die Regierung war zudem in dieser Phase der Auseinandersetzungen auch kaum in der Lage, die öffentliche Aufmerksamkeit wieder auf neue politische Initiativen und wichtige Investitionsprojekte zu verlagern und dadurch die positiven Aspekte der Regierungspolitik öffentlichkeitswirksam ins Zentrum der politischen Auseinandersetzung zu rücken.

Angesichts der schwierigen wirtschaftlichen Lage seit der zweiten Jahreshälfte 2014 hatten sich eine Reihe von Konflikten mit unterschiedlichen Interessengruppen akkumuliert: Besonders gegen die Einführung von Schutzzöllen im ersten Quartal 2015 hatte es schon Proteste gegeben (siehe Unterkapitel 9.3). Die umverteilungsorientierte Reform der Erbschaftssteuer wurde zu einem Zeitpunkt großer ökonomischer Instabilität vorgelegt. Es stieg also das Risiko, dass es durch fehlende Liquidität in der Volkswirtschaft zu einem Zahlungsausfall kommen könnte. Zudem wurde das Entwicklungsmodell der *Revolución Ciudadana* zunehmend von unterschiedlichen gesellschaftlichen Sektoren in Frage gestellt, während innerhalb der Regierung privatwirtschaftsfreundliche Tendenzen an Bedeutung gewannen, welche die Pflege guter Beziehungen zu privaten Unternehmen als unverzichtbar für das Erreichen von Entwicklungszielen durch private Investitionen erachteten. Die Initiative zur Erbschaftssteuerreform widersprach diesen Tendenzen eindeutig.[263]

In dieser Situation gab es seitens der Regierung, neben den soeben genannten Anpassungsmaßnahmen, verschiedene Schritte zu einer Annäherung an den Privatsektor und verstärkte Initiativen, um ausländische Direktinvestitionen nach Ecuador zu holen. Diese Aktivitäten entsprachen den Erwartungen führender Vertreter*innen des Privatsektors, die davon ausgingen, dass die Regierung in ökonomisch schwierigen Zeiten nicht umhinkommen werde, stärker auf Forderungen des Privatsektors einzugehen (Schützhofer 2016). Ein weiterer Indikator für die Annäherung der Regierung an den Privatsektor war ein im gleichen Jahr erlassenes Steueramnestiegesetz, also der Verzicht auf die strafrechtliche Verfolgung von Steuervergehen und auf die Erhebung von Bußgeldern im Gegenzug für eine schnellere Steuerzahlung. Dadurch ist es gelungen, die Steuereinnahmen kurzfristig zu erhöhen, was jedoch nicht durch eine Verschärfung der Regeln und Sanktionen, sondern durch positive Anreize zur Begleichung von Steuerschulden errichtet werden sollte (SRI 2015). Mögliche langfristig negative Wirkungen auf die Zahlungsmoral aufgrund der Erwartung von zukünftigen Steueramnestien wurden im Kontext der drohenden Krise in Kauf genommen. Dies alles deutet darauf hin, dass die Erbschaftssteuerreform zu einem äußerst ungünstigen Zeitpunkt vorgelegt wurde (Schützhofer 2016).

Die angestrebte Reform der Erbschaftssteuer hätte zwar keinen direkt negativen Effekt auf die Kostenstruktur und Wettbewerbsfähigkeit ecuadorianischer Unternehmen bedeutet, wohl aber

[263] Zwar hatte es angesichts der Einnahmeausfälle auch weitere Steuerreformen gegeben und mit der Einführung von Schutzzöllen war eine wirksame Maßnahme zur Verteidigung der Handelsbilanz ergriffen worden, diese Maßnahmen waren allerdings stets als Notmaßnahmen gekennzeichnet und hatten die Unterstützungsbasis der Forderungen nach niedrigeren Steuern in der Bevölkerung erweitert.

richtete sie sich massiv gegen die Eigentumsinteressen der Wirtschaftseliten- und Unternehmenseigner. Kurz vor dem Rückzug der Reforminitiativen warf Correa den Wirtschaftseliten vor, sie wollten ihn erpressen. Die Gesetze seien dabei lediglich ein Vorwand für eine Strategie zur Destabilisierung der Regierung, die bereits länger vorbreitet worden sei (Ecuadorinmediato 14.06.2015). An dieser Momentaufnahme wird die zu diesem Zeitpunkt bestehende Machtkonstellation deutlich. Hier zeigt sich, dass durch die Konzentration von Produktionsmitteln in der Hand weniger privater Unternehmer, verbunden mit deren Drohungen zur Investitionszurückhaltung und öffentlichkeitswirksamen Kampagnen, ein enormer Druck auf das nicht an ihren Interessen ausgerichtete Regierungshandeln ausgeübt werden kann.

9.4.3 Zur Rückgewinnung instrumenteller Macht der Wirtschaftseliten

Wie ich herausarbeite, war es den Wirtschaftseliten bereits vor der Auseinandersetzung um die Erbschaftssteuer gelungen, wichtige Quellen ihrer instrumentellen Macht zurückzugewinnen. In Reaktion auf die Steuerpläne war es zu Anti-Regierungsprotesten der rechten Opposition in den großen Städten des Landes gekommen. Beteiligt waren vor allem nicht parteipolitisch organisierte Sektoren der Mittelklassen, deren Persistenz bald zu einer Dynamik führte, in der sich politische Akteure schärfer gegen die Reformen positionierten, während die Regierung ihrerseits Schwierigkeiten hatte, die eigenen Anhänger zu mobilisieren (Chamorro 15.06.2015; Le Quang 2016).

Die Aussagen über die Größe der Proteste gehen auseinander. Ospina Peralta (2015a: 2) spricht von 10000 bis 20000 Menschen auf dem Höhepunkt der Protestwelle. Das sind im Vergleich zur Mobilisierung von Regierungsgegner*innen in anderen Ländern Lateinamerikas aber doch Zahlen, die zumindest nicht direkt auf eine Destabilisierung der Regierung schließen lassen. Dennoch wird berichtet, dass sich die Konflikte zu dem Zeitpunkt, als Correa die Reforminitiativen vorläufig zurückzog, soweit zugespitzt hatten, dass ein ruhiger Verlauf des anstehenden Papstbesuches nicht mehr als gesichert gelten konnte (Opina Peralta 2015). Die Proteste gegen die hier diskutierte Erbschaftssteuerreform knüpften an eine bereits im Herbst 2014 begonnene Protestwelle an, die sich aus sozialen Organisationen, korporatistischen Sektoren[264] und Teilen der Mittelklasse speiste, zum Teil aber auch von regierungskritischen Wirtschaftseliten propagiert wurde, die vor allem bei den Protesten gegen Schutzzölle auftraten.

[264] Dies wird am Konflikt um das Eingreifen der Regierung in den durch die MPD nahe Bildungsgewerkschaft UNE verwalteten Abfindungsfonds deutlich. Auch die Proteste gegen die Pläne der Regierung, den 40prozentigen Zuschusses der Regierung an den Pensionsfonds der Sozialversicherung zu streichen und stattdessen die Rentenzahlungen zu garantieren, sollte die Sozialversicherung in eine Krise geraten, können aus dieser Perspektive analysiert werden. Allerdings handelt es sich in letzterem Fall nicht um eine spezifische Gruppe, sondern um die Interessen der formal Beschäftigten insgesamt (vgl. Ospina Peralta 2015a: 2). Die Maßnahme, aus der keine direkten Kürzungen folgten, ist nicht ohne Berücksichtigung der Überschüsse in der Sozialversicherung einerseits und der Liquiditätsengpässe der Regierung andererseits zu verstehen.

Bei neuen Protesten am 17. Juni 2015 wurde in Guayaquil und Quito gefordert, die vorliegenden steuerlichen Gesetzesprojekte endgültig zurückzunehmen. Die Protestdynamik wurde von höchst unterschiedlichen sozialen Gruppen mit teils entgegengesetzten Forderungen getragen. Die Demonstrationen entwickelten eine politische Eigendynamik und dienten über die Mobilisierung gegen die konkreten Reformvorschläge hinaus zur Schwächung der Regierung Correa, aber auch zur Darstellung der eigenen Mobilisierungsfähigkeit im Kontext einer weiterhin fragmentierten Opposition. Sowohl die rechte Opposition als auch gemeinhin links von der Regierung verortete Organisationen beteiligten sich gemeinsam an den Protesten und nahmen teils widersprüchliche Ziele in ihren Forderungskatalog auf: Während vermeintlich linke Organisationen auch gegen die hier diskutierten progressiven Reformvorhaben protestierten, machte sich unter anderen der neoliberale Oppositionsführer Lasso für den Erhalt des Pensionsfonds für Lehrer in den Händen der regierungskritischen und eigentlich linksradikalen Gewerkschaft UNE stark[265], positionierte sich gegen die Begrenzung der Gewinnbeteiligungen für Angestellte im Telekommunikationssektor[266] und gegen Pläne zur Senkung der Löhne von Staatsangestellten auf Galapagos[267] (Ecuadorinmediato 24.06.2015).

Wirtschaftseliten und rechte Opposition hatten das politische Terrain für eine Mobilisierung gegen die Fiskalpolitik der Regierung vorbereitet. Die Behauptung, die Steuern seien zu hoch und der Staat ‚fett', ineffizient und unverantwortlich in seinem Ausgabeverhalten, war bereits ein zentraler Aspekt im Wahlkampf der liberal-konservativen Opposition bei den Präsidentschaftswahlen 2013 gewesen. Als nun die sozialen und ökonomischen Fortschritte der *Revolución Ciudadana* ins Stocken gerieten (vgl. Ospina Peralta 2015a), stieß der staats- und steuerkritische Diskurs zunehmend auch auf Zustimmung bei mittleren Sektoren, die bis dato von der Regierungspolitik profitiert hatten. Steuerpolitische Initiativen der Regierung Correa wurden nun stets auf die schlechte Regierungsführung und ineffiziente öffentliche Verwaltung und das Ziel der Regierung zurückgeführt, den Staat auf Kosten des Volkes auszudehnen (Schützhofer 2016).

---

265 Bei den Protesten, an denen auch Anhänger der *Frente Popular* und der oppositionellen Lehrergewerkschaft UNE teilnahmen, wurde der Rücktritt Correas gefordert. Auch der Präsident des Gewerkschaftsverbandes *Organizaciones Clasistas Unitaria de Trabajadores* (CEDOCUT) Mesías Tatamuez rief für den 18. und 24. Juni zu Demonstrationen gegen die Krisenanpassungsmaßnahmen auf. Er postulierte, weder die Regierung, noch der rechte Oppositionsführer Lasso repräsentierten die wahren Interessen des Volkes. Er machte deutlich, dass es der Gewerkschaft um eine Reihe von Maßnahmen und nicht allein um die Erbschaftsteuer gehe (vgl. Ecuadorinmediato 15.06.2015). Auch Quitos Bürgermeister Rodas forderte die endgültige Rücknahme der Gesetzesinitiative und rechtfertigte dies mit der in landesweiten Demonstrationen gezeigten Ablehnung (Ecuadorinmediato 17.06.2015).

266 In Ecuador erhält die Belegschaft eine Beteiligung von 15 Prozent am Unternehmensgewinn, dieser Anteil war bereits vorher für den Erdölsektor auf drei Prozent gesenkt worden. Die Senkung im Telekommunikationssektor wurde nun damit begründet, dass es auch hier zu Gewinnen durch Monopole komme und die hohen Gewinnbeteiligungen ein Mechanismus zur Umgehung der Sozialabgaben darstelle.

267 Hintergrund ist das Ziel der Regierung, die Löhne auf Galápagos am objektiven Preisniveau zu orientieren und hierfür einen galapagosspezifischen Index der Lebenshaltungskosten zu erheben. Bis dahin lag die Vergütung von Staatsangestellten pauschal 100 Prozent über der Vergütung auf dem Festland, während die Löhne im Privatsektor lediglich 75 Prozent über Festlandniveau lagen.

Oppositionsführer Guillermo Lasso bezeichnete den Gesetzesentwurf als Angriff auf die ecuadorianischen Familien und konnte dabei von der Selbstsicht der vielen Klein- und Kleinstunternehmer und ihren Aufstiegshoffnungen profitieren. Die von Correa geäußerte Kritik an der Eigentumskonzentration in den Händen weniger Familien und in nicht professionell geführten, aus seiner Sicht anachronistischen Familienunternehmen, wurde von Opposition und Kommentatoren in den Privatmedien als Angriff auf das Familienunternehmen an sich umgedeutet.[268] Ospina Peralta (2015a: 5) weist diesbezüglich auf die Bedeutung der bestehenden ecuadorianischen Sozialstrukturen hin, die stark von kleinen Familienbetrieben geprägt seien, ebenso wie von dem weit verbreiteten Wunsch, den eigenen Nachkommen ein möglichst großes Vermögen zu hinterlassen, auch wenn dieses noch nicht existiere. Die Arbeitgeberseite konnte sich somit als Verteidiger der Familienunternehmen darstellen, die man nicht verteufeln solle, da es auf dem Unternehmergeist einer Person ankomme, die den erarbeiteten Reichtum dann mit Kindern, Brüdern und weiteren Familienmitgliedern teilen wolle.[269] Die Ablehnung der Erbschaftssteuerreform durch die Unternehmensverbände war angesichts ihrer ideologischen Orientierung und der Bedeutung von familienbasierten Unternehmenskonglomeraten zu erwarten gewesen. Hinzu kommt allerdings, dass die Verbindungen der Wirtschaftseliten zu rechten Oppositionsparteien in den Auseinandersetzungen um diese Reform wieder deutlicher wurden. Die Beteiligung von Teilen des Privatsektors an Protestaktionen ist nicht allein auf die Wahrung eigener Interessen in einer konkreten Auseinandersetzung zurückzuführen, sondern auch auf die Verbindungen dieser Interessengruppen zu rechten Oppositionsparteien und deren über die Ablehnung der konkreten Reformen hinausgehende Ziel, einen grundsätzlichen Richtungswechsel in der Steuerpolitik durchsetzen zu können.

Die bereits im vorangegangenen Abschnitt zur Bedeutung struktureller Macht diskutierte Wahrnehmung einer bevorstehenden Wirtschaftskrise, stellte sich für das *Framing* der Debatte um das Reformvorhaben als zentral heraus. Von Beginn an musste sich die Regierung gegen die Behauptung verteidigen, dass es bei der Reforminitiative in erster Linie um die Erhöhung der Staatseinnahmen gehe. Diese Argumentation hatte wenig bis nichts mit den tatsächlichen Beweggründen für die Erbschaftssteuerreform zu tun, war allerdings in Zeiten von Haushaltskürzungen und anderen fiskal- und handelspolitischen Ad-hoc-Maßnahmen ein leicht vermittelbarer Diskurs. Für seine politische Wirksamkeit war entscheidend, dass die Erhöhung der Staatseinnahmen

[268] In der Analyse der Reformvorschläge war 2016 von Vertreter*innen der Steuerbehörde eine Vermögenssteuer als politisch weniger angreifbare Alternative zur Erbschaftssteuer ins Gespräch gebracht worden. Die nach dem Erdbeben in Manabí eingeführte Vermögensabgabe wurde als erster Erfolg gesehen, an den man eventuell später anknüpfen könne.

[269] Es sei nichts Schlechtes, dass 87 Prozent der Firmen in Ecuador Familienunternehmen seien. Es sei legitim, Firmen mit seinen Nachfahren aufzubauen, da hier das meiste Vertrauen bestehe (Ecuadorinmediato 03.06.2015). Bereits zum Zeitpunkt, als die Gesetze beim Parlament eingereicht wurden, sah sich die Regierung gezwungen, diese Gesetze gegen die Vorwürfe, sie träfen entscheidend auch die Mittelschicht, zu verteidigen. Im Gegenzug kritisierte Correa, die Unternehmervertreter verteidigten nicht Unternehmen, sondern Dynastien. Mit dem Betrieb der Firmen und ihrer Kosten habe das Erbschaftssteuergesetz aus technischer Sicht nichts zu tun. Er warnte davor, sich von der Angstkampagne der Opposition beeindrucken zu lassen (Ecuadorinmediato 06.06.201S).

durch den soeben wiedergegebenen anti-etatistischen Diskurs als nicht legitim dargestellt werden konnte. Hierzu dienten auch die bereits während der Phase des *Circulo Virtuoso* von Regierungskritiker*innen stets wiederholten Übertreibungen hinsichtlich der aufgrund der Erdölpreissteigerungen erzielten Staatseinnahmen: Die verbesserten staatlichen Leistungen, so die implizit, aber auch explizit geäußerte Kritik, seien lediglich die Folge der durch den höheren Erdölpreis gestiegenen Staatseinnahmen, die von der unverantwortlich agierenden Regierung nicht zur Vorsorge in Rohstofffonds angelegt worden seien.[270]

Für die politischen Beurteilung der Lage im Jahr 2015 ist indes nicht nur von Bedeutung, dass sich das Land in einer wirtschaftlichen Stagnation befand und eine tiefere Wirtschaftskrise fürchtete, sondern auch, dass die Wirtschaftsverbände und diesen nahestehende Oppositionssektoren die wirtschaftlichen Probleme als Folge einer verfehlten Politik der *Revolución Ciudadana* darzustellen vermochten und den Rückbau des Staates forderten. Die Annahme, dass es sich um eine Reform zur Steigerung der Staatseinnahmen handele, erschien angesichts der wirtschaftlichen Lage und Haushaltsengpässe für viele Bürger somit plausibel. Dabei konnte die Opposition nicht zuletzt auf das kollektive Gedächtnis der ecuadorianischen Bevölkerung zurückgreifen, dem zufolge das verlorene Jahrzehnt der 1980er Jahre seine Ursache in der Verschwendung der Regierung während des so genannten *Boom Petrolero* der 1970er Jahre hatte.

Die Regierung Correa hielt dagegen: Ziel der Erbschaftssteuerreform sei Verteilungsgerechtigkeit, weshalb die Möglichkeit bestehe, Firmenanteile an die Mitarbeiter weiterzugeben, statt diese Steuer zu zahlen, betonte Correa. Das von der Regierung angestrebte *Framing* der Debatte wird bereits durch die Bezeichnung der Gesetzesinitiative zur Erbschaftssteuerreform als Gesetz zur Umverteilung des Reichtums deutlich. Auch versuchte Präsident Correa, das Thema sozialer Ungleichheit in den Fokus der Debatte zu rücken. Hier liege Ecuador auf Platz 132 von 160 Ländern, womit Ecuador lediglich im besonders ungleichen Lateinamerika zu den etwas weniger ungleichen Ländern gehöre. Seit Beginn der *Revolución Ciudadana* war aber die Bedeutung von bestehender sozialer Ungleichheit als drängendes Problem in den Augen vieler Menschen zurückgegangen. Die Regierung Correa wurde somit paradoxerweise tendenziell Opfer der Darstellung und Wahrnehmung ihrer eigenen sozialpolitischen Erfolge, hatte sie zuvor ja immer wieder auf Fortschritte in der Bekämpfung von Ungleichheit hingewiesen. Die Tatsache, dass die Regierung ihre Initiative als Gesetz ökonomischer Dringlichkeit vorlegte, verstärkte allerdings vorhandenes Misstrauen gegenüber der Regierung und förderte die Mobilisierungsfähigkeit der Opposition gegen die geplante Reform.

---

[270] Ich argumentiere, dass die Nachteile von Investitionen in derartige Fonds aufgrund der hohen Opportunitätskosten bei weitem überwiegen und diese keinen guten Indikator für fiskalpolitische Nachhaltigkeit darstellen (siehe Kapitel 3.3.1). Für die politische Auseinandersetzung im Vorfeld einer drohenden Rezession konnte die linke und rechte Opposition die Darstellung einer angeblichen Verschwendung der Erdöleinnahmen aber effektiv für sich nutzen.

Ein wesentliches Manko bei der Vorlage der Erbschaftssteuerreform war es, dass sie nicht von Beginn an mit populären sozialen Maßnahmen verknüpft wurde. Dies erschwerte die Mobilisierung der *Sectores Populares* für die Unterstützung des Reformvorhabens (vgl. Fairfield 2013, 2015), die die Regierung in dieser Phase aber dringend gebraucht hätte. Die Bedeutung der Proteste gegen diese Reform wiederum ist weniger über ihre Größe als über ihre Persistenz und die Tatsache zu verstehen, dass den Reformgegnern die Mobilisierung von Sektoren gelang, die ihren Unmut bis dato kaum auf der Straße ausgedrückt hatten. Auch Politiker*innen unterschiedlichster politischer Couleur unterstützten die Proteste und versuchten so, die Mobilisierung gegen die Regierung Correa für sich zu nutzen.[271]

In den von mir durchgeführten Stakeholder-Interviews zeigten sich Regierungsvertreter unter anderem auch von der Vehemenz der medialen Reaktion überrascht und räumten ein, dass es von Seiten der Regierung an Informationsarbeit gemangelt habe. In der Auseinandersetzung um die Reforminitiativen konnten die Wirtschaftseliten ohne Zweifel auf die Privatmedien als wichtige instrumentelle Machtressource zurückgreifen, die vor allem den Reformgegnern ein Forum boten, deren Kommentare sich fast ausnahmslos gegen die Reformpläne richteten. Dass sich auch Vertreter von Gewerkschaften und sozialen Bewegungen gegen die Reformen wandten, durchbrach das seit Beginn der *Revolución Ciudadana* von der Regierung Correa favorisierte *Framing* politischer Auseinandersetzungen als Konflikt zwischen neoliberalen Eliten und *Partidocracía* auf der einen und der am Gemeinwohl interessierten Regierung auf der anderen Seite. Die Opposition habe, so Regierungsvertreter im Interview, die ‚Kommunikationsschlacht' gewonnen und sich zum Verteidiger der Familie stilisiert, wobei die Kommunikationsmedien die Angst vor der Reform nicht nur bei weiten Teilen der gehobenen Mittelklasse geschürt hätten, sondern auch bei faktisch mittleren Einkommenssektoren, also weit über die Sektoren der eigentlich Betroffenen hinaus. Den Unterstützer*innen der *Revolución Ciudadana* gelang es nicht, die passenden Antworten auf die Mobilisierung dieser breit angelegten Niedrigsteuerallianz zu finden, was nicht zuletzt auch an selbst verursachtem Missmanagement vor der Veröffentlichung der Reformpläne lag. Der Präsentation der Erbschaftssteuerreform durch Correa war weder ein Konsultations- und Dialogprozess innerhalb der Regierungspartei *Alianza PAIS* noch mit nahestehenden sozialen Organisationen vorausgegangen. Es fehlte hier offensichtlich an einer integrativen Aushandlungs- und effektiven Kommunikationsstrategie.

Die Regierung reagierte erst im Nachhinein mit einer Informationskampagne, installierte Online-Steuerrechner auf staatlichen Websites. Sie versuchte die Debatte auf das Thema Steuervermeidung und Steuerhinterziehung zu konzentrieren, wobei konkrete Anschuldigungen gegen die führenden Oppositionspolitiker Jaime Nebot und Guillermo Lasso hinsichtlich ihrer auffällig

[271] Als weiterer ehemals linker Lokalpolitiker wandte sich auch der Präfekt von Azuay Paúl Carrasco gegen die Reformprojekte der Regierung und kündigte an, sich ebenfalls an Protesten zu beteiligen, nachdem Jaime Nebot, bereits für den 25. Juni und Quitos Bürgermeister Mauricio Rodas für den 26. Juni zu Protesten aufgerufen hatten. Auch CREO-Führer Guillermo Lasso rief für den 19. Juni zu einer Demonstration auf (Ecuadorinmediato 18.06.2017).

niedrigen Steuerzahlung vor Beginn der *Revolución Ciudadana* erneut vorgebracht wurden, was von den Privatmedien allerdings weitgehend ignoriert wurde. Außerdem wurde ein Dialogprozess mit unterschiedlichen Gruppen der Zivilgesellschaft und nicht organisierten Bürgern begonnen, auf den ich im nachfolgenden Abschnitt näher eingehe (Redacción Política 03.01.2016; Le Quang 2016).

Die Möglichkeit, durch die Reforminitiativen Bündnisse mit sozialen Bewegungen und Gewerkschaften zu etablieren, war durch die seit 2009 tiefer gewordenen Spaltungslinien zu diesen Organisationen und deren Proteste gegen erste Strukturanpassungsmaßnahmen der Regierung Correa im Jahr 2015 schon erschwert. In diesem Kontext ist ergänzend anzumerken, dass die schwierige wirtschaftliche Situation die Möglichkeiten der Regierung, auf soziale Forderungen einzugehen, einschränkte und es bereits im März 2015 zu Demonstrationen, beispielsweise gegen die Einführung von Schutzzöllen und eine Reihe weiterer Konfliktpunkte gekommen war (Redacción Economía 13.03.2015).

Auch vermeintlich linke Regierungsgegner des Gewerkschaftsverbands FUT und des Indigenen Dachverbandes CONAIE mobilisierten gegen die Regierung, wobei sie die Ablehnung der ihnen letztlich zu Gute kommenden progressiven Erbschaftssteuer als weiteren Punkt in ihren deutlich umfangreicheren Forderungskatalog aufnahmen (Le Quang 2016). Die Vielzahl von Konflikten der Regierung mit sozialen Bewegungen und Gewerkschaften schwächten diese nun in der Auseinandersetzung um die Erbschaftssteuerreform. Dass sich sogar Organisationen der *Sectores Populares* ablehnend über die geplante Reform äußerten, wirkte sich ebenfalls negativ auf die Mobilisierungsfähigkeit des Regierungslagers aus und begünstigte das negative *Framing* von Wirtschaftseliten und rechter Opposition.

Die auf inhaltlicher Ebene schwer nachvollziehbare Haltung nennenswerter Teile der organisierten *Sectores Populares* gegen die umverteilungsorientierte Erbschaftssteuerreform ist wohl am ehesten durch die bereits seit 2009 vertieften Konfliktlinien zu erklären. Auch die Opposition der linksökologischen Bewegung zur Regierung Correa kann nicht, wie von Regierungsseite wiederholt erklärt, durch das schlechte Abschneiden Alberto Acostas und der ihn unterstützenden Parteien bei den Präsidentschafts- und Parlamentswahlen 2013 erklärt werden.[272] Die bereits erwähnten Konflikte, die auf das Regierungshandeln mit dem Ziel der Umgestaltung des Institutionensystems und der Auflösung korporatistischer Verbindungen zwischen Staat und Zivilgesellschaft zurückgeführt werden können, waren durchaus auch durch den delegitimierenden Diskurs

[272] Die aufgrund mangelnder Unterstützung durch internationale Geldgeber zu erwartende Aufkündigung der YASUNI Initiative 2013 hatte zum endgültigen Bruch wichtiger Teiler der Umweltbewegung mit der Regierung Correa geführt. Dass von über 700000 vorgelegten Unterschriften der Bewegung YASUNIDOS letztlich weniger als die Hälfte durch den nationalen Wahlrat anerkannt wurden und das Quorum für eine angestrebte Volksabstimmung letztlich nicht erreicht wurde, hatte – ob die Entscheidung des Wahlrats nun gerechtfertigt war oder nicht – zur weiteren Entfremdung zwischen Regierung und Teilen der sozialen Bewegungen geführt (Wolff 2014). Diese zum Teil bereits während der Phase des *Circulo Virtuoso* begonnenen Konflikte schränkten die Bündnisfähigkeit der Regierung Correa nun merklich ein.

der Regierung vertieft worden (Zibechi 2015). Hinzu kamen die Konflikte bezüglich extraktiver Entwicklungsprojekte, unterschiedlicher Umweltschutzpositionen und um den Fortbestand lokaler Lebensweisen.

Auch innerhalb der Regierung war der Vorlage des Reformvorhabens kein inklusiver Konsultationsprozess vorausgegangen, so dass die dem Privatsektor nahestehende koordinierende Ministerin für die Produktionssektoren Nathaly Cely am 18. Juni 2015erklärte, nicht über die Reformprojekte informiert worden zu sein, womit sie eine klare Positionierung zugunsten dieser Reformvorhaben unterließ (Enríquez 18.06.2015). Auch innerhalb des Regierungslagers fehlte es somit an Kohärenz und Geschlossenheit bei der Verteidigung des Reformvorhabens. Nicht nur die dezidiert dem liberal-konservativen Spektrum zuzurechnenden Parteien kritisierten dieses Reformvorhaben, sondern auch ehemalige Bündnispartner der Regierung, wie die sich als sozialdemokratisch orientiert verstehende Partei *AVANZA*, die noch bis April 2015 den Industrieminister gestellt hatte, sich dann aber aus der Unterstützungskoalition für die Regierung *Frente UNIDOS* zurückzog. Zum Zeitpunkt der Erbschaftssteuerreform war die in der politischen Mitte angesiedelte Partei *Centro Democrático* noch Teil der Allianz, obwohl deren wichtigste Vertreter*innen ebenfalls auf Distanz zu den Reformvorhaben gingen (Ecuadorinmediato 14.06.2015; Redacción El Tiempo 05.06.2015). Das Problem mangelnder Geschlossenheit in der Verteidigung des Reformvorhabens ging somit über die angesprochenen Kommunikationsdefizite hinaus. Es ist auch auf „Kräfte und Personen innerhalb der Regierung, die für einen eher wirtschaftsnahen Kurs stehen" und innerhalb der Regierung „deutlich an Gewicht gewonnen" hatten, zurückzuführen (Wolff 2014: 49).

Zu Beginn der Regierungszeit Correas war die offensive Konfrontation mit der politischen Opposition und bedeutender Kommunikationsmedien und deren Steuervermeidungs- und Steuerhinterziehungspraktiken eine effektive politische Strategie gewesen. Sie verstärkte die moralische Entrüstung der Bevölkerung über die ohnehin diskreditierten Eliten und erhöhte das Vertrauen in die Veränderungsbereitschaft der *Revolución Ciudadana.* Die Regierung Correa selbst blieb aber in den Folgejahren nicht frei von eigenen, teils eher medial inszenierten und teils tatsächlichen Skandalen. Dadurch gelang es den alten Eliten zunehmend, der vormals eindeutigen Wahrnehmung diesbezüglicher Auseinandersetzungen mit dem Verfahren *To muddy the water* ihre anfängliche Klarheit zu nehmen: Von eigenen Schwächen und Legitimitätsdefiziten konnte nun nach dem Motto *'peor sos vos'* (schlimmer bist du selbst) abgelenkt werden.[273] Die Personalisierung und Zuspitzung in dieser Auseinandersetzung warf für die Regierung Correa nach acht Jahren Regierungszeit die Frage auf, warum man nicht bereits früher konsequenter gegen die nun beklagten Praktiken vorgegangen war.

9.4.4 Mobilisierung, Partizipation und Gesetzesänderungen – Schlussfolgerungen aus einer gescheiterten Reformstrategie

Aus Sicht der Regierung Correa ging es bald um deutlich mehr als nur um die Gesetze zur Erbschaftssteuer und gegen Immobilienspekulation, sondern um die Verteidigung des politischen Prozesses namens *Revolución Ciudadana.* Ein Putsch sei im Gange, so Correa, der die Gewalt bei Demonstrationen der Opposition verurteilte und vor einer konservativen Restauration warnte. Die Opposition wolle weder über den wahren Inhalt der Gesetze diskutieren, noch über das Problem der Ungleichheit. Er beklagte darüber hinaus eine groß angelegte Desinformationskampagne der Opposition. Die Gesetzesinitiativen seien zurückgezogen worden, um den sozialen Frieden während des Papstbesuchs zwischen dem 5.und 8. Juli 2015 zu gewährleisten (Ecuadorinmediato 20.06.2015).

Umfragen zufolge lehnte zu diesem Zeitpunkt die Mehrheit der Befragten nicht nur die Erbschaftssteuerreform ab, auch die Regierung Correa selbst büßte nach der Präsentation der Reforminitiativen zunächst deutlich an Zustimmung ein. Sie konnte sich aber schnell wieder auf relativ hohem Niveau stabilisieren.[274] Die vorläufige Zurücknahme der Gesetzesentwürfe führte aber nicht zu einem Ende der Proteste, direkt nach dem Papstbesuch wurden sie fortgesetzt. Auch deutete wenig darauf hin, dass Correa die Reforminitiative wieder aufgreifen würde (Ospina

[273] Ende Juni 2015 gab die Direktorin des SRI Ximena Amoroso bekannt, dass die Steuerbehörde die Steuerzahlungen von Guayaquils Bürgermeister auf Bitten von Generalstaatsanwalt Galo Chiriboga überprüfe. Bei einer Pressekonferenz Rafael Correas nahm Amorosa dazu Stellung, dass Nebot im Jahr 2001 lediglich 600 USD Steuern zahlte, im Jahr 2014 aber 66000 USD. Amoroso informierte, dass das Haus des Bürgermeisters auf der Insel Mocolí im Besitz der mit der Firma Nebot verbundenen Firma Ingersa sei, um die Steuerzahlung zu umgehen. Da die Firma Ingersa wiederum einem Treuhandfond in Panama gehöre, müsse nach den geltenden Gesetzen keine Erbschaftssteuer gezahlt werden: (Ecuadorinmediato 30.06.2015). Als Correa in der Auseinandersetzung um die Erbschaftssteuerreform auf die merkliche Erhöhung der Steuerzahlung von Oppositionsführer und Bankier Guillermo Lasso aufmerksam machte und die wundersame Vermehrung von dessen Reichtum hinterfragte, der noch 2001 lediglich 1600 USD Steuern gezahlt hatte, im Jahr 2014 aber 5,2 Millionen, reagierte dieser mit dem Hinweis, dass er in den letzten 15 Jahren 137 mal mehr Steuern als Präsident Correa gezahlt habe, der außerdem keine Steuern auf eine Entschädigungszahlung in Höhe von 600 Tausend USD gezahlt habe, die er durch einen Prozess gegen eine Bank erhalten hatte. Dass auf derartige Entschädigungen keine Steuerpflicht existiert und Correa die Hälfte der Zahlung gespendet hatte, interessierte hier für die politische Auseinandersetzung nur in zweiter Linie. Das Ziel der Auseinandersetzung, der *Revolución Ciudadana* die Klarheit der Anfangsjahre zu nehmen, hatte die Opposition im Jahr 2015 erreicht (Ecuadordorinmediato 29.06.2015).

[274] Laut CEDATOS sank die Zustimmung im Juni auf 42 Prozent, die Ablehnung lag bei 48 Prozent. Im September lag die Zustimmung dann wieder bei 52 Prozent, die Ablehnung bei 42 Prozent. Bei anderen Umfrageinstituten liegt die Zustimmung deutlich höher (CEDATOS 2015). Correa betonte stets, dass es um die Kontinuität des entwicklungspolitischen Prozesses gehe und nicht um seiner Präsidentschaft.

Peralta 2015a: 5-6). Für die Opposition ging es nun darum, die Regierung weiter zu schwächen und eine endgültige Rücknahme der Reforminitiative durchzusetzen.

Le Quang (2016: 44-45) benennt die nach dem Zurückziehen des umstrittenen Gesetzes erfolgte Dialoginitiative mit NGOs, Gewerkschaften, Unternehmern und nicht organisierten Bürgern als geeignetes Mittel zur Anerkennung der Legitimität verschiedener sozio-politischer Akteure und ihrer Forderungen, aber auch der Einbeziehung von nicht organisierten Bürgern. Damit sei den sozialen Akteuren eine Stimme gegeben worden, die dadurch beim Staat die Fähigkeit sähen, ihre Rechte zu schützen. Das vorläufige Scheitern der hier dargestellten Reforminitiativen hatte die Grenzen des von der Regierung Correa geprägten Vorgehens sichtbar gemacht. Als Regierung voranzuschreiten, die Auseinandersetzung mit den Wirtschaftseliten entlang des verteilungspolitischen *Cleavages* zu strukturieren und dadurch die Zustimmung breiter Teile der Bevölkerung für das jeweilige Reformprojekt zu erhalten, ohne dass die Zustimmung vorab durch Konsultationen und Dialogprozesse mit Gewerkschaften und sozialen Organisationen abgesichert worden wäre, erschien nun als ein erkennbar nicht ausreichendes politisches Konzept. Auch Organisationen von der Regierung nahestehenden sozialen Bewegungen wie die interkulturelle Bauernorganisation FENOCIN, die sich grundsätzlich positiv zur Erbschaftssteuerreform äußerten, bemängelten die fehlende Konsultation im Vorfeld. Die Regierung hatte sich demnach zu einem Zeitpunkt unzureichend um die nötige *Input*-Legitimität für ihr Reformvorhaben durch Konsultationen und Berücksichtigung der Forderungen sozialer Organisationen bemüht, als die *Output*-Legitimität ihres Entwicklungsmodells angesichts fallender Staatseinnahmen und stagnierender sozialer Fortschritte ebenfalls geschwächt war.

Somit ist der auf verschiedenen Ebenen begonnene Dialogprozess nicht zuletzt als Versuch zu verstehen, verlorenes politisches Kapital der *Revolución Ciudadana* zurückzugewinnen und wohl auch aufgrund der unerwartet schwachen Mobilisierungsfähigkeit politischer Unterstützer. Es erwies sich als notwendig, von der bis dahin verfolgten Praxis abzurücken, Anti-Regierungsprotesten schlicht mit der Mobilisierung der eigenen Anhänger zu begegnen (Ospina Peralta 2015a; Le Quang 2016). Die Dialoginitiative beschränkte sich dabei nicht auf das Feld der Steuerpolitik. Es wurden verschiedene Dialogräume geschaffen, so zum Beispiel zu bereichsspezifischen Konflikten mit und Forderungen von sozialen Organisationen, Gewerkschaften und Verbänden einerseits und den entsprechenden Fachministerien und Behörden andrerseits. Außerdem wurde auf übergreifende Themen eingegangen, die von den ethnisch-kulturellen Organisationen, Jugendverbänden und NGOs eingebracht wurden. Durch Legislative und Exekutive wurden in den sieben Verwaltungszonen des Landes Vorschläge von nicht organisierten Bürger*innen sowie von sozialen Bewegungen und Interessengruppen aufgenommen. Darüber hinausgehend wurde durch die SENPLADES ein Dialogprozess zum Thema Gleichheit und soziale Gerechtigkeit organisiert. Von der Regierungspartei *Alianza PAIS* wurde ebenfalls ein Bürgerdialog zu sozialer Gleichheit und Gerechtigkeit organisiert und dabei über die Erbschaftssteuerreform und die Anti-Immobilienspekulationssteuer informiert (Le Quang 2016: 43–44).

Bei seiner Rede zur Lage der Nation 2016 kündigte Rafael Correa an, eine stärker fokussierte Reform der Erbschaftssteuerreform in den parlamentarischen Prozess einzureichen. Diese Fokussierung des Reformvorhabens kann als Reaktion auf die Proteste von Mittelschichtsektoren gewertet werden. Außerdem sollte Betriebsvermögen von der Besteuerung ausgenommen werden (Correa 2016). Bereits am 25. Juni 2015 hatte Correa nach Gesprächen mit 'ehrlichen Unternehmern' geäußert, dass eine Beibehaltung der aktuellen Steuersätze für Firmen möglich sei, sofern alle Formen der Steuerhinterziehung, insbesondere über Treuhandfonds, überwunden werden könne (Ecuadorinmediato 25.06.2015). Im Oktober 2015, damit fast genau ein Jahr, nachdem Correa das ursprüngliche Reformvorhaben zwischenzeitlich zurückgezogen hatte, reichte die Regierung einen lediglich gegen Steuerschlupflöcher gerichteten Reformvorschlag ein (El Telégrafo 24.10.2015). Dieser wurde schließlich ein Jahr später, im Juni 2016 verabschiedet. Verknüpft wurde er mit einer Gesetzesinitiative, die Stipendien für gesellschaftlich benachteiligte ethnische Minderheiten wie Indigene und Afro-Ecuadorianer, Migranten und Kinder alleinerziehender Mütter vorsah (Redacción Web 16.06.2016).

Rückblickend ist daher festzustellen, dass nach der fehlgeschlagenen Reforminitiative die Erbschaftssteuerreform zwar deutlich abgeschwächt werden musste, dass aber durchaus wichtige Fortschritte gegen Steuervermeidungsstrategien erzielt werden konnten. Alles in allem markiert die Rücknahme des ursprünglichen, radikaleren Reformvorhabens nach den heftigen Protesten aber einen wichtigen Einschnitt in der Steuerpolitik des Landes. Dass die Reforminitiativen der Regierung aufgrund heftiger Reaktionen zurückgezogen werden mussten, zeigt zudem den geringen Spielraum für eine progressive Politik in Ecuador. Die hohen politischen Kosten dieses auf die Umverteilung von Vermögen abzielenden Reformvorhabens waren deutlich zu spüren: Der Widerstand gegen die Zahlung von Steuern im Allgemeinen wurde durch die Auseinandersetzung über die konkreten Reformvorschläge hinaus gestärkt.

9.5 Zwischenfazit

Im Folgenden sollen diejenigen Erkenntnisse zusammenfassend dargestellt werden, die aus den vorherigen Unterkapiteln des 9. Kapitels gewonnen werden konnten Ich habe in dieser Arbeit zwei – teils komplementäre, teils gegeneinanderstehende – Forschungshypothesen formuliert. Die erste Hypothese fokussiert darauf, dass die strukturelle Macht von Wirtschaftseliten zunächst durch höhere Rohstoffeinnahmen des Staates zurückgedrängt wird, der Staat dadurch größere Handlungsfähigkeit und ein höheres Maß an *Output*-Legitimität gewinnt und somit auch eine Grundlage für weitere Fortschritte beim Aufbau eines starken Steuerstaats hat. Damit entspricht diese Forschungshypothese weitgehend dem im Ausgangsmodell des *Circulo Virtuoso* erwarteten Verlauf des Veränderungsprozesses. Die zweite von mir formulierte Hypothese fokussiert auf instrumentelle Macht und auf die Frage, inwiefern es – ausgehend von dem Verlust instrumenteller Macht der Wirtschaftseliten – im Zuge der tiefen Krise des alten politischen Systems gelungen ist, während der *Revolución Ciudadana* politische Institutionen und Entscheidungsprozesse zu etablieren, die ein höheres Maß an *Input*-Legitimität ermöglichen.

Zu meinem Forschungsinteresse gehörte es auch, die Reichweite und Beständigkeit des nachgezeichneten Reformprozesses zu untersuchen. Rückblickend zeigt sich, dass dies durch die Betrachtung der steuerpolitischen Dynamik in wirtschaftlich unterschiedlichen Entwicklungsphasen bei gleichbleibender Regierung besonders gut möglich war. Latente Probleme und Schranken des Reformprozesses sowie Probleme auf der tagespolitischen Ebene wurden zum Teil erst in der wirtschaftlich schwierigen Lage ab der zweiten Jahreshälfte 2014 deutlich. Die vorangegangene Analyse diente nicht zuletzt dazu, die Bedingungen für progressive Steuerreformen in zwei unterschiedlichen Kontexten gegenüberzustellen, wobei ich, im Anschluss an die Darstellung von Kontinuitäten und Unterschieden in der Kräftekonstellation während und nach dem *Circulo Virtuoso,* einen starken Fokus auf den Vergleich der beiden Fallstudien in den Unterkapiteln 9.2 und 9.4 legte.

Am Beginn des *Circulo Virtuoso* stand zunächst eine gezielte Konfrontation der Regierung insbesondere mit rentenorientierten Wirtschaftseliten. Diese diente der Durchsetzung der Richtlinienkompetenz des Präsidenten und des Steuermonopols, dem Zurückdrängen partikularistischer Wirtschaftsinteressen, sowie den Maßnahmen zur Generierung höherer Steuereinnahmen und zur Implementierung eines progressiven Steuersystems. Die als letztlich unverzichtbar erscheinende Zusammenarbeit mit den Wirtschaftseliten sollte später erfolgen, und zwar auf Grundlage der oben zusammengefassten Veränderungen und Maßnahmen, welche den Staat in eine stärkere Position bringen und ihn auch als zentralen Entwicklungsakteur definieren sollten.

Der Regierung Correa gelang es, dem eigenen *Framing*, das zur Begründung ihrer Reformvorhaben diente, einen zentralen Platz in der öffentlichen Auseinandersetzung zu geben. Dominant im Fokus standen daher Fragen der sozialen Ungleichheit, der Steuerhinterziehung und Korruption der Eliten sowie der Erneuerung des Staatswesens insgesamt. Es gelang der Regierung damit, kontrastierende Forderungen, wie die der Wirtschaftseliten nach stärkeren steuerpolitischen Entlastungen angesichts einer relativ guten Haushaltslage, in den Hintergrund zu drängen. Auch war sie damit erfolgreich, die vertikale verteilungspolitische Spaltungslinie ins Zentrum der Auseinandersetzung zu rücken und ihr Vorgehen zudem als Frage der Fairness gegenüber den ehrlichen Steuerzahlern und als Mittel gegen korrupte Praktiken und Privilegien von Eliten zu präsentieren. Dabei ist eine starke Übereinstimmung zwischen dem generellen *Framing* dieser steuerpolitischen Reformstrategie und der konkret eingesetzten Strategie für das Reformvorhaben der *Ley para la Equidad Tributaria* festzustellen, auf das ich noch zurückkommen werde.

Die Analyse zeigt, dass die anfangs kohärente Reformstrategie der Regierung Correa nach dem *Circulo Virtuoso* stärker von Widersprüchen geprägt war. Durch die drohende Rezession verschärften sich Verteilungskonflikte, jedoch unterblieb eine weitere Konfrontation mit den Wirtschaftseliten, da sie von breiten gesellschaftlichen Sektoren als Ursache weiterer Instabilität gesehen worden wäre. Das Regierungshandeln schwankte daher zwischen Kooperationszwang, Konfrontation und erhöhtem Legitimationsbedarf durch verschärfte Verteilungskonflikte. Einer weiteren umverteilungsorientierten Reformstrategie stand in dieser Phase entgegen, dass es der liberal-konservativen Opposition und den Wirtschaftsverbänden gelungen war, die bestehenden Krisentendenzen als Folge eines staatszentrierten Wirtschaftsmodells darzustellen und Forderungen nach einer Senkung der Staatsausgaben zu erheben. Die stets für die mediale Inszenierung besonders dankbaren, aber faktisch wenig bedeutsamen Haushaltsposten, wie zum Beispiel die Kosten für die Präsidentenmaschine oder für die *Secretaria del Buen Vivir,* konnten als Ursachen für die Probleme des Landes präsentiert werden, deren Abschaffung als Lösung.

In der öffentlichen Debatte zeigte sich zudem, dass das *Framing* der steuerpolitischen Auseinandersetzung als Frage nach der vertikalen sozialen Gerechtigkeit in Verlauf der *Revolución Ciudadana* an Gewicht gewonnen hatte. Auf der politischen Ebene hatten sich Konflikte mit korporatistischen Sektoren auch innerhalb des Staatssektors verschärft und auch mit ehemals der Regierung nahestehenden Organisationen der *Sectores Populares* waren neue Spaltungslinien entstanden. Dadurch bedingt kam kein breites gesellschaftliches Bündnis für die angestrebten verteilungspolitischen Reformen der Regierung zustande, auch weil die Formierung eines solchen Bündnisses von anderen Konflikten überlagert war. Bezüglich dieser Konfliktlinien ist zwischen dem öffentlich proklamierten und für einen Teil der linken Opposition zur Regierung Correa zweifellos wichtigem Ziel, den Extraktivismus zu überwinden und ein sozial gerechtes, demokratisches Gesellschaftsmodell im Sinne des *Buen Vivir* aufzubauen, und der Konfrontation mit korporatistischen Interessen zu unterscheiden, wenngleich sich beide Ebenen teilweise überlagern.

Auf der Ebene instrumenteller Macht konnte die Regierung Correa zu Beginn der *Revolución Ciudadana* mit den Wahlen zur Verfassungsgebenden Versammlung zügig auch eine parlamentarische Mehrheit erreichen. Dies bedeutete nach der Regierungsübernahme Correas für die wirtschaftlichen Eliten eine weitere Schwächung ihres Zugangs zu, beziehungsweise ihrer Präsenz in den politischen Entscheidungszentren. Zwar verlor *Alianza PAIS* bei den Wahlen 2009 die absolute Mehrheit, die Regierung konnte sich aber bereits auf eine neue Verfassungsgrundlage stützen, die der Exekutive in fiskalpolitischen Fragen größere Befugnisse einräumt. Im Hinblick auf die Gewinnung instrumenteller Macht sind auch die staatlichen Maßnahmen zur Stärkung der administrativen Kapazitäten der Steuerbehörde zu nennen, ihre stärkere Fokussierung auf die Kontrolle so genannter großer Beitragszahler*innen und Unternehmenskonglomeraten, ebenso wie der Aufbau des Zentrums für Fiskalstudien der Steuerbehörde *CEF*.

Die Regierung Correa stärkte ihre eigene Expertise in fiskalpolitischen Fragen durch den starken Einfluss heterodoxer theoretischer Ansätze. Dies bewirkte eine Artikulationskrise traditioneller Wirtschaftseliten, die sich sowohl auf der Ebene des öffentlichen Diskurses als auch im Hinblick auf die Präsenz und den Zugang zu den politischen Entscheidungsträgern zeigte. Dennoch blieben die Organisationen der Wirtschaftseliten für die Regierung Correa stets sowohl zentrale Gegenspieler als auch gewichtige Kooperationspartner in fiskalpolitischen Fragen. Den Organisationen der *Sectores Populares* gelang es demgegenüber kaum, ihre Positionen effektiv geltend zu machen. Dies ist vor allem auf deren mangelnde Fähigkeit zurückzuführen, über die Interessen einzelner Organisationen hinausgehende, allgemeinere Klasseninteressen zu formulieren. Zudem fehlten ihnen weitestgehend die Kapazitäten, die sie für die Einflussnahme auf konkrete Reformvorhaben der Regierung Correa gebraucht hätten.

Bereits während des *Circulo Virtuoso* war es den Wirtschaftseliten gelungen, sich ihrer Schwächung zum Trotz neu zu formieren und ihre Forderungen nach steuerlichen Ausnahmeregelungen in die Debatte um den Wandel der Produktionsstrukturen einzubringen, den die Regierung Correa anstrebte. Wie der bereits 2010 verabschiedete *Código de la Producción* mit zahlreichen Ausnahmeregelungen zeigt, konnten die Unternehmenssektoren hier ihre instrumentelle Macht zur Beeinflussung der Entscheidungsträger*innen innerhalb der Regierung Correa nutzen, was besonders bei den stärker durch betriebswirtschaftliches Denken geprägten und mit der Förderung der Produktion befasst Regierungsinstitutionen möglich war, da sie federführend für die Ausarbeitung besagter Reform verantwortlich waren.

Die Analyse des Verlaufs des *Circulo Virtuoso* zeigt, dass die Wirtschaftseliten zu Beginn der Regierungszeit Correas ihre instrumentellen Machtressourcen nur eingeschränkt mobilisieren konnten, auch und gerade weil der Konfrontationskurs der Regierung mit den bestehenden Elitesektoren in weiten Teilen der Bevölkerung als Zeichen ihres glaubhaften Veränderungswillen gesehen wurde. Auch die liberal-konservativen Parteien waren, wie unter anderem die Wahlergebnisse zeigen, zunächst geschwächt, die Wirtschaftseliten unterstützten bei den Wahlen 2009 letztlich den ideologisch wenig gebundenen Ex-Präsidenten Lucio Gutiérrez. Bei den Wahlen 2013 kam es dann aber zu einer deutlich inhaltlicheren Entscheidung über den politischen Kurs in Ecuador. Zu wählen war zwischen einer Fortsetzung der *Revolución Ciudadana* und einem neoliberal-unternehmerischen Modell, das von Guillermo Lasso verkörpert wurde. Die Niederlage Lassos kann rückblickend als Ausgangspunkt zur Neuformierung einer klar an den partikularen Interessen der Wirtschaftseliten ausgerichteten Opposition gedeutet werden, die außer von Lassos Partei CREO auch von der PSC getragen wurde.

In der Phase wirtschaftlicher Schwierigkeiten ab der zweiten Jahreshälfte 2014 gelang es Wirtschaftsverbänden und den liberal-konservativen Kräften dann zunehmend, die ökonomischen Probleme in der Öffentlichkeit als Folge von Überregulierung, von zu hohen Steuern und eines ausufernden Staates darzustellen. Dadurch konnten sie die Legitimation von steuerpolitischen Initiativen der Regierung in öffentlichen Debatten in Frage stellen. Auch gelang es den wirtschaftlichen Eliten nun, bei steuer- und fiskalpolitischen Fragen zunehmend Allianzen mit Mittelklassesektoren aufzubauen.

Meine Analyse zeigt, dass die Zustimmung zur Regierung Correa zunächst stark von der Ablehnung des alten politischen Systems und des neoliberal-unternehmerischen Entwicklungswegs getragen war. Die sich dann einstellende *Input*-Legitimation der neuen Regierung basierte dagegen nicht zuletzt darauf, dass eine konsequente Umsetzung von Wahlversprechen in Bezug auf den institutionellen Wandel und sozialen Forderungen erfolgte.

In der Phase wirtschaftlicher Schwierigkeiten nach dem *Circulo Virtuoso* zeigten sich dann allerdings die Grenzen der *Input*-Legitimität – der in Wahlen gewonnenen breiten parlamentarischen Mehrheit zum Trotz. Die fallenden staatlichen Einnahmen und wirtschaftlichen Krisentendenzen führten zu verschärften Verteilungskonflikten und erhöhten die Legitimitäts-Anforderungen an die Regierung. Als Hindernis für das Ziel, die 2007 begonnene – auf Einnahmeerhöhungen und gerechtere Verteilung setzende – Steuer- und Fiskalpolitik fortzusetzen und zu vertiefen, erwiesen sich nicht zuletzt auch die Konflikte mit Organisationen der *Sectores Populares,* die dazu führten, dass kein breites politisches Bündnis zugunsten der Umverteilungsziele der Regierung Correa zustande kam. Hieran zeigt sich der Vorrang partikularer, teils korporatistischer Interessen bei diesen Organisationen. Die wirtschaftliche Situation und die strukturelle Macht der Wirtschaftseliten sind, wie meine Ausführungen zeigen, nicht nur Ergebnisse apolitischer Marktprozesse, sondern manifestieren die Fähigkeit dieser Eliten, einen plausiblen politischen, öffentlichkeitswirksamen Diskurs zu entwickeln. Auch spielt die strukturelle Macht der Wirtschaftseliten durch ihre Position im Produktionsprozess eine wichtige Rolle, was ihre Wiedergewinnung instrumenteller Macht und die damit einhergehende Berücksichtigung ihrer steuer- und fiskalpolitischen Forderungen durch die Regierung Correa belegt.

Die Aneignung der Rohstoffrenten durch die Regierung Correa, ihr Auftreten als Investor und als zentraler Akteur der neuen Politik sozialer Entwicklungsstaatlichkeit hatte den Wirtschaftseliten zunächst auch auf ökonomischer Ebene ihre Protagonisten-Rolle genommen. Doch hatte die Konzeption der Regierung Correa, einen Wandel der Produktionsstrukturen voranzutreiben, von Beginn an vorgesehen, dass private Investoren die durch öffentliche Investitionen geschaffenen verbesserten Produktionsvoraussetzungen nutzen sollten.

Das bereits diskutierte Comeback der etablierten Wirtschaftseliten auf der instrumentellen Ebene kann unter anderem auch mit dieser Zielvorgabe erklärt werden. Durch die Schwächung der staatlichen Handlungsfähigkeit in der Phase nach dem *Circulo Virtuoso* bedingt, ergaben sich Probleme bei der Aufrechterhaltung der Zahlungsfähigkeit und der Stabilisierung der Leistungsbilanz, wodurch die Investitionsmacht der Unternehmensseite und externer Akteure weiter an Bedeutung gewann. Angesichts der angespannten wirtschaftlichen Situation konnte die Regierung nun nicht mehr glaubhaft alternative, stärker staatszentrierte Wege zum Wandel der Produktionsmatrix vortragen. Dazu kommt, dass innerhalb der Wirtschaftseliten besonders die traditionellen Exportsektoren an Einfluss gewannen, da nun die schnelle Generierung von Devisen gegenüber langfristigen Entwicklungszielen in den Mittelpunkt rückte.

Die Analyse untermauert auch die große Bedeutung der so genannten *Output*-Legitimation der Regierung Correa für den Fortbestand des *Circulo Virtuoso.* Diese Legitimation konnte am Anfang des steuerpolitischen Reformprozesses aber nur bedingt genutzt werden, denn Rafael Correa hatte die Führung eines stark diskreditierten Staates übernommen, dessen Apparate als wenig effizient galten und dessen politischen Entscheidungsgremien wenig Vertrauen in der Bevölkerung genossen. Die klare Abgrenzung von den Vorgängerregierungen und dem etablierten politischen System hatte schon im Mittelpunkt des Wahlkampfes gestanden. In die Kategorie der *Output*-Legitimität fallen damit ohne Frage erste soziale Verbesserungen und öffentliche Investitionen, die im Kontrast zu den sonst üblich gewordenen Kürzungspaketen neuer vorheriger Regierungen standen. Im *Framing* der Regierung Correa gelang es zudem, bestehende Unzulänglichkeiten des Staates als Problem der Vorgängerregierungen und nicht als generelles Problem der öffentlichen Verwaltung darzustellen. In der Phase des *Circulo Virtuoso* war es dann möglich, die *Output*-Legitimation durch bessere öffentliche Leistungen und höhere Investitionen zu steigern und so auch eine stetig steigende Steuerquote zu rechtfertigen. In der dem *Circulo Virtuoso* zeitlich nachgelagerten Phase erschwerte aber die angespannte Haushaltslage die Umsetzung bereits angekündigter Investitionen. Zum *Framing* der Opposition gehörte es nun, die Effizienz staatlichen Handelns und verbesserte Leistungen und Investitionen während des *Circulo Virtuoso* im Nachhinein als Zeichen mangelnder Ausgabendisziplin und damit als eigentliche Krisenursache darzustellen. Anders als zu Beginn der Amtszeit Correas konnten für bestehende Defizite und Probleme nun nicht mehr die Vorgängerregierungen verantwortlich gemacht werden. Aus extraktivismuskritischer Perspektive sah man sich nun in der Kritik am extraktiven Wachstumsmodell bestätigt, das die Regierung Correa vertieft habe, statt es zu überwinden. Deren erklärtes Ziel, den Extraktivismus zu überwinden, war aber – trotz aller auch in dieser Arbeit herausgearbeiteten Defizite der Regierungspolitik – im hier diskutierten, vergleichsweise sehr kurzen Zeitrahmen der *Revolución Ciudadana*, realistischerweise nicht zu erreichen.

Abschließend muss erneut auf die Nachwirkungen des alten politischen Systems und die daher rührende strategische Handlungsorientierung unterschiedlicher Interessengruppen eingegangen werden. Die Krise des alten politisch-ökonomischen Systems ermöglichte die konfrontative Strategie und die Reformen zu Beginn der *Revolución Ciudadana.* Zu den Nachwirkungen der neoliberal-unternehmerischen Entwicklungsphase mit ihren zahlreichen Sonder- und Ausnahmeregelungen gehörten in den Folgejahren, wie in meiner Arbeit deutlich wird, aber auch zahlreiche Konflikte der Regierung Correa mit jeweils spezifischen gesellschaftlich fragmentierter Sektoren, die in ihrer Gesamtheit dazu führten, dass die Regierung politisches Kapital einbüßte. Besonders in der Phase zunehmender wirtschaftlicher Krisentendenzen gewannen so die partikularen Interessengruppen, ihrer oft niedrigen Repräsentativität zum Trotz, wieder an Bedeutung. Dass es der Regierung bis dahin nicht gelungen war, zumindest mit einem ausreichend großen Teil dieser Gruppierungen in einen konstruktiven Dialog zu treten, erwies sich in dieser Phase als folgenschweres politisches Defizit.

Die beiden Fallstudien (Kapitel 9.2 und 9.4) zeigen starke Übereinstimmungen bezüglich der konzeptionellen Regierungsstrategie und der deklarierten Zielsetzungen. Beide Male war das Ziel der Verteilungsgerechtigkeit ein zentrales Argument und in beiden Fällen wurde eine konfrontative Strategie gegenüber den Wirtschaftseliten gewählt. In beiden Fällen wurde die Steuerhinterziehung und Steuervermeidung wirtschaftlicher Eliten ins Zentrum der Debatte gerückt, also an das Fairnessempfinden der Bevölkerung appelliert. Die zu Beginn der *Revolución Ciudadana* erfolgreich genutzte Skandalisierung der vorfindlichen unfairen Zustände konnte aber nach einer relativ langen eigenen Regierungszeit nun nicht mehr erfolgreich sein. In gewisser Weise wurde die Regierung Correa hier Opfer des zuvor selbst gepriesenen Erfolgs, denn die Analyse zeigt, dass die Problematik sozialer Ungleichheit 2015 bereits als weit weniger drängendes Problem aufgefasst wurde als noch 2007. Als weiterer Faktor kam – nicht zuletzt – die Diskrepanz zwischen der spezifischen Reformstrategie zur Durchsetzung der Erbschaftssteuer und den Versuchen einer stärkeren Kooperation mit den Wirtschaftseliten angesichts der drohenden Wirtschaftskrise hinzu. Auf der politischen Ebene hatten sich 2015 zudem Konflikte zwischen Regierung und Organisationen der *Sectores Populares* verschärft, während die *Output*-Legitimation durch ins Stocken geratene Investitionsprojekte Schaden nahm.

In dieser wirtschaftlich angespannten Situation wurde in der Konfrontation mit den Wirtschaftseliten von breiten Sektoren der Bevölkerung ein Risiko für die ökonomische Stabilität des Landes gesehen und nicht mehr, wie noch 2007, ein Beweis für den Veränderungswillen der Regierung Correa. Insofern ist es als ein taktischer Fehler zu sehen, dass dem Gesetzesvorhaben durch Ankündigung von Correa bei seinem jährlichen Rechenschaftsbericht vor der *Asamblea Nacional* ein derart prominenter Platz in der öffentlichen Auseinandersetzung zugedacht wurde. Dass das Gesetz im Sinne einer schnellen Verabschiedung mit dem Etikett ökonomischer Dringlichkeit versehen wurde, passte darüber hinaus gut zu den Warnungen von Oppositionssektoren, es handele sich lediglich um ein Mittel zur Einnahmesteigerung der Zentralregierung. Die Quellen instrumenteller Macht der Wirtschaftseliten, die durchaus auch außerhalb des Institutionensystems lagen, verzeichneten besonders nach 2013 einen Bedeutungszuwachs. Folglich manifestierte sich in den Auseinandersetzungen um die Erbschaftssteuerreform 2015 eine in enger Kooperation mit den Kommunikationsmedien konzipierte gesteigerte Mobilisierungsfähigkeit regierungskritischer Akteure aus den Mittelklassen, so dass schließlich die Zurücknahme des Reformvorhabens erreicht wurde. Demgegenüber fehlte es der Regierung Correa an den strategischen Grundlagen, um themenspezifische, am Ziel einer sozial gerechteren Gesellschaft orientierte Bündnisse auch mit regierungskritischen Organisationen zu bilden. Dazu kommt, dass wirtschaftsnahe Regierungsvertreter*innen diese Reform nicht offensiv verteidigten und sich auch zentralistische Allianzpartner durch vermeintliche Kompromissvorschläge schnell von dem progressiven steuerpolitischen Reformvorhaben in seiner ursprünglichen Fassung distanzierten.[275]

[275] Siehe die Aussagen von Nathalie Cely (Enríquez 18.06.2015) und Jimmy Jairala (Ecuadorinmediato 14.06.2015).

Ausgehend von meinen Forschungshypothesen habe ich im vorliegenden Kapitel den Verlauf steuer- und fiskalpolitischer Veränderungen und Auseinandersetzungen nachvollzogen. Dabei habe ich die als *Circulo Virtuoso* bezeichnete Phase relativ hoher Rohstoffeinnahmen, die mit der Stärkung des Steuersystems verbunden war, ebenso nachgezeichnet wie die Krise der Reformpolitik in Zeiten niedriger Rohstoffeinnahmen und konservativer Restaurationsversuche.

Basierend auf meinen Forschungsergebnissen habe ich nachfolgendes Schaubild ausgearbeitet. Mittels dieser visualisierten Darstellung ergibt sich die Möglichkeit, die in den vorangegangenen Ausführungen dargestellten komplexen fiskalpolitischen Veränderungsprozesse während der *Revolución Ciudadana* inklusive der wichtigsten gesellschaftspolitischen Implikationen nachzuvollziehen und die einzelnen Phasen des Prozessablaufs in ihrem Bezug zueinander zu überblicken.

Abbildung 20: Der *Circulo Virtuoso* und seine Grenzen, Skizze zur Dynamik fiskalpolitischer Veränderungen

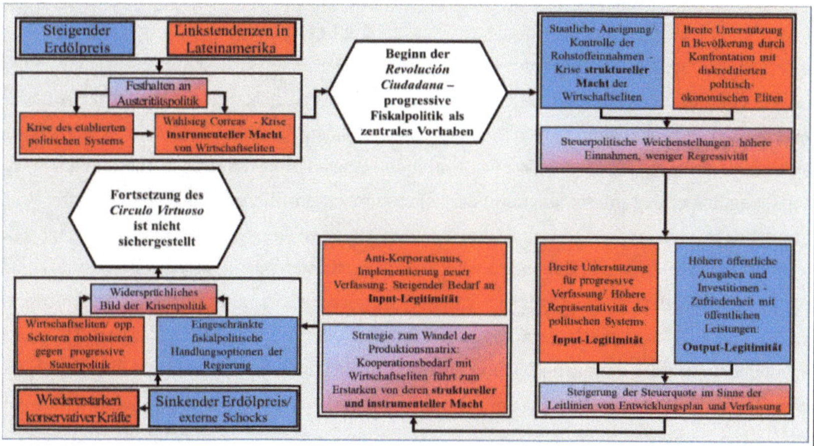

Die blauen Kästen stehen für Mechanismen von struktureller Macht und *Output*-legitimität. Die roten Kästen veranschaulichen das Zusammenwirken von instrumenteller Macht und *Input*-Legitimität.

Quelle: Eigene Recherche und Darstellung

10. Zusammenfassende Diskussion der Forschungsergebnisse und Schlussfolgerungen

In der vorliegenden Arbeit habe ich die besonderen Herausforderungen rohstoffabhängiger Staaten auf dem Feld der Fiskal- und Steuerpolitik untersucht, da hier eine entscheidende Scharnierstelle zwischen Staat und Gesellschaft auszumachen ist, durch die bestehende politische und ökonomische Kräfteverhältnisse besonders gut herausgearbeitet werden können. Von daher bestimmte sich auch der Ausgangspunkt für meine Fallauswahl: In Ecuador wurde während der *Revolución Ciudadana* eine wirkungsvolle – rentenstaatstheoretischen Erwartungen widersprechende – Umgestaltung des Steuer- und Fiskalsystems vorgenommen, die markante Schritte zu einer weniger regressiven Steuerpolitik und zur Erhöhung der Steuereinnahmen insgesamt implizierte. Im Zentrum meiner Untersuchungen stand die Frage, weshalb und durch welche Strategien es in dem Erdölexportland Ecuador gelungen ist, die rentenstaatliche Dynamik politisch aufzubrechen, Eliteblockaden zu überwinden und – entgegen den Erwartungen aus Rentenstaatstheorie und Extraktivismusdebatte – eine signifikante Erhöhung der nicht auf Erdöl beruhenden Steuereinnahmen durchzusetzen. Wie es der Regierung Correa darüber hinaus möglich war, eine weniger regressive Verteilung der Steuerlast zu erreichen, ist im benannten Kontext eine weitere relevante Fragestellung.

Die Präsidentschaftswahlen 2006 und der Amtsantritt des politischen Außenseiters Rafael Correa Anfang 2007 stellen den wohl wichtigsten Einschnitt in Ecuadors Geschichte seit dem Übergang zu demokratischen Wahlen Ende der 1970er Jahre dar. Der linke Wirtschaftswissenschaftler Correa war einer breiteren Öffentlichkeit erst durch seine kurze Amtszeit als Wirtschafts- und Finanzminister in der Regierung von Alfredo Palacio bekannt geworden. In diesen Monaten des Jahres 2005 hatte er sich als Kritiker des Neoliberalismus und Verteidiger der nationalen Souveränität gegenüber den internationalen Finanzinstitutionen profilieren können. Im zweiten Wahlgang gewann Correa dann überraschend deutlich die Präsidentschaftswahlen 2006 gegen den Großunternehmer und mehrfachen Präsidentschaftskandidaten Alvaro Noboa. Bereits als Kandidat hatte Correa einen tiefgreifenden politischen, sozialen und ökonomischen Wandel in Aussicht gestellt und sich klar von den etablierten und eng mit den wirtschaftlichen Eliten des Landes verbundenen Parteien abgegrenzt. Diese Haltung wurde durch den Verzicht auf Kandidat*innen seiner Partei für den in der Bevölkerung stark diskreditierten Kongress untermauert. Auch hatte sich Correa die Forderungen, eine verfassungsgebende Versammlung einzuberufen, zu eigen gemacht, um erstens das politische System grundlegend neu ordnen zu können und zweitens die institutionellen und rechtlichen Grundlagen für ein – später als *Socialismo del Buen Vivir* (Sozialismus des guten Lebens) bezeichnetes – neues Entwicklungsmodell zu legen.

Der Wahlsieg Correas und der Beginn der *Revolución Ciudadana* stellen – auch rückblickend betrachtet – eine wichtige Richtungsentscheidung dar, auch wenn in Correas zehnjähriger Regierungszeit eher Entwicklungen in Richtung eines ‚sozialen Kapitalismus'(Paz y Miño Cepeda) als der Aufbau eines ‚Sozialismus des guten Lebens' zu verzeichnen waren. Auf politischer und ökonomischer Ebene kam es zu einem Bruch mit dem neoliberal-unternehmerischen Entwicklungsmodell, das Ecuadors Entwicklungsweg seit den frühen 1980er Jahren bestimmt hatte. Das Land wurde zu einem Teil der Linkstendenzen in Lateinamerika, durch die seit der Jahrtausendwende in mehreren Staaten ein politischer Paradigmenwechsel vollzogen wurde.

Die hier vorgelegte Untersuchung zeigt einerseits, dass Ecuadors Ökonomie entgegen der hochgesteckten Zielsetzung einer Überwindung des Extraktivismus auch weiterhin von Erdöl- und anderen Primärgüterexporten abhängig ist. Andererseits wird aber auch deutlich, dass der ab 2007 eingeleitete Reformprozess weder als schlichter *Commodity Consensus*, noch als neo-extraktives Wachstumsmodell ohne mittel- und langfristige Transformationsziele angemessen beschrieben ist. Dies ergibt sich nicht zuletzt aus Ecuadors Fiskalpolitik während der *Revolución Ciudadana* (2007-2017), die ich in meiner Arbeit schwerpunktmäßig analysiert habe.

Im Unterkapitel 10.1 werde ich zunächst die zentralen fiskal- und steuerpolitischen Veränderungen während der *Revolución Ciudadana* resümieren und den in meiner Analyse herausgearbeiteten Kriterien für fiskalpolitische Stabilität und Nachhaltigkeit gegenüberstellen. Außerdem betrachte ich die durchgeführten Veränderungen aus der Perspektive ökonomischer Regulation im zwar maßgeblich, aber nicht ausschließlich, von Rohstoffeinnahmen bestimmten Kontext der in Ecuador dominanten, von Rententendenzen durchzogenen Spielart des Kapitalismus. Abschließend formuliere ich in diesem Teil des Fazits steuerpolitische Empfehlungen, die an der Zielsetzung eines sozialen und ökonomischen Strukturwandels orientiert sind und von einer kritischen Reflektion der steuer- und fiskalpolitischen Leitlinien der – während der *Revolución Ciudadana* verabschiedeten – ecuadorianischen Verfassung ausgehen.

Im Unterkapitel 10.2 fasse ich die zentralen Erkenntnisse aus der Analyse des *Circulo Virtuoso* zusammen. Das geschieht hinsichtlich des Ineinanderwirkens von Faktoren instrumenteller und struktureller Macht und mit Bezug auf die – in dieser Phase neu erreichte – Legitimität staatlichen Handelns. Außerdem arbeite ich heraus, inwiefern der Prozess steuerpolitischer Veränderungen während der *Revolución Ciudadana* eine Befreiung aus historischen Pfadabhängigkeiten bedeutet und kontrastiere den Veränderungsprozess mit steuer- und fiskalpolitischen Dynamiken in ausgesuchten Phasen hoher und niedriger Rohstoffeinnahmen. Hierbei beziehe ich mich auf die im historischen Teil meiner Analyse vorgelegten Betrachtungen zur Reaktion des damaligen Militärregimes auf den so genannten *Boom Petrolero* (1972-1979) und den staatlichen Umgang mit akuter Finanznot im Kontext politischer Instabilität in der Dekade vor Beginn der *Revolución Ciudadana* (1996-2006).

Danach diskutiere ich in Unterkapitel 10.3 Defizite und Rückschläge in der ecuadorianischen Steuerpolitik während der *Revolución Ciudadana*, die in der Phase einbrechender Erdöleinnahmen ab Mitte 2014 und insbesondere im Kontext wirtschaftlicher Krisentendenzen in den Jahren 2015 und 2016 deutlich wurden. Für den seit 2007 eingeleiteten – und in meiner Arbeit mit Fokus auf die Steuer- und Fiskalpolitik analysierten – Reformprozess sind diese Phasen von ebenso großer Bedeutung wie die Jahre sprudelnder Erdöleinnahmen. Es geht hier demgemäß zum einen um die Tragfähigkeit des Reformprozesses und um Rückschläge im Kontext limitierter Handlungsoptionen des Staates, zum anderen um die – durch soziale Strukturen und Handlungsmuster gesellschaftlicher Akteure bedingten – Hindernisse für eine solide und sozial gerechte Fiskalpolitik.

Ich schließe meine Analyse in Unterkapitel 10.4 mit abschließenden Bemerkungen zu den steuer- und fiskalpolitischen Herausforderungen Ecuadors und einer Betrachtung der politischen Lage nach dem abrupten Ende der *Revolución Ciudadana*.

10.1 Zusammenfassende Darstellung steuer- und fiskalpolitischer Veränderungen während der *Revolución Ciudadana* und steuerpolitische Empfehlungen

Im Ergebnis konnte meine Analyse die folgende – schon am Ausgangspunkt der Forschungsarbeit formulierte – Prämisse bestätigen, dass es im Laufe der *Revolución Ciudadana* 2007 gelungen ist, die Steuer und Fiskalquote signifikant zu erhöhen und somit eine – bis dato nicht erreichte – solidere Einnahmebasis für den Staat zu schaffen.

Die Erhöhung der Steuerquote gelang der Regierung Correa vor allem im Kontext einer insgesamt positiven Entwicklung der Staatseinnahmen, bedingt durch die (abgesehen von 2009) bis 2014 ebenfalls vergleichsweise hohen Erdöleinnahmen. Die erreichte Erhöhung der Fiskal- und Steuerquote bildete eine wichtige Grundlage für die Verbesserung öffentlicher Leistungen im Bereich des Bildungs-, Sozial- und Gesundheitswesens und auch der öffentlichen Sicherheit. Von daher konnte die in der Rentenstaatsdebatte dominante These eines strukturell unveränderten, lediglich aufgeblähten öffentlichen Sektors in Folge von hohen Rohstoffeinnahmen nicht bestätigt werden. Vielmehr konnten während des *Circulo Virtuoso* Blockaden von Interessengruppen innerhalb des öffentlichen Sektors überwunden werden, nicht zuletzt deshalb, weil es sich hierbei um eine Phase handelte, in der die Arbeitsbedingungen und Gehälter für die Staatsangestellten insgesamt deutlich verbessert wurden. Dadurch war es möglich, die staatlichen Institutionen deutlich effizienter zu organisieren und handlungsfähiger zu machen. Auch die in dieser Phase erfolgte Erhöhung des Personalbestands in den Bereichen Sicherheit und Justiz, Bildung und Umwelt ist angesichts des – im internationalen Vergleich – erheblichen Rückstands von Ecuador nicht als Zeichen eines rentenstaatstypischen aufgeblähten Staatssektors zu werten, da diese Erhöhung des Personalbestands mit erkennbaren qualitativen Verbesserungen in den genannten Bereichen verbunden war.

Im Fokus meiner Analyse der ecuadorianischen Steuerpolitik standen drei Bereiche:

a) die quantitative Entwicklung der Fiskal- und Steuereinnahmen

b) die auf dem Feld der Steuerpolitik ausgetragenen Verteilungskämpfe um das Maß vertikaler Gleichheit

c) das Spannungsverhältnis zwischen einer Steuerpolitik mit dem Ziel sozialer Gerechtigkeit und der Nutzung des Steuersystems im Sinne industriepolitischer Ziele.

Die diesbezüglichen Analyseergebnisse ergeben folgendes Bild:

a) Während der *Revolución Ciudadana* konnten in Ecuador die Fiskal- und Steuereinnahmen, auch im Verhältnis zur Wirtschaftsleistung, signifikant erhöht werden. Die wichtigsten Faktoren für diese signifikante Steigerung der Fiskalquote waren die Erhöhung der inländischen Steuerquote auf nationaler Ebene sowie die Erhöhung der Sozialversicherungseinnahmen. Hieran zeigt sich, dass in dieser Phase die Fähigkeit des Staates deutlich gestiegen ist, gegenüber der Gesellschaft die Finanzierung öffentlicher Aufgaben durchzusetzen. Die Erhöhung der durch das SRI eingenommenen Steuern ist nachweislich nicht auf Kosten eines Rückgangs anderer öffentlicher Einnahmen erfolgt. Die Steuereinnahmen auf der subnationalen Ebene verblieben allerdings weiter auf einem, im internationalen Vergleich betrachtet, niedrigen Niveau. Die Bedeutung von Zöllen blieb ebenfalls vergleichsweise gering, nahm aber in den Jahren 2015 aufgrund von zeitlich begrenzt erhobenen Schutzzöllen wieder zu (CEF-SRI, Online Datenbank).

b) Im Hinblick auf die Auseinandersetzungen um das Maß an vertikaler Gleichheit – beziehungsweise an steuerlich bedingter Umverteilung – kann konstatiert werden, dass wichtige Fortschritte in Richtung eines weniger regressiven Steuersystems gemacht wurden. So konnte der Anteil der direkten Steuern, die verstärkt bei Unternehmen und Bezieher*innen höherer Einkommen anfallen, erheblich gesteigert werden. Diese Veränderungen in der Verteilung der Steuerlast können als Indikator für den relativen Machtverlust der Wirtschaftseliten gelten, zumal es gelang, parallel dazu auch die Sozialausgaben zu erhöhen und zudem deutliche Reallohnsteigerungen, vor allem beim Mindestlohn, durchzusetzen. Die Verteilungswirkung des Steuersystems wurde auch dadurch verbessert, dass Ausnahmeregelungen, wie beispielsweise die für Veräußerungsgewinne und Deviseneinnahmen, gekippt werden konnten. Auch die erfolgreiche Bekämpfung der Steuerhinterziehung traf vor allem Unternehmen und Bezieher*innen höherer Einkommen. Gleichwohl wurden auch die Grenzen verteilungspolitischer Veränderungen auf dem Feld der Steuerpolitik deutlich: Die nach wie vor geringe Bedeutung der – in ihrer Umverteilungswirkung besonders starken – persönlichen Einkommenssteuern und der geringe Stellenwert der Besteuerung großer Vermögen ist in diesem Zusammenhang zu nennen. Ecuadors Steuersystem ist demnach also im Verlauf der *Revolución Ciudadana* zwar gerechter geworden, aber dennoch weiterhin weit entfernt von einem anzustrebenden Maß an Umverteilung, welches man – angesichts vorfindlicher extremer sozialer Ungleichheit – als angemessen und sozial gerecht bezeichnen könnte.

c) Zum Teil sind die weiter bestehenden Defizite beim Aufbau eines progressiven – und den Vorgaben der 2008 verabschiedeten Verfassung entsprechenden – Steuersystems auf Versuche der Regierung Correa zurückzuführen, steuerliche Anreize für große Unternehmen zu schaffen und diese hinsichtlich wirtschafts- und industriepolitischer Zielsetzungen zu nutzen. Diesen Versuchen, durch Steueranreize Industrie- und Entwicklungspolitik zu betreiben, standen aber die Ziele horizontaler Gleichbehandlung und eines stärker progressiven Steuersystems entgegen. Da die mit steuerlichen Anreizsystemen verbundenen Ausnahmeregelungen zu Gunsten der Wirtschaftseliten aber meist auf der Ebene stark technisch geprägter Verhandlungen durchgesetzt werden, sind sie der öffentlichen Kontrolle entzogen. Dadurch bestehen jedoch erhebliche Risiken, dass es rentenorientierten Teilen der Wirtschaftseliten gelingt, Steuerausnahmen zu nutzen, ohne tatsächlich zielführende Investitionen in die erwünschte Diversifizierung der Produktionsstrukturen einzuleiten. Die Stärkung von Kapazitäten auf Regierungsseite und die Schwächung der Repräsentant*innen der Wirtschaftseliten in den steuerpolitischen Entscheidungszentren konnten die negative Wirkung dieser Mechanismen zwar mindern, nicht aber beseitigen.

Steuern sind unter anderem als ein wichtiges Element der Regulation ökonomischer Prozesse zu betrachten. Um die steuerpolitischen Maßnahmen der Regierung Correa unter diesem Aspekt bewerten zu können, waren sie hinsichtlich ihrer Wirkung auf die dominanten Muster der privaten Akkumulation zu untersuchen. Vor diesem Hintergrund war es von zentraler Bedeutung, die Renditechancen und Risiken privater Unternehmen in unterschiedlichen Wirtschaftssektoren zu betrachten und auch die Bedeutung privater Renten zu berücksichtigen, also von den – außerhalb des idealtypischen Konkurrenzmechanismus kapitalistischer Marktwirtschaften – angeeigneten Einkünften her. Diesbezüglich ergibt meine Analyse, dass staatliche Interventionen in den ökonomischen Prozess gerade im Kontext signifikanter Renteneinnahmen notwendig sind. Ziel dieser staatlichen Interventionen muss es allerdings sein, die Transformation und Modernisierung produktiver Strukturen zu fördern. Hierfür gibt es mehrere Möglichkeiten: direkte staatliche Interventionen, öffentliche Kreditvergaben und den strategischen Aufbau staatlicher Unternehmen. Darüber hinaus sind aber auch die geschaffenen steuerlichen Rahmenbedingungen von nicht zu unterschätzender Bedeutung (Hernández 2015: 318).

Für die Regierung Correa stellten sich spezifische Herausforderungen im Umgang mit privat angeeigneten Renten. Dazu gehörten und gehören in Ecuador die Grund- und Bodenrenten, die Renten durch eine Vermachtung von Märkten und auch die Rentengewinne von Importunternehmen, welche angesichts eines überbewerteten US-Dollars und eines mangelnden Preiswettbewerbs generiert werden können. Renten entstehen zudem durch Preissteigerungen von Immobilien, bei Tendenzen zur Überbewertung des realen Wechselkurses und bei der typischen Fokussierung privater Gelder auf nicht handelbare Güter. Darüber hinaus sind Renten aber auch Ergebnis eines Zugangs zu privilegierten Informationen, der vor allem durch die enge Vernetzung der lokalen wirtschaftlichen und politischen Eliten gegeben ist. In allen aufgeführten Bereichen bestehen für die ecuadorianische Privatwirtschaft die Möglichkeit und das Interesse, hohe Gewinne in den nicht produktiven – und dem Wandel der Produktionsstrukturen nicht förderlichen – Bereichen der Ökonomie zu erzielen. Dabei ist die prominente Rolle entwicklungshemmender Renten, so zeigt die historische Analyse, in Ecuador keineswegs ein erst mit dem Beginn der Erdölförderung entstandenes Problem. Die Erdölförderung hat zwar neue Möglichkeiten der privaten Rentenaneignung eröffnet, zugleich aber – bedingt durch politisch durchgesetzte staatliche

Kontroll- und Zugriffsmöglichkeiten – eine wichtige Bedeutung für die Umverteilung dieser Renteneinnahmen erlangt.

Die Beschränkung von privaten Renteneinnahmen durch den Staat ist nicht nur aus sozialpolitischer Perspektive anzustreben, sie ist auch zur Förderung der wirtschaftlichen Dynamik und der unternehmerischen Innovationskraft notwendig. Von daher erscheint –anstelle von steuerlichen Anreizen und einer auf die Angebotsseite konzentrierten Wirtschaftspolitik – die stärkere Fokussierung auf die Verhinderung von Rentengewinnen eine adäquate staatliche Möglichkeit zu sein, um zum einen Einnahmesteigerungen des Fiskus zu bewirken und zum anderen Investitionen stärker in produktive und zukunftsorientierte Sektoren zu lenken. Entsprechend ausgerichtete staatliche Interventionen sind daher als ein geeigneter Weg zu sehen, den anvisierten progressiven Wandel der Produktionsmatrix zu fördern.

Bezogen auf Ecuador ist in diesem Zusammenhang allerdings zu konstatieren, dass auch während der *Revolución Ciudadana* in den für die Förderung der Produktion zuständigen Ministerien und Behörden einzelwirtschaftliche und angebotsorientierte Denkweisen dominant blieben. Forderungen rentenorientierter Eliten wurden von wirtschaftsnahen Politiker*innen in Regierung und Parlament zu selten als solche identifiziert und damit zu oft als legitim anerkannt. Dies führte dazu, dass private Renteneinnahmen nicht ausreichend zurückgedrängt werden konnten. Diesbezüglich ergibt die Analyse, dass die besonders aus angebotstheoretischer Perspektive betonten Zielkonflikte, die sich aus dem im nationalen Entwicklungsplan und in der Verfassung festgeschriebenen Auftrag ergaben, ein progressives Steuersystem mit ausreichenden Staatseinnahmen zu schaffen und dem ebenfalls bestehenden Ziel, die Wirtschaft des Landes zu entwickeln und Investitionen in neue Produktionsbereiche zu ermöglichen, trotz wichtiger Fortschritte letztlich selbst von Seiten der Regierung Correa in ihrer ökonomischen Argumentationslogik überschätzt wurden. Erhöhte Gewinne der Rentiers durch, zu wenig auf ausgewählte Sektoren beschränkte, Investitionsanreize führen eben nicht zu dem gewünschten Wandel der Produktionsstrukturen. Eine adäquate Möglichkeit, beide Zielvorgaben besser miteinander in Einklang zu bringen, wäre eine stärkere Unterscheidung von Investitionen in produktive Sektoren und rentenorientierten Anlagen gewesen. Es hätte also staatlicherseits darum gehen müssen, Renteneinnahmen als solche deutlich zu identifizieren und sie konsequent zu besteuern. Der hier vollzogenen ökonomischen Argumentationskette stehen allerdings der politische Widerstand rentenorientierter Eliten und die politisch-strategische Nutzung struktureller Macht gegenüber. Dies schränkt den Handlungsspielraum der Regierung in Zeiten wirtschaftlicher Krisentendenzen merklich ein.

In meiner Arbeit lege ich dementsprechend dar, dass der anvisierte Wandel der Produktionsmatrix auch durch steuerliche Maßnahmen und die gezielte Nutzung einer dynamischen Binnennachfrage erreicht werden kann, da gerade solche Maßnahmen – staatlicherseits möglich und von privaten Akteuren unabhängig – großes entwicklungspolitisches Potential für wirtschaftliche Veränderungen in sich bergen. Von daher erscheint es unbedingt angebracht, dieses Potential stärker als Instrument zur Förderung des wirtschaftlichen Strukturwandels zu nutzen. Dabei handelt es sich aber gerade in einer offenen Volkswirtschaft um einen komplexen Prozess, der nicht auf Marktanreizen durch gesteigerte Massenkaufkraft allein beruhen kann, sondern durch konkrete Maßnahmen zur Stärkung heimischer Wertschöpfungsketten gefördert werden muss.

Den großen Unternehmenskonglomeraten ist es auch im Kontext der *Revolución Ciudadana* in beträchtlichem Ausmaß gelungen, von unterschiedlichen Renten zu profitieren. Die staatlichen Anstrengungen zum Aufbau einer Kartellbehörde und zur Modernisierung des öffentlichen Beschaffungswesens sind zu würdigen, haben aber Kartellstrukturen letztlich nicht zerschlagen und die fortschreitende Konzentration von Produktionsmitteln und Marktanteilen nicht stoppen können. Nicht nur die starke Konzentration des Eigentums an Produktionsmitteln, auch dessen direkte Kontrolle und Einflussnahme durch Familienmitglieder, die mit einer nur eingeschränkten Professionalisierung des Managements zusammenfielen, ist weiterhin ein typisches Charakteristikum der ecuadorianischen Wirtschaftseliten. Eben diese Faktoren ermöglichten ein hohes Maß an Elitenkohäsion gegenüber all denjenigen Maßnahmen der Regierung Correa, die als Beschränkung von Eigentumsrechten interpretiert wurden, zur Besteuerung von großen Vermögen führen sollten oder auf die Beschränkung von Rentengewinnen hinauslaufen sollten.

So bestehen in Ecuador auch aktuell weiterhin Defizite beim Aufbau eines den Vorgaben der 2008 verabschiedeten Verfassung entsprechenden, progressiven Steuersystems. Eine weitere Steuererhöhung, insbesondere bezüglich der staatlichen Einnahmen aus direkten Steuern ist aber unabdingbar, allein schon für das Erreichen der Verfassungsziele hinsichtlich der Ausgaben für Gesundheit und Bildung. Hierbei sollte die mögliche Verteilungswirkung des Steuersystems angesichts weiterhin großer sozialer Ungleichheit auch durch eine stärkere Nutzung der persönlichen Einkommenssteuer in Betracht gezogen werden. Steuervermeidung, steuerliche Versäumnisse bis hin zu offenen Betrugsversuchen sind in Teilen der Wirtschaftseliten des Landes weiterhin verbreitet. Trotz aller Anstrengungen der Steuerbehörde und messbarer Fortschritte beim Steuereinzug bleibt die Schließung von Steuerschlupflöchern und die Bekämpfung der Steuerhinterziehung von wohlhabenden Privatpersonen und Unternehmen demnach auch weiterhin eine wichtige steuerpolitische und gesellschaftliche Herausforderung in Ecuador.

Bezüglich der Einkommenssteuer besteht in Ecuador nicht nur das Problem eines relativ niedrigen und erst bei sehr hohen Einkommen einsetzenden Spitzensteuersatzes. Auch ein enorm hoher Steuerfreibetrag sowie vielfältige Absetzungsmöglichkeiten führen dazu, dass die allermeisten Erwerbstätigen keine Einkommenssteuer zahlen müssen. Ein System, von dem vor allem Mittelklassenangehörige profitieren, die dem obersten Quintal der Einkommenspyramide zuzurechnen sind. Die vielen Möglichkeiten, persönliche Ausgaben steuerlich abzusetzen, werden von den politischen Verantwortlichen in Ecuador mit unterschiedlichen Zielen begründet: Zum einen mit dem Ziel horizontaler Gleichbehandlung, das heißt mit dem Bemühen, die Besteuerung stärker am Niveau des tatsächlich verfügbaren Einkommens zu orientieren. Zum anderen mit der Gewinnung von Informationen über die Einkünfte von Freiberufler*innen und Geschäften – und nicht zuletzt auch mit der positiven Lenkungswirkung durch die steuerliche Begünstigung bestimmter Ausgaben. Doch in Kombination mit einem ohnehin hohen Steuerfreibetrag führt dies in der Folge dazu, dass die positive Informations- und Lenkungswirkung aufgrund der gegebenen Absetzungsmöglichkeiten unterminiert wird. Dagegen wird – dem Ziel horizontaler Gleichbehandlung von Bezieher*Innen vergleichsweise hoher Einkommen entsprechend – in beträchtlichem Ausmaß auf vertikale Umverteilung durch das Steuersystem verzichtet. Dies wiederum kann als Indiz dafür gesehen werden, dass die weiterhin bestehende Beschaffenheit der ecuadorianischen Einkommensteuer nicht geeignet ist, die bestehende gesellschaftliche Ungleichheit abzubauen.

Um in meiner Arbeit eine adäquate Bewertung bezüglich der Bedeutung und Reichweite steuerpolitischer Veränderungen während der *Revolución Ciudadana* vornehmen zu können, war es notwendig, die Möglichkeiten und die Limitationen zur Stärkung des Steuersystems herauszuarbeiten und dies als zentralen Faktor für eine nachhaltige Stärkung der Staatsfinanzierung kenntlich zu machen. Daher zeige ich in Kapitel 3.1 die unterschiedlichen Potentiale verschiedener steuerlicher Einnahmearten auf.

Ein ernüchterndes Ergebnis meiner diesbezüglichen Untersuchung ist folgende: Es bestand für die Regierung Correa, wollte sie ihre deklarierten Entwicklungsziele erreichen, unter den ecuadorianischen Voraussetzungen nicht die Option, auf Erdölförderung – und die damit zu erzielenden Deviseneinnahmen – zu verzichten. Die dann fehlenden Rohstoffeinnahmen des Staates durch die höhere Besteuerung von Unternehmen und wohlhabenden Bürger*innen zu ersetzen, kann keinesfalls als Alternative für die Erreichung entwicklungspolitischer Ziele gelten. Dies bedeutet aber durchaus nicht, dass eine stärkere Besteuerung von großen Unternehmen und hohen Einkommensbezieher*innen kein wichtiges Ziel ist. Es bedeutet aber, dass im Verhältnis zu den Rohstoffeinnahmen kein zwangsläufiges Entweder / Oder besteht und beide Einnahmearten nicht die gleichen Funktionen erfüllen können: In der Steuer- und Abgabenpolitik geht es um die Verteilung von Ressourcen innerhalb des Landes, also darum, welche vorfindlichen Ressourcen bezüglich der Rohstoff- und sonstigen Eigeneinnahmen dem Staat für dessen öffentliche Aufgaben, soziale Leistungen und Investitionen zur Verfügung stehen und auch darum, welche Ressourcen privat genutzt werden. Durch Steuern kann von A nach B umverteilt werden, die Finanzierung öffentlicher Güter kann so ermöglicht werden. Aber dadurch gelangen insgesamt nicht mehr finanzielle Ressourcen ins Land. Somit ist ersichtlich, dass in Ecuador durch Steuern allein die wichtige Ressourcenfunktion der Rohstoffförderung nicht zu ersetzen ist.

In diesem Zusammenhang sind weitere Schlussfolgerungen darzulegen: Die Bedeutung von Rohstoffeinnahmen ergibt sich für einen peripheren Staat daraus, dass diese das Potential besitzen, Deviseneinnahmen zu generieren. Devisenmangel ist aber ein zentrales Problem für die angestrebten Entwicklungsprozesse und anvisierten Entwicklungsziele von Linksregierungen in diesen Ländern: Dies ist ein Hauptgrund für den fortbestehenden Druck, die Rohstoffausbeutung in ihren Ländern fortzusetzen und mintunter sogar zu verstärken. Rohstoffeinnahmen sind allerdings volatil und endlich. Sie können und dürfen daher nicht als Grundlage permanenter laufender Staatsausgaben dienen, sondern müssen für nachhaltige Investitionen zur Verfügung stehen. Um eine solide Finanzierung des Staates zu ermöglichen, ist demzufolge ein funktionierendes Steuersystem unabdingbar. Dieses wiederum kann jedoch nicht losgelöst von der ökonomischen Entwicklung eines Landes Einnahmen generieren. Eine wichtige Konsequenz meiner fiskalpolitischen Analyse ist daher ein Plädoyer gegen eine autistische Fiskalpolitik, die allein auf das Ziel der Staatsschuldensenkung fokussiert ist und somit eindimensional darum bemüht, die Staatsverschuldung abzubauen. Demgegenüber muss eine zu bejahende Fiskalpolitik ihre Auswirkung auf die gesamtwirtschaftliche Entwicklung und die konjunkturelle Situation eines Landes stets beachten. Ein strukturelles Grundproblem besteht diesbezüglich allerdings darin, dass in den peripheren Staaten die Möglichkeiten einer – all diese Faktoren beachtenden – und darüber hinaus antizyklischen Politik stark eingeschränkt sind. Das gilt besonders für ein dollarisiertes Land wie Ecuador.

An dem von mir ausgewählten Fallbeispiel Ecuador konnte ich auch verdeutlichen, dass aus externen Defiziten einer Volkswirtschaft erhebliche Risiken für die Solidität der Staatsfinanzen erwachsen können. Bei der Diskussion über mögliche Risiken eines eingeschlagenen Entwicklungswegs muss daher eine differenzierte Darstellung von gesamtgesellschaftlichen Gegebenheiten – über die Betrachtung staatlicher Defizite hinaus – erfolgen. Die Ersparnis einer Volkswirtschaft definiert sich als der Teil des Einkommens, der nicht für die Nachfrage nach Gütern und Dienstleistungen entfällt, sondern in Investitionen fließt oder zum Aufbau von Forderungen gegenüber dem Ausland genutzt wird (Ehnts 2015: 136). Gerade die Verschuldung der privaten Haushalte führte in Ecuador schon in der Vergangenheit zu schweren Schäden für Ecuadors Ökonomie und auch zu erheblichen Belastungen der Staatsfinanzen. Herausragende Beispiele sind die Bankenkrise der Jahrtausendwende und die *Sucretización* in den 1980er Jahren, also die Übernahme der von ecuadorianischen Unternehmen in US-Dollar aufgenommenen Kredite durch Ecuadors Zentralbank, bei welcher die Unternehmen in Folge dieser Maßnahme in *Sucre* verschuldet waren. Auch während der Regierungszeit Correas zwischen 2009 und 2015 war ein außenwirtschaftliches Defizit vorfindlich: Aber während der Phase des *Circulo Virtuoso* stand dem eine deutlich höhere – vor allem öffentliche – Investitionsquote gegenüber als es in der Phase der neoliberal-unternehmerischen Entwicklung zwischen 1979 und 2006 der Fall gewesen war. Eben diese Investitionen sind aber als wesentliches entwicklungsbezogenes Bewertungskriterium zu beachten. Sie waren, nicht nur angesichts der maroden Infrastruktur Ecuadors, von zentraler Bedeutung für das Land und zwingend für seine ökonomische, gesellschaftliche und soziale Entwicklung.

Die während der *Revolución Ciudadana* nach anfänglicher Senkung der Staatsschulden erfolgte Kreditaufnahme durch den Staat ist daher nicht a priori als Zeichen fehlender Haushaltsdisziplin zu werten. Der im Jahr 2010 verabschiedeten *Código de Planificación de Finanzas Públicas* enthält eine Begrenzung der Schuldengrenze des öffentlichen Sektors von 40 Prozent des BIP. Dessen Berechnungsgrundlage und vermeintliche Überschreitung durch die Regierung Correa werden aktuell im Kontext der konservativen Restauration unter der Präsidentschaft Lenín Morenos – mit deutlich von internationaler üblicher Praxis abweichender Kreativität – diskutiert. Diese Berechnungsgrundlage ist jedoch auf Grundlage der hier dargelegten Perspektive nicht als angemessener Maßstab zur Bewertung der Stabilität der Staatsfinanzen zu betrachten. Bei der von Moreno eingenommenen, eindimensionalen Sicht auf die Schuldenquote werden weder die Höhe der Zinsen noch die Laufzeiten der Kredite berücksichtigt. Darüber hinaus wird weder die jeweilige Verwendung der Kredite noch die damit verbundene Wirkung auf die Finanzsituation des Staates als Bewertungskriterium einbezogen.

Demgegenüber habe ich sowohl die fiskalpolitische Stabilität als auch die Risiken der ecuadorianischen Staatsfinanzierung in einem weiteren Kontext analysiert. Die sich daraus ergebenden Schlussfolgerungen sind dementsprechend andere: So betrachtet ist beispielsweise angesichts plötzlicher Einbrüche von Rohstoffeinnahmen die Aufnahme externer Kredite durch den Staat die einzige Möglichkeit, tiefere ökonomische Krisen eines dollarisierten Landes zu verhindern. Von einem solchen Einbruch war Ecuador – wie auch andere Erdölexportländer – zwischen Mitte 2014 und Ende 2016 betroffen. Zwar war die Regierung Correa in der Folge zu einer deutlichen Senkung der Staatsausgaben gezwungen, versuchte aber durchaus erfolgreich, den negativen Effekt auf die gesamtwirtschaftliche Nachfrage zu minimieren und öffentliche Investitionen soweit wie möglich aufrecht zu erhalten. Zudem wurden die Staatsaufgaben stärker auf diejenigen Projekte konzentriert, bei denen ein hoher Anteil einheimischer Ressourcen genutzt werden konnte.

Darüber hinaus ist – nicht nur in Bezug auf Ecuador – zu betonen, dass die investitionsbezogene Nutzung von Krediten, wie auch von Rohstoffeinnahmen, als wichtiger Orientierungsmaßstab für eine nachhaltige Fiskalpolitik zu betrachten ist. Für die Regierung Correa bestand überdies eine besondere fiskalpolitische Herausforderung darin, auch das außenwirtschaftliche Gleichgewicht zu sichern, was angesichts der Nutzung des US-Dollars als Zahlungsmittel besonders wichtig und gleichzeitig besonders schwierig war, da es weder die Möglichkeit einer Währungsabwertung gab, noch Ecuadors Zentralbank als *Lender of Last Ressort* dienen konnte.

Vor dem Hintergrund der angesprochenen komplexen Problemstellungen, die die Regierung Correa durchaus konstruktiv bewältigte, ergeben sich allerdings auch kritikwürdige Aspekte bezüglich einiger verteilungspolitischer Entscheidungen. Während wichtige Fortschritte bezüglich einer Begrenzung von Kraftstoffsubventionen 2015 gegenüber der Privatwirtschaft durchgesetzt werden konnten, gehört die nicht erfolgte Rationalisierung von Subventionen auf die private Nutzung fossiler Energieträger zu den bleibenden Defiziten der ecuadorianischen Fiskalpolitik. Diese Rationalisierung – an ökologischen und sozialen Kriterien orientiert – hätte unbedingt vorgenommen werden müssen. Sie hätte entscheidend dazu beitragen können, die Verteilungswirkung der Staatsausgaben insgesamt positiv zu beeinflussen. Außerdem hätten die staatlichen

Kosten für Subventionen reduziert und dadurch auch der ökologisch problematische Kraftstoffverbrauch gesenkt werden können. Das wiederum hätte eine positive Wirkung auf die Leistungsbilanz Ecuadors haben und diese nachhaltig entlasten können. In Kombination mit positiven steuerlichen Anreizen zur Nutzung moderner, energieeffizienter Technologien wäre somit die Verteilungswirkung der Staatsausgaben außerdem nachhaltig zu verbessern gewesen. Eine Beschränkung von Subventionen sahen führende Politiker*innen in der Regierung Correa vor dem Hintergrund historischer Erfahrungen aber als potenzielles Risiko für die Stabilität der Regierung selbst.

Abgesehen von diesem strategischen Defizit konnten aber wichtige Verbesserungen im Hinblick auf das Ziel einer sozial gerechteren und entwicklungsförderlichen Steuer- und Fiskalpolitik erreicht werden. Auch für die – von fallenden Rohstoffeinnahmen und Krisenangst geprägten – Jahre 2015 und 2016 ist der Regierung Correa ein über weite Strecken professionelles und erfolgreiches Krisenmanagement nicht abzusprechen, wie die folgenden Ausführungen belegen.

Ein unvoreingenommener Blick auf die Schwere der externen Schocks ab Mitte 2015 und auf die Zahlen zur Wirtschaftsentwicklung zeigt, dass Ecuador diverse Rezessions- und Krisentendenzen überraschend schnell und weitgehend schadlos überstanden hat. Ein drastischer Einbruch der Erlöse des Hauptexportgutes Erdöl, durch internationale Schiedsgerichte angeordnete Milliardenstrafzahlungen an Erdölkonzerne, Vulkanausbrüche, Produktionsausfälle durch zu starke Regenfälle: Alle diese Faktoren hätten größere wirtschaftliche Probleme erwarten lassen. Die Analysten des IWF gingen noch Anfang 2016 von einer tiefen Rezession mit sich anschließenden Jahren der Stagnation aus. Und dies noch, bevor das verheerende Erdbeben in Manabi und Esmeraldas im April 2016 staatliche Kosten in Milliardenhöhe verursachte. Die prognostizierten negativen Szenarien traten aber nicht ein. Die Wirtschaftsleistung Ecuadors stagnierte zwar 2015 und ging 2016 zurück, bereits 2017 war aber wieder ein deutlicher Anstieg feststellbar. Die wirtschaftlichen und sozialen Folgen externer Krisen wurden in Ecuador während der *Revolución Ciudadana* somit durchaus professionell bewältigt und sind kaum mit den Krisenfolgen der 1980er Jahre oder mit den Auswirkungen der Banken- und Wirtschaftskrise zur Jahrtausendwende zu vergleichen.

Wichtig erscheint mir in diesem Zusammenhang daher auch der Blick auf eine mittelfristige Perspektive, die berücksichtigt, dass die im Jahr 2016 maßgeblich durch externe Faktoren und das Erdbeben am 16. April verursachte Rezession auf eine Phase hoher staatlicher Investitionen folgte, welche zu einer nachhaltigen Verbesserung der Produktionsvoraussetzungen geführt hatte. Auf die dargestellten Schocks konnte deshalb hauptsächlich mit der Kürzung von Investitionsausgaben reagiert werden, während die laufenden Ausgaben des Staates – besser als in vorangegangenen Krisen – weiterhin durch Steuern finanziert werden konnten. Dies bedeutet freilich nicht, dass die massiven externen Schocks ohne Wirkung blieben. Die Regierung Correa geriet in Zahlungsverzögerungen gegenüber Auftragnehmern und subnationalen Regierungen, die Staatsschulden stiegen stark an. Angesichts des höheren Risikoaufschlags stieg auch das

Zinsniveau insgesamt, es lag auch im regionalen Vergleich auf einem hohen Niveau. Aber es blieb dennoch im Durchschnitt unterhalb des Niveaus, das vor Beginn der *Revolución Ciudadana* gegolten hatte.

Die in dieser Phase von oppositionellen Sektoren geäußerte Kritik an der Kreditaufnahme der Regierung Correa erscheint nicht angebracht, denn sie negiert, dass eine allein an der Senkung des Haushaltsdefizits orientierte Politik den Nachfrageeinbruch verstärkt und damit die Rezession vertieft hätte. Auch die Kritik, man habe es in der Phase des *Circulo Virtuoso* versäumt, genügend Ersparnisse in liquide Finanzanlagen im Ausland zu positionieren, unterschlägt die negativen sozialen und ökonomischen Folgen, die ein weiteres Aufschieben drängender öffentlicher Investitionen gehabt hätte. Diese Investitionen, die zum Teil sogar direkt zu neuen Staatseinnahmen, Ausgabensenkungen und einer verbesserten Leistungsbilanz Ecuadors führten, stellten einen Zuwachs an staatlichen Aktiva dar, der Kreditaufnahmen und Rohstoffeinnahmen gegenübergestellt werden müssen, will man die diesbezügliche Politik der Regierung angemessen beurteilen.

10.2 Von Machtverschiebungen zu neuer Legitimität des Steuerstaats – ein *Circulo Virtuoso* und seine Grenzen

In meinen Ausführungen wurde bereits deutlich, dass mit dem Amtsantritt Rafael Correas die Steuerpolitik – und insbesondere die Bekämpfung der Steuerhinterziehung – zu zentralen Regierungszielen wurden. Die treibenden Faktoren und Hindernisse bezüglich der umgesetzten steuerpolitischen Veränderungen konnte ich mit Hilfe des von mir entwickelten *Circulo Virtuoso* besonders gut herausarbeiten: Auf Basis dieses Modells gelang es mir zu verdeutlichen, wie Mechanismen struktureller und instrumenteller Macht ineinandergreifen und, parallel dazu, erkennbare Fortschritte und auch Grenzen auf dem Weg zu neuer Legitimität für staatliches Handeln aufzuzeigen.

Bezüglich der in Ecuador gegebenen Faktoren struktureller Macht konnte belegt werden, dass die Regierung Correa die erreichten, deutlich verbesserten staatlichen Finanzkapazitäten in ein höheres Niveau an *Output*-Legitimität von Staat und Regierung überführen konnte. Bezüglich der Faktoren instrumenteller Macht konnte ermittelt werden, dass die Krise des etablierten politischen Systems – und der mit diesem verbundenen Mechanismen instrumenteller Elitenmacht – zu einem grundlegenden Wandel des staatlichen Institutionensystems und zur Überwindung von politischen und administrativen Handlungsblockaden genutzt wurde. Darüber hinaus gelang es der Regierung Correa in der Phase des *Circulo Virtuoso* bis 2014 auch, die Repräsentativität des politischen Systems und damit die *Input*-Legitimität politischer Entscheidungen signifikant zu erhöhen. In diesem Zusammenhang bietet sich ein genauerer Blick auf die ineinandergreifenden Wirkmechanismen des *Circulo Virtuoso* an.

10.2.1 Schlussfolgerungen aus der Betrachtung des *Circulo Virtuoso*

Als Ausgangspunkt für den *Circulo Virtuoso* ist der Beginn der *Revolución Ciudadana* auszumachen und die daraus folgende Implosion des ecuadorianischen Parteiensystems, welches sich schon bereits seit einer Dekade in einer Dauerkrise befunden hatte. Für die Wirtschaftseliten bedeutete die Regierungsübernahme Correas, dass die gewohnten Mechanismen instrumenteller Einflussnahme an Wirksamkeit verloren und dass ihre engen Verbindungen zu politischen Entscheidungsträger*innen unterbrochen wurden. Auch verloren die Wirtschafts-und Finanzeliten des Landes ihre bis dahin starke direkte Präsenz in Schlüsselstellen der Exekutive (vgl. Wolff 2016). Dass auf den Wahlsieg Correas zeitnah der Gewinn der absoluten Mehrheit bei den Wahlen zur Verfassungsgebenden Versammlung durch die Regierungspartei *Alianza PAIS* folgte, erschwerte die Möglichkeiten der Wirtschaftseliten, Einfluss auf politische Prozesse zu nehmen, zusätzlich.

Auch die eigenen instrumentellen Machtressourcen der Wirtschaftseliten, ihre (vermeintliche) Expertise, ihre Organisation in Verbänden und ihr Einfluss auf – beziehungsweise ihr Besitz von – Massenmedien verloren in der Konfrontation mit der Regierung Correa an Wirksamkeit. Eben diese Konfrontation mit Teilen der Wirtschaftseliten galt einem breiten Teil der ecuadorianischen Bevölkerung sogar als ein Beweis für den entschiedenen Veränderungswillen der Regierung. Der linke und anti-neoliberale Diskurs Correas richtete sich gegen Teile der Wirtschaftseliten und ihre Netzwerke, die sie mit etablierten Parteien, wie z. B. der in Guayaquil verankerten PSC, verbanden. Auch gegen das alte politische System insgesamt und gegen den starken Einfluss internationaler Finanzinstitutionen auf die ecuadorianische Wirtschaftspolitik war die Politik der Regierung Correa ausgerichtet (Stoessel 2013: 74).

Auch waren erste Schritte der steuerpolitischen Neuorientierung bereits vor der Erhöhung der Rohstoffeinnahmen durch die Regierung Correa eingeleitet worden. Die neue Regierung, so die deutliche Botschaft an den Privatsektor – und auch an die Wähler*innen – würde Privilegien und das Umgehen steuerlicher Pflichten nicht länger dulden. Dabei basierte das Ziel der Regierung Correa, in Ecuador eine grundlegende steuerpolitische Veränderung vorzunehmen, auf der Prämisse, dass ein solcher, gesellschaftsverändernder Prozess nicht im Konsens mit den etablierten Wirtschaftseliten umzusetzen ist. Zurückzuführen ist diese durchaus nachvollziehbare Prämisse auf dominante ideologische, politische und entwicklungstheoretische Positionen innerhalb der Regierung Correa, die diese Konfliktlinie als notwendige Strategie erachteten.

Eine alles entscheidende Frage ist hierbei aber die, aufgrund welcher ökonomischen Bedingungen die dargestellte Regierungsstrategie letztlich überhaupt Erfolg haben konnte: Meine Analyse zeigt, dass es vor allem in den ersten Regierungsjahren die erhöhten staatlichen Rohstoffeinnahmen waren, die eine zentrale Bedeutung für den Erfolg der beschriebenen Regierungsstrategie hatten. Nach der Jahrtausendwende hatten gestiegene Rohstoffpreise nicht zu einer politischen

Stabilisierung des neoliberal-unternehmerischen Modells geführt, was vor allem an der Austeritätsfixiertheit der damaligen Regierungen lag. Deren Priorisierung von Gläubigerinteressen gegenüber drängenden sozialen Problemen sowie der Einfluss transnationaler Erdölkonzerne und existierende Förderverträge, die diese Unternehmen gegenüber dem Staat stark begünstigten, trugen stattdessen zu einer fortschreitenden Delegitimierung des politischen Systems bei. Die beschriebenen Bedingungen bereiteten neben anderen Faktoren das Feld für den politischen Aufstieg des charismatischen politischen Außenseiters Correa – und sie bildeten den Ausgangspunkt für die politischen Zielsetzungen seiner Regierung.

Angesichts der gegebenen strukturellen Ausgangsbedingungen war es möglich, bereits durch die Aussicht auf Aneignung eines größeren Teils der Rohstoffeinnahmen durch die Regierung bestehende Befürchtungen zu dämpfen, die im Hinblick auf negative Folgen einer möglichen Investitionszurückhaltung von Unternehmen bestanden. Zudem ergab sich durch die staatliche Aneignung von Rohstoffrenten eine politische Mobilisierungsmöglichkeit gegen die Interessen transnationaler Erdölkonzerne.

Für einen erhöhten finanziellen Handlungsspielraum der Regierung Correa sorgten nicht nur hohe Weltmarktpreise für Rohöl, die bereits vor Beginn der Regierungszeit Correas deutlich gestiegen waren, sondern auch die Nutzbarmachung von Rohstoffrenten in Kombination mit der Auflösung von Rohstofffonds. Die damit mögliche stärkere Gewinnaneignung des Staates, die zunächst durch die Erhebung einer bereits 2006 beschlossenen Sondergewinnsteuer und schließlich durch die Neuverhandlung von Förderverträgen erreicht wurde, und auch die wachsende Bedeutung staatlicher Erdölförderung, steigerten darüber hinaus den finanziellen Handlungsspielraum der Regierung . Die genannten Faktoren führten in der Folge zu einem erkennbaren Verlust von struktureller Macht der Wirtschaftseliten, was wiederum die zügige Durchsetzung steuerpolitischer Reformen möglich machte und die striktere Durchsetzung bestehender Steuergesetze durch die Steuerverwaltung bewirkte.

Für mittel- und langfristige Fortschritte in der Steuerpolitik ist aber auch eine Erhöhung des Vertrauens der Bevölkerung in die effiziente Nutzung der Staatseinnahmen unabdingbar. Um dem Rechnung zu tragen, wurden wichtige Veränderungen innerhalb der staatlichen Institutionen vollzogen. Diese Veränderungen ermöglichten eine höhere Kohärenz staatlichen Handelns und reflektierten zugleich Veränderungen in den gesellschaftlichen Kräfteverhältnissen. Wie aus meinen Untersuchungsergebnissen hervorgeht, konnte die Regierung Correa erhebliche Fortschritte bezüglich der Verbesserung staatlicher Fähigkeiten und beim Aufbau effektiver und inklusiver Institutionen erzielen. Die Durchsetzung sozialer Rechte war ebenso erfolgreich. Auch die Nutzung der insgesamt höheren Staatseinnahmen für entwicklungsfördernde Investitionen zur Verbesserung der Leistungsbilanz und der Produktionsvoraussetzungen kann als gelungen gelten.

Die Steuerpolitik war zwar eine sehr wichtige, aber nicht die einzige bedeutende Komponente für die Rückkehr des Staates als Entwicklungsakteur: Während der *Revolución Ciudadana* konnte die Politik darüber hinaus das Recht des Staates „zu regulieren, zu kontrollieren und strategische Wirtschaftssektoren zu lenken" effektiv durchsetzen (Klein und Wahl 2015: 34). Die durch Wahlerfolge legitimierte und in der Verfassung von 2008 institutionell abgesicherte höhere Machtkonzentration in der Exekutive konnte zur Durchsetzung einer höheren Kohärenz staatlicher Entscheidungen, einer besseren Handlungsfähigkeit und weniger Präsenz von Partikularinteressen in staatlichen Institutionen genutzt werden. Hinzu kam die starke Position der Regierungspartei *Alianza PAIS* in der Legislative, wo sie stets die mit Abstand stärkste Fraktion bildete und ab 2013 in der Nationalversammlung die absolute Mehrheit der Abgeordneten stellten, wie bereits in der Verfassungsgebenden Versammlung 2007–2008. Zu keinem anderen Zeitpunkt hatte sich vormals ein derart hohes Maß an Zustimmung zur Regierungspolitik in der ecuadorianischen Bevölkerung wiedergespiegelt.

Aber auch der Machtgewinn in den politisch bestimmten Teilen des Staatswesens und bezüglich der erhöhten Handlungsfähigkeit des Staates war erheblich. Die erfolgten Veränderungen in der Steuerverwaltung können demnach auch als der institutionelle Ausdruck eines weiter gefassten Bedeutungsgewinns demokratisch legitimierter Entscheidungen durch die *Revolución Ciudadana* interpretiert werden. Die Kompetenzen der Steuerverwaltung waren in der vorhergehenden Phase des neoliberal-unternehmerischen Entwicklungsmodells durch die fehlende Handlungsfähigkeit der gewählten Regierung –aufgrund einflussreicher, institutioneller und faktischer Veto-Spieler – unterlaufen worden. Auch war die Fähigkeit zu kohärentem wirtschaftspolitischen Handeln eng begrenzt, besonders in der neoliberal-unternehmerischen Entwicklungsphase vor Beginn der *Revolución Ciudadana.* Dies war bedingt durch die Autonomie zentraler wirtschaftspolitischer Institutionen, wie zum Beispiel der Zentralbank, und durch die Dominanz elitenaher Funktionäre an den Schaltstellen von Exekutive und Aufsichtsbehörden.

Die Regierung Correa führte die *Input*-Legitimität ihres Handelns maßgeblich auf zwei Faktoren zurück: Zum einen auf die eigenen großen Erfolge bei den Wahlen und Referenden,[276] zum anderen auf die Umsetzung von explizit am Wahlprogramm orientierten Maßnahmen, präzise ausgearbeiteten Entwicklungsplänen und auf das umfassende Ablegen von Rechenschaft bezüglich der erfolgten Politik gegenüber der Bevölkerung. In der Phase des *Circulo Virtuoso* konnte dies mit einer erhöhten *Output*-Legitimation in Folge von Investitionen und verbesserten öffentlichen Leistungen verbunden werden. Dadurch gelang es – erstmalig seit Jahrzehnten – eine deutlich gesteigerte Akzeptanz von Regierungspolitik in der ecuadorianischen Bevölkerung zu erreichen.

[276] 2011 erhielt sie durch ein Referendum das Mandat, eine Justizreform entsprechend der neuen Verfassung durchführen zu können. 2017 gelang ihr eine erfolgreiche politische Mobilisierung, als die erste Runde der Präsidentschaftswahlen mit einer für die Regierung erfolgreichen Abstimmung über das Verbot für gewählte Politiker und Staatsangestellte, über Gelder in so genannten Steueroasen zu verfügen, verbunden wurde.

Viele Ecuadorianer*innen waren nun laut *Latinobarómetro* (2015) der Meinung, dass die Regierung im Interesse der Allgemeinheit arbeite und nicht für eine kleine Gruppe Privilegierter. Sie attestierten der Regierung Correa darüber hinaus eine sinnvolle Nutzung der Staatseinnahmen.

Die *Output*-Legitimität der Regierung Correa wurde durch die oben beschriebenen Faktoren erreicht, aber ebenso durch ausreichende, auch steuerlich requirierte finanzielle Ressourcen, und darüber hinaus durch wichtige Fortschritte bezüglich der Modernisierung und der Stärkung staatlicher Handlungs- und Planungskompetenz. Diese erhöhte *Output*-Legitimität in der Phase des *Circulo Virtuoso* bis 2014 gründete außerdem auf spürbaren sozialen Verbesserungen, die sich durch deutlich erhöhte staatliche Leistungen in den Bereichen Bildung und Soziales, eine insgesamt positive Entwicklung des Mindestlohns und den signifikanten Rückgang der Armut auszeichneten. Diese Legitimität basierte auch auf staatlichen Investitionen in den Ausbau der Infrastruktur und in die Modernisierung der Energieversorgung, um nur zwei zentrale Elemente der verbesserten Produktionsvoraussetzungen zu benennen.

Die politische Strategie der Regierung Correa war von Beginn an mit dem Ziel verbunden, eine erhöhte Legitimität der wiedergewonnenen staatlichen Rolle im Entwicklungsprozess zu erreichen, zumindest ex post, also als Folge der verbesserten Qualität staatlicher Leistungen – und das übrigens auch bei den ökonomisch mächtigen ecuadorianischen Wirtschaftseliten. Angestrebt wurde eine Neuausrichtung des Privatsektors, orientiert an den Zielen des Wandels produktiver Strukturen und an Investitionen in authentische Wettbewerbsfähigkeit. Verbesserte Produktionsbedingungen im Rahmen neuer – durch die Politik festgelegter –Entwicklungsziele sollten die Investitionsbereitschaft des Privatsektors erhöhen. Der dadurch bedingte, erhöhte Kooperationsbedarf mit dem Privatsektor trug allerdings in der Folge zu einer Re-Etablierung instrumenteller Macht und zur Stärkung einzelwirtschaftlicher Betrachtungsweisen bei – auch in Teilen der Regierung Correa: Wenn es an privaten Investitionen mangele – so die Logik – müsse man nur bessere Bedingungen auf der Angebotsseite schaffen, um die Motivation für Investitionen zu erhöhen, beispielsweise durch Steuererleichterungen. Dass diese Logik nicht oder nur begrenzt greifen konnte, habe ich in meiner Analyse herausgearbeitet. Ein zentrales Problem liegt nämlich darin, dass die Renteneinkünfte privater Akteure, die nicht dem idealtypisch-kapitalistischen Akkumulationszwang unterliegen, nicht notwendigerweise reinvestiert werden müssen, auch dann nicht, wenn staatlicherseits beispielsweise steuererleichternde Bedingungen geschaffen werden.

Hinzuweisen ist hier auf weitere Gründe dafür, dass in wichtigen politikrelevanten Bereichen die strukturelle Macht rentenorientierter Wirtschaftseliten während der *Revolución Ciudadana* nicht nachhaltig überwunden werden konnte: Die für Ecuador ungünstige Einbindung in den Weltmarkt, vor allem als Rohstoffexporteur, blieb trotz Fördermaßnahmen und ehrgeiziger Investitionen in Bildung und Forschung auch weiterhin bestehen. Auch wurden in den traditionellen Sektoren des alten Export-Import-Modells und bei Geschäften mit nicht international handelbaren Gütern – entsprechend den Mechanismen der Holländischen Krankheit – in Ecuador weiterhin die höchsten Renditen erzielt. Zudem konnte der Konzentration von Unternehmenskapital, Produktionsmitteln und Märkten, oft in der Hand von durch familiäre Netzwerke zusammengehaltenen Unternehmensgruppen befindlich, staatlicherseits nicht effektiv Einhalt geboten werden. Diese Faktoren aber trugen maßgeblich zur Erhaltung der strukturellen Macht der ecuadorianischen Wirtschaftseliten bei. Staatliche Maßnahmen der Regierung Correa, wie die bis dato von Vetospielern blockierte Gründung eines Kartellamts und die stärkere Schwerpunktsetzung auf Steuerkontrollen bei großen Unternehmenskonglomeraten sind als durchaus beachtenswerte, aber dennoch nicht ausreichende Initiativen zur Zurückdrängung struktureller Macht zu werten.

10.2.2 Der *Circulo Virtuoso* im Spiegel historischer Referenzperioden

Durch die Analyse des als *Circulo Virtuoso* bezeichneten Prozesses konnte – im zeitlichen Ablauf betrachtet – ermittelt werden, dass die politische Verbindung von hohen staatlichen Rohstoffeinnahmen einerseits und der Stärkung des Steuerstaats andererseits nicht auf Automatismen zurückzuführen ist, welche sich aus dem Zusammenwirken von höheren, dem Staat zukommenden Rohstoffpreisen und dem dadurch bedingten strukturellen Machtverlust der privaten Wirtschaftseliten ergeben hätten. Entscheidend war vielmehr die Prioritätensetzung der Regierung Correa, die darin bestand, die effektive Nutzbarmachung der staatlichen Rohstoffeinnahmen gezielt voranzutreiben, und zwar als Gegengewicht zur strukturellen Macht der wirtschaftlichen Eliten. Ebenso war der dezidierte politische Wille dieser Regierung, die sie stärkenden, veränderten Kräfteverhältnisse für Reformen auf dem Feld der Steuerpolitik zu nutzen, ein Faktor, der die strukturelle Macht der Eliten einschränkte.

Die Valenz der vorangegangenen Ausführungen ergibt sich nicht zuletzt durch den historischen Rückblick auf die Schwächung des ecuadorianischen Steuerstaats während des *Boom Petrolero* der 1970er Jahre, der als historische Referenzperiode für Phasen hoher Rohstoffeinnahmen Ecuadors untersucht wurde. Diese Untersuchung verdeutlicht, dass die Korrelation von hohen Rohstoffeinnahmen einerseits und Stärkung des Steuerstaats andererseits nicht in direkter Kausalität zueinander stehen. So war beim *Boom Petrolero* der 1970er Jahre die Aneignung von Rohstoffeinnahmen durch das – mit einer Rhetorik weitreichenden sozialen Wandels an die Macht gekommene – Militärregime mit einer folgenschweren Vernachlässigung der Steuerpolitik einhergegangen.

Die Militärs setzten zwar die Zentralisierung politischer Entscheidungen durch, stärkten auch die Planungskompetenzen der Zentralregierung und führten Entwicklungsprojekte durch. Sie konnten dies auf Basis einer größeren Autonomie gegenüber sektorspezifischen Interessen tun, welche bis dahin in den zivilen Regierungen präsent und einflussreich gewesen waren (Faust 2008). Durchaus Fortschritte gelangen auch dadurch, dass die Einnahmen aus der Erdölförderung zu großen Teilen nun staatlich kontrolliert wurden und dass es gelang, staatliche Kapazitäten in den Bereichen Förderung, Raffination und Logistik aufzubauen. Allerdings nutzte das Militärregime die staatlichen Rohstoffeinnahmen lediglich dazu, sich von der Vetomacht der küstenbasierten Unternehmensgruppen freizukaufen, um selbst Maßnahmen zur Industrieförderung und Infrastrukturausbau ergreifen zu können. Die grundsätzliche, robuste Stärkung des Steuerstaates verschwand jedoch, bevor konkrete Initiativen ergriffen werden konnten, von der politischen Agenda. Auf Probleme der Endlichkeit von Rohstoffvorkommen und ihre Preisvolatilität wurde ebenfalls keine Rücksicht genommen. Mit dem Rückgang der Erdöleinnahmen folgte dann zunächst – quasi zwangsläufig – eine zunehmende Kreditfinanzierung auch permanenter Staatsausgaben, schließlich auch die schrittweise Demontage entwicklungsstaatlicher Ansätze. Der endgültige Bruch mit den entwicklungsstaatlich inspirierten Ansätzen stellte sich dann in Folge der Lateinamerikakrise Anfang der 1980er Jahre ein.

Die zweite von mir ausgewählte Referenzperiode, zwischen 1996 und 2006 angesiedelt, weist hingegen eine Erhöhung der ecuadorianischen Steuerquote in einer Phase relativ niedriger Rohstoffeinnahmen auf. Diese Erhöhung ist der akuten Finanznot des Staates in dieser Dekade geschuldet und nicht der Idee von einem starken Steuerstaat. Somit können die hier vorgenommenen vergleichenden Betrachtungen als Beleg dafür dienen, dass eine direkte Kausalität von Rohstoffeinnahmen und staatlich initiierten, steuerpolitischen Veränderungen, hier bezogen auf Ecuador, nicht besteht.

Bei den Reformen der späten 1990er Jahre sticht allerdings die Gründung des SRI, einer semiautonomen Steuerbehörde, als staatliche Maßnahme heraus, durch die ein bedeutsamer Beitrag zum Aufbau eines effektiven Steuerstaats geleistet wurde. Für die steuerpolitischen Erfolge der Regierung Correa spielte die Existenz dieser professionell arbeitenden Steuerbehörde eine wesentliche Rolle. Sie wurde in ihren Befugnissen und ihrer Expertise weiter gestärkt und konnte dadurch noch wirkungsvoller auf die progressiven steuerpolitischen Ziele der Regierung ausgerichtet werden. Während der *Revolución Ciudadana* wurde die Steuerverwaltung nicht länger nur als technokratische Angelegenheit betrachtet. Obwohl das SRI seine institutionelle Struktur als semi-autonome Behörde behielt, wurde die Koordination mit anderen staatlichen Institutionen gestärkt und die Schwerpunktsetzung auf die Kontrolle großer Unternehmensgruppen im Kampf gegen Steuerhinterziehung betont. Zudem wurde das SRI durch den Aufbau des *Centro de Estudios Fiscales* zu einer Institution, in welcher steuerpolitische Reformen vorbereitet und Ergebnisse evaluiert werden konnten.

Anders als während der *Revolución Ciudadana* handelte es sich bei den steuerpolitischen Reformen der späten 1990er und frühen 2000er Jahre um Maßnahmen im Kontext wirtschaftlicher Instabilität, bei denen die Regierungen stets den Konsens mit den wirtschaftlichen Eliten suchen mussten. Dementsprechend konzentrierte man sich bei Steuererhöhungen vorzugsweise auf regressive Verbrauchssteuern. Eine zentrale Rolle spielte dabei die Angst vor dauerhafter Instabilität der Staatsfinanzen, wodurch die Interessen institutioneller und privater Gläubiger*innen tangiert waren, die ihr Interesse an einer Stärkung der Zahlungsfähigkeit Ecuadors geltend machten.

Als steuerpolitisches Ziel dieser Regierungen kann daher eine Stabilisierung des neoliberal-unternehmerischen Modells ausgemacht werden, nicht aber seine Überwindung. Mit dem Ziel der Überwindung dieses Modells, das soziale Ungleichheiten vertieft und überkommene Strukturen gefestigt hatte, war aber die Regierung Correa angetreten. In der praktischen Steuerpolitik wurden hierfür wichtige Grundlagen durch eine deutliche Verbesserung der öffentlichen Einnahmebasis gelegt. Jedoch zeigten sich auch hier – durch geltende Ausnahmeregelungen und eine fehlende Fokussierung von Steueranreizen – regierungsinterne Widerstände gegen eine stärkere Orientierung am Ziel, die Renten zurückzudrängen und innovative Produktionsstrukturen zu fördern.

10.3 Die *Revolución Ciudadana* zwischen Fortschritten, Rückschlägen und bleibenden Herausforderungen

Im Rückblick betrachtet, hatte die *Revolución Ciudadana* zu Beginn des vorliegenden Promotionsprojekts 2013 gerade ihren Zenit erreicht. Nach dem Wahlsieg 2006 war bereits 2008 eine progressive Verfassung durch die Bevölkerung bestätigt worden und Correa gelang 2009 und 2013 jeweils die Wiederwahl im ersten Wahlgang. 2013 erreichte die Regierungspartei *Alianza PAIS* – wie schon beschrieben – überdies auch bei den Parlamentswahlen eine breite Mehrheit der Sitze. Ab diesem Zeitpunkt veränderten sich die politökonomischen Bedingungen in Ecuador allerdings gravierend.

Ab der zweiten Jahreshälfte 2014 verlor die Regierung Correa durch den Einbruch der Rohstoffeinnahmen an ökonomischem Handlungsspielraum und geriet in der Folge auch politisch in die Defensive. Dabei rückte die Steuerpolitik erneut in den Fokus der politischen Auseinandersetzung. Für die hier vorliegende Analyse der steuerpolitischen Veränderungen während der *Revolución Ciudadana*, die insgesamt die Jahre von 2007 bis 2017 umfasst, erschien es daher angebracht, eine Unterteilung in zwei zeitliche Phasen vorzunehmen, deren Prägung jeweils von ganz unterschiedlichen sozioökonomischen Rahmenbedingungen bestimmt war.

Nach den schon dargelegten Schlussfolgerungen aus der ersten Phase der *Revolución Ciudadana* von 2007 bis Mitte 2014, für die ich einen *Circulo Virtuoso* – das heißt ein Zusammenkommen von relativ hohen Rohstoffeinnahmen und erfolgreichen Maßnahmen zur Stärkung des Steuersystems diagnostizierte – ziehe ich im nächsten Abschnitt Schlüsse aus der Betrachtung der zweiten Phase. Diese war durch den deutlich eingeschränkten Handlungsspielraum der Regierung Correa geprägt. Dieser eingeschränkte Handlungsspielraum war bedingt durch einbrechende Erdöleinnahmen, Dollaraufwertung und weitere externe Schocks. Auf die Machtverschiebungen, die diese wirtschaftlich schwierige Phase mit sich brachte, und auf die nun deutlicher hervortretenden Widersprüche und Grenzen des initiierten Veränderungsprozesses, werde ich nun zusammenfassend eingehen.

10.3.1 Strategische Herausforderungen und Maßnahmen nach Ende des *Circulo Virtuoso*

Die veränderten wirtschaftlichen Rahmenbedingungen ab der zweiten Jahreshälfte 2014 konnten nicht ohne Auswirkung auf die politischen Kräfteverhältnisse in Ecuador bleiben. Die Nutzung der Rohstoffeinnahmen für öffentliche Institutionen hatte zu einer positiveren Wahrnehmung des Staates und zu großer Unterstützung für die Regierung durch ihre vergrößerte *Output*-Legitimation geführt. Dies ermöglichte es ihr, im Rahmen des *Circulo Virtuoso* höhere Steuern auch gegen die ecuadorianischen Einkommens- und Vermögenseliten durchzusetzen.

Zurück zum Nexus von Rohstoffeinnahmen und der Stärkung des Steuersystems: In der Phase relativ hoher Rohstoffeinnahmen hatte der durch die Regierung Correa repräsentierte Staat seine Handlungsfähigkeit als Entwicklungsakteur durch zahlreiche Investitionsprojekte unter Beweis stellen können. Die Wirtschaft entwickelte sich insgesamt positiv, auch die Wirtschaftseliten profitierten von dem Aufschwung. Doch im Kontext fallender Erdöleinnahmen und rezessiver Tendenzen ab 2014 erhöhte sich der Legitimationsbedarf für die praktizierte Regierungspolitik, da verteilungspolitische Maßnahmen nun Umverteilung bedeuteten und nicht mehr nur die Verteilung von Zugewinnen betrafen. Es ist also kein Zufall, dass sich die Auseinandersetzungen der Regierung Correa mit den Wirtschaftseliten in den Jahren der wirtschaftlichen Krise und Rezession verschärften. In den Kategorien Fritz Scharpfs (2004) formuliert, waren die Legitimitätsanforderungen an steuerpolitische Eingriffe des Staates im Kontext von Stagnation und Krisentendenzen deutlich gestiegen. Nun ging es nicht mehr darum, einen größeren Teil der insgesamt auch netto weiter wachsenden Einnahmen an den Fiskus abzuführen, sondern um Steuerforderungen in Zeiten fallender Einnahmen. Die Rohstoffeinnahmen und ein signifikantes wirtschaftliches Wachstum hatten vormals zur Senkung von Legitimitätsanforderungen an die Regierung geführt, auch weil Schritte gegen soziale Ungleichheiten durch steuerpolitische Maßnahmen im Kontext eines Fahrstuhleffekts umgesetzt werden konnten. Diese Situation änderte sich schlagartig ab Mitte 2014, als die Erdöleinnahmen massiv zu sinken begannen und der Zugang zu externer Finanzierung durch Staatsanleihen zum Teil nur gegen hohe Risikoaufschläge möglich war. Steuerpolitische Entscheidungen waren von nun an stärker mit Verlustängsten in der Bevölkerung verbunden, die deutlich über die direkt betroffenen Sektoren hinausgingen.

Auch ist die zeitliche Dimension ein nicht zu unterschätzender Faktor, durch den die wirtschaftlichen Krisentendenzen ab Mitte 2014 schon bald auch die Zukunft des politischen Projekts der *Revolución Ciudadana* in Frage stellen sollten. Diese Krisentendenzen waren erkennbar nicht der Regierungspolitik, sondern externen Schocks geschuldet, die ihre Wirkung vor allem durch Ecuadors extraktive Wirtschaftsstruktur entfalteten. Zur Überwindung eben dieser Strukturen hatte die Regierung Correa lediglich erste Schritte durchsetzen können. Dadurch kam es in der dargestellten Phase zumindest teilweise zu einer Restauration der alten Strukturen, denn durch die erzwungene Rückkehr zu einem an den kurzfristigen Zielen von Wirtschaftseliten und Interessengruppen orientierten Wirtschaftskurs büßte die Regierung Correa Teile ihrer zuvor gewonnenen Autonomie gegenüber den Wirtschaftseliten ein. Auch waren die negativen Erfahrungen mit dem neoliberal-unternehmerischen Entwicklungsmodell und den dadurch verursachten tiefen politischen und wirtschaftlichen Krisen im öffentlichen Bewusstsein in den Hintergrund geraten. Sie waren kaum mehr präsent angesichts der nun vorherrschenden Unzufriedenheit mit den gleichwohl notwendigen Anpassungsmaßnahmen der Regierung Correa.

Ab 2015 erfolgte, durch die ökonomischen Krisentendenzen und die sinkende Handlungsfähigkeit des Staates bedingt, die Rückgewinnung instrumenteller Machtressourcen der traditionellen Wirtschaftseliten. Jene Diskurse des Anti-Etatismus wirtschaftlicher Eliten und auch Forderungen partikularer Interessenvertretungen, deren Wirksamkeit als Mittel instrumenteller Macht während des *Circulo Virtuoso* – im Angesicht klar sichtbarer staatlicher Leistungen – zurückgedrängt worden war, gewannen verlorengegangene Glaubwürdigkeit zurück. Die Sinnhaftigkeit öffentlicher Investitionen und die Effizienz ihrer Umsetzung wurden nun von Privatmedien und Opposition zunehmend in Frage gestellt, vor allem aber verhallte dieser Diskurs nicht wie in Zeiten des *Circulo Virtuoso* weitgehend ungehört. Diese Entwicklung verdeutlicht die höheren Legitimitätsanforderungen für politische Entscheidungen, wenn aufgrund wirtschaftlicher Stagnation oder Rezession Verteilungskonflikte nicht länger über die Verteilung von Zugewinnen ausgetragen werden können und es stattdessen um die Umverteilung von vorhandenem Einkommen und Vermögen geht.

Gerade in Zeiten verschärfter Verteilungskonflikte gewinnt auch das Thema Korruption als Vehikel für anti-etatistische Forderungen an Bedeutung. Die Umfrageergebnisse von *Latinobarómetro* (2015, 2016) zeigen dennoch auch für die ökonomisch wie politisch schwierigen Jahre 2015 und 2016 ein im regionalen Vergleich positives Zeugnis bezüglich der Erfolge bzw. der Anstrengungen der Regierung Correa in der Korruptionsbekämpfung. Auch 2016 gab nur jede/r zehnte Ecuadorianer*in Korruptionserfahrungen von sich selbst oder von Familienmitgliedern an, ein im lateinamerikanischen Vergleich äußerst niedriger Wert. Jedoch gelang es der Opposition spezifische Fälle, wie den des brasilianischen Baukonzerns Odebrecht und den des staatlichen Erdölunternehmens PETROECUADOR in der öffentlichen Debatte zu nutzen, um das Thema Korruption im Wahlkampf 2017 auf die politische Agenda zu setzen und die Regierung Correa mit Hilfe der privaten Leitmedien unter allgemeinen Korruptionsverdacht zu stellen. So zeigten in der Folge die Umfrageergebnisse von *Latinobarómetro*, dass eine Mehrheit der Befragten nun die These vom Anstieg der Korruption stützte. Die medienwirksamen gegen die Regierung genutzten konkreten Korruptionsfälle waren jedoch maßgeblich von Netzwerken in der Verwaltung verursacht wurden, die häufig schon lange vor Antritt der Regierung Correa bestanden hatten, und von der Ebene der *Governance*-Strukturen ausgingen. Demgegenüber ist festzuhalten, dass während der *Revolución Ciudadana* nicht von der Hand zu weisende Fortschritte bei der Erhöhung von Transparenz und bezüglich der Effizienz staatlicher Ausgaben erreicht wurden. Gerade in Bezug auf Auseinandersetzungen um das Thema Korruption ist darauf hinzuweisen, dass diese meist an der Schnittstelle zwischen privatem und öffentlichem Sektor stattfindet und dass private Akteure, auch in Ecuador, oft die Hauptrolle spielten, beispielsweise durch Bestechung und Preisabsprachen.

Im ab 2015 sich abzeichnenden Kontext einer vermeintlich breiten gesellschaftlichen Allianz gegen die Regierung, bei genauerem Hinsehen aber ausgehend von höchst widersprüchlichen Positionen, verzeichneten anti-etatistische Diskurse Erfolge, während die Akzeptanz für Regierungsreformen in wirtschaftlich schwierigen Zeiten zurückging. Der Fokus lag nun wieder auf der Verteidigung eigener Sektor- bzw. gruppenspezifischer Interessen, wie dies bereits während der Strukturanpassung der 1980er Jahre zu beobachten gewesen war.

Als signifikantes Beispiel für die zurückgewonnenen strukturelle Macht konservativer Wirtschaftseliten sind die Auseinandersetzungen um die 2015 von der Regierung Correa vorgelegte Erbschaftssteuerreform und um die zeitgleich vorverlegte Reform zur Besteuerung von Sondergewinnen aus Immobilienverkäufen zu werten. Die Auseinandersetzung um die zunächst gescheiterte und später nur in einer verwässerten Fassung verabschiedete Erbschaftssteuerreform habe ich im Rahmen einer ausführlichen Fallanalyse (Kapitel 9.4) betrachtet. Durch die Analyse der diesbezüglichen Auseinandersetzungen bestätigt sich in zweierlei Hinsicht, dass es sich bei der strukturellen Macht der Wirtschaftseliten keineswegs um ein apolitisches Phänomen handelt: Erstens sind die *Exit*-Optionen von Unternehmen, also die Möglichkeiten, Geld ins Ausland zu transferieren oder die eigenen Steuerpflichten zu unterlaufen, durch die – auf nationaler, internationaler und supranationaler Ebene existierenden – politisch gesetzten Rahmenbedingungen erheblich. Zweitens nutzen Wirtschaftseliten ihre strukturelle Position im nationalen Produktionsprozess, d. h. ihre marktbeherrschende Position durchaus politisch und leiten die Forderung privilegierter Partizipation in politischen Entscheidungsprozessen meist direkt aus ihrer ökonomischen Macht ab (Culpepper 2014: 4). Die Angst vor Kapitalflucht, vor dem Ausbleiben privater Investitionen und die Notwendigkeit zur Zusammenarbeit mit den Wirtschaftseliten (auch in technischen Fragen, wie der genauen Ausgestaltung von Schutzzöllen), waren Faktoren, die in den Krisenjahren auch innerhalb der Regierung Correa an Bedeutung gewannen und zu regierungsinternen Spannungen führten.

Durch den in dieser Arbeit erfolgten Vergleich der Auseinandersetzungen um das erfolgreich verabschiedete Gesetz für steuerliche Gleichheit 2007 mit der zunächst gescheiterten Erbschaftssteuerreform 2015 konnte die starke Kontextbedingtheit erfolgreicher Reformstrategien im Hinblick auf das passende *Framing* und *Policy-Design* verdeutlicht werden. Dementsprechend waren Forderungen, die drohende Krise zu nutzen, um nun grundsätzlich für Verteilungsgerechtigkeit zu sorgen, nur vereinzelt zu vernehmen (vgl. Paz y Miño Cepeda. 02.03.2015). Die politischen Auseinandersetzungen 2015 – mit dem Effekt des Scheiterns dieser Reform – zeigten deutlich die wiedergewonnene instrumentelle Macht der Wirtschaftseliten und darüber hinaus ihre Fähigkeit, klassenübergreifende Bündnisse einzugehen.

Auf der Ebene der tatsächlich umgesetzten Steuerpolitik kam es zwar nicht zu einer grundsätzlichen Kehrtwende, aber die Regierung Correa – und vor allem deren Verfechter*Innen einer progressiven Steuerpolitik – gerieten in steuerpolitischen Auseinandersetzungen zunehmend in die Defensive. Der Versuch, die Erbschaftssteuer zu reformieren und Spekulations- und Rentengewinne aus Immobilienverkäufen zu besteuern, musste nicht zuletzt deshalb scheitern, weil diese Gesetze dem von Wirtschaftseliten und liberal-konservativen Parteien bereits in der ecuadorianischen Öffentlichkeit dominant etablierten *Framing* widersprachen, wonach die Steuern zu hoch, die staatliche Verwaltung zu groß und zu ineffizient sei und die Regierung den Bürger*innen lediglich immer mehr Geld aus der Tasche ziehen wolle. Zeitgleich verfügte die Regierung in dieser Phase fallender Erdöleinnahmen aber über einen geringen politischen Handlungsspielraum, da jede offene Konfrontation mit den Wirtschaftseliten über den steuerlichen Diskurs in der Öffentlichkeit als Gefährdung der wirtschaftlichen Stabilität gewertet worden wäre.

10.3.2 Nachwirkungen der historischen Ausgangssituation und ihre Folgen für die steuerpolitischen Möglichkeiten der *Revolución Ciudadana*

Bei der rückblickenden Bewertung des im Kontext der *Revolución Ciudadana* angestoßenen Reformprozesses ist es unerlässlich, auch auf die historisch vorgegebenen Ausgangsbedingungen in Ecuador einzugehen, welche auf der ökonomischen und politischen Ebene bestanden, aber auch die vorhandenen staatlichen Fähigkeiten betrafen und ebenfalls die existierenden sozialen Strukturen.

Durch die spezifischen ecuadorianischen Ausgangsbedingungen sah sich die Regierung Correa bei Amtsantritt mit vielfältigen sozialen, politischen und ökonomischen Herausforderungen konfrontiert. Auf der politischen Ebene galt es, die Führung eines Landes zu übernehmen, das wiederholt als unregierbar bezeichnet worden war und sich bereits seit mehr als einer Dekade in einer politischen Dauerkrise befand. Dies wurde nicht zuletzt dadurch deutlich, dass seit 1996 keiner der drei gewählten Präsidenten – Abdalá Bucaram, Jamil Mahuad und Lucio Gutierrez – seine Amtszeit beenden konnte. Sie alle wurden gestürzt, ohne dass dies aber eine Abkehr von der neoliberal-unternehmerischen Entwicklungsstrategie bewirkt hätte. Infolgedessen konnte die Regierung Correa bei ihren Reformvorhaben – auch im Bereich der Steuer- und Fiskalpolitik – zunächst von der tiefen Krise des politischen Systems profitieren, das eng mit den Wirtschaftseliten des Landes verbunden war. Das politische System war in sich blockiert und zugleich wenig repräsentativ. Daher konnte die politische Formation des neuen Präsidenten, die glaubhaft einen radikalen Umbau von Politik und Staat forderte und konkrete Schritte in diese Richtung einleitete, zunächst eine starke Mobilisierung breiter Bevölkerungsgruppen erreichen, die mit dem etablierten politischen System und der (Un)ordnung der Staatsapparate unzufrieden waren. Dem stand aber eine historisch gewachsene, hochgradig fragmentierte Zivilgesellschaft gegenüber, mit verschiedensten gut organisierten Gruppierungen, diversen öffentlichen Behörden, subnationalen Regierungen und Interessengruppen innerhalb des Staatswesens. All diese Sektoren waren kaum bereit, auf partikulare Vorteile zu verzichten, wenn es sich zum Beispiel um privilegierte Zugriffsrechte auf bestimmte Staatsapparate und auf finanzielle Transfers handelte.

Das instabile und krisenhafte unternehmerisch-neoliberale Modell war in Ecuador mit bestimmten Politikmodi verbunden gewesen. Zum einen bestanden so genannte bewegliche Mehrheiten, die von den jeweiligen Präsidenten durch ad hoc Allianzen gebildet wurden, wobei diese ihre ökonomische Macht zur klientelistischen Verteilung von Vorteilen an potentielle Bündnispartner im Kongress nutzten. Weil aber solche Allianzen kurzfristig angelegt sind, nahmen die Anreize zur Zusammenarbeit mit den meist zunehmend unbeliebter werdenden Regierungen im Verlauf einer Legislaturperiode sukzessive ab. Die gegenseitigen Blockaden formeller und informeller Veto-Spieler führten schließlich immer wieder zu Blockaden des politischen Systems (Mejía Acosta 2008: 245) und zu Instabilität bis hin zu Regierungsstürzen.

Die Position von Veto-Spielern war gestärkt, die staatliche Handlungsfähigkeit unterminiert und das Ansehen und die Legitimität des Staates waren insgesamt geschädigt. Die ökonomischen Eliten Ecuadors, die mächtigen Unternehmensgruppen und einflussreichen Wirtschaftskammern, nahmen daher auch vor Beginn der *Revolución Ciudadana* eine privilegierte Position im politischen Prozess ein und konnten sich auf enge Beziehungen zu politischen Parteien stützen (Wolff 2016: 126-127). Demzufolge können die in Ecuador feststellbaren Abweichungen von neoliberalen Konzepten keineswegs auf die Verteidigung von Elementen eines sozial gerechteren und inklusiveren Entwicklungswegs zurückgeführt werden, sie sind vielmehr vor allem als Indiz für die Machtfülle der Eliten und anderer nichtstaatlicher Akteure zu interpretieren. Angesichts der politischen Zersplitterung, eliteninterner Konflikte, der Macht von Vetospielern und politischer Blockaden konnten in Ecuador neoliberale Konzepte nicht so konsequent durchgesetzt werden wie in anderen Ländern Lateinamerikas. Durch diese Konstellation waren in der Phase des neoliberal-unternehmerischen Entwicklungsmodells auch Nischen für organisierte Mittelklassesektoren in Teilen der Staatsapparate entstanden. In dieser politischen Konstellation gelang es auch konfliktfähigen Organisationen der *Sectores Populares* wie der CONAIE, ihre spezifischen Interessen gegenüber neoliberalen Regierungen durchzusetzen.

Die beschriebene machtpolitische Konstellation hatte erheblich Folgen für die Steuer- und Fiskalpolitik Ecuadors vor der Jahrtausendwende: Neben dem – trotz erkennbarer Fortschritte seit Ende der 1990er Jahre – noch immer geringem Steueraufkommen existierte ein hohes Maß an Komplexität, eine Vielzahl von Ausnahmeregelungen auf der Einnahme- und Ausgabeseite und eine wenig kohärente Verknüpfung von spezifischen Einnahmen mit bestimmten Ausgaben. In dieser Hinsicht konnten während der *Revolución Ciudadana* bedeutende Fortschritte erzielt werden, so zum Beispiel bei der Reduzierung von Vorfestlegungen über die Verwendung von Haushaltsgeldern, wodurch eine größere Flexibilität und Effizienz in der Ressourcenallokation ermöglicht wurde. Zu den Verbesserungen gehörte auch die klare Orientierung der staatlichen Maßnahmen an den offiziellen Entwicklungszielen des Landes, was eine größere Nachvollziehbarkeit der Prioritätensetzung ermöglichte. Außerdem wurden die Prozesse öffentlicher Auftragsvergabe modernisiert und – bei allen bleibenden Defiziten – für kleine und mittlere Unternehmen und den Sektor der popularen und solidarischen Ökonomie besser zugänglich gemacht.

Die Konfliktlösung zwischen unterschiedlichen gesellschaftlichen Sektoren war in Ecuador in Phasen politisch schwacher Regierungen wiederholt durch die Aufteilung von Teilsektoren des Staates an spezifische Interessengruppen erfolgt, was im Wesentlichen zu zwei Problemen hinsichtlich der staatlichen Handlungsfähigkeit führte: Zum einen konnte keine kohärente und zwischen den unterschiedlichen Ressorts abgestimmte Regierungspolitik verfolgt werden, zum anderen dominierten in den jeweiligen Aufgabenbereichen die in diesen Sektoren vorfindlichen starken Partikularinteressen, die sich gegenüber dispersen, schwerer zu organisierenden Anliegen einer breiteren Öffentlichkeit durchsetzten – nicht zuletzt auch gegenüber den Anliegen von zahlenmäßig großen, aber marginalisierten Teilen der Bevölkerung.

Als effektiv erwiesen hatten sich in dieser Konstellation wenig lösungsorientierte, konfrontative Verhandlungsstrategien – sowohl für zivilgesellschaftliche Interessenorganisationen wie auch für Lokalpolitiker und andere politische Akteure. Dies schränkte in der Folge den fiskalpolitischen Handlungsspielraum erheblich ein und minderte die Transparenz und die Akzeptanz der staatlichen Finanzpolitik. Anders formuliert: Für sich genommen war die Beteiligung der einzelnen Akteure angesichts der prägenden Mechanismen des politischen Systems rational – und auch neue soziale Bewegungen und ihre Organisationen hatten versucht, dadurch an Konfliktfähigkeit zu gewinnen und eigene Vorteile durchzusetzen. Dies erschwerte aber in der Folge den Interessenausgleich innerhalb des zunehmend diskreditierten politischen Systems und des öffentlichen Sektors insgesamt.

Die oben dargestellten Ausgangsbedingungen hatten von Beginn an erhebliche Auswirkungen auf den politischen Spielraum der Regierung Correa. Die in spezifischen Sektoren und Teilen der Staatsapparate einflussreichen Organisationen (und insbesondere ihre Führung), die oft stärker von den korporativen Praktiken profitiert hatten als die vorgeblich repräsentierten mittleren Sektoren und *Sectores Populares*, verteidigten diese Privilegien und Nischen der eigenen Machtausübung innerhalb des öffentlichen Sektors nun vehement gegen die von der Regierung Correa angestrebte institutionelle Neuordnung (Charvet und Quintero 2010; Gallegos und Stoessel 2015: 18). Diese Konfrontation mit der Regierung nahm nicht nur bei Vertretern des Elitensektors einen zentralen Platz auf der politischen Agenda ein. Auch bei Berufsverbänden, Gewerkschaften und bei der Indigenenbewegung spielte die Kritik an der Regierung Correa schon bald eine zentralere Rolle als die grundsätzlichen Auseinandersetzungen um Verteilungsgerechtigkeit und die Rolle des öffentlichen Sektors im Entwicklungsprozess. So stellte die Zersplitterung der *Sectores Populares* und ihre Fokussierung auf gruppenspezifische Interessen und Forderungen eine besonders große Herausforderung für die umverteilungsorientierte Fiskalpolitik der Regierung Correa dar. Verständlicherweise war der Anreiz zur Unterstützung steuerpolitischer Maßnahmen für die jeweiligen Organisationen immer dann gering, wenn nicht klar war, wer letztlich von den zusätzlichen Staatseinnahmen profitieren würde. Zudem waren nicht alle Interessen gesellschaftlicher Gruppen organisations- und konfliktfähig, weshalb die mit Interessenorganisationen ausgehandelten Maßnahmen aus der Perspektive einer am Gemeinwohl orientierten Politik im hier dargestellten Kontext stets latent defizitär erscheinen mussten. Andererseits sind die sozialen Organisationen und deren Aufbau in einer Gesellschaft wichtige Faktoren zur Begrenzung der Macht von Wirtschaftseliten. Hierin bestand ein grundsätzliches Dilemma für das Regierungshandeln der Regierung Correa, welchem aber in den verschiedenen Regierungsphasen eine unterschiedlich große Bedeutung zukam.

In der Phase wirtschaftlichen Aufschwungs, erhöhter Leistungsfähigkeit des Staates und deutlicher Reallohnsteigerungen – insbesondere im öffentlichen Sektor – verloren die Mechanismen der kleinteiligen, partikularen Interessenorganisation an Bedeutung. Es trat aber weder ein grundsätzliches Umdenken bei den genannten Organisationen ein, noch entstanden alternative und repräsentative Organisationen, die eine konstruktive und gleichwohl von der Regierung Correa unabhängige Vertretung der genannten Sektoren hätten übernehmen können.

Die soeben benannten politischen Grenzen umverteilungsorientierter Steuerpolitik lassen sich auch auf die fortwährende Schwäche der *Sectores Populares* zurückführen, verbunden mit der mangelnden Fähigkeit ihrer Organisationen, umverteilungsorientierte Bündnisse auf dem Feld der Fiskalpolitik zu etablieren. Statt universalistische Forderungen für soziale Rechte zu erheben, standen oft gruppenspezifische Forderungen im Fokus. Die mangelnde Bedeutung sozialer Organisationen in steuerpolitischen Auseinandersetzungen hatte eine Ursache auch in deren traditionell fehlender Identifikation mit dem Staat und der Fokussierung bestehender Organisationen auf partikulare Gruppen- und Organisationsinteressen. Hier zeigt sich erstens eine Pfadabhängigkeit – aus der Phase einer zunehmenden Fragmentierung von Staat und Zivilgesellschaft stammend – und zweitens ihre wiedergewonnene Relevanz in der Phase fallender Rohstoffpreise und sinkender Staatseinnahmen, also vor allem in den Jahren 2015 und 2016. Die steuerpolitischen Entscheidungen der Regierung Correa mussten nun in einem Kontext getroffen werden, in dem es nicht mehr um die Verteilung von Zugewinnen ging. Jede verteilungspolitische Entscheidung bedeutete letztlich einen Nettoverlust für bestimmte Gruppen.

Die vermeintlichen Unzulänglichkeiten und Grenzen steuerpolitischen Veränderungen während der *Revolución Ciudadana* sind also nicht allein auf die vorfindlichen Wirtschafts- und Sozialstrukturen Ecuadors zurückzuführen. Ebenfalls von Bedeutung sind die Konfliktlinien zwischen der Regierung Correa und Organisationen der *Sectores Populares*, welche umverteilungsorientierte Bündnisse in der Steuerpolitik erschwerten. Aber, auch das muss konstatiert werden, taktische Defizite der Regierung bei *Framing* und Politikdesign bezüglich konkreter Reformvorhaben spielten im diskutierten Zusammenhang ebenso eine große Rolle.

Das mangelnde Vermögen der Regierung Correa, Bündnisse mit den bestehenden Organisationen der *Sectores Populares* Bündnisse in steuer- und fiskalpolitischen Fragen zu etablieren, ist nicht zuletzt auch auf deren – mit den historischen Erfahrungen von Kolonisierung und postkolonialer Staatlichkeit zu erklärenden – Staatsferne zurückzuführen. Die politische Ausrichtung von Interessenorganisationen der *Sectores Populares* mit ihrer Priorisierung der Verteidigung niedriger Verbrauchssteuern und des Erhalts von Subventionen, ist hier als Ursache zu nennen. Diese weitgehend unveränderte Grundhaltung dieser Sektoren ist jedoch insofern widersprüchlich, als konfliktfähige Gewerkschaften und Berufsverbände in Ecuador fast ausschließlich im öffentlichen Sektor bestehen. Auch wichtige Teile der Indigenenbewegung strebten, aller antietatistischen Rhetorik zum Trotz, stets nach korporatistischen Arrangements zur Übernahme der Kontrolle – von insbesondere Indigene betreffenden Bereichen – im Staatssektor an. Mit der eigenen Verankerung in Teilen des Staatssektors ist hier demnach nicht zwingend auch die Verteidigung der Einnahmebasis des Staates – also seiner Verfügung über Steuern – verbunden. Die Regierung Correa konnte demnach nicht auf die genuine Unterstützung etablierter sozialer Bewegungen bauen, jedenfalls immer dann nicht, wenn deren eigene Organisationsinteressen oder Mitspracherechte durch die Neuordnung des Staates bedroht waren, und sogar auch dann nicht, wenn die Maßnahmen in ihrer Gesamtheit auf ein höheres Maß an horizontaler und vertikaler Gleichheit hinausliefen. Diese Organisationen blieben letztlich auch während der *Revolución Ciudadana* stark ihren – auf Partikularinteressen ausgerichteten – Zielen verhaftet. Dabei zeigt die Analyse, dass bei der Betrachtung der Beziehungen von Organisationen der *Sectores Populares* zur jeweiligen Regierung – nicht erst seit Amtsantritt Rafael Correas – kaum themen- und problemspezifisch differenziert wird, sondern meist pauschal zwischen Unterstützer*innen und Gegner*innen der Regierung unterschieden wird.

Ein weiterer interessanter Aspekt meiner Analyse lässt erkennen, dass die Regierung Correa in erster Linie den direkten politischen Einfluss von Wirtschaftsführern und den Interessenorganisationen der Wirtschaftseliten zu reduzieren vermochte – und im Zusammenhang damit deren instrumentelle Macht. Das Zurückdrängen der Elitesektoren aus dem Staat diente der Stärkung staatlicher Handlungsfähigkeit und war Teil einer anti-korporatistischen Agenda der Regierung Correa. Über die Konfrontation mit Interessenorganisationen der Wirtschaftseliten hinausgehend, stellte die Regierung Correa während ihrer Amtszeit auch korporatistische Arrangements von Berufsverbänden, Gewerkschaften und Indigenenverbänden in Frage, welche diese Organisationen im Kontext neoliberaler, aber politisch schwacher Regierungen erstritten hatten, ohne dabei aber eine grundlegende Abkehr vom Neoliberalismus im Auge gehabt zu haben.

An den vorangegangenen Ausführungen wird deutlich, wie kompliziert sich für die Regierung Correa der politische Prozess durch die historisch gewachsenen Interessenlagen und politischen Strategien der einzelnen gesellschaftlichen Gruppierungen darstellte und mit welchen Hindernissen die Protagonisten der *Revolución Ciudadana* – vor allem bei der Umsetzung einer progressiven Steuerpolitik – zu kämpfen hatten. Im Folgenden werde ich demgegenüber die ‚hausgemachten' Politikdefizite der Regierung Correa darstellen.

10.3.3 Politische Defizite im Regierungshandeln während der *Revolución Ciudadana*

Die Begrenztheit des Erfolges und der Tragweite des von mir analysierten steuerpolitischen Reformprozesses ist, wie im Folgenden dargestellt wird, durchaus auch auf politische Defizite der Regierung Correa während der *Revolución Ciudadana* zurückzuführen. Unter diesem Gesichtspunkt sind beispielsweise fehlende Mechanismen zu nennen, durch welche eine größere *Input*-Legitimität für verteilungspolitische Entscheidungen hätte erreicht werden können. Konkret geht es hierbei darum, wie die Ablehnung des alten politischen Systems durch die Bevölkerungs- bzw. Wählermehrheit, die am Anfang des Veränderungsprozesses stand, genutzt wurde. Diese Ablehnung in neue Formen der Interessenaggregation zu überführen und eine, über die Teilnahme an demokratischen Wahlen hinausgehende, aktive Partizipation am politischen Prozess zu erreichen, wäre vermutlich ein entscheidender Faktor für einen nachhaltigeren Erfolg der *Revolución Ciudadana* gewesen. Dass die aktive Teilhabe der Bevölkerung an den Transformationsprozessen nur partiell erreicht wurde, ist durchaus als ein folgenreiches politisches Defizit der Regierung Correa zu werten.

Auf politischer Ebene zeigte sich die oft konfrontative Haltung der Regierung Correa gegenüber abweichenden Positionen besonders im Umgang mit anti-extraktivistischen Forderungen. Das trifft insbesondere auf die Bewegung gegen die Ausbeutung der Erdölreserven im Yasuní-ITT zu, die die Forderung stellte, trotz ausbleibender Unterstützung der internationalen Gemeinschaft in Form von Ausgleichszahlungen für entgangene Erdöleinnahmen, die Förderung von Erdöl in diesem Gebiet zu unterlassen. Die umstrittene Entscheidung der Wahlbehörde, eine Volksabstimmung dazu wegen (angeblich) nicht ausreichender Unterschriften abzulehnen, vertiefte die Gräben zwischen Regierung und Teilen der Umweltbewegung noch weiter (Wolff 2014). Auch wurden die wichtigen und richtigen Vorschläge der regierungskritischen Umweltbewegung für eine höhere Besteuerung von Konzernen und Wohlhabenden nicht aufgegriffen. Beides steht beispielhaft für Prozesse gegenseitiger Entfremdung zwischen Regierung Correa und Teilen der sozialen Bewegungen, die in einer späteren Phase zweifellos dazu beigetragen hat, dass die genannten Bewegungsakteure ihrerseits der Regierung Correa die Unterstützung verweigerten, als diese sie für die angestrebte Erbschaftssteuerreform gebraucht hätte. Anstelle der gezielten Einbeziehung auch kritischer Bevölkerungssektoren lag der Fokus der faktischen Regierungsstrategie von Anfang an zu sehr auf dem Charisma des Präsidenten, auf den Maßgaben der neuen linksheterodoxen Technokratie und auf einer Ex-Post-Legitimation, die sich durch die vermeintliche Überzeugungskraft einer verbesserten Leistungsfähigkeit des Staates einstellen sollte.

Zum Teil gelang es zwar – durch die Stärkung der staatlichen Handlungsfähigkeit und die Verbesserung des Zugangs zu öffentlichen Leistungen – den vor allem konzeptuell wenig definierten und auf einzelne *Caudillos* ausgerichteten populistisch-klientelaren Formationen die Grundlage ihrer bis dahin erzielten politischen Erfolge zu entziehen. Damit kann auch der Erfolg Correas in jenen Küstenregionen erklärt werden, in denen er noch 2006 die Stichwahl um das Präsidentenamt verloren hatte. Doch über die eng an das persönliche Charisma Correas geknüpfte Unterstützung der Regierungspolitik hinaus blieben die genannten Sektoren politisch weitgehend ohne eigenständige Vertretungsstrukturen. Auch erforderte der hier beschriebene Politikmodus eine klar zugespitzte Entscheidungsfindung und zu seiner Legitimierung eine quasi permanent hohe Präsenz des Staates, der Regierung und des Präsidenten in der konkreten und medialen Öffentlichkeit. Dies wiederum zog höhere staatliche Legitimationsanforderungen und eine direktere Verantwortungsübernahme für alle möglichen gesellschaftlichen Prozesse und Probleme nach sich. Das brachte aber in der Folge für die Regierung Correa nicht nur die Zuschreibung von Entwicklungserfolgen mit sich, sondern auch die Projizierung von Misserfolgen auf Staat und Regierung, obwohl deren Ursachen häufig außerhalb des Regierungshandels lagen.

Für die Gesamtbewertung der Regierungsarbeit ist aber dennoch zu konstatieren, dass die *Output*-Legitimation des Staates durch die verbesserte Umsetzung von Investitionsprojekten sowohl bei den *Sectores Populares* als auch bei den Wirtschaftseliten bis 2014 sichtlich gestärkt werden konnte. Die Grenzen der Steigerung staatlicher Leistungsfähigkeit und *Output*-Legitimität zeigten sich insbesondere bei der Umsetzung von Maßnahmen zur Regulierung und Kooperation, die den Privatsektor betrafen: Als zentrale Herausforderung für die Regierung Correa erwies sich hierbei, die Zusammenarbeit mit dem Privatsektor in diejenige Richtung zu lenken, die für den angestrebten Wandel der Produktionsstrukturen förderlich, beziehungsweise hilfreich war. Dass dies nicht zuletzt aufgrund der nicht überwundenen Dominanz von oft rentenorientierten Wirtschaftseliten lediglich punktuell, nicht aber insgesamt in ausreichendem Maße gelang, geht aus den Ergebnissen meiner Untersuchung hervor. Diese lassen erkennen, dass während des Untersuchungszeitraums noch kein grundlegender Wandel der Produktionsstrukturen erreicht werden konnte. Die vielfältigen Gründe hierfür wurden bereits in den vorangegangenen Ausführungen zusammenfassend dargelegt.

Ein weiterer bedeutsamer Aspekt für die Bewertung der Regierungsarbeit ist im hier diskutierten Kontext die Nutzung der Fiskalpolitik für die Entstehung wirtschaftlicher Differenzierung und für die Vertiefung von Wertschöpfungsketten. Die positive Wirkung der darauf ausgerichteten staatlichen Maßnahmen und Investitionen kann sich strukturell bedingt aber erst zeitversetzt zeigen: Wirtschaftliche Differenzierung und Vertiefung von Wertschöpfungsketten haben zwar für eine ausgeglichene Leistungsbilanz perspektivisch eine große Bedeutung, erhöhen das steuerliche Einnahmepotenzial des Staates aber erst mittelfristig. Die Investitionen in neue Produktionsbereiche erfordern jedoch zunächst Devisen, um beispielsweise Maschinen und Ausrüstung importieren zu können und benötigen darüber hinaus staatlichen Schutz und gute Förderbedingungen. Somit können sie nicht von Beginn an, sondern erst mittelfristig ihr enorm positives Potential für die Leistungsbilanz und die Staatsfinanzierung einbringen.

Die Regierung Correa übernahm 2006 die Führung eines Landes mit extraktivistischer Wirtschaftsstruktur und mit einem durch die Dollarisierung der Ökonomie eingeschränkten staatspolitischen Handlungsspielraum. Ein wichtiger Ausgangspunkt meiner Analyse war daher der negative Zusammenhang zwischen extraktivistischen Wirtschaftsstrukturen und der Fähigkeit des Staates, erfolgreich Steuern zu erheben. Diese Problematik weist aber deutlich über die politische Herausforderung im Umgang mit staatlich angeeigneten Rohstoffrenten aus dem Erdölsektor hinaus. Sie betrifft ebenso die strukturbedingt negativen Einstellungen des ecuadorianischen Privatsektors zu Staat und Steuern, da dessen ökonomisches Gravitationszentrum außerhalb der Landesgrenzen liegt. Für die langfristige Stärkung eines – progressiven Zielsetzungen verpflichteten – Steuerstaats ist daher die Transformation der vorfindlichen ökonomischen und sozialen Strukturen unverzichtbar. Auf die Realisierung dieses Transformationsprozesses richteten sich zentrale strategische Konzepte der Regierung Correa. Speziell ging es darum, die Tragfähigkeit des progressiven Reformprozesses – auch über die Phase relativ hoher Rohstoffeinnahmen hinaus – zu gewährleisten. Für diesen Transformationsprozess wurden mit Investitionen in Infrastruktur, Forschung und Bildung beachtliche Grundlagen gelegt. Die bestehende Dominanz rentenorientierter Elitesektoren und deren strukturelle Macht konnte jedoch nicht nachhaltig überwunden werden. Die durchgeführten steuerpolitischen Maßnahmen führten aber zumindest dazu, die Einnahmebasis des Staates nachhaltig zu stärken.

In diesem Zusammenhang ist zu konstatieren, dass Ecuadors Wirtschaftseliten eine bemerkenswerte Resistenz gegenüber politisch implizierten Veränderungen aufweisen. So ist die Entwicklung des Binnenmarkts für Ecuadors Wirtschaftseliten – über alle politischen Entwicklungen hinweg – von bleibend nachrangiger Bedeutung. Auch hat sich die ideologische Positionierung der mit ihnen verbundenen Parteien weder durch die teils heftigen Auseinandersetzungen mit den *Sectores Populares* noch durch die nach stärkerer Autonomie des Staates strebenden entwicklungsstaatlich orientierten Sektoren kaum verändert. Die von ecuadorianischen Eliten vertretenen wirtschafts- und sozialpolitischen Positionen sind trotz erkennbarer gesellschaftlicher Veränderungen weder sozial ausgewogener noch inklusiver geworden. Allenfalls sind von den politischen Repräsentanten wirtschaftlicher Eliten taktisch motivierte, politische Strategien der Kooptation mit konfliktfähigen Gruppen erlernt worden. Auch ist die gezielte Nutzung klientelistischer Netzwerke, die im Kontext von allgemeinem Wahlrecht und Wahlpflicht seit den frühen 1980er Jahren entstanden sind, als lediglich taktische, aber dennoch erfolgreiche Machterhaltungsstrategie der ecuadorianischen Wirtschaftseliten zu werten.

Das nur wenig konfrontative Verhalten der Wirtschaftseliten während des *Circulo Virtuoso* kann vor dem dargestellten Hintergrund als pragmatische Reaktion auf die Schwächung eigener Vetomacht gegenüber einer starken Regierung, die mit strategischen Entwicklungszielen antrat, interpretiert werden. Dies hatte zur Folge, dass schon direkt nach dem Ende des *Circulo Virtuoso* die alten Positionen des neoliberal-unternehmerischen Modells wieder aufgegriffen und offensiv als Weg aus der Krise proklamiert wurden. Diesbezüglich ergaben sich auch durch die Analyse der von mir durchgeführten, leitfadengestützten Interviews mit führenden Entscheidungsträger*innen des ecuadorianischen Privatsektors aufschlussreiche Einblicke. Meine Analyseergebnisse bestätigen in Klarheit, dass – mit Abstrichen aufgrund der starken finanziellen und politischen Position der Regierung Correa während des *Circulo Virtuoso* – innerhalb der Wirtschaftseliten genau diejenigen Positionen dominant blieben, die eine Beibehaltung von Dollarisierung, die Förderung von Freihandel und freiem Kapitalverkehr, weitreichende Deregulierung sowie einen schwachen, möglichst einflusslosen Staat einfordern. Lediglich während der Phase des *Circulo Virtuoso* waren die ecuadorianischen Wirtschaftseliten demnach bereit, taktische Konzessionen zu machen und zwischenzeitlich Abstriche an den eigenen neoliberalen Zielvorstellungen hinzunehmen.

Grenzen für den anvisierten steuerpolitischen Veränderungsprozess der Regierung Correa ergaben sich allerdings nicht nur durch die beschriebenen Handlungsmuster und Strategien der ecuadorianischen Wirtschaftseliten. Nicht zuletzt wurden diese Grenzen stark definiert durch historisch gewachsene soziale Strukturen und durch tiefer liegende, traditionell verankerte Denk- und Handlungsmuster weiterer gesellschaftlicher Akteure aus den Mittelkassen und aus den *Sectores Populares*. Auch diese wurden während des *Circulo Virtuoso* zwar zurückgedrängt, konnten aber nicht grundsätzlich überwunden werden. Es geht hierbei um die politische Artikulation sozialer Konflikt- und Spaltungslinien innerhalb der ecuadorianischen Gesellschaft, die sich exemplarisch festmachen lässt an den jeweiligen Positionen zu steuerpolitischen Maßnahmen der Regierung Correa. In diesem Kontext ist auf die starke soziale und räumliche Segmentierung unterschiedlicher sozialer Sektoren in Ecuador zu verweisen und auf ihre historisch gewachsene, tendenziell negative Beziehung zum Staat. Ebenso spielt die Interaktion subalterner Klassen, durch teilweise existentielle Abhängigkeitsverhältnisse gegenüber Mittel- und Oberklassen geprägt, im diskutierten Kontext eine gewichtige Rolle. Auch dies sind prägende Charakteristika der ecuadorianischen Gesellschaft, die zu hoher Akzeptanz von Ungleichheiten und zu einer schwachen kollektiven Identität beitragen. Genau diese gesellschaftlichen Strukturen stellen große Hindernisse für entwicklungspolitische Veränderungen in Ecuador dar, denn gerade eine starke kollektive Identität ist unerlässlich und notwendig für die Durchsetzung universeller sozialer Rechte.

Die gleichheitsorientierte Politik der Regierung Correa stand daher vor der erheblichen politischen Herausforderung, den erbrachten staatlichen Leistungen einen öffentlichen und identitätsstiftenden Charakter zu geben und sie zudem für bisher marginalisierte Sektoren zugänglich zu machen. Auch musste die Qualität öffentlicher staatlicher Angebote verbessert werden und als gute Alternative zu teils vorfindlichen privaten Angeboten präsentiert werden, um der gesellschaftliche Segmentierung und der fast durchgängig praktizierten Selbstexklusion von Mittelklassen und Wirtschaftseliten entgegenzuwirken. Auch der traditionell verankerten – eng mit der Verteidigung von Privilegien, sozialer Distinktion und der Reproduktion sozialer Klassen verbundenen – ablehnenden Haltung gegenüber öffentlichen Investitionen, beispielsweise im Bildungssektor, musste durch erfolgreiche Projekte Überzeugendes entgegengesetzt werden. Die verfügbaren Informationen belegen bedeutende Verbesserungen in der Reichweite und Qualität öffentlicher Leistungen, wobei es die Schwerpunktsetzungen in den verschiedenen Bereichen durchaus wert waren, in speziellen Kapiteln dieser Arbeit im Einzelnen diskutiert zu werden.

Bei der Umsetzung von staatlichen Investitionsprojekten im Sozial- und Bildungsbereich kam es während der Regierungszeit Correas zu zahlreichen punktuellen und lokalen Konflikten, zum Beispiel wegen der Zusammenlegung von Schulen oder Gesundheitszentren, die sich unter anderem auch in diversen Auseinandersetzungen mit Gewerkschaften und Berufsverbänden zeigten. Diese Konflikte mit einzelnen gesellschaftlichen Gruppen erschwerten weitere Verbesserungen in einer Situation, in der die Nutzung privater Alternativen zu öffentlichen Leistungen durch Wirtschaftseliten und Mittelklassen auch weiterhin als Mittel der sozialen Distinktion genutzt wurden. In den Phasen wirtschaftlicher Stagnation und Krisenangst ab Mitte 2014 gelang es der neoliberal-konservativen Opposition somit fast problemlos, die für entwicklungspolitische Zwecke getätigten Staatsausgaben der Regierung Correa insgesamt wieder stärker in den Fokus öffentlicher Kritik zu rücken. Dadurch gelang es ihnen, notwendige staatliche Maßnahmen zur Durchsetzung von Einnahmesteigerungen zu delegitimieren.

10.4 Abschließende Bemerkungen und Ausblick

Die *Revolución Ciudadana* ist letztlich ohne Wahlniederlage geblieben und doch heute bereits Geschichte. Zwar ist Lenin Moreno 2017 auf dem Ticket der Regierungspartei *Alianza PAIS (AP)* in das Präsidentenamt gelangt, er hat die Politik der Regierung Correa aber nicht fortgesetzt. Kaum im Amt, distanzierte er sich von der Politik seines Vorgängers Correa, dessen Vizepräsident er von 2007 bis 2013 gewesen war, und profiliert sich seitdem durch den Rückbau der während der *Revolución Ciudadana* erreichten entwicklungspolitischen Fortschritte und durch die Rückkehr zu den Mustern neoliberal-unternehmerischer Politik.

Ist die *Revolución Ciudadana* also gescheitert? Glaubt man den Sprecher*innen der Regierung Moreno, den linken und rechten Kritikern sowie den öffentlichen und privaten Leitmedien, dann hat das Entwicklungsmodell der *Revolución Ciudadana* auf ökonomischer und auch auf moralischer Ebene versagt. Staatsdirigismus, Machtkonzentration und Autoritarismus, zu hohe Steuern, Korruption und Verschwendung – so lauten die Stichworte. Und die sozialen Fortschritte? Auf Öl gebaut und damit nicht nachhaltig. Bestätigt sich die These des Ressourcenfluchs also auch in Ecuador? Wie in den vorausgegangenen Ausführungen dargelegt, komme ich durch die tiefgreifende, differenzierte Analyse des ecuadorianischen Entwicklungswegs während der *Revolución Ciudadana* zu anderen Ergebnissen.

Bereits herausgearbeitet habe ich die schon während der *Revolución Ciudadana* entstandenen Schwierigkeiten, den anfangs sehr dynamischen progressiven Reformkurs gegen die Widerstände der später wiedererstarkten Wirtschaftseliten durchzusetzen, die sowohl auf struktureller wie auch auf instrumenteller Ebene verlorenes Terrain zurückgewinnen konnten. Auch konnte dargestellt werden, dass in den Phasen finanzieller Schwierigkeiten des Staates die bestehenden Legitimationsdefizite von Staat und Regierung wieder stärker erkennbar waren. Verdeutlich werden konnte allerdings auch, dass es durch den – im Zuge der *Revolución Ciudadana* erfolgten – Prozess des Aufbaus und der Neuordnung staatlicher Institutionen gelang, die Reaktionsmöglichkeiten des Staates auf externe Schocks zu erweitern, was in der Folge die Umsetzung einer – angesichts der Schwere der Schocks – bemerkenswert erfolgreichen, heterodoxen Fiskal- und Wirtschaftspolitik ermöglichte.

Vor dem oben dargelegten Hintergrund kann zudem – noch pointierter als bisher geschehen – nachvollzogen werden, dass die staatlichen Handlungsoptionen im rohstoffabhängigen Ecuador nach der Übernahme der Fremdwährung US-Dollar als Zahlungsmittel in Phasen externer Schocks trotz zuvor schon erfolgter, verantwortungsvoller Regierungsstrategien stark eingeschränkt waren. Von daher wird erkennbar, wie strategisch angemessen die Regierung Correa die gegebenen wirtschaftspolitischen Handlungsoptionen zu nutzen wusste: Zur Stabilisierung der Außenhandelsbilanz wurden unmittelbar geeignete zollpolitische Maßnahmen ergriffen, die in der Folge die gewünschte Wirkung zeigten. Eine weitere unorthodoxe, aber wirkungsvolle Maßnahme war die Kreditvergabe der Zentralbank an die Regierung. Das damit verbundene Ziel, insbesondere 2016 die Rezession einzudämmen, konnte erreicht werden. Als positiv zu bewerten ist ebenfalls, dass durch die bereits erreichten Veränderungen in der Steuerpolitik *Ceteris Paribus* die sozialpolitischen Spielräume und die Möglichkeiten des Staates zur Regulation der sozioökonomischen Entwicklung bedeutend erweitert wurden. Nicht unerwähnt bleiben sollte auch, dass während der *Revolución Ciudadana* wichtige Voraussetzungen für den zukünftigen Wandel der Produktionsstrukturen geschaffen wurden: Der Ausbau der Infrastruktur, die kostengünstige und nachhaltige Energieversorgung durch neue Wasserkraftwerke, die eingeleitete Bildungsexpansion und bildungsbezogene Qualitätssteigerungen – all das verbesserte die auf die Zukunft ausgerichteten Entwicklungsperspektiven Ecuadors.

Mit den wirtschaftlichen Krisentendenzen ab 2014 wurden nicht zu überhörende Zweifel am eingeschlagenen Entwicklungsweg laut. Diese Situation wird nun von neoliberalen Kräften innerhalb und außerhalb der Regierung Moreno zum Anlass für eine Abkehr von den Entwicklungszielen der *Revolución Ciudadana* genommen. Die Debatte um das Problem der Korruption und vermeintliche Misswirtschaft des Staates kann dabei nicht getrennt von der Analyse politökonomischer Interessen diskutiert werden. Die von den alten Wirtschaftseliten medial inszenierte Darstellung des Staates als unfähig und von korrupten Funktionären durchsetzt, zeichnet den Weg Ecuadors in eine neue Phase neoliberal-unternehmerischer Entwicklung voraus.

Besonders der politischen Mobilisierung für steuerpolitische Forderungen nach einer besseren Finanzierungsgrundlage des Staates und seiner Nutzung im Kampf gegen soziale Ungleichheit werden durch dessen Diskreditierung wichtige Grundlagen entzogen. Hier besteht derzeit ein großes Risiko, dass es neoliberal orientierten Elitesektoren erneut gelingt, den öffentlichen Sektor des Landes als Entwicklungshindernis darzustellen. Auch ist zu befürchten, dass bereits erreichte Erfolge bei den öffentlichen Sozialleistungen, im öffentlichen Bildungssektor und beim Aufbau eines handlungsfähigen und von den Wirtschaftseliten unabhängigen, autonomen Staates wieder zunichte gemacht werden – zu Gunsten eines erneut neoliberal-unternehmerisch inspirierten Entwicklungsmodells. Derartige, drohende Entwicklungen würden aber der dringend gebotenen, sozial gerechteren und nachhaltigen Transformation von bestehenden gesellschaftlichen Strukturen in Ecuador dezidiert entgegenstehen.

Dass in den Jahren der *Revolución Ciudadana* an einem grundlegenden Wandel produktiver Strukturen gearbeitet wurde, ist eine nicht bestreitbare Tatsache. Die Regierung Correa war sich der Bedeutung dieser Zielsetzung bewusst und setzte große Energie in ihre Umsetzung. Aufgrund vielschichtiger gesellschaftlicher Widerstände und komplizierter sozioökonomischer Voraussetzungen konnte sie dieses Ziel aber während ihrer vergleichsweise kurzen Regierungszeit (noch) nicht erreichen. Es bleibt zu hoffen, dass es den progressiven gesellschaftlichen Kräften Ecuadors gelingt, das Land auf den Weg zu einem progressiv wirtschaftlichen Strukturwandel und zu einem sozial gerechteren Entwicklungsmodell zurückzuführen. Die in der Steuerpolitik erreichten Einnahmesteigerungen und die durch eine bessere Koordination des öffentlichen Sektors geschaffenen fiskalpolitischen Instrumente sind für diese Zielsetzungen wichtige Grundlagen, die es unbedingt zu verteidigen gilt.

Quellen

Literatur

ABC Color (2007): Correa promete acabar con evasión de impuestos, 06.05.2007. Online verfügbar unter http://www.abc.com.py/edicion-impresa/internacionales/correa-promete-acabar-con-evasion-de-impuestos-979688.html, zuletzt geprüft am 02.08.2015.

Acemoglu, Daron (2007): Oligarchic Versus Democratic Societies. Massachusetts Institute of Technology (The Carlo Alberto Notebooks, 47). Online verfügbar unter http://www.carloalberto.org/assets/working-papers/no.47.pdf, zuletzt geprüft am 14.12.2016.

Acemoglu, Daron; Robinson, James A. (2006): Economic origins of dictatorship and democracy. Cambridge, New York: Cambridge University Press.

Acosta Burneo, Alberto (2015): Ley de Herencia y Plusvalías: los pobres van a ser los más afectados. In: *GKILLCITY.COM*, 06.07.2015. Online verfügbar unter http://gkillcity.com/articulos/el-mirador-politico/ley-herencia-y-plusvalias-los-pobres-van-ser-los-mas-afectados, zuletzt geprüft am 23.05.2016.

Acosta, Alberto (1996): Ecuador. El bucaramismo en el poder. In: *Nueva Sociedad* (146), S. 6–16. Online verfügbar unter http://nuso.org/upload/articulos/2543_1.pdf, zuletzt geprüft am 11.03.2015.

Acosta, Alberto (1999): El tortuoso e interminable ajuste ecuatoriano. In: *Nueva Sociedad* (161), S. 57–69. Online verfügbar unter http://biblioteca.hegoa.ehu.es/system/ebooks/7505/original/El_Tortuoso_e_Interminable_Ajuste_Ecuatoriano.pdf, zuletzt geprüft am 18.01.2017.

Acosta, Alberto (2004): Erdöl in Ecuador. In: *PROKLA* 34 (2), 199-222. Online verfügbar unter http://www.prokla.de/wp/wp-content/uploads/2004/Prokla135.pdf, zuletzt geprüft am 17.06.2014.

Acosta, Alberto (2005): EL APORTE DE LAS REMESAS PARA LA ECONOMÍA ECUATORIANA. EXPERT GROUP MEETING ON INTERNATIONAL MIGRATION AND DEVELOPMENT IN LATIN AMERICA AND THE CARIBBEAN. United Nations Secretarias, Department of Economic and Social Affairs. Online verfügbar unter http://www.un.org/esa/population/meetings/IttMigLAC/P02_AAcosta.pdf, zuletzt geprüft am 28.03.2017.

Acosta, Alberto (2006): No pagar, no basta. In: *La Insignia*. Online verfügbar unter http://www.lainsignia.org/2006/octubre/ibe_009.htm, zuletzt geprüft am 20.07.2015.

Acosta, Alberto (2008): Sucretización, ¿un atraco al alimón? Oswaldo Hurtado Larrea y León Febres Cordero. A propósito de la auditoria de la deuda pública. Online verfügbar unter http://www.flacsoandes.edu.ec/web/imagesFTP/1229543406.Sucretizacion.pdf, zuletzt geprüft am 09.04.2017.

Acosta, Alberto (2012): Rohstoffreichtum: der Fluch der Demokratie. In: *Nueva Sociedad*, S. 36–56.

Acosta, Alberto (2012a): Breve historia económica del Ecuador. Tercera edición ampliada y actualizada. Quito: Corporación Editora Nacional (Biblioteca general de cultura, 7).

Acosta, Alberto (2013): Die ecuadorianische Yasuní-ITT-Initiative: Perspektiven und Blockaden für eine Politik jenseits des Neo-Extraktivismus. In: Hans-Jürgen Burchardt, Kristina Dietz und Rainer Öhlschläger (Hg.): Umwelt und Entwicklung im 21. Jahrhundert. Impulse und Analysen aus Lateinamerika. 1. Aufl. Baden-Baden: Nomos (Studien zu Lateinamerika, 20), S. 109–120.

Acosta, Alberto; Cajas Guijarro, John (2015): Ecuador: La herencia económica del correismo, una lectura frente a la crisis. In: *sinpermiso*. Online verfügbar unter http://www.sinpermiso.info/printpdf/textos/ecuador-la-herencia-economica-del-correismo-una-lectura-frente-a-la-crisis, zuletzt geprüft am 29.09.2017.

Acosta, Alberto; Schuldt, Jürgen (2006): Ölrenten und Unterentwicklung: ein unauflösbarer Zusammenhang? In: *IPG, Internationale Politik und Gesellschaft*, S. 63–79.

Aguerre, Lucía Alicia (2011): Desigualdades, racismo cultural y diferencia colonial. Hg. v. Research Network on Interdependent Inequalities in Latin America (Working Paper Series). Online verfügbar unter http://www.desigualdades.net/Resources/pub-listen/WPLuciaAguerreOnline.pdf, zuletzt geprüft am 12.02.2016.

Albornoz, Vincente; Anda, Daniela (2014): Social and Economic Consequences of the 1987 Earthquakes in Ecuador. In: *Iberoaméricana* IV (55). Online verfügbar unter http://journals.iai.spk-berlin.de/index.php/iberoamericana/article/viewFile/1112/785, zuletzt geprüft am 18.09.2016.

Almeida Arroba, Rebeca (1994): Kemmerer en el Ecuador. 1. ed. (Serie Tesis / Facultad Latinoamericana de Ciencias Sociales, Sede Ecuador Historia).

Almeida Sánchez, María Dolores; Carrasco Vicuña, Carlos Marx; Oliva Pérez, Nicolás; Carrillo Maldonado, Paúl (2012): Ingresos y gasto público en democracia: de la rigidez fiscal al pago de la deuda social. Capítulo 4. In: SRI, Servicio de Rentas Internas (Hg.): Una Nueva Política Fiscal para el Buen Vivir. La equidad como soporte del pacto fiscal, 111- 156.

Almeida, María Dolores; Gallardo, Verónica; Tomasello, Andrés (2006): Gobernabilidad fiscal en Ecuador. Santiago de Chile (SERIE gestión pública, 57). Online verfügbar unter http://repositorio.cepal.org/bitstream/handle/11362/7311/S0600294.pdf?sequence=1, zuletzt geprüft am 04.05.2016.

Altvater, Elmar (2013): Der unglückselige Rohstoffreichtum. Warum Rohstoffreichtum das gute Leben erschwert. In: Hans-Jürgen Burchardt, Kristina Dietz und Rainer Öhlschläger (Hg.): Umwelt und Entwicklung im 21. Jahrhundert. Impulse und Analysen aus Lateinamerika. 1. Aufl. Baden-Baden: Nomos (Studien zu Lateinamerika, 20), S. 15–32.

Alvarado, Carlos Díaz; Izquierdo, Alejandro; Panizza, Ugo (2004): Fiscal Sustainability in Emerging Market Countries with an Application to Ecuador. Working Paper. Inter-American Development Bank (511). Online verfügbar unter https://www.econstor.eu/bitstream/10419/88089/1/idb-wp_511.pdf, zuletzt geprüft am 21.01.2018.

Álvarez Ramírez, Jorge (2015): Cronología sobre el Impuesto a las Herencias, Legados y Suceciones en el Ecuador. In: Paz y Miño Cepeda, Juan J. (Hg.): Historia de los Impuestos en Ecuador. Quito, Ecuador, S. 228–231.

América Economía (2017): Banco Mundial: Sistema de Contratación de Ecuador es el mejor de Latinoamérica, 08.02.2017. Online verfügbar unter https://www.americaeconomia.com/economia-mercados/finanzas/banco-mundial-sistema-de-contratacion-de-ecuador-es-el-mejor-de, zuletzt geprüft am 02.09.2017.

Amoroso, Ximena; Oliva Pérez, Nicolás (2015): Nueva política tributaria para el cambio de época posneoliberal. In: SRI, Servicio de Rentas Internas und CEF, Centro de Estudios Fiscales (Hg.): La Nueva Economía. En la Nueva Constitución del Ecuador, S. 99–114.

ANDES, Agencía Pública de Noticias del Ecuador y Suramérica (2014): Asamblea Nacional aprueba presupuesto de Ecuador para 2015, 20.11.2014. Online verfügbar unter https://www.andes.info.ec/es/noticias/economia/1/asamblea-nacional-aprueba-presupuesto-ecuador-2015, zuletzt geprüft am 30.07.2018.

ANDES, Agencía Pública de Noticias del Ecuador y Suramérica (2014): Parlamento ecuatoriano aprobó proyecto de Ley de Incentivos a la Producción, 23.12.2014. Online verfügbar unter http://www.andes.info.ec/es/noticias/parlamento-ecuatoriano-aprobo-proyecto-ley-incentivos-produccion.html, zuletzt geprüft am 28.12.2014.

ANDES, Agencía Pública de Noticias del Ecuador y Suramérica (2015): Presidente Correa anticipa que impuesto por herencias se podrá pagar "con acciones a los trabajadores", 04.06.2015. Online verfügbar unter http://www.andes.info.ec/es/noticias/presidente-correa-anticipa-impuesto-herencias-podra-pagar-acciones-trabajadores.html, zuletzt geprüft am 10.04.2016.

ANDES, Agencía Pública de Noticias del Ecuador y Suramérica (2015): Mejoras en el sistema público de salud de Ecuador incrementaron las atenciones de 16 a 34 millones de pacientes. Online verfügbar unter http://www.andes.info.ec/es/noticias/mejoras-sistema-publico-salud-ecuador-incrementaron-atenciones-16-34-millones-pacientes, zuletzt geprüft am 03.09.2017.

Andino Alarcón, Mauro (2009): HACIA UN NUEVO SISTEMA DE IMPOSICIÓN DIRECTA. El Impuesto a la Renta para el Ecuador: un sistema distributivo. In: *FISCALIDAD*. Online verfügbar unter https://cef.sri.gob.ec/virtualcef/file.php/43/fiscalidadphp/f3_1/f3_1archivos/pdf/F3.4.pdf, zuletzt geprüft am 13.06.2014.

Andrade, Margarita (2016): Nuevas Reglas Macro-Fiscales para Ecuador. In: CCQ, Cámara de Comercio de Quito (Hg.): Consenso Ecuador. 11 Propuestas para el debate. Quito, Ecuador, S. 42–59.

Andrade, Margarita; Muñoz, Raquel: Legarda, Daniel (2007): LA ECONOMÍA EN EL GOBIERNO DE LA JUNTA MILITAR (1963 – 1966). In: *THE, Taller de Historia Económica*, S. 20–26.

Araujo, Alberto (2016): Gobierno anuncia 5 medidas económicas por el terremoto. In: *El Comercio*, 21.04.2016. Online verfügbar unter http://www.elcomercio.com/actualidad/gobierno-aumento-impuestos-contribucion-terremoto.html, zuletzt geprüft am 14.10.2016.

Araúz, Andrés (2014): POST-CRECIMIENTO Y BUEN VIVIR: LAS RELACIONES DE PODER DEL CRECIMIENTO PARA El BUEN VIVIR. In: FES-ILDIS (Hg.): Post-Crecimiento y Buen Vivir. Propuestas globales para la construcción de sociedades equitativas y sustentables. Unter Mitarbeit von Endara, Gustavo. Quito, Ecuador, S. 273–288.

Araúz, Andrés (2015): Cambio de la matriz productiva. In: SRI, Servicio de Rentas Internas und CEF, Centro de Estudios Fiscales (Hg.): La Nueva Economía. En la Nueva Constitución del Ecuador. Unter Mitarbeit von Alfredo Serrano Mancilla, S. 221–286.

Arias Urvina, Diana; Andino, Mauro; Serrano, Alfredo (2012): Impuesto sobre el Valor Añadido: efectos sobre desigualdad y la pobreza. In: Alfredo Serrano und Juan Guijarro (Hg.): A (Re)distribuir! Ecuador para todos. Quito: CLACSO (Coediciones), S. 251–276.

Arias Urvina, Diana; Buenaño, Edwin; Oliva Pérez, Nicolás; Remírez, José (2012): HISTORIA DEL SISTEMA TRIBUTARIO ECUATORIANO 1950-1999. In: *FISCALIDAD*, S. 85–124, https://cef.sri.gob.ec/pluginfile.php/20139/mod_page/content/78/F2.4.pdf, zuletzt geprüft am 29.06.2017.

Arias Urvina, Diana; Carrasco Vicuña, Carlos Marx (2012): La clase media: una aproximación para Ecuador. ¿La clase media soporta el aporte tributario? In: SRI, Servicio de Rentas Internas (Hg.): Una Nueva Política Fiscal para el Buen Vivir. La equidad como soporte del pacto fiscal, S. 219–250.

Arnson, Cynthia J.; Bergman, Marcelo; Fairfield, Tasha (Hg.) (2012): Taxation and Equality in Latin America. UPDATE ON THE AMERICAS. WOODROW WILSON CENTER. Online verfügbar unter http://www.wilsoncenter.org/sites/default/files/Taxation_0.pdf, zuletzt geprüft am 20.07.2015.

Arraiz, Irani (2008): Reforma de la Administración Tributaria en Ecuador. Hg. v. BID, Banco Interamericano de Desarrollo (DOCUMENTO DE DEBATE, OVE/TDP-03/08). Online verfügbar unter http://idbdocs.iadb.org/wsdocs/getdocument.aspx?docnum=35226229, zuletzt geprüft am 03.08.2016.

Arrighi, Giovanni; Silver, Beverly J.; Brewer, Benjamin D. (2003): Industrial Convergence, Globalization, and the Persistence of the North-South Divide. In: *Studies in Comparative International Development* 38 (1), S. 3–31. Online verfügbar unter http://www.rochelle-terman.com/ComparativeExam/sites/default/files/Bibliography%20and%20Summaries/Arrighi%202003.pdf, zuletzt geprüft am 09.03.2015.

Arroyo, Marcelo; Fabara, Stalin; Galarza, Andrés; Marcano, Nicolás; Pinto, José (2007): LA ECONOMÍA EN EL GOBIERNO DE LA JUNTA MILITAR: 1963 – 1966. In: *THE, Taller de Historia Económica*, S. 12–20. Online verfügbar unter http://the.pazymino.com/boletinEnero07.pdf, zuletzt geprüft am 05.05.2018.

Arruda Sampaio, Plinio (2005): La Reforma Agraria en América Latina: una revolución frustrada. In: *OSAL, Observatorio Social de América Latino* 6 (16), S. 15–22. Online verfügbar unter http://biblioteca.clacso.edu.ar/ar/libros/osal/osal16/02sampai.pdf, zuletzt geprüft am 25.10.2016.

Asamblea Constituyente (2008): MANDATO CONSTITUYENTE No. 6. Online verfügbar unter http://www.flacsoandes.edu.ec/web/imagesFTP/10874.Mandato_Constituyente_6_Minero.pdf, zuletzt geprüft am 06.08.2018.

Asamblea Constituyente (2008a): Constitución del Ecuador. Online verfügbar unter http://www.asambleanacional.gov.ec/documentos/constitucion_de_bolsillo.pdf, zuletzt geprüft am 17.03.2015.

Asamblea Nacional (14.06.2016): SEGUNDO DEBATE DE PROYECTO PARA EVITAR ELUSIÓN DE IMPUESTO A HERENCIAS SERÁ EL JUEVES. Quito, Ecuador. Online verfügbar unter http://www.asambleanacional.gob.ec/es/noticia/44384-segundo-debate-de-proyecto-para-evitar-elusion-de, zuletzt geprüft am 16.06.2016.

Asamblea Nacional (21.07.2016): LEY ORGÁNICA PARA EVITAR LA ELUSIÓN DEL IMPUESTO A LA RENTA SOBRE INGRESOS PROVENIENTES DE HERENCIAS, LEGADOS Y DONACIONES. In: Registro Oficial.

Asamblea Nacional (29.12.2010): Código de la Producción.

Asamblea Nacional (29.12.2014): LEY ORGANICA DE INCENTIVOS A LA PRODUCCION Y PREVENCION DEL FRAUDE FISCAL. In: Registro Oficial (Suplemento 405).

Asamblea Nacional (30.12.2016): LEY ORGÁNICA PARA EVITAR LA ESPECULACIÓN SOBRE EL VALOR DE LAS TIERRAS Y FIJACIÓN DE TRIBUTOS. In: *Registro Oficial*.

Asamblea Nacional Constituyente: CONSTITUCION POLITICA DE LA REPUBLICA DEL ECUADOR 1998. Online verfügbar unter http://www.oas.org/juridico/spanish/mesicic2_ecu_anexo15.pdf, zuletzt geprüft am 14.02.2018.

Asamblea Nacional: CÓDIGO ORGÁNICO DE PLANIFICACIÓN Y FINANZAS PÚBLICAS CONTENIDO, vom SEGUNDO SUPLEMENTO ASAMBLEA NACIONAL. Online verfügbar unter http://www.oas.org/juridico/pdfs/mesicic4_ecu_plani.pdf, zuletzt geprüft am 05.04.2018.

Ataç, Ilker; Ziai, Aram (Hg.) (2011): Politik und Peripherie. Eine politikwissenschaftliche Einführung. 1. Aufl. Wien: Mandelbaum (Gesellschaft, Entwicklung, Politik, 13).

Bárcena, Alicia; Prado, Antonio (Hg.) (2015): Neoestructuralismo y corrientes heterodoxas en América Latina y el Caribe a inicios del siglo XXI. CEPAL - Naciones Unidas. Online verfügbar unter http://repositorio.cepal.org/bitstream/handle/11362/37648/S1420208_es.pdf?sequence=1, zuletzt geprüft am 11.02.2015.

Baur, Nina; Blasius, Jörg (Hg.) (2014): Handbuch Methoden der empirischen Sozialforschung. Wiesbaden: Springer VS. Online verfügbar unter http://dx.doi.org/10.1007/978-3-531-18939-0.

BBC Mundo (2001): Ecuador: Noboa acepta rebaja del IVA. In: *BBC Mundo*, 11.08.2001. Online verfügbar unter http://news.bbc.co.uk/hi/spanish/latin_america/newsid_1485000/1485461.stm, zuletzt geprüft am 12.06.2014.

BCE, Banco Central del Ecuador (01.08.2017): Cuentas Nacionales Anuales 2014 definitivo, 2015 semi-definitivo y 2016 provisional se encuentran ya disponibles en el portal web del BCE. Quito, Ecuador. Online verfügbar unter https://www.bce.fin.ec/index.php/boletines-de-prensa-archivo/item/981-cuentas-nacionales-anuales-2014-definitivo-2015-semi-definitivo-y-2016-provisional-se-encuentran-ya-disponibles-en-el-portal-web-del-bce, zuletzt geprüft am 05.09.2017.

BCE, Banco Central del Ecuador (06/2015): Formación Bruta de Capital Fijo 2007-2013. Quito, Ecuador.

BCE, Banco Central del Ecuador (10.01.2016): Precio de Petroleo. WTI. Online verfügbar unter http://contenido.bce.fin.ec/resumen_ticker.php?ticker_value=petroleo, zuletzt geprüft am 13.01.2016.

BCE, Banco Central del Ecuador (19.06.2014): El BCE apoya el retorno del Ecuaodr al Mercado Internacional de Capitale. Online verfügbar unter http://www.bce.fin.ec/index.php/boletines-de-prensa-archivo/item/668-ecuador-coloca-2000-millones-de-d%C3%B3lares-en-bonos-soberanos-en-el-mercado-internacional, zuletzt geprüft am 01.02.2015.

BCE, Banco Central del Ecuador (2010): La Economía Ecuatoriana Luego de 10 Años de Dolarización. Online verfügbar unter https://contenido.bce.fin.ec/documentos/PublicacionesNotas/Notas/Dolarizacion/Dolarizacion10anios.pdf, zuletzt geprüft am 11.10.2016.

BCE, Banco Central del Ecuador (2012): BCE, 85 Años. Series Estadísticas Históricas. Online verfügbar unter https://contenido.bce.fin.ec/documentos/PublicacionesNotas/Catalogo/Anuario/80anios/indice85anios.htm, zuletzt geprüft am 22.04.2017.

BCE, Banco Central del Ecuador (2014): Ecuador es uno de los países líderes en inversión de América Latina y el Caribe, con un nivel promedio anual de 24.5% del PIB, en el período 2007-2013. Quito, Ecuador. Online verfügbar unter http://www.bce.fin.ec/index.php/boletines-de-prensa-archivo/item/728-inversi%C3%B3n-formaci%C3%B3n-bruta-de-capital-fijo-privada-y-p%C3%BAblica, zuletzt aktualisiert am 11.12.2014, zuletzt geprüft am 01.02.2015.

BCE, Banco Central del Ecuador (2015): Boletín Anuario 2014 (Publicaciones de Banca Central, 37). Online verfügbar unter http://www.bce.fin.ec/index.php/component/k2/item/756, zuletzt geprüft am 05.12.2015.

BCE, Banco Central del Ecuador (2016): Cuentas Nacionales - Publicación No. 2007-2015p. BCE, Banco Central del Ecuador (CUENTAS NACIONALES ANUALES). Online verfügbar unter https://contenido.bce.fin.ec/documentos/PublicacionesNotas/Catalogo/CuentasNacionales/Anuales/Dolares/indicecn1.htm, zuletzt geprüft am 23.08.2017.

BCE, Banco Central del Ecuador (2016): Evolución de la Balanza Comercial. Enero - Noviembre 2015. Online verfügbar unter https://contenido.bce.fin.ec/documentos/Estadisticas/SectorExterno/BalanzaPagos/balanzaComercial/ebc201601.pdf, zuletzt geprüft am 05.07.2016.

BCE, Banco Central del Ecuador (2017): Evolución de las Remesas NACIONAL. Resumen Anual 2016. Online verfügbar unter https://contenido.bce.fin.ec/documentos/Estadisticas/SectorExterno/BalanzaPagos/Remesas/ere201605.pdf, zuletzt geprüft am 08.04.2017.

BCE, Banco Central del Ecuador (2017): Noventa Años del Banco Central del Ecuador Series Estadísticas Históricas 1927 – 2017, Series Estádisticas Históricas. Online verfügbar unter https://contenido.bce.fin.ec/documentos/PublicacionesNotas/Catalogo/Anuario/80anios/90%20ANIOS.pdf, zuletzt geprüft am 22.07.2018.

BCE, Banco Central del Ecuador (22.02.2016): 24,8% DEL PIB FUE EL NIVEL PROMEDIO ANUAL DE INVERSIÓN EN ECUADOR ENTRE 2007 Y 2014. Online verfügbar unter https://www.bce.fin.ec/index.php/boletines-de-prensa-archivo/item/858-248-del-pib-fue-el-nivel-promedio-anual-de-inversi%C3%B3n-en-ecuador-entre-2007-y-2014, zuletzt geprüft am 22.10.2016.

BCE, Banco Central del Ecuador (30.06.2017): Producto Interno Bruto. Quito, Ecuador. Online verfügbar unter https://www.bce.fin.ec/index.php/boletines-de-prensa-archivo/item/975-producto-interno-bruto-2, zuletzt geprüft am 06.09.2017.

BCE, Banco Central del Ecuador: Reporte del Sector Petrolero. III Trimestre de 2016. Online verfügbar unter https://contenido.bce.fin.ec/documentos/Estadisticas/Hidrocarburos/ASP201609.pdf, zuletzt geprüft am 07.09.2017.

Bebbington, Anthony (2013): Natural resource extraction and the possibilities of inclusive development: politics across space and time. (ESID Working Paper, 21). Online verfügbar unter http://www.effective-states.org/wp-content/uploads/working_papers/final-pdfs/esid_wp_21_bebbington.pdf, zuletzt geprüft am 16.07.2014.

Beblawi, Hazem (1987): The Rentier State in the Arab World. In: Hazem Beblawi und Giacomo Luciani (Hg.): The rentier state. London: Croom Helm (Nation, state and integration in the Arab world, / Ist. Affari Internaz., Rome. Ser. ed.: Giacomo Luciani ; 2), S. 49–62.

Beblawi, Hazem; Luciani, Giacomo (Hg.) (1987): The rentier state. Istituto Affari Internazionali. London: Croom Helm (Nation, state and integration in the Arab world, / Ist. Affari Internaz., Rome. Ser. ed.: Giacomo Luciani; 2).

Beck, Martin (2007): Der Rentierstaats-Ansatz und das Problem abweichender Fälle. In: *Zeitschrift für Internationale Beziehungen* 14 (1), S. 43–70.

Becker, Joachim (2008): Der kapitalistische Staat in der Peripherie: polit-ökonomische Perspektiven. In: *Journal für Entwicklungspolitik* XXIV (2), S. 10–32.

Becker, Joachim (2011): Klassen und Politik in der Peripherie. Kapitel 9. In: Ilker Ataç und Aram Ziai (Hg.): Politik und Peripherie. Eine politikwissenschaftliche Einführung. 1. Aufl. Wien: Mandelbaum (Gesellschaft, Entwicklung, Politik, 13), S. 153–168.

Becker, Joachim (2012): Lateinamerika und die globale Krise: Verwundbarkeiten, Dynamiken, Gegenstrategien. In: Ivan Lesay und Bernhard Leubolt (Hg.): Lateinamerika nach der Krise. Entwicklungsmodelle und Verteilungsfragen. Wien und Berlin: LIT, S. 35–54.

Becker, Joachim; Fischer, Karin; Imhof, Karen; Jäger, Johannes; Staritz, Cornelia (2007): Einleitung: Variationen kapitalistischer Entwicklung. In: Joachim Becker, Karen Imhof, Johannes Jäger und Cornelia Staritz (Hg.): Kapitalistische Entwicklung in Nord und Süd. Handel, Geld, Arbeit, Staat. Wien: Mandelbaum (Gesellschaft, Entwicklung, Politik, Bd. 9), S. 7–62.

Becker, Joachim; Grisold, Andrea; Mikl-Horke, Gertraude; Pirker, Reinhard; Rauchenschwandtner, Hermann (Hg.) (2009): Heterodoxe Ökonomie. Marburg: Metropolis.

Becker, Joachim; Imhof, Karen; Jäger, Johannes; Staritz, Cornelia (Hg.) (2007): Kapitalistische Entwicklung in Nord und Süd. Handel, Geld, Arbeit, Staat. Wien: Mandelbaum (Gesellschaft, Entwicklung, Politik, Bd. 9).

Becker, Joachim; Schwank, Oliver (2009): Theorien zum peripheren Kapitalismus. In: Joachim Becker, Andrea Grisold, Gertraude Mikl-Horke, Reinhard Pirker und Hermann Rauchenschwandtner (Hg.): Heterodoxe Ökonomie. Marburg: Metropolis.

Becker, Marc (2013): The Stormy Relations between Rafael Correa and Social Movements in Ecuador. In: *Latin American Perspectives* 40 (3), S. 43–62. DOI: 10.1177/0094582X13479305.

Bendel, Petra; Krennerich, Michael (Hg.) (2002): Soziale Ungerechtigkeit. Analysen zu Lateinamerika. Institut für Iberoamerika-Kunde. Frankfurt am Main: Vervuert (Schriftenreihe des Instituts für Iberoamerika-Kunde, Hamburg, 57).

Benz, Arthur; Scharpf, Fritz W.; Zintl, Reinhard (Hg.) (1992): Horizontale Politikverflechtung. Zur Theorie von Verhandlungssysstemen. Frankfurt am Main, New York: Campus.

Beramendi, Pablo; Ruerda, David (2007): Social Democracy Constrained. Indirect Taxation in Industrialized Democracies. In: *British Journal of Political Science* 37 (04). DOI: 10.1017/S0007123407000348.

Besley, Timothy; Persson, Torsten (2008): Wars and State Capacity. In: *Journal of the European Economic Association* 6 (2/3), S. 522–530. Online verfügbar unter http://www.jstor.org/stable/40282661, zuletzt geprüft am 07.06.2017.

Besley, Timothy; Persson, Torsten (2014): Why Do Developing Countries Tax So Little? In: *Journal of Economic Perspectives* 28, S. 99–120. Online verfügbar unter http://www.relooney.com/NS4053/00_NS4053_60.pdf, zuletzt geprüft am 03.10.2015.

Bieling, Hans-Jürgen (2011): Varieties of Capitalism, Regulationstheorie und neogramscianische IPÖ – komplementäre oder gegensätzliche Perspektiven des globalisierten Kapitalismus? Hg. v. ZÖSS, Zentrum für Ökonomische und Soziologische Studien (Discussion Paper). Online verfügbar unter http://nbn-resolving.de/urn:nbn:de:0168-ssoar-367139, zuletzt geprüft am 23.10.2017.

Bird, Richard M.; Zolt, Eric M. (2013): Taxation and Inequality in the Americas: Changing the Fiscal Contract? Hg. v. International Center for Public Policy. Andrew Young School. Online verfügbar unter http://scholarworks.gsu.edu/cgi/viewcontent.cgi?article=1047&context=icepp, zuletzt geprüft am 02.08.2015.

Bird, Richard M.; Zolt, Eric M. (2015): Fiscal Contracting in Latin America. In: *World Development* 67, S. 323–335. DOI: 10.1016/j.worlddev.2014.10.011.

Birkland, Thomas A. (2007): Agenda Setting in Public Policy. In: Frank Fischer, Gerald J. Miller und Mara S. Sidney (Hg.): Handbook of Public Policy Analysis. Theory, Politics, and Methods. Boca Raton, London, New York: CRC Press, Taylor & Francis Group, S. 63–78. Online verfügbar unter http://do.rulitru.ru/docs/29/28256/conv_1/file1.pdf#page=70.

Blanchard, Olivier (2000): Suggestions for a New Set of Fiscal Indicators. OECD Economics Department Working Papers.

Bleischwitz, Raimund; Bringezu, Stefan (2009): Internationale Ressourcenpolitik - Aus dem Fluch einen Segen machen. In: *Politische Ökologie* (115-116), S. 42–45.

Block, Fred (1977): The ruling class does not rule: Notes on the Marxist theory of the state. *Socialist Revolution, 33* (7), S. 6-28.

Blofield, Merike (2009): FEUDAL ENCLAVES AND POLITICAL REFORMS. Domestic Workers in Latin America. In: *Latin American Research Review* 44 (1). Online verfügbar unter https://www.amherst.edu/system/files/media/1151/09-BlofieldMerike.pdf, zuletzt geprüft am 08.04.2017.

Bocco, Arnoldo (1983): Ecuador, Politica Economica y Estilos de Desarrollo en la Fase de Auge Petrolero (1972-78). In: *Desarrollo Económico* 22 (88), S. 485–510.

Bocco, Arnoldo (1987): Auge Petrolero, Modernizacion y Subdesarrollo. El Ecuador de los años setenta. Quito: Corporacon Editora Nacional.

Boeckh, Andreas (2011): Staatsfinanzierung und soziale Gerechtigkeit in Lateinamerika. In: Ingrid Wehr und Hans-Jürgen Burchardt (Hg.): Soziale Ungleichheiten in Lateinamerika. Neue Perspektiven auf Wirtschaft, Politik und Umwelt. 1. Aufl. Baden-Baden: Nomos (Studien zu Lateinamerika, 10), S. 71–90.

Bogliaccini, Juan A.; Luna, Juan Pablo (2016): Deflecting my burden, hindering redistribution. How elites influence tax legislation in Latin America. United Nations University; World Institute for Development Economics Research (2016/92). Online verfügbar unter https://www.econstor.eu/bitstream/10419/146286/1/865187886.pdf, zuletzt geprüft am 20.12.2016.

Bogner, Alexander; Littig, Beate; Menz, Wolfgang (Hg.) (2009): Interviewing experts. Palgrave Connect (Online service). Basingstoke: Palgrave Macmillan (Research methods series).

Boix, Carles (2008): Civil wars and guerrilla warfare in the contemporary world: toward a joint theory of motivations and opportunities. In: Ian Shapiro, Stathis N. Kalyvas und Tarek E. Masoud (Hg.): Order, conflict, and violence. Cambridge [U.K.]: Cambridge University Press, S. 197–218.

Borchert, Jens; Lessenich, Stephan (Hg.) (2006): Strukturprobleme des kapitalistischen Staates. Aufsätze zur Politischen Soziologie. Claus Offe. Veränd. Neuausg. Frankfurt, New York: Campus (Campus Bibliothek).

Boris, Dieter (2001): Zur politischen Ökonomie Lateinamerikas. Der Kontinent in der Weltwirtschaft des 20. Jahrhunderts. Hamburg: VSA Verlag.

Boris, Dieter (2007): Staaten in der Peripherie - Das Beispiel Lateinamerika. In: Joachim Becker, Karen Imhof, Johannes Jäger und Cornelia Staritz (Hg.): Kapitalistische Entwicklung in Nord und Süd. Handel, Geld, Arbeit, Staat. Wien: Mandelbaum (Gesellschaft, Entwicklung, Politik, Bd. 9), S. 243–259.

Boris, Dieter (2008): Sozialstrukturen in Lateinamerika. In: Dieter Boris, Therese Gerstenlauer, Alke Jenss, Kristy Schank und Johannes Schulten (Hg.): Sozialstrukturen in Lateinamerika. Ein Überblick. 1. Aufl. Wiesbaden: VS Verlag für Sozialwissenschaften (Lehrbuch), S. 9–43.

Boris, Dieter (2009): Lateinamerikas politische Ökonomie. Aufbruch aus historischen Abhängigkeiten im 21. Jahrhundert? [2.,] erw. und aktualisierte Neuaufl. Hamburg: VSA Verlag.

Boris, Dieter (2013): Staatlichkeit und Transformationsprozesse in Lateinamerika. Eine aktuelle Debatte. Hamburg: VSA Verlag (Sozialismus: Supplement, 2013, 9).

Boris, Dieter (2014): Bolivars Erben. Linksregierungen in Lateinamerika. Köln: Papyrossa.

Boris, Dieter (2018): Aspekte neuer Medienpolitik in Lateinamerika. Die Mitte-Links-Regierungen im Kampf um Hegemonie. In: Patrick Eser, Alke Jenss und Johannes Schulten (Hg.): Globale Ungleichgewichte und soziale Transformationen. Beiträge von Dieter Boris aus 50 Jahren zu Lateinamerika, Klassenanalyse und Bewegungspolitik. Wien und Berlin: Mandelbaum, S. 346–367.

Boris, Dieter; Gerstenlauer, Therese; Jenss, Alke; Schank, Kristy; Schulten, Johannes (Hg.) (2008): Sozialstrukturen in Lateinamerika. Ein Überblick. 1. Aufl. Wiesbaden: VS Verlag für Sozialwissenschaften (Lehrbuch).

Boris, Dieter; Gerstenlauer, Therese; Jenss, Alke; Schank, Kristy; Schulten, Johannes (2008): Sozialstrukturtendenzen und politische Artikulation in Lateinamerika. Schlussfolgerungen, Thesen, Reflexionen. In: Dieter Boris, Therese Gerstenlauer, Alke Jenss, Kristy Schank und Johannes Schulten (Hg.): Sozialstrukturen in Lateinamerika. Ein Überblick. 1. Aufl. Wiesbaden: VS Verlag für Sozialwissenschaften (Lehrbuch), S. 317–335.

Boris, Dieter; Wahl, Achim; Schützhofer, Timm (Hg.) (2015): Lateinamerika - Defensive der Linksregierungen? Zehn Thesen zur politischen Entwicklung ; Brasiliens Dilemma; Ecuadors Weg. Hamburg: VSA Verlag (Sozialismus Supplement, 2015, 12).

Borja Borja, Fernando Marcelo; Moreno Cazar, Willam Marcelo (2014): Evolución de los Impuestos en el Ecuador. In: *Boletín del Centro de Investigaciones Económicas, Universidad Tecnológica Equinoccial* (30), S. 2–7. Online verfügbar unter http://www.ute.edu.ec/economia_negocios/boletin-30.pdf, zuletzt geprüft am 16.01.2016.

Borja, Rodrigo (1985): Ecuador: Lecciones de un proceso político. In: *Nueva Sociedad* (78), S. 13–16. Online verfügbar unter http://nuso.org/media/articles/downloads/1284_1.pdf, zuletzt geprüft am 21.09.2016.

Borja, Rodrigo (2018): gamonalismo. Enciclopedia de la Política. Hg. v. Rodrigo Borja. Online verfügbar unter http://www.enciclopediadelapolitica.org/gamonalismo/, zuletzt geprüft am 18.08.2018.

Bowen, James David (2015): Rethinking Democratic Governance: State Building, Autonomy, and Accountability in Correa's Ecuador. In: *Journal of Politics in Latin America* 7 (1), S. 83–110.

Boyer, Robert (2012): The four fallacies of contemporary austerity policies. The lost Keynesian legacy. In: *Cambridge Journal of Economics* 36 (1), S. 283–312. DOI: 10.1093/cje/ber037.

Brand, Ulrich (2009): ENTWICKLUNG, STAAT UND ZIVILGESELLSCHAFT. In: ÖFSE, Österreichische Forschungsstiftung für Internationale Entwicklung (Hg.): Staat und Entwicklung, S. 67–74.

Brand, Ulrich (2015): Lateinamerika in der Rohstofffalle. In: *Blätter für deutsche und internationale Politik*. Online verfügbar unter https://www.blaetter.de/archiv/jahrgaenge/2015/februar/lateinamerika-in-der-rohstofffalle, zuletzt geprüft am 13.05.2015.

Brand, Ulrich; Dietz, Kristina (2013): Simples Freund-Feind-Denken. Diskussion: Wer linke Kritik am Ressourcenextraktivismus in Lateinamerika ablehnt, macht es sich zu einfach. In: *ak - analyse & kritik. Zeitung für linke Debatte und Praxis* (587).

Brand, Ulrich; Görg, Christoph; Wissen, Markus (2007): Verdichtungen zweiter Ordnung. Die Internationalisierung des Staates aus einer neo-poulantzianischen Perspektive1. In: *PROKLA* 37 (2), S. 217–234. Online verfügbar unter http://www.prokla.de/Volltexte/147BrandEtAl.pdf, zuletzt geprüft am 11.12.2017.

Brautigam, Deborah; Fjeldstad, Odd-Helge; Moore, Mick (Hg.) (2008): Taxation and state-building in developing countries. Capacity and consent. Cambridge, New York: Cambridge University Press.

Bravo, Santiago; Ávila, Sofía; Núñez, Thaís und Pinto, Rodrigo (2010): LA ECONOMIA EN EL GOBIERNO DE JOSE MARÍA VELASCO IBARRA (1968-1972). In: *THE, Taller de Historia Económica* (3). Online verfügbar unter http://the.pazymino.com/VELASCO_IBARRA-1968-72.pdf, zuletzt geprüft am 13.07.2018.

Bresser-Pereira, Luiz Carlos (2006): Izquierda nacional y empresarios en América Latina. In: *Nueva Sociedad*, S. 121–132. Online verfügbar unter http://www.bresserpereira.org.br/papers/2005/05.19.EsquerdaeEmpresarios-NuevaSociedad.pdf, zuletzt geprüft am 03.07.2014.

Bresser-Pereira, Luiz Carlos (2007): Estado y mercado en el nuevo desarrollismo. In: *Nueva Sociedad* (210), S. 110–125. Online verfügbar unter http://www.nuso.org/upload/articulos/3444_1.pdf, zuletzt geprüft am 03.07.2014.

Bresser-Pereira, Luiz Carlos; Gala, Paulo (2012): Macroeconomía Estructuralista del Desarrollo: ¿Un Segundo Momento del Estructuralismo Latinoamericano?
Online verfügbar unter http://www.bresserpereira.org.br/papers/2010/10.02.Macroeconomia_estruturalista_desenv_Gala_Esp.pdf, zuletzt geprüft am 03.07.2014.

Bresser-Pereira, Luiz Carlos; Gala, Paulo (2012): Macroeconomía Estructuralista del Desarrollo: ¿Un Segundo Momento del Estructuralismo Latinoamericano? Online verfügbar unter http://www.bresserpereira.org.br/papers/2010/10.02.Macroeconomia_estruturalista_desenv_Gala_Esp.pdf, zuletzt geprüft am 03.07.2014.

Büblöck, Karin; Staritz, Cornelia (2007): Internationale Verschuldung und (Unter-) Entwicklung. In: Joachim Becker, Karen Imhof, Johannes Jäger und Cornelia Staritz (Hg.): Kapitalistische Entwicklung in Nord und Süd. Handel, Geld, Arbeit, Staat. Wien: Mandelbaum (Gesellschaft, Entwicklung, Politik, Bd. 9), S. 160–183.

Buiter, Willem (1985): Guide to Public Sector Debt and Deficits. In: *Economic Policy: A European Forum* 1 (1), S. 949–963.

Burbano de Lara, Felipe (2015): El despiste de Nathalie Cely. In: *El Universo*, 25.08.2015. Online verfügbar unter http://www.eluniverso.com/opinion/2015/08/25/nota/5084894/despiste-nathalie-cely, zuletzt geprüft am 27.05.2016.

Burbano de Lara, Felipe (Hg.) (2003): Democracia, gobernabilidad y cultura política. Quito, Ecuador: FLACSO, Sede Académica de Ecuador (Ciencias sociales antología).

Burchardt, Hans-Jürgen (2012): Von der vernünftigen Suche nach Leidenschaft: Ein Vorschlag Gesellschaftsanalyse und Sozialpolitik-Forschung zu dezentrieren. In: Hans-Jürgen Burchardt, Anne Tittor und Nico Weinmann (Hg.): Sozialpolitik in globaler Perspektive. Asien, Afrika und Lateinamerika. Frankfurt, New York: Campus, S. 69–92.

Burchardt, Hans-Jürgen (2014): Logros y contradicciones del extractivismo. Bases para una fundamentación empírica y analítica. Hg. v. Friedrich-Ebert-Stiftung (Nueva Sociedad). Online verfügbar unter http://www.nuso.org/upload/articulos/ANALISIS%20Burchardt%207-2.pdf, zuletzt geprüft am 29.06.2014.

Burchardt, Hans-Jürgen (2014): NEOEXTRACTIVISMO Y DESARROLLO: FORTALEZAS Y LÍMITES. In: FES-ILDIS (Hg.): Post-Crecimiento y Buen Vivir. Propuestas globales para la construcción de sociedades equitativas y sustentables. Unter Mitarbeit von Endara, Gustavo. Quito, Ecuador, S. 163–204.

Burchardt, Hans-Jürgen (2015): Mit Max kein Staat mehr zu machen? Von Webers Anstaltsstaat zur kontextsensiblen Staatsforschung. In: Hans-Jürgen Burchardt und Stefan Peters (Hg.): Der Staat in globaler Perspektive. Zur Renaissance der Entwicklungsstaaten. 1. Aufl. Frankfurt am Main [u.a.]: Campus, S. 61–84.

Burchardt, Hans-Jürgen (2015): Von der begrenzten Reformfähigkeit des Rentierstaates. In: Hans-Jürgen Burchardt und Stefan Peters (Hg.): Der Staat in globaler Perspektive. Zur Renaissance der Entwicklungsstaaten. 1. Aufl. Frankfurt am Main [u.a.]: Campus, S. 175–194.

Burchardt, Hans-Jürgen (Hg.) (2009): Nord-Süd-Beziehungen im Umbruch. Neue Perspektiven auf Staat und Demokratie in der Weltpolitik. 1. Aufl. Frankfurt am Main: Campus (Sozialwissenschaften 2009).

Burchardt, Hans-Jürgen (Hg.) (2013): Umwelt und Entwicklung im 21. Jahrhundert. Impulse und Analysen aus Lateinamerika. 1. Aufl. Baden-Baden: Nomos (Studien zu Lateinamerika, 20).

Burchardt, Hans-Jürgen; Dietz, Kristina (2013): Extraktivismus in Lateinamerika - der Versuch einer Fundierung. In: Hans-Jürgen Burchardt, Kristina Dietz und Rainer Öhlschläger (Hg.): Umwelt und Entwicklung im 21. Jahrhundert. Impulse und Analysen aus Lateinamerika. 1. Aufl. Baden-Baden: Nomos (Studien zu Lateinamerika, 20), S. 181–200.

Burchardt, Hans-Jürgen; Dietz, Kristina (2014): (Neo-)extractivism – a new challenge for development theory from Latin America. In: *Third World Quarterly* 35 (3), S. 468–486. DOI: 10.1080/01436597.2014.893488.

Burchardt, Hans-Jürgen; Domínguez, Rafael; Larrea, Carlos; Peters, Stefan (2016): Introducción. In: Hans-Jürgen Burchardt, Rafael Domínguez, Carlos Larrea und Stefan Peters (Hg.): Nada dura para siempre. Neo-extractivismo tras el boom de las materias primas. Primera edición. Ecuador, Kassel: Universidad Andina Simón Bolívar; Universität Kassel, S. 7-17.

Burchardt, Hans-Jürgen; Domínguez, Rafael; Larrea, Carlos; Peters, Stefan (Hg.) (2016): Nada dura para siempre. Neo-extractivismo tras el boom de las materias primas. Primera edición. Ecuador, Kassel: Universidad Andina Simón Bolívar; Universität Kassel. Online verfügbar unter http://www.burchardt.uni-kassel.de/wp-content/uploads/2016/09/Nada-dura-para-siempre-15_septiembre_2016.pdf. Zuletzt geprüft am 25.09.2017.

Burchardt, Hans-Jürgen; Peters, Stefan (2015): Der Staat in globaler Perspektive: Zur Renaissance der Entwicklungsstaaten. In: Hans-Jürgen Burchardt und Stefan Peters (Hg.): Der Staat in globaler Perspektive. Zur Renaissance der Entwicklungsstaaten. 1. Aufl. Frankfurt am Main [u.a.]: Campus, S. 7–36.

Burchardt, Hans-Jürgen; Peters, Stefan (Hg.) (2015): Der Staat in globaler Perspektive. Zur Renaissance der Entwicklungsstaaten. 1. Aufl. Frankfurt am Main [u.a.]: Campus.

Burchardt, Hans-Jürgen; Peters, Stefan; Weinmann, Nico (Hg.) (2017): Entwicklungstheorie von heute - Entwicklungspolitik von morgen. Nomos Verlagsgesellschaft. 1. Auflage. Baden-Baden: Nomos.

Burchardt, Hans-Jürgen; Tittor, Anne; Weinmann, Nico (Hg.) (2012): Sozialpolitik in globaler Perspektive. Asien, Afrika und Lateinamerika. Frankfurt, New York: Campus.

Burghardt, Anton (1979): Finanzsoziologie. Wien, München, Zürich: Europa Verlag.

Burzan, Nicole (2013): Soziale Ungleichheiten. Klassen und Schichten. In: Steffen Mau (Hg.): Handwörterbuch zur Gesellschaft Deutschlands. 3., grundlegend überarb. Aufl. Wiesbaden: Springer VS, S. 774–787.

Bustamante, Fernando (2003): La cultura política y ciudadanía en el Ecuador. In: Burbano de Lara, Felipe (Hg.): Democracia, gobernabilidad y cultura política. Quito, Ecuador: FLACSO, Sede Académica de Ecuador (Ciencias sociales antología), S. 341–381.

Bustamante, Fernando (2006): Sociedad civil y partidos: Más allá del corporativismo. In: *Entre Voces, Revista del Grupo Democracia y Desarrollo Lical* (5), S. 25–31. Online verfügbar unter http://biblioteca.clacso.edu.ar/ar/libros/ecuador/iee/entrevo/entrevo5.pdf, zuletzt geprüft am 17.01.2016.

CAAP, Centro Andino de Acción Popular und CLAES, Centro Latino Americano de Ecología Social (Hg.) (2009): Extractivismo, Política y Sociedad. Cuardernos de Capacitación.

CAIC, COMISIÓN DE AUDITORIA INTEGRAL DEL CRÉDITO PÚBLICO (2008): INFORME FINAL DE LA AUDITORÍA INTEGRAL DE LA DEUDA ECUATORIANA. RESUMEN EJECUTIVO.

CAIC, COMISIÓN DE AUDITORIA INTEGRAL DEL CRÉDITO PÚBLICO (2008a): INFORME DE CIERRE TRAMO - SUCRETIZACIÓN. Online verfügbar unter http://www.auditoriadeuda.org.ec/images/stories/documentos/deuda_comercial/Sucretizacion.pdf#page=1&zoom=auto,-208,842, zuletzt geprüft am 09.04.2017.

Calderón de Burgos, Gabriela (2014): Límites al tamaño del Estado. In: *El Universo*, 21.11.2014. Online verfügbar unter http://www.eluniverso.com/opinion/2014/11/21/nota/4249406/limites-tamano-estado, zuletzt geprüft am 26.05.2016.

Calderón, Álvaro (2016): La compra pública como herramienta de política industrial. In: Álvaro Calderón, Marco Dini und Giovanni Stumpo (Hg.): Los desafíos del Ecuador para el cambio estructural con inclusión social, 199-229. Online verfügbar unter http://repositorio.cepal.org/bitstream/handle/11362/40863/1/S1601309_es.pdf, zuletzt geprüft am 13.07.2018.

Calderón, Álvaro (2016): Política industrial y tecnológica de Ecuador: avanzando en la construcción de capacidades. In: Álvaro Calderón, Marco Dini und Giovanni Stumpo (Hg.): Los desafíos del Ecuador para el cambio estructural con inclusión social, 93-134. Online verfügbar unter http://repositorio.cepal.org/bitstream/handle/11362/40863/1/S1601309_es.pdf, zuletzt geprüft am 27.11.2017.

Calderón, Álvaro; Dini, Marco; Stumpo, Giovanni (2016): Conclusiones. In: Álvaro Calderón, Marco Dini und Giovanni Stumpo (Hg.): Los desafíos del Ecuador para el cambio estructural con inclusión social, S. 231–249.

Calderón, Álvaro; Dini, Marco; Stumpo, Giovanni (Hg.) (2016): Los desafíos del Ecuador para el cambio estructural con inclusión social. CEPAL, Comisión Económica para América Latina y el Caribe. Online verfügbar unter http://repositorio.cepal.org/bitstream/handle/11362/40863/1/S1601309_es.pdf, zuletzt geprüft am 27.11.2017.

Calderón, Álvaro; Stumpo, Giovanni (2016): La evolución económica y social del ecuador: las restricciones de la estructura productiva. In: Álvaro Calderón, Marco Dini und Giovanni Stumpo (Hg.): Los desafíos del Ecuador para el cambio estructural con inclusión social, 11-57.

Cano, Liliana; Olivia, Oliva; Ramírez Álvarez, José Fernando (2012): Impuesto a la Renta de Personas Naturales en relacion de dependencia: un analisis desde la equidad. In: Alfredo Serrano und Juan Guijarro (Hg.): A (Re)distribuir! Ecuador para todos. [Quito: CLACSO] (Coediciones), S. 223–250.

Cannon, Barry (2016): The Right in Latin America. Elite Power, Hegemony and the Struggle for the State. s.l.: Taylor and Francis. Online verfügbar unter http://gbv.eblib.com/patron/FullRecord.aspx?p=4505546, zuletzt geprüft am 24.02.2019.

Carillo Maldonado, Paul; Díaz-Cassou, Javier; Tejeda, Jesús (2018): El impacto macroeconómico de la reforma energética ecuatoriana. Inter-American Development Bank.

Carpio Rivera, Romeo; Carrasco Vicuña, Carlos Marx (2012): Las nueve reformas tributarias del último quinquenio. In: SRI, Servicio de Rentas Internas (Hg.): Una Nueva Política Fiscal para el Buen Vivir. La equidad como soporte del pacto fiscal, S. 291–314.

Carrasco Vicuña, Carlos Marx (2012): CINCO AÑOS DE GOBIERNO DE LA REVOLUCIÓN CIUDADANA. In: Santiago Mejía R. und Sebastían Mantilla B. (Hg.): Rafael Correa. Balance de la Revolución Ciudadana. 1. ed. Quito: Editorial Planeta del Ecuador; Centro Latinoamericano de Estudios, S. 331-347.

Carrasco Vicuña, Carlos Marx (2012): Indroducción. In: SRI, Servicio de Rentas Internas (Hg.): Una Nueva Política Fiscal para el Buen Vivir. La equidad como soporte del pacto

Carrasco Vicuña, Carlos Marx (2014): La acumulación originaria del socialismo del siglo XXI (Parte I). Punto de Vista. In: *El Telégrafo*, 10.02.2014. Online verfügbar unter http://190.95.205.35/economia/masqmenos/item/la-acumulacion-originaria-del-socialismo-del-siglo-xxi-parte-i.html, zuletzt geprüft am 01.02.2015.

Carrasco Vicuña, Carlos Marx (2014): La acumulación originaria del socialismo del siglo XXI (Parte II). Punto de Vista. In: *El Telégrafo*, 17.02.2014. Online verfügbar unter http://190.95.205.35/economia/masqmenos/item/la-acumulacion-originaria-del-socialismo-del-siglo-xxi-parte-ii.html, zuletzt geprüft am 30.01.2015.

Carrasco Vicuña, Carlos Marx (2015): ¿Por qué una nueva economía en una nueva Constitución? In: SRI, Servicio de Rentas Internas und CEF, Centro de Estudios Fiscales (Hg.): La Nueva Economía. En la Nueva Constitución del Ecuador, S. 73–86.

Carrasco Vintimilla, Adrián; Beltrán Romero, Pablo; Palacios Riquetti, Jorge Luis (2011): La economía ecuatoriana: 1950-2008. In: Otto Zambrano Mendoza und Adrián Bonilla (Hg.): Estado del país. Informe cero: Ecuador 1950-2010. Quito: FLACSO [etc.], S. 119–152.

Carrera, Jaime (2014): ANÁLISIS PROFORMA PRESUPUESTO 2015. Hg. v. Observatorio Fiscal. Online verfügbar unter http://www.observatoriofiscal.org/docs/analisisopinion/Presupuesto2015analisisjaimecarrera.pdf, zuletzt geprüft am 20.01.2015.

Carrillo M., Paúl A. (2011): Efectos Macroeconnmicos de la Polltica Fiscal en Ecuador 1993-2009 (Macroeconomic Effects of Fiscal Policy in Ecuador 1993-2009). In: *SSRN Journal*. Online verfügbar unter http://dx.doi.org/10.2139/ssrn.1876032, zuletzt geprüft am 25.05.2014.

Carvajal, Fernando (2011): Ecuador: la evolución de su economía 1950-2008. In: Otto Zambrano Mendoza und Adrián Bonilla (Hg.): Estado del país. Informe cero: Ecuador 1950-2010. Quito: FLACSO [etc.], S. 95–104.

Carvajal, Sebastián (2015): Riesgos desatendidos del régimen de dolarización. In: SRI, Servicio de Rentas Internas und CEF, Centro de Estudios Fiscales (Hg.): La Nueva Economía. En la Nueva Constitución del Ecuador. Unter Mitarbeit von Alfredo Serrano Mancilla, S. 173–192.

Castelletti, Bárbara (2008): Taxes in Latin America: Do Wealth and Inequality Matter? OECD Development Centre (Policy Insights, 79).

Castro, Luis; Aguilar, Victor; Sáenz, Mayra (2013): Análisis de la reforma tributaria en el Ecuador, 2001-2012. Unter Mitarbeit von Cooperación Española. CEPAL (Macroeconomía del Desarrollo). Online verfügbar unter http://repositorio.cepal.org/bitstream/handle/11362/35870/S2013768.pdf?sequence=1, zuletzt geprüft am 06.06.2014.

CCG, Cámara de Comercio de Guayaquil (2016): Reforma Tributaria que Recaude y Fomente la Inversión. In: CCQ, Cámara de Comercio de Quito (Hg.): Consenso Ecuador. 11 Propuestas para el debate. Quito, Ecuador, S. 60–73.

CCQ, Cámara de Comercio de Quito (Hg.) (2016): Consenso Ecuador. 11 Propuestas para el debate. Quito, Ecuador. Online verfügbar unter http://www.ecuadorchequea.com/wp-content/uploads/2016/10/Consenso-Ecuador-CCG.pdf, zuletzt geprüft am 15.08.2018.

CEDATOS, Centro de Estudios y Datos (2015): Aprobación y desaprobación a los impuestos de Herencia y Plusvalía. Online verfügbar unter http://www.cedatos.com.ec/detalles_noticia.php?Id=187, zuletzt geprüft am 07.06.2016.

Celi R., Estefania (2015): En 34 días cambió el panorama político. In: *El Comercio*, 27.06.2015. Online verfügbar unter http://www.elcomercio.com/actualidad/34-dias-cambio-panorama-politico.html, zuletzt geprüft am 05.06.2016.

Centeno, Miguel A.; Ferraro, Augustin E. (Hg.) (2013): State and Nation Making in Latin America and Spain. Republics of the Possible: Cambridge: Cambridge University Press.

Centeno, Miguel Angel (1997): Blood and Debt: War and Taxation in Nineteenth-Century Latin America. In: *American Journal of Sociology* 102 (6), S. 1565–1605. Online verfügbar unter http://s3.amazonaws.com/academia.edu.documents/44304305/231127.pdf?AWSAccessKeyId=AKIAJ56TQJRTWSMTNPEA&Expires=1479248191&Signature=rW8gvFQ7N0hcGUlRLNeHJ0aIBpw%3D&response-content-disposition=inline%3B%20filename%3DBlood_and_Debt_War_and_Taxation_in_Ninet.pdf, zuletzt geprüft am 15.11.2016.

Centeno, Miguel Angel (2015): Max Weber und der lateinamerikanische Staat. In: Hans-Jürgen Burchardt und Stefan Peters (Hg.): Der Staat in globaler Perspektive. Zur Renaissance der Entwicklungsstaaten. 1. Aufl. Frankfurt am Main [u.a.]: Campus, S. 37–60.

CEPAL, Comisión Económica para América Latina y el Caribe (1954): El Desarrollo Económico del Ecuador. Estudio realizado por la secretería de la Comisión Económica para América Latina - CEPAL. Hg. v. MCPE, Ministerio Coordinador de Política Económica (Reedición). Online verfügbar unter http://www.politicaeconomica.gob.ec/wp-content/uploads/downloads/2014/02/librocepal.pdf, zuletzt geprüft am 06.06.2014.

CEPAL, Comisión Económica para América Latina y el Caribe (2014): La Inversión Extranjera Directa en América Latina y el Caribe. CEPAL - Naciones Unidas. Online verfügbar unter http://repositorio.cepal.org/bitstream/handle/11362/36805/S1420131_es.pdf?sequence=1, zuletzt geprüft am 02.02.2015.

CEPAL, Comisión Económica para América Latina y el Caribe (2015): Panorama Económico y Social de la Comunidad de Estados Latinoamericanos y Caribeños, 2014. CEPAL - Naciones Unidas. Online verfügbar unter http://repositorio.cepal.org/bitstream/handle/11362/37645/S1500010_es.pdf?sequence=1, zuletzt geprüft am 02.02.2015.

CEPAL, Comisión Económica para América Latina y el Caribe (2014): Anuario Estadístico de América Latina y el Caribe 2014. CEPAL - Naciones Unidas. Online verfügbar unter http://telegrafo.com.ec/images/eltelegrafo/banners/2015/AnuarioEstadisticoALC-2014.pdf, zuletzt geprüft am 07.02.2015.

CEPAL, Comisión Económica para América Latina y el Caribe (2014): Pactos para la igualdad. Hacia un futuro sostenible; trigésimo quinto período de sesiones de la CEPAL; Lima, 5 a 9 de mayo 2014. Santiago: Naciones Unidas CEPAL.

CEPAL, Comisión Económica para América Latina y el Caribe (2015): Proyecciones de América Latina y el Caribe, 2015. Producto Interno Bruto (precios constantes en moneda nacional) Tasas de variación, en porcentaje. CEPAL - Naciones Unidas. Online verfügbar unter http://www.cepal.org/sites/default/files/pr/files/tabla._proyecciones_pib_america_latina_y_el_caribe.pdf, zuletzt geprüft am 15.05.2015.

CEPAL, Comisión Económica para América Latina y el Caribe (2016): Fiscal Panorama of Latin America and the Caribbean 2016. Public finances and the challenge of reconciling austerity with growth and equality. English Version. Online verfügbar unter http://repositorio.cepal.org/bitstream/handle/11362/40090/S1600112_en.pdf?sequence=1, zuletzt geprüft am 14.11.2016.

CEPAL, Comisión Económica para América Latina y el Caribe (2017): La Inversión Extranjera Directa en América Latina y el Caribe. Hg. v. CEPAL - Naciones Unidas.

Cetrángolo, Oscar; Gómez Sabaíni, Juan Carlos (Hg.) (2006): Tributación en América Latina. En busca de una nueva agenda de reformas. Naciones Unidas. Santiago de Chile: Naciones Unidas CEPAL (Publicación de las Naciones Unidas, 93).

Chamorro, Diana (2015): Presidente Correa retira temporalmente los proyectos de ley de herencia y de plusvalía. In: *El Comercio*, 15.06.2015. Online verfügbar unter http://www.elcomercio.com/actualidad/presidente-correa-retira-temporalmente-proyectos.html, zuletzt geprüft am 12.08.2015.

Chang, Ha-Joon (2003): Kicking Away the Ladder: Infant Industry Promotion in Historical Perspective. In: *Oxford Development Studies* 31 (1), S. 21–32. Online verfügbar unter http://down.cenet.org.cn/upfile/37/20067510489177.pdf, zuletzt geprüft am 08.10.2015.

Chang, Ha-Joon (2003): The Market, the State and Institutions in Economic Development. In: Ha-Joon Chang (Hg.): Rethinking development economics. London: Anthem Press (Anthem studies in political economy and globalization), S. 41–60.

Chang, Ha-Joon (2007): Bad Samaritans. The Myth of Free Trade and the Secret History of Capitalism. London: Bloomsbury Press. Online verfügbar unter http://analepsis.files.wordpress.com/2011/08/ha-joon-chang-bad-samaritans.pdf, zuletzt geprüft am 16.05.2015.

Chang, Ha-Joon (2007a): STATE-OWNED ENTERPRISE REFORM. Hg. v. United Nations Department of Economic and Social Affairs. Online verfügbar unter https://esa.un.org/tech-coop/documents/pn_soereformnote.pdf, zuletzt geprüft am 21.03.2018.

Chang, Ha-Joon (2011): *Hamlet* without the Prince of Denmark. How development disappeared from today's "development" discourse. In: Shahrukh Rafi Khan und Jens Christiansen (Hg.): Towards new developmentalism. Market as means rather than master. London: Routledge (Routledge studies in development economics, 83), S. 47–58.

Chang, Ha-Joon (2015): Escaping Economic Orthodoxy in Latin America: "I think on the whole the departure has been a success." Interview. NACLA, Reporting in the Americas since 1967. Online verfügbar unter https://nacla.org/news/2015/03/04/escaping-economic-orthodoxy-latin-america-"i-think-whole-departure-has-been-success", zuletzt geprüft am 16.01.2016.

Chang, Ha-Joon (Hg.) (2003): Rethinking development economics. London: Anthem Press (Anthem studies in political economy and globalization).

Chang, Ha-Joon; Grabel, Ilene (2014): Reclaiming development. An alternative economic policy manual. London: Zed Books.

Chávez de Mena, Elsa Romo-Leroux (2000): La modernización de la administración tributaria en el Ecuador. V Congreso Internacional del CLAD sobre la Reforma del Estado y la Administración Pública. Santo Domingo, República Dominicana, 24.10.2000. Online verfügbar unter http://unpan1.un.org/intradoc/groups/public/documents/CLAD/clad0038410.pdf, zuletzt geprüft am 10.03.2015.

Checa-Godoy, Antonio (2012): La Banca y la propiedad de los medios. El caso de Ecuador. In: Revista Latina de Comumicación Social. DOI: 10.4185/RLCS-067-950-125-147.

Cheibub, José Antonio (1998): Political Regimes and the Extractive Capacity of Governments: Taxation in Democracies and Dictatorships. In: *World Politics* 50 (3), S. 349–376. Online verfügbar unter http://www.jstor.org/stable/25054045, zuletzt geprüft am 07.06.2017.

Chiliquinga Carvajal, Diana; Carrasco Vicuña, Carlos Marx; Ramírez Álvarez, José (2012): Historia de la tributación en Ecuador: cambios sociales y organizacionales. Kapitel 5. In: SRI, Servicio de Rentas Internas (Hg.): Una Nueva Política Fiscal para el Buen Vivir. La equidad como soporte del pacto fiscal, 157-217.

Chun Lee, Po; Reyes Herrera, Milton (2017): La relación China-Ecuador en el siglo XXI: elementos relevantes para la discusión. Instituto de Altos Estudios Nacionales (Working Papers). Online verfügbar unter http://editorial.iaen.edu.ec/wp-content/uploads/2017/09/La-relación-China-Ecuador-en-el-siglo-XXI-ilovepdf-compressed.pdf, zuletzt geprüft am 25.04.2018.

Clavijo Clavijo, Juana Laura (2014): Entrevista a Juan Paz y Miño Cepeda. In: *La balsa de piedra, Revista de teoría y geoestrategia iberoamericana y mediterrána* (8). Online verfügbar unter http://labalsadepiedra.org/wp-content/uploads/La-balsa-de-piedra-n%C2%BA-8-1.pdf, zuletzt geprüft am 12.05.2015.

Clemens, Marius; Fuhrmann, Wilfried (2008): Rohstoffbasierte Staatsfonds. Hg. v. Institut für Makroökonomik. Universität Potsdam (Forschungsbericht, 0108). Online verfügbar unter https://mpra.ub.uni-muenchen.de/17034/1/MPRA_paper_17034.pdf., zuletzt geprüft am 23.04.2015.

Coatsworth, John H.; Williamson, Jeffrey G. (2004): Always Protectionist? Latin American Tariffs from Independence to Great Depression. In: *Journal of Latin American Studies* 36 (2), S. 205–232. Online verfügbar unter http://pds24.egloos.com/pds/201203/24/68/Always_Protectionist.pdf, zuletzt geprüft am 29.07.2016.

Colectivo Unitário Nacional (2015): En Ecuador, colectivo de trabajadores, indígenas y organizaciones sociales divulga plataforma de lucha. Online verfügbar unter http://www.world-psi.org/es/en-ecuador-colectivo-de-trabajadores-indigenas-y-organizaciones-sociales-divulga-plataforma-de-lucha, zuletzt geprüft am 21.02.2017.

Conaghan, Catherine M. (1988): Capitalists, Technocrats, And Politicians: Economic Policy-Making and Democracy in the Central Andes. Hg. v. The Hellen Kellogg Institute for International Studie. Online verfügbar unter http://kellogg.nd.edu/publications/workingpapers/WPS/109.pdf, zuletzt geprüft am 18.12.2016.

Conaghan, Catherine M. (1988a): Restructuring domination. Industrialists and the state in Ecuador. Pittsburgh, Pa: University of Pittsburgh Press (Pitt Latin American series).

Conaghan, Catherine M.; De la Torre, Carlos (2008): The Permanent Campaign of Rafael Correa. Making Ecuador's Plebiscitary Presidency. In: *The International Journal of Press/Politics* 13 (3), S. 267–284. DOI: 10.1177/1940161208319464.

Conaghan, Catherine M.; Malloy, James M. (1994): Unsettling statecraft. Democracy and neoliberalism in the central Andes. Pittsburgh: University of Pittsburgh Press (Pitt Latin American series).

Conaghan, Catherine M.; Malloy, James M.; Abugattas, Luis A. (1990): Business and the "Boys": The Politics of Neoliberalism in the Central Andes. In: *Latin American Research Review* 25 (2), S. 3–30. Online verfügbar unter http://www.jstor.org/stable/pdf/2503778.pdf, zuletzt geprüft am 22.03.2017.

Consejo Nacional de Planificación (2009): Plan Nacional de Desarrollo. Plan Nacional para el Buen Vivir 2009-2013. Construyendo un Estado Plurinacional e Intercultural. SENPLADES, Secretaría Nacional de Planificación y Desarrollo.

Consejo Nacional de Planificación (2013): Buen vivir. Plan nacional 2013-2017: todo el mundo mejor. Primera edición.

Constante, Soraya (2016): Ecuador refuerza su apuesta por la energía hidroeléctrica. In: *El Pais*, 14.04.2016. Online verfügbar unter http://internacional.elpais.com/internacional/2016/04/14/america/1460586851_057240.html, zuletzt geprüft am 23.10.2016.

CORDES, Corporación de Estudios para el Desarrollo (2015): Deuda Pública: rápido crecimiento pese a la bonanza. In: *CORDES opina* 2 (3). Online verfügbar unter http://www.cordes.org/images/publicaciones/2015/Opina-03-02-2015.pdf, zuletzt geprüft am 13.05.2015.

Córdova, Armando (1973): Strukturelle Heterogenität und wirtschaftliches Wachstum. Drei Studien über Lateinamerika. Frankfurt: Suhrkamp.

Cornia, G. A.; Gómez Sabaini, Juan Carlos; Martonaro, B. (2012): A New Fiscal Pact, Tax Policy Changes and Income Inequality: Latin America during the Last Decade. Working Paper. Hg. v. Dipartimento di Scienzi Economiche Università degli Studi di Firenze (03/2012). Online verfügbar unter https://chaire-mcd.uqam.ca/upload/files/Publications/Veille/a%20new%20fiscal%20pact%20latin%20americas%20last%20decade.pdf, zuletzt geprüft am 03.08.2012.

Correa, Felipe; Stumpo, Giovanni (2016): La agroindustria: un área estratégica para impulsar la transformación productiva y la inclusión social. In: Álvaro Calderón, Marco Dini und Giovanni Stumpo (Hg.): Los desafíos del Ecuador para el cambio estructural con inclusión social, S. 59–91.

Correa, Rafael (2003): La política económica del gobierno de Lucio Gutiérrez. Una perspectiva desde la economía política. In: *Íconos. Revista de Ciencias Sociales*, S. 6–10. Online verfügbar unter http://www.flacso.org.ec/docs/i16_correa.pdf, zuletzt geprüft am 03.08.2015.

Correa, Rafael (2012): Ecuador's Path. Interview. In: *New Left Review*, S. 89–104.

Correa, Rafael (2014): Ecuador: de Banana Republic a la No República. Bogotá: Penguin Randome House Grupo Editorial.

Correa, Rafael (2015): Debemos entender de dónde venimos para saber hacia dónde vamos. MENSAJE A LA NACIÓN. Quito, Ecuador, 24.05.2015.

Correa, Rafael (2015): DISCURSO DEL PRESIDENTE RAFAEL CORREA EN LA CEREMONIA DE CAMBIO DE GUARDIA. Palacio de Carondelet, 15.06.2015. Online verfügbar unter http://www.presidencia.gob.ec/wp-content/uploads/downloads/2015/06/CAMBIO-DE-GUARDIA.pdf, zuletzt geprüft am 04.01.2016.

Correa, Rafael (2015): El poder de veto y el viejo país. In: *El Telégrafo*, 28.08.2015. Online verfügbar unter http://www.telegrafo.com.ec/opinion/columnistas/item/el-poder-de-veto-y-el-viejo-pais.html, zuletzt geprüft am 02.10.2015.

Correa, Rafael (2015): El poder de veto y el viejo país. In: *El Telégrafo*, 28.08.2015. Online verfügbar unter http://www.telegrafo.com.ec/opinion/columnistas/item/el-poder-de-veto-y-el-viejo-pais.html, zuletzt geprüft am 02.10.2015.

Correa, Rafael (2015): MENSAJE DEL PRESIDENTE CONSTITUCIONAL DE LA REPÚBLICA ECONOMISTA RAFAEL CORREA DELGADO A LA NACIÓN. Presidencia de la República. Quito, Palacio de Carondelet, 15.06.2015. Online verfügbar unter http://www.presidencia.gob.ec/wp-content/uploads/downloads/2015/06/MENSAJE-A-LA-NACION.pdf, zuletzt geprüft am 04.01.2016.

Correa, Rafael (2016): INFORME A LA NACIÓN 2016. LA DÉCADA GANADA. Presidencia de la República. Asamblea Nacional, Quito, 24.05.2016.

Cox, Robert W. (1983): Gramsci, Hegemony and International Relations. An Essay in Method. In: *Millennium* 12 (2), S. 162–175. DOI: 10.1177/03058298830120020701.

Crandall, William (2010): Revenue Administration: Autonomy in Tax Administration and the Revenue Authority Model. Technical Notes and Manuals. Online verfügbar unter http://blog-pfm.imf.org/files/fad-technical-manual-14.pdf, zuletzt geprüft am 17.07.2015.

Cristóbal, Kay (2002): Why East Asia Overtook Latin America: Agrarian Reform, Industrialisation and Development. In: *Third World Quarterly* 23 (6), S. 1073–1102. Online verfügbar unter https://s3.amazonaws.com/academia.edu.documents/42309820/Why_East_Asia_Overtook_Latin_America_Agr20160207-26129-ef7789.pdf?AWSAccessKeyId=AKIAIWOWYYGZ2Y53UL3A&Expires=1508857055&Signature=EocChi8O8I3YThDv9iv95wQdUxI%3D&response-content-disposition=inline%3B%20filename%3DWhy_East_Asia_overtook_Latin_America_Agr.pdf, zuletzt geprüft am 24.10.2017.

Crncic, Zeljko (2012): Die indigene Bewegung Ecuadors (CONAIE). Strategien des Framing und der Nutzung politischen Gelegenheitsstrukturen. Berlin: LIT (Soziologie - Münster in Westfalen, Bd. 72).

Cueva, Simón (2008): Ecuador: Fiscal Stabilization Funds and Prospects. IADB, Inter-American Development Bank. Online verfügbar unter http://www.iadb.org/res/publications/pubfiles/pubCSI-110.pdf, zuletzt geprüft am 20.09.2016.

Cueva, Simón; Ortiz, Maria (2013): Ingresos Fiscales por Explotación de Hidrocarburos en Ecuador. Hg. v. Departamento de Países del Grupo Andino. BID, Banco Interamericano de Desarrollo (RESUMEN DE POLÍTICAS, IDB-PB-198). Online verfügbar unter https://publications.iadb.org/bitstream/handle/11319/1510/RRNN_Ecuador.pdf?sequence=1, zuletzt geprüft am 22.10.2015.

Culpepper, Pepper D.; Reinke, Raphael (2014): Structural Power and Bank Bailouts in the United Kingdom and the United States. In: *Politics & Society* 42 (4), S. 427–454. DOI: 10.1177/0032329214547342.

Cuvi, Juan (Hg.) (2014): La restauración conservadora del correísmo. Primera edición. Quito, Ecuador: Montecristi Vive. Online verfügbar unter http://montecristivive.com/wp-content/uploads/2015/01/La-restauraci%C3%B3n-conservadora-copia.compressed.pdf, zuletzt geprüft am 20.08.2015.

Dandoy, Régis (2014): Las elecciones locales y provinciales de 2014 en Ecuador. FES-ILDIS,. Online verfügbar unter http://library.fes.de/pdf-files/bueros/quito/10774.pdf, zuletzt geprüft am 10.03.2014.

Dannecker, Petra; Englert, Birgit (Hg.) (2014): Qualitative Methoden in der Entwicklungsforschung. 1. Aufl. Wien: Mandelbaum (Gesellschaft, Entwicklung, Politik, 15).

Daude, Christian; Gutiérrez, Hamlet; Melguizo, Ángel (2012): WHAT DRIVES TAX MORALE? Hg. v. OECD, Organisation for Economic Cooperation and Development (Development Centre Working Paper, 315). Online verfügbar unter http://www.oecd-ilibrary.org/docserver/download/5k8zk8m61kzq.pdf?expires=1433508381&id=id&accname=guest&checksum=25825C37C814223A80DDD014A989D941, zuletzt geprüft am 06.06.2015.

Dávalos G., Xavier (2012): CREDIBILIDAD DE LA POLITICA FISCAL EN EL ECUADOR. ARTICULO PREPARADO PARA PRESENTAR EN EL XXIV CONGRESO SOBRE POLITICA FISCAL, ORGANIZADO POR LA CEPAL. Santiago de Chile. Online verfügbar unter http://www.cepal.org/ilpes/noticias/paginas/4/45764/trabajo_Xavier_Davalos.pdf, zuletzt geprüft am 19.02.2012.

Delegación de la Unión Europea en Ecuador (Hg.) (2017): Acuerdo Comercial. Ecuador - Unión Europea. Online verfügbar unter https://eeas.europa.eu/sites/eeas/files/cartilla_acuerdo_comercial_ue-ecuador_0.pdf, zuletzt geprüft am 03.03.2019.

De la Torre, Carlos (1994): Velasco Ibarra and ‘La Revolución Gloriosa’. The Social Production of a Populist Leader in Ecuador in the 1940s. In: *Journal of Latin American Studies* 26 (03), S. 683. DOI: 10.1017/S0022216X00008567.

De la Torre, Carlos (2010): El gobierno de Rafael Correa: posneoliberalismo, confrontación con los movimientos sociales y democracia plebiscitaria. In: *Temas y Debates* 14 (20), S. 157–172.

De la Torre, Carlos (2013): EL TECNOPOPULISMO DE RAFAEL CORREA. ¿Es compatible el carisma con la tecnocracia? In: *Latin American Research Review* 48 (1).

De la Torre, Carlos (2013): Populismus in Lateinamerika. Zwischen Demokratisierung und Autoritarismus. Hg. v. Friedrich-Ebert-Stiftung FES. Online verfügbar unter http://library.fes.de/pdf-files/iez/10210.pdf, zuletzt geprüft am 25.01.2015.

De la Torre, Carlos; Salgado, Mireya (Hg.) (2008): Galo Plaza y su época. 1. ed. Quito: FLACSO (Serie Foro).

De Souza, Saulo Santos (2013): The Political Economy of Tax Reform in Latin America: A Critical Review. Wilson Center (Woodrow Wilson Center Update on the Americas). Online verfügbar unter http://www.wilsoncenter.org/sites/default/files/Political%20Economy%20of%20Tax%20Reform.pdf, zuletzt geprüft am 21.01.2015.

Dehling, Jochen; Schubert, Klaus (2011): Ökonomische Theorien der Politik. 1. Aufl. Wiesbaden: VS, Verlag für Sozialwissenschaften (Elemente der Politik).

Deutschmann, Anna (2014): Inhaltsanalysen. Qualitative Verfahren der Textanalyse und Textinterpretation. In: Petra Dannecker und Birgit Englert (Hg.): Qualitative Methoden in der Entwicklungsforschung. 1. Aufl. Wien: Mandelbaum (Gesellschaft, Entwicklung, Politik, 15), S. 94–110.

Di Bella, Gabriel; Norton, Lawrence; Ntamatungiro, Joseph; Ogawa, Sumiko; Samake, Issouf; Santoro, Marika (2015): Energy Subsidies in Latin America and the Caribbean: Stocktaking and Policy Challenges. IMF, INTERNATIONAL MONETARY FUND (IMF Working Paper, WP/15/30). Online verfügbar unter http://www.provedor.nuca.ie.ufrj.br/estudos/bella1.pdf, zuletzt geprüft am 09.09.2016.

Di John, Jonathan (2006): The Political Economy of Taxation and Tax Reform in Developing Countries. United Nations University (74). Online verfügbar unter http://archive.unu.edu/hq/library/Collection/PDF_files/WIDER/WRP/WRP209.pdf, zuletzt geprüft am 20.07.2015.

Di John, Jonathan (2010): TAXATION, RESOURCE MOBILISATION AND STATE PERFORMANCE. Development as State-making. Hg. v. Crisis States Research Centre (Working Papers). Online verfügbar unter http://www.lse.ac.uk/internationalDevelopment/research/crisisStates/download/wp/wpSeries2/WP842.pdf, zuletzt geprüft am 03.08.2015.

Di John, Jonathan; Putzel, James (2009): Political Settlements. Hg. v. GSDRC Emerging Issues Research Service. GSDRC, Governance and Social Development Resource Centre (Issues Paper). Online verfügbar unter http://epapers.bham.ac.uk/645/1/EIRS7.pdf, zuletzt geprüft am 16.10.2015.

Diekmann, Andreas (2010): Empirische Sozialforschung. Grundlagen, Methoden, Anwendungen. Orig.-ausg., [21.] Aufl., vollst. überarb. u. erw. Neuausg. Reinbek bei Hamburg: Rowohlt (rororo, 55678 : Rowohlts Enzyklopädie).

Dix, Robert H. (1989): Cleavage Structures and Party Systems in Latin America. In: *Comparative Political Studies* 22 (1), S. 22–37. Online verfügbar unter http://isites.harvard.edu/fs/docs/icb.topic925740.files/Week%2011/Dix_Cleavage.pdf, zuletzt geprüft am 13.01.2016.

Domínguez, Rafael; Caria, Sara (2016): Extractivismos andinos y limitantes del cambio estructural. In: Hans-Jürgen Burchardt, Rafael Domínguez, Carlos Larrea und Stefan Peters (Hg.): Nada dura para siempre. Neo-extractivismo tras el boom de las materias primas. Primera edición. Ecuador, Kassel: Universidad Andina Simón Bolívar; Universität Kassel, S. 89–129.

Drake, Paul W. (1989): The money doctor in the Andes. The Kemmerer missions, 1923 - 1933. Durham: Duke University Press.

Drake, Paul W. (1995): Kemmerer en los Andes. Quito, Ecuador: Banco Central del Ecuador.

Drekonja, Gerhard (1980): Ecuador: How to handle the banana republic turned oil state. In: *Boletín de Estudios Latinoamericanos y del Caribe* (28), S. 77–94.

Dunn, Roberto (1992): Primer Gabinete de Sixto: Datos Biograficos de Varios de los Funcionarios. In: *Explored*, 21.07.1992. Online verfügbar unter http://www.explored.com.ec/noticias-ecuador/primer-gabinete-de-sixto-datos-biograficos-de-varios-de-los-funcionarios-57409.html, zuletzt geprüft am 26.01.2015.

Dunning, Thad (2008): Crude democracy. Natural resource wealth and political regimes. Cambridge, New York: Cambridge University Press (Cambridge studies in comparative politics).

Eaton, Kent (2011): Conservative Autonomy Movements. Territorial Dimensions of Ideological Conflict in Bolivia and Ecuador. In: *Comparative Politics* 43 (3), S. 291–310. Online verfügbar unter https://ecommons.ucsc.edu/access/content/user/keaton/Public/Eaton%20Comparative%20Politics%202011.pdf, zuletzt geprüft am 15.09.2014.

Eaton, Kent (2012): The State of the State in Latin America: Challenges, challengers, responses and deficits*. In: *Revista de Ciencia Política* 32 (3), S. 643–657. Online verfügbar unter http://www.scielo.cl/pdf/revcipol/v32n3/art08.pdf, zuletzt geprüft am 13.01.2016.

Eaton, Kent (2014): Recentralization and the Left Turn in Latin America. Diverging Outcomes in Bolivia, Ecuador, and Venezuela. In: *Comparative Political Studies* 47 (8), S. 1130–1157. DOI: 10.1177/0010414013488562.

Eckert, Andreas (2012): Rechtfertigung und Legitimation von Kolonialismus. In: *APuZ, Aus Politik und Zeitgeschichte* 62 (44-45), S. 17–22.

ECLAC, Economic Commission for Latin America and the Caribbean (2013): Natural resources. Status and trends towards a regional development agenda in Latin America and the Caribbean. ECLAC - United Nations.

Ecuadorinmediato (2005): Cámaras de Comercio estudian declararse en rebeldía tributaria, 06.04.2005. Online verfügbar unter http://ecuadorinmediato.com/index.php?module=Noticias&func=news_user_view&id=11752&umt=camaras_comercio_estudian_declararse_en_rebeldia_tributaria, zuletzt geprüft am 21.05.2017.

Ecuadorinmediato (2005): Clausuran empresa del Grupo Noboa, 19.03.2005. Online verfügbar unter http://ecuadorinmediato.com/index.php?module=Noticias&func=news_user_view&id=10791&umt=clausuran_empresa_del_grupo_noboa, zuletzt geprüft am 02.09.2017.

Ecuadorinmediato (2005): El SRI con problemas para cobrar a A. Noboa, 25.03.2005. Online verfügbar unter http://ecuadorinmediato.com/index.php?module=Noticias&func=news_user_view&id=11100&umt=el_sri_con_problemas_para_cobrar_a_a_noboa, zuletzt geprüft am 21.05.2017.

Ecuadorinmediato (2005): Gobierno busca privatizar energía eléctrica, 11.01.2005. Online verfügbar unter http://ecuadorinmediato.com/index.php?module=Noticias&func=news_user_view&id=7459&umt=gobierno_busca_privatizar_energia_electrica, zuletzt geprüft am 26.12.2017.

Ecuadorinmediato (2005): Gobierno vuelve a intentar la privatización del sector eléctrico, 09.04.2005. Online verfügbar unter http://ecuadorinmediato.com/index.php?module=Noticias&func=news_user_view&id=11966&umt=gobierno_vuelve_a_intentar_privatizacion_del_sector_electrico, zuletzt geprüft am 02.09.2017.

Ecuadorinmediato (2007): Presidente Correa analiza reforma tributaria que permitirá racionalizar los impuestos en el Ecuador, 04.12.2007. Online verfügbar unter http://www.ecuadorinmediato.com/Noticias/news_user_view/ecuadorinmediato_noticias--66339, zuletzt geprüft am 09.05.2017.

Ecuadorinmediato (2008): Ley de Equidad Tributaria: Industriales mantienen oposición a impuesto presuntivo, 13.02.2008, Online verfügbar unter http://www.ecuadorinmediato.com/Noticias/news_user_view/ecuadorinmediato_noticias--71131, zuletzt geprüft am 06.05.2017.

Ecuadorinmediato (2010): Asambleista Lourdes Tiban llama a insurrección de uniformados, 30.09.2010. Online verfügbar unter http://ecuadorinmediato.com/index.php?module=Noticias&func=news_user_view&id=134995&umt=asambleista_lourdes_tiban_llama_a_insurreccion_uniformados, zuletzt geprüft am 10.05.2015.

Ecuadorinmediato (2012): Impuesto a tierras rurales no tiene intención fiscalista ni recaudatoria, aclara Director del SRI, 07.03.2012. Online verfügbar unter http://ecuadorinmediato.com/index.php?module=Noticias&func=news_user_view&id=168558&umt=impuesto_a_tierras_rurales_no_tiene_intencion_fiscalista_ni_recaudatoria_aclara_director_del_sri, zuletzt geprüft am 20.06.2014.

Ecuadorinmediato (2015): Alcalde de Quito llama a Gobierno que retire proyectos de herencias y plusvalías; insta a abrir diálogos, 10.06.2015. Online verfügbar unter http://ecuadorinmediato.com/index.php?module=Noticias&func=news_user_view&id=2818782816&umt=alcalde_quito_llama_a_gobierno_que_retire_proyectos_herencias_y_plusvalias_insta_a_abrir_dialogos, zuletzt geprüft am 10.05.2017.

Ecuadorinmediato (2015): Centro Democrático realiza aportes en debate sobre Ley de Herencias. In: *28.12.2007*, 14.06.2015. Online verfügbar unter http://ecuadorinmediato.com/index.php?module=Noticias&func=news_user_view&id=2818783035&umt=centro_democratico_realiza_aportes_en_debate_sobre_ley_herencias, zuletzt geprüft am 15.05.2017.

Ecuadorinmediato (2015): Empresarios responsabilizan a Asamblea y Gobierno de lo que pueda ocurrir en el país, 12.06.2015. Online verfügbar unter http://ecuadorinmediato.com/index.php?module=Noticias&func=news_user_view&id=2818782950&umt=empresarios_responsabilizan_a_asamblea_y_gobierno_que_pueda_ocurrir_en_pais, zuletzt geprüft am 10.05.2017.

Ecuadorinmediato (2015): En Quito y Guayaquil realizan plantones en contra de proyectos de ley que Presidente Correa retiró, 17.06.2015. Online verfügbar unter http://ecuadorinmediato.com/index.php?module=Noticias&func=news_user_view&id=2818783246&umt=en_quito_y_guayaquil_realizan_plantones_en_contra_proyectos_ley_que_presidente_correa_retiro, zuletzt geprüft am 15.05.2017.

Ecuadorinmediato (2015): Gobierno de Ecuador advierte intentos desestabilizadores de la derecha para "lograr lo que no obtuvo en urnas", 20.06.2015. Online verfügbar unter http://ecuadorinmediato.com/index.php?module=Noticias&func=news_user_view&id=2818783415&umt=gobierno_ecuador_advierte_intentos_desestabilizadores_derecha_para_lograr_que_no_obtuvo_en_urnas, zuletzt geprüft am 16.05.2017.

Ecuadorinmediato (2015): Gobierno está dispuesto a mantener actual tabla de impuesto a herencias para negocios en marcha, confirma Presidente Correa, 25.06.2015. Online verfügbar unter http://ecuadorinmediato.com/index.php?module=Noticias&func=news_user_view&id=2818783705&umt=gobierno_dispuesto_a_mantener_actual_tabla_impuesto_a_herencias_para_negocios_en_marcha_confirma_presidente_correa, zuletzt geprüft am 16.05.2017.

Ecuadorinmediato (2015): Guillermo Lasso: "He contribuido 137 veces más que el Presidente en impuestos en últimos 15 años", 29.06.2015. Online verfügbar unter http://ecuadorinmediato.com/index.php?module=Noticias&func=news_user_view&id=2818783878&umt=guillermo_lasso_he_contribuido_137_veces_mas_que_presidente_en_impuestos_en_ultimos_15_anos, zuletzt geprüft am 25.12.2017.

Ecuadorinmediato (2015): Guillermo Lasso: Impuesto a herencias afectará a familias de clase media, 04.06.2015. Online verfügbar unter http://ecuadorinmediato.com/index.php?module=Noticias&func=news_user_view&id=2818782461&umt=guillermo_lasso_impuesto_a_herencias_afectara_a_familias_clase_media, zuletzt geprüft am 15.05.2017.

Ecuadorinmediato (2015): Jaime Nebot: Impuesto a la herencia y plusvalía causará una cadena de miseria, 10.06.2015. Online verfügbar unter http://ecuadorinmediato.com/index.php?module=Noticias&func=news_user_view&id=2818782799&umt=jaime_nebot_impuesto_a_herencia_y_plusvalia_causara_una_cadena_miseria, zuletzt geprüft am 10.05.2017.

Ecuadorinmediato (2015): Pese a costo político, Presidente del Ecuador denunciará en próximas horas acto de corrupción en su Gobierno, 24.05.2015. Online verfügbar unter http://ecuadorinmediato.com/index.php?module=Noticias&func=news_user_view&id=2818781825&umt=pese_a_costo_politico_presidente_del_ecuador_denunciara_en_proximas_horas_acto_corrupcion_en_gobierno, zuletzt geprüft am 09.05.2017.

Ecuadorinmediato (2015): Presidente Rafael Correa: "Me están chantajeando los empresarios", 14.06.2015. Online verfügbar unter http://ecuadorinmediato.com/index.php?module=Noticias&func=news_user_view&id=2818783033&umt=presidente_rafael_correa_me_estan_chantajeando_empresarios, zuletzt geprüft am 15.05.2017.

Ecuadorinmediato (2015): Proyecto de Ley de herencias propone que impuestos sean pagados como acciones para trabajadores, 06.06.2015. Online verfügbar unter http://ecuadorinmediato.com/index.php?module=Noticias&func=news_user_view&id=2818782600&umt=proyecto_ley_herencias_propone_que_impuestos_sean_pagados_como_acciones_para_trabajadores, zuletzt geprüft am 15.05.2017.

Ecuadorinmediato (2015): Richard Martínez sobre herencias: Manifestamos nuestra preocupación y nuestro desacuerdo con esta propuesta, 03.06.2015. Online verfügbar unter http://ecuadorinmediato.com/index.php?module=Noticias&func=news_user_view&id=2818782412&umt=richard_martinez_sobre_herencias_manifestamos_nuestra_preocupacion_y_nuestro_desacuerdo_con_propuesta, zuletzt geprüft am 15.05.2017.

Ecuadorinmediato (2015): SRI anuncia que investigará historial tributario de alcalde Jaime Nebot, 30.06.2015. Online verfügbar unter http://ecuadorinmediato.com/index.php?module=Noticias&func=news_user_view&id=2818783991&umt=sri_anuncia_que_investigara_historial_tributario_alcalde_jaime_nebot, zuletzt geprüft am 15.05.2017.

Ecuadorinmediato (2015): Ximena Amoroso: SRI tiene 1,7 millones de contribuyentes. In: *Ecuadorinmediato*, 26.02.2015. Online verfügbar unter http://www.ecuadorinmediato.com/index.php?module=Noticias&func=news_user_view&id=2818776981, zuletzt geprüft am 28.11.2017.

Ecuadorinmediato (2017): Prefecto del Azuay se suma a movilizaciones de oposición al Gobierno, 18.06.2017. Online verfügbar unter http://ecuadorinmediato.com/index.php?module=Noticias&func=news_user_view&id=2818783296&umt=prefecto_del_azuay_se_suma_a_movilizaciones_oposicion_al_gobierno, zuletzt geprüft am 14.05.2017.

Edwards, Sebastian; Esquivel, Gerardo; Márquez, Graciela (Hg.) (2007): The Decline of Latin American Economies. Growth, Institutions, and Crises. Chicago: University of Chicago Press (NBER-Conference Report). Online verfügbar unter http://search.ebscohost.com/login.aspx?direct=true&scope=site&db=nlebk&db=nlabk&AN=266005, zuletzt geprüft am 22.03.2016.

Ehnts, Dirk H. (2015): Geld und Kredit. Eine €-päische Perspektive. Marburg: Metropolis.

Eicker-Wolf, Kai; Himpele, Klemens (2011): Die Schuldenbremse als politisches Projekt. In: *PROKLA* (163), S. 195–212.

El Ciudadano (2015): Ingreso petrolero promedio per cápita entre el 2007 al 2014 ha sido menor que el valor histórico, 14.03.2015. Online verfügbar unter http://www.elciudadano.gob.ec/ingreso-petrolero-promedio-per-capita-entre-el-2007-al-2014-ha-sido-menor-que-el-valor-historico-presentacion/, zuletzt geprüft am 27.03.2015.

El Comercio: El Impuesto a la Renta ganara peso. In: *El Comercio*. Online verfügbar unter http://www.elcomercio.com.ec/actualidad/negocios/impuesto-a-renta-ganara-peso.html, zuletzt geprüft am 28.05.2014.

El Comercio: El país capta el 0,3% de la inversión extranjera. In: *El Comercio*. Online verfügbar unter http://www.elcomercio.com/actualidad/negocios/pais-capta-de-inversion-extranjera.html, zuletzt geprüft am 02.02.2015.

El Diario (2007): El IVA no bajará como se ofreció, 06.12.2007. Online verfügbar unter http://www.eldiario.ec/noticias-manabi-ecuador/62236-el-iva-no-bajara-como-se-ofrecio/, zuletzt geprüft am 10.10.2015.

El Mercurio (2014): Reducción de impuestos es la oferta del MPD. In: *El Mercurio*, 24.01.2014. Online verfügbar unter http://www.elmercurio.com.ec/415079-reduccion-de-impuestos-es-la-oferta-del-mpd/, zuletzt geprüft am 10.03.2015.

El Telégrafo (2013): La clase baja es la menos favorecida con los subsidios. SE ANALIZA EL USO DE TARJETAS MAGNÉTICAS CON CUPOS PARA COMPRAR GASOLINA. In: *El Telégrafo*, 05.08.2013. Online verfügbar unter http://www.telegrafo.com.ec/economia/item/estado-gasta-3-827-millones-en-subsidios-para-los-combustibles.html, zuletzt geprüft am 06.06.2014.

El Telégrafo (2015): Ejecutivo envió a la Asamblea proyecto para evitar la elusión del impuesto a la renta sobre herencias, 24.10.2015. Online verfügbar unter http://www.telegrafo.com.ec/economia/item/proyecto-remitido-por-ejecutivo-a-la-asamblea-no-incrementa-tabla-existente-sobre-herencias.html, zuletzt geprüft am 24.10.2015.

El Telégrafo (2015): Prefecto de Azuay llama a protestar, alcalde de Cuenca invoca al diálogo, 16.06.2015. Online verfügbar unter http://www.telegrafo.com.ec/politica/item/prefecto-de-azuay-llama-a-protestar-alcalde-de-cuenca-invoca-al-dialogo-2.html, zuletzt geprüft am 20.06.2015.

El Telégrafo (2015): Superintendencia de Control de Mercado y Comités de Usuarios vigilan la especulación de productos. In: *El Telégrafo*, 10.03.2015. Online verfügbar unter https://www.eltelegrafo.com.ec/noticias/economia/4/superintendencia-de-control-de-mercado-y-comites-de-usuarios-vigilan-la-especulacion-de-productos, zuletzt geprüft am 02.03.2019.

El Telégrafo (2016): Planes de gobierno de los binomios presidenciales. Online verfügbar unter http://www.eltelegrafo.com.ec/especiales/2016/Planes-de-gobierno-binomios-presidenciales/, zuletzt aktualisiert am 2016, zuletzt geprüft am 17.12.2016.

El Tiempo (2015): Presupuesto 2015 tendrá USD 1.420 millones menos, 06.01.2015. Online verfügbar unter http://www.eltiempo.com.ec/noticias-cuenca/155494-presupuesto-2015-tendra-usd-1-420-millones-menos/, zuletzt geprüft am 01.10.2015.

El Universo (2006): Rafael Correa promete bajar IVA a 10%, 19.12.2006. Online verfügbar unter http://www.eluniverso.com/2006/12/19/0001/9/A49C6100B7AF47D0BBE8C68AAEE75410.html, zuletzt geprüft am 24.10.2015.

El Universo (2007): Constituyente debate ley tributaria pese a incidentes, 28.12.2007. Online verfügbar unter http://www.eluniverso.com/2007/12/28/0001/8/CB88B64211D4497983BCEAA154591912.html, zuletzt geprüft am 05.05.2017.

El Universo (2007): Correa desde Montecristi defiende la ley tributaria, 26.12.2007. Online verfügbar unter http://www.eluniverso.com/2007/12/26/0001/8/F1F1B7449C414C699F6D9BA5DF48AB89.html, zuletzt geprüft am 09.05.2017.

El Universo (2007): Correa usa datos del SRI contra los canales, 30.12.2007. Online verfügbar unter http://www.eluniverso.com/2007/12/30/0001/8/790E-CACD920B4E5FBF69EFE95A0516AC.html, zuletzt geprüft am 05.05.2017.

El Universo (2007): Ex directora del SRI critica la Ley de Equidad Tributaria, 21.12.2007. Online verfügbar unter http://www.eluniverso.com/2007/12/21/0001/9/710F0346187E496EB9172B083DA09175.html, zuletzt geprüft am 06.05.2017.

El Universo (2007): Nebot califica de 'correazo' a la Ley tributaria, 22.12.2007. Online verfügbar unter http://www.eluniverso.com/2007/12/22/0001/8/8564F5BD984B48F8B2103D872AFC4F85.html, zuletzt geprüft am 05.05.2017.

El Universo (2007): PAIS rectificó ayer y no ampliará cobro del impuesto a la renta, 21.12.2007. Online verfügbar unter http://www.eluniverso.com/2007/12/21/0001/8/94119DC3A3AE4F9C97C683B35344D84A.html, zuletzt geprüft am 23.03.2017.

El Universo (2015): Marchas se extenderán en Ecuador desde lado oficial y desde el que rechaza, 14.06.2015. Online verfügbar unter http://www.eluniverso.com/noticias/2015/06/14/nota/4959933/marchas-se-extenderan-pais-lado-oficial-que-rechaza, zuletzt geprüft am 19.06.2015.

El Universo (2015): Ministro de Finanzas anuncia recorte de $ 1.420 millones en Presupuesto General del 2015, 05.01.2015. Online verfügbar unter http://www.eluniverso.com/noticias/2015/01/05/nota/4400771/ministro-finanzas-anuncia-recorte-1420-millones-presupuesto-general, zuletzt geprüft am 15.06.2016.

El Universo (2015): Rafael Correa: Ahora sí estamos quitando los subsidios para los ricos, 16.10.2015. Online verfügbar unter http://www.eluniverso.com/noticias/2015/10/16/nota/5185886/gobierno-elimina-subsidios-combustibles-ricos-dice-rafael-correa, zuletzt geprüft am 18.10.2015.

El Universo (2015): Rafael Correa: Los empresarios nos están chantajeando, 14.06.2015. Online verfügbar unter http://www.eluniverso.com/noticias/2015/06/14/nota/4959921/correa-empresarios-nos-estan-chantajeando, zuletzt geprüft am 19.06.2015.

El Universo (2016): Ley para el Equilibrio de las Finanzas Públicas, en vigencia a partir del sábado, 29.04.2016. Online verfügbar unter http://www.eluniverso.com/noticias/2016/04/29/nota/5551293/entra-vigencia-ley-equilibrio-finanzas-publicas, zuletzt geprüft am 14.10.2016.

Elias, Norbert (1976): Über den Prozess der Zivilisation. Soziogenetische und psychogenetische Untersuchungen. 17a. ed. Frankfurt: Suhrkamp (Suhrkamp Taschenbuch Wissenschaft, 158, 159).

Elsenhans, Hartmut (2004): Overcoming Rent by Using Rent: The Challenge of Development. In: *Intervention. Zeitschrift für Ökonomie* 1 (1), S. 87–115.

Elsenhans, Hartmut (2016): Polarisierung gefährdet Kapitalismus. Ethik und Gesellschaft, Nr. 1 (2016): Die Vermögenskonzentration und das Zuviel an sozialer Ungleichheit. In: *Ethik und Gesellschaft* (1), S. 1–35. DOI: 10.18156/eug-1-2016-art-2.

Elsenhans, Hartmut (2017): Die Bedrohung des Kapitalismus durch die Kapitalisten. In: *MAKROSKOP, Kritische Analysen zu Politik und Wirtschaft.*

Elsenhans, Hartmut (2017a): Die Rückkehr des Rentiers? In: *MAKROSKOP, Kritische Analysen zu Politik und Wirtschaft.*

Endara Osejo, Ximena (2011): Poder político, economía y derecho en los últimos 60 años. In: Otto Zambrano Mendoza und Adrián Bonilla (Hg.): Estado del país. Informe cero: Ecuador 1950-2010. Quito: FLACSO [etc.], S. 153–167.

Enríquez, Carolina (2015): Nathalie Cely: 'No conocía sobre estos dos proyectos de Ley'. In: *El Comercio*, 18.06.2015. Online verfügbar unter http://www.elcomercio.com/actualidad/nathalie-cely-conocimiento-proyectos-ley.html, zuletzt geprüft am 29.04.2018.

Enríquez, Carolina; García, Pamela (2015): Reforma busca eliminar mal uso de fideicomisos. In: *El Comercio*, 02.06.2015. Online verfügbar unter http://www.elcomercio.com/actualidad/impuesto-herencias-fideicomisos-rafaelcorrea-herederos.html, zuletzt geprüft am 29.04.2018.

Ernst, Tanja (2011): (Post)koloniale Kulturen der Ungleichheit. Zum Zusammenhang von Ethnizität, Ungleichheit und Demokratie in Lateinamerika. In: Ingrid Wehr und Hans-Jürgen Burchardt (Hg.): Soziale Ungleichheiten in Lateinamerika. Neue Perspektiven auf Wirtschaft, Politik und Umwelt. 1. Aufl. Baden-Baden: Nomos (Studien zu Lateinamerika, 10), S. 45–69.

Escárzaga, Fabiola (2008): Unterschiedliche Protestformen indigener Sektoren: Ein Vergleich. In: Dieter Boris, Therese Gerstenlauer, Alke Jenss, Kristy Schank und Johannes Schulten (Hg.): Sozialstrukturen in Lateinamerika. Ein Überblick. 1. Aufl. Wiesbaden: VS Verlag für Sozialwissenschaften (Lehrbuch), S. 195–219.

Eser, Patrick; Jenss, Alke; Schulten, Johannes (Hg.) (2018): Globale Ungleichgewichte und soziale Transformationen. Beiträge von Dieter Boris aus 50 Jahren zu Lateinamerika, Klassenanalyse und Bewegungspolitik. Wien und Berlin: Mandelbaum.

Espinosa, Leonardo (2009): Politicas Tributarias y Redistributivas en la Historia Estatal del Ecuador. In: *FISCALIDAD* (3), S. 83–103. Online verfügbar unter http://flacsoandes.edu.ec/dspace/bitstream/10469/3868/1/REXTN-F03-03-Espinosa.pdf, zuletzt geprüft am 25.05.2014.

Espinosa, Roque (2000): La crisis económica financiera ecuatoriana de finales de siglo y la dolarización. Universidad Andina Simón Bolívar. Online verfügbar unter http://memoriacrisisbancaria.com/www/articulos/Roque_Espinosa_Crisis_bancaria.pdf, zuletzt geprüft am 22.09.2016.

Espinoza Echeverría, Sebastián; Guyanlema, Verónica (2017): Balance y proyecciones del sistema de subsidios energéticos en Ecuador, FES-ILDIS. Online verfügbar unter http://library.fes.de/pdf-files/bueros/quito/13648.pdf, zuletzt geprüft am 27.11.2017.

Eßer, Klaus; Hillebrand, Wolfgang; Messner, Dirk; Meyer-Stamer, Jörg (1995): Systemische Wettbewerbsfähigkeit: Neue Anforderungen an Unternehmen und Politik. In: *DIW, Vierteljahreshefte zur Wirtschaftsforschung* 64 (2), S. 186–199. Online verfügbar unter http://www.meyer-stamer.de/1995/diw.htm, zuletzt geprüft am 28.11.2017.

Exenberger, Andreas (2009): Wachstum durch Institutionen? Staat und Entwicklung aus ökonomischer Perspektive. In: ÖFSE, Österreichische Forschungsstiftung für Internationale Entwicklung (Hg.): Staat und Entwicklung, S. 11–18.

Fairfield, Tasha (2013): Going Where the Money Is: Strategies for Taxing Economic Elites in Unequal Democracies. In: *World Development* 47, S. 42–57. DOI: 10.1016/j.worlddev.2013.02.011.

Fairfield, Tasha (2015): Private wealth and public revenue in Latin America. Business power and tax politics. New York: Cambridge University Press.

Fairfield, Tasha (2015a): Structural power in comparative political economy: perspectives from policy formulation in Latin America. In: *Business and Politics* 17 (3), S. 411–441. Online verfügbar unter http://eprints.lse.ac.uk/62123/7/Fairfield_structural_power.pdf, zuletzt geprüft am 20.08.2018.

Fajnzylber, Fernando (1987): REESTRUCTURACION PRODUCTIVA Y COMPETITIVIDAD: CONTRASTE DE ESTRATEGIAS ENTRE PAISES DESARROLLADOS Y AMERICA LATINA. Reunión Grupo de Expertos de Alto Nivel sobre Estrategias y Politicas Industriales. Hg. v. PROGRAMA CEPAL/ONUDI DE REESTRUCTURACION INDUSTRIAL EN AMERICA LATINA. Online verfügbar unter http://repositorio.cepal.org/bitstream/handle/11362/33313/S8700296.pdf?sequence=1, zuletzt geprüft am 08.11.2017.

Falconí, Fander Benitez; Ponce Jarrín, Juan (2005): ¿Influyen los precios del petróleo en el alza de los Global 12? Una reflexión de coyuntura sobre el endeudamiento externo ecuatoriano. In: *Íconos. Revista de Ciencias Sociales*, S. 9–15.

Faust, Jörg; Arneth, Florian; Goltz, Nicolaus von der; Harbers, Imke; Illerhues, Judith; Schloms, Michael (2008): Political fragmentation, decentralization and development cooperation. Ecuador in the Latin American context; final report of the Country Working Group Ecuador. Bonn: DIE (Studies / Deutsches Institut für Entwicklungspolitik, 33).

Faust, Jörg; Harbers, Imke; Illerhues, Judith; Arneth, Florian; Goltz, Nicolaus, Nicolaus von der; Schloms, Michael (2005): Staatskrise in Ecuador. Institut für Iberoamerika-Kunde Hamburg (Brennpunkt Lateinamerika, 9), zuletzt geprüft am 18.05.2014.

Fauvelle-Aymar, Christine (1999): The Political and Tax Capacity of Government in Developing Countries. In: *KYKLOS* 52 (3), S. 391–413.

Fernández, Mariano; Giordano, Carlos J.; López, Matías David (Hg.) (2013): Lo público en el umbral. La Plata: D - Editorial de la Universidad Nacional de La Plata.

Fernando de Paula, Luiz; Fritz, Barbara; Prates, Daniela M. (2017): Keynes at the periphery. Currency hierarchy and challenges for economic policy in emerging economies. In: *Journal of Post Keynesian Economics* 40 (2), S. 183–202. DOI: 10.1080/01603477.2016.1252267.

FES-ILDIS (Hg.) (2014): pensando futuros, conectando voces. 40 años FES-ILDIS Ecuador. Online verfügbar unter http://www.40-fes-ildis.ec/wp-content/uploads/2014/05/40FES.pdf.

FES-ILDIS (Hg.) (2014): Post-Crecimiento y Buen Vivir. Propuestas globales para la construcción de sociedades equitativas y sustentables. Unter Mitarbeit von Endara, Gustavo. Quito, Ecuador.

Fisahn, Andreas (2008): Herrschaft im Wandel. Überlegungen zu einer kritischen Theorie des Staates. Köln: Papyrossa.

Fischer, Frank; Miller, Gerald J.; Sidney, Mara S. (Hg.) (2007): Handbook of Public Policy Analysis. Theory, Politics, and Methods. Boca Raton, London, New York: CRC Press, Taylor & Francis Group.

Fischer, Karin; Plehwe, Dieter (2017): Neoliberal Think Tank Networks in Latin America and Europe: Strategic Replication and Cross-National Organizing. In: Alejandra Salas-Porras und Georgina Murray (Hg.): Think Tanks and Global Politics. New York: Palgrave Macmillan US, S. 159–186, zuletzt geprüft am 24.02.2019.

Fischer, Karin; Hödl, Gerald; Maral-Hanak, Irmi; Parnreiter, Christof (Hg.) (2010): Entwicklung und Unterentwicklung. Eine Einführung in Probleme, Theorien und Strategien. 4. Aufl. Wien: Mandelbaum (Gesellschaft, Entwicklung, Politik, 3).

Fjeldstad, Odd-Helge; Moore, Mick (2008): Tax reform and state-building in a globalised Word. In: Deborah Brautigam, Odd-Helge Fjeldstad und Mick Moore (Hg.): Taxation and state-building in developing countries. Capacity and consent. Cambridge, New York: Cambridge University Press, S. 235–286.

Flassbeck, Heiner (2002): Argentinien - Warum versagt die westliche Welt? In: *Lateinamerika Analysen* (2). Online verfügbar unter http://flassbeck.com/pdf/2002/7.6.2002/Arg2002.pdf, zuletzt geprüft am 29.05.2016.

Flassbeck, Heiner (2006): 50 einfache Dinge, die Sie über unsere Wirtschaft wissen sollten. 2., überarb. Aufl. Frankfurt: Westend.

Flassbeck, Heiner (2014): Lateinamerika – eine erste Bewertung der jüngeren Entwicklung. Flassbeck-Economics, zuletzt aktualisiert am 25.07.2014, zuletzt geprüft am 26.08.2014.

Flassbeck, Heiner; Panizza, Ugo (2008): Debt Sustainability and Debt Composition. Workshop on Debt, Finance and Emerging Issues in Financial Integration. Financing for Development Office (FFD), DESA 8 and 9 April 2008. Online verfügbar unter http://www.un.org/esa/ffd/wp-content/uploads/2008/04/20080408_Flassbeck-Panizza-Paper.pdf, zuletzt geprüft am 03.08.2015.

Flick, Uwe (1996): Qualitative Forschung. Theorie, Methoden, Anwendung in Psychologie und Sozialwissenschaften. Orig.-Ausg., 2. Aufl. Reinbek bei Hamburg: Rowohlt Taschenbuch (Rororo Rowohlts Enzyklopädie, 55546).

Fontaine, Guillaume (Hg.) (2006): Petróleo y desarrollo sostenible en Ecuador. 1a. ed. Quito, Ecuador: FLACSO, Sede Académica de Ecuador (Serie Foro).

Frech, Grabendorff (Hg.) 2012 (Hg.) (2012): Das politische Südamerika. Gesellschaft, Wirtschaft, Politik & Kultur. Schwalbach: Wochenschau.

Freidenberg, Flavia (2003): PARTIDOS Y GOBIERNOS EN ECUADOR (1979-1998): GOBIERNOS ANTI PARTIDOS Y PARTIDOS CONTRA GOBIERNOS. Online verfügbar unter http://americo.usal.es/oir/Opal/pdfs/Flavia_freidenberg/nuevoCL=%20partygovernment03.pdf, zuletzt geprüft am 05.09.016.

Freidenberg, Flavia (2004): Fracturas sociales y sistemas de partidos en Ecuador: la traducción política de un cleavage étnico. Universidad de Salamanca. Online verfügbar unter http://americo.usal.es/OIR/OPAL/pdfs/Flavia_freidenberg/Ecuador_Movimiento04.pdf, zuletzt geprüft am 11.03.2015.

Freidenberg, Flavia (2010): La política se fue de fiesta. Estrategias electorales, clientelismo político y organización informal de los partidos en el nivel local en Ecuador. In: *Nueva Sociedad* (225). Online verfügbar unter http://www.nuso.org/upload/articulos/3676_1.pdf, zuletzt geprüft am 11.03.2015.

Fretes-Cibils, Vicente; Giugale, Marcelo; Somensatto, Eduardo (Hg.) (2008): Revisiting Ecuador's Economic and Social Agenda in an Evolving Landscape. Washington, DC: World Bank. Online verfügbar unter http://hdl.handle.net/10986/6540, zuletzt geprüft am 25.07.2018.

Fretes-Cibils, Vicente; Shankar, Rashmi; Currie, Elisabeth (2008): Fiscal Sustainability and Debt Management in Ecuador. In: Vicente Fretes-Cibils, Marcelo Giugale und Eduardo Somensatto (Hg.): Revisiting Ecuador's Economic and Social Agenda in an Evolving Landscape. Washington, DC: World Bank, S. 43–72.

Frieden, Jeffry (2003): The Political Economy of Dollarization: Domestic and International Factors. In: Eduardo Levy Yeyati und Federico Sturzenegger (Hg.): Dollarization. Debates and Policy Alternatives. Cambridge, Mass: MIT Press, S. 305–333.

Frigenti, Laura (2012): The Time is Ripe for Fiscal Policy to Stop Preserving Inequality. In: Cynthia J. Arnson, Marcelo Bergman und Tasha Fairfield (Hg.): Taxation and Equality in Latin America. UPDATE ON THE AMERICAS, S. 3–6. Online verfügbar unter http://www.wilsoncenter.org/sites/default/files/Taxation_0.pdf, zuletzt geprüft am 12.08.2015.

Fues, Thomas (Hg.) (2014): The United Nations Post-2015 Agenda for global development. Perspectives from China and Europe. Bonn: Dt. Inst. für Entwicklungspolitik (Studies / Deutsches Institut für Entwicklungspolitik, 84).

Gabbert, Wolfgang (2007): Vom (internen) Kolonialismus zum Multikulturalismus - Kultur, Ethnizität und soziale Ungleichheit. In: Cornelia Klinger, Gudrun-Axeli Knapp, Birgit Sauer, Mechthild Bereswill, Sabine Hark, Brigitte Aulenbacher et al. (Hg.): Achsen der Ungleichheit. Zum Verhältnis von Klasse, Geschlecht und Ethnizität. Frankfurt, New York: Campus (Politik der Geschlechterverhältnisse, 36), S. 116–130.

Gachet, Iván; Grijalva, Diego F.; Ponce, Paúl; Rodríguez, Damián (2016): Vertical and horizontal inequality in Ecuador. The lack of sustainability. Helsinki: United Nations University, World Institute for Development Economics Research (WIDER working paper, 2016, 106). Online verfügbar unter https://www.wider.unu.edu/sites/default/files/wp2016-106.pdf., zuletzt geprüft am 22.05.2018.

Gallas, Alexander; Herr, Hansjörg; Hoffer, Frank; Scherrer, Christoph (Hg.) (2016): Combating inequality. The global north and south. London: Routledge, Taylor & Francis.

Gallegos, Franklin Ramírez; Stoessel, Soledad (2015): Campos de conflitividade política e movimentos sociais no Equador da Revolução Cidadã. In: *PLURAL, Revista do Programa de Pós-Graduação em Sociologia da USP* 22 (1), S. 4. DOI: 10.11606/issn.2176-8099.pcso.2015.102210.

Garcia Linera, Álvaro (2013): Once Again on So-called "Extractivism". In: *Monthly Review*. Online verfügbar unter http://mrzine.monthlyreview.org/2013/gl290413.html, zuletzt geprüft am 03.08.2015.

Garcia, Maria Melody; Von Haldenwang, Christian (2015): Do Democracies Tax More? Political Regime Type and Taxation. In: *Journal of International Development*, S. 485–506. DOI: 10.1002/jid.3078.

Gasparini, Leonardo; Arcidiácono, Malena; Carella, Laura; Puig, Jorge; Gluzmann; Brassiolo, Pablo (2015): EL EMPLEO PÚBLICO EN AMÉRICA LATINA. Evidencia de las encuestas de hogares. In: *El Trimestrre Económico* 82 (4), S. 749–784. Online verfügbar unter http://www.cedlas.econo.unlp.edu.ar/wp/wp-content/uploads/183-394-1-SM.pdf, zuletzt geprüft am 26.04.2018.

Georgi, Fabian; Kannankulam, John (2012): DIE EUROPÄISCHE INTEGRATION ALS MATERIELLE VERDICHTUNG VON KRÄFTEVERHÄLTNISSEN. Hegemonieprojekte im Kampf um das ‚Staatsprojekt Europa'. Forschungsgruppe Europäische Integration am Institut für Politikwissenschaft des Fachbereichs Gesellschaftswissenschaft und Philosophie der Philipps-Universität Marburg. Marburg (30). Online verfügbar unter https://www.uni-marburg.de/fb03/politikwissenschaft/eipoe/publikationen/publikationen/a30.pdf, zuletzt geprüft am 15.09.2014.

Gläser, Jochen; Laudel, Grit (2010): Experteninterviews und qualitative Inhaltsanalyse als Instrumente rekonstruierender Untersuchungen. 4. Auflage. Wiesbaden: VS Verlag für Sozialwissenschaften (Lehrbuch)..

Goldberg, Jörg (2015): Die Emanzipation des Südens. Die Neuerfindung des Kapitalismus aus Tradition und Weltmarkt. 1. Aufl. Köln: Papyrossa (Neue Kleine Bibliothek, 210).

Goldscheid, Rudolf (1976 [1917]): Finanzwissenschaft und Soziologie. In: Rudolf Hickel (Hg.): Die Finanzkrise des Steuerstaats. Beiträge zur politischen Ökonomie der Staatsfinanzen. Frankfurt am Main: Suhrkamp, S. 317–329.

Goldscheid, Rudolf (1976 [1917]): Staatssozialismus oder Staatskapitalismus. In: Rudolf Hickel (Hg.): Die Finanzkrise des Steuerstaats. Beiträge zur politischen Ökonomie der Staatsfinanzen. Frankfurt am Main: Suhrkamp, S. 40–252.

Goldscheid, Rudolf (1976 [1926]): Staat, öffentlicher Haushalt und Gesellschaft. In: Rudolf Hickel (Hg.): Die Finanzkrise des Steuerstaats. Beiträge zur politischen Ökonomie der Staatsfinanzen. Frankfurt am Main: Suhrkamp, S. 253–316.

Gómez Sabaini, Juan Carlos (2006): Evolución y situación tributaria actual en América Latina: una serie de temas para la discusión. In: Oscar Cetrángolo und Juan Carlos Gómez Sabaíni (Hg.): Tributación en América Latina. En busca de una nueva agenda de reformas. Santiago de Chile: Naciones Unidas CEPAL (Publicación de las Naciones Unidas, 93), 39-130.

Gómez Sabaini, Juan Carlos; Jiménez, Juan Pablo (2012): Tax structure and tax evasion in Latin America. Hg. v. CEPAL, Comisión Económica para América Latina y el Caribe. CEPAL, Comisión Económica para América Latina y el Caribe (Macroeconomía del Desarrollo, 118). Online verfügbar unter http://www.eclac.cl/publicaciones/xml/5/45935/SERIE_MD_118.pdf, zuletzt geprüft am 16.07.2014.

Gómez Sabaini, Juan Carlos; Morán, Dalmiro (2014): Tax policy in Latin America. Assessment and guidelines for a second generation of reforms (Macroeconomics of Development Series). Online verfügbar unter http://www.daghammarskjold.se/wp-content/uploads/2014/12/2014-Tax-policy-in-Latin-America_CEPAL.pdf, zuletzt geprüft am 06.06.2015.

Goméz Sabaíni, Juan Carlos; Rossignolo, Darío (2015): La tributación sobre las altas rentas en América Latina. Capítulo II. In: Juan Pablo Jiménez (Hg.): Desigualdad, concentración del ingreso y tributación sobre las altas rentas en América Latina. Santiago de Chile: Naciones Unidas CEPAL (Desarrollo económico, 134), S. 49–116.

Gómez Téllez, Guillermo (1996): JAIME NEBOT O ABDALÁ BUCARAM. In: *El Tiempo*, 24.06.1996. Online verfügbar unter http://www.eltiempo.com/archivo/documento/MAM-456101, zuletzt geprüft am 21.04.2017.

Gough, Ian (2013): Social policy regimes in the developing world. In: Patricia Kennett (Hg.): A Handbook of Comparative Social Policy. 2nd ed. Cheltenham: Edward Elgar Publishing (Elgar original reference), 205-224. Online verfügbar unter http://eprints.lse.ac.uk/51023/1/Gough_social_policy_regimes_2013.pdf, zuletzt geprüft am 20.08.2018.

Gramsci, Antonio (2012 [1930]): Gefängnishefte. Kritische Gesamtausgabe auf Grundlage der von Valentino Gerratana im Auftrag des Gramsci-Instituts besorgten Edition, Reprint der Erstausgabe. Hg. v. Klaus Bochmann und Wolfgang Fritz Haug. Hamburg: Argument.

Green, Duncan (2012): From poverty to power. How active citizens and effective states can change the world. Fully revised and updated 2nd edition. Rugby: Practical Action Publishing.

Grugel, Jean; Riggirozzi, Pía (2012): Post-neoliberalism in Latin America: Rebuilding and Reclaiming the State after Crisis. In: *Development and Change* 43 (1), S. 1–21. DOI: 10.1111/j.1467-7660.2011.01746.x.

Grusky, David B.; Szelényi, Szonja (Hg.) (2006): Inequality. Classic readings in race, class, and gender. Boulder: Westview Press.

Gudynas, Eduardo (2009): DIEZ TESIS URGENTES SOBRE EL NUEVO EXTRACTIVISMO. Contextos y demandas bajo el progresismo sudamericano actual. In: CAAP, Centro Andino de Acción Popular und CLAES, Centro Latino Americano de Ecología Social (Hg.): Extractivismo, Política y Sociedad. Cuardernos de Capacitación, S. 187–225. Online verfügbar unter http://www.gudynas.com/publicaciones/GudynasNuevoExtractivismo10Tesis09x2.pdf, zuletzt geprüft am 18.12.2016.

Gudynas, Eduardo (2013): Die neue Entwicklungsstrategie Lateinamerikas: Der Extraktivismus und seine Folgen. In: Hans-Jürgen Burchardt, Kristina Dietz und Rainer Öhlschläger (Hg.): Umwelt und Entwicklung im 21. Jahrhundert. Impulse und Analysen aus Lateinamerika. 1. Aufl. Baden-Baden: Nomos (Studien zu Lateinamerika, 20), S. 33–45.

Hallerberg, Mark; Scartascini, Carlos G.; Stein, Ernesto (Hg.) (2009): Who decides the budget? A political economy analysis of the budget process in Latin America. Cambridge, MA: Harvard University Press.

Hart, Austin (2009): Death of the Partisan? Globalization and Taxation in South America, 1990—2006. In: *Comparative Political Studies* 43 (3), S. 304–328. DOI: 10.1177/0010414009352642.

Hauck, Gerhard (2007): Die Scheuklappen des Entwicklungsdiskurses. Anmerkungen zu Theo Rauchs „Von Basic Needs zu MDGs“. In: *PERIPHERIE* 27 (107), S. 246–249. Online verfügbar unter http://www.zeitschrift-peripherie.de/Hauck_Entwicklungsdiskurs.pdf, zuletzt geprüft am 02.05.2017.

Hauck, Gerhard; Kößler, Reinhart (2013): Neopatrimonialismus? Von Sinn und Unsinn eines Diskurses*. In: *PERIPHERIE* (130/131). Online verfügbar unter http://www.budrich-journals.de/index.php/peripherie/article/viewFile/22741/19889, zuletzt geprüft am 05.11.2017.

Haug, Wolfgang Fritz; Haug, Frigga (Hg.) (2008): Historisch-kritisches Wörterbuch des Marxismus. Unter Mitwirkung von mehr als 800 Mitarbeiterinnen und Mitarbeitern. Hamburg: Argument (Historisch-kritisches Wörterbuch des Marxismus, Bd, 7/I).

Heinrich, Andreas; Pleines, Heiko (2014): Herausforderung statt Fluch. Neue Ansätze zum Rentierstaat 22 (97), S. 29–37. Online verfügbar unter http://www.uni-potsdam.de/rkraemer/fileadmin/projects/rkraemer/WeltTrends-97-Thema-Heinrich-Pleines-Rentierstaat-Konzept.pdf, zuletzt geprüft am 23.02.2018.

Helfferich, Cornelia (2014): Leitfaden- und Experteninterviews. In: Nina Baur und Jörg Blasius (Hg.): Handbuch Methoden der empirischen Sozialforschung. Wiesbaden: Springer VS, 559-574.

Hellinger, Daniel (2011): Comparative politics of Latin America. Democracy at last? New York: Routledge.

Herb, Michael (2005): No Representation without Taxation? Rents, Development, and Democracy. In: *Comparative Politics*, S. 297–316. Online verfügbar unter http://pomed.org/wp-content/uploads/2011/05/Herb_No-Representation-without-Taxation.pdf, zuletzt geprüft am 19.11.2015.

Hernández, René A. (2015): Transformación del Estado y paradigmas de desarrollo en América Latina. In: Alicia Bárcena und Antonio Prado (Hg.): Neoestructuralismo y corrientes heterodoxas en América Latina y el Caribe a inicios del siglo XXI, S. 315–355.

Herrera, Fausto (2013): La política fiscal del Buen Vivir, März 2013. Online verfügbar unter http://www.cepal.org/ofilac/noticias/paginas/9/49309/Herrera.pdf, zuletzt geprüft am 24.11.2015.

Hickel, Rudolf (1976): Einleitung: Krisenprobleme des >>verschuldeten Steuerstaates<<. In: Rudolf Hickel (Hg.): Die Finanzkrise des Steuerstaats. Beiträge zur politischen Ökonomie der Staatsfinanzen. Frankfurt: Suhrkamp, S. 7–39.

Hickel, Rudolf (Hg.) (1976): Die Finanzkrise des Steuerstaats. Beiträge zur politischen Ökonomie der Staatsfinanzen. Frankfurt am Main: Suhrkamp.

Hildebrandt, Achim (2015): Experteninterviews. In: Achim Hildebrandt, Sebastian Jäckle, Frieder Wolf und Andreas Heindl (Hg.): Methodologie, Methoden, Forschungsdesign. Ein Lehrbuch für fortgeschrittene Studierende der Politikwissenschaft. Wiesbaden: Springer VS, 241-255.

Hildebrandt, Achim; Jäckle, Sebastian; Wolf, Frieder; Heindl, Andreas (Hg.) (2015): Methodologie, Methoden, Forschungsdesign. Ein Lehrbuch für fortgeschrittene Studierende der Politikwissenschaft. Wiesbaden: Springer VS. Online verfügbar unter http://dx.doi.org/10.1007/978-3-531-18993-2.

Hoffmann, Karl-Dieter (2010): Steuern, Subventionen und soziale Ungleichheit in Lateinamerika. In: *GIGA Focus* (7).

Holland, Alisha C.; Palmer-Rubin, Brian (2015): Beyond the Machine. In: *Comparative Political Studies* 48 (9), S. 1186–1223. DOI: 10.1177/0010414015574883.

Humphreys, Macartan; Sachs, Jeffrey; Stiglitz, Joseph E. (Hg.) (2007): Escaping the resource curse. New York: Columbia University Press (Initiative for Policy Dialogue at Columbia).

Humphreys, Macartan; Sandbu, Martin E. (2007): The Political Economy of Natural Resource Funds. In: Macartan Humphreys, Jeffrey Sachs und Joseph E. Stiglitz (Hg.): Escaping the resource curse. New York: Columbia University Press (Initiative for Policy Dialogue at Columbia), S. 194–232.

Ibarra, Hernán (2002): Gamonalismo y dominación en los Andes. In: *Íconos. Revista de Ciencias Sociales*, S. 137–147. Online verfügbar unter http://www.flacso.org.ec/docs/i14_ibarra.pdf, zuletzt geprüft am 02.01.2017.

IMF, INTERNATIONAL MONETARY FUND (2016): PURCHASE UNDER THE RAPID FINANCING INSTRUMENT—PRESS RELEASE; STAFF REPORT; AND STATEMENT BY THE EXECUTIVE DIRECTOR FOR ECUADOR. IMF, INTERNATIONAL MONETARY FUND (IMF Country Report, 16/288). Online verfügbar unter https://www.imf.org/external/pubs/ft/scr/2016/cr16288.pdf, zuletzt geprüft am 03.05.2018.

Imhof, Karen; Jäger, Johannes (2007): Globale Geldordnungen und Entwicklungsprozesse in Zentrum und Peripherie. In: Joachim Becker, Karen Imhof, Johannes Jäger und Cornelia Staritz (Hg.): Kapitalistische Entwicklung in Nord und Süd. Handel, Geld, Arbeit, Staat. Wien: Mandelbaum (Gesellschaft, Entwicklung, Politik, Bd. 9), S. 143–159.

INEC, Instituto Nacional de Estatística y Censos (13.04.2015): 1,3 millones de ecuatorianos salieron de la pobreza en los últimos ocho años. Online verfügbar unter http://www.ecuadorencifras.gob.ec/13-millones-de-ecuatorianos-salieron-de-la-pobreza-en-los-ultimos-ocho-anos/, zuletzt geprüft am 06.05.2015.

INEC, Instituto Nacional de Estatística y Censos (2015): Compendio de Resultados, Encuesta Condiciones de Vida ECV. Sexta Ronda 2015. Compendio de Resultados de la Encuesta de Condiciones de Vida ECV 2014 (Noviembre 2013 - Octubre 2014). Online verfügbar unter http://www.ecuadorencifras.gob.ec/documentos/web-inec/ECV/ECV_2015/documentos/ECV%20COMPENDIO%20LIBRO.pdf, zuletzt geprüft am 10.05.2015.

INEC, Instituto Nacional de Estatística y Censos (2016): ENCUESTA NACIONAL DE EMPLEO, DESEMPLEO Y SUBEMPLEO. Indicadores de Pobreza y Desigualdad diciembre 2016. Online verfügbar unter http://www.ecuadorencifras.gob.ec/documentos/web-inec/POBREZA/2016/Diciembre_2016/122016_Presentacion_Pobreza.pdf, zuletzt geprüft am 16.09.2017.

International Crisis Group (2007): ECUADOR: ¿SUPERANDO LA INESTABILIDAD? Informe sobre América Latina N°22 – 7 de agosto de 2007. Online verfügbar unter http://www.crisisgroup.org/~/media/Files/latin-america/ecuador/22_ecuador__overcoming_instability_spanish.pdf, zuletzt geprüft am 03.08.2015.

Isaacs, Anita (1993): Military rule and transition in Ecuador, 1972-92. Basingstoke: Macmillan in association with St Antony's College Oxford (St Antony's/Macmillan series).

Iturralde, Pablo (2013): FÜR EINEN „PLAN C" IN ECUADOR – UMVERTEILUNG STATT ROHSTOFFABBAU. In: *LUXEMBURG, Gesellschaftsanalyse und linke Praxis*. Online verfügbar unter http://www.zeitschrift-luxemburg.de/fuer-einen-plan-c-in-ecuador-umverteilung-statt-rohstoffabbau/, zuletzt geprüft am 27.11.2014.

Iturralde, Pablo (2015): Privatización de la salud en Ecuador. Estudio de la interacción pública con clinicas y hospitales privados. CEDES, Centro de Derechos Económicos y Sociales / Plataforma por el Derecho a la Salud. Online verfügbar unter http://cdes.org.ec/web/wp-content/uploads/2016/01/privatización-salud.pdf, zuletzt geprüft am 04.05.2018.

Iturralde, Pablo (k. D.): CAMBIO DE LA MATRIZ PRODUCTIVA. CDES, Centro de Derechos Económicos y Sociales. Online verfügbar unter http://www.redextractivas.org/images/foros/08_foro_latinoamericano/CAMBIO%20DE%20LA%20MATRIZ%20PRODUCTIVA%20-Pablo%20Iturralde.pdf, zuletzt geprüft am 03.07.2014.

Izurieta Andrade, Pablo R. (2015): Boom & Bust: Ecuador's Financial Rollercoaster. The Interplay between Finance, Politics and Social Conditions in 20th century Ecuador. Wilmington und Malaga: Vernon Press.

Jácome, Luis I. (2015): Central Banking in Latin America: From the Gold Standard to the Golden Years. IMF, INTERNATIONAL MONETARY FUND (IMF Working Paper, WP/15/60). Online verfügbar unter https://www.researchgate.net/profile/Luis_Jacome2/publication/275041485_Central_Banking_in_Latin_America_From_the_Gold_Standard_to_the_Golden_Years/links/555f4f4308ae6f4dcc926c59.pdf, zuletzt geprüft am 29.05.2017.

Jäger, Johannes; Leubolt, Bernhard (2011): Reprimarisierung als neue Entwicklungsstrategie in Lateinamerika? In: *Kurswechsel* (3), S. 59–68. Online verfügbar unter http://www.beigewum.at/wordpress/wp-content/uploads/Reprimarisierung.pdf, zuletzt geprüft am 17.09.2014.

Jäger, Johannes; Leubolt, Bernhard (2014): Rohstoffe und Entwicklungsstrategien in Lateinamerika. In: Andreas Nölke, Christian May und Simone Claar (Hg.): Die großen Schwellenländer. Ursachen und Folgen ihres Aufstiegs in der Weltwirtschaft. Wiesbaden: Springer VS (Globale Politische Ökonomie), S. 175–192.

Jahn, Detlef (2013): Einführung in die vergleichende Politikwissenschaft. 2. Aufl. 2013. Wiesbaden: VS Verlag für Sozialwissenschaften. DOI: http://dx.doi.org/10.1007/978-3-531-19873-6.

Jessop, Bob (2009): Der strategisch-relationale Ansatz der Staatstheorie in der Südperspektive. In: Hans-Jürgen Burchardt (Hg.): Nord-Süd-Beziehungen im Umbruch. Neue Perspektiven auf Staat und Demokratie in der Weltpolitik. 1. Aufl. Frankfurt: Campus (Sozialwissenschaften 2009).

Jiménez, Javier (2015): El sistema tributario de Montecristi: teoría y praxis. In: SRI, Servicio de Rentas Internas und CEF, Centro de Estudios Fiscales (Hg.): La Nueva Economía. En la Nueva Constitución del Ecuador. Unter Mitarbeit von Alfredo Serrano Mancilla, S. 115–142.

Jiménez, Juan Pablo (Hg.) (2015): Desigualdad, concentración del ingreso y tributación sobre las altas rentas en América Latina. Santiago de Chile: Naciones Unidas CEPAL (Desarrollo económico, 134).

Jüttemann, Gerd (Hg.) (1985): Qualitative Forschung in der Psychologie. Grundfragen, Verfahrensweisen, Anwendungsfelder. Weinheim: Beltz.

Kaczmarczyk, Patrick (2017): Warum der Kapitalismus den Staat braucht. In: *MAKROSKOP, Kritische Analysen zu Politik und Wirtschaft*. Online verfügbar unter https://makroskop.eu/2017/10/warum-der-kapitalismus-den-staat-braucht/, zuletzt geprüft am 24.02.2019.

Kaiser, Robert (2014): Qualitative Experteninterviews. Konzeptionelle Grundlagen und praktische Durchführung. Wiesbaden: Springer VS (Lehrbuch). Online verfügbar unter http://dx.doi.org/10.1007/978-3-658-02479-6.

Kalmanovitz, Salomón (2008): CONSECUENCIAS ECONÓMICAS DE LA INDEPENDENCIA EN COLOMBIA. In: *Revista de Economía Institucional* 10 (19), S. 207–233, zuletzt geprüft am 18.01.2017.

Kaltmeier, Olaf (2011): Hacienda, Staat und indigene Gemeinschaften. Kolonialität und politisch-kulturelle Grenzverschiebungen von der Unabhängigkeit bis in die Gegenwart. In: Ingrid Wehr und Hans-Jürgen Burchardt (Hg.): Soziale Ungleichheiten in Lateinamerika. Neue Perspektiven auf Wirtschaft, Politik und Umwelt. 1. Aufl. Baden-Baden: Nomos (Studien zu Lateinamerika, 10), S. 29–44.

Kaltmeier, Olaf (2013): Soziale Ungleichheiten in Lateinamerika: Historische Kontinuitäten im sozialen Wandel. In: Olaf Kaltmeier (Hg.): Soziale Ungleichheit in den Amerikas: Historische Kontinuitäten und sozialer Wandel von der Mitte des 19. Jahrhunderts bis heute (Working Paper, No. 9), S. 7–12.

Kaltmeier, Olaf (Hg.) (2013): Soziale Ungleichheit in den Amerikas: Historische Kontinuitäten und sozialer Wandel von der Mitte des 19. Jahrhunderts bis heute. Kompetenznetz Lateinamerika (Working Paper, No. 9). Online verfügbar unter http://www.kompetenzla.uni-koeln.de/fileadmin/WP_Kaltmeier.pdf, zuletzt geprüft am 08.05.2016.

Karl, Terry Lynn (1997): The Paradox of Plenty. Oil Booms and Petro-States. [ACLS Humanities E-Book edition]. Berkeley: University of California Press.

Karl, Terry Lynn (2004): Oil-Led Development: Social, Political, and Economic Consequences. In: *Encyclopedia of Energy* 4, S. 661–672. Online verfügbar unter https://swap.stanford.edu/20141110193621/https://politicalscience.stanford.edu/sites/default/files/documents/KarlEoE.pdf, zuletzt geprüft am 03.08.2015.

Karl, Terry Lynn (2007): Ensuring Fairness. The Case for a Transparent Fiscal Social Contract. In: Macartan Humphreys, Jeffrey Sachs und Joseph E. Stiglitz (Hg.): Escaping the resource curse. New York: Columbia University Press (Initiative for Policy Dialogue at Columbia), S. 256–285.

Keil, Daniel (2008): Zur Kritik der Nation. In: Jens Wissel und Stefanie Wöhl (Hg.): Staatstheorie vor neuen Herausforderungen: Analyse und Kritik. 1. Aufl. Münster: Westfälisches Dampfboot (AkG), S. 70–86.

Keil, Sascha (2018): Funktionale statt solide Fiskalpolitik. In: Makroskop. Online verfügbar unter: https://makroskop.eu/2018/05/das-konzept-der-functional-finance/, zuletzt geprüft am 24.02.2019.

Kennett, Patricia (Hg.) (2013): A Handbook of Comparative Social Policy. 2nd ed. Cheltenham: Edward Elgar Publishing (Elgar original reference). Online verfügbar unter http://search.ebscohost.com/login.aspx?direct=true&scope=site&db=nlebk&db=nlabk&AN=602829., zuletzt geprüft am 22.03.2016.

Khan, Shahrukh Rafi; Christiansen, Jens (Hg.) (2011): Towards new developmentalism: Market as Means rather than Master. London: Routledge (Routledge studies in development economics, 83).

Kitzberger, Philip (2012): The Media Politics of Latin America's Leftist Governments. In: *Journal of Politics in Latin America* 4 (3), S. 123–139. Online verfügbar unter http://www.fes-media-latin-america.org/uploads/media/The_media_politics_of_Latin_America_s_Leftist_Governments_-_Philip_Kitzberger.pdf, zuletzt geprüft am 02.05.2017.

Klein, Dieter; Wahl, Joachim (2015): Progressiver Wandel in Lateinamerika - Doppelte Transformation? In: Dieter Klein und Joachim Wahl (Hg.): Progressive Transformationsprozesse in Lateinamerika. AUF DER SUCHE NACH PRODUKTIVEN BALANCEN, S. 7–59. Online verfügbar unter http://www.rosalux.de/fileadmin/rls_uploads/pdfs/rls_papers/Papers_Lateinamerika_web.pdf, zuletzt geprüft am 08.10.2015.

Klein, Dieter; Wahl, Joachim (Hg.) (2015): Progressive Transformationsprozesse in Lateinamerika. AUF DER SUCHE NACH PRODUKTIVEN BALANCEN. Rosa Luxemburg Stiftung. Online verfügbar unter http://www.rosalux.de/fileadmin/rls_uploads/pdfs/rls_papers/Papers_Lateinamerika_web.pdf, zuletzt geprüft am 08.10.2015.

Klinger, Cornelia; Knapp, Gudrun-Axeli; Sauer, Birgit; Bereswill, Mechthild; Hark, Sabine; Aulenbacher, Brigitte et al. (Hg.) (2007): Achsen der Ungleichheit. Zum Verhältnis von Klasse, Geschlecht und Ethnizität. Frankfurt, New York: Campus (Politik der Geschlechterverhältnisse, 36).

Kohlmorgen, Lars (2007): Klasse, Geschlecht, Regulation - Ein integraler Ansatz der Sozialstrukturanalyse. In: Cornelia Klinger, Gudrun-Axeli Knapp, Birgit Sauer, Mechthild Bereswill, Sabine Hark, Brigitte Aulenbacher et al. (Hg.): Achsen der Ungleichheit. Zum Verhältnis von Klasse, Geschlecht und Ethnizität. Frankfurt, New York: Campus (Politik der Geschlechterverhältnisse, 36), S. 163–177.

Krämer, Ralf (2018): Daseinsvorsorge, monetäre Staatsfinanzierung und Umverteilung. MAKROSKOP, Kritische Analysen zu Politik und Wirtschaft.

Krätke, Michael (1986): Sozialistische Steuerpolitik - gestern und morgen. In: *PROKLA*, S. 34–70.

Krell, Gert (2009): Weltbilder und Weltordnung. Einführung in die Theorie der internationalen Beziehungen. 4., überarb. und aktualisierte Aufl. Baden-Baden: Nomos (Studienkurs Politikwissenschaft).

Kühn, Thomas; Souza, Jessé. (Hg.) (2006): Das moderne Brasilien. Gesellschaft, Politik und Kultur in der Peripherie des Westens. Wiesbaden: VS Verlag für Sozialwissenschaften | GWV Fachverlage GmbH Wiesbaden. DOI: http://dx.doi.org/10.1007/978-3-531-90243-2.

La Hora (2007): Correa anuncia cárcel para evasores, 30.12.2007. Online verfügbar unter http://www.lahora.com.ec/index.php/noticias/show/661960/-1/Correa_anuncia_c%C3%A1rcel_para_evasores_.html#.VbCjr_korcs, zuletzt geprüft am 03.08.2015.

La Hora (2008): Ley Reformatoria para la Equidad Tributaria. Asamblea Nacional. In: *La Hora*, 02.01.2008. Online verfügbar unter http://lahora.com.ec/index.php/noticias/show/663018/-1/Ley_Reformatoria_para_la_Equidad_Tributaria.html#.WQzZdMakLIU, zuletzt geprüft am 05.05.2017.

La República (2015): Rafael Correa respalda eliminación de tabla para heredero indirectos, 13.06.2015. Online verfügbar unter https://www.larepublica.ec/blog/politica/2015/06/13/rafael-correa-respalda-eliminacion-de-tabla-para-heredero-indirectos/, zuletzt geprüft am 30.07.2018.

Lambert, Tobias (Hg.) (2012): Der neue Extraktivismus. Eine Debatte über die Grenzen des Rohstoffmodells in Lateinamerika. Berlin: FDCL-Verlag.

Lamnek, Siegfried (2010): Qualitative Sozialforschung. Lehrbuch; [Online-Materialien]. Unter Mitarbeit von Claudia Krell. 5., überarb. Aufl. Weinheim [u.a.]: Beltz (Grundlagen Psychologie).

Langer, Michael (2006): Ecuador im Wahljahr 2006: viele Kandidaten – wenig Programm. Hg. v. Friedrich-Ebert-Stiftung FES (Kurzberichte aus der internationalen Entwicklungszusammenarbeit). Online verfügbar unter http://library.fes.de/pdf-files/iez/03663.pdf, zuletzt geprüft am 18.08.2015.

Lara, Consuelo (1996): Política cambiaria en el Ecuador 1980 -1995 (Cuadernos de trabajo, 111). Online verfügbar unter https://contenido.bce.fin.ec/documentos/PublicacionesNotas/Catalogo/Cuadernos/Cuad111.pdf, zuletzt geprüft am 27.05.2018.

Larenas Herdiíza, David; Fierro-Renoy, Virginia; Fierro-Renoy, Claudia (2017): Minería a Gran Escala: Una Nueva Industria para Ecuador. In: *POLÉMIKA* 5 (12), S. 67–91. Online verfügbar unter https://www.usfq.edu.ec/publicaciones/polemika/Documents/polemika012/polemika_012_002.pdf, zuletzt geprüft am 12.02.2018.

Larrea, Carlos (2016): Petróleo, pobreza y empleo en el Ecuador: de la bonanza a la crisis. In: Hans-Jürgen Burchardt, Rafael Domínguez, Carlos Larrea und Stefan Peters (Hg.): Nada dura para siempre. Neo-extractivismo tras el boom de las materias primas. Primera edición. Ecuador, Kassel: Universidad Andina Simón Bolívar; Universität Kassel, 131–156.

Larrea, Carlos A.; Greene, Natalia (2018): Concentration of Assets and Poverty Reduction in Post-neoliberal Ecuador. In: Liisa L. North und Timothy D. Clark (Hg.): Dominant Elites in Latin America, Bd. 68. Cham: Springer International Publishing, S. 93–118.

Latinobarómetro (2013): Informe 2013. Corporación Latinobarómetro. Santiago de Chile.

Latinobarómetro (2015): Informe 1995–2015. Corporación Latinobarómetro. Santiago de Chile.

Latinobarómetro (2016): Informe 2016. Corporación Latinobarómetro. Santiago de Chile.

Latinobarómetro (2017): Informe 2017. Corporación Latinobarómetro. Santiago de Chile.

Le Quang, Matthieu (2016): Dinámicas políticas en la Asamblea Nacional de Ecuador en el período 2013-2015. In: *Estado & Comunes* (2), S. 15–31.

Le Quang, Matthieu (2016): El retorno de la política en ecuador en 2015: conflictividad sociopolítica y diálogo social. In: *Revista electrónica de estudios latinoamericanos* 14 (56). Online verfügbar unter http://publicaciones.sociales.uba.ar/index.php/elatina/article/view/1956, zuletzt geprüft am 19.08.2018.

Le Quang, Matthieu (2016): Elecciones presidenciales y tendencias políticas, 2009-2013. In: *Estado & Comunes* (1), S. 19–35.

Le Quang, Matthieu (Hg.) (2016): La Revolución Ciudadana en escala de grises. avances, continuidades y dilemas. Instituto de Altos Estudios Nacionales.

Leftwich, Adrian (2009): Poverty Reduction: Developmental and effective states and the primacy of politics. In: ÖFSE, Österreichische Forschungsstiftung für Internationale Entwicklung (Hg.): Staat und Entwicklung, S. 49–58.

León G., Mauricio (2016): Diagnóstico y perspectiva de la economía ecuatoriana en 2016. FES-ILDIS (Análisis). Online verfügbar unter http://library.fes.de/pdf-files/bueros/quito/12684-20160817.pdf, zuletzt geprüft am 28.11.2017.

León T., Magdalena (2014): Acuerdo con la Unión Europea: ¿Una capitulación inevitable? FEDAEPS. Online verfügbar unter http://www.fedaeps.org/spip.php?article536, zuletzt geprüft am 11.03.2015.

León, Jorge (2015): Propiedad, protesta y clase media. In: *El Comercio*, 2015. Online verfügbar unter http://www.elcomercio.com/opinion/propiedad-protesta-clasemedia-herencia-jorgeleon.html, zuletzt geprüft am 27.05.2016.

Lesay, Ivan; Leubolt, Bernhard (Hg.) (2012): Lateinamerika nach der Krise. Entwicklungsmodelle und Verteilungsfragen. Wien und Berlin: LIT.

Leubolt, Bernhard (2015): Transformation von Ungleichheitsregimes. Gleichheitsorientierte Politik in Brasilien und Südafrika: Springer VS (Globale Politische Ökonomie).

Levy Yeyati, Eduardo; Sturzenegger, Federico (Hg.) (2003): Dollarization. Debates and Policy Alternatives. Cambridge, Mass: MIT Press.

Lieberman, Evans S. (2001): National Political Community and the Politics of Income Taxation in Brazil and South Africa in the Twentieth Century. In: *Politics & Society* 29 (4), S. 515–555.

Lieberman, Evans S. (2002): Taxation Data as Indicators of State-Society Relations: Possibilities and Pitfalls in Cross-National Research. Research Forum: Concept and Indicator Analysis. In: *Studies in Comparative International Development* (4), S. 89–115.

Lindblom, Charles (1977): *Politics and Markets.* New York: Basic Books.

Lindner, Urs; Nowak, Jürg; Paust-Lassen, Pia; Wolf, Frieder O. (Hg.) (2008): Philosophieren unter anderen. Beiträge zum Palaver der Menschheit: Frieder Otto Wolf zum 65. Geburtstag. 1. Aufl. Münster: Westfälisches Dampfboot.

Lipset, Seymour Martin; Rokkan, Stein (1967): Cleavage Structures, Party Systems, and Voter Alignments: An Introduction, S. 1–64. Online verfügbar unter http://www.u.arizona.edu/~mishler/LipsetRokkan.pdf, zuletzt geprüft am 16.01.2016.

Littig, Beate (2009): Interviewing the Elite - Interviewing Experts: Is There a Difference? In: Alexander Bogner, Beate Littig und Wolfgang Menz (Hg.): Interviewing experts. Basingstoke: Palgrave Macmillan (Research methods series), S. 98–113.

Llambías, Margarita (1983): EL MOVIMIENTO SINDICAL EN EL ECUADOR; UNA ETAPA DE SU CONFORMACION. (Las huelgas generales de 1971 y 1975). Facultad Latinoamericana de Ciencias Sociales, Flacso, Ecuador, Quito. Online verfügbar unter http://67.192.84.248:8080/bitstream/10469/499/5/TFLACSO-05-1983ML.pdf., zuletzt geprüft am 15.04.2017.

López B., Patricio (2008): La normalidad excepcional. Una panorámica de la política económica del Gobierno Plaza Lasso (1948-1952). In: De la Torre, Carlos und Mireya Salgado (Hg.): Galo Plaza y su época. 1. ed. Quito: FLACSO (Serie Foro), S. 61–116.

López, Andrea; Vásconez, Byron (2012): Impuesto a la Renta de Sociedades. In: Alfredo Serrano und Juan Guijarro (Hg.): A (Re)distribuir! Ecuador para todos. [Quito: CLACSO] (Coediciones), S. 277–289.

Lucas, Kintto (1999): ECUADOR: Gobierno firma acuerdo con el FMI y se dispone a ajustar. In: *IPS, Inter Press Service*, 01.10.1999. Online verfügbar unter http://www.ipsnoticias.net/1999/10/ecuador-gobierno-firma-acuerdo-con-el-fmi-y-se-dispone-a-ajustar/, zuletzt geprüft am 06.08.2015.

Lukes, Steven (2005): Power. A radical view. 2nd ed. Basingstoke, New York: Palgrave Macmillan.

Luna, Juan P.; Zechmeister, Elizabeth J. (2016): Political Representation in Latin America. In: *Comparative Political Studies* 38 (4), S. 388–416. DOI: 10.1177/0010414004273205.

Luttmer, Erzo F. P.; Singhal, Monica (2014): Tax Morale. In: *Journal of Economic Perspectives* 28 (4). Online verfügbar unter http://pubs.aeaweb.org/doi/pdfplus/10.1257/jep.28.4.149, zuletzt geprüft am 02.12.2015.

Mahon Jr., James E.; Bergman, Marcelo (2015): Conclusion. Unter Mitarbeit von Cynthia J. Arnson. In: James E. Mahon, Marcelo Bergman und Cynthia Arnson (Hg.): Progressive tax reform and equality in Latin America. Washington, DC: Wilson Center (Woodrow Wilson Center reports on the Americas, 35), 189-199.

Mahon, James E.; Bergman, Marcelo; Arnson, Cynthia (Hg.) (2015): Progressive tax reform and equality in Latin America. Washington, DC: Wilson Center (Woodrow Wilson Center reports on the Americas, 35).

Mahon, James (2009): TAX REFORMS AND INCOME DISTRIBUTION IN LATIN AMERICA. Prepared for delivery at the XXVIII Congress of the Latin American Studies Association, Rio de Janeiro, 11-14 June 2009.

Mahon, James E.; Bergman, Marcelo; Arnson, Cynthia (Hg.) (2015): PROGRESSIVE TAX REFORM AND EQUALITY IN LATIN AMERICA. Wilson Center. Online verfügbar unter https://pdfs.semanticscholar.org/2cd3/8c02b838cf4548460d63681b0766a0cbd304.pdf., zuletzt geprüft am 11.05.2016.

Malo-Serrano, Miguel; Malo-Corral, Nicolás (2014): REFORMA DE SALUD EN ECUADOR: NUNCA MÁS EL DERECHO A LA SALUD COMO UN PRIVILEGIO. In: *Rev Peru Med Exp Salud* 31 (4), S. 754–761. Online verfügbar unter http://www.scielo.org.pe/pdf/rins/v31n4/a22v31n4.pdf., zuletzt geprüft am 03.05.2015.

Mann, Arthur J. (2004): ARE SEMI-AUTONOMOUS REVENUE AUTHORITIES THE ANSWER TO TAX ADMINISTRATION PROBLEMS IN DEVELOPING COUNTRIES? -- A PRACTICAL GUIDE. Fiscal Reform in Support of Trade Liberalization. Online verfügbar unter http://pdf.usaid.gov/pdf_docs/PNADC978.pdf, zuletzt geprüft am 02.08.2015.

Mann, Michael (1984): The autonomous power of the state. Its origins, mechanisms and results. In: *Archives of European Sociology* 25 (02), S. 185–213. DOI: 10.1017/S0003975600004239.

Marí Del Cristo, María Lorena; Gómez-Puig, Marta (2015): Fiscal sustainability and dollarization: the case of Ecuador. In: *Applied Economics*. Online verfügbar unter http://dx.doi.org/10.1080/00036846.2015.1114580, zuletzt geprüft am 19.11.2017.

Martín-Mayoral, Fernando (2009): Estado y mercado en la historia de Ecuador. Desde los años 50 hasta el gobierno de Rafael Correa. In: *Nueva Sociedad* (221). Online verfügbar unter http://nuso.org/media/articles/downloads/3613_1.pdf, zuletzt geprüft am 10.01.2017.

Marx, Karl (2000): Das Kapital. Kritik der politischen Ökonomie. Köln: Parkland.

Matthes, Sebastian (2012): Eine quantitative Analyse des Extraktivismus in Lateinamerika. Working Paper. Universität Kassel (OneWorld Perspectives, 02/2012). Online verfügbar unter http://www.social-globalization.uni-kassel.de/wp-content/uploads/2013/01/Matthes_OWP_02-12.pdf, zuletzt geprüft am 25.06.2014.

Matthes, Sebastian; Chimienti, Adam (2013): Verrat am Regenwald. In: *Le Monde diplomatique*, 11.10.2013 (Deutsche Ausgabe). Online verfügbar unter https://monde-diplomatique.de/artikel/!442393, zuletzt geprüft am 17.10.2016.

Mau, Steffen (Hg.) (2013): Handwörterbuch zur Gesellschaft Deutschlands. 3., grundlegend überarb. Aufl. Wiesbaden: Springer VS.

Mazzolini, Samuele (2015): Relevos ministeriales y política económica. In: *El Telégrafo*, 01.12.2015. Online verfügbar unter http://www.eltelegrafo.com.ec/noticias/columnistas/20/relevos-ministeriales-y-politica-economica, zuletzt geprüft am 02.01.2016.

McGuire, Donna (2013): Re-framing trade. Union mobilisation against the General Agreement on Trade in Services (GATS). Zugleich: Kassel, Univ., Diss., 2012. München: Hampp (Labor and globalization, 1).

McGuirk, Eoin F. (2013): The illusory leader. Natural resources, taxation and accountability. In: *Public Choice* 154 (3-4), S. 285–313. DOI: 10.1007/s11127-011-9820-0.

MCPE, Ministerio Coordinador de Política Económica (05.01.2015): LOS INGRESOS TRIBUTARIOS SOSTIENEN AL PRESUPUESTO DEL ESTADO. Online verfügbar unter https://www.politicaeconomica.gob.ec/los-ingresos-tributarios-sostienen-al-presupuesto-del-estado/, zuletzt geprüft am 15.01.2014.

MCPE, Ministerio Coordinador de Política Económica (2013): El desempeño económico y social de los primeros seis años del gobierno del presidente Correa. Online verfügbar unter https://dl.dropboxusercontent.com/u/53123927/Revista%20Ecuador%20Econ%C3%B3mico/EC-9.pdf., zuletzt geprüft am 15.01.2015.

MCPE, Ministerio Coordinador de Política Económica (Reedición) (2013): Importancia de los impuestos. In: *Ecuador Económico*, S. 13–15. Online verfügbar unter https://dl.dropboxusercontent.com/u/53123927/Revista%20Ecuador%20Econ%C3%B3mico/EC-8.pdf, zuletzt geprüft am 18.05.2014.

MCPE, Ministerio Coordinador de Política Económica (Reedición) (2013): Precios y diferenciales de petróleo Octubre 2013. In: *Ecuador Económico*. Online verfügbar unter http://www.politicaeconomica.gob.ec/wp-content/uploads/downloads/2014/02/Petroleo-octubre-2013.pdf, zuletzt geprüft am 03.08.2015.

MCPE, Ministerio Coordinador de Política Económica (Reedición) (27.05.2015): MINISTRO RIVERA: "HEMOS DISMINUIDO LA DEPENDENCIA DE LOS INGRESOS PETROLEROS". Online verfügbar unter http://www.politicaeconomica.gob.ec/ministro-rivera-hemos-disminuido-la-dependencia-de-los-ingresos-petroleros/, zuletzt geprüft am 02.08.2015.

Mejía Acosta, Andrés (Hg.) (2009): Por el ojo de una aguja. La formulación de políticas públicas en el Ecuador. 1. ed. Quito: FLACSO Ecuador (Serie Foro).

Mejía Acosta, Andrés; Albornoz, Vincente; Araujo, M. Caridad (2009): Institutional Reforms, Budget Politics and Fiscal Outcomes in Ecuador. In: Mark Hallerberg, Carlos G. Scartascini und Ernesto Stein (Hg.): Who decides the budget? A political economy analysis of the budget process in Latin America. Cambridge, MA: Harvard University Press.

Mejía Acosta, Andrés; Caridad Araujo, María; Pérez-Liñán, Aníbal; Saiegh, Sebastián (2008): Veto Players, Fickle Institutions, and Low-Quality Policies: The Policymaking Process in Ecuador. In: Ernesto Stein, Mariano Tommasi, Carlos G. Scartascini und Pablo T. Spiller (Hg.): Policymaking in Latin America. How politics shapes policies. Unter Mitarbeit von Pablo T. Spiller und Carlos. Scartascini. Washington, D.C, Cambridge, MA: Inter-American Development Bank; David Rockefeller Center for Latin American Studies, S. 243–286.

Mejía R., Santiago; Mantilla B., Sebastían (Hg.) (2012): Rafael Correa. Balance de la Revolución Ciudadana. 1. ed. Quito: Editorial Planeta del Ecuador; Centro Latinoamericano de Estudios.

Meltzer, Allan H.; Richard, Scott F. (1981): A Rational Theory of the Size of Government. In: *Journal of Political Economy* 89 (5), S. 114-127. Online verfügbar unter http://www.jstor.org/stable/1830813, zuletzt geprüft am 13.07.2018.

Meyer, David S. (2004): Protest and Political Opportunities. In: *Annual Review of Sociology* 30 (1), S. 125–145. DOI: 10.1146/annurev.soc.30.012703.110545.

Milanovic, Branko (2011): Global Inequality. From Class to Location, from Proletarians to Migrants (Policy Research Working Paper, 5820). Online verfügbar unter http://www-wds.worldbank.org/external/default/WDSContentServer/IW3P/IB/2011/09/29/000158349_20110929082257/Rendered/PDF/WPS5820.pdf, zuletzt geprüft am 19.02.2016.

Miliband, Ralph (1972): Der Staat in der Kapitalistischen Gesellschaft. Theorie. Frankfurt am Main: Suhrkamp.

Mills, C. Wright (2006 [1956]): The Power Elite. In: David B. Grusky und Szonja Szelényi (Hg.): Inequality. Classic readings in race, class, and gender. Boulder: Westview Press, S. 71–86.

MINFIN, Ministerio de Finanzas (19.08.2015): Recorte adicional de US$800 millones al PGE 2015. Quito, Ecuador. Online verfügbar unter http://www.finanzas.gob.ec/2015/08/, zuletzt geprüft am 01.10.2015.

MINFIN, Ministerio de Finanzas (2013): INFORMACIÓN DEL SECTOR PÚBLICO NO FINANCIERO 2000-2012. Ministerio de Finanzas. Online verfügbar unter http://www.finanzas.gob.ec/wp-content/uploads/downloads/2013/08/SPNF1.pdf, zuletzt geprüft am 03.08.2013.

MINFIN, Ministerio de Finanzas (2014): Ecuador. Online verfügbar unter https://www.imf.org/external/spanish/np/seminars/2014/natres/pdf/saenz3.pdf, zuletzt geprüft am 20.07.2015.

MINFIN, Ministerio de Finanzas (2015): Deuda Pública Consolidada. Unter Mitarbeit von Subsecretaría de Financiamiento Público. Online verfügbar unter http://www.finanzas.gob.ec/wp-content/uploads/downloads/2016/05/DEUDA-SECTOR-PÚBLICO-DEL-ECUADOR_diciembre2015_corregido.pdf, zuletzt geprüft am 19.08.2018.

MINFIN, Ministerio de Finanzas (2017): Deuda Pública del Sector Público del Ecuador. Online verfügbar unter http://www.finanzas.gob.ec/wp-content/uploads/downloads/2017/01/DEUDA-SECTOR-PÚBLICO-DEL-ECUADOR_diciembre2016.pdf, zuletzt geprüft am 08.09.2017.

MINFIN, Ministerio de Finanzas (2017a): Deuda Pública del Sector Público del Ecuador. Online verfügbar unter http://www.finanzas.gob.ec/wp-content/uploads/downloads/2017/04/DEUDA-SECTOR-PÚBLICO-DEL-ECUADOR_marzo2017-final.pdf, zuletzt geprüft am 08.09.2017.

Minkner-Bünjer, Mechthild (1999): Ekuadors wirtschaftliche Dauerkrise: Scheitert die Regierung Jamil Mahuad? In: *Brennpunkt Lateinamerika* (24). Online verfügbar unter http://deposit.ddb.de/ep/netpub/64/10/50/969501064/_data_dync/bpk-99-24.pdf, zuletzt geprüft am 21.06.2014.

MITOP, Ministerio de Tansporte y Obras Públicas (2013): Plan de Renovación Vehicular. Un impulso productivo y una alternativa ambiental pionera que nació en Ecuador. Online verfügbar unter http://www.obraspublicas.gob.ec/wp-content/uploads/downloads/2013/01/05-01-2013_Reportale_Especial_PlanRENOVA.pdf, zuletzt geprüft am 25.02.2018.

MITRAB, Ministerio del Trabajo (2015): Evolución de la Nómina del Sector Público. 2006-2015.

Montero, Federico; Collizzolli, Fernando (2016): LAS NUEVAS CONDICIONES POLÍTICAS EN AMÉRICA LATINA: LOS PROCESOS DE CAMBIO ANTE UN PUNTO DE INFLEXIÓN. In: *Revista Política Latinoamericana* (2). Online verfügbar unter http://politicalatinoamericana.org/revista/index.php/RPL/article/view/40, zuletzt geprüft am 11.05.2017.

Moore, Mick (2004): Revenues, State Formation, and the Quality of Governance in Developing Countries. In: *International Political Science Review* 25 (3), S. 297–319. DOI: 10.1177/0192512104043018.

Moore, Mick (2007): How Does Taxation Affect the Quality of Governance? Hg. v. CENTRE FOR THE FUTURE STATE. IDS, Institute of Development Studies (Working Paper, 280). Online verfügbar unter http://www2.ids.ac.uk/futurestate/pdfs/Wp280.pdf, zuletzt geprüft am 06.03.2015.

Moore, Mick (2008): Between coercion and contact: competing narratives on taxation and governance. In: Deborah Brautigam, Odd-Helge Fjeldstad und Mick Moore (Hg.): Taxation and state-building in developing countries. Capacity and consent. Cambridge, New York: Cambridge University Press, S. 34–63.

Moore, Mick (2011): The Governance Agenda in Long Term Perspective: Globalisation, Revenues and the Differentiation of States. IDS, Institute of Development Studies (IDS WORKING PAPER, 378). Online verfügbar unter https://www.ids.ac.uk/files/dmfile/Wp378.pdf, zuletzt geprüft am 03.08.2015.

Moreno Morales, Daniel E. (2008): National Political Community and Ethnicity: Evidence from Two Latin American Countries. In: *Nationalism and Ethnic Politics* 14 (1), S. 55–84. DOI: 10.1080/13537110701872600.

Morrissey, Oliver; Von Haldenwang, Christian; Von Schiller, Armin; Ivanyna, Maksym; Bordon, Ingo (2016): Tax Revenue Performance and Vulnerability in Developing Countries. In: *Journal of Development Studies* 52 (12), S. 1689–1703. DOI: 10.1080/00220388.2016.1153071.

MPD, Movimiento Popular Democratico (2012): Masiva movilización en Ambato contra los impuestos. Online verfügbar unter http://www.mpd15.org.ec/index.php?option=com_content&view=article&id=97:masiva-movilizacion-en-ambato-contra-los-impuestos&catid=76&Itemid=187, zuletzt aktualisiert am 13.07.2018.

MRNNR, Ministerio de Recursos Naturales No Renovables (23.02.2013): El MRNNR presenta su informe de gestión 2012. Online verfügbar unter http://www.hidrocarburos.gob.ec/el-mrnnr-presenta-su-informe-de-gestion-2012/, zuletzt geprüft am 10.08.2015.

Muñoz Jaramillo, Francisco (Hg.) (2014): Balance crítico del gobierno de Rafael Correa. UCE, Universidad Central del Ecuador. Quito, Ecuador.

Muñoz López, Pabel (2006): ECUADOR: REFORMA DEL ESTADO Y CRISIS POLÍTICA, 1992-2005. In: *HAOL.* (13), S. 101–110. Online verfügbar unter http://www.historia-actual.org/Publicaciones/index.php/haol/article/view/171/158, zuletzt geprüft am 10.06.2014.

Naranjo Chiriboga, Marco (2006): Auge petrolero y enfermedad holandesa en el Ecuador. In: Guillaume Fontaine (Hg.): Petróleo y desarrollo sostenible en Ecuador. 1a. ed. Quito, Ecuador: FLACSO, Sede Académica de Ecuador (Serie Foro), S. 69–86.

Naranjo Navas, Cristian Paúl (2016): La Gran Depresión en Ecuador, 1927-1937. Salarios y Precios. Tesis doctoral. UAB, Universitat Autònoma de Barcelona, Barcelona. Departament d'Economia i d'Història Econòmica. Online verfügbar unter http://www.tdx.cat/bitstream/handle/10803/401183/cpnn1de1.pdf?sequence=1, zuletzt geprüft am 06.04.2017.

Niederberger, Marlen; Wassermann, Sandra (Hg.) (2015): Methoden der Experten- und Stakeholdereinbindung in der sozialwissenschaftlichen Forschung. Wiesbaden: Springer VS. DOI: http://dx.doi.org/10.1007/978-3-658-01687-6.

NODAL, Noticias de América Latina y el Caribe (2016): Reajustan presupuesto estatal ante el precio del barril de petróleo a 25 dólares, 25.02.2016. Online verfügbar unter http://www.nodal.am/2016/02/reajusta-presupuesto-estatal-ante-el-precio-del-barrill-de-petroleo-a-25-dolares/, zuletzt geprüft am 14.04.2016.

NODAL, Noticias de América Latina y el Caribe (2018): Ecuador firma el acuerdo comercial con la Unión Europea luego de casi diez años de negociaciones, 11.11.2018. Online verfügbar unter https://www.nodal.am/2016/11/ecuador-firma-el-acuerdo-comercial-con-la-union-europea-luego-de-casi-diez-anos-de-negociaciones/, zuletzt geprüft am 04.08.2018.

Nölke, Andreas; May, Christian; Claar, Simone (Hg.) (2014): Die großen Schwellenländer. Ursachen und Folgen ihres Aufstiegs in der Weltwirtschaft. Wiesbaden: Springer VS (Globale Politische Ökonomie). DOI: http://dx.doi.org/10.1007/978-3-658-02537-3.

North, Liisa (2006): Militares y Estado en Ecuador: ¿construcción militar y desmantelamiento civil? In: *Íconos. Revista de Ciencias Sociales* (26), S. 85–95. Online verfügbar unter http://www.plataformademocratica.org/Publicacoes/15238.pdf, zuletzt geprüft am 07.06.2014.

North, Liisa L. (2013): NEW LEFT REGIMES N THE ANDES? ECUADOR IN COMPARATIVE PERSPECTIVE. In: *Studies in Political Economy* (91). Online verfügbar unter http://the.pazymino.com/L_North-New_Left_Regimes-&-Ecuador.pdf, zuletzt geprüft am 12.07.2016.

Novy, Andreas; Jäger, Johannes (2012): Internationale Politische Ökonomie. Ökonomische Theorien. Online verfügbar unter http://www.lateinamerika-studien.at/content/wirtschaft/ipo/pdf/theorien.pdf, zuletzt geprüft am 12.02.2018.

Offe, Claus (1974): Structural Problems of the Capitalist State. Class Rule and the Political System. On the Selectiveness of Political Institutions. In: Von Beyme (Hg.): German Political Studies: SAGE, S. 31–54.

ÖFSE, Österreichische Forschungsstiftung für Internationale Entwicklung (Hg.) (2009): Staat und Entwicklung. Online verfügbar unter http://www.xn--fse-rna.at/Downloads/publikationen/oeepol/oepol09_web.pdf#page=67, zuletzt geprüft am 17.09.2014.

Ogaz Arce, Leonardo (2015): ¡Todo el poder a Velasco! La insurreción del 28 de Mayo de 1944. Segunda edición. Quito: Ediciones Abya-Yala.

Oleas Montalvo, Julio (2017): Ecuador 1980-1990: crisis, ajuste y cambio de régimen de desarrollo. In: *América Latina en la Historia Económica* 24 (1), S. 210. DOI: 10.18232/alhe.v24i1.724.

Oliva Pérez, Nicolás (2008): El Impuesto al Valor Agregado como Instrumento de Equidad Social: una aproximación a través de Microsimulación. In: *Cuestiones Económicas* 24 (1:1-2). Online verfügbar unter http://contenido.bce.fin.ec/documentos/PublicacionesNotas/Catalogo/Cuestiones/XXIV-I-02Oliva.pdf, zuletzt geprüft am 13.05.2015.

Oliva Pérez, Nicolás (2014): No más impuestos a los ricos… In: *El Telégrafo*, 13.10.2014. Online verfügbar unter http://www.telegrafo.com.ec/economia/item/no-mas-impuestos-a-los-ricos.html, zuletzt geprüft am 25.01.2015.

Oliva Pérez, Nicolás (2016): ¿Por qué necesitamos que la riqueza tribute? un debate de eficiencia económica para economías rentistas. Hg. v. THE, Taller de la Historia Económica (Boletín Electrónico). Online verfügbar unter http://the.pazymino.com/N_OLIVA-Por_que_necesitamos_riqueza_tribute-mar2016.pdf, zuletzt geprüft am 06.06.2016.

Oliva Pérez, Nicolás; Rivadeneira Alava, Ana; Serrano Mancilla, Alfredo; Martin Carrillo, Sergio (2011): Impuestos Verdes: ¿una alternativa viable para el Ecuador? FES-ILDIS, EcoEcoEs, SRI (Policy Paper, 13).

Orozco, Mónica (2014): Ley para afrontar caída del precio del petróleo en el 2015 entrará en vigencia mañana. In: *El Comercio*, 29.12.2014. Online verfügbar unter http://www.elcomercio.com/actualidad/petroleo-ley-produccion-registro-oficial.html, zuletzt geprüft am 14.10.2016.

Ospina Peralta, Pablo (2006): La crisis del clientelismo en Ecuador. In: *Ecuador Debate* (69), S. 57–75.

Ospina Peralta, Pablo (2015): Crisis y tendencias económicas en el Ecuador de Rafael Correa. Informe de coyuntura, abril de 2015. CEP, Comité Ecuménico de Proyectos. Online verfügbar unter http://repositorio.uasb.edu.ec/bitstream/10644/4406/1/CON-015-Ospina%2C%20P-Crisis.pdf, zuletzt geprüft am 07.09.2017.

Ospina Peralta, Pablo (2015a): PROTESTA SOCIAL, CRISIS ECONÓMICA Y ESCENARIO POLÍTICO. Ecuador, junio y julio de 2015. CEP, Comité Ecuménico de Proyectos. Online verfügbar unter http://www.cepecuador.org/images/PDFs/coyuntura_julio_2015.pdf, zuletzt geprüft am 05.06.2016.

Oxfam, Oxford Committee for Famine Relief (2013): DEVELOPMENT FINANCE AND INEQUALITY. Good practice in Ecuador, Rwanda and Thailand. Oxfam, Oxford Committee for Famine Relief (Oxfam Case Study).

Páez Pérez, Pedro (2004): Liberalización financiera, crisis y destrucción de la moneda nacional en Ecuador. In: *Cuestiones Económicas* 20 (1), S. 5–71.

Páez Pérez, Pedro (2015): El proceso constituyente en Ecuador y la disputa por la construcción de un régimen de acumulación alternativo. In: SRI, Servicio de Rentas Internas und CEF, Centro de Estudios Fiscales (Hg.): La Nueva Economía. En la Nueva Constitución del Ecuador. Unter Mitarbeit von Alfredo Serrano Mancilla, S. 193–220.

Paz y Miño Cepeda, Juan J (2008): Visión histórica de las constituciones de 1998 y 2008. Hg. v. Instituto de Investigación y Debate sobre la Gobernanza. Online verfügbar unter http://www.institut-gouvernance.org/es/analyse/fiche-analyse-449.html, zuletzt geprüft am 07.09.2016.

Paz y Miño Cepeda, Juan J (2010): EL "30-S" EN ECUADOR: INSURRECCIÓN VS. DEMOCRACIA. Un episodio de Historia Inmediata. In: *THE, Taller de Historia Económica* (6). Online verfügbar unter http://the.pazymino.com/JPyM-GolpeEstado-30Sep2010.pdf, zuletzt geprüft am 13.07.2018.

Paz y Miño Cepeda, Juan J (2013): Revolución juliana en Ecuador. 1925-1931: políticas económicas. Primera edición. Quito (Serie Historia de la Política Económica del Ecuador).

Paz y Miño Cepeda, Juan J. (2000): La revolución juliana. Nación, ejército y bancocracia. Quito: Ed. Abya-Yala.

Paz y Miño Cepeda, Juan J. (2007): Un nuevo ciclo histórico en Ecuador. In: *La Insignia*. Online verfügbar unter http://www.lainsignia.org/2007/diciembre/ibe_017.htm, zuletzt geprüft am 25.01.2015.

Paz y Miño Cepeda, Juan J. (2009): ECUADOR EN LA GLOBALIZACIÓN: 1975-2005. In: *HAOL.* (18), S. 25–39.

Paz y Miño Cepeda, Juan J. (2010): Caudillos y populismos en el Ecuador. In: *POLÉMIKA.* 1 (3), S. 72–81. Online verfügbar unter http://puce.the.pazymino.com/Caudillismos_Populismos-Mar2010.pdf, zuletzt geprüft am 20.01.2016.

Paz y Miño Cepeda, Juan J. (2012): Luces y sombras de la revolución ciudadana. In: *La Tendencia* (13). Online verfügbar unter http://puce.the.pazymino.com/JP-LT-Luces_Sombras_RevCiudadana.pdf, zuletzt geprüft am 16.08.2014.

Paz y Miño Cepeda, Juan J. (2014): La historia reciente y la búsqueda de la justicia social. In: FES-ILDIS (Hg.): pensando futuros, conectando voces. 40 años FES-ILDIS Ecuador. FES-ILDIS, S. 24–31.

Paz y Miño Cepeda, Juan J. (2015): ¿Crisis? Aumentar impuestos. In: *El Telégrafo*, 02.03.2015. Online verfügbar unter http://www.telegrafo.com.ec/opinion/columnistas/item/crisis-aumentar-impuestos.html, zuletzt geprüft am 16.03.2015.

Paz y Miño Cepeda, Juan J. (2015): EL "SOCIALISMO DEL SIGLO XXI" EN ECUADOR*. In: *THE, Taller de Historia Económica.* Online verfügbar unter http://the.pazymino.com/JPyMC-SOCIALISMO_SIGLO_XXI_ECUADOR.pdf, zuletzt geprüft am 22.07.2018.

Paz y Miño Cepeda, Juan J. (2015): HISTORIA DE LOS IMPUESTOS EN ECUADOR. Visión sobre el régimen impositivo en la historia económica nacional. Quito, Ecuador: SRI - PUCE-THE.

Paz y Miño Cepeda, Juan J. (2016): ALGUNAS IDEAS EXPUESTAS EN LOS PRONUNCIAMIENTOS DE LAS CÁMARAS DE LA PRODUCCIÓN Y SECTORES EMPRESARIALES ENTRE 1979-2006. THE, Taller de la Historia Económica. Online verfügbar unter http://the.pazymino.com/CAMARAS_PRODUCCION-Comunicados1979-2006.pdf, zuletzt geprüft am 12.07.2016.

Paz y Miño Cepeda, Juan J. (2016): EMPRESARIOS Y OLIGARQUIAS MODERNAS. Temas para el debate sobre las capacidades empresariales en la historia economica del Ecuador. In: *THE, Taller de Historia Económica.* Online verfügbar unter http://puce.the.pazymino.com/JPyMC-EMPRESARIOS_OLIGARQUIAS_MODERNAS.pdf, zuletzt geprüft am 10.04.2017.

Paz y Miño Cepeda, Juan J. (2016): HISTORIA Y "CAPACIDAD ESTATAL". El mito del Estado "obeso" y "enemigo" de la iniciativa privada en Ecuador. In: *THE, Taller de Historia Económica.* Online verfügbar unter http://the.pazymino.com/JPyMC-HISTORIA_Y_CAPACIDAD_ESTATAL.pdf, zuletzt geprüft am 12.07.2016.

Paz y Miño Cepeda, Juan J. (2016a): TRABAJADORES Y MOVIMIENTO OBRERO. Elementos histo ricos para una economía política sobre el trabajo en Ecuador. In: *THE, Taller de Historia Económica.* Online verfügbar unter http://the.pazymino.com/JPyMC-TRABAJADORES_Y_MOVIMIENTO_OBRERO.pdf, zuletzt geprüft am 28.07.2018.

Paz y Miño Cepeda, Juan J. (Hg.) (2015): Historia de los Impuestos en Ecuador. THE, Taller de la Historia Económica; SRI, Servicio de Rentas Internas; CEF, Centro de Estudios Fiscales. Quito, Ecuador.

Peck, Jamie; Yeung, Henry Wai-Chung (Hg.) (2003): Remaking the global economy. Economic-geographical perspectives. London, Thousand Oaks, Calif.: SAGE.

Peters, Stefan (2014): Erdöl, Rente und Politik. Vom Ressourcenfluch zur Rentengesellschaft. In: *WeltTrends* 22, S. 62–70.

Pinza, Mariella; Martin Carrillo, Sergio (2016): Ecuador frente a la crisis del petróleo. CELAG, Centro Estratégico Latinoamericano de Geopolítica (Ecuador, Informes de Análisis Político). Online verfügbar unter http://www.celag.org/ecuador-frente-a-la-crisis-del-petroleo-por-mariela-pinza-y-sergio-martin-carillo/#_ftn1, zuletzt geprüft am 28.11.2017.

Prebisch, Raúl (1950): THE ECONOMIC DEVELOPMENT OF LATIN AMERICA. and its principal problems. Hg. v. ECLAC, Economic Commission for Latin America and the Caribbean. Online verfügbar unter https://repositorio.cepal.org/bitstream/handle/11362/29973/002_en.pdf?sequence=1&isAllowed=y, zuletzt geprüft am 23.08.2018.

Prebisch, Raúl (1952): El Desarrollo Económico de America Latina. In: *Revista de Comercio Exterior* 2 (10), S. 365–368. Online verfügbar unter http://revistas.bancomext.gob.mx/rce/magazines/688/2/RCE2.pdf, zuletzt geprüft am 28.07.2016.

Prebisch, Raúl (1963): TOWARDS A DYNAMIC DEVELOPMENT POLICY FOR LATIN AMERICA? United Nations. Online verfügbar unter http://repositorio.cepal.org/bitstream/handle/11362/14892/110.pdf?sequence=1, zuletzt geprüft am 04.09.2016.

Prebisch, Raúl (1986 [1950]): El desarrollo económico de la América Latina y algunos de sus principales problemas. In: *Desarrollo Económico* 26 (103), S. 479–502.

Presidencia de la República (06.03.2015): Comunicado oficial: nuevo sistema de salvaguardias. 10.10.2016. Online verfügbar unter http://www.presidencia.gob.ec/comunicado-oficial-nuevo-sistema-de-salvaguardias/.

Presidencia de la República (20.10.2016): Decreto Ejecutuivo Nro. 1218.

Presidencia de la República (2015): Herencias, 06.06.2015. Online verfügbar unter https://es.slideshare.net/PresidenciaEc/32-nueva-tabla-de-impuestos-herencias?from_action=save, zuletzt geprüft am 14.07.2018.

Presidencia de la República (2015): Ley Orgánica para evitar la Elusion del Impuesto a la Renta sobre Herencias, Legados y Donaciones, vom Entwurf. Online verfügbar unter http://www.telegrafo.com.ec/images/eltelegrafo/politica/2015/23-10-15-proyecto-de-ley-organica-para-evitar-la-elusion-del-impuesto-a-la-renta-sobre-herencias-legados-y-donaciones.pdf, zuletzt geprüft am 24.10.2015.

Presidencia de la República (2016): Inversiones Refinería del Pacífico, 05.11.2016. Online verfügbar unter https://de.slideshare.net/PresidenciaEc/refineria-del-pacifico-68245297?from_action=save, zuletzt geprüft am 22.07.2018.

Presidencia de la República del Ecuador (2015): Presupuesto General del Estado 2016, 31.10.2015.

Presidencia de la República del Ecuador (2015): Recursos y Transferencias Ecuador 2006 - En Millones de Dólares, 12.09.2015.

Presidencia de la República del Ecuador (2016): "Elevado Gasto Público". In: *via Slideshare*, 16.05.2016.

PSP, Partido Sociedad Patriótica "21 de Enero" (2013): PLAN DE TRABAJO DEL CANDIDATO A LA PRESIDENCIA DE LA REPÚBLICA, INGENIERO LUCIO EDWIN GUTIÉRREZ BORBÚA, Y DE LA CANDIDATA A LA VICEPRESIDENCIA, PEARL ANN BOYES FULLER.

Puertas, Marlon (2005): Gutiérrez y Noboa, la segunda lid. In: *El Universo*, 27.03.2005. Online verfügbar unter http://www.eluniverso.com/2005/03/27/0001/8/C9FFFC9FB0974D5991024DE071F4F5ED.html, zuletzt geprüft am 20.07.2015.

Purcell, Thomas F.; Fernandez, Nora; Martinez, Estefania (2016): Rents, knowledge and neo-structuralism. Transforming the productive matrix in Ecuador. In: *Third World Quarterly* 38 (4), S. 918–938.

PwC, PricewaterhouseCoopers (2015): Ecuador enacts major tax reform. Tax Insights from International Tax Services. Online verfügbar unter http://www.pwc.com/us/en/tax-services/publications/insights/assets/pwc-ecuador-enacts-major-tax-reform.pdf, zuletzt geprüft am 11.01.2017.

Quijano, Aníbal (1999): ¡Que tal raza! In: *Ecuador Debate* (48), S. 142–152.

Quijano, Aníbal (2000): Colonialidad del Poder y Clasificacion Social. In: *journal of world-systems research,* 6 (Special Issue: Festschrift for Immanuel Wallerstein – Part I), S. 342–386.

Quijano, Aníbal (2010): Die Paradoxien der eurozentrieten kolonialen Moderne. In: *PROKLA* 40 (1), S. 29–48.

Quinn, Dennis P.; Shapiro, Robert Y. (1991): Business Political Power: The Case of Taxation. In: *American Political Science Review* 85 (3), S. 851–874. Online verfügbar unter http://faculty.msb.edu/quinnd/papers/buspower91.pdf, zuletzt geprüft am 08.01.2016.

Quintero, Rafael (1980): EL MITO DEL POPULISMO EN EL ECUADOR. Análisis de los Fundamentos del Estado Ecuatoriano Moderno (1895-1934). Quito, Ecuador. Online verfügbar unter http://www.flacsoandes.edu.ec/libros/digital/44255.pdf, zuletzt geprüft am 24.01.2017.

Quintero, Rafael; Sylva Charvet, Erika (2010): Ecuador: la alianza de la derecha y el corporativismo en el "putch" del 30 de septiembre del 2010. FEDAEPS, Fundación de Estudios, Acción y Participación Social. Online verfügbar unter http://www.fedaeps.org/spip.php?article203, zuletzt geprüft am 11.03.2015.

Ramírez Álvarez, José; Carrasco Vicuña, Carlos Marx; Arias Urvina, Diana (2012): Desafío: hacia un impuesto a la renta progresivo y redistributivo. In: SRI, Servicio de Rentas Internas (Hg.): Una Nueva Política Fiscal para el Buen Vivir. La equidad como soporte del pacto fiscal, S. 315–338.

Ramos, Hernán (2012): Por los laberintos del banquero ecuatoriano Guillermo Lasso (II). Análisis & Opinión. In: *América Economía*, 11.09.2012. Online verfügbar unter http://www.americaeconomia.com/analisis-opinion/por-los-laberintos-del-banquero-ecuatoriano-guillermo-lasso-ii, zuletzt geprüft am 26.01.2015.

Ramos, Hernán (2013): Por los labirintos del banquero Guillermo Lasso (finanl). Análisis & Opinión. In: *América Economía*, 01.02.2013. Online verfügbar unter http://www.americaeconomia.com/analisis-opinion/por-los-laberintos-del-banquero-guillermo-lasso-final, zuletzt geprüft am 29.01.2015.

Randall, Vicky; Theobald, Robin (1998): Political change and underdevelopment. A critical introduction to Third World politics. 2nd ed. Durham, NC: Duke University Press.

Ray, Rebecca; Kozameh, Sara (2012): La economía de Ecuador desde 2007. CEPR, Center for Economic and Policy Research. Online verfügbar unter http://www.cepr.net/documents/publications/ecuador-espanol-2012-05.pdf, zuletzt geprüft am 03.08.2015.

Razavi, Shahra (2007): The Political and Social Economy of Care in a Development Context. Conceptual Issues, Research Questions and Policy Options. Hg. v. United Nations Research Institute for Social Development. Online verfügbar unter http://www.unrisd.org/80256B3C005BCCF9/(httpAuxPages)/2DBE6A93350A7783C12573240036D5A0/$file/Razavi-paper.pdf, zuletzt geprüft am 14.04.2016.

Redacción Actualidad (2011): Asamblea resuelve negar las reformas tributarias. In: *El Telégrafo*, 18.11.2011. Online verfügbar unter http://www.telegrafo.com.ec/noticias/informacion-general/item/asamblea-resuelve-negar-las-reformas-tributarias.html, zuletzt geprüft am 28.05.2014.

Redaccion Economía (2014): "El libre comercio es más eficaz que el proteccionismo". PABLO AROSEMENA EXPRESA QUE SE DEBE APOYAR LAS NEGOCIACIONES CON LA UNIÓN EUROPEA. In: *El Telégrafo*, 27.05.2014. Online verfügbar unter http://www.telegrafo.com.ec/economia/item/el-libre-comercio-es-mas-eficaz-que-el-proteccionismo.html, zuletzt geprüft am 28.05.2014.

Redaccion Economía (2014): De jornaleros a dueños de La Clementina. In: *El Telégrafo*, 06.02.2014. Online verfügbar unter http://www.telegrafo.com.ec/economia/item/de-jornaleros-a-duenos-de-la-clementina.html, zuletzt geprüft am 28.05.2015.

Redaccion Economía (2014): La sucretización infló la deuda en un 93%. EL EXPRESIDENTE OSVALDO HURTADO ADOPTÓ LA DECISIÓN MEDIANTE DECRETO EJECUTIVO 2085. In: *El Telégrafo*, 11.04.2014. Online verfügbar unter https://www.eltelegrafo.com.ec/noticias/economia/4/la-sucretizacion-inflo-la-deuda-en-un-93, zuletzt geprüft am 13.07.2018.

Redaccion Economía (2015): 90% de alimentos de canasta, exento del IVA. In: *El Telégrafo*, 28.01.2015. Online verfügbar unter http://telegrafo.com.ec/economia/item/90-de-alimentos-de-canasta-exento-del-iva.html, zuletzt geprüft am 24.11.2015.

Redaccion Economía (2015): Ecuador sube 20 puntos en calidad de servicio público. In: *El Telégrafo*, 08.09.2015. Online verfügbar unter http://www.eltelegrafo.com.ec/noticias/2015-68/8/ecuador-sube-20-puntos-en-calidad-de-servicio-publico, zuletzt geprüft am 23.12.2015.

Redaccion Economía (2015): El impuesto a la plusvalía irá a los municipios. El precio de los terrenos se ha triplicado cerca del nuevo aeropuerto de Guayaquil, en daular. In: *El Telégrafo*, 09.06.2015. Online verfügbar unter http://www.eltelegrafo.com.ec/noticias/economia/8/el-impuesto-a-la-plusvalia-ira-a-los-municipios, zuletzt geprüft am 18.12.2016.

Redaccion Economía (2015): Las salvaguardias reducirían en $2.200 millones las importaciones. In: *El Telégrafo*, 13.03.2015. Online verfügbar unter http://www.telegrafo.com.ec/economia/item/las-salvaguardias-reducirian-en-2-200-millones-las-importaciones-infografia.html, zuletzt geprüft am 14.03.2015.

Redacción El Tiempo (2015): González: "El Estado no puede ser el principal heredero". In: *El Tiempo*, 05.06.2015. Online verfügbar unter https://www.eltiempo.com.ec/noticias/cuenca/2/353812, zuletzt geprüft am 02.05.2018.

Redacción Guayaquil (2016): Ecuador mantendrá las salvaguardias un año más. In: *El Comercio*, 29.04.2016. Online verfügbar unter http://www.elcomercio.com/actualidad/ecuador-salvaguardias-comex-equilibrar-balanza.html, zuletzt geprüft am 11.10.2016.

Redacción Justicia (2015): El país se aleja de los peores indicadores en justicia. In: *El Telégrafo*, 11.01.2015. Online verfügbar unter http://www.eltelegrafo.com.ec/noticias/politica/2/el-pais-se-aleja-de-los-peores-indicadores-en-justicia, zuletzt geprüft am 02.09.2017.

Redacción Negocios (2014): Las reformas tributarias rendirán USD 200 millones al fisco. In: *El Comercio*, 10.12.2014. Online verfügbar unter http://www.elcomercio.com/actualidad/reformas-tributarias-fisco-sri.html, zuletzt geprüft am 19.02.2017.

Redacción Política (2013): 1.960 agricultores compran hacienda La Clementina. In: *El Telégrafo*, 27.11.2013. Online verfügbar unter http://www.telegrafo.com.ec/politica/item/1-960-agricultores-compran-hacienda-la-clementina.html, zuletzt geprüft am 01.06.2014.

Redacción Política (2013): 1.960 agricultores compran hacienda La Clementina. In: *El Telégrafo*, 27.11.2013. Online verfügbar unter http://www.telegrafo.com.ec/politica/item/1-960-agricultores-compran-hacienda-la-clementina.html, zuletzt geprüft am 01.06.2014.

Redaccion Política (2015): Correa descartaría postularse para la Presidencia en 2017. In: *El Telégrafo*, 14.11.2015. Online verfügbar unter http://www.telegrafo.com.ec/politica/item/correa-descartaria-postularse-para-la-presidencia-en-2017.html, zuletzt geprüft am 15.11.2015.

Redacción Política (2016): Con 'pan, techo y empleo' la derecha regresó al poder. In: *El Telégrafo*, 24.10.2016. Online verfügbar unter http://www.eltelegrafo.com.ec/noticias/historias-electorales/1/con-pan-techo-y-empleo-la-derecha-regreso-al-poder, zuletzt geprüft am 24.10.2016.

Redaccion Política (2016): El 52.4% espera que los diálogos continúen. In: *El Telégrafo*, 03.01.2016. Online verfügbar unter http://www.eltelegrafo.com.ec/noticias/politica/2/el-52-4-espera-que-los-dialogos-continuen, zuletzt geprüft am 04.01.2016.

Redacción Política (2016): Mano dura a la oposición, mano blanda al empresario. In: *El Telégrafo*, 24.10.2016. Online verfügbar unter http://www.eltelegrafo.com.ec/noticias/historias-electorales/1/mano-dura-a-la-oposicion-mano-blanda-al-empresario, zuletzt geprüft am 24.10.2016.

Redacción Quito (2016): Trabajadoras remuneradas del hogar rechazan declaraciones de Andrés Pellacini. In: *El Telégrafo*, 16.12.2016. Online verfügbar unter http://www.eltelegrafo.com.ec/noticias/sociedad/4/trabajadoras-remuneradas-del-hogar-rechazan-declaraciones-de-andres-pellacini, zuletzt geprüft am 18.11.2017.

Redacción Web (2015): La balanza comercial petrolera registró un salgo negativo de $ 632 millones en 2015. In: *El Telégrafo*, 20.02.2015. Online verfügbar unter http://www.eltelegrafo.com.ec/noticias/economia/8/la-balanza-comercial-petrolera-registro-un-salgo-negativo-de-632-millones-en-2015, zuletzt geprüft am 29.02.106.

Redacción Web (2016): En 10 años se pretendió subir 5 veces el IVA. In: *El Telégrafo*, 16.07.2016. Online verfügbar unter http://www.eltelegrafo.com.ec/noticias/politica/2/en-10-anos-se-pretendio-subir-5-veces-el-iva, zuletzt geprüft am 20.09.2017.

Revista Líderes (2015): La primera fase de la remisión recaudó USD 932 millones, 30.07.2015. Online verfügbar unter http://www.revistalideres.ec/lideres/primera-fase-remision-ley-servicio.html, zuletzt geprüft am 11.08.2015.

Revista Líderes (2015): Representantes del sector empresarial entablan diálogos con Rafael Correa, 03.03.2015. Online verfügbar unter http://www.revistalideres.ec/lideres/dialogos-sector-empresarial-rafael-correa.html, zuletzt geprüft am 08.05.2016.

Rivadeneira, Miguel (2015): Otro golpe a la clase media. In: *El Comercio*, 2015. Online verfügbar unter http://www.elcomercio.com/opinion/clasemedia-opinion-impuesto-herencia-ecuador.html, zuletzt geprüft am 27.05.2016.

Roberts, Kenneth M. (2002): Social inequalities without class cleavages in Latin America's neoliberal era. In: *Studies in Comparative International Development* 36 (4), S. 3–33. DOI: 10.1007/BF02686331.

Robinson, James A.; Torvik, Ragnar; Verdier, Thierry (2006): Political foundations of the resource curse (2). In: https://www.sciencedirect.com/science/journal/03043878 79 (2), DOI: https://doi.org/10.1016/j.jdeveco.2006.01.008

Rojas-Kienzle, David (2012): Rückgewinnung der Souveränität. Bolivien, Venezuela und Ecuador drängen den Neoliberalismus zurück und bauen die staatliche Kontrolle über ihre Rohstoffe aus. In: Tobias Lambert (Hg.): Der neue Extraktivismus. Eine Debatte über die Grenzen des Rohstoffmodells in Lateinamerika. Berlin: FDCL-Verlag, S. 24–35.

Rosnick, David; Weisbrot, Mark (2014): Latin American Growth in the 21st Century: The "Commodities Boom" That Wasn't. Center for Economic and Policy Research. Online verfügbar unter http://www.cepr.net/documents/terms-of-trade-2014-05.pdf, zuletzt geprüft am 21.05.2014.

Ross, Michael L. (2004): Does Taxation Lead to Representation? In: *British Journal of Political Science* 34 (2), S. 229–249. DOI: 10.1017/S0007123404000031.

Ross, Michael L. (2014): What have we learned about the resource curse? UCLA Department of Political Science. Online verfügbar unter http://poseidon01.ssrn.com/delivery.php?ID=170124119105003024101117126003065077122024024079020086078021119005121121108104115081017021040022038009060127029097086125012030055090056092048092123111003102029111029086011067082097022072100085093116026100011082015108108002098064119026118120117071123&EXT=pdf, zuletzt geprüft am 30.09.2014.

Rosser, Andrew (2006): The Political Economy of the Resource Curse: A Literature Survey. Hg. v. CENTRE FOR THE FUTURE STATE. Institute of Development Studies (268). Online verfügbar unter http://r4d.dfid.gov.uk/PDF/Outputs/futurestate/wp268.pdf.

Rostow, Walt W. (1959): The Stages of Economic Growth. In: *The Economic History Review* 12 (1), S. 1–16, zuletzt geprüft am 09.11.2016.

Rousseau, Isabelle (Hg.) (2010): América Latina y petróleo. Los desafíos políticos y económicos de cara al siglo XXI. 1. ed. México, D.F: El Colegio de México.

Ruiz Giraldo, Carlo (2009): La Eliminación de los Fondos Petroleros: Explicación Bajo Modelos de Garbage CAN y Policy Window. Hg. v. Observatorio Socio Ambiental. Facultad Latinoamericana de Ciencias Sociales, Flacso, Ecuador (018). Online verfügbar unter http://www.flacsoandes.edu.ec/web/imagesFTP/9431.WP_018_CGiraldo_01.pdf, zuletzt geprüft am 30.05.2009.

Ruth, Saskia P. (2016): Clientelism and the Utility of the Left-Right Dimension in Latin America. In: *Latin American Politics and Society* 58 (1), S. 72–97. DOI: 10.1111/j.1548-2456.2016.00300.x.

Sabatier, Paul A. (Hg.) (2007): Theories of the policy process. 2nd ed. Online verfügbar unter http://edwardwimberley.com/courses/IntroEnvPol/theorypolprocess.pdf#page=299, zuletzt geprüft am 25.04.2015.

Sablowski, Thomas (2008): Das globale, finanzgetriebene Akkumulationsregime. In: *Z. Zeitschrift für Marxistische Erneuerung* (73). Online verfügbar unter http://www.zeitschrift-marxistische-erneuerung.de/article/608.das-globale-finanzgetriebene-akkumulationsregime.html, zuletzt geprüft am 24.03.2016.

Sablowski, Thomas (2014): Regulationstheorie. In: Joscha Wullweber, Antonia Graf und Maria Behrens (Hg.): Theorien der Internationalen Politischen Ökonomie. Wiesbaden: Springer Fachmedien, S. 85–99.

Sachs, Jeffrey; Larrain, Felipe (1999): Why Dollarization Is More Straitjacket Than Salvation. In: *Foreign Policy* (116), S. 80–92. Online verfügbar unter http://earth.columbia.edu/sitefiles/file/about/director/documents/FPF1999.pdf, zuletzt geprüft am 06.10.2015.

Salas-Porras, Alejandra; Murray, Georgina (Hg.) (2017): Think Tanks and Global Politics. New York: Palgrave Macmillan US.

Sandoval Peralta, Carlos (1987): Politica Cambiaria en el Ecuador 1970-1986. Quito, Ecuador: ILDIS, Instituto Latinoamericano de Investigaciones Sociales. Online verfügbar unter http://www.flacsoandes.edu.ec/libros/digital/48142.pdf, zuletzt geprüft am 21.04.2017.

Scharpf, Fritz W. (1992): Einführung: Zur Theorie von Verhandlungssystemen. In: Arthur Benz, Fritz W. Scharpf und Reinhard Zintl (Hg.): Horizontale Politikverflechtung. Zur Theorie von Verhandlungssystemen. Frankfurt am Main, New York: Campus, S. 11–27.

Scharpf, Fritz W. (2004): Legitimationskonzepte jenseits des Nationalstaats. Hg. v. Max-Planck-Institut für Gesellschaftsforschung (MPIfG Working Paper, 6).

Scharpf, Fritz W. (2006): Interaktionsformen. Akteurzentrierter Institutionalismus in der Politikforschung. Unveränd. Nachdr. der 1. Aufl. Wiesbaden: VS Verlag für Sozialwissenschaften.

Schenone, Osvaldo (2008): Tax Policy and Administration. In: Vicente Fretes-Cibils, Marcelo Giugale und Eduardo Somensatto (Hg.): Revisiting Ecuador's Economic and Social Agenda in an Evolving Landscape. Washington, DC: World Bank, S. 73–94.

Scherrer, Christoph; Schützhofer, Timm B. (2016): Countermeasures against inequality. In: Alexander Gallas, Hansjörg Herr, Frank Hoffer und Christoph Scherrer (Hg.): Combating inequality. The global north and south. London: Routledge, Taylor & Francis.

Schilling-Vacaflor, Almut; Steinert, Christoph (2017): (Neu-)Extraktivismus statt nachhaltiger Entwicklung: Grenzen des lateinamerikanischen Wachstumsmodells. In: Hans-Jürgen Burchardt, Stefan Peters und Nico Weinmann (Hg.): Entwicklungstheorie von heute - Entwicklungspolitik von morgen. 1. Auflage. Baden-Baden: Nomos, S. 241–255.

Schmalz, Stefan (2004): Die Verhandlungen zur panamerikanischen Freihandelszone ALCA. Hegemonieverfall neoliberaler Politikkonzeptionen in Lateinamerika? Hg. v. Forschungsgruppe Europäische Gemeinschaften (FEG) (23). Online verfügbar unter http://e-doc.vifapol.de/opus/volltexte/2013/4354/pdf/a23.pdf, zuletzt geprüft am 23.10.2017.

Schmalz, Stefan (2008): Kazikentum. In: Wolfgang Fritz Haug und Frigga Haug (Hg.): Historisch-kritisches Wörterbuch des Marxismus. Unter Mitwirkung von mehr als 800 Mitarbeiterinnen und Mitarbeitern. Hamburg: Argument (Historisch-kritisches Wörterbuch des Marxismus, Bd, 7/I), S. 549–553.

Schmalz, Stefan (2008): Von der Hegemoniekrise des Neoliberalismus zum Aufstieg regionaler Alternativen. In: *Das Argument* (276), S. 337–349.

Schmalz, Stefan (2013): Neo-Extraktivismus in Lateinamerika? In: Hans-Jürgen Burchardt, Kristina Dietz und Rainer Öhlschläger (Hg.): Umwelt und Entwicklung im 21. Jahrhundert. Impulse und Analysen aus Lateinamerika. 1. Aufl. Baden-Baden: Nomos (Studien zu Lateinamerika, 20), S. 47–60.

Schmidt, Ingo (2018): Keynesianismus und neoliberaler Staat. Negative Alternative zur sozialdemokratischen Utopie. In: *SoZ - Sozialistische Zeitung*, S. 17. Online verfügbar unter http://www.die-welt-ist-keine-ware.de/vsp/soz-0809/080917.php, zuletzt geprüft am 27.05.2018.

Schuldt, Jürgen (1994): elecciones y política económica en el ecuador 1983 - 1994. Quito.

Schumpeter, Joseph (1976[1918]): Die Krise des Steuerstaates. In: Rudolf Hickel (Hg.): Die Finanzkrise des Steuerstaats. Beiträge zur politischen Ökonomie der Staatsfinanzen. Frankfurt am Main: Suhrkamp, S. 329–379.

Schützhofer, Timm B. (2016): Ecuador's fiscal policies in the context of the citizens' revolution. A "virtuous cycle" and its limits. Bonn: Deutsches Institut für Entwicklungspolitik gGmbH (Discussion paper / Deutsches Institut für Entwicklungspolitik, 2016, 15).

SENECYT, Secretaría de Educación Superior, Ciencia, Tecnología e Innovación (2016): Rendición de Cuentas 2015. Online verfügbar unter http://www.senescyt.gob.ec/rendicion2015/assets/presentación-rendición-de-cuentas.pdf, zuletzt geprüft am 03.09.2017.

SENPLADES, Secretaría Nacional de Planificación y Desarrollo (2012): 100 Logros de la Revolución Ciudadana. Online verfügbar unter http://www.planificacion.gob.ec/wp-content/uploads/downloads/2012/10/100-Logros-revolucion-ciudadana-2012.pdf, zuletzt geprüft am 25.05.2014.

SENPLADES, Secretaría Nacional de Planificación y Desarrollo (2014). Siete Años de Revolución Ciudadana. Online verfügbar unter http://www.elciudadano.gob.ec/wp-content/uploads/2014/01/7rc.pdf, zuletzt geprüft am 18.05.2014.

SENPLADES, Secretaría Nacional de Planificación y Desarrollo (2015): 8RC, La revolución del conocimiento. Online verfügbar unter http://www.planificacion.gob.ec/wp-content/uploads/downloads/2015/01/8-A%C3%91OS-DE-REVOLUCI%C3%93N-CIUDADANA.pdf, zuletzt geprüft am 20.01.2015.

SENPLADES, Secretaría Nacional de Planificación y Desarrollo (2016): 9RC Vice la Patria! Online verfügbar unter http://www.planificacion.gob.ec/wp-content/uploads/downloads/2016/01/9RC.pdf, zuletzt geprüft am 04.07.2016.

SENPLADES, Secretaría Nacional de Planificación y Desarrollo (2017): 10RC, La Década ganada. Online verfügbar unter http://www.planificacion.gob.ec/wp-content/uploads/downloads/2017/01/10-RC.pdf, zuletzt geprüft am 02.05.2017.

Serrano, Alfredo; Guijarro, Juan (Hg.) (2012): A (Re)distribuir! Ecuador para todos. Quito: CLACSO (Coediciones).

Shapiro, Ian; Kalyvas, Stathis N.; Masoud, Tarek E. (Hg.) (2008): Order, conflict, and violence. Cambridge [U.K.]: Cambridge University Press. DOI: https://doi.org/10.1017/CBO9780511755903.

Sidney, Mara S. (2007): Policy Formulation: Design and Tools. In: Frank Fischer, Gerald J. Miller und Mara S. Sidney (Hg.): Handbook of Public Policy Analysis. Theory, Politics, and Methods. Boca Raton, London, New York: CRC Press, Taylor & Francis Group, S. 79–88.

Silva Legarda, Roberto M. (2013): Las reformas tributarias del Gobierno de Correa. In: *Gestión, Economía y Sociedad* (182), S. 24–26. Online verfügbar unter http://www.revistagestion.ec/wp-content/uploads/2013/07/182_003.pdf, zuletzt geprüft am 05.08.2014.

Slater, Dan; Smith, Benjamin; Nair, Gautam (2014): Economic Origins of Democratic Breakdown? The Redistributive Model and the Postcolonial State. In: *Perspectives on Politics* 12 (02), S. 353–374. DOI: 10.1017/S1537592714000875.

Soifer, Hillel David (2012): Measuring state Capacity in Contemporary Latin America. In: *Revista de Ciencia Política* 32 (3), S. 585–598. Online verfügbar unter http://www.scielo.cl/pdf/revcipol/v32n3/art04.pdf, zuletzt geprüft am 15.11.2016.

Soifer, Hillel; Vom Hau, Matthias (2008): Unpacking the Strength of the State. The Utility of State Infrastructural Power. In: *Studies in Comparative International Development* 43 (3-4), S. 219–230. DOI: 10.1007/s12116-008-9030-z.

Sokoloff, Kenneth L.; Zolt, Eric M. (2007): Inequality and the Evolution of Institutions of Taxation. Evidence from the Economic History of the Americas. In: Sebastian Edwards, Gerardo Esquivel und Graciela Márquez (Hg.): The Decline of Latin American Economies. Growth, Institutions, and Crises. Chicago: University of Chicago Press (NBER-Conference Report), S. 83–136.

Souza, Jessé (2006): Die soziale Grammatik der peripheren Ungleichheit: Fur ein neues Paradigma zum Verständnis der peripheren Gesellschaften. In: Thomas Kühn und Jessé Souza (Hg.): Das moderne Brasilien. Gesellschaft, Politik und Kultur in der Peripherie des Westens. Wiesbaden: VS Verlag für Sozialwissenschaften, S. 20-48.

Souza, Jessé (2008): Die Naturalisierung der Ungleichheit. Ein neues Paradigma zum Verständnis peripherer Gesellschaften. Zugl.: Flensburg, Univ., Habil.-Schr. Wiesbaden: VS Verlag für Sozialwissenschaften, DOI: http://dx.doi.org/10.1007/978-3-531-90765-9.

SRI, Servicio de Rentas Internas (18.11.2016): SRI EXPLICA sobre carga fiscal en Ecuador. LOS ÚLTIMOS 10 AÑOS, RESPONDE MAYORITARIAMENTE A LA FORMALIZACIÓN DE LA ECONOMÍA Y EL MEJORAMIENTO DE LA CULTURA TRIBUTARIA. Quito, Ecuador. Online verfügbar unter http://www.sri.gob.ec/web/guest/detalle-noticias?idnoticia=371&marquesina=1, zuletzt geprüft am 14.08.2018.

SRI, Servicio de Rentas Internas (2007): Cumplimiento de la Recaudación de Impuestos. Enero-Diciembre del 2006. Servicio de Rentas Internas. Quito, Ecuador.

SRI, Servicio de Rentas Internas (2008): INFORME DE LA RECAUDACIÓN DE IMPUESTOS. Recaudación del periodo 2007. Quito, Ecuador.

SRI, Servicio de Rentas Internas (2009): Informe de la Recaudación de Impuestos. Enero - Diciembre 2008. Quito, Ecuador.

SRI, Servicio de Rentas Internas (2011): Informe de Recaudación de Impuestos. Enero - Diciembre 2010.Quito, Ecuador

SRI, Servicio de Rentas Internas (2013): Informe Mensual de Recaudación. Enero - Diciembre 2012. Quito, Ecuador.

SRI, Servicio de Rentas Internas (2014): Informe Mensual de Recaudación. Enero - Diciembre 2013.Quito, Ecuador.

SRI, Servicio de Rentas Internas (2015): Informe Mensual de Recaudación. Enero - Diciembre 2015. Quito, Ecuador.

SRI, Servicio de Rentas Internas (Hg.) (2012): Una Nueva Política Fiscal para el Buen Vivir. La equidad como soporte del pacto fiscal.

SRI, Servicio de Rentas Internas (k. D.): Ley Orgánica para Evitar la Especulación sobre el valor de las Tierras y Fijación de Tributos. Online verfügbar unter http://www.sri.gob.ec/web/guest/ley-organica-especulacion-sobre-valor-de-las-tierras#punto2, zuletzt geprüft am 16.08.2017.

SRI, Servicio de Rentas Internas (k. D.): Régimen Impositivo Simplificado. Caso Ecuatoriano.

SRI, Servicio de Rentas Internas: Grupos Económicos. Online verfügbar unter http://www.sri.gob.ec/web/guest/grupos-economicos1, zuletzt geprüft am 16.08.2018.

SRI, Servicio de Rentas Internas; CEF, Centro de Estudios Fiscales (Hg.) (2015): La Nueva Economía. En la Nueva Constitución del Ecuador. Unter Mitarbeit von Alfredo Serrano Mancilla. SRI, Servicio de Rentas Internas; CEF, Centro de Estudios Fiscales.

SRI, Servicio de Rentas Internas (k. D.): Impuesto a. Online verfügbar unter http://www.sri.gob.ec/web/guest/impuesto-activos-en-el-exterior#¿cuál-es, zuletzt geprüft am 19.08.2018.

Stefanoni, Pablo (2014): Una meritocracia nacional y popular. In: *Rebelión*. Online verfügbar unter http://www.rebelion.org/noticia.php?id=183051, zuletzt geprüft am 23.12.2015.

Stein, Ernesto H.; Caro, Lorena (2013): Ideology and Taxation in Latin America. Hg. v. Department of Research and Chief Economist. IADB, Inter-American Development Bank. Online verfügbar unter http://www.econstor.eu/bitstream/10419/89059/1/IDB-WP-407.pdf, zuletzt geprüft am 06.08.2015.

Stein, Ernesto; Tommasi, Mariano; Scartascini, Carlos G.; Spiller, Pablo T. (Hg.) (2008): Policymaking in Latin America. How politics shapes policies. Unter Mitarbeit von Pablo T. Spiller und Carlos. Scartascini. Washington, DC, Cambridge, MA: Inter-American Development Bank; David Rockefeller Center for Latin American Studies.

Stevens, Paul; Dietsche, Evelyn (2008): Resource curse: An analysis of causes, experiences and possible ways forward. In: *Energy Policy* 36 (1), S. 56–65. DOI: 10.1016/j.enpol.2007.10.003.

Stoessel, Soledad (2013): Post-neoliberalismo, corporativismo y conflictos políticos: notas acerca del espacio público en Argentina y Ecuador. CAPÍTULO III. In: Mariano Fernández, Carlos J. Giordano und Matías David López (Hg.): Lo público en el umbral. La Plata: D - Editorial de la Universidad Nacional de La Plata, S. 67–89.

Stützle, Ingo (2008): Staatsverschuldung als Kategorie der Kritik der politischen Ökonomie. Eine Forschungsnotiz. In: Urs Lindner, Jürg Nowak, Pia Paust-Lassen und Frieder O. Wolf (Hg.): Philosophieren unter anderen. Beiträge zum Palaver der Menschheit: Frieder Otto Wolf zum 65. Geburtstag. 1. Aufl. Münster: Westfälisches Dampfboot, S. 239–262.

Stützle, Ingo (2014): Austerität als politisches Projekt. Von der monetären Integration Europas zur Eurokrise. Vollst. zugl.: Marburg, Univ., Diss., 2012 u.d.T.: Stützle, Ingo: Der ausgeglichene Staatshaushalt als Paradigma und politisches Projekt - von der monetären Integration Europas zur Euro-Krise. 2., korrigierte Aufl. Münster: Westfälisches Dampfboot.

Svampa, Maristella (2013): Neo-desarrollistischer Extraktivismus und soziale Bewegungen: Eine öko-territoriale Wende in Richtung neuer Alternativen? In: Hans-Jürgen Burchardt, Kristina Dietz und Rainer Öhlschläger (Hg.): Umwelt und Entwicklung im 21. Jahrhundert. Impulse und Analysen aus Lateinamerika. 1. Aufl. Baden-Baden: Nomos (Studien zu Lateinamerika, 20), S. 79–92.

Tamayo G., Eduardo (28.09.2011): Un año del 30S: No es incompatible reconciliación con justicia. Interview mit Paz y Miño Cepeda, Juan J. ALAI, Agencia Latinoamericana de Información.

Timmons, Jeffrey F. (2005): The Fiscal Contract: States, Taxes, and Public Services. In: *World Politics* 57 (04), S. 530–567. DOI: 10.1353/wp.2006.0015UNCTAD, United Nations Conference on Trade and Development (2012): Trade and development report, 1981-2011. Three decades of thinking development. New York: United Nations Pub.

UNCTAD, United Nations Conference on Trade and Development (2012): Trade and development report, 1981-2011. Three decades of thinking development. New York: United Nations Pub.

UNCTAD, United Nations Conference on Trade and Development (2017): BEYOND AUSTERITY: TOWARDS A GLOBAL NEW DEAL. New York und Genf. Online verfügbar unter http://unctad.org/en/PublicationsLibrary/tdr2017_en.pdf, zuletzt geprüft am 10.06.2018.

UNESCO, United Nations Educational, Scientific and Cultural Organization (2015): Informe de resultados terce. Tercer estudio Regional Comparativo y Explicativo. Online verfügbar unter http://unesdoc.unesco.org/images/0024/002435/243532S.pdf, zuletzt geprüft am 22.07.2018.

UNESCO, United Nations Educational, Scientific and Cultural Organization (2018): Ecuador. Unter Mitarbeit von UNESCO Institute of Statistics. Online verfügbar unter http://uis.unesco.org/country/EC, zuletzt geprüft am 22.07.2018.

Velasco, Fernando (1979): REFORMA AGRARIA Y MOVIMIENTO CAMPESINO INDIGENA DE LA SIERRA. Hipotesis para una Investigación. Quito, Ecuador. Online verfügbar unter http://www.flacsoandes.edu.ec/libros/digital/52614.pdf, zuletzt geprüft am 25.10.2016.

Vickrey, William (1996): Fifteen Fatal Fallacies of Financial Fundamentalism. A Disquisition on Demand Side Economics. Online verfügbar unter http://www.columbia.edu/dlc/wp/econ/vickrey.html, zuletzt geprüft am 22.02.2019.

Viteri, María Elsa (2012): RECURSOS PARA LA EFICIENCIA FISCAL CONTRA LA INJUSTICIA SOCIAL. In: Santiago Mejía R. und Sebastían Mantilla B. (Hg.): Rafael Correa. Balance de la Revolución Ciudadana. 1. ed. Quito: Editorial Planeta del Ecuador; Centro Latinoamericano de Estudios, S. 349–372.

Vogel, David (1987): Political Science and the Study of Corporate Power: A Dissent from the New Conventional Wisdom. In: *British Journal of Political Science* 17 (4), S. 385–408, DOI: https://doi.org/10.1017/S0007123400004841

Vom Hau, Matthias (2012): State capacity and inclusive development: new challenges and directions. (ESID Working Paper).

Von Beyme (Hg.) (1974): German Political Studies: SAGE. Online verfügbar unter https://www.ssc.wisc.edu/~wright/SOC621/offstr.pdf., zuletzt geprüft am 22.02.2015.

Von Haldenwang, Christian (2009): Sollen wir in der Entwicklungspolitik mit Ländern zusammenarbeiten, die eine notorisch niedrige Steuerquote aufweisen? Hg. v. DIE, Deutsches Institut für Entwicklungspolitik. Online verfügbar unter http://edoc.vifapol.de/opus/volltexte/2012/3924/pdf/AuS_12.2009.pdf, zuletzt geprüft am 09.11.2017.

Von Haldenwang, Christian (2011): Taxation of Non-Renewable Natural Resources – What are the Key Issues? DIE, Deutsches Institut für Entwicklungspolitik (Briefing Paper, 5). Online verfügbar unter https://www.die-gdi.de/uploads/media/BP_5.2011.pdf, zuletzt geprüft am 20.07.2015.

Von Haldenwang, Christian (2012): Gibt es den „Ressourcenfluch“ nicht mehr? DIE, Deutsches Institut für Entwicklungspolitik (Die aktuelle Kolumne). Online verfügbar unter http://www.die-gdi.de/uploads/media/Kolumne_vonHaldenwang.23.07.2012.pdf, zuletzt geprüft am 25.06.2014.

Von Haldenwang, Christian; Von Schiller, Armin; Garcia, Maria Melody (2014): Tax Collection in Developing Countries – New Evidence on Semi-Autonomous Revenue Agencies (SARAs). In: *Journal of Development Studies* 50 (4), S. 541–555. DOI: 10.1080/00220388.2013.875534.

Von Schiller, Armin (2012): Revenue Structures and the Question of Who Pays Taxes. Understanding the conditions under which elites pay taxes in developing countries. DIE, Deutsches Institut für Entwicklungspolitik (Discussion Paper, 17). Online verfügbar unter http://www.die-gdi.de/uploads/media/DP_17.2012.pdf, zuletzt geprüft am 25.06.2014.

Von Schiller, Armin (2015): Party System Institutionalization and Reliance on Personal Income Tax in Developing Countries. Hg. v. Inter-American Development Bank (IDB Working Paper Series, IDB-WP-628). Online verfügbar unter https://publications.iadb.org/bitstream/handle/11319/7351/Party-System-Institutionalization-and-Reliance-on-Personal-Income-Tax-in-Developing-Countries.pdf;jsessionid=7EAB8F2802D121C336EA1ED432A1764F?sequence=1, zuletzt geprüft am 24.04.2016.

Wassermann, Sandra (2015): Das qualitative Experteninterview. In: Marlen Niederberger und Sandra Wassermann (Hg.): Methoden der Experten- und Stakeholdereinbindung in der sozialwissenschaftlichen Forschung. Wiesbaden: Springer VS, S. 51–67.

Weber, Max (1972): Wirtschaft und Gesellschaft. Grundriss der verstehenden Soziologie. Studienausgabe, 5., rev. Aufl. Tübingen: Mohr.

Weber, Max (2003 [1919]): Politik als Beruf. In: Rudolf Weber-Fas (Hg.): Staatsdenker der Moderne. Klassikertexte von Machiavelli bis Max Weber. Tübingen: Mohr-Siebeck (UTB, 2380), S. 335–352.

Weber-Fas, Rudolf (Hg.) (2003): Staatsdenker der Moderne. Klassikertexte von Machiavelli bis Max Weber. Tübingen: Mohr-Siebeck (UTB, 2380).

Weerth, Carsten (2018): nicht handelbare Güter. Gabler Wirtschaftslexikon. Online verfügbar unter https://wirtschaftslexikon.gabler.de/definition/nicht-handelbare-gueter-39276/version-262689, zuletzt geprüft am 06.08.2018.

WEF, World Economic Forum (2006): The Global Competitiveness Report 2006–2007. Hg. v. Klaus Schwab und Michael E. Porter. WEF, World Economic Forum. Online verfügbar unter http://www3.weforum.org/docs/WEF_GlobalCompetitivenessReport_2006-07.pdf, zuletzt geprüft am 24.10.2015.

WEF, World Economic Forum (2008): The Global Competitiveness Report 2008–2009. Hg. v. Michael E. Porter und Klaus Schwab. WEF, World Economic Forum. Online verfügbar unter http://www3.weforum.org/docs/WEF_GlobalCompetitivenessReport_2008-09.pdf, zuletzt geprüft am 24.10.2015.

WEF, World Economic Forum (2009): The Global Competitiveness Report 2009–2010. Hg. v. Klaus Schwab. WEF, World Economic Forum. Online verfügbar unter http://www3.weforum.org/docs/WEF_GlobalCompetitivenessReport_2009-10.pdf, zuletzt geprüft am 27.10.2015.

WEF, World Economic Forum (2010): The Global Competitiveness Report 2010-2011. Hg. v. Klaus Schwab. WEF, World Economic Forum. Online verfügbar unter http://www3.weforum.org/docs/WEF_GlobalCompetitivenessReport_2010-11.pdf, zuletzt geprüft am 25.10.2015.

WEF, World Economic Forum (2011): The Global Competitiveness Report 2011-2012. Hg. v. Klaus Schwab. Online verfügbar unter http://www3.weforum.org/docs/WEF_GCR_Report_2011-12.pdf, zuletzt geprüft am 25.10.2015.

WEF, World Economic Forum (2012): The Global Competitiveness Report 2012-2013. Hg. v. Klaus Schwab. Online verfügbar unter http://www3.weforum.org/docs/WEF_GlobalCompetitivenessReport_2012-13.pdf, zuletzt geprüft am 25.10.2015.

WEF, World Economic Forum (2013): The Global Competitiveness Report 2013–2014. Hg. v. Klaus Schwab. WEF, World Economic Forum. Online verfügbar unter http://www3.weforum.org/docs/WEF_GlobalCompetitivenessReport_2013-14.pdf, zuletzt geprüft am 24.10.2015.

WEF, World Economic Forum (2015): The Global Competitiveness Report 2015–2016. Hg. v. Klaus Schwab. WEF, World Economic Forum. Online verfügbar unter http://www3.weforum.org/docs/gcr/2015-2016/Global_Competitiveness_Report_2015-2016.pdf, zuletzt geprüft am 27.10.2015.

WEF, World Economic Forum (Hg.) (2006): The Latin America Competitiveness Review 2006. Paving the Way for Regional Prosperity. WEF, World Economic Forum.

WEF, World Economic Forum (Hg.) (2017): The Global Competitiveness Report 2016–2017. Unter Mitarbeit von Klaus Schwab. Online verfügbar unter http://www3.weforum.org/docs/GCR2016-2017/05FullReport/TheGlobalCompetitivenessReport2016-2017_FINAL.pdf, zuletzt geprüft am 07.09.2017.

Wehr, Ingrid (2009): Esping-Andersen travels South. Einige kritische Anmerkungen zur vergleichenden Wohlfahrtsregimeforschung. In: *PERIPHERIE* (114/115), S. 168–193.

Wehr, Ingrid (2011): Einleitung. Zur problematischen Koexistenz von Demokratie und eklatanter sozialer Ungleichheit in Lateinamerika. In: Ingrid Wehr und Hans-Jürgen Burchardt (Hg.): Soziale Ungleichheiten in Lateinamerika. Neue Perspektiven auf Wirtschaft, Politik und Umwelt. 1. Aufl. Baden-Baden: Nomos (Studien zu Lateinamerika, 10), S. 9–28.

Wehr, Ingrid; Burchardt, Hans-Jürgen (Hg.) (2011): Soziale Ungleichheiten in Lateinamerika. Neue Perspektiven auf Wirtschaft, Politik und Umwelt. 1. Aufl. Baden-Baden: Nomos (Studien zu Lateinamerika, 10).

Weisbrot, Mark; Johnston, Jake; Lefebvre, Stefan (2013): Ecuador's New Deal: Reforming and Regulating the Financial Sector. Hg. v. CEPR, Center for Economic and Policy Research. Online verfügbar unter http://www.cepr.net/documents/publications/ecuador-2013-02.pdf, zuletzt geprüft am 11.05.2016.

Weisbrot, Mark; Johnston, Jake; Merling, Lara (2017): Decade of Reform: Ecuador's Macroeconomic Policies, Institutional Changes, and Results. Hg. v. CEPR, Center for Economic and Policy Research. Online verfügbar unter http://cepr.net/images/stories/reports/ecuador-2017-02.pdf, zuletzt geprüft am 05.09.2017.

Weisbrot, Mark; Sandoval, Luis (2009): Update on the Ecuadorian Economy. CEPR, Center for Economic and Policy Research. Online verfügbar unter http://www.cepr.net/documents/publications/ecuador-update-2009-06.pdf, zuletzt geprüft am 20.07.2015.

Weller, Nicholas; Ziegler Rogers, Melissa (2014): Income taxation and the validity of state capacity indicators. In: *Journal of Public Policy* 34 (2), S. 183–206. Online verfügbar unter http://www.melissazrogers.com/data/rogers_weller.pdf, zuletzt geprüft am 07.06.2017.

Werner, Jann; Wegrich, Kai (2007): Theories of the Policy Cycle. In: Frank Fischer, Gerald J. Miller und Mara S. Sidney (Hg.): Handbook of Public Policy Analysis. Theory, Politics, and Methods. Boca Raton, London, New York: CRC Press, Taylor & Francis Group, S. 43–62.

Werz, Nikolaus (2008): Lateinamerika. Eine Einführung. 2. Aufl. Baden-Baden: Nomos (Studienkurs Politikwissenschaft).

Weyland, Kurt (2009): The Rise of Latin America's Two Lefts: Insights from Rentier State Theory. In: *Comparative Politics* 41 (2), S. 145–164.

Wissel, Jens (2007): Die Transnationalisierung von Herrschaftsverhältnissen. Zur Aktualität von Nicos Poulantzas' Staatstheorie. Zugl.: Frankfurt am Main, Univ., Diss., 2005. 1. Aufl. Baden-Baden: Nomos.

Wissel, Jens; Wöhl, Stefanie (Hg.) (2008): Staatstheorie vor neuen Herausforderungen: Analyse und Kritik. 1. Aufl. Münster: Westfälisches Dampfboot (AkG).

Witzel, Andreas (1985): Das problemzentrierte Interview. In: Gerd Jüttemann (Hg.): Qualitative Forschung in der Psychologie. Grundfragen, Verfahrensweisen, Anwendungsfelder. Weinheim: Beltz, S. 227–255, zuletzt geprüft am 09.06.2017.

Wolff, Jonas (2002): Der US-Dollar als Rettungsanker? Ambivalenzen einer Krisenstrategie am Beispiel Ecuadors (HSFK-Report 6/2002). Online verfügbar unter https://www.hsfk.de/fileadmin/HSFK/hsfk_downloads/report0602.pdf, zuletzt geprüft am 22.08.2018.

Wolff, Jonas (2008): Turbulente Stabilität. Die Demokratie in Südamerika diesseits ferner Ideale. 1. Aufl. Baden-Baden: Nomos (Studien der Hessischen Stiftung Friedens- und Konfliktforschung, Bd. 1).

Wolff, Jonas (2010): Elitenwandel in Ecuador. Soziopolitische Akteure und politische Perspektiven. FES, Friedrich-Ebert-Stiftung. Online verfügbar unter http://library.fes.de/pdf-files/iez/07116.pdf, zuletzt geprüft am 11.05.2016.

Wolff, Jonas (2014): Zwischen Bürgerrevolution und konservativer Restauration. Das Ecuador des Rafael Correa, In: ILA 381/48, S. 48–50.

Wolff, Jonas (2016): Business Power and the Politics of Postneoliberalism. Relations Between Governments and Economic Elites in Bolivia and Ecuador. In: *Latin American Politics and Society* 58 (2), S. 124–147. DOI: 10.1111/j.1548-2456.2016.00313.x.

World Bank (Hg.) (2005): Creating Fiscal Space for Poverty Reduction in Ecuador: The World Bank.

World Bank Group (Hg.) (2016): Poverty and shared prosperity 2016. Taking on inequality. Washington, DC: World Bank.

WTO, World Trade Organization (17.02.2016): Ecuador starts phasing out import surcharge. Balance of Payments. Online verfügbar unter https://www.wto.org/english/news_e/news16_e/bop_17feb16_e.htm, zuletzt geprüft am 14.08.2018.

WTO, World Trade Organization (29.06.2015): WTO members consult with Ecuador on its import surcharges imposed on balance-of-payments grounds. Online verfügbar unter https://www.wto.org/english/news_e/news15_e/bop_29jun15_e.htm, zuletzt geprüft am 29.02.2016.

Wullweber, Joscha; Graf, Antonia; Behrens, Maria (Hg.) (2014): Theorien der Internationalen Politischen Ökonomie. Wiesbaden: Springer Fachmedien.

Zambrano Mendoza, Otto; Bonilla, Adrián (Hg.) (2011): Estado del país. Informe cero: Ecuador 1950-2010. Quito: FLACSO [etc.].

Ziai, Aram (2011): Exkurs: Staatsklassen. In: Ilker Ataç und Aram Ziai (Hg.): Politik und Peripherie. Eine politikwissenschaftliche Einführung. 1. Aufl. Wien: Mandelbaum (Gesellschaft, Entwicklung, Politik, 13), S. 169–171.

Zibechi, Raúl (2015): Ecuador: The "Citizens' Revolution" vs Social Movements. In: *Upside Down World*. Online verfügbar unter http://upsidedownworld.org/main/ecuador-archives-49/5189-ecuador-the-citizens-revolution-vs-social-movements, zuletzt geprüft am 10.10.2016.

Onlinedatenbanken

Corporación Latinobarómetro:	www.latinobarómetro.org
CEPALSTAT:	www.estadisticas.cepal.org
CEF-SRI:	https://cef.sri.gob.ec/mod/page/view.php?id=11057
SRI:	http://www.sri.gob.ec/web/guest/estadisticas-generales-de-recaudacion
Weltbank Online Datenbank:	https://data.worldbank.org
China-Latin America Finance Database	https://www.thedialogue.org/map_list/
OECD:	https://stats.oecd.org/index.aspx?DataSetCode=RSLACT

Interviews

Acosta, A. (11.11.2014). Persönliches Interview. Ökonom, Wissenschaftler an der Lateinamerikanischen Fakultät für Sozialwissenschaften (FLACSO), Präsidentschaftskandidat 2013, Präsident der Verfassungsgebenden Versammlung 2007-2008. Ebenfalls an dem Interview beteiligt William Sacher. Quito, Ecuador.

Amoroso, X. (11.11.2014). Persönliches Interview. Nationale Direktorin der ecuadorianischen Steuerbehörde (SRI). Quito, Ecuador.

Arciniega, J. (23.03.2015). Persönliches Interview. Präsident des Gewerkschaftsverbandes der Arbeiter in Ecuador (CSE). Quito, Ecuador.

Aspiazu, R. (15.06.2016). Persönliches Interview. Generalsekretär des Ecuadorianischen Unternehmerkomitees (CEE). Quito, Ecuador

Balarezo, C. (06.02.2015). Persönliches Interview. Regionaldirektorin für Planung, Information und Öffentliche Politik am Sekretariat für Planung und Entwicklung (SENPLADES). Cuenca, Ecuador.

Baldeón, L. (21.06.2016). Persönliches Interview. Berater des Wirtschaftsministeriums. Quito, Ecuador.

Montalvo, R. (21.06.2016). Persönliches Interview. Berater des Ministeriums für die Koordination der Produktion. Quito, Ecuador.

Bonilla, O. (23.02.2015). Persönliches Interview. Leiter des Nationalen Sekretariats für politische Aktion bei Alianza PAIS. Quito, Ecuador.

Cadena, E. (16.06.2016). Persönliches Interview. Exekutivdirektor der Handelskammer Quito. Quito, Ecuador.

Campaña, J. (29.10.2014). Persönliches Interview. Anwalt der konservativ-regierungskritischen Zeitung El Universo mit Sitz in Guayaquil und der ehemaligen Präsidenten Noboa und Palacio. Guayaquil, Ecuador.

Campuzano, J. C. (15.12.2014). Persönliches Interview. Experte des SRI-CEF. Quito, Ecuador.

Carrasco, C. M. (10.01.2015). Persönliches Interview. Arbeitsminister, ehemaliger Direktor der Steuerbehörde SRI (2007-2014). Quito, Ecuador.

Carvajal, F. (22.10.2014). Persönliches Interview. Soziologe an der Universität Cuenca (im Ruhestand). Cuenca, Ecuador.

Carvajal, S. (14.06.2016). Persönliches Interview. Direktor des Zentrums für Fiskalstudien der ecuadorianischen Steuerbehörde (CEF-SRI) des SRI. Ebenfalls an dem Interview beteiligt Nicolás Oliva. Quito, Ecuador.

Cisnero, C. (10.12.2014 und 07.06.2016). Persönliches Interview. Präsident der Kammer Kleiner und Mittlerer Unternehmen der Provinz Pichincha. Quito, Ecuador.

Donoso, P. (25.02.2015). Persönliches Interview. Mitglied der Nationalversammlung für die Bewegung CREO. Quito, Ecuador.

Flassbeck, H. (25.08.2014). Interview via Skype. Ökonom, ehemaliger Staatssekretär im Bundesfinanzministerium, ehemaliger Direktor der Abteilung für Makroökonomie und Entwicklung der UNCTAD.

Hernández, V. (11.06.2016). Persönliches Interview. Mitglied der Nationalversammlung für Alianza PAIS, Vorsitzender des Finanzausschusses. Quito, Ecuador.

Iturralde, M. D. (27.02.2015). Persönliches Interview. Executivdirektorin der Ecuadorianischen Bergbaukammer, Quito, Ecuador.

Iturralde, P. (14.10.2014). Persönliches Interview. Zentrum für Ökonomische und Soziale Rechte (CDES). Cuenca, Ecuador.

Kronfle, H. (28.10.2014). Persönliches Interview. Präsident der Industriekammer Guayaquil und des Ecuadorianischen Unternehmerkomitees. Guayaquil, Ecuador.

Larriva, O. (12.01.2015). Persönliches Interview. Mitglied der Nationalversammlung und Vorsitzender des Finanzausschusses. Cuenca, Ecuador.

Mancheno, D. (10.11.2014). Persönliches Interview. Ökonom an der Päpstlich-katholischen Universität von Quito. Quito, Ecuador.

Martinez, A. (25.02.2015). Persönliches Interview. Präsident der Kammer der Blumenexporteure (EXPOFLORES). Quito, Ecuador.

Moreno, J. (09.02.2015). Persönliches Interview. Exekutivdirektor der Handelskammer Cuenca. Cuenca, Ecuador.

Oliva, N. (12.03.2015). Interview via Videokonferenz. Direktor des Zentrums für Fiskalstudien der Ecuadorianischen Steuerbehörde (CEF-SRI). Ebenfalls an dem Interview beteiligt Marco Peñaloza Bonilla. Cuenca und Quito, Ecuador.

Oliva, N. (14.06.2016). Persönliches Interview. Ehemaliger Direktor des Zentrums für Fiskalstudien der ecuadorianischen Steuerbehörde (CEF-SRI). Das Interview wurde zusammen mit Sebastian Carvajal durchgeführt. Quito, Ecuador.

Páez, P. (09.10.2014). Persönliches Interview. Superintendent zur Kontrolle von Marktmacht (Kartellamt), ehemaliger Minister für Wirtschaftskoordination. Quito, Ecuador.

Paz y Miño Cepeda, J. J. (07.10.2014). Persönliches Interview. Wirtschaftshistoriker an der Päpstlichen Katholischen Universität. Quito, Ecuador.

Peñaloza, M. (12.03.2015). Interview via Videokonferenz. Berater des Zentrums für Fiskalstudien der Ecuadorianischen Steuerbehörde (CEF-SRI). Ebenfalls an dem Interview beteiligt Nicolás Oliva. Cuenca und Quito, Ecuador.

Pérez, C. (02.03.2015). Persönliches Interview. Präsident des Indigenenverbands ECUARUNARI, Repräsentant für die Hochlandregion innerhalb des Indigenendachverbands CONAIE. Cuenca, Ecuador.

Pérez, O. (06.10.2014 und 06.06.2016). Persönliches Interview. Direktor der öffentlichen Zeitung El Telégrafo. Quito, Ecuador.

Reyes, G. (23.02.2015). Persönliches Interview. Mitarbeiter des Nationalen Sekretariats für politische Aktion bei Alianza PAIS. Quito, Ecuador

Riofrío, Ch. (25.02.2015). Persönliches Interview. Exekutivdirektor des Verbands der ecuadorianischen Forst- und Holzindustrie (AIMA). Quito, Ecuador.

Rivera, P. (08.01.2015). Persönliches Interview. Minister für Wirtschaftskoordination, ehemaliger Finanzminister. Quito, Ecuador.

Robalino, A. (27.10.2014). Persönliches Interview. Vizepräsident der Industriekammer Cuenca. Cuenca, Ecuador.

Romero, F. (16.06.2016). Persönliches Interview. Mitglied der Nationalversammlung für die PSC und Mitglied im Finanzausschuss. Quito, Ecuador.

Sacher, W. (11.11.2015). Persönliches Interview. Wissenschaftlicher Mitarbeiter von FLACSO. Ebenfalls an dem Interview beteiligt Alberto Acosta. Quito, Ecuador.

Sánchez, J. (27.06.2016). Persönliches Interview. Ehemalige Wirtschaftsministerin, Expertin der Vizepräsidentschaft. Quito, Ecuador.

Segarra, R. (21.01.2015). Persönliches Interview. Gewerkschafter, Mitglied im Beschäftigtenkomitee von ETAPA-EP und des Gewerkschaftsverbands CEOSL. Cuenca, Ecuador.

Sharupi, S. (21.06.2016). Persönliches Interview. Verantwortlicher der CONAIE für die Territorien. Quito, Ecuador.

Spurrier, W. (29.10.2014). Persönliches Interview. Wirtschaftsanalyst und Direktor der Grupo Spurrier, Mitglied der Beobachtungsstelle für Fiskalpolitik (Observatorio Fiscal). Samborondon, Ecuador.

Stieler, U. (11.11.2014). Persönliches Interview. Leitende Mitarbeiterin der Deutsch-Ecuadorianischen Handelskammer. Quito, Ecuador.

Troya, A. (21.06.2016). Persönliches Interview. Vize-Wirtschaftsminister. Quito, Ecuador.

Vásquez von Schoettler, W. (28.06.2016). Berater der Regierungspartei Alianza PAIS. Quito, Ecuador.

Villamar, S. L. (24.02.2015 und 17.06.2016). Persönliches Interview. Präsident der FENOCIN. Quito, Ecuador.

Verzeichnisse

Abkürzungen

ADE, Alianza Democrática Ecuatoriana: Ecuadorianische Demokratische Allianz – Parteienbündnis der 1940er Jahre, von Bedeutung im Zuge der Revolution ‚La Gloriosa‘

AGD, Agencia de Garantía de Depósitos: Agentur zur Garantie der Einlagen – 1998 etabliertes System zur Sicherung der Finanzeinlagen, hielt der Banken- und Finanzkrise 1999/2000 nicht stand

AIMA, Asociación Ecuatoriana de Industriales de Madera: Verband der Ecuadorianischen Holzindustrie – auch Forstwirtschaft und Möbelindustrie

ANDES Agencia Pública de Noticias del Ecuador y Suramérica: Öffentliche Agentur für Nachrichten aus Ecuador und Südamerika – von 2008 bis 2018 bestehende staatliche ecuadorianische Nachrichtenagentur

AP, Alianza PAIS - Patria Altiva i Soberana: Allianz für ein Aufrechtes und Souveränes Vaterland – seit 2007 ecuadorianische Regierungspartei

ARE, Acción Regional por la Equidad: Regionale Aktion für die Gleichheit – ecuadorianische Regionalpartei unter Führung des langjährigen Bürgermeisters von Loja José Bolívar Castillo

BCE, Banco Central del Ecuador: Zentralbank Ecuadors

BDH, Bono de Desarrollo Humano: Bonus für menschliche Entwicklung –Geldtransferprogramm

BID, Banco Inter-Americano de Desarrollo (siehe auch IADB): Inter-Amerikanische Entwicklungsbank

BIP, Bruttoinlandsprodukt

CAAP, Centro Andino de Acción Popular: Andines Zentrum für Populare Aktion

CAIC, Comisión de Auditoria Integral del Crédito Público – Kommission zur Prüfung der Rechtmäßigkeit ecuadorianischer Staatsschulden

CAN, Comunidad Andina de Naciones: Andengemeinschaft – 1969 gegründetes Handelsbündnis lateinamerikanischer Staaten

CAPEIPI, Cámera de la Pequeña y Mediana Empresa de Pichincha: Verband der kleinen und mittleren Unternehmen der Provinz Pichincha

CCG, Cámara de Comercio de Guayaquil: Handelskammer Guayaquil

CCQ, Cámara de Comercio de Quito: Handelskammer Quito

CCT, Conditional Cash Transfer: An Bedingungen geknüpftes Geldtransferprogramm

CDB, China Development Bank: Chinesische Entwicklungsbank

CDES, Centro de Derechos Econónomicos y Sociales: Zentrum für Ökonomische und Soziale Rechte

CEDATOS, Centro de Estudios y Datos: Zentrum für Studien und Daten – Meinungsforschungsinstitut

CEDOCUT, Confederación Ecuatoriana de Organizaciones Clasistas Unitarias de Trabajadores: Ecuadorianische Konföderation der Unitären Klassenorganisationen von Arbeitern – ecuadorianischer Gewerkschaftsverband

CEE, Comité Empresarial Ecuatoriano: Ecuadorianisches Unternehmerkomitee – 2004 gegründete Dachorganisation des ecuadorianischen Privatsektors

CEF, Centro de Estudios Fiscales (des SRI): Zentrum für Fiskalstudien der ecuadorianischen Steuerbehörde

CEDES, Centro de Desarrollo Industrial: Staatliches Zentrum zur Förderung der Industrialisierung

CEOSL, Confederación Ecuatoriana de Organizaciones Sindicales Libres: Ecuadorianische Konföderation freier Gewerkschaftsorganisationen – ecuadorianischer Gewerkschaftsverband

CEPAL, Comisión Económica para América Latina y el Caribe: Wirtschaftskommission der Vereinten Nationen für Lateinamerika und die Karibik

CEPE, Corporación Estatal Petrolera Ecuatoriana: Staatliche ecuadorianische Erdölgesellschaft– später Petroecuador

CEREPS, Cuenta Especial de Reactivación Productiva y Social: Sonderkonto für die Produktive und Soziale Reaktivierung - ecuadorianischer Rohstofffonds

CFN, Corporación Financiera Nacional: Staatliche Entwicklungsbank

CFP, Concentración de Fuerzas Populares: Konzentration der Popularen Kräfte – populistisch orientierte Partei unter Führung Asad Bucarams, ihr Kandidat Jaime Roldós wurde 1979 Präsident Ecuadors

CID, Coalición Institucionalista Demócrata: Partei, die In den 1980er Jahren Mitglied der Unterstützerkoalition von Febres-Cordero angehörte

CLACSO, Consejo Latinoamericano de Ciencias Sociales: Lateinamerikanischer Rat für Sozialwissenschaften

CLAES, Centro Latino Americano de Ecología Social: Lateinamerikanisches Zentrum für Soziale Ökologie

CNE, Consejo Nacional Electoral: Nationaler Wahlrat

CNT, Corporación Nacional de Telecomunicaciones: Nationales Unternehmen für Telekommunikation – staatliches Telekommunikationsunternehmen, hervorgegangen aus einer Fusion von ANDINATEL und PACIFICTEL

CONADE, Consejo Nacional de Desarrollo: Nationaler Entwicklungsrat, seit 1979 Nachfolgeorganisation der JUNAPLA.

CONAIE, Confederación de Nacionalidades Indígenas del Ecuador: Konföderation der Indigenen Nationalitäten Ecuadors – Dachverband von Indigenenorganisationen

COPCI, Código de la Producción, Comercio e Inversión: Gesetzesrahmen für Produktion, Handel und Investitionen.

CORDES, Corporación de Estudios para el Desarrollo: Gesellschaft für Entwicklungsstudien – ThinkTank unter Leitung von Ex-Präsident Oswaldo Hurtado

CREO, Movimiento Creando Opportunidades: Bewegung Chancen Schaffen – liberal-konservative Partei

CSE, Confederación Sindical del Ecuador: Ecuadorianische Gewerkschaftskonföderation – ecuadorianischer Gewerkschaftsverband

CUT, Central Unica de Trabajadores: Vereinte Arbeiterzentrale – ecuadorianischer Gewerkschaftsdachverband

DGR, Dirección General de Rentas – Ecuadorianische Steuerbehörde vor Gründung des SRI

DP, Democracía Popular– ehemals reformistische, später neoliberal orientierte Partei des späten 20. Jahrhunderts

ECLAC, Economic Commission for Latin America and the Caribbean – Siehe CEPAL

ECUARUNARI, Confederación Kichwa del Ecuador: Konföderation der Kichwa Ecuadors – Indigenenverband des ecuadorianischen Hochlands

EP, Empresa Pública: Öffentliches Unternehmen

ETAPA-EP, Empresa Pública Municipal de Telecomunicaciones, Agua Potable, Alcantarillado y Saneamiento: Städtisches Unternehmen für Telekommunikation, Trinkwasser, Abwasser und Kanalisation

EXIMBANK, China Export-Import Bank: Chinesische Handels- und Kreditbank

EXPOFLORES, Asociación de Productores y Exportadores de Flores del Ecuador: Verband der Produzenten und Exporteure von Blumen Ecuadors

FAC, Fondo de Ahorro y Contingencia: Spar und Notfallfonds - ecuadorianischer Rohstofffonds

FAO, Foood and Agricutlture Organization of the United Nations: Ernähurngs- und Landwirtschaftsorganisation der Vereinten Nationen

FED, Federal Reserve System: US-Zentralbank

FEI, Federación Ecuatoriana de Indios: Ecuadorianische Föderation der Indios

FEISEH, Fondo Ecuatoriano de Inversión en los Sectores Energético e Hidrocarburífero: Ecuadorianischer Investitionsfonds im Energie- und Kohlenwasserstoffsektor –ecuadorianischer Rohstofffonds

FENOCIN, Confederación Nacional de Organizaciones Campesinas, Indígenas y Negras: Nationaler Verband von Bauern-, Indigenen- und Schwarzenorganisationen. Historisch bestehen enge Verbindungen zur PS-FA.

FEP, Fondo de Estabilización Petrolera: Fonds zur Erdölstabilisierung– ecuadorianischer Rohstofffonds

FLACSO, Facultad Latinoamericana de Ciencias Sociales: Lateinamerikanische Fakultät für Sozialwissenschaften

FLOPEC, Flota Petrolera Ecuatoriana: Ecuadorianische Erdölexportflotte

FRA, Frente Rádical Alfarista: Radikale Alfaristische Front – ecuadorianische Kleinpartei, die mit Fabián Alarcón 1997 einen Übergangspräsidenten stellte

FREIREPS, Fondo de Estabilización, Inversión Social y Productiva y Reducción del Endeudamiento Público: Fonds zur Stabilisierung, Sozialer und Produktiver Investition und zur Reduzierung der Öffentlichen Verschuldung – ecuadorianischer Rohstofffonds

FUT, Frente Unitaria de Trabajadores: Einheitsfront der Arbeiter

GATTS, General Agreement on Tariffs and Trade: Allgemeines Zoll- und Handelsabkommen

IADB, Inter-American Development Bank: Siehe BID

ID, Izquierda Democrática: Demokratische Linke – sozialdemokratische, ehemalige Regierungspartei (1988-1992)

IERAC, Instituto Ecuatoriano de Reforma Agraria y Colonizacion: Ecuadorianisches Institut für Agrarreform und Besiedlung

IKIAM, Universidad Regional Amazónica - Ende 2013 gegründete Amazonasuniversität

ILPES, Instituto Latinoamericano y del Caribe de Planificación Económica y Social: Lateinamerikanisch-karibisches Institut für Wirtschaftliche und Soziale Planung, der CEPAL angegliedert

INEC, Instituto Nacional de Estadística y Censos: Nationales Institut für Statistik und Zensus

INEN, Instituto Ecuatoriano de Normalización: Ecuadorianisches Institut für Normung

INIAP, Instituto Nacional de Investigaciones Agropecuarias: Nationales Institut für landwirtschaftliche Forschung

INP, Instituto Nacional de Pesca: Nationales Fischerei-Institut

ISD, Impuesto a la Salida de Divisas: Devisenausfuhrsteuer

ISI, Importsubstituierende Industrialisierung

IWF, Internationaler Währungsfonds

JUNAPLA, Junta Nacional de Planificación y Coordinación Económica: Rat für Nationale Planung und Wirtschaftliche Koordination, gegründet 1954.

MAGAP, Ministerio de Agricultura y Ganadería: Ministerium für Ackerbau und Viehzucht

MCE, Ministerio de Comercio Exterior: Ministerium für Außenhandel

MCNP, Movimiento Ciudadanos Nuevo País: Bürgerbewegung Neues Land –ecuadorianische Partei, gegründet in Cuenca

MCPEC, Ministerio de Coordinación de la Producción, Empleo y Competitividad: Ministerium für die Koordination von Produktion, Beschäftigung und Wettbewerbsfähigkeit

MHN, Movimiento Honradez Nacional: Bewegung für die Nationale Ehre – ecuadorianische Bewegung/Partei

MINEDUC, Ministerio de Educación: Bildungsministerium

MINFIN, Ministerio de Finanzas: Finanzministerium

Mintur, Ministerio de Turismo: Tourismusministerium

MIPRO, Ministerio de Industrias y Productividad: Industrie- und Produktivitätministerium

MITOP, Ministerio de Transporte y Obras Públicas: Ministerium für Transport und öffentliche Bauten

MITRAB, Ministerio de Trabajo: Arbeitsministerium

MPD, Movimiento Popular Democrático: Popular Demokratische Bewegung –maoistisch orientierte Partei

MRNNR, Ministerio de Recursos Naturales No Renovables: Ministerium für nicht erneuerbare Naturressourcen

MUPP-NP, Movimiento de Unidad Plurinacional Pachakutik - Nuevo País: Bewegung für Plurinationale Einheit Pachakutik – Neues Land – ecuadorianische Indigenenpartei

NODAL, Noticias de América Latina y el Caribe: Nachrichten aus Lateinamerika und der Karibik- Nachrichtenagentur

OCP, Oleoducto de Crudo Pesado: Schweröl-Pipeline

OECD, Organisation for Economic Co-operation and Development: Organisation für Wirtschaftliche Zusammenarbeit und Entwicklung

OPEC, Organization of the Petroleum Exporting Countries: Organisation erdölexportierender Länder

PETROECUADOR, *Empresa Estatal Petroleos del Ecuador:* Staatliche Ecuadorianische Erdölgesellschaft für Raffination und Vertrieb.

PAM, Petroamazonas: Staatliche Ecuadorianische Erdölfördergesellschaft

PNR, Partido Nacionalista Revolucionario: National-Revolutionäre Partei

PPPs, Public-Private-Partnerships: Öffentlich-Private-Partnerschaften

PRE, Partido Roldosista Ecuatoriano: Róldosistische Ecuadorianische Partei – nach dem ehemaligen ecuadorianischen Präsidenten Jaime Roldós benannte Partei.

PRIAN, Partido Renovador Institucional Acción Nacional: Partei für Institutionelle Erneuerung und Nationale Aktion – politische Organisation rund um den Großunternehmer Alvaro Noboa

PSC, Partido Social Cristiano: Christsoziale Partei – stellte von 1984 bis 1988 den Präsidenten, vor allem in Guayaquil präsent

PS-FA, Partido Socialista-Frente Amplio: Sozialistische Partei - Breite Front – bereits 1926 gegründete Partei, Bündnispartner der Regierungspartei Alianza PAIS

PSP, Partido Sociedad Patriótica 21 de Enero: Partei Partiotische Gesellschaft 21. Januar – politische Partei unter Führung von Ex-Präsident Lucio Gutiérrez

QE, Quantitative Easing: Quantitative Lockerung

RED, Red Ética y Democracia: Netz für Ethik und Demokratie, –Partei/Bewegung des ehemaligen Vize-Präsidenten León Róldos Aguilera

RISE, Régimen Impositivo Simplificado Ecuatoriano: Vereinfachtes Steuerregime für Kleinstunternehmen

SECOB, Servicio de Contratación de Obras: Dienst für öffentliche Auftragsvergabe

SENECYT, Secretaría Nacional de Educación Superior, Ciencia, Tecnología e Innovación: Sekretariat für höhere Bildung, Wissenschaft, Technologie und Innovation

SENPLADES, Secretaria Nacional de Planificación y Desarrollo: Nationales Sekretariat für Planung und Entwicklung, nationale Planungsbehörde. Die Behörde wurde 2004 gegründet und 2007 mit weiteren vorher autonomen Institutionen fusioniert.

SERCOP, Servicio Nacional de Contratación Pública: Dienst für öffentliche Beschaffung

SETEC, Secretaría Técnica de Capacitación Profesional: Technisches Sekreatariat für berufliche Bildung

SRI, Servicio de Rentas Internas: Steuerbehörde/ Finanzamt, gegründet 1997 nahm die Behörde 1999 ihre Arbeit auf

TNKs, Transnationale Konzerne

TRANSNAVE, Transportes Navieros Ecuatorianos: Ecuadorianische Schiffstransporte - ecuadorianische Schiffstransportgesellschaft

TSE, Tribunal Supremo Electoral: Oberstes Wahlgericht– ehemalige Bezeichnung der obersten Wahlbehörde

UARTES, Universidad de las Artes: Universität der Künste – Ende 2013 gegründete Kunstuniversität

UDC, Unión Demócrata Cristiana: Christlich Demokratische Union, ecuadorianische Partei

UNAE, Universidad Nacional de Educación: Nationale Universität für Bildungswissenschaften

UNCTAD, United Nations Conference on Trade and Development: Konferenz der Vereinten Nationen zu Handel und Entwicklung

UNE, Union Nacional de Educadores: Nationale Union der Pädagogen, ecuadorianische Bildungsgewerkschaft

UNESCO, United Nations Educational, Scientific and Cultural Organization: Organisation der Vereinten Nationen für Bildung, Wissenschaft und Kultur

UNO, Una Nueva Opción: Eine Neue Option – ecuadorianische Partei

UP, Unidad Popular: Nachfolgeorganisation der MPD, siehe MPD

USD, United States Dollar

VN, Vereinte Nationen

WEF, World Economic Forum: Weltwirtschaftsforum

WTO, World Trade Organization: Welthandelsorganisation

Yachay EP: Yachay Öffentliches Unternehmen – öffentliches Unternehmen zur Entwicklung des geplanten Technologiezentrums Yachay

Yachay Tech, Universidad Yachay Tech – Öffentliche Universität mit Schwerpunkten in den Bereichen der Ingenieurswissenschaften

YASUNI-ITT, Yasuní Ishpingo-Tambococha-Tiputini

Abbildungen

Tabellen

Anhang

Ergänzende Tabellen

Tabelle 22: Defizite bei Bildung und Gesundheit als Problem für die Geschäftsentwicklung

	2006	2008	2009	2010	2011	2013	2015
Unpassend gebildete Arbeitskräfte	2,34	3,3	3,5	1,6	3,4	4,4	7,1
	12/14	9/15	9/15	12/15	11/15	10/16	7/16
Schlechte öffentliche Gesundheitsversorgung	-	1	1,1	0,1	1	0,9	0,8
		14/15	14/15	15/15	15/15	16/16	16/16
Hinweis: Die Befragten wurden gebeten, die 5 problematischsten Faktoren für die Geschäftsentwicklung in ihrem Land aus einer Liste auszuwählen und diese von 1 (am problematischsten) bis 5 zu ordnen. 2006 – 14 Faktoren; 2008 bis 2012 – 15 Faktoren; 2013 und 2015 – 16 Faktoren.							
Quelle: WEF 2006 bis 2015							

Tabelle 23: Politische Instabilität als Problem für das Geschäftsklima

Die problematischsten Faktoren für die Geschäftsentwicklung	**2006**	**2008**	**2009**	**2010**	**2011**	**2013**	**2015**
Instabilität der Regierung/ Coups	17,78	13	5,7	6,7	4,2	1,1	1,4
Politische Instabilität	15,01	19,9	19,6	17,8	12,5	4,3	5,2
Notiz: Aus einer Liste von Faktoren sollten die Befragten die fünf problematischsten Faktoren für das Geschäftsklima in ihrem Land/ ihrer Wirtschaft nennen und in eine Rangliste stellen. 2006 – 14 Faktoren; 2008 bis 2012 – 15 Faktoren; 2013 und 2015 – 16 Faktoren. Die Daten des *Global Competitiveness Reports* basieren auf der Befragung von Unternehmensmanagern.							
Quelle: WEF (2006-2015)							

Tabelle 24: Evaluation der öffentlichen Institutionen Ecuadors

	2006	2008	2009	2010	2011	2013
Eigentumsrechte	110	125	116	123	123	98
	3,4	3.2	3,3	3,2	3,2	3,8
Intellektuelle Eigentumsrechte	-	123	126	128	106	79
	-	2,4	2,3	2,5	2,7	3,6
Unabhängigkeit der Justiz	116	129	130	135	130	100
	2,2	2,0	2,0	2,0	2,3	3,2
Effizienz des Rechtssystems: bei der Beilegung von Konflikte	-	129/ 2.2	119/ 2,7	135/ 2,5	135/ 2,5	97/ 3,4
Effizienz des Rechtssystems: Möglichkeiten Regierungsentscheidungen anzufechten	-		122/ 2,6	132/ 2,5	137/ 2,4	100/ 3,1
Irreguläre Zahlungen bzw. Bestechungen	95	-	-	103	100	92
	3,9	-	-	3,3	3,4	3,6
Vorzugsbehandlung bei den Entscheidungen von Regierungsbeamten	122	122	115	112	81	47
	2,0	2,2	2,4	2,6	2,8	3,4
Verschwenderische Staatsausgaben	122	127	126	133	100	42
	1,8	2,2	2,1	2,1	2,7	3,6
Veruntreuung (Diversion) öffentlicher Mittel	117	121	123	130	117	68
	2,2	2,4	2,2	2,1	2,5	3,2
Transparenz in der Regierungspolitik	-	131	122	112	99	73
		2,9	3,4	3,7	3,9	4,1
Belastung durch staatliche Regulierungen	105	110	100	97	97	68
	2,4	2,7	2,8	2,9	2,9	3,5
Verlässlichkeit der Polizei	111	126	120	120	118	106
	2,8	2,4	2,8	3	3,1	3,6
Anzahl der verglichenen Länder	125	134	133	139	142	148

Notiz: Die Befragten wurden gebeten, die Leistung von öffentlichen Dienstleistungen auf einer Skala von 1 bis 7 zu bewerten, wobei 1 das schlechteste und 7 das höchste Niveau zeigt.

Quelle: WEF 2006 bis 2013

Tabelle 25: Zur Wahrnehmung öffentlicher Leistungen durch Manager: das Bildungssystem

	2006	2008	2009	2010	2011	2013	2015
Qualität des Bildungssystems nach Platzierung	119	125	122	122	105	62	71
Qualität des Bildungssystem auf 1 bis 7 Skala	2,3	2,5	2,6	2,8	3,2	3,8	3,6
Zahl der Länder in der Befragung	125	134	133	139	142	148	140

Quelle: WEF 2006 bis 2015

Tabelle 26: Der Prozess der *Revolución Ciudadana*: Wahlen und Abstimmungen

Datum	Art der Wahl/Abstimmung	Ergebnisse und Kommentierung
15.10.2006	Präsidentschaftswahlen, erster Wahlgang	Im ersten Wahlgang erreichte Rafael Correa hinter dem mehrfachen Präsidentschaftskandidaten und Großunternehmer Alvaro Noboa den zweiten Platz, konnte sich dann aber in der Stichwahl durchsetzen. Correas Unterstützer präsentierten keinen Kandidaten für die Kongresswahlen und unterstrichen so den Veränderungswillen.
	Parlamentswahlen (Kongress)	
26.11.2006	Präsidentschaftswahlen, zweiter Wahlgang	
15.01.2007	Amtsantritt Rafael Correa	
15.05.2007	Referendum über die Wahl einer Verfassungsgebenden Versammlung	Die Wähler*innen stimmten mit 87 Prozent der Stimmen für die Wahl einer Verfassungsgebenden Versammlung, die dann eine breite Mehrheit für die Regierungspartei Alianza PAIS brachte. Die neue Verfassung wurde schließlich mit einer breiten Mehrheit in einem erneuten Referendum bestätigt.
30.09.2007	Wahl zur Verfassungsgebenden Versammlung	
28.09.2008	Verfassungsreferendum	
26.04.2009	Präsidentschaftswahlen, erster Wahlgang	Aufgrund der neuen Verfassung wurden Neuwahlen durchgeführt. Bei den Präsidentschaftswahlen gelang es Rafael Correa mit 52 Prozent im ersten Wahlgang wiedergewählt zu werden. Bei den Parlamentswahlen wurde Alianza PAIS die mit Abstand stärkste Kraft, erreichte allerdings keine eigene absolute Mehrheit.
	Parlamentswahlen (Asamblea Nacional)	
07.05.2011	Volksabstimmung und Volksbefragung	In einer Volksabstimmung wurde über Änderungen an bestimmten Artikeln der 2008 beschlossenen Verfassung abgestimmt. In einer Volksbefragung wurde außerdem über eine Reihe weitere Themen abgestimmt, wobei sich die von der Regierung vertretenen Positionen auf nationaler Ebene in allen Punkten durchsetzen konnte.
17.02.2013	Präsidentschaftswahlen	Bei den Präsidentschaftswahlen stimmten etwa 57 Prozent der Wähler*innen für den Amtsinhaber Rafael Correa. Die Regierungspartei Alianza PAIS erreichte eine deutliche Zweidrittelmehrheit in der *Asamblea Nacional*.
	Parlamentswahlen	
19.02.2017	Präsidentschaftswahlen, erster Wahlgang	Bei den Präsidentschaftswahlen trat Rafael Correa nicht noch mal an. Sein ehemaliger Vize-Präsident Lenín Moreno verfehlte im ersten Wahlgang knapp den für den Gewinn der Präsidentschaft im ersten Wahlgang notwendigen Stimmenanteil von 40 Prozent. Gleichzeitig stimmte eine Mehrheit der Wähler*innen dafür, dass es ecuadorianischen Staatsangestellten und politischen Amtsträger*innen verboten werden soll, Gelder in Steueroasen anzulegen. Aufgrund des Wahlsystems, das große Parteien begünstigt, erreichte Alianza PAIS die Mehrheit der Parlamentssitze. Lenín Moreno konnte sich schließlich in einer Stichwahl gegen Oppositionsführer Guillermo Lasso durchsetzen.
	Parlamentswahlen	
	Referendum über Steueroasen	
02.04.2017	Präsidentschaftswahlen, zweiter Wahlgang	
24.05.2017	Ende der Präsidentschaft Rafael Correas	

Danksagung

Die vorliegende Dissertation habe allein ich zu verantworten. Und doch ist eine wissenschaftliche Arbeit nie wirklich das Werk eines Einzelnen. Es ist also an der Zeit, Danke zu sagen, wohl wissend, dass ich nicht alle, die mich unterstützt haben, angemessen würdigen kann.

An erster Stelle danke ich meiner Frau Luisa, die mich auf diesem Weg mit Liebe und viel Geduld begleitet hat, ohne sie hätte mir die nötige Kraft gefehlt. Ihr ist diese Arbeit gewidmet. Ein großes Dankeschön gilt auch meiner Familie, die durch Hinweise und Verständnisfragen für mehr Verständlichkeit und Präzision in meiner Arbeit gesorgt hat. Ihre Unterstützung war unverzichtbar.

Auch meinen Betreuern möchte ich herzlich danken. Prof. Hans-Jürgen Burchardt hat als Erstbetreuer stets zügig, mitunter kritisch, aber immer bereichernd, unzählige Seiten dieser Arbeit kommentiert. Auch PD Dr. Stefan Schmalz hat als Zweitbetreuer mit wichtigen Hinweisen einen wesentlichen Beitrag geleistet. Ein wissenschaftlicher Gastaufenthalt beim Deutschen Institut für Entwicklungspolitik ist meiner Forschung sehr zugutegekommen. Mein herzlicher Dank geht hierfür an Christian von Haldenwang und Armin von Schiller. Darüber hinaus bin ich Prof. Dr. Dieter Boris zu besonderem Dank verpflichtet, der – ohne formale Verbindung zu meiner Arbeit – einen erheblichen Teil kommentiert hat. Häufige, auch über den Inhalt der Promotion hinausgehende Gespräche, haben mir viel Rückenwind für meine Arbeit gegeben. Hierfür war auch der Austausch mit anderen Promovierenden, nicht nur im Promotionskolleg *Global Social Policies and Governance* besonders wichtig. Auch möchte ich PD Dr. Jonas Wolff danken, der mich bereits im Vorfeld der Promotion beraten hat. Von seiner Initiative, ein offenes Lateinamerika-Kolloquium in Frankfurt zu etablieren, habe ich sehr profitiert. Für das Gelingen meiner Arbeit war ebenso die finanzielle und ideelle Förderung der Rosa-Luxemburg-Stiftung unverzichtbar. Besonders danke ich den Mitarbeiter*innen des Studienwerks für ihre engagierte Unterstützung.

Mit Ecuador konnte ich ein wunderschönes, vielfältiges Land und seine Menschen kennenlernen. Meinen Gesprächs- und Interviewpartner*innen bin ich zu großem Dank verpflichtet. Sie haben sich viel Zeit für mich genommen und mir die Möglichkeit gegeben, unterschiedliche Sichtweisen in meine Analyse mit aufzunehmen. Hervorheben möchte ich Dr. Juan J. Paz y Miño Cepeda. Seine differenzierte und solidarische Perspektive auf Ecuadors Geschichte und Gegenwart hat meine Analyse wesentlich geprägt. Besonders freuen würde es mich, wenn ich mit meiner Arbeit einen Beitrag für ein sozial gerechteres, wirtschaftlich stärkeres und ökologisch nachhaltigeres Ecuador leisten könnte. Der Weg dorthin ist weder leicht noch konfliktfrei zu bewältigen. Doch aufgeben ist keine Option.

FSC
www.fsc.org
MIX
Papier | Fördert gute Waldnutzung
FSC® C083411

Kolibri 360 GmbH
Ferdinand-Jühlke-Straße 7
99095 Erfurt, Deutschland
produktsicherheit@kolibri360.de